수업실연을 위한
이론과 실제

민정선 저 · 남기원 감수

학지사

> 자기 자신을 응원하는 가장 좋은 방법은
> 다른 모든 사람에게 활력을 불어넣는 것이다.
> ─마크 트웨인─

교사가 가장 힘이 날 때는 학생들이 눈빛을 반짝거릴 때입니다. 살다 보면 몸이 아픈 날도 있고 마음에 슬픔이 가득할 때도 있고 '수업을 하기에 오늘 나는 너무 지쳐 버렸다.'고 느껴지는 날도 있는데 신기하게도 수업을 하면서 다시 나을 때가 있습니다. 아이들을 가르칠 때도 그랬지만, 어른 선생님들과 수업하는 지금도 이런 순간들을 경험합니다.

이번 주 수업 내용이 재미없다고 느끼면 어떻게 하지? 토요일 수업이 다가오면 늘 걱정을 합니다. 우리들이 어른이고 선생님이지만 어른이고 선생님인 우리에게도 매 순간 용기와 믿음이 필요한 것 같습니다. 재능보다 노력이 더 중요하다고 생각하는 편인데 용기와 믿음은 더 중요한 것 같습니다. 여러 번 강의했던 내용에 대해서도 이런 마음이 드는데 무엇을 수업해야 하는지도 모르는 채 시험장에 가야 한다면 얼마나 두렵고 겁이 날지 생각해 봅니다.

어떤 문제가 나오든, 마크 트웨인이 우리에게 남겨 준 말을 기억하면 좋겠다고 생각해서 2019년 수업실연서의 첫 마디로 적어 보았습니다. 내 앞에 있는 아이들에게(물론 상상 속의 아이들이지만요) 활력을 불어넣음으로써 나 자신도 응원받는 수업을 하겠다는 마음으로 용기를 내면 정말 좋겠습니다.

감사 드리는 분들

바쁘신 일정 속에서 수업실연서가 나올 수 있도록 이끌어 주신 남기원 교수님, 다음에 공부하게 될 분들을 위해 수업내용을 복기해 주시고, 또한 공유하도록 허락해 주신 저의 학생 선생님들, 그리고 언제나 길을 잃고 헤매는 양과 같은 제게 목자가 되어 주시는 주님께 진심으로 감사드립니다.

2019년 6월에

민쌤 드림

"소망이 부끄럽지 않은 것은 우리에게 주신 성령에 의하여
하나님의 사랑이 우리 마음속에 부어졌기 때문이라. (로마서5:5)"

Part 3 수업지도안 예시

Part 4 공립유치원 임용고시 기출문제

Part 1

수업실연의 기본이론

1 좋은 수업이란

- 수업: 교사가 학습자에게 어떤 지식이나 기술을 전수하며, 능력을 향상시키거나 태도를 함양하는 교육적 활동(좁은 의미에서 볼 때 '유치원에서 이루어지는 수업'은 교육활동에 명시된 5개 영역을 통합하여 하루 일과 속에서 다양한 놀이중심의 활동으로 운영됨)
- 학습: 학습자에게 교수의 결과로 얻어지는 새로운 행동 및 태도의 변화

좋은 수업에 대한 정의는 학자마다 다르게 정의될 수 있으나 여러 연구자의 견해를 종합해 볼 때 '학습자들이 재미를 느끼고, 주도적으로 참여할 수 있는 교육을 의미하며, 교사와 학습자 간의 충실한 상호작용이 일어나 교수–학습 효율을 극대화하는 수업'을 말한다. 마지막으로 교사들이 수업에 대한 반성적 사고를 통해 평가를 실시하며, 그 평가를 반영하고 평가를 고려한 수업을 좋은 수업이라고 할 수 있다(한국교육과정평가원, 2006; 이경진, 2016).

유치원 수업운영의 실제는 다음과 같다.

하루 일과(활동 중심)	생활 주제(주제 중심)
자유선택활동, 이야기 나누기, 동화/동시/동극, 간식 등	유치원과 친구, 나와 가족, 우리 동네, 동식물과 자연 등

1. 좋은 수업의 과정

좋은 수업의 과정은 계획–실행–평가 단계로 나누어진다.

가. 계획 단계	나. 실행 단계	다. 평가 단계
• 활동목표의 설정 • 학습자 특성 및 경험 진단 • 활동 내용 선정 및 조직 • 교수 방법의 결정 • 평가계획의 수립	• 도입 단계 • 전개 단계 • 마무리 단계	• 수업에 대한 평가 • 학습자에 대한 평가: 교사의 수업전문성 향상에 매우 중요함

1) 계획 단계

수업의 준비 단계 중 하나이며, 좋은 수업을 위해서는 수업계획이 필수적이다. 수업계획이 필요한 이유는 다음과 같다.

- 수업목표나 내용에 적합한 수업 방법을 선택하기 위하여
- 수업에서 유아가 다양한 학습활동을 경험할 수 있도록 하기 위하여
- 개별 유아에 적합한 수업 방법을 선정하기 위하여
- 현실적으로 적합한 여건의 환경에서 수업하기 위하여

2) 실행 단계

실행 단계는 교사가 계획한 수업을 진행하는 단계로, 수업실행 시 효과적 교사의 행동 요소로 보리크(Borich)는 수업의 명료성, 수업 방법의 다양성, 수업에의 집중, 유아의 적극적 참여, 유아의 성취감을 들고 있다(강민정 외, 2018).

① 수업의 명료성: 교사가 활동 내용을 유아가 이해하기 쉬운 수준으로 안내하여 유아가 본 수업에 대해 인지할 수 있도록 한다. 수업의 명료성을 나타내는 교수행동은 다음과 같은 요소를 포함한다.
  - 유아의 이전 경험 및 이전 수업 내용 등과 학습 여부와의 연계성
  - (필요한 경우) 활동에 대해 반복적으로 혹은 단계별로 안내함
  - 활동 내용의 이해를 돕기 위해 다양한 방법을 활용함
  - 수업 정리 단계에서 유아도 어떤 내용에 대해 학습했고 또 어떤 내용이 더 알고 싶은지 생각해 볼 시간을 제공함
② 수업 방법의 다양성: 수업에서의 융통성 있는 전달 방법을 의미하는 것으로 유아들의 호기심을 자극할 수 있는 다양한 수업 전략과 전이활동을 활용한다. 유아들과 골고루 눈 맞추기, 상황에 따른 목소리 조절, 대·소집단활동과 개별활동 등의 방법을 다양화할 수 있다.
③ 수업에의 집중: 교사가 효과적 수업실행을 위해 노력하는 것으로, 이에 해당하

는 교수행동은 다음과 같다.

- 누리과정 교사용 지도서나 교육과정의 세부 내용을 충실히 반영하는 것
- 우발적 상황에 따라 수업계획을 융통성 있게 변경하는 것
- 수업 중 유아로 하여금 반복적으로 수업을 방해하는 요인이 발생할 경우 이를 해결하는 것
- 수업목표에 적절한 수업 방법(교수법)을 선택하는 것

④ 유아의 적극적 참여: 유아가 활동에 흥미를 가지고 몰입하고 주도적으로 참여하는 정도를 의미한다. 교사는 유아들과의 상호작용 시 칭찬과 격려를 통해 온화하고 즐거운 수업 분위기를 조성하고 개별적 도움을 필요로 하는 유아를 위해 개별화 교수 자료를 준비하여 실시하거나 때로는 개별활동과 모둠활동을 적절히 활용해야 한다.

⑤ 유아의 성취감: 유아의 성취감은 수업 내용을 이해하여 자신감을 가지고 활동을 참여했을 경우 생기며 이를 위해 교사는 유아의 반응에 대해 긍정적인 피드백을 제공하고 유아의 수준에 맞추는 것이 필요하다. 하나의 단위활동에 너무 많은 내용을 담거나 발달에 적합하지 않은 내용이 실행될 때 유아의 성취감은 저하될 수 있다.

3) 평가 단계

수업활동에 대해 평가할 때 고려사항은 다음과 같다.

- 수업 내용이 유아의 발달수준과 흥미 및 요구에 적합한지, 수업 내용에 대한 적절한 교수 방법과 활동 유형이었는지
- 도입, 전개, 마무리 과정에 따라 단계적으로 발문이 연계되는지
- 교사가 유아의 아이디어에 대한 격려와 유아의 인격을 존중하는 피드백을 제공했는지
- 다양한 발문 유형을 때에 따라 적절하게 구사하는지
- 교사가 수업 중 각 유아의 특성을 잘 파악하고 있는지, 신체적 욕구를 배려하는지

- 그 외: 교사 목소리의 높낮이, 속도, 어조가 적절한지 혹은 비언어적 상호작용(시선 접촉, 열정, 자세, 몸짓, 손동작 등)이 효과적인지

2. 좋은 수업의 특징과 교수학습 원리

특징	교수학습 원리
• 상호작용이 활발한 수업 • 유아의 발달적 특성을 고려한 수업 • 효과적인 교수법이 활용된 수업 • 교육과정 내용을 충실히 이행한 수업 • 유아 중심 수업 • 목표 설정이 명확한 수업 • 물리적 환경이 잘 조성된 상태에서 이루어지는 수업 • 평가를 고려하는 수업	• 유아의 학습이나 활동을 놀이 중심으로 이루어지게 하는 <u>놀이 중심의 원리</u> • 생활 속 경험을 소재로 하여 지식과 기능, 태도를 학습하게 하는 <u>생활 중심의 원리</u> • 유아와 교사, 유아와 유아, 유아와 교구 및 환경 간에 인지적, 정서적인 측면에서 교류하면서 학습이 이루어지게 하는 <u>상호작용의 원리</u> • 유아의 흥미를 중심으로 활동을 선택하고, 지속할 수 있도록 환경을 제공하고 지원하는 <u>흥미 중심의 원리</u> • 개별 유아의 관심과 흥미, 발달이나 환경 특성 등을 고려하여 각자에게 적합한 방식으로 학습되게 하는 <u>개별화의 원리</u> • 실내활동과 실외활동, 정적 활동과 동적 활동, 대 · 소집단활동과 자유선택활동(개별활동), 휴식 등을 적절히 안배하여 유아의 고른 발달과 학습이 이루어지게 하는 <u>균형의 원리</u> • 학습의 제 영역들이 주제, 영역, 활동, 경험, 교과 등의 다양한 부분에서 <u>통합적으로 운영되는 원리</u>

2   수업계획

1. 생활주제 중심의 교육계획 수립

더 읽어보기: 교육과정 재구성의 개념

  교육과정 재구성의 관점에서 교육과정은 교육현장에서 교사와 학생이 만들어가는 것으로 교사와 학생은 교육과정을 만들어가는 주체가 된다고 볼 수 있습니다(Snyder, Bolin, & Zumwalt, 1992). 따라서 유치원 교사는 주제 전개에 따른 전체적인 계획을 체계적으로 세워야 하지만 유아의 반응과 흥미에 따라 기존의 계획을 수정해 감으로써 교사와 유아가 함께 만들어가는 교육과정을 구현해 낼 수 있을 때 진정한 전문가가 될 수 있습니다.

1. 교육공동체 간 비전 및 철학 공유 비전공유/전년도 주제 선정, 교육활동 전개 과정, 교사 역할의 적절성 평가 등에 대한 요구 조사
2. 주제선정 의미 찾기(주제 선정의 이유 진술을 통한 교육과정 운영 방향 모색)/주제에 대한 교사 간 브레인스토밍/유목화를 통해 유아 연령별 교육 내용 및 목표 선정
3. 주요 내용 정리(주제와 소주제를 반영한 지식, 기능, 태도 내용/주제 관련 범 교육과정 내용/지역 특색 및 유아의 삶과 연계한 내용/유치원(학급) 특색 및 역점관련 내용
4. 교육활동 선정(주요내용에 적절한 교육활동 선정)/ 교육내용을 놀이활동으로 제시
5. 교육계획안 작성(일과운영 원리에 따라 구성/교육활동 목표 진술은 지식, 기능, 태도로 진술)
6. 놀이중심 일과운영(함께 구성하는 유아중심 교육과정/흥미를 반영한 놀이중심 교육과정)
7. 성장중심평가(교육과정–수업–평가(기록)일체화를 통한 유아성장 지원/평가결과를 반영한 교육과정 재구성)

---

1) 생활주제의 의미

① 생활주제는 단원, 토픽, 주제, 프로젝트 등과 유사한 용어이기는 하나, 국가수준 유치원 교육과정에서 의도하는 바는 이들 용어들이 갖는 유사점과 차이점을 절충하여 잘 종합한 것이라고 볼 수 있다.
② 주제가 유아들의 관심 범위를 포괄적으로 나타낸다고 하면, 프로젝트는 유아들

의 실제적인 관심거리를 조사하고 연구하는 활동의 방향을 나타낸다. 한편 단원
은 특정 주제에 대하여 미리 구체화된 일련의 학습 범위를 나타낸다. 그러나 실제
로 유치원에서의 교육활동은 이들 간에 뚜렷한 구분이 있어 선택하여 이루어진
다기보다는 상호 보완적으로 작용하여 역동성 있는 교육활동이 이루어지고 있다.

③ 생활주제 교육 계획은 그 제목이 포괄적인 데(누리과정 주제)서부터 실제적인 탐
색활동, 인과적 관계 등 학습의 방향을 구체적으로 나타내는 제목에 이르기까지,
유아들의 다양한 관심거리에서부터 출발한다.

④ 주제가 선정되는 데 있어서 NEA(National Educational Association, 1992)는
  • 발달수준과 연령에 따른 적합성
  • 배울 가치에 따른 유용성
  • 생활 관련성
  • 지역사회 문화와 가치에 대한 고려
  • 다른 주제와의 관련성
  • 학습에 대한 가능성과 효율성
  등을 고려할 것을 강조하였다.

⑤ 생활주제 교육 계획은 우선적으로 유아의 가까운 일상에서부터 사회생활 전반에
걸친 경험적 요소들을 교육활동의 자원으로 한다는 점에서 유아 주도의 학습 과
정을 전제로 한다고 볼 수 있다. 유아들의 자발적이고 능동적인 학습활동은 생활
주제 중심의 교육과정이 의도하는 바이며, 이것은 교사가 아동중심 교육관, 구성
주의 학습관을 가지고 교육 계획을 할 때 가능해진다. 그리고 생활주제 교육계획
은 교육활동을 통한 유아의 발달적 변화를 도모한다는 데 목표를 둔다. 따라서 생
활주제 중심의 교육활동을 수행하는 과정에서 유아가 개별적으로 잠재된 능력을
표출하고, 확장시켜 나가며, 두 가지 이상들을 통합시켜 복합적인 능력을 보이는
등의 변화 과정을 관찰하고 파악하는 것은 중요한 목표가 된다.

2) 생활주제의 선정

더 읽어보기: 새로운 주제의 도입 시기와 상황

- 교사와 유아 모두 이전 주제가 충분히 다루어졌다고 인식되는 경우
- 교사는 "지금 진행 중인 주제가 더 길게 확장·전개되는 것이 바람직하겠다."고 기대하였으나, 유아들이 진행 중인 주제에 대한 흥미와 참여 의욕을 상실한 경우
- 유아들이 매우 흥미롭게 어떤 주제를 전개하다가 그 주제가 확산되면서 다른 주제로 자연스럽게 연결되는 경우
- 유아들이 새로운 주제의 필요성을 제안하는 경우
- 예상하지 못한 흥미상황으로 인해 유아들의 흥미가 순식간에 다른 주제로 옮겨간 경우, 교사의 관찰 및 계획에 의거하여 교사가 주제를 제안하는 경우

(1) 생활주제의 선정

생활주제는 유아들의 일상생활 경험, 흥미로운 사실, 문제 상황, 우연한 사건 등을 떠올려 보면 찾기 쉽다. 유아들이 경험하는 사건과 상황들 중 특히 의미 있게 다가오는 주제거리는 유아의 발달에 적합하고, 친숙하거나 호기심을 유발하며, 문제를 해결하고 싶은 동기를 유발하는 것들이다. 따라서 생활주제는 유아들에게서 발현되고, 여러 개의 생활주제가 동시에 떠오를 때는 제안한 생활주제의 의미와 가치, 실현 적절성, 유아들의 참여 가능 정도에 대해 토의하고 합의하는 과정을 거쳐 선정되는 것이 일반적이다. 그러나 유아들에 의한 주제 선정만이 학습자 주도 교육을 의미하는 것은 아니다. 때로는 교사가 새로운 주제의 선정이 필요하다고 판단할 경우 유아들에게 제안하고, 합의과정을 통해 선정할 수도 있다.

(2) 연간 생활주제 목록

① 연간 생활주제 목록은 1년 동안 유치원 교육과정 속에서 다루게 되리라고 예상되는 생활주제들과 각 생활주제별 계획안이 포함되어 있다. 누리과정에서는 연간 생활주제 목록으로 유치원/어린이집과 친구, 나와 가족, 우리 동네, 동식물과 자연, 건강과 안전, 생활도구, 교통기관, 우리나라, 세계 여러 나라, 환경과 생활, 봄·여름·가을·겨울 등 11개를 제시하였으며, 이들 중 세계 여러 나라는 만

3세에서는 다루지 않도록 하였다. 이에 따라 많은 유치원들이 연령에 따라 10개, 11개 주제를 연간 생활주제로 선정하고 있으며, 유치원에 따라서는 자율적 · 창의적으로 생활주제를 선정하기도 한다. 이런 경우 자율적으로 선정한 주제와 지도서에서 제시한 생활주제 간의 연계성을 기술하여야 한다.

② 연령별로 생활주제의 크기가 다름에 따라, 생활주제를 다루는 기간도 다르며, 기간 내에 경험하게 되는 생활주제의 범위도 차이가 난다.

구분	지도서	3세	4세	5세
생활주제	나와 가족	나	나와 가족	사랑
주제	나의 몸과 마음 소중한 나 소중한 가족 가족의 생활 가족의 문화	서로 닮은 우리 얼굴 나의 표정과 마음 소중한 나 나의 몸	나의 몸과 마음 소중한 나와 가족 가족의 생활	사랑의 마음 (배려, 협력, 나눔, 인내) 사랑의 실천 (사랑하는 나와 친구, 가족과 이웃, 사랑을 실천하는 사람들)
기간	22일	15일	19일	25일

3) 생활주제 교육계획안

생활주제 교육계획안이란, 각 생활주제별로 생활주제망, 주요 내용, 연관활동, 벽면구성을 포함하여 교육활동을 작성한 총체적인 계획안을 말한다. 교사는 생활주제별 교육계획안을 수립할 때, 먼저 각 생활주제별 생활주제망을 조직하고 이에 따른 주간 교육 계획안의 주제망을 구성한 뒤, 주요 내용을 기술해야 한다. 다음으로 자유선택활동과 대 · 소집단활동으로 구분된 연관활동안을 구성하고 벽면구성을 위한 계획을 수립한다.

(1) 생활주제 선정의 이유

① 생활주제 선정의 동기
② 상황적 배경과 흐름

③ 교육적 의미나 가치

④ 생활주제 경험에 따른 교육적 효과

⑤ 누리과정 지도서 주제와의 관련

⑥ 각 연령별 교육과정의 중점 내용과의 관련

★ 생활주제 선정 배경의 예시

나의 꿈과 미래
「나의 미래와 꿈」 주제는 유아기를 보내며 유아가 나의 과거를 살펴보고, 현재의 모습을 이해하며, 미래의 모습을 상상해보는 기회를 가져볼 수 있도록 하기 위하여 선정하였다. 유아가 자신의 출생과 성장과정을 알아보며, 가족들의 사랑과 보살핌으로 현재까지 자라게 됨을 알면서 가족과의 관계 속에서 자신의 소중함을 느끼고, 감사한 마음을 가질 수 있다. 　유아는 현재 자신의 모습을 살펴보고 잘 하는 것과 할 수 있는 것이 무엇인지 생각해 보며 자신의 대한 자긍심을 가질 수 있도록 도울 수 있다. 　나의 성장에 대해 다양한 표상을 경험함으로써 자신의 변화할 모습에 대해 긍정적인 기대감을 갖고, 내가 하고 싶은 일과 직업에 대해 생각해 본다. 　'행복한 나' 주제에서는 행복을 느낄 수 있는 다양한 상황들을 알아보고, 나를 행복하게 하는 다양한 말과 장소, 사람 등에 대해 생각을 나누어 봄으로써 행복한 나의 모습을 다양하게 표상하는 기회를 갖는다. 　'나의 미래' 주제에서는 미래의 자신의 모습, 미래의 가족, 미래에 살게 될 집에 대해 상상해보고, 나아가 미래의 직업과 삶의 좌우명에 대해서도 생각해 보는 시간을 갖는다. 　「나의 미래와 꿈」 주제를 통해, 유아가 시간의 흐름 속에서 나에 대해 깊이 있게 생각해 봄으로써 나를 사랑하고, 매일 매일을 더 건강하고 행복하게 살아갈 수 있는 힘을 기를 수 있도록 돕고자 한다.

(2) 생활주제망

　교사는 각 생활주제별로 유아가 경험하게 될 교육내용의 범위를 예상하고 조직한다. 이때, 교사는 유아의 보편적인 발달수준, 유치원 및 지역사회의 환경조건, 교사 자신의 역량을 종합적으로 고려하여 활동이 실제 실현 가능하다고 예상되는 범위 내에서 생활주제망을 구성한다. 생활주제-주제-소주제의 관계는 논리적, 심리적으로 포함관계에 있다. 이는 교사가 예상한 하나의 안으로서, 주제와 소주제들 간에는 어떤 것을 먼저 다루어야 한다는 정해진 순서가 있는 것이 아니며, 실제 생활주제를 전개할 때에는 유아들의 흥미와 관심을 고려하여 전개순서를 정하도록 한다.

★ 만 5세 주제망 예시 – 「발견과 발명」

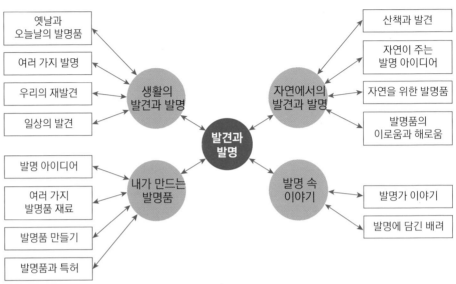

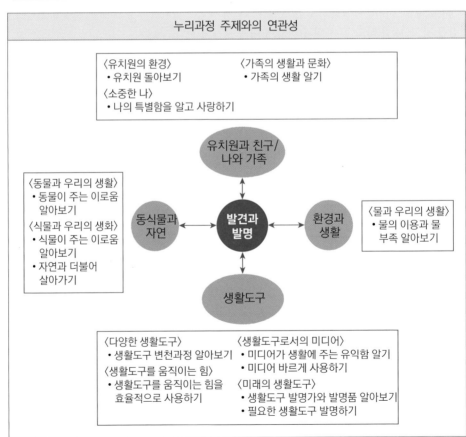

(3) 생활주제계획안 짜보기

연령		기간	
생활주제			
주제 선정의 이유			
생활주제망			

2. 단위활동계획안 작성 시 고려사항

1) 수업계획을 위해 필요한 교사의 지식

- 교수 설계에 대한 지식
- 학습자에 대한 지식
- 학습 내용에 대한 지식
- 교수 방법에 대한 지식
- 학습자를 가르쳐 본 경험에서 나오는 실천적 지식

2) 고려사항

- 월간교육계획안에 맞춰 주간교육계획을 먼저 작성한 후 이에 기초하여 단위활동을 세부적으로 어떻게 진행할지 계획되어야 한다.
- 활동계획안의 구성요소를 고려해야 한다(생활 주제, 주제, 소주제, 활동 유형, 활동명, 활동목표, 연령별 누리과정 관련 요소, 준비물, 도입, 전개, 마무리 단계에서 이루어지는 활동 내용, 평가, 유의점).
- 교사-유아 상호작용의 세부 내용을 구체적으로 예상해서 기록한다.
- 도입, 전개, 마무리 단계를 고려한다(도입 부분: 활동에 대한 유아들의 호기심 자극/전개 부분: 활동의 본격적인 의미 탐색/마무리 부분: 활동에 대한 평가 및 차시 예고).
- 융통성을 고려한다(단위활동계획이 아무리 치밀하게 계획되었을지라도 유아들의 흥미와 요구 등의 반응에 따라 융통성 있게 조절).
- 수업에 요구되는 인적자원과 실내·외 공간의 시설 및 설비 등의 물적 자원을 고려한다.

> **참고** 단위활동계획안 작성 절차
>
> 활동목표 기술 → 누리과정 관련 요소 기술 → 활동목표에 적합한 활동 내용 선정 → 활동 내용의 도입-전개-마무리 정하기 → 활동 자료 정하기 → 활동의 유의점 → 활동평가계획

3. 수업계획 시 포함할 내용

좋은 수업의 과정은 계획-실행-평가로 나뉘며 계획 단계에서는 다음과 같은 내용이 포함되어야 한다.

1) 활동목표 설정

활동목표는 유아가 달성하는 성취행동을 말하며, 수업 방향을 제시하고, 학습 내용 및 활동 선정을 안내하는 역할을 한다. 활동목표는 구체성, 포괄성, 일관성, 가변성, 실현가능성의 원리에 따라 기술한다. 주간교육계획안과 일일교육계획안의 목표 진술은

지식, 기능, 태도로 나누어 진술하며, 단위활동계획안은 <u>주제 관련 목표와 단위활동과 관련된 목표가 포함</u>되도록 진술하는 것이 바람직하다. 목표 진술 시 고려할 점은 다음과 같다.

- 수업계획 시 수업목표 달성에 타당한 것인가를 점검한다.
- 교사에 따라 계획이 달라지고, 수업 방법도 달라질 수 있다.
- 계획 수립, 수업실행, 실행 후 평가가 이루어져야 한다.
- 예상치 못한 상황에 따라 계획 조정이 가능하다.

2) 학습자 특성 진단

교사는 학습자의 특성을 파악하고 이를 근거로 수업계획을 세워야 한다[학습자 특성 진단이란 '출발점행동'이라고도 하며 해당 수업의 수행을 위해 학습자가 이미 갖추고 있는 지식, 기능(기술), 태도를 의미함]. 학습자 진단 시 다음과 같은 내용을 관찰, 체크리스트, 수행 결과물 활용 등의 방법으로 확인할 수 있다.

- 학습자의 발달 및 사전 경험의 정도
- 학습자의 흥미와 요구

3) 활동 내용의 선정 및 조직

활동 내용의 선정은 활동목표에 부합해야 하며 활동목표는 인지 기능뿐 아니라 정의적·심동적 영역이 균형 있게 기술되어야 한다. 활동 내용의 조직 단계는 동일한 활동 내에서 내용의 순서를 정하는 것으로(학습 경험이 단순 반복되지 않도록) 활동 내용을 계열화하는 것이다.

4) 교수 방법 결정

교수 방법을 결정하는 것은 활동목표를 효과적으로 달성하기 위한 가장 좋은 방법을 선택하고 계획을 세우는 것이다. 교사 주도의 설명식 교수, 유아 주도적인 문제해결법, 탐구학습법 등의 교수 방법 중 무엇을 선택하는 것이 적절한지 혹은 개별활동, 집단활동 등 어떠한 크기로 활동을 구성할지, 어떤 교수매체를 활용할 것인지 등의 구체적 교수 전략을 세워야 한다.

5) 평가계획 수립

수업의 계획과 실행 시 활동목표 달성 여부에 대해 알아보는 평가는 활동목표와 맞추어 계획해야 한다.

4. 계획 단계에서의 유아 – 교사의 역할(허미애, 2007)

일일활동계획안은 계획을 실행하기 바로 전날 작성한다. 주제 관련 이야기 나누기 수업계획은 일일활동계획의 일부분이다. 교사가 주제 관련 이야기 나누기 수업을 계획하는 절차는 다음과 같다.

① 유아와 함께 합의한 다음날의 이야기 나누기 소주제가 무엇이었는지를 명확하게 기술한다. 이때 교사는 자신이 유아와 공유하고자 하는 지식의 내용과 범주를 결정한다.
② 그날 실행할 이야기 나누기 수업의 구체적인 목표를 설정한다. 교사는 자신이 유아와 공유하고자 하는 내용 가운데 유아가 이미 알고 있거나 해 보았던 부분을 이야기 나누기 수업 속에 어떻게 통합시킬 것인가에 대한 여러 방안을 함께 검토하면서 목표를 명료화한다.
③ 목표에 부합되는 교수-학습 자료를 선택한다. 이때 교사는 유아에게 친숙한 소재나 경험을 고려하면서 가급적 실물 자료를 먼저 찾아본다. 유아는 실물 자료가 제시되었을 때 주의집중을 좀 더 잘할 뿐 아니라, 오감각을 통한 자료 탐색 과정

에 쉽게 몰입하기 때문이다. 그러나 설정된 목표에 부합되는 실물 자료가 없을 경우에는 이를 대체할 매력적인 그림 또는 사진 자료를 찾거나 직접 제작하기도 한다.

- 내가 설정한 목표를 성취하기 위해서는 어떠한 교수−학습 자료가 필요한가?
- 내가 선택한 교수−학습 자료를 통해 유아의 흥미가 일어날 수 있는가?
- 주제와 관련하여 유아가 찾아올 수 있는 이야깃거리와 내가 준비한 교수−학습 자료(교사의 이야깃거리)의 차이점은 무엇인가?

④ 교사가 준비한 교수−학습 자료를 중심으로 다양한 관련 교과 및 생활 주제, 영역이 통합될 수 있도록 이야기 나누기 수업 계획안을 구성한다. 이때 교사는 유아들의 동기유발을 위한 매력적인 주제 도입 방안과 교수−학습 자료 사용 단계에서의 교사 발문 단계 및 그에 따른 구체적 발문 내용을 계획한다.

- 교수−학습 자료 속에 무엇(개념/주제/영역/활동)이 통합될 수 있는가?
- 교수−학습 자료는 어떤 순서로 조직하여 제시할 것이며, 각 단계에 따라 어떤 발문을 할 것인가?

⑤ 교수−학습 자료에 따른 활동의 범주가 정해지면, 이야기 나누기에 참여할 집단의 크기와 활동 소요시간 및 활동시간대(전·후에 실시되는 활동과의 조화)를 결정한다.

⑥ 유아들이 이야기 나누기에 몰입할 수 있도록 교실 환경을 어떻게 준비할 것인가에 대해 구체적으로 계획한다(이야기 나누기 장소, 이야기 나누기 대형······). 이야기 나누기 장소는 그날의 주제가 무엇인지에 따라 달라질 수 있으며, 이야기 나누기의 대형은 이야기 나누기에 참여하는 집단의 크기 또는 교수−학습 자료가 지닌 특성에 따라 달라질 수 있다. 집단의 크기가 중집단 이하인 경우에는 모든 유아가 서로를 바라보며 이야기 나눌 수 있는 원형이 바람직하나, 대집단 이야기 나누기에서는 반달형을 선택할 수밖에 없다. 이런 경우 교사는 모든 유아가 교수−학습 자료를 잘 볼 수 있도록 자료를 천천히 좌우로 움직여 주는 섬세함이 요구된다.

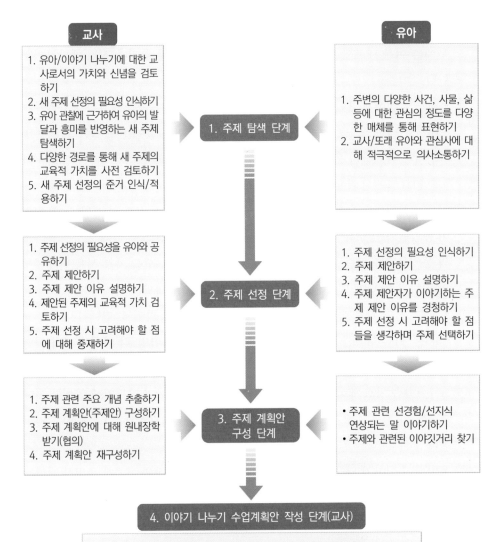

교사

1. 유아/이야기 나누기에 대한 교사로서의 가치와 신념을 검토하기
2. 새 주제 선정의 필요성 인식하기
3. 유아 관찰에 근거하여 유아의 발달과 흥미를 반영하는 새 주제 탐색하기
4. 다양한 경로를 통해 새 주제의 교육적 가치를 사전 검토하기
5. 새 주제 선정의 준거 인식/적용하기

1. 주제 탐색 단계

유아

1. 주변의 다양한 사건, 사물, 삶 등에 대한 관심의 정도를 다양한 매체를 통해 표현하기
2. 교사/또래 유아와 관심사에 대해 적극적으로 의사소통하기

1. 주제 선정의 필요성을 유아와 공유하기
2. 주제 제안하기
3. 주제 제안 이유 설명하기
4. 제안된 주제의 교육적 가치 검토하기
5. 주제 선정 시 고려해야 할 점에 대해 중재하기

2. 주제 선정 단계

1. 주제 선정의 필요성 인식하기
2. 주제 제안하기
3. 주제 제안 이유 설명하기
4. 주제 제안자가 이야기하는 주제 제안 이유를 경청하기
5. 주제 선정 시 고려해야 할 점들을 생각하며 주제 선택하기

1. 주제 관련 주요 개념 추출하기
2. 주제 계획안(주제안) 구성하기
3. 주제 계획안에 대해 원내장학 받기(협의)
4. 주제 계획안 재구성하기

3. 주제 계획안 구성 단계

• 주제 관련 선경험/선지식 연상되는 말 이야기하기
• 주제와 관련된 이야깃거리 찾기

4. 이야기 나누기 수업계획안 작성 단계(교사)

1. 이야기 나누기 소주제(일일 주제)와 그에 따른 지식의 내용 및 범주 결정하기
2. 이야기 나누기 수업의 목표 설정하기
3. 목표에 부합되는 교수-학습 자료 선택하기
4. 선택한 교수-학습 자료를 중심으로 각 영역별/활동별/주제별 통합적 접근 방안 탐색하기
    • 동기 유발을 위한 전략적인 주제 도입 방안 계획
    • 교수-학습 자료 사용 단계 예시의 체계적인 교사 발문 계획
5. 이야기 나누기에 참여할 집단의 크기와 장소/활동 소요시간 결정하기

※ 출처: 허미애(2007).

3 수업실연의 기본 절차

수업의 실행 단계는 도입-전개-마무리로 나뉘며 각 단계에서의 중점사항은 다음과 같다.

	도입	전개	마무리
수업 분위기 조성	• 동기유발하기 • 이전 경험 및 학습과 연계하기 • 본 수업에 대해 명확히 의사소통하기(수업목표 공유 및 활동 소개)	• 활동 안내 • 활동 참여 유도 • 피드백 제공	• 목표 달성 여부 확인 • 활동 내용에 대한 정리 • 활동에 대한 평가 • 학습한 개념 일반화 • 보충자료 제시 • 다음 차시 예고

1. 수업 도입

1) 수업 분위기 조성

• 즐겁고 흥미로운 분위기 만들기   • 생리적 욕구를 해결할 시간 마련하기
• 유아의 자리 조정하기   • 수업 환경 확인하기

참고 '수업 환경' 확인하기

• **매체 준비하기:** 전자매체, 칠판 및 화이트보드 등 미리 준비
• **자료 준비하기:** 수업에 사용할 재료 및 자료들을 손쉽게 꺼내어 사용할 수 있도록 준비
• **방해되는 요인 해결하기:** 놀이터에서 노는 아이들의 소리로 인해 집중이 어려울 경우 창문 등을 닫음
• **수업 대형 확인하기:** 유아와 교사가 서로 잘 보일 수 있는 대형인지 확인

2) 도입 단계의 주요 활동

수업 도입에서 가장 중요한 것은 유아의 호기심 자극과 동기유발이다.

- 교사는 유아가 무엇인가 재미있는 일이 일어날 것이라는 기대감을 가질 수 있도록 수수께끼, 노래, 찬트, 부분 보고 전체 알아맞히기, 비밀주머니 소개하기, 인형극, 동화를 이용하여 그날의 일일주제(소주제)에 대한 호기심을 일으킬 수 있다.
- 교사는 유아들의 흥미와 주의집중을 유지하기 위해 다양한 실물 자료, 시청각 자료, 상징적 자료 등을 사용하는 것이 좋다. 이때 교사는 유아와 더불어 그날의 일일주제(소주제)가 무엇인지에 대해 명확하게 의사소통을 해야 한다.

도입 단계의 주요 활동에 따른 교사의 역할은 다음과 같다.

동기 유발하기	• 활동 내용과 관련 이야기나 경험담을 들려줌으로써 동기유발할 수 있다. • 활동과 관련된 노래를 들려주거나 감상하면서 주의를 집중시킬 수 있다. • 활동목표와 관련 있는 학습 내용을 시청각 자료를 사용해 주의를 집중할 수 있다. • 구체적으로 오감각을 통해 느껴볼 수 있는 구체물 자료를 활용해 흥미를 유발할 수 있다.
이전 경험 및 학습과 연계하기	• 본 수업에서 다루게 되는 소주제 혹은 활동 내용과 관련 있는 이전 경험을 회상하도록 하는 것을 말한다. • 이러한 도입을 통해 이전의 경험을 바탕으로 현재 학습할 내용에 대해 관심을 가질 수 있게 된다.
본 활동에 대해 의사소통하기	• 도입 단계의 마지막에서 이루어져야 할 주요 활동으로, 본 활동에서 어떤 활동이 이루어질지에 대해 의사소통하는 것이다. • 이때 일방적 지시나 과제를 부여하기보다 유아가 잘할 수 있고, 하고 싶다는 생각이 들도록 안내하는 것이 중요하다. • 학습목표는 유아가 활동을 통해 성취할 수 있는 가능한 구체적인 것으로 설정해야 한다.

3) 동기설계모형: ARCS(Keller, 1994)

학습동기를 유발하고 지속시키기 위하여 학습 환경의 동기적 측면을 설계하는 문제해결 접근법으로, 네 가지 주요 변인인 주의집중(attention), 관련성(relevance), 자신감(confidence), 그리고 만족감(satisfaction)의 네 가지 약자인 ARCS로 불린다. 이는 주의를 집중시키고, 관련성을 확인하고, 자신감을 고취시켜 주고, 만족감을 갖도록 해 주는 것이다.

🖊 동기의 구성 범주

범주	내용	주요 질문 사항
A 주의집중	학습자의 흥미 사로잡기-학습에 대한 호기심 유발하기	어떻게 하면 이번 학습 경험을 자극적이고 재미있게 할 수 있을까?
R 관련성	학습자의 필요와 목적에 맞추기	이번 학습 경험은 어떤 측면에서 학생들에게 가치가 있을까?
C 자신감	자신의 성공할 수 있다고 느끼고 믿도록 도와주기	수업을 통해 학생들이 자신의 성공을 이끌어 낼 수 있도록 어떻게 도와줄 수 있을까?
S 만족감	보상을 통해 성취를 강화해 주기(내재적, 외재적 보상)	자신의 경험이 좋았다고 느끼고 앞으로 계속 학습하고 싶도록 하기 위해 무엇을 도와주어야 할까?

※ 출처: 신혜영(2013).

(1) A: 주의집중 유발 전략

성공적인 학습을 위해 학습자는 주의집중되어 있어야 한다. 이러한 전략은 교사가 유아들이 감각적이고 지적인 호기심을 탐구하고 유지하기 위한 방법으로 사용할 수 있다. 지각적이고 감각적인 호기심을 유발하기 위해 교사는 추상적인 설명보다는 구체적인 실례를 제시해야 하는데, 추상적이거나 복잡한 개념도 비유를 사용하여 구체적으로 느낄 수 있도록 제시함으로써 유아는 과제에 쉽고 편하게 접근할 수 있다. 교사는 과제를 간단하면서도 명확하게 드러낼 수 있는 다양한 감각에 호소하는 자료 제시 방법을 연구할 필요가 있다.

지각적 각성	무언가 흥미로운 내용이 제시될 것이라는 기대와 감각을 자극해 주의집중을 불러일으키는 전략 예 교사의 목소리 크기와 높낮이 조절하기, 그림 자료를 제시할 때 일부만 보여 주기, 교사나 특정 유아의 이름을 언급해 말하기, 손인형이나 구체물을 보여 주며 시작하기, 그림이나 구체물을 하나씩 제시하기, 유아와 지속적으로 눈 마주치기, 교사의 손짓과 몸짓을 더해 말하기, 비밀 상자 이용하기, 칠판에 그림을 그리며 말하기 등

탐구적(호기심) 각성	유아의 주의집중을 유지하도록 하여 더 깊은 수준의 호기심을 깨우치도록 하는 것으로 단순한 감각의 자극 이상의 탐구적인 호기심을 자극하는 전략 예 해결책이 있을 수도 있고 없을 수도 있는 문제 제시하기, 지적 갈등을 유발해 호기심 자극하기, 예측하기, 상상하기 등
변화성	동기유발 방법이나 제시하는 속도에 변화를 주어 지루함을 느끼지 않도록 하는 전략 예 그림 자료나 동영상 자료 등 자료 유형에 변화를 주어 제시하기, 자료의 글자 색깔 등에 변화 주기, 교사와 유아가 번갈아가며 자료를 제시하기, 고정적인 순서에 변화를 주기 등

(2) R: 관련성 유발을 위한 전략

유아들은 다양한 욕구와 요구체계를 갖고 있으며 교사가 이를 이해하고 적절히 대응할 때 학습 효과를 극대화할 수 있으므로 교사는 유아의 욕구를 알고 그에 맞는 과제와 학습 환경을 조성해야 한다. 관련성 전략은 학습과 유아를 연결 짓기 위한 전략이다.

유아가 학습에 대해 스스로 목적의식을 갖도록 하는 중요한 전략으로, 세 가지로 나누어 볼 수 있다. 첫째, 목적지향성 전략은 유아로 하여금 수업이 유아에게 유용하며 앞으로도 유용할 것이라는 것을 설득시키는 것이다. 둘째, 모티브 일치 전략은 학습목표와 개인의 목표가 보다 밀접하게 연결되게 하는 과정이다. 예를 들어, 학습 내용과 관련 있는 분야의 인물에 관한 실례는 유아가 학습 내용을 가깝게 느끼게 해 주며 유아의 용기를 격려할 수 있다. 유아들의 다양한 요구를 만족시키기 위해 수업의 형태를 변화시키거나 개인적인 성취를 요구할 수도 있고 협동학습을 통해 협력을 유도할 수도 있다. 셋째, 친밀성 전략은 수업을 유아의 이전 경험에 연결하기 위해 구체적인 실례를 제공하고 학습 내용과 관련된 개념을 비유를 사용해 이미 유아가 알고 있는 것과 연관 짓는 것과 유아로 하여금 과제의 내용과 유형과 수단을 선택할 수 있는 선택권을 부여해 유아에게 유의미한 과제가 되도록 하는 방법이다.

목적 지향성	목적을 분명하게 정의해 줌으로써 유아들이 실제적인 혹은 잠재적인 수업의 목적을 알도록 하는 데 도움을 주는 전략 예 학습 내용이 나에게 어떤 좋은 점을 주는지 알려 주기, 배우기에 앞서 궁금한 것을 말해 보도록 하기, 다루고 있는 학습 내용이나 경험을 왜 하는지 혹은 왜 필요한지에 대해 생각해 보기 등

모티브 일치	통합적 접근을 위해 유아의 학습 양식이나 개인적 흥미에 맞추어 적절한 시기에 적절한 방법으로 끌어들이는 전략 예 유아의 이름 불러 주기, 유아의 노력한 결과에 대해 시각 자료로 보여 주기, 유아가 하고 싶은 활동 선택 및 기본생활습관 약속 정하기, 현재 성취 수준보다 좀 더 높은 수준을 설정하여 도전감 주기, 다른 사람에 대한 일화 들려주기 등
친밀성(관련성)	학습자의 과거 지식과 경험에 새롭고 낯선 내용을 연결시키는 전략 예 유아의 개인적 경험 말하기, 교사의 개인적 경험 말하기, 현장학습이나 지난 시간에 배운 내용 회상해 보기, 유아가 좋아하는 물건이나 익숙한 것에 대한 비유 또는 은유하여 설명하기, 설명할 때 유아가 알고 있는 인물을 등장시켜 말하기 등

(3) C: 자신감 유발 전략

유아가 자신의 능력과 유능함을 지각하게 되면 자신이 학습을 성공적으로 해낼 수 있을 것이라는 성공적인 기대감과 자신감을 가지지만 반대로 유아가 자신의 능력을 믿지 못하거나 성공이 자신의 노력 여부와는 상관이 없다고 느낄 경우에는 도전을 쉽게 포기하게 된다. 따라서 유아로 하여금 학습의 목표와 수업의 전반적인 구조를 알게 하는 것으로 시작하여 새로운 수업이나 주제를 배울 때 얼마나 노력해야 하고, 무엇을 수행해야 하는지에 대해 분명히 알도록 해야 한다. 또한 유아에게 알맞은 적정한 수준의 과제 난이도는 유아의 자신감을 유지하는 데 중요하므로 자료를 단순한 것에서 어려운 것으로 계열화하여 유아가 자신의 능력에 따라 선택하도록 해 도전감을 키우도록 한다(속도 조절 및 복잡성의 조절 등). 유아가 학습 성공이 자신의 노력과 능력에 의한 것이라는 것을 알기 위해서는 유아가 자기주도적인 학습을 할 필요가 있기 때문에 유아가 자신의 학습 상황을 조절할 수 있도록 해 주어야 한다. 즉, 자신의 학습 속도에 맞추어 자신의 능력에 부합하는 과제를 선택하고 다음의 학습 상황으로 스스로 진행할 수 있는 조절 기회를 제공해야 한다.

학습 요건	학습자들이 새로운 수업이나 주제를 배울 때, 얼마나 노력해야 하고, 무엇을 수행해야 할 것인가에 대해 분명한 이해를 안내하는 전략 예 활동 방법을 충분히 알려 주기, 활동의 성공 수준을 제시하고 피드백 주기, 시작 시간과 끝나는 시간 알려 주기, 성공적인 수행을 위해 활용할 수 있

	는 자료의 탐색이나 연습시간을 충분히 주기 등
성공 기회	교사가 학습자로 하여금 성공의 기회나 성공에 대한 긍정적인 기대감을 가지도록 기회를 제공하며 기대감에 영향력을 주는 것들에 대해 고려하는 전략 **예** 수준별 과제를 제시하여 적절한 도전 수준 만들어 주기, 지나치게 어려울 것이라는 불안감을 주지 않기, 수용적인 분위기 제공하기, 노력에 대해 인정하고 성취하지 못한 것에 대한 교정 피드백 제공하기, 연습 기회와 시간을 충분히 제공하기 등
개인적 통제 (비교)	학습자의 자신감을 발달시키기 위해 학습자들이 부분적으로 유의미한 개인적 통제를 할 수 있도록 수업을 조직하고, 긍정적인 귀인 피드백을 제공하는 전략 **예** 유아가 자신의 속도와 수준에 맞추어 학습할 수 있도록 선택권 부여하기, 과제 해결 시 혼자 또는 친구와 할 수 있는 선택권 부여하기, 유아의 생각을 말할 기회를 자주 제공하기, 노력이나 성공할 때마다 격려해 주기, 성공의 결과는 유아 자신의 노력이었음을 말해 주기 등

(4) S: 만족감 유발을 위한 전략

동기유발 전략의 마지막은 만족감 전략으로, 유아가 자신의 성공적 학습에 만족하고, 계속적인 학습 욕구를 갖게 하는 데 목적이 있다. 교사는 유아가 배운 것의 가치를 인정하는 등의 내재적 강화로 지속적인 동기유발을 하는 것이 바람직하지만 내재적 만족감을 갖지 못하는 유아에게 또는 전체에게 드물게 외재적 보상을 사용할 수도 있다. 내재적 강화와 더불어 외재적 보상을 적절하게 사용한다면 유아들이 문제를 해결하는 데 도움을 줄 수 있다. 이때 외재적 보상은 간헐적으로 사용하는 것이 바람직한데, 그 이유는 일상적인 보상으로 자리를 잡는 경우 유아는 학습의 목표를 외재적 보상 그 자체로 생각하기 때문이다. 이러한 강화와 보상의 과정에서 교사가 유의해야 하는 점은 공정성과 일관성이다.

	'학습 경험에 대한 학습자의 내재적 즐거움을 어떻게 격려하고 지원할까?'
내적 동기유발	→ 자발적인 흥미나 요구와 같은 내적 강화에 의하여 학습활동이 자발적으로 이루어지도록 하는 자연적인 동기유발 **예** 어려운 과제를 성공했을 때 내재적 자존심을 높이는 언어적 강화 제공하기, 성공한 유아가 다른 유아의 성공을 위해 도움을 줄 수 있도록 기회 제공

	하기, 흥미 있어 하는 영역에 대해 새로운 정보를 알려 주기, 성공한 과제에 이어 도전감을 느낄 수 있는 활동 연계하기 등
외적 동기유발	'학습자의 성공에 보상으로 무엇을 제공할까?' → 외재적 보상은 전통적, 외적 강화 방법인 토큰 등을 이용할 수 있다. 외재적 보상을 사용할 때 주의할 점은 외재적 강화는 일상화되면 강화의 가치를 잃게 되기 때문에 아주 드물게, 간헐적으로 사용해야 한다. 예 노력 과정이나 과제 해결에 대해 칭찬하기, 예기치 못한 외재적 보상 제공하기, 성공에 대한 보상으로 상징적 보상 제공하기 등
공정성	'공정한 처리에 대한 학습자들의 지각을 어떻게 만들어 줄까?' → 공정성은 학습자의 학업성취에 대한 판단을 일관성 있게 유지하고, 학습자의 학업수행에 대한 보상이 공정하게 주어져야 함을 의미한다. 예 기회를 동등하게 제공하기, 경쟁할 대상을 자신의 능력과 비슷한 유아로 정해 주기, 규칙 지키기에 공정성 부여하기, 교실에서 사회적 문제 발생 시 유아의 입장에 대해 이야기 들어보기 등

(5) 그 외: 창의적 동기유발 예시

① 학습 주제 관련 교재 · 교구 제시하기

예 "냄비 안에 무엇이 들어 있을까? 그렇구나. 그럼 이 냄비 안에 들어 있는 것을 알려면 어떤 방법이 있을까? 흔들어서 소리로도 알 수 있고, 손으로 만져서도 알 수 있구나. (눈을 가리고) 손으로 만져 볼까? 무엇인 것 같니?"

② 연상활동 제시하기

예 "(한 가지 범주) 이것은 무슨 모양일까? 그래. 동그라미구나. 동그라미 하면 어떤 것이 생각나니? 그렇구나. 또 생각나는 것이 있니? (두 가지 범주) 동그랗게 생겼고 소리 나는 물건은 어떤 것이 있을까?" (한 가지 범주에서 두 가지 범주로 확장)

③ 재미있는 출석 부르기 방법 적용하기[전경원, 김경숙(2015)]

예 "오늘은 평소에 대답하던 방법 말고 다른 방법으로 대답을 해 보자." (소리, 언어, 동작 등 하고 싶은 대로 하도록 하고 교사는 유아의 반응에 '얼굴 표정' 등 의미 있게 반응해 준다.)

2. 수업 전개

교사는 자신 또는 유아가 준비해 온 교수매체를 소개하는 과정에서 질문과 관찰을 통해 유아의 선경험과 선지식을 이끌어 내고, 수렴적 질문/개방적 질문, 창의적 사고를 위한 질문, 비판적 사고를 요구하는 질문을 시의적절하게 구사할 뿐 아니라 다양한 교수 전략과 실천적 지식을 적용하여 전개 과정을 이끌어 나가야 한다.

- 유아가 아는 것과 알아야 할 것에 대해 교사가 질문하며 확인하는 과정이 아니라 즐겁고 재미있고 자유롭고 허용적인 분위기를 유지해 나가는 것이 필요하다.
- 교사는 알맞은 속도와 크기의 목소리와 분명한 발음으로 말하면서도 상황에 따라 변화하는 어조를 통해 유아의 흥미가 유발되고 주의집중이 유지될 수 있도록 도와야 한다.
- 유아들의 이야기를 반복 · 요약해 주는 일은 지양하고 대신 주의 깊게 듣지 않는 유아에게 말을 걸어 유아의 주의를 환기시키는 것이 필요하다. 교사는 계획했던 대로 수업을 진행하지만 유아의 반응에 대한 평가 결과에 따라 자신의 계획을 수시로 재구성해야 한다. 또한 생활 주제 간, 누리과정 영역 간, 활동 영역 간, 유아 간, 교사와 유아 간에 통합적 접근이 이루어지도록 끊임없이 중재해 나가야 한다.

수업의 전개는 각 활동의 유형(교과)에 대한 특성을 이해하고 관련 지식을 적용하여 진행되어야 한다. 수업의 전개 과정은 각 활동의 유형, 주제에 따라 교수 방법과 발문의 유형이 다양해질 수 있다. 전개 과정에서 중요한 교사의 역할은 다음과 같다.

활동 내용과 과정 안내	• 교사는 유아가 이해할 수 있는 수준에서 활동을 안내하되 다양한 방법으로 안내하고 지원해야 한다. • 교사는 교육 효과를 높이는 매체와 자료를 활용하여 활동을 안내한다. • 활동 안내 시 적절한 교수법을 활용해야 한다. • 전개되는 활동의 특성에 따른 적절한 발문을 활용하여 상호작용한다. • 유아가 활동에 대해 호기심을 가지고 도전적으로 경험할 수 있도록 한다. • 유아의 새로운 지식이 확장될 수 있도록 한다. • 활동의 전개 과정에서 자신이 계획한 활동이 상황에 의해 변경될 수 있음을 알고 대처한다.

유아의 활동 참여 유도	• 활동 참여를 높이기 위해 동일한 단위활동 안에서도 여러 유형(수수께끼, 신체표현 등)으로 전개하도록 한다. • 유아의 생각과 의견을 상호 교류하는 방식으로 문제나 상황을 해결하는 기회를 마련해 준다. • 유아가 직접 활동을 수행할 기회를 많이 제공한다.
적절한 피드백 유도	• 유아의 반응에 민감하게 반응하고 적절하게 피드백 해 주어야 한다. • 피드백의 제공은 활동 과정을 확인할 수 있으며 수업의 질적인 수준을 높이는 효과가 있다.

1) 활동 내용과 과정 안내 시 고려사항

① 활동 제시 순서 계획
  • 단순하고 쉬운 내용 → 복잡하고 어려운 내용으로 제시하기
  • 구체적인 내용 → 추상적인 내용으로 제시하기
② 연령별로 차별화하여 활동 안내하기(위계성, 계열성 및 연속성 고려하기)
③ 지식의 종류에 따른 적절한 교수법 활용(물리적/논리−수학적/사회적 지식에 따라)
④ 전개되는 활동의 특성에 따른 적절한 상호작용(예 명화감상 활동이라면 감상의 4단계에 맞추어)
⑤ 목표에 부합하는 발문
  • 수업 과정에 따른 발문
  • 유아들이 알고 있고 경험한 내용부터 발문
  • 수업의 목표와 연계된 구체적 발문
⑥ 활동 유형에 따라 좌석배치 방법을 고려하여 변경하기

2) 좋은 수업을 위한 발문

모르는 입장에 서 있는 사람을 향해 던지는 물음을 '질문'이라 하고 교사가 유아의 학습활동을 조성하기 위해 던지는 문제제기를 '발문'이라고 한다. 넓은 의미의 발문은 다음과 같은 내용을 포함한다. 유아의 말을 경청하는 것/유아에게 질문하는 것/유아와

대화하는 것 등 유아의 사고를 자극하고 정서를 풍부하게 하며 발달을 촉진시키고자 하는 목적을 가진 교사의 모든 언어를 포함한다.

(1) 발문(질문)의 기능

- 평가의 기능
- 수업의 진행
- 동기의 유발
- 분위기 조성
- 학습 촉진
- 사고력 촉진
- 지적 기능 촉진
- 상호작용 촉진

> **참고** 교사 - 유아 간 상호작용(이야기 나누기)의 중요성과 문제점
>
> 모든 활동의 기본이 되는 이야기 나누기는 교사와 유아 간의 상호작용으로 이루어지는 역동적인 수업으로 진행되어야 한다.
>
> - 교사가 교과에 대해 조직하는 능력과 교과에 대해 가지고 있는 지식이 발문에 영향을 미치기 때문에 적절한 시점에서 적절한 형태로 제기되는 발문은 유아에게 긍정적인 영향을 미쳐 유아의 흥미를 유발시키고 동기를 부여하는 등 의미 있는 상호작용의 장을 만들 수 있다.
> - 이야기 나누기 실제 교수 상황에서는 축적해 온 이야기 나누기 관련 실천적 지식이 매우 중요한 역할을 수행한다(대부분의 교사가 이야기 나누기 시간에 적절한 발문의 방법을 몰라 어려움을 겪음).
> - 대부분의 과학수업에서 보이는 문제는 교사 중심의 강의와 설명으로 이루어지며, 교사들도 발문의 필요성은 인식하지만 발문에 대한 명확한 지식이 없기 때문에 효과적인 발문을 수행할 수 없는 것으로 나타난다.
>
> **발문(질문)의 역기능**
> - 유아의 다양한 사고를 저해하기도 할 수 있으므로 유의해야 한다(단편적 대답을 요구하는 교사의 단순 질문이 토의의 진행을 방해하거나 유아가 표현할 기회를 뺏는 경우가 있음).
> - 많은 유아의 참여보다 일부 유아만 참여하는 분위기가 조장되지 않도록 유의해야 한다.

(2) 좋은 발문을 위한 노력

① 민감하게 경청하기
- 계속 눈을 맞춰 주며 말하는 사람과 내용에 주의를 집중해 줌
- 유아가 무언가 말하려 할 때 그 신호를 빨리 알아차림(손들기, 자리에서 일어나기, 교사와 눈 맞추기, 입술 모양, 중얼거림 등)
- 관심을 가지고 들음을 표시하기 위한 비언어적 표현(눈 맞추기, 유아를 향해 몸

구부리기, 적절한 미소, 끄덕임, 몸짓 등)
- 침묵시간도 잘 사용하여 의미 있는 말을 만들도록 도와줌 예 유아들의 생각을 돕거나, 생각을 문장으로 정리할 수 있도록 도와주는 등
- 유아의 말이 타당성이 없는 경우에도 자신의 의사를 반영하여 문장을 완성할 때까지 방해하지 않음
- 활동목표 및 유형, 진행 단계에 따른 발문의 유형 고려하기
- 진술보다는 질문을 하기
- 확산적 발문을 더 많이 하기
- 유아가 무슨 일에 열중하고 있을 시에는 관찰하며 기다리고 경청하기
- 물리적 환경을 재정리하여 유아들의 문제해결 능력이 활용될 수 있도록 하기
- 한 번에 한 가지 질문 + 즉시 응답 못할 시 기다려 주기
- 유아의 말이 추상적이거나 모호하거나 답이 길 때 요점을 다시 정리하도록 도와주기
- 유아가 한 말에 부연설명을 하되 유아가 한 말에 대해 교사가 확신할 수 없을 때에는 의도를 정확히 다시 확인해 주기

② 상상과 은유 사용하기
- 유아의 사고는 아직 이성에 바탕을 두고 있지 않으며 물활론적이고 상상과 판타지가 넘치므로 이는 유아의 지각방식에 적합한 방법이 된다.

③ 일상활동에서 질문을 유발할 수 있는 개방적 분위기 조성하기
- "○○는 참 멋진 생각을 해냈구나." "그건 정말 궁금한 문제인 것 같구나." "선생님도 생각해 내지 못했던 것이구나." 등으로 반응해 주면 유아는 보다 적극적으로 질문을 찾아내려 할 것이다.
- 유아들이 질문을 만들어 볼 수 있는 정기활동을 계획한다(각종 게시물이나 수집물에 대해 사고하고 탐색할 기회를 제공하고 궁금한 점이나 의문점을 제시해 보도록 한다).
- '질문 목록 만들기' 활동을 통해 좋은 질문을 개발할 경험을 제공한다(금주의 질문/오늘의 질문 활동 등).
- 교사가 다양한 탐구활동을 유발하는 질문을 사용해 좋은 모델을 제공한다.

(3) 교사의 발문 전략 활용의 유의점(Carin 외, 1994)

① 설명보다 질문을 많이 하기(경우에 따라 질문보다 서술적 명제가 효과적일 수 있음 →
  정보나 개념 수업에서는 이 점을 유의할 것)
② 가능한 확산적/개방적 질문을 많이 이용하기(이미 알고 있는 대답을 확인하기 위해
  요구하는 수렴적/폐쇄적 질문은 사고활동을 방해할 수 있음)
③ 질문할 시기를 잘 선택하기(유아가 활동에 열중하고 있을 때는 관찰하고 기다려 줄 것
  → 유아가 교사에게 먼저 상호작용을 해 올 때는 재질문하지 말고 유아의 질문에 반응해
  주는 것이 좋음)
④ 한 번에 한 가지 질문만 하고, 집단활동일 경우 대답할 유아를 분명하게 지적해
  주기
⑤ 질문 후 유아가 대답할 시간 주기(이 대기시간이 유아 반응의 양과 질에 영향을 미침)
⑥ 교사는 유아의 대답을 명확히 해 주제를 분명히 해 주어야 한다(유아에게 다시 요
  점을 말해 보도록 하고 부연설명해 주는 등).
⑦ 유아의 대답과 반응에 대해 긍정적 강화를 주고 유아의 대답을 잘 기억해 두었다
  가 다른 내용과 연관시키기
⑧ 교사의 질문과 유아의 대답의 인지 수준은 상관관계가 있다(유아의 대답을 분석하
  여 질문 개발에 반영).
⑨ 유아가 질문에 대해 두려움을 갖지 않도록 유의하기

(4) 유아의 사고를 촉진하는 상호작용(발문 유형)

각론서들에서 제시하는 발문의 유형 분류는 다음과 같이 다양하다.

① 문제해결 과정을 촉진하는 발문 분류

문제인식에 대해 질문하기	나열하기, 구분하기, 분류하기, 확인하기 등을 유도하는 질문으로 유아들이 한 상황에 제시된 모든 요소를 빠짐없이 인지하도록 함 → 예 "여기에서 빨간 옷을 입을 친구는 누구니?"
대안적 해결에 대해 질문하기	유아가 제시하는 해결책을 인정하되, 제시된 해결책 이외의 의견이 나오면 스스로 토의하여 결정하도록 함 → 예 "또 어떤 방법이 있을까?"

결과적 사고에 대해 질문하기	유아들이 제시한 해결책 중 어떤 것을 교사가 다시 질문해 유아들이 그 결과를 생각하도록 함 → 예 "○○ 말처럼 ~한다면 어떻게 될까?"
정서적 결과에 대해 질문하기	교사의 질문 상황에 등장하는 인물의 정서에 공감하고 감정이입하는 것 → 예 "네가 만약 ~ 된다면, 어떤 느낌일까?"
원인적 사고에 대해 질문하기	타인 행동의 동기나 원인을 생각하는 것 → 예 "왜 그렇다고 생각하니?"

② 목적에 따른 발문 분류

진단적 발문	과학활동 프로그램을 계획하기 위해 유아가 이미 알고 있는 것이 어떤 것인지, 또 유아가 할 수 있는 것이 무엇인지와 같이 유아의 개념이나 아이디어 등의 지적 배경, 흥미, 이해 수준 등을 파악하기 위한 질문
교수적 발문	유아가 학습 중인 과제에 대해 주의집중하여 과제를 수행해 나가는 과정에서 교사의 역할을 수행하기 위해 행해지는 질문으로 다음과 같이 나눌 수 있음 → 알려진 사실을 묻는 질문/인과관계를 묻는 질문/사건의 과정과 순서에 대한 질문/대안적 절차와 그 결과에 대한 질문/대안 및 선호도 선택에 대한 질문

③ 대답의 확장성 정도에 따른 발문 분류

수렴적 (폐쇄적) 발문	"예/아니요." 또는 단답형 등의 정해진 답을 요구하는 질문으로 유아가 가진 지식을 쉽게 파악할 수 있음 → 예 "개나리를 본 적이 있니?" "이 동물의 이름은 무엇이니?" "방금 물에 무엇을 넣었니?" "팝콘을 만들기 위해서는 어떤 재료가 있어야 할까?"
확산적 발문	다양한 서술형의 답이 가능하도록 하는 질문으로 유아가 다양하고 창의적인 사고를 하도록 자극할 수 있음 → 예 "여기에 옷을 걸려면 어떻게 해야 할까?" "여기 있는 것들을 어떻게 사용하면 좋을까?" "또 다른 방법으로 쓸 수는 없을까?"

④ 수업목표에 초점을 둔 발문 분류
- 교사는 여러 발문 형태를 통해 수업목표를 향해 나아간다.
- 학습자의 사고를 촉진하는 발문을 통해 폭넓은 대답을 유도하고 그 대답을 발

문기법을 통해 다듬어 나가는 기법을 사용한다.

• 교사는 빈약한 사고를 지닌 학습자의 사고의 폭을 확대시켜 주면서 학습 과제에 도달할 수 있는 촉진적 발문을 연구해 나가야 한다.

재생적 발문	초기 발문	유도발문	"우리 마을에서 우리를 도와주시는 분은 누구일까?" → 문제의 제시(문제를 어떻게 해결할까)
		탐구발문	"경찰관이 하는 일은 무엇일까?" → 문제의 해결방법 탐구
		전환발문	"우리 마을에서 우리를 도와주시는 분들 중 아는 분들을 말해 보자." → 문제를 해결하는 것과 연관 짓기
추론적 발문	탐구 발문	확대발문	"우리 마을을 위해 도와주시는 분들은 우리를 어떻게 도와주시니?" → 문제의 해결책을 우리는 언제 사용하는지?
		정리발문	"우리 마을에서 우리를 도와주시는 분들의 모습을 이야기해 보자(묘사)." → 문제의 예를 들어 보기
		검증발문	"우리 마을에서 우리를 도와주시는 분들 중 그분을 좋아하는 이유는 무엇이니?"
적용적 발문		마무리	"우리 마을(지역사회)에서 우리를 도와주시는 분들 중에 누가 되어서 어떻게 돕고 싶은지 등/그분이 없다면 어떻게 될지 등" → 문제의 해결책은 우리에게 어떤 도움을 주는지?

⑤ 유아의 반응에 따른 발문

주의집중을 요하는 질문	주의집중을 함으로써 유아가 보다 활동에 밀착되고 세심하게 관찰하게 됨 → 예 지금 무엇을 하는 거니? 무엇을 발견했니? 무엇을 보았니? 금붕어가 어느 곳으로 움직일까?
탐색 방안을 궁리하게 하는 질문	교사의 질문에 따라 새로운 탐색 방안을 궁리하고 실험 설정을 해 봄 → 예 씨앗은 흙에서만 자랄까? 얼음을 쉽게 녹일 방법이 없을까? 어떤 것들이 얼음을 녹일 수 있을까?
측정 및 계산을 하도록 하는 질문	측정이나 계산을 하는 가운데 새로운 기술과 새로운 도구 사용법을 익힐 기회를 얻음 → 예 모두 몇 개니? 얼마나 크니? 얼마나 많니? 길이가 어느 정도니?

물리적 행동을 취하게 하는 질문	교사의 질문에 대한 반응으로 유아들의 행위가 유발되고 유아들은 행동을 취함으로써 질문에 대한 답을 찾게 됨(카미와 드브리스는 물리적 지식활동에서 이러한 질문 형태를 강조했음) → 예 "만일 ~한다면 어떤 일이 일어날까? 인형을 비닐봉지에 넣어서 묶은 뒤에 물속에 넣으면 어떻게 될까? 이것을 가지고 무엇을 할 수 있을까? 네가 ~을 가지고 할 수 있는 다른 것을 발견할 수 있겠니? 이것을 가지고 네가 할 수 있는 재미있는 일이 무엇일까?	
개념 습득과 관련된 질문	유아가 정확한 개념을 습득하고 사용할 수 있도록 하는 질문으로 다른 개념과 변별하고, 현상의 속성을 파악해 정의하고, 포함관계를 파악할 수 있도록 도움 → 예 지금 무엇을 보았니(발견했니)? 여기에 무엇 무엇이 있니? 이 그림(물건)들이 모두 한 곳에 속하니? 왜 이렇게 나누었니? 이렇게 나눈 이 그림(물건)들을 뭐라고 부를 거니? 여기 있는 그림(물건)이 다른 곳에도 속할 수 있다고 생각하니?	
감정이입을 위한 질문	유아가 다른 사람의 감정을 이해하고 친사회적 행동을 격려하기 위해 사용하는 질문 → 예 이 동화를 듣고 어떤 느낌이 드니? 어떤 이야기였니? ○○는 무슨 일을 했니? 만약에 무지개 물고기가 비늘을 나누어 주지 않았다면 어떻게 되었을까? 내가 놀잇감을 정리할 때 친구가 도와주면 기분이 어떠니? 내가 만약 친구를 돕는다면 기분이 어떨까? 내가 친구들을 도울 수 있는 방법이 무엇일까?	
사고를 촉진하는 질문	비교	보다 세심하게 관찰하도록 하는 질문 예 어느 것이 더 길까? 서로 같은 것은 어떤 것들일까? 서로 다른 점은 무엇일까?
	분류	예 여기 있는 것들 중에서 먹을 수 있는 것은 어떤 것들이니? 어떤 것들을 같이 모을 수 있을까?
	예측	결과를 미리 예측해 보는 질문을 통해 사전 지식을 파악할 수 있음 예 ~하면 어떻게 될 거라고 생각하니? ~하면 어떤 일이 일어날까?
	추론	자신의 경험, 관찰하고 발견한 것들에 기초해 관련성을 지어 보고 실제 증거에 기초해 결론을 내리는 귀납적 추론으로 이끌어 주는 것이 좋음(연역적 추론은 유아기에 어려움)→질문을 통해 인과관계를 추론할 수 있도록 함 예 우리가 한 실험에서 물을 흡수하는 것들은 어떤 공통점을 가지고 있을까?(귀납적 추론)/세수하고 난 후 닦는 수건을 어떤 것으로 만들면 좋을까?(일반화 추론)/우유를 쏟았을 때 닦는 걸레를 비닐로 만든다면 어떻게 될까?(일반화 추론) 예 왜 그렇게 되었을까? ~가 왜 일어났는지 궁금하다.

인식 하기	유아 자신이 알고 있는 것을 보다 확실히 알도록 견고히 해 줌 예 너는 ~을 어떻게 했니? 그것을 어떻게 했는지 다른 친구들에게 말해 줄 수 있니? 어떤 방법이 더 좋을까? 어떤 방법이 더 쉬울까? ~을 하는 것이 어떻게 다르지?

⑥ 상호작용 단계에 따른 발문 예시(박근주, 임현숙, 강경민, 이자현, 이혜원, 2017)
- 1단계: 같은 표정 짓기

  같은 표정을 지어 줌으로써 유아는 교사가 자신과 동일한 감정임을 확인하고 정서를 이해하는 등 자아를 인식하게 된다.

  예 유아가 웃고 있다면 교사도 웃음으로 마주한다.

- 2단계: 반응하기

  유아의 현재 행동을 간단히, 정확히 언어로 표현해 주어 유아는 자신의 상황이나 행동을 이해하게 되고 나아가 사회적 표현을 하게 된다.

  예 "○○가 웃고 있구나." "△△의 블록이 무너졌구나."

- 3단계: 공감하기

  유아의 현재 느끼고 있는 감정을 언어로 간략히, 정확히 표현해 줌으로써 감정을 이해하게 된다.

  예 "○○가 깜짝 놀랐구나."

- 4단계: 원인 찾기

  교사는 유아의 현재 상황에 대한 정서의 공유, 상대방의 시도와 전략 등을 통해 원인-결과의 과정적 이해를 돕는다.

  예 "여러 번 시도하더니 이루어 냈구나." "네가 계획한 대로 했지만 계획대로 되지 않았구나."

- 5단계: 대안 제공하기

  유아의 현재 상황을 확장 또는 전환할 수 있는 다양한 방안을 제안하여 자기결정력에 따른 문제해결력으로 탄력성을 돕는다.

예 "또 다른 방법이 있는지 생각해 보자." "△△는 가볍지만 ○○는 부드러운데 어떤 것이 가장 좋을까?"

3) 적절한 피드백 제공 방법

(1) 유아의 반응에 민감하게 반응하는 방법

- 눈높이 맞추기
- 비언어적 반응하기
- 발문 후 시간 여유 주기
- 끝까지 경청하기

(2) 피드백 유형(전략)

유형	상황
칭찬 및 인정하기	유아가 상황에 적절하게 답한 경우 예 "우리 ○○가 선생님 이야기를 잘 듣고 있었구나."
다른 형태로 질문하기/ 유아의 대답 상기시켜 주기	유아가 부정확한 대답을 하거나 질문을 이해하지 못해 엉뚱하게 대답한 경우 예 손 씻는 이유에 대해 질문하자 "밥먹으려고요." 하고 답한 경우 "손을 씻지 않고 더러운 손으로 밥을 먹으면 어떻게 될까?"
부연설명/수정하기	유아가 대답한 내용이 부족하거나 보완할 필요가 있는 경우 예 손 씻는 이유에 대해 질문하자 "감기요." 하고 답한 경우 "그래~ 손을 씻지 않으면 감기에 쉽게 걸릴 수 있겠구나."
요약하기	유아 이야기에 대해 정리가 필요한 경우 예 손 씻는 이유에 대해 질문하자 감기에 걸렸던 경험을 이야기한 유아의 경우 "우리 ○○가 많이 아팠구나. 다음부터 감기에 걸리지 않도록 손을 깨끗이 씻자."

※ 출처: 강민정 외(2018)에 제시된 내용을 요약함.

3. 수업 마무리(평가)

교사는 마무리 단계에서 교사의 성취, 즉 '교사가 무엇을 가르쳤느냐'보다는 '유아의 성취, 유아가 무엇을 생각하였고, 무엇을 배웠느냐?'에 초점을 맞추어 평가한다. 우수한 유아교사들은 목표 달성 여부를 말로 확인하기보다는 평가요소가 내포된 재미있는 활동이나 연관활동을 통해 간접적으로 평가하는 경향을 보여 준다. 마무리 단계의 주요 활동은 다음과 같다.

목표 달성 여부 확인	• 정리 단계에서 교사는 자신이 설정한 목표에 부합되게 수업이 진행되었는지 알아보는 것이 필요하다. • 유아의 행동 관찰, 언어적 평가, 수수께끼 등으로 목표 달성을 확인할 수 있다.
활동 내용 정리 및 평가	• 학습 내용을 전체 맥락에서 생각하도록 하고 완성된 학습 과제로 수행해 보는 기회를 제공한다. • 활동목표에 가장 적합한 내용을 요약해 말해 주거나 유아들과 함께 내용을 정리해 볼 수 있다.
학습한 개념 일반화하기	• 학습한 내용을 주변 생활 문제에 적용하여 문제를 해결해 보는 경험을 하는 것을 의미한다. • 일반화를 위해서 학습한 내용을 실제 상황에 적용해 보는 기회를 반복적으로 제공하는 것이 좋다.
보충 자료 제시	• 충분히 다루지 못했던 학습 내용이나 더 알고 싶어 하는 주제에 대해 보충자료나 참고도서를 제시해 학습에 대해 관심을 갖도록 한다. • 벽면에 수업시간에 다루지 못한 주제와 관련된 화보를 게시하는 등 다양한 방법으로 이루어질 수 있다.
다음 차시 예고	• 다음에 학습할 내용이나 주제를 이번 수업과 관련지어 제시한다. • 학습의 계열성 유지, 유아의 준비와 기대를 유도하는 효과가 있다. • 그 외: 전이활동과 다음에 이어질 활동을 안내한다.

참고 전이시간 운영

① 유아들의 놀이 상황을 보고 정돈 5∼10분 전에 미리 알려 준다. (종소리나 피아노로 정리노래를 들려주어 유아 스스로 놀이를 마무리 짓도록 한다.)

② 전이시간 동안 유아가 무엇을 해야 할지 알도록 한다. (매일의 일과를 순서대로 진행하면 유아 스스로 예견할 수 있다.)

③ 정리정돈을 다 끝낸 유아는 순서대로 화장실에 다녀오도록 지도한다. (한꺼번에 보내 오래 기다리거나 몰리지 않도록 한다.)

④ 전이시간을 급하게 서두르거나 너무 길지 않도록 계획한다. (충분한 시간 배려: 10분 정도)

⑤ 간식이나 점심 준비, 정리정돈, 식사 후 쓰레기 모으기 등 유아들을 참여시켜 전이활동이 순조롭게 진행될 뿐 아니라 책임감을 기르도록 한다.

⑥ 대집단활동이 끝난 후 다음 활동으로 연결할 때는 소집단으로 나누어 보낸다. (예 성별, 옷 색깔, 참여 활동별)

⑦ 다음 활동으로 연결하기 전에 유아들이 오래도록 기다리지 않도록 일과를 세밀히 계획한다.

4 수업나눔: 수업을 바라보는 관점

수업을 평가하고 분석하는 경험은 교사의 전문성 발달에 필수 과정이다. 기본적으로는 앞서 살펴본 수업계획−실행(도입, 전개, 마무리)−평가의 각 측면과 활동 유형별 수업요소를 나누어 분석하는 방법이 있을 수 있으며, 다음과 같이 수업을 바라보는 관점으로 나누어 살펴볼 수도 있다. 수업을 바라보는 각 관점을 이해하는 것은 '수업 나눔'에서 요구하는 반성적 성찰에 대한 답변의 기준이 될 수 있다.

1. 좋은 수업의 준거 모형(5G)

교사 측면	• 짜임새 있는 활동(Good Design): 학습자의 배움이 잘 일어날 수 있는 짜임새 있는 수업설계. 효과적인 수업목표 달성을 위해서는 좋은 수업설계가 필요하다.
유아와 교사 측면	• 효과적인 의사소통(Good telling): 교사가 학습 내용을 유아와 공유하고 학생의 다양한 사고를 활성화하기 위한 실제적인 기술. 교사의 어조와 억양, 효과적인 발문 등을 활동 참여와 몰입을 위한 효과적인 수단이 된다. • 효과적인 비언어적 의사소통(Good showing): 효과적인 의사소통과 마찬가지로 수업의 실제 기술에 해당한다. 유아의 관심과 흥미, 참여, 활동에 대한 이해가 보장되려면 적절한 비언어적 의사소통이 적극적으로 활용되어야 한다.
	• 유아의 적극적인 참여와 상호작용(Good Involving): 수업에서의 유아들의 적극적인 참여를 의미하는 것. 교사와 학습자 간의 활발한 질문과 대답 또는 다양한 반응을 통해 유아에게 의미 있는 변화가 일어날 수 있도록 한다.
유아 측면	• 유아의 수업 내용의 이해와 목표 도달(Good Understanding): 수업 내용에 대한 유아의 이해 및 수업목표 도달 수준이 높아야 함을 의미한다. 좋은 수업은 수업 내용에 대한 학습자의 이해가 높아져 학습자에게 인지적ㆍ정서적으로 긍정적 변화가 일어나도록 하는 것이다.

※ 출처: 강민정 외(2018).

2. 좋은 수업에 대한 관점

좋은 수업에 대한 관점	좋은 수업에 대한 인식
준비 관점	• 물리적 환경이 잘 조성된 상태에서 이루어지는 수업 • 사전준비가 잘 된 수업
전달 관점	• 교사가 교과 내용을 명확하게 효과적으로 전달해 주는 수업 • 효과적인 교수학습 방법이 이루어지는 수업
관계 관점	• 교사와 학생들이 활발히 상호작용하며, 서로 존중하고 신뢰를 쌓아가는 수업 • 유아의 발달 특성을 고려한 수업 • 상호작용이 활발한 수업
구성 관점	• 학생들이 자신의 현재 지식을 더욱 높은 수준으로 재구성할 수 있도록 지원해 주는 수업 • 즐겁고 재미있는 수업 • 유아의 주도성이 강조되는 수업
결과 관점	• 계획한 대로 수업을 진행하여 의도한 수업목표를 성취하는 수업 • 목표 설정이 명확한 수업 • 평가를 고려하는 수업

※ 출처: 박지은(2014)에 제시된 내용을 재구성함.

3. 수업나눔

1) 수업나눔이란

"수업나눔은 교사의 반성적 사고 능력을 촉진하기 위한 목적이 있습니다. 수업나눔이 수업실연만큼 중요한 비율로 시험에 반영된 것은 수업 능력에 대한 전통적 접근에서 더 나아가 대안적 접근을 강조하는 경향성이 임용시험에도 반영된 것이라고 볼 수 있습니다."

전통적 관점	대안적 관점
가르칠 교과목에 대한 전문적 지식, 가르치는 방법에 대한 이론적 지식, 그리고 이러한 지식을 바탕으로 수업을 능숙하게 해낼 수 있는 숙달된 수업기술을 중심으로 수업 능력을 개념화	능력의 재개념화를 시도하는 대안적 접근의 측면이 강조된 것. 대안적 수업 능력 개념에서는 수업의 이해에 비중을 두며 지식의 전달보다는 생성 과정과 교사가 설정한 지식보다 통합적, 연계적 지식, 협력적 상호작용을 중시하며 수업에서의 교사의 마음에 관심을 나타낸다. ※ 강조점 • 지식관(상대적 지식관): 통합적, 연계적 지식/실천적, 개인적 지식/지식의 생성과정 강조 • 수업관: 이해 및 해석 강조/수업의 맥락 중시/수업 담화를 통한 상호작용 • 재개념화의 방향: 반성적 실천가(자신이 직면한 수업 상황에 적합한 교수 방법을 스스로 탐구하고 반성) → 반성적 수업이란 보다 나은 의사결정을 모색하는 일련의 자기성찰과 향상의 과정이라고 본다.

2) 반성적 실천가를 지향하는 교사

교사는 교육과정을 주체적이고 능동적으로 재구성하는 존재이고, 자신의 경험에 대한 반성과 성찰을 바탕으로 자신의 이야기를 만들어 가는 내러티브적인 탐구의 주체이며, 좁은 교과의 울타리를 넘어서 여러 교과를 넘나들 수 있는 연계적 전문가가 되어야 한다는 관점이다.

참고 더불어 성장하는 반성적 실천가를 위한 수업 능력 요소(출처: 이혁규)

1차 항목	2차 항목
수업설계 능력	교과 내용에 대한 이해, 교육과정에 대한 이해, 일반적 교수 방법에 대한 이해
수업실행 능력	수업 관리 능력, 교수 내용 지식, 학습자 이해
수업성찰 능력	실천의 기록과 관리, 양적 수업 관찰과 질적 비평 능력, 자기 성장의 기획과 실행
수업소통 능력	수업 공유에 대한 개방적 자세, 수업 대화 및 컨설팅 능력

3) 미리 생각해 볼 수 있는 나눔 질문들

"앞에서 살펴본 바와 같이 이제는 해당 활동의 요소와 전개 순서만 맞추어서 수업을 해내는 기술적인 측면만이 강조되지 않습니다. 따라서 수업실연은 완벽한 수업의 기술과 진행을 보여 주는 것만이 다가 아니므로 실수를 했다고 하더라도 이를 수업나눔 시간을 통해 충분히 만회할 수 있다는 믿음을 가지고 침착하게 대화를 나누는 것이 필요합니다.

이때 내가 비록 진행은 미숙했고 실수가 있었을지라도 해당 수업에 대해 이해하고 있다는 것과 학습자인 유아를 이해하고 있다는 점을 충분히 보여 줄 수 있도록 답변하며 반성적 성찰의 과정을 드러내는 것이 중요합니다. 여기에서 그치지 말고 앞으로 성장을 위해 나의 부족한 부분을 ~한 방법으로 보완해 나가겠다는 긍정적 태도와 의지를 보여 주어야 합니다. 수업나눔 시간에는 해당 활동과 관련하여 여러 질문이 있을 수 있으나 크게 다음의 유형과 관련해서 반성적 사고의 역량을 보고자 할 수 있습니다.

따라서 1번 질문 같은 경우 해당 교육청에서 강조하는 역점 사업 등과 관련한 자료를 충분히 공부해 예시 답안을 만들어 두고, 2번 질문과 같은 경우에는 2장에서 제시된 각각의 요소와 관련된 발문을 미리 준비해 두도록 합니다. 마지막으로 3번 질문의 경우, 실제 수업실연에서 실수한 부분이나 부족하다고 생각한 부분과 관련해 대답하고 앞으로 ~하게 보완해 나가겠다는 성장의 의지를 보여 주도록 합니다."

---

1. 수업 시간에 아쉬웠던 점과 ○○○를 위해 앞으로 할 노력의 측면을 이야기해 보시오. (배움 중심 수업, 협력적 배움 등의 요인을 넣어서 질문할 수 있음)
2. 수업 중 어떤 지점에서 ○○○를 고려하였으며, 이를 위한 의미 있는 발문은 무엇이었는지 이야기해 보시오. [수업실연에서 제시된 조건(창의성 혹은 인성 요인 등)과 관련해서 질문할 수 있음]
3. 이 수업을 계획하고 실연하는 가운데 힘들거나 어려운 점이 무엇이었는지/수업을 통해 깨달은 점(성취)은 무엇이었는지 이야기해 보시오.

예 저는 (아이에게 관심이 많은 교사 / 일관성 있는 교사 / 잘 기다려 주고 아이의 마음을 잘 읽어주는 교사 / 공정하고 사랑을 많이 표현하는 교사 등) ~한 교사가 되는 것이 교사관이었습니다. 그런데 ~(수업의 조건 등을 언급)한 상황에서 실제로 어떻게 ~한 균형을 이루

어야 할지 고민이 많이 되었고, 그 부분을 충분히 실연 상황에서 표현하지 못한 것 같아서 아쉬웠습니다. 오늘 수업실연을 계기로 제가 고민하게 된 ~한 부분을 현장에 가기 전에 ~한 방법으로 더 연구하고 보완하여 진정으로 ~게 할 수 있는 교사가 되고 싶다는 생각을 했습니다.

예 저는 예전에 실습을 하면서 갈등이나 다툼에 대해서 제재하고 상황에만 집중을 하고 사과를 하거나 규칙을 다시 정하는 등의 지도만 하게 되는 경우도 있었습니다. 그런데 그럴 때 그 상황은 종료가 되지만 아이들의 감정 상태는 종료가 되지 않는다는 것을 깨닫고 그 부분에 대해 고민과 갈등을 하며 공부를 지속해 왔습니다. 그런 측면에서 이번 ~한 조건에서는 ~한 발문을 통해 ~하게 지도하는 데 중점을 두었습니다.

예 저는 교사의 역할 중 정서적 부분에서의 비계설정이 매우 중요하다고 생각합니다. 결과에 대한 칭찬도 중요하지만 과정이나 노력 자체가 중요하다는 것을 교육 속에서 진정으로 느낄 수 있도록 해 주고 싶습니다. 그런 측면에서 유아들이 성취할 부분에 대한 기대를 표현하는 것을 발문에서 중요하게 포함시키고 싶었는데 그 부분을 실연에서 놓친 것 같아서 조금 아쉬움이 남습니다.

예 저는 이번 활동에서 유아 주도적인 배움 중심의 교육이 이루어지도록 하기 위해 교사가 답을 가지고 있기보다 유아들이 주체적으로 의미를 구성해 나가는 과정에 중점을 두었습니다. 그리고 ○○에 대해 유아들 간에 새로운 의미를 합의해 나가는 상호주관성을 이루어 가려면 인지 개념뿐만이 아닌 정서적이고 사회적인 상호작용도 중요하다고 생각했기 때문에 ~한 발문을 포함하였습니다.

예 저는 동화를 통해서 제시된 인성 요인인 △△을 지도하기 위해서 유아들에게 등장인물의 기분이나 생각이 어땠을지 물어보고, 유아들의 경험과 연결시켜서 "내가 ○○라면?"의 질문을 던지거나 "○○의 행동은 옳은 것이었을까?"라는 잘문을 포함하였습니다. 그런데 이번 실연 경험을 통해 이런 질문을 통해서 실제 유아들의 반응은 어떨까에 대해 더 고민하게 되었습니다. 혹시 유아들이 "기분이 좋았을 것 같아요." "나쁜 행동이에요."라는 단순한 대답이나 교훈을 주는 것으로 마무리되지는 않을까 하는 생각이 들었기 때문입니다. 그래서 이번 수업실연을 통해 인성덕목과 같은 가치교육에 있어서 어떤 상호작용을 해야 할지 현장에 가기 전까지 더 많이 공부해야겠다는 결심을 하게 되었습니다.

> **참고** 유아교사와 관련된 심층면접 질문 예시(박주현, 2017)
>
> 1. 성장하는 교사가 되기 위해 선생님이 특별히 하고 있는 노력이 있다면?
> 2. 유아 교사로서 성장과정 가운데 가장 힘들거나 어려운 점은 무엇이었나요? 성장을 저해한 방해요소에는 어떤 것이 있을까요?
> 3. 유아 교사로서 성장으로 인해 행복감을 느끼거나 가장 보람을 느꼈던 순간은 언제였나요? 이러한 생각으로 나의 생활에 변화가 있었나요?
> 4. 가장 최근에 내가 성장했다고 느낀 적은 언제인가요? 왜 그렇게 생각하나요? 어떤 의미의 성장인가요?
> 5. 나의 성장에 가장 도움이 될 것이라고(되었다고) 생각되는 것은 무엇인가요?(교육, 연수, 사람, 기회 등)
> 6. 연수나 교육에 참여한 후 참 잘했다고 느낀 경험이 있나요? 왜 그렇게 느꼈나요?
> 7. 그런 연수, 교육이 나의 성장에 어떻게 도움이 되고 있나요?
> 8. 경험했던 교사교육 중 가장 도움이 되었던 교육은 어떤 것이었나요? 성장에 어떠한 도움이 되었나요?
> 9. 유아 교사로서 성장을 위한 필수요소는 무엇이라고 생각하세요?(멘토, 시간, 독서, 돈 등)
> 10. 성장을 위해 기관이나 교육청 등에서 지원을 해 주는 환경이 된다면 어떤 종류의 지원을 원하시나요?
> 11. 초임교사의 성장을 돕기 위해 내가 할 수 있는 일이 있다면 무엇이 있을까요? 왜 그렇게 생각하나요?
> 12. 앞으로 더 성장한다면 지금보다 어떤 부분에서 더 나은 교사가 되고 싶나요? 왜 그렇게 생각하나요?
> 13. 내가 성장을 위해 끊임없이 노력한다면, 나는 10년 뒤에 어떤 모습일까요?
> 14. 유아 교사에게 '성장'이라고 하면 생각나는 단어를 세 가지만 이야기해 보세요.
> 15. 유아 교사로서 성장하기 위해 현재 가장 큰 방해요소에는 어떤 것들이 있을까요?
> 16. 유아 교사로서 성장하기 위해 현재 가장 많이 투자하고 싶은 성장의 영역은 어떤 것이 있을까요?
> 17. 이번 면접에서 교사의 성장에 대해 이야기하면서 새롭게 생각하게 된 부분이 있나요?

Part **2**

활동 유형별 기본 절차

1 이야기 나누기

1. 이야기 나누기 활동

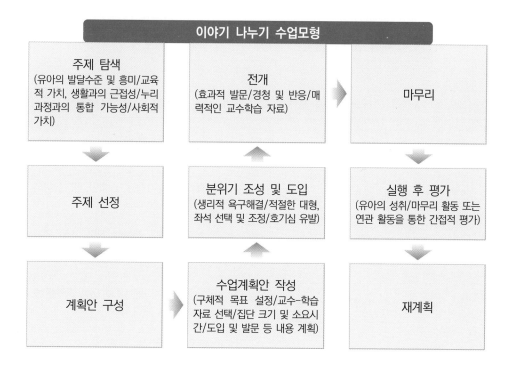

이야기 나누기 수업모형

주제 탐색 (유아의 발달수준 및 흥미/교육적 가치, 생활과의 근접성/누리과정과의 통합 가능성/사회적 가치)	→	전개 (효과적 발문/경청 및 반응/매력적인 교수학습 자료)	→	마무리
↓		↑		↓
주제 선정		분위기 조성 및 도입 (생리적 욕구해결/적절한 대형, 좌석 선택 및 조정/호기심 유발)		실행 후 평가 (유아의 성취/마무리 활동 또는 연관 활동을 통한 간접적 평가)
↓		↑		↓
계획안 구성	→	수업계획안 작성 (구체적 목표 설정/교수-학습 자료 선택/집단 크기 및 소요시간/도입 및 발문 등 내용 계획)		재계획

2. 이야기 나누기 활동의 전개

이야기 나누기의 내용 범주		
활동 시간대에 따라	소재 및 주제에 따라	다양한 활동 내에서
• 인사 및 일과 계획 • 자유선택활동 시간 • 대소집단활동 시간 • 평가 • 귀가 시간	• 보여 주며 이야기 나누기 • 새 소식 나누기 • 주말 지낸 이야기 • 그림(자료) 보며 이야기하기 • 소집단 토의활동	• 미술 영역의 재료 사용 방법 • 바깥놀이 시 안전에 관한 약속 • 새 교구를 소개할 때 • 자주 일어나는 문제 상황 등

　　이야기 나누기는 다양한 형태와 내용으로 운영되며 토의 및 경험 나누기, 날짜와 날씨 알아보기, 일과계획 및 평가, 주제와 관련된 이야기 등의 내용으로 진행할 수 있다. 이야기 나누기를 통해 주제 관련 학습뿐 아니라 다양한 교과와 내용을 접할 수 있도록 지도하는 것도 필요하다. 이야기 나누기 수업의 전개 단계에서는 교사가 활동이 진행되도록 안내하고, 참여가 활발해지도록 유도하며, 유아의 반응에 대한 적절한 피드백이 이루어지도록 해야 한다. 다음은 이야기 나누기 수업 절차 모형의 예시이다.

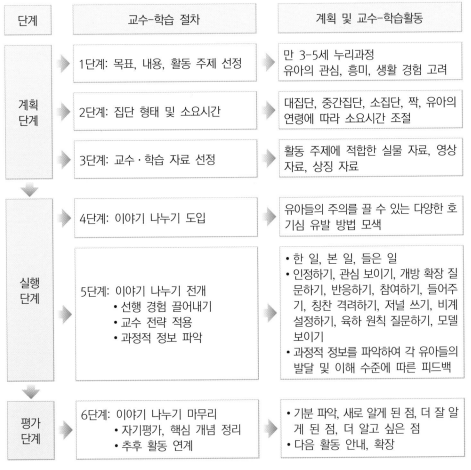

단계	교수-학습 절차	계획 및 교수-학습활동
계획 단계	1단계: 목표, 내용, 활동 주제 선정	만 3-5세 누리과정 유아의 관심, 흥미, 생활 경험 고려
	2단계: 집단 형태 및 소요시간	대집단, 중간집단, 소집단, 짝, 유아의 연령에 따라 소요시간 조절
	3단계: 교수 · 학습 자료 선정	활동 주제에 적합한 실물 자료, 영상 자료, 상징 자료
실행 단계	4단계: 이야기 나누기 도입	유아들의 주의를 끌 수 있는 다양한 호기심 유발 방법 모색
	5단계: 이야기 나누기 전개 • 선행 경험 끌어내기 • 교수 전략 적용 • 과정적 정보 파악	• 한 일, 본 일, 들은 일 • 인정하기, 관심 보이기, 개방 확장 질문하기, 반응하기, 참여하기, 들어주기, 칭찬 격려하기, 저널 쓰기, 비계 설정하기, 육하 원칙 질문하기, 모델 보이기 • 과정적 정보를 파악하여 각 유아들의 발달 및 이해 수준에 따른 피드백
평가 단계	6단계: 이야기 나누기 마무리 • 자기평가, 핵심 개념 정리 • 추후 활동 연계	• 기분 파악, 새로 알게 된 점, 더 잘 알게 된 점, 더 알고 싶은 점 • 다음 활동 안내, 확장

※ 출처: 정영희(2005).

1) 활동의 진행 안내하기

① 교사는 활동 내용을 안내할 때 어떤 순서로 제시할 것인가를 미리 계획해야 한다.
- 가장 단순한 내용이나 유아들이 경험한 내용부터 점차 복잡하고 경험하지 않았던 내용에 대해 접할 수 있도록 하기
- 구체적인 내용부터 추상적인 내용으로 확장하도록 하기(선행 경험 혹은 이전의 학습 내용을 기초로 깊이와 넓이를 더해 가는 계열성의 원리)
- 유아의 수준과 특성, 수업의 조건과 활동 상황 등을 고려하여 다양한 형태의 집단으로 활동을 안내하기

② 활동 안내 시 다양한 방법(설명식으로 전달, 이야기로 만들어 들려주기, 순서도로 제시하기 등)으로 활동을 안내하고 지원하도록 한다.

③ 활동을 안내할 때 교육 효과를 높이는 매체 및 자료(실물에서 인쇄 매체까지)를 활용한다.

④ 활동을 안내할 때 연령별로 차별화(누리과정에 제시된 위계성, 연속성, 계열성을 고려하는 것)하여 안내하거나 활동을 제시한다.

⑤ 활동에 대해 안내할 때 지식의 종류(물리적 지식, 논리-수학적 지식, 사회적 지식)에 따라 적절한 교수법을 적용한다.

⑥ 전개되는 활동의 특성(토의활동, 미술활동 등)에 따른 적절한 상호작용이 이루어지도록 한다.

⑦ 전개되는 활동의 특성, 순서 및 목표(목표에 부합하는/연계된 구체적 발문)에 따라 적절한 발문이 이루어지도록 한다.

⑧ 유아가 그 활동에 대해 호기심을 가지고 도전적으로 경험할 수 있도록 한다.

⑨ 유아의 새로운 지식이 확장되도록 한다. 유아들이 알고 있는 지식을 토대로 새로운 지식을 연계하는 것은 수업의 전개 과정에서 필요한 교사의 역할이다.

⑩ 교사는 활동의 전개 과정에서 자신이 계획한 활동이 상황에 의해 변경될 수 있음을 알고 적절히 대처해야 한다.

⑪ 활동에 대한 안내를 할 때는 이에 적절한 좌석의 배치 방법을 고려하는 것이 중요하다. 따라서 활동을 할 때 항상 똑같은 자리 배치를 고수하는 것이 아니라 활동 내용에 따라 자리 배치를 적절하게 변화를 준다.

2) 활동 참여 유도하기

① 하나의(동일한) 단위활동 내에서도 여러 유형의 활동(수수께끼, 신체표현 등)으로 전개할 수 있다.

② 유아의 생각과 의견을 상호 교류하는 방식으로 어떠한 문제나 상황에 대해 해결할 기회를 마련하도록 한다.

③ 유아에게 직접 활동을 수행할 수 있는 기회(관찰일지 쓰기, 궁금한 점 찾아보기 등)를 많이 제공한다.

3) 유아의 반응에 대해 적절히 피드백 제공하기

교사는 수업 전개 시 유아의 반응에 피드백해 주어야 하는 경우가 많다. 피드백은 상황에 적절하게 주고 유아의 반응에 민감해야 한다. 교사가 유아의 반응에 민감하게 반응하는 방법은 다음과 같다.

- 유아에게 눈을 맞춰 말하는 사람과 내용에 집중하도록 하기
- 유아가 말하는 것에 관심을 가지고 듣고 있다는 것을 얼굴표정이나 몸짓 등 비언어적으로 표현하기

또한 교사는 유아와 상호작용 시 다음과 같은 부분을 고려해야 한다.

- 유아에게 발문 후 시간 여유를 주어 충분히 생각하고 표현하도록 한다.
- 유아의 반응이 교사가 원하는 답이 아니거나 현실성이 좀 떨어진다고 해도 자신의 의사를 표현할 때까지 유아의 말을 끝까지 경청한다.

✏️ **이야기 나누기 진행 시 발문 예시**

생활 주제	동식물과 자연	주제	궁금한 동식물	소주제	동물의 특성 알기
활동목표	||			

활동목표	• 자신의 몸을 보호하기 위해 보호색을 가진 동물에 대해 관심을 가진다. • 동물을 숨길 수 있는 방법에 대해 자신의 생각을 말할 수 있다.
누리과정 관련 요소	• 자연탐구 > 과학적 탐구하기 > 생명체와 자연환경 알아보기 • 의사소통 > 말하기 > 느낌, 생각, 경험 말하기
도입	1. 어제 알아보았던 궁금한 동물들에 대해 회상한다. **이전 경험 회상** 2. 동물 친구들의 이야기를 들려준다. **동기유발** (주제와 관련된 동물 친구들의 이야기를 들은 후) • ○○와 △△가 친구들에게 무엇을 부탁했지? • 지금부터 동물들이 자신을 보호하는 방법에 대해 알아보도록 하자.
전개 내용 중 일부	……(중략)…… 4. 숲속에 있는 동물들이 자신의 몸을 보호하는 방법에 대해 이야기 나눈다. • 지금 나비는 어디에 있니? • 나비를 어디에 놓아주면 좋다고 생각했니? • 왜 이곳에 놓아주면 좋다고 생각했니? • ○○가 말한 꽃에 나비를 놓아주면 어떻게 될까? **예측하기** • 앞에 나와서 나비를 놓아줄 친구는 손을 들어 보자. • 나비를 꽃에 놓으면 나비가 잘 보이지 않을 것이라고 말했는데 왜 그렇게 생각하니? **추론하기** 5. 나뭇잎 대벌레의 몸을 보호할 수 있는 방법에 대해 이야기 나눈다. • 나뭇잎 대벌레는 어디에 있니? • 나뭇잎 대벌레가 사는 곳은 어디일까? • (그림 자료를 보며) 나뭇잎 대벌레는 어떤 색이니? **관찰하기** • 나뭇잎 대벌레는 이 숲에 있는 것 중에 어떤 동물과 비슷하다고 생각하니? • 나뭇잎 대벌레를 어디에 옮겨 놓으면 자신의 몸을 보호할 수 있을 것이라고 생각하니? 왜 그렇게 생각했니? **추론하기** • 나뭇잎 말고 다른 곳에 놓아주고 싶은 친구 있니? • 나뭇잎 대벌레가 나뭇잎에 있을 때랑 지금 놓아준 곳이랑 어디에 있을 때 더 몸을 잘 보호할 수 있을까? **비교하기** • 나뭇잎 대벌레가 나뭇잎에 있으면 왜 자신의 몸을 보호할 수 있을 거라고 생각하니? **추론하기** ……(하략)……

마무리 내용 중 일부	(유아들이 숲 배경에서 보호색을 가진 동물들처럼 몸을 보호해 보는 활동을 진행한 이후) 7. 동물들이 자신의 몸을 보호할 수 있도록 도와주는 활동에 대해 평가한다. • 오늘 활동을 하면서 새롭게 알게 된 점은 무엇이니? • 우리가 동물을 도와준 이유는 무엇이었지? • 오늘 알아보았던 동물 말고 또 위험할 때 스스로 자신의 몸을 보호하는 동물에는 어떤 동물이 있을까? • 자기 몸을 보호하기 위한 색을 가지고 있는 동물들이 있는 책을 과학 영역에 놔둘 테니까 궁금한 친구들은 다시 가서 보도록 하자. 8. '어디에 숨을까' 활동과 관련된 '나는 숨겨요' 미술활동을 안내한다. • ○○반 어린이들이 동그라미 안에 자신의 몸을 보호할 수 있는 색과 무늬를 사용해서 동물을 그려 보는 활동을 할 수 있도록 미술 영역에 놔둘 테니까 활동해 보고 싶은 친구들은 해 보도록 하자. 9. 다음 활동을 안내한다. • 오늘은 궁금한 동물 중 자기의 몸을 보호하는 동물을 알아보았는데 내일은 무엇에 대해 알아보고 싶니?

※ 출처: 강민정 외(2018).

3. 이야기 나누기 활동 실행 단계에서 유의해야 할 교사 역할

이야기 나누기를 위한 계획과 준비를 철저히 한 교사들이 이를 실행하는 과정에서 빠지기 쉬운 함정은 '나는 준비를 잘했고 내가 준비한 모든 것은 가치 있는 것이므로 나는 이것을 유아들에게 다 잘 전해 주어야만 한다.'고 생각하는 것이다. 이러한 신념이 강한 교사는 교사 주도·지식 전달 위주의 주입식 교육을 하는 결과를 초래할 위험이 있다. 따라서 교사는 이야기 나누기 활동의 궁극적인 목표가 유아들의 사고력 증진에 있음을 재차 인식하고, 자신의 계획에 따른 단편적인 지식의 전달보다는 유아의 반응에 민감하게 귀를 기울이면서 계획과 발문 내용을 재구성해 나가는 융통성을 보여 주어야 한다.

이야기 나누기의 실행 단계에서 가장 중요한 것은 교사-유아, 유아-유아 간의 능동적이며 역동적인 의사소통이 강조되는 전개 단계라 할 수 있다. 이 단계에서 가장 중요한 것은 '계획한 대로 실행에 옮기기, 실행 중 평가하기, 기존의 계획을 재구성하기'의 순환 과정이다(허미애, 2007).

1) '발문하기'와 관련된 교사의 역할:
수렴적 질문은 나쁘고 개방적 질문은 좋다는 이분법적 사고의 오해

일부 교사는 수렴적 질문은 나쁘고 개방적 질문은 좋다는 이분법적 사고를 가지고 있을 수 있으나 이는 상대적으로 개방적 질문의 중요성을 더욱 강조하였던 것에서 온 오해에 기인한다. 교사는 수렴적 질문과 확산적 질문의 교육적 가치를 분명하게 인식하고, 두 종류의 질문을 시의적절하게 선택해 구사하는 것에 따라 유아의 사고의 질이 달라질 수 있다는 것을 인식해야 한다.

- 이야기 나누기의 핵심인 '유아가 본 것 · 유아가 들은 것 · 유아가 한 것'을 묻기 위한 첫 번째 질문은 수렴적 질문인 경우가 많다. → 예 "○○을 본 적이 있니?" "○○에 가 본 적 있니?" "○○을 해 본 적 있니?" "○○을 알고 있니?"
- 이야기 나누기 과정에서 유아의 생각을 확인하는 경우에도 수렴적 질문은 유용하다. → 예 "아! 그러니까 네 말은 이것이 ~ 하다는 뜻이니?"
- 수렴적 질문의 진정한 가치는 그것이 개방적 질문으로 나아가기 위한 디딤돌로서 기능할 때에야 제대로 인정될 수 있다. → 예 "줄자로 무게를 잴 수 있을까? 무게를 재려면 무엇이 필요할까? 저울이 없다면, 무게를 어떻게 잴 수 있을까?"
- 교사 질문은 창의적 사고를 증진하기 위한 질문과 비판적 사고를 증진하기 위한 질문을 내용으로 해야 한다. 이를 위해 교사는 창의적 사고를 위한 질문을 하고, 이에 대한 유아의 반응을 들은 다음에는 비판적 사고를 위한 질문을 해 유아가 자신의 사고에 대해 평가할 수 있는 기회를 제공해야 한다. → 예 "하늘은 어떤 색깔일까? 그런데 하늘은 언제나 파란색일까?" "물 위로 뜬 것은 무엇이었니? 그런데 물 위로 뜨는 것들은 언제나 물 위로 뜰까? 물 위로 뜬 스티로폼 공을 물속으로 가라앉게 할 방법이 있을까?"
- 교사는 유아의 발달에 적합한 토론과 논쟁거리를 제공하면서 유아의 지식과 개념을 확장시켜 나가거나 주제 및 전개의 방향을 잡아 나간다.

2) '경청하며 반응하기'에서 고려할 점: 충분히 사고한 다음 반응하도록 격려하기

만약 교사가 사고를 위한 '멈춤의 시간'을 제공하지 않고 성급하거나 똑똑한 몇몇 소수 유아의 반응에 따라 이야기 나누기를 진행한다면 그 학급에 속한 대다수 유아에게 진정한 의미의 '사고 과정'은 일어날 수 없음을 명심해야 한다. 왜냐하면 유아들은 다른 유아가 정답이라 여겨지는 이야기를 하는 순간, 더 이상 생각하기를 멈추어 버리기 때문이다. 따라서 교사는 다음과 같은 점을 고려할 수 있다.

- 교사는 학기 초에 '멈춤의 시간이 갖는 의미'를 유아와 공유하고, '멈춤의 시간 지키기'를 재미있고 유익한 이야기 나누기를 위한 학급 규칙으로 정착시킨다. 이 규칙은 '선생님이 무엇인가를 물어보는 이유는 잘 생각하도록 돕기 위함이며, 선생님이 질문을 한 다음에는 생각을 다했더라도 마음속으로 천천히 하나/둘/셋을 다 셀 동안에는 생각만 하며 아무도 말하지 않고 기다린다.'는 것과 '선생님이 생각을 다 한 친구는 조용히 손들어 주겠니?라고 말한 다음에 손을 든다.'는 것이다.
- 교사는 때때로 자신의 발문에 대한 유아의 이야기를 경청할 때 교사-유아 간의 이야기 뿐 아니라, 유아-유아 간의 산발적인 이야기 또는 동시다발로 나오는 이야기에도 귀를 기울여야 할 필요가 있다. 아무리 좋은 규칙이라도 모든 상황에 적용되는 규칙은 없기 때문이다. 교사는 항상 자신의 시선을 유아에게 집중하고, 유아의 얼굴에 나타나는 의구심, 동감 등의 비언어적 표현과 유아가 혼자서 중얼거리는 말 또는 유아 간에 속삭거리는 말을 놓치지 않도록 유의한다. '경청하며 반응하기'에서 가장 중요한 것은 유아의 마음과 생각을 따라가며 듣는 것이기 때문이다.
- 교사는 이야기 나누기를 하는 과정에서 각 유아가 발표 기회를 골고루 나눠 가졌는가를 끊임없이 검토하고 모든 유아에게 기회가 균등하게 분배되도록 노력한다.

[이야기 나누기 실행 단계에서의 교사 · 유아 역할]

교사

1. 즐겁고/재미있고/자유롭고/허용적인 분위기 만들기
2. 유아가 가지고 온 이야깃거리를 파악하기
3. 이야기 나누기에 참여하는 유아의 좌석 조정하기(불필요한 갈등 상황 예방하기)

1. 유아가 주제에 대해 호기심과 흥미를 가질 수 있도록 동기 유발하기(수수께끼/부분 보고 전체 알아 맞추기/비밀주머니/오감 놀이……)
2. 당일 주제에 대해 명확하게 의사소통하기

1. 질문과 관찰을 통해 유아의 선경험/선지식 이끌어 내기
2. 주제 관련 이야깃거리 소개하기(교수–학습 자료)
3. 분명한 발음, 쉽고 바른 어법으로 이야기하기
4. 수렴적/개방적 질문, 창의적/비판적 사고를 위한 질문을 시의적절하게 구사하기
5. 다양한 교수 전략/실천적 지식 적용하기
6. 새로운 정보 제공하기
7. 주제 전개의 방향 결정하기
8. 유아의 이야기를 경청하고 중재하기
9. 유아의 지식과 경험을 확장시키기
10. 유아의 발달에 적합한 토론과 논쟁거리 제공하기
11. 주제를 중심으로 통합적으로 접근하기
12. 실행 중 평가를 통해 수시로 계획을 재구성하기
13. 기본적인 질서 유지하기

유아

1. 생리적 욕구(화장실/물 마시기……) 해결하기
2. 자신이 준비한 이야깃거리를 가지고 이야기 나누기 장소로 모이기
3. 이야기 나누기 좌석 선택하기

1. 이야기 나누기에 대해 기대감 가지기
2. 이야기 나누기 주제에 대해 인식하기(무엇에 대해 이야기 나누게 될 것인가?)

1. 자신의 경험과 지식을 나누기
2. 주제 관련 이야깃거리 소개하기
3. 다른 사람의 이야기를 경청하기
4. 새로운 정보를 독자적으로 해석/재조직하기
5. 창의적/비판적으로 사고하기
6. 적극적으로 의사소통하기
7. 맥락에 맞게 질문하기
8. 능동적 태도로 참여하기
9. 개방적인 태도로 자신의 지식과 개념을 확장시키기
10. 기본적인 질서 지키기

5. 수업 분위기 조성 단계

6. 이야기 나누기 도입 단계

7. 이야기 나누기 전개 단계

계획을 실행하기

통합적 접근

계획을 재구성하기

실행 중 평가하기

※ 출처: 허미애(2007). p. 276.

4. 이야기 나누기 수업 분석하기(평가 요소)

다음은 이야기 나누기 활동 유형에 따른 평가요소를 고려하여 수업을 분석할 수 있는 기준을 제시한 평가표이다. 수업 분석을 위한 평가표들은 수업의 실행 이전에 자신의 수업을 점검하기 위해 활용할 수 있다.

1) 교사 연수 자료에 제시된 평가표 예시

(1) 이야기 나누기 수업 분석표

범주			내용	평가
수업 설계			주제와 연계되는가?	
			유아의 경험과 연계되는가?	
			유아의 발달에 적합한가?	
			목표 진술은 적절하며, 평가의 요소를 고려하는가?	
			도입, 전개, 마무리 구성이 적절한가?	
교수- 학습 활동	지도 과정	도입	본 수업과 관련된 이전의 학습 내용을 회상하면서 관련짓는가?	
			유아가 주제에 대해 호기심과 흥미를 가질 수 있도록 동기유발하는가?	
		전개	목표에 부합하는 내용으로 진행하는가?	
			본 시의 학습목표 달성을 위하여 관찰, 대화와 질문 등을 사용하여 유아들이 서로 상호작용하도록 격려하는가?	
			새로운 정보를 제공하여 유아의 지식과 경험을 확장시키는가?	
			주제에 따라 발문의 유형(인지적, 확산적, 수렴적, 평가적)을 적절하게 구사하는가?	
		마무리	목표를 고려하여 종합 정리하는가?	
			이야기 나누기 시간을 마무리하고 다음 활동을 알려 주는가?	
			차시 예고를 하는가?	
	수업 분위기 조성		이야기 나누기를 하기에 적합한 환경인가?	
			이야기 나누기를 시작하기 전에 생리적인 욕구를 해결했는가?	
			이야기 나누기에 적절한 대형인가?	

		유아들이 이야기하는 내용을 적절하게 처리하는가?(종합, 확장, 정보제공, 수정 등)	
교사 역할		유아들의 부적절한 반응이나 행동을 긍정적인 방법으로 조정하는가?	
		유아의 적절한 반응에 대하여 격려 혹은 칭찬을 하는가?	
		이야기 나누기에 흥미와 호기심을 가지고 적극 참여하도록 하는가?	
		자유롭고 수용적인 분위기를 유지하는가?	
		교사의 언어, 태도, 위치가 적절한가?	
		유아에게 질문에 대해 생각할 시간을 주는가?	
		유아의 수준에 맞고 정확한 문장으로 질문하며, 유아의 반응에 따라 적절하게 재질문 하는가?	
학습 자료 활용		유아의 발달과 흥미에 적절하고 효과적인 매체를 사용하는가?	
		매체를 적절하게 활용하는가?	

※ 출처: 교육부(2000).

(2) 이야기 나누기 활동 평가표(허미애, 2007)

다음은 이야기 나누기 관련 실천적 지식에서 강조되는 여러 요소에 기초하여, 이야기 나누기 평가 항목을 정리한 내용이다.

1. 물리적 환경의 적절성	• 전체 유아들이 친구와 교사를 바라볼 수 있도록 자리를 배치하였나? • 유아들이 앉은 대형은 이야깃거리를 탐색하기에 용이하였는가? • 유아들이 창문이나 출입문을 등지고 앉아 활동에 집중할 수 있었는가? • 유아들은 자신이 원하는 자리를 선택할 수 있었는가? • 교사는 이야기 나누기 시작 전·도중에 필요에 따라 자리를 바꾸어 주었는가? • 유아들이 각기 최소한의 공간을 확보할 수 있게 배려하였나?
2. 이야기 나누기 분위기의 적절성	• 교사는 유아들에게 자유롭고 허용적인 대화 분위기를 제공하였는가? • 유아들은 이야기 나누기를 재미있어 하며 이를 즐겼는가? • 유아들은 능동적으로 이야기 나누기에 참여하였는가? • 사고를 하기 위한 정적인 분위기와 사고를 표현하기 위한 역동적인 분위기가 균형적으로 조화를 이루었는가?

	• 이야기 나누기에서는 최소한의 기본적인 질서가 유지되었는가?
	• 교사는 필요한 경우, 다양한 방법을 사용하여 유아의 주의를 환기하였는가?
3. 이야기 나누기 주제의 적절성	• 이야기 나누기 주제는 진행 중인 생활 주제와 관련이 있었는가? • 유아의 연령 및 발달수준에 적합했는가? • 유아의 생활 경험과 잘 통합되었는가? • 유아가 흥미를 가지고 있었는가? • 유아의 지식과 개념이 확장될 수 있었는가?
4. 교수-학습 자료의 적절성	• 이야기 나누기의 목표 및 내용에 부합되었는가? • 유아의 연령 및 발달단계에 적합하였는가? • 자료의 크기는 적절하였는가? • 다양한 영역 및 활동이 통합될 수 있는 자료였는가?
5. 교사-유아 간 상호작용의 적절성	• 교사는 이야기 나누기를 했는가? • 이야기 나누기에 소요된 시간은 적절했는가? • 유아들이 대답·반응하기 전에 생각할 시간을 충분히 제공하였는가? • 유아로 하여금 교사가 자신의 반응을 기대하며 기다리고 있다는 사실을 느끼게 해 주었는가? (긍정적인 기대감을 보여 주었는가?) • 교사는 유아에게 눈을 맞추며 주의를 집중하고 들었는가? • 교사는 유아가 무언가를 말하고자 할 때 보이는 여러 가지 신호에 대해 민감하게 반응하였는가? • 교사의 발문은 주제와 관련하여 설정한 학습목표에 부합되는 것이었나? • 교사의 발문은 통합적 접근지대로 유아를 안내하는 것이었나? • 교사의 발문 내용은 유아의 발달수준에 적합한 것이었나? • 교사의 발문 내용은 진행 중인 이야기 나누기의 맥락과 일치하였는가? • 교사의 발문은 유아에게 무엇에 대해 사고해야 하는지에 관한 분명한 방향을 제시해 주었는가? • 교사의 발문은 유아에게 적당한 수준의 지적 갈등 상황을 일으켰는가? • 교사의 발문은 수렴적 질문에서 확산적 질문으로의 진전 과정을 반영하였는가? • 교사의 발문은 유아로 하여금 다양한 대안을 생각해 보도록 격려하였는가? • 교사는 유아의 이야기에 대해 왜 그렇게 생각하였는지를 되묻곤 했는가? • 교사의 발문은 유아의 창의적 사고와 비판적 사고를 조화롭게 격려했는가? • 교사의 발문에는 문제에 대한 진지함과 문제를 유아와 더불어 해결해 보고자 하는 열정이 담겨 있었는가?

- 교사는 유아의 잘못된 대답이나 의견에 대해서 즉각적인 평가를 유보하였는가?
- 교사는 적절한 정도의 맥락화 신호를 사용하였는가?
- 교사는 유아에게 도움이 필요한 경우, 적절한 단서를 제공하였는가?
- 교사는 필요한 경우, 유아의 이야기를 요약, 정리, 확장시켜 주었는가?
- 교사는 유아의 말을 무의미하게 반복하지 않음으로써 이야기 나누기 시간을 효율적으로 관리하였는가?
- 교사는 필요한 경우, 유아가 입장을 바꾸어 생각해 보게 함으로써 문제를 좀 더 가깝게 느낄 수 있도록 배려했는가?
- 교사는 유아들이 가치 있는 질문거리를 만들어 내도록 격려했는가?
- 교사는 이야기 나누기를 방해하는 유아의 부적절한 행동에 대해 적절하게 대응했는가?
- 교사는 모든 유아가 이야기 나누기에 골고루 참여하도록 격려하고, 소극적인 유아에게도 최소한의 참여 기회를 마련해 주었는가?

[이야기 나누기 평가 단계에서의 교사 · 유아 역할]

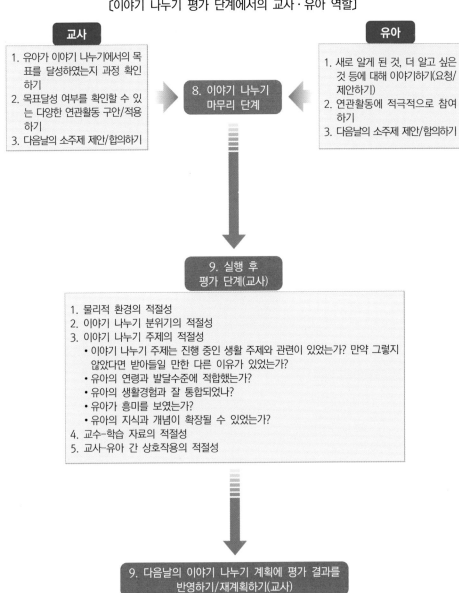

교사

1. 유아가 이야기 나누기에서의 목표를 달성하였는지 과정 확인하기
2. 목표달성 여부를 확인할 수 있는 다양한 연관활동 구안/적용하기
3. 다음날의 소주제 제안/합의하기

8. 이야기 나누기 마무리 단계

유아

1. 새로 알게 된 것, 더 알고 싶은 것 등에 대해 이야기하기(요청/제안하기)
2. 연관활동에 적극적으로 참여하기
3. 다음날의 소주제 제안/합의하기

9. 실행 후 평가 단계(교사)

1. 물리적 환경의 적절성
2. 이야기 나누기 분위기의 적절성
3. 이야기 나누기 주제의 적절성
   • 이야기 나누기 주제는 진행 중인 생활 주제와 관련이 있었는가? 만약 그렇지 않았다면 받아들일 만한 다른 이유가 있었는가?
   • 유아의 연령과 발달수준에 적합했는가?
   • 유아의 생활경험과 잘 통합되었나?
   • 유아가 흥미를 보였는가?
   • 유아의 지식과 개념이 확장될 수 있었는가?
4. 교수-학습 자료의 적절성
5. 교사-유아 간 상호작용의 적절성

9. 다음날의 이야기 나누기 계획에 평가 결과를 반영하기/재계획하기(교사)

※ 출처: 허미애(2007). p. 280.

5. 이야기 나누기 활동 유형

이야기 나누기는 교사와 유아가 함께 모여 서로의 정보를 교환하거나 서로의 생각을 들어보면서 의사결정 등을 하는 것이다. 교사는 다양한 관점으로 수렴적, 확산적 발문을 적절히 활용하여 유아가 다양하게 사고하고 이야기하도록 돕는다(교육부, 2009). 이야기 나누기 활동의 내용으로는 출·결석 확인, 날씨·계절 변화, 일과 계획, 주말 지낸 이야기 나누기, 새로운 소식 또는 물건 보여 주고 소개하기, 주제 관련 의견 교류, 토의, 이야기 꾸미기활동, 자유선택활동 및 활동평가 등이 포함된다(교육부, 2008).

1) 토의활동/토론활동

토의와 토론은 서로 구별되는 개념임에도 현실적으로 토의와 토론이 분리되어 진행되는 경우는 드물다. 교육현장에서는 토의활동과 토론활동이 별개로 이루어지기보다 상호 병행하여 이루어진다. 토의는 '둘 이상의 사람들이 모여 공통 주제를 가지고 그것에 대하여 서로가 가진 정보와 생각을 단순하게 나누어 보는 의사소통 방식을 말하는 것으로(구정화, 2009) 의견 교환을 통해 해결하고자 하는 문제를 함께 생각하고 해결 방안을 도출해 가는 과정을 의미한다. 유아교육기관에서 진행되는 토의활동은 유아들이 또래와의 관계에서 의견을 교환하고 상호작용할 수 있는 기회를 제공하는 가장 일반적인 방법으로 유아들은 토의활동을 통해 스스로 가치를 내면화할 수 있다. 또래 간 토의활동은 자신이 경험한 내용을 서로 의견을 상호 교환할 수 있는 기회를 제공하는 활동이다.

	토의	토론
주제	• 합의가 필요한 주제	• 선택을 해야 하는 주제
목적	• 최선의 결과 도출이 목적	• 주장의 우열을 가리는 목적이 있음
주장/진행	• 주장이 같건 다르건 진행될 수 있음	• 주장이 상반적이어야 진행됨
규칙	• 협력적이고 규칙이 느슨함	• 경쟁적이고 규칙이 엄격함
사고력	• 창의성 향상	• 논리성 향상

(1) 토의의 유형

토의 개방성의 정도에 따라 이원영, 박찬옥, 노영희(1993)는 교사주도형과 유아주도형으로 구분하였다(김은실, 2016, 재인용).

교사 주도형	교사가 문제 발생 시 문제해결을 위해 먼저 토의를 제의한다. 교사가 주도권을 갖고 토의를 전개하고 토의 내용은 사회의 가치와 규범을 중심으로 한 주제가 많은 편이다. 교사에 의해 의사가 결정되고 토의자의 지적 변화를 강조한다.
유아 주도형	또래가 생활하며 문제가 발생할 때, 유아가 스스로 문제를 제기하고 논의하는 형태를 말한다. 토의 내용은 또래 간 이해관계와 관련된 내용이 많고 유아에 의해 의사가 결정되며 토의자의 감정과 태도의 변화를 강조한다.

(2) 토의에서 필요한 태도

유아가 토의에 참여하는 올바른 마음가짐을 갖기 위해서는 교사의 모범과 토의 과정에서의 체험이 상호작용해야 한다. 교사는 성공적인 토의활동을 위해 유아가 바람직한 태도를 함양시킬 수 있도록 도와야 한다. 뿐만 아니라 토의 후 실행 여부를 반성해 보도록 한다.

태도	내용
참여하기	• 토의에서 나의 질문, 생각을 발표하기 • 다른 가능성이나 대안을 생각하기
경청하기	• 다른 사람이 어떤 말을 하는지 이해하며 듣기 • 다른 사람이 이야기할 때 끼어들지 않기 • 이해가 되지 않는 부분에 대해 질문하며 듣기
근거 중시하기	• 자기 의견에 대한 이유를 이야기하기 • 다른 사람이 주장하는 이유에 관심 갖기 • 더 좋은 이유를 가진 의견 인정하기
열린 마음 갖기	• 자기 의견만 주장하지 않기 • 다른 사람의 비판에 화내지 않고 귀 기울이기

※ 출처: 생각을 키우는 토론수업 레시피.

(3) 토의기법들

토의활동은 자신의 생각을 기술할 수 있는 능력을 요하지만 이러한 능력이 아직 부족한 유아에게 적용하는 데 한계가 있다. 유아에게 적용할 수 있는 토의기법의 예시는 다음과 같다.

① 브레인스토밍(Brain-Storming)

자유연상을 통한 아이디어 양산에 초점을 두고 있는 기법이다. 브레인스토밍의 특징은 창의적인 생각을 끌어내는 데 효과적인 방법으로 집단의 크기(대 · 중 · 소)에 상관없이 언제든지 활용 가능하고 교육 현장에서 창의성 발산과 함께 시너지 효과도 기대할 수가 있어 토의활동에 안성맞춤이라 할 수 있다. 브레인스토밍 기법은 특정 시간 동안 제시한 생각을 모은 뒤 1차, 2차 검토를 통해서 그 주제에 가장 적합한 생각을 다듬어 나가는 과정에 의해서 이루어지며, 그 과정에서 꼭 지켜야 할 네 가지 원칙이 있다. 그 원칙은 다음과 같다.

첫째, 어떤 사람의 의견이라도 절대로 비판하지 않기
둘째, 개방적인 분위기 보장하기
셋째, 질보다는 양을 중시하기(최대한 많은 아이디어 도출)
넷째, 개선하고 결합하여 새로운 것을 만들기(조합과 분리 · 개선의 원칙)

② 브레인라이팅(Brain-Writing)

브레인스토밍과 유사하지만 기록할 수 있도록 돕는 기법이다. 브레인스토밍이 두뇌에 바람을 일으키는 것이라면 브레인라이팅은 말 그대로 두뇌를 활성화시키는 쓰기이다. 아이디어를 낼 때에는 말로 하는 방법도 있지만, 포스트잇이나 카드를 활용해서 기록을 하다 보면, 두뇌가 더욱 활성화되어 수준 높은 생각이 많이 나올 수 있다는 점에 기반을 둔 기법이라고 볼 수 있다. 유치원에서는 만 5세 유아들이 포스트잇이나 카드를 활용하여 집중력이 높아질 뿐만 아니라 참여도도 높아진다. 글을 쓸 수 있는 유아는 포스트잇이나 종이에 글을 쓰고, 글을 못 쓰는 유아는 그림 카드를 이용하여 토의에 참여할 수 있다. 이러한 과정을 거쳐 자연스럽게 이 내용이 발표로 이어지게 한다. 브레인라이팅 기법은 발언에 소극적인 유아의 참여를 유도할 수 있으며 개인의 의견이 독점되는 것을 방지할 수 있는 장점이 있다.

③ 짝 토의

짝 토의는 간단하면서도 효과적이라는 장점이 있다. 짝 토의에서는 한 학급 절반의 유아가 발표할 기회를 갖고 나머지 절반의 유아들은 경청의 경험을 갖는다. 즉, 모든 유아가 토의에 참여하는 것이며 두 사람이 대화하듯이 매우 편하게 토의할 수 있다. 두 사람의 활동이 끝나면 짝이 대신 발표를 해 주게 되며, 이때 짝이 한 말을 자기 것으로 소화하여 표현하도록 한다. 또 짝이 대신 발표해 주는 것을 들으면서 원래 의견을 말했던 유아는 자신이 말한 것에 대해 서로가 이해한 부분과 표현 방법의 차이를 경험하게 된다.

④ 신호등기법

교사 혹은 발언자의 의견에 '부정/긍정/중립'의 자기 의견을 신호등 색깔로 제시하는 기법으로, 의사교환 및 의사결정력 향상이 요구되는 활동에 적용할 수 있다. 진행 방식은 빨강, 노랑, 초록의 신호등 이미지를 이용해 참석자의 의견을 보여 주고, 그 이유를 설명하게 하는 것이다. 유치원에서 유아에게 적용할 때는 빨강, 초록의 두 가지 색을 이용하는 방법도 무방하다. 이 방법은 유아들의 일반적인 생각을 서로 공유하거나 발표력을 키워 주는 가벼운 토의에 사용한다. 또한 한 주제를 깊게 다루기보다는 여러 주제를 빨리 다룰 때 많이 사용되며, 여러 대안을 평가할 때에도 좋다.

⑤ 돌아가며 말하기(쓰기)

돌아가며 말하기는 교사가 하나의 주제를 주면, 유아들은 그 주제에 대한 자신의 생각을 모둠 친구들과 돌아가면서 한 사람씩 차례대로 이야기 나누는 것이다. 이를 통해서 서로의 생각과 창의적 아이디어를 공유하고 주제나 상황에 따라 반복적으로 돌아가면서 사용할 수 있다(2~3회, 돌아가며 말할 수 있음). 이 기법은 모둠 친구들 모두 동등하게 참여할 수 있으며 적극적으로 말하고 서로의 생각을 들어 줄 수 있다는 장점이 있다. 모든 유아의 참여를 최대한 이끌어 내는 데 주된 목적을 두어 활용한다.

⑥ 역할놀이

역할놀이의 목적은 참여자와 관찰자가 실제적인 문제 상황에 참여하여 문제를 해결하고 이해하도록 하는 것이다. 즉, 참여자와 관찰자가 역할놀이 과정을 통하여 감정(감정이입, 공감, 분노, 애정 등)을 탐색하고, 가치와 태도를 이해하고, 문제해결 기능 및 태도를 개발하도록 할 수 있다. 이처럼 역할놀이는 생생한 예를 다양한 방식으로 접하도록 할 수 있는 장점이 있다.

⑦ 회전목마

주제에 대한 자신의 의견을 가지고 안/팎 2중 원으로 마주보고 앉은 후, 정해진 시간 동안 각자 자신의 의견을 말하는 기법이다. 신호에 따라 바깥 원에 앉은 유아가 오른쪽으로 한 칸 자리를 옮긴 후, 같은 방식으로 말할 수 있다.

⑧ 피라미드 토의

피라미드 토의는 두 사람이 의견을 모으고, 또 다른 두 사람과 함께 모두 4명이 의견을 모으고, 다시 8명이 의견을 모으는 등 마치 피라미드처럼 의견을 모아간다고 해서 붙은 이름이다. 이는 학기 초 생활 지도에 사용하기에도 적절하다. 예를 들어, 유아들이 우리 반에서 지켜야 할 규칙을 생각하여 이를 피라미드 토의로 하면 우리 반 모든 유아가 합의한 다섯 가지(예)의 생활 규칙을 만들 수 있다. 이것은 만장일치로 유아들이 정한 것이기 때문에 매우 강력한 실천 규범이 될 수 있다. 토의 방법은 다음과 같다.

- 1단계: 교사가 과제를 제시하고 1인당 3~5장의 포스트잇을 배부한다.
- 2단계: 개인이 먼저 3~5개의 의견을 포스트잇에 적는다.
- 3단계: 두 사람이 토의하여 3~5개의 의견을 모은다.
- 4단계: 네 사람, 여덟 사람, 이런 식으로 3~5개의 의견을 모은다.
- 5단계: 학급 전체의 최종 의견 3~5개를 발표한다.

> **참고** 토의 규칙 정하기
>
> 토의 규칙은 방법에 따라 다를 수 있으나 일반적인 규칙은 다음과 같다. 어떤 토의 방법을 사용하느냐에 따라 추가한다. 이러한 규칙은 참여 유아들의 합의로 만들거나 수정할 수 있어야 한다.
>
> - 모든 사람에게 말할 기회가 주어진다.
> - 모든 사람에게 차례로 의견을 물어볼 수 있다.
> - 모든 사람은 의견을 공유한다.
> - 다른 사람의 발표를 잘 들어야 한다.
> - 다른 사람의 의견을 존중한다.
> - 누구나 대안을 낼 수 있다.
> - 자신의 의견을 바꿀 수 있다.

(4) 토의수업의 내용

① 사실판단 탐구활동

사실을 판단하는 탐구활동으로서 구체적인 자료를 통해 참, 거짓을 입증해야 하는 것을 말한다. 탐구활동은 '교사가 유아에게 사실을 일러 주는 것이 아니라, 유아로 하여금 스스로 그 사실의 의미를 보도록 하는 방법'을 지칭하며 유아의 능동적인 탐구행위를 통하여 문제를 해결하고 주제를 학습하는 수업 형태이다. 사실을 판단하는 탐구활동이 효과적으로 이루어지기 위해서는 탐구력, 문제해결력을 도와줄 수 있는 적극적인 토의활동과 탐색의 기회가 주어져야 하며, 특히 교사의 개방적 발문과 제안에 유의해야 한다. 교사의 질문은 수렴적 사고와 발산적 사고를 동원하여 유아의 토의 능력을 자극해 현실적인 경험을 초월하게 하고 자신의 경험을 객관화하는 기능을 갖는다.

② 가치교육

가치교육은 모든 사람이 소중하다고 생각하는 것, 즉 개인의 존엄성에 대한 가치, 규칙을 세우고 참여하기, 자유롭게 이야기하기, 생각과 감정을 표현할 수 있는 기회 제공, 개인의 권리를 보호하고 강화할 수 있는 방법, 사회 구성원으로서의 소속감을 갖게 하여 사회의 일원이며 타인에 대한 책임이 있음을 알게 하는 데 관심을 갖는다. 유치원에서 토의 주제로 가치를 선정하여 타인의 가치를 분석해 보고 타인의 가치나 태도를 이해하는 기회를 가져본다. 이와 관련된 방법으로는 '가치의 명료화(Michaelis, 1980)'와 '가치분석'이 있다.

먼저, 가치의 명료화는 유아가 행동을 결정하는 데 영향을 미치는 가치에 대한 의사
결정을 내리는 과정을 경험하도록 돕는 것이다. 가치를 명료화하는 과정에서 유아는
토의에 참여할 뿐만 아니라 자신의 생각을 알게 되며, 갈등 상황(청소를 해야 할 것인가?
선생님께 말씀을 드려야 할 것인가? 등의 문제해결 과정)에서의 문제를 파악하여 다른 유아
와 함께 생각을 나누고 자신과 다른 사람들에 대한 이해를 증진시키게 된다. 가치에 부
합하도록 행동하는 과정에는 선택하기, 선택에 만족하고 격려받기, 행동하기와 같은
단계를 거친다.

다음으로, 가치분석 토의활동은 유아가 어떤 상황에서 하나의 가치를 선택할 때 그
이유를 논리적으로 설명하고 그러한 준거도 밝히게 함으로써 가치관을 확립시키는 방
법이다. 가치분석의 과정에서 유아는 어떤 상황에 관심을 갖고, 그 상황에서 문제가 무
엇인지를 발견하게 된다. 그리고 그 상황에서 무엇을 할 수 있는지 토의하며 생각을 함
께 나누고, 자신과 다른 사람에 대한 이해를 하게 된다. 이 외에도 가치의 갈등 상황을
다루는 방법이 있다. 이는 상반된 또는 수준이 다른 가치를 가진 도덕적 판단 상황에
일어나는 갈등을 말한다. Kohlberg가 도덕적 발달 단계를 확인하는 데 사용한 ‘도덕적
딜레마 이야기’가 있으며, 딜레마 상황을 경험하는 동안 도덕적으로 올바른 판단을 할
수 있도록 하는 것이 목적이 된다.

③ 문제해결 및 의사결정
문제해결 토의활동은 실생활에서 당면하는 문제를 해결할 수 있는 능력을 기르기
위한 학습 형태로 유아가 주도적 역할을 수행하는 학습자 중심의 원리들을 적용하여
주어진 과제를 새롭게 해결하려는 지식이나 기능을 습득하는 것이다(한국유아교육학
회, 1997). 유아들은 일상생활에서 작든 크든 혹은 중요하든 사소하든 결정해야 할 상황
을 만나게 되는데 이때 주어진 문제의 해결이나 주어진 일을 보다 합리적으로 처리하
기 위하여 또는 의도했던 목표를 보다 효율적으로 달성하기 위하여 주어진 상황에서
최선의 결정을 하려고 시도하게 된다. 최선의 방법을 찾아내기 위한 하나의 전략으로
서 다양한 의사결정 접근방법이 동원되고 있으며 그중 한 방법으로 토의활동을 통하여
합리적인 최선의 의사결정을 할 수 있다. 문제해결 및 의사결정의 절차를 토의학습에
적용하는 방법은 다음과 같다.

첫째, 자료를 수집한다.

둘째, 문제를 명확히 한다.

셋째, 여러 가지 방법을 생각하도록 격려한다.

넷째, 의사를 결정하도록 하고 계획을 실행하도록 돕는다.

④ 시사 문제

시사 문제(current topics)란 유아들이 관심을 갖는 '새 소식(news)'에 관련된 내용으로 구성된다. 유아도 주변에서 얻은 정보를 통하여 현재의 사건을 인식하고 자기 주변의 세상에서 일어나고 있는 것에 대하여 지식을 확장한다. 즉, 유아가 주변에서 일어나는 것을 인식하도록 하는 새 소식은 궁금한 것을 알아가는 과정을 통하여 성취감과 문제해결력을 획득하도록 돕는다. 따라서 유아는 이러한 경험을 제공받으면서 현재 사건을 기초로 점차 과거나 미래를 포함한 전 세계적인 사건을 인식할 뿐만 아니라 사회의 전체 맥락에 참여하는 시민으로서의 과정을 시작하게 된다. 시사 문제의 토의 자원은 가깝게는 유아가 접하는 환경에서 찾을 수 있다. 가까이에 소멸되어 가는 자연의 자원(풀, 나무, 새의 환경, 공기, 물, 땅의 상태 등), 신문이나 TV 뉴스에 난 자연재해(폭풍, 폭우, 폭설, 가뭄, 지진) 등 주변 환경의 현안 문제에 대해 알아보고 토의활동을 통하여 주변 환경을 보호하기 위한 관심을 갖도록 할 수 있다. 이뿐 아니라 사회 구성원으로서의 인식을 돕도록 하기 위해서는 일과 직업에 대해 관심을 갖도록 자원을 활용할 필요가 있다. 이때 유아 주변의 모든 사건은 직접적 · 간접적 토의의 자원이 될 수 있으며, 대통령 취임식, 인공위성 발사, 다른 나라 사건들, 문화 체험, 운동선수, 가수, 만화가 등 무궁무진한 시사문제의 토의 주제를 선정할 수 있다.

참고 토의 주제 정하기

- 수업 주제 또는 교육 내용과 목적에 맞는 것을 선택한다.
- 유아 연령과 수준에 적합한 주제를 선택해야 한다.
- 유아의 흥미와 관심을 끌 수 있는 주제를 선택한다.
- 생활과 밀접한 관계가 있는 것을 선택한다.
- 구체적이고 경험적인 주제가 좋다.
- 합리적 해결이 가능한 주제를 선정해야 한다.
- 주제는 단순한 것이 좋다.

(5) 그림책을 활용한 토의 수업

토의활동의 교수학습 모형으로는 가치 분석, 브레인스토밍 기법을 활용한 토의 등 다양한 모형이 있다. 유아교육기관에서는 그림책을 매체로 활용하여 진행하는 경우가 많다. 그림책의 이야기 속에는 도덕적 갈등이 있으며 역할 이해, 조망 수용, 감정이입과 같은 내용을 포함한다. 따라서 이를 매개로 토의활동을 진행할 때 유아의 토의활동은 보다 활성화될 수 있다. 그림책은 강압적이지 않은 방법으로 유아를 내면화할 수 있으며, 유아가 등장인물의 모습을 간접적으로 경험해 봄으로써 갈등이 발생하고 문제를 해결하는 방법에 대한 이해를 증진할 수 있다. 그림책을 활용한 토의활동의 계획안예시는 다음과 같다.

(6) 활동 예시

예시 1(김은실, 2016)

그림책 제목	검은 땅에 핀 초록빛 꿈	활동시간	약 30분
토의활동 말하기 기술	• 적절성: 발언 내용은 주제와 관련이 있다. • 내용 전달 방법: 목소리 크기, 말의 속도가 적절하다.		
활동목표	• 위인의 업적을 안다. • 생각을 나누고 자신과 다른 사람에 대한 이해를 증진한다. • 자신의 의견을 이야기하며 다른 사람의 이야기를 주의 깊게 듣는다. • 갈등 상황을 해결할 수 있는 대안을 생각하고 자신과 타인이 선택한 가치를 비교하여 다양한 생각과 태도를 알아간다.		
누리과정 관련 요소	• 의사소통: 듣기 > 낱말과 문장 듣고 이해하기 > 동화 듣고 이해하기 　　　　　　　　　　　　　　　　　　　> 이야기를 듣고 이해하기 　　　　　　　　　　　　　　　　　　　> 바른 태도로 듣기 • 의사소통: 말하기 > 낱말과 문장으로 말하기 　　　　　　　　　　> 느낌, 생각, 경험 말하기 　　　　　　　　　　> 상황에 맞게 바른 태도로 말하기 • 사회관계: 사회에 관심 갖기 > 지역사회에 관심 갖고 이해하기		
활동 자료	검은 땅에 핀 초록빛 꿈 그림책, 왕가리 마타이 막대인형, 포스트잇, 필기도구, 토론활동 기록판, 매직, 발표 마이크		

그림책	『검은 땅에 핀 초록빛 꿈』, 클레어 A. 니볼라 글/그림, 베틀북(2009) "나무가 없으면 땅은 살려 달려고, 옷을 입혀 달라고 애원합니다. 땅에 옷을 입혀 주어야 합니다. 땅은 초록색 옷을 입어야 합니다." 이 그림책은 노벨평화상 수상자 '왕가리 마타이'의 삶을 그린 그림책이다. 왕가리 마타이는 그린벨트 운동을 펼쳤고 케냐를 넘어 아프리카 전역에 지금까지 이어지고 있다.
	활동 내용
	상황에 관심 가지기
도입	1. 소집단으로 모여 그림책의 표지를 보며 내용을 예측한다. 　• 선생님이 들려 줄 그림책 표지를 살펴보자. 어떤 것이 보이나요? 　• 그림책의 제목을 읽어볼까요? 　• 어떤 내용의 그림책일 것 같나요? 2. 교사는 그림책을 들려준다. 3. 그림책의 내용을 바탕으로 왕가리 마타이에 대해 이야기한다. 　• 왕가리 마타이는 어느 나라에서 태어났나요? 　• 어른이 된 왕가리 마타이는 어떤 꿈을 가지고 있었나요? 　• 공부를 마치고 케냐로 돌아온 왕가리 마타이는 어떤 문제를 발견했나요?
전개	**1. 문제 구별하기**
	4. 왕가리 마타이는 자신의 고향 케냐로 돌아와 숲이 사라져 가는 모습을 보고 문제를 발견했다. 지금 우리 동네에서 보이는 환경 문제에는 어떤 것이 있는지 이야기 나눈다. 　• 우리 동네에 어떤 문제가 있다고 생각되나요? 　• 왜 그런 문제가 있다고 생각하게 되었나요? 　• 그 밖에 다른 문제는 어떤 것이 있다고 생각하나요? 　[유아들의 반응] 　"쓰레기를 땅에 버려요." 　"균 때문에 메르스 환자가 생겨요." 　"놀이터에 쓰레기가 아주 많아요." 　"우리 집에 누가 쓰레기를 버렸어요." 　"미세먼지 구름이 있어요." 　"차에서 나오는 매연이 많아요." 　"감기에 걸려서 주사에 맞아야 해요."

	2. 무엇을 할 수 있는지 토론하기
	5. 유아가 느끼는 다양한 환경문제를 해결하기 위해 어떤 방법이 있는지 토론한다. • 우리가 생활을 하며 느끼는 환경문제가 많이 있었어요. 그렇다면 이 문제를 해결하기 위해 우리가 실천할 수 있는 방법은 무엇이 있을까요? [유아들의 반응] "쓰레기가 길에 떨어져 있으면 집에 가져가서 버려요." "마트에서 쓰레기봉지를 사서 버려요." "쓰레기를 버리는 사람을 경찰에 신고해요." "손소독을 해요." "기차, 버스, 지하철을 타요." "비누로 손과 몸을 깨끗이 씻어요. 건강을 지켜요." "땅에 떨어진 쓰레기를 주워요." "땅에 담배꽁초를 버리지 말아요."
	3. 할 수 있는 일의 결과로서 어떤 일이 발생할지 토론하기
	6. 유아가 제시한 여러 가지 방법을 실천하였을 때 어떤 일이 발생할지 토론한다. • 우리가 실천할 수 있는 여러 가지 방법을 이야기해 주었어요. 다양한 방법을 실천했을 때 어떤 일이 일어날 것 같은지 이야기해 볼까요? [유아들의 반응] "우리 동네가 아주 깨끗해져서 깨끗 나라가 돼요." "쓰레기통을 우리가 만들어요." "환경이 깨끗해지고 공기가 좋아져요." "세균이 사라져요." "깨끗한 나라가 돼서 사람이 아프지 않아요." "사람이 다니는 길이 행복하게 뻥 뚫려요."
	4. 생각을 함께 나누고 자신과 다른 사람들에 대한 이해를 증진시키기
마무리	• 지금까지 나온 다양한 의견을 정리해 보자. • 여러 의견 중 가장 기억에 남는 의견은 무엇인가? • 왜 그 의견이 기억에 남는지 이유를 이야기한다.
활동 시 유의점	• 교사는 토의 유지자와 분위기 조성자로서 역할에 충실히 임한다. • 유아가 자신의 생각을 자신감 있게 발표할 수 있도록 격려한다. • 유아가 자신이 왜 그 가치를 선택했는지 이유를 밝혀 바람직한 가치 선택에 대한 근거와 이유를 제시하도록 한다.

	• 유아가 다양한 대안을 신중히 고려하도록 자극한다.
	• 교사는 토론활동에 모든 유아가 참여할 수 있도록 발표 기회를 균등히 제공한다.

📚 예시 2(권숙미, 2018)

그림책 제목	행복한 왕자		출판사	마루벌
활동목표	• 자신과 다른 사람의 생각을 나누고 다른 사람에 대한 이해를 한다. • 갈등 상황을 해결할 수 있는 여러 가지 방법을 생각하고, 자신과 다른 사람의 의견을 통해 다양한 방법이 있음을 안다. • 어려움에 처한 이웃을 생각하는 마음을 갖는다.			
	상황에 관심 갖기			
도입	1. 그림책의 앞과 뒤의 표지를 보며 내용을 예측한다. • 그림책의 표지를 살펴보자. 무엇이 보이나요? • 이 그림책은 어떤 내용일 것 같나요? 2. 그림책을 읽어 준다. 3. 그림책 내용 중 가장 기억에 남는 부분은 무엇인지 이야기 나눈다. 4. 그림책의 내용을 바탕으로 행복한 왕자에 대해 이야기 나눈다. • 왜 행복한 왕자라고 불렀을까요? • 행복한 왕자는 왜 슬펐나요? • 제비는 어디로 가고 있었나요? • 행복한 왕자의 심장은 무엇으로 되어 있었나요?			
	문제가 무엇인지 구별하기			
전개	5. 행복한 왕자는 백성들이 힘들고 어렵게 사는 모습을 보며 슬퍼한다. • 행복한 왕자는 왜 동상이 되었을까요? • 동상이 된 행복한 왕자는 어떻게 백성들의 아픔을 보고 느낄 수 있었나요? • 제비는 행복한 왕자의 곁에서 왜 떠나지 않았나요? • 내가 제비라면 어떻게 했을까요?			
	무엇을 할 수 있는지 토론하기			
	6. 행복한 왕자와 제비는 왜 자신의 가장 소중한 것들을 잃으면서까지 왜 어려운 이웃들을 위한 삶을 살았을까요? • 아픔을 당하는 어려운 이웃을 어디에서 보았나요?			

	• 나라면 어려운 이웃을 위해 무엇을 할 수 있을까요?
	• 제비를 따뜻하게 해 줄 방법은 무엇이 있나요?
	• 제비의 보금자리를 만든다면 어떻게 만들 수 있을까요?
	어떤 일이 발생할지 토론하기
	7. 유아들이 제시한 다양한 방법을 실천했을 때 어떤 일이 발생할지 토론한다.
	• 우리가 할 수 있는 여러 가지 방법을 실천했을 때 어떤 일이 일어날지 이야기해 볼까요?
마무리	**생각을 나누고 자신과 타인에 대한 이해를 증진시키기**
	• 여러 가지 다양한 의견 중에 가장 기억에 남는 의견은 무엇인가?
	• 왜 그 의견이 기억에 남는지 이유를 이야기한다.
	• 유아들의 다양한 의견과 생각을 존중하며 유아 각자의 생각에 의미를 부여하여 가치를 내면화하도록 도와준다.

(7) 토론활동

'학급의 유아들과 처음으로 토론을 진행하는 상황'이 주어졌다면 다음 내용을 포함하도록 한다.

- 토론이 무엇일까: 토론이라는 말과 관련된 의미와 토론의 뜻 알아보기
- 토론 진행 시 약속: 토론할 때 지켜야 할 규칙 정하기(약속판에 기록하기)
- 말하기와 듣기의 순서 정하기: 말하기와 듣기의 순서, 말하기에 적당한 목소리 등
- 토론의 주제 선정은 토론이 진행되면서 유아들에게 무엇에 대해 토론하고 싶은지에 대해 질문하여 유아들 스스로 토론의 주제를 선정하게 할 수도 있으며(제시된 조건에 따라) 토론의 진행 시 일상생활과 관련된 내용을 이끌어 내야 한다.

(8) 그 외: 비디오 교수매체를 활용한 이야기 나누기

문제 상황을 가상적으로 다룰 수 있는 대표적인 매체로 그림책, 극놀이, 인형극 등을 들 수 있다. 그림책을 활용하여 또래 간 문제 상황을 다룰 경우 다른 사람 입장에서 생각하게 되어 조망수용 능력이나 공감 능력 등이 발달한다. 또한 이야기 나누기가 유아들에게 문제해결의 기회로 활용될 경우, 유아의 인지적·정서적·창의적 반응을 촉진시킬 뿐 아니라, 유아가 타인의 감정을 이해하고 자신을 조절하는 능력을 길러 줌과 동

시에 이야기 나누기의 구성원으로 참여함으로써 유아 스스로 사회적 지식과 태도를 내면화하는 기회를 갖게 된다. 유아의 주변 상황을 담은 동영상은 유아들이 타인의 입장에서 갈등을 바라보고 문제를 해결하기 위해 여러 가지 생각을 시도해 보게 할 수 있다. 동영상은 텍스트와 이미지, 영상, 사진, 그래픽, 소리 등 멀티미디어 요소를 통합적으로 표현할 수 있는 특징이 있어 인간 뇌의 모든 부분을 고르게 자극시켜 유아의 흥미를 유발할 수 있다.

2) 주말 지낸 이야기 나누기

주말 지낸 이야기란 유아교육기관에서 주말에 있었던 일을 중심으로 이야기 나누기를 통해 통합적인 유아교육과정을 운영해 나갈 때 적용되는 대소집단 교수학습활동의 한 유형이다. 주로 월요일 오전 시간에 유아들이 교사를 바라보고 앉아 1명씩 주말에 누구와 어떤 일을 하며 보냈는지를 친구들과 교사에게 이야기하는 형태로 진행된다. 유아는 언어를 이용하여 경험, 생각, 느낌 등을 표현하고 교사는 상호작용을 통해 유아가 언어로 자신을 표현할 수 있도록 도와주고 다른 유아들이 앞에서 이야기하는 유아의 말을 더 잘 들을 수 있도록 도와주는 역할을 한다.

주말 지낸 이야기를 통해 유아가 자신의 경험을 이야기하면 듣고 있던 다른 유아들이 감정카드와 욕구카드를 이용하여 발표자 유아가 어떤 기분이었고 어떤 것이 필요했는지, 만족스러웠는지 등에 대해 이야기를 나누며 서로의 마음을 공유하는 활동으로 진행되도록 하는 것이 중요하다.

(1) 주말 지낸 이야기 나누기의 특징

① 정기적인 발표 기회: 매주 월요일 오전에 진행되는 정기적인 활동으로, 모든 유아에게 똑같이 발표의 기회를 준다. 유아는 자신에 대하여 표현해 볼 경험을 많이 가질수록 개념이나 어휘가 풍부해지고 발음도 더 정확해진다. 또 정기적인 주말 지낸 이야기는 유아들의 이야기 구조 개념, 어휘 수준, 문장 수준을 향상시키는 데 효과가 있다. 유아들은 정기적인 발표를 통해서 유아가 지닌 언어 능력을 유창하고 효과적으로 사용할 수 있다.

② 자유로운 분위기: 주말 지낸 이야기는 다른 이야기 나누기에 비하여 주제가 어렵지 않고 자신이 겪은 일이나 느낌을 이야기하기 때문에 자유로운 분위기에서 진행될 수 있고 유아도 부담 없이 참여할 수 있다.

③ 유아에 대한 이해: 교사는 1차적으로는 유아가 주말 동안 무슨 일이 있었는지, 기분은 어떠한지를 알 수 있다. 더 나아가 주말 지낸 이야기를 통해 유아의 표현력이나 언어발달 수준을 알 수 있다. 매주 진행되는 주말 지낸 이야기를 통해서 유아의 언어발달이 어떻게 이루어져 가는지 평가할 수 있으며 발표 시 적절한 상호작용을 통해 유아의 언어발달을 도울 수 있다.

④ 친구에 대한 이해: 서로 다른 환경을 가진 친구들의 이야기를 들어 보면서 나와 다른 생각을 하고 경험을 하는 친구가 있다는 것을 알 수 있다. 경험에 대한 유아들의 서로 다른 생각은 다른 사람들은 어떻게 느끼며 어떠한 욕구를 지니고 있는지를 알게 함으로써 적절하고 효과적인 의사소통을 할 수 있게 한다.

(2) 주말 지낸 이야기 나누기 활동 절차(이현지, 2017)

도입 1	도입 2
• 주말 동안 있었던 일에 대해 질문하기 • 주말 동안 있었던 일을 적어온 내용 보여 주며 간략히 발표하기	• 지난 시간 이야기 나누기 내용 간략히 설명하기

전개
• 발표 순서 정하기 • 친구의 그림이나 발표를 듣고 난 후 궁금한 점에 대해 이야기 나누기 • 마음 나누기 활동: 친구의 감정과 욕구 알아보기 　※ 마음 나누기 활동은 친구의 주말 지낸 이야기를 듣고 친구가 어떤 감정이었는지 어떤 욕구가 필요하고 충족되었을지 감정카드를 통해 알아보는 활동이다.

마무리
• 피드백하기

[마음 나누기 활동의 개요]

나를 알고 너를 존중하는 '마음 나누기'

가. 목적

유아가 생활하며 만나는 사람들에게 나를 긍정적으로 표현하는 방법과 다른 사람의 마음을 공감하는 것을 경험함으로써 긍정적 자아개념과 더불어 살아가는 태도를 경험해 보고자 한다.

나. 방법

1) nvc(비폭력 대화) 기법의 감정과 욕구 카드를 활용한다.
2) 매일 함께 모여 나누고 싶은 마음을 이야기한다.
3) 감정, 욕구 표현 언어를 필요한 상황에 사용해 본다.

다. 세부 실천 계획

활동 유형	활동 내용
궁금한 감정 알아보기	• 아는 감정 찾아보기 • 아는 감정 관련 경험 이야기 나누기 • 궁금한 감정을 감정 사전에서 찾아보기
궁금한 욕구 알아보기	• 아는 욕구 찾아보기 • 아는 욕구 관련 경험 이야기 나누기 • 궁금한 욕구를 사전에서 찾아보기
상황별 감정 표현 언어 사용해 보기	• 생활 속에서 필요한 감정 찾고 표현하기 • 갈등 상황에서 필요한 감정 찾고 표현하기 • 안전 관련 상황에서 필요한 감정 찾고 표현하기
상황별 욕구 표현 언어 사용해 보기	• 생활 속에서 필요한 욕구 찾고 표현하기 • 갈등 상황에서 필요한 욕구 찾고 표현하기
다른 사람의 감정 알아보기	• 가족의 감정 알아보기 • 친구의 감정 알아보기
다른 사람의 욕구 알아보기	• 가족의 욕구 알아보고 표현하기 • 친구의 욕구 알아보고 표현하기

라. 기대 효과

유아들이 욕구와 감정을 표현하는 다양한 언어를 경험하고 상황에 맞게 자신을 표현하고 다른 사람의 마음을 공감할 수 있을 것이다.

마. 평가

매 활동 후, 학기말 유아들과 활동 경험을 이야기 나누고 기록한다.

※ 출처: 이현지(2017). p. 24.

(3) 주말 지낸 이야기 나누기 수업 예시(이정, 2018)

활동목표	• 주말에 있었던 일을 안다. • 자신의 생각과 느낌을 문장으로 표현할 수 있다. • 다른 사람에게 궁금한 것을 질문할 수 있다. • 다양한 방법으로 이야기를 꾸며 지어본다. • 사진에 대해 관심을 갖고 다른 사람의 이야기를 주의 깊게 듣는다.
활동 자료	주말에 유아가 찍은 사진 자료, 컴퓨터, 모니터, 텔레비전, 활동지(주말 사진 뒷이야기 짓기), 쓰기 도구, 그리기 도구

도입	1. 사진을 보며 동기유발을 한다. 　　교　사: 주말 동안 어떤 활동을 하며 보냈는지 선생님이 너희가 찍은 사진을 　　　　　　 받았어요. 　　유아들: 네, 저도 보냈어요. 저는 이번에 할머니 댁에 갔었어요. 제 사진도 있 　　　　　　 어요? 　　교　사: 우리 □□ 사진도 있는지 한 번 보도록 해요. 2. 사진을 보고 누구의 사진인지 추측해 본다. 　　교　사: 누구의 사진일까요? 　　유아들: □□ 사진 같아요. 아까 얘기했던 것 같아요. 아니야~ 내가 찍었어. 　　　　　　 저 사진. 　　교　사: 그래요. 우리 ○○가 찍은 사진이래요. ○○가 나와서 친구들에게 　　　　　　 사진을 보며 주말 지낸 이야기를 나누어 볼까요?
전개	3. 사진을 보며 자신이 주말을 지낸 이야기를 나눈다. 　　교　사: 사진 찍었던 것을 기억해요? 　　유　아: 네. 기억나요. 　　교　사: 무엇을 찍은 건가요? 　　유　아: 저 사진은 제가 레고놀이하고 나서 찍은 사진이에요. 4. 궁금한 것을 질문해 본다. 　　교　사: 혹시 ○○에 대해 궁금한 것이 있나요? 　　유아들: 레고로 뭐 만든 거야?(레고로 집 만들었어.) 그런데 저기는 어디야? 　　　　　　 (우리 집이야.) 그런데 너는 왜 주말에 레고놀이 했어? 레고놀이하고 　　　　　　 뭐했어?(엄마가 집에서 놀자고 해서 레고놀이 했어. 레고놀이하고 　　　　　　 집에서 자장면 시켜 먹고 핸드폰 게임 했어.) 　　교　사: 레고놀이 할 때는 누구랑 같이 놀았어요? 　　○　○: 언니도 옆에 있었는데 저 집은 제가 혼자 만들었어요. 　　교　사: 왜 같이 안 만들었어요? 　　○　○: 언니는 레고 가지고 안 놀아요. 그리고 저 레고는 제 거예요. 　　교　사: 아, 그렇구나. 레고로 집을 만들고 완성했을 때 기분이 어땠나요? 　　○　○: 좋았어요. 　　교　사: 구체적으로 무엇이 어떻게 좋았는지 이야기해 주겠니? 　　○　○: 음…… 집을 만들어서 기분이 좋았고 엄마가 잘 만들었다고 해서 좋 　　　　　　 았어요. 　　교　사: 그랬구나. ○○의 사진에서 더 궁금한 점이 있으면 질문해 보자.

	유아들: 사진에 레고 장난감 오른쪽 아래 부분에 발이 있는데 누구 발이야? (웃으면서, 저 발은 우리 엄마 발인데) 왜 엄마 발을 찍었어? (아니 엄마 발을 찍는 게 아니라 엄마가 핸드폰 사진을 찍는 방법을 옆에서 알려 주다가 찍힌 거지.)
	교　사: 아, 그렇구나. 엄마가 사진 찍는 방법을 알려 줬구나. 어렵진 않았어요?
	○　○: 네. 가운데 동그란 흰색 버튼만 누르면 돼요.
	교　사: ○○와 같은 경험을 해 본 친구가 있나요?
	유아들: 우리 집에도 레고 있어요. 생일 때 세트로 샀어요. 나도 있어. 저거보다 더 많아. 저건 그리고 여자 거거든? 난 엄청 많아.
	교　사: 혹시 ○○에게 더 궁금한 점이 있나요? 궁금한 것에 대해 질문을 해 볼까요?
	……(중략)……
마무리	6. 활동을 마무리하고 평가한다. 　교　사: 친구들에게 내가 찍은 사진을 보며 주말 지낸 이야기를 하니 어떤 기분이 들었나요? 　유아들: 재밌었어요. 주말에 친구들 사진 보니깐 재밌어요. 저도 사진 보내고 싶어요. 제 사진도 있어요. 　교　사: 주말 동안 어떻게 놀았는지 사진을 보니 재밌었구나. 7. 다음 활동을 안내한다. 　교　사: 오늘 사진을 보고 주말 지낸 이야기 발표했던 친구들은 자유선택활동 시간에 언어 영역에서 '주말 사진 뒷이야기 짓기' 활동을 해 보도록 해요. 다음은 자유선택활동 시간이에요. 먼저 화장실 다녀오고 자유선택활동 계획을 하도록 해요.
확장활동	**생각을 함께 나누고 자신과 다른 사람들에 대한 이해를 증진시키기** 1. 자유선택활동 시간에 언어 영역에서 주말 사진 뒷이야기 짓기 활동을 한다. 　교　사: 친구들이 발표할 때 무엇을 보고 이야기를 했죠? 　유아들: 사진이요. 　교　사: 오늘 발표했던 5명의 친구들은 자신의 사진 말고 다른 친구들의 사진을 가지고 뒷이야기 짓기 활동을 해 볼 거예요. 　유아들: 어떻게 하는 거예요? 제 사진하면 안 돼요? 2. 사진을 보고 다음의 내용을 자유롭게 추측해 본다. 　교　사: 내 사진을 하면 좋겠지만 다른 사람의 사진을 보고 다음에는 어떤 일이 생길지 자유롭게 생각해 보면 더 재밌는 활동이 될 거 같아요. 　○　○: 내 사진은 그다음에 뭐 했는지 아니까.

3. 추측한 내용을 그림이나 글로 표현한다.

　교　　사: 그래요. 내 사진을 보고 다음에는 무엇을 했는지 이미 알고 있으니깐 다른 친구 사진을 보고 다음 상황은 어떤 장면이 될지 상상해서 그림이나 글로 표현해 보면 돼요.

4. 활동을 마무리하고 평가한다.

　교　　사: 자유선택활동 재미있게 했어요? 자유선택활동 중 언어 영역에서 활동한 것을 소개해 줄게요.

　교　　사: 주말 사진 보고 뒷이야기 짓기 활동인데, 첫 번째로 ○○ 사진을 보고 다음에는 어떤 일이 생기는지 자유롭게 그림으로 나타냈어요. 그림을 보며 이야기해 봐요.

　△　　△: 레고놀이하고 레고를 정리하는 그림이에요.

　교　　사: 아, 레고놀이를 한 다음에는 정리를 해야 한다고 생각했군요.

　　　　　　　　　……(중략)……

　(나머지 아이들 활동을 소개한다.)

5. 다음 활동을 안내한다.

　교　　사: 깨끗하게 손을 닦고 맛있는 점심을 먹으러 가요.

3) 보여 주며 이야기하기(정근아, 2018)

　보여 주며 이야기하기(Show and Tell)란 '(수업활동의 하나로) 각자 물건을 가져와서 발표하기'이다. '보여 주며 이야기하기'는 유아가 가져온 이야깃거리를 또래 및 교사 앞에서 소개하며 이야기를 나누는 활동으로, 유아의 이야깃거리 소개 내용을 바탕으로 다른 또래 유아와 질의 응답하는 과정을 일컫는다. 유아들이 준비할 수 있는 이야깃거리는 실물, 사진, 동영상 등 다양한 표현 방법 및 매체를 활용할 수 있다. 다음은 '보여 주며 이야기하기' 활동에서 교사가 고려해야 할 중점 사항들이다.

(1) 좋아하는 물건 가져와 소개하기에 대해 적극적 태도 가지기

　이야깃거리를 가져오는 것에 조금씩 재미를 느끼면 유아들은 좀 더 적극적인 태도로 자신의 차례를 기다리게 될 수 있다.

① 적극적인 태도를 갖기 시작한 유아의 사례 1: 아침 등원 시간

> ■■: 선생님, 저 오늘 이야깃거리 가져왔어요. 지도예요!
>
> 교사: 오늘 ■■가 소개할 차례인가요?
>
> ■■: 아니요. 그런데 소개하고 싶어서 가져왔어요.
>
> 교사: 그래. 조금 있다가 소개할게요. 바구니에 넣어주세요.
>
> ■■: (다른 친구에게) ★★아, 나 오늘 지도 가져왔다!

② 적극적인 태도를 갖기 시작한 유아의 사례 2: 주제와 관련해 생각하는 유아

> ○○: 선생님 저 오늘 이야깃거리 뭐 가져왔게요?
>
> 교사: 글쎄, 손 안에 들어 있는 걸 보니까 엄청 작은 것 같은데요?
>
> ○○: (손을 펴 보이며) 집 앞에 문구점에서 샀어요!
>
> 교사: 주사위네!
>
> ○○: 우리 동네에 있는 문구점에 산 물건이라서 가져왔어요.
>
> 교사: 그래, 주사위가 필요한 친구들은 ○○처럼 문구점에 가야 한다고 알려 주면 좋겠다.
>
> ○○: 오늘 우리 동네에 있는 가게에 대해서 배울 거예요?
>
> 교사: 네~ 선생님은 전민동에 안 살아서, 너희가 잘 알려 주어야 해요.
>
> ○○: 우리 동네 알파 문구에는 물건 엄청 많아요!

③ 이야기 나누기 시간에 일어난 가장 좋아하는 물건을 소개하는 사례 1

> ○○: 나는 '피젯 스피너'를 가져왔어.
>
> 교사: 왜 그 물건을 가져오게 되었나요?
>
> ○○: 내가 좋아하는 장난감이에요. 친구들한테 보여 주고 싶어요.
>
> ●●: 유치원에 장난감 가져오면 안 되는데?
>
> ○○: 이거는 그냥 보여 주기만 할 거야. 안 가지고 놀 거야.
>
> △△: 선생님 그래도 유치원에 장난감 가져오면 안 되지요?
>
> 교사: 이야깃거리로 소개하려고 가져온 것은 괜찮아요.
>
> ■■: 그럼 나도 트리케라톱스(공룡) 장난감 가져와야지!
>
> ●●: 나는 미켈란젤로 가져올래!

④ 이야기 나누기 시간에 일어난 가장 좋아하는 물건을 소개하는 사례 2

△△: 나는 코끼리를 가져왔어.

○○: 넌 왜 코끼리를 가져왔어?

△△: 내가 제일 좋아하는 동물이 코끼리라서 가져왔어.

교사: △△가 제일 좋아하는 동물이 코끼리였구나. 우리가 어제 소풍으로 다녀온 동물원에서도 코끼리를 보았던 것 같은데요?

◇◇: 네! 어제 사파리에서 코끼리가 똥 쌌어요.

●●: 근데 너는 왜 코끼리를 제일 좋아해?

△△: 코끼리 코가 신기하고 제일 크고…… 그리고 코끼리는 다른 동물을 잡아먹지도 않잖아!

교사: 그럼 오늘 코끼리를 표현해 보는 신체표현을 한 번 해 볼까요? △△가 말한 것처럼 신기한 코끼리 코를 표현해 볼까요?

(2) 이야깃거리 탐색하기

유아들은 가장 먼저 물건의 외형, 즉 생김새에 집중하며 어떤 모양인지, 색깔은 어떤지, 어떤 그림이 그려져 있는지 등을 파악하며 탐색한다.

① 이야기 나누기 시간에 일어난 가장 좋아하는 물건을 소개하는 사례 3

○○: 이건 효자손이야.

△△: 그건 끝이 왜 구부러져 있어?

○○: 이 부분으로 등을 긁어야 해서 구부러졌어.

▲▲: 그런데 왜 그렇게 길어?

○○: 왜냐면 너무 짧으면 등 밑까지 안 닿잖아.

(3) 모르는 것에 대해 질문하며 해결하기

유아들이 서로 생각을 주고받는 과정을 살펴보다 보면 유아 수준에서 해결되지 않는 궁금증이 있다. 유아들이 궁금해 하는 모습을 보며 교사는 이를 해결해 주는 방법을 고민해야 한다.

① 효자손을 가져온 사례

> ▲▲: 효자손이 뭐야?
>
> ○○: 이건 등 긁는 거야.
>
> ●●: 아니 효자손이 왜 효자손이야?
>
> ○○: (눈썹을 찌푸리며) 이름이 왜 '효자손'이냐는 거야?
>
> ●●: (고개를 끄덕이며) 응.
>
> ○○: 그건 나도 몰라.
>
> 교사: 친구가 지금 '효자손'의 뜻이 무엇인지 궁금해 하고 있는데, 혹시 이야기할 친구가 있나요?
>
> □□: 손이 들어가니까 기다란 손이라는 것 같아요.
>
> ■■: 손처럼 긁을 수 있다는 것 같아요.
>
> 교사: 그럼 '효자'는 무슨 말일까요?
>
> △△: 그…… 그…… 동화책에서 뭐였더라? 아!『흥부와 놀부』에서 흥부 보고 효자라고 했는데……(말 끝을 흐리며)
>
> ●●: 아! 엄마랑 아빠 말을 잘 듣는 것을 보고 효자라고 하는 것 같아요.
>
> 교사: 그럼 '효자손'은 무슨 말일까요?
>
> ○○: 엄마, 아빠를 잘 도와주는 손이라는 건가?
>
> ■■: 나는 할아버지 집에서 봤는데?
>
> ◇◇: 할아버지랑 할머니랑, 엄마랑 아빠랑 다 등을 긁어 줘서 그런가 보다.
>
> 교사: 맞아요. 어른들에게 예의바르고 효도하는 사람을 보고 효자라고 하는데, 어른들이 등이 가려울 때 시원하게 도와주는 효자 손 같다고 해서 '효자손'이라는 이름이 지어진 것 같아요.
>
> 교사: 효자손에 대해서 더 알아보고 싶은 것이 있니?

(4) 친구의 의도 파악하기

이야깃거리를 활용한 이야기 나누기 활동 횟수가 많아지면 유아들은 점차 물건을 가져온 유아의 의도를 파악하기 시작한다. 이때 "왜?"라는 질문은 친구가 왜 그 물건을 가져왔는지 파악하는 데 사용될 수 있으며 자신의 생각과 다르다고 느낄 경우에는 더욱 깊게 그 의도에 집중하게 될 수 있다.

① 도라지를 가져온 유아의 사례

> △△: 도라지? 그게 뭐야?
>
> ○○: 도라지는 먹는 거야. 음식으로 해먹는 거야.
>
> 교사:(실물화상기에 비추며) 친구들에게 크게 보여 줄까요?
>
> ▲▲: 뿌리가 엄청 많네. 너는 도라지를 왜 가져왔어?
>
> ○○: 도라지로 차를 만들어서 먹으면 목에 좋아서 가져왔어.
>
> 교사: ○○는 주로 언제 도라지차를 마시나요?
>
> ○○: 왜냐면 미세먼지 같은 거나 음…… 감기 걸렸을 때 이걸 먹으면 좋아요.
>
> ☆☆: 그럼 약 같은 거네?
>
> ○○: 응. 약 대신 이걸 먹기도 해.
>
> 교사: 봄에는 감기에 걸리는 사람이 많아서 이렇게 도라지로 따뜻한 차를 만들어 먹으면 목
> 　　　건강에 좋아서 가져온 것 같아요.

(5) 서로의 경험 나누기

　　유아들이 이야기 속에 참여하는 것은 스스로 알고 있는 지식과 경험을 다른 친구들에게 나누는 경험을 하게 된다는 데 의의가 있다. 이야기 나누기는 서로 지식뿐만 아니라 마음까지도 나눌 수 있다.

① 허브를 가져온 사례

> ○○: 이건 허브야.
>
> □□: 뭐라고?
>
> 교사: 허.브.라고 하는데, 허브가 뭘까요?
>
> ○○: 허브는 이런 풀이에요. 집에서 기르는 풀이에요.
>
> ◇◇: 집에서 뜯어서 가져온 거야? 왜 뜯었어?
>
> ○○: (당황하며) 소개하려고.
>
> ●●: 그래도 식물을 손으로 뜯으면 식물이 아프잖아!
>
> ▲▲: 선생님이 식물 꺾으면 안 된다고 했잖아.
>
> 교사: 그러게. 꺾으면 안 되는 식물을 ○○가 왜 가져왔을까?
>
> ○○: (교사를 한 번 쳐다보고) 허브는 뜯어도 되는 식물이야.
>
> ■■: 뜯어도 되는 식물이 어디 있냐?
>
> ○○: 우리 엄마는 파스타에 넣어서 요리해.

★★: 진짜야? 그럼 그건 먹어도 되는 거야?

교사: 어떤 방법으로 먹을 수 있을까요?

○○: 메이플 시럽 같은 곳에 갈아서 넣기도 해. 우리 엄마가 하는 거 봤어.

교사: 허브 말고 또 먹을 수 있는 식물에는 어떤 것이 있을까요?

▲▲: 진달래요! 지난번에 진달래화전 해서 먹었잖아요.

② 악어와 악어새를 소개하는 사례

▲▲: 악어새가 악어 입 속에 있는데 왜 안 잡아먹어?

○○: 악어 이빨에 찌꺼기가 껴서 불편한데 악어새가 그걸 빼 줘서 그래.

■■: 악어새가 대신 양치질 해 주는 거야?

○○: 응. 맞아 그거야.

★★: 악어새는 악어한테 어떤 도움을 받아?

○○: 악어새는 이걸 밥으로 먹는 거야.

△△: 그거를 '공생'이라고 해.

○○: 그게 무슨 말이야?

△△: 내가 책에서 봤어. 서로 도움을 주는 거 보고 '공생'이라고 해.

교사: △△가 말한 것처럼 악어는 악어새한테, 악어새는 악어한테 서로 도움을 주는 친구 사이인데, 조금 어려운 말로 '공생'이라고 한대요. 함께 도움을 주면서 살아간다는 뜻이에요.

③ 육포를 가져온 '나눔' 사례

○○: 나는 육포를 가져왔어.

■■: (눈이 커지며) 그걸 왜 가져왔어?

○○: 우리 동네에 우리 엄마 가게가 있는데, 거기서 이 육포를 팔아.

교사: 우리 ○○는 엄마가 일하시는 가게에서 소개할 거리를 찾아왔구나!

○○: 네, 맛있어서 친구들이랑 나눠먹으려고 가져온 거예요.

▲▲: 육포는 어떻게 만든 거야?

○○: 그건 나도 잘 모르겠는데…….

교사: 고기를 얇게 다져서 이렇게 말려서 먹는 음식이에요.

★★: 나도 먹어 보고 싶다…….

○○: 우리 엄마가 만든 거야. 같이 먹을 거야. 이따가.

◎◎: 그거 '육'자가 '고기 육'자야?

교사: 맞아요. 조금 어렵지만 한자로 고기라는 뜻이에요.

△△: ○○네 엄마는 요리사네!

○○: 맞아. 우리 엄마는 맛있는 것도 많이 해 줘.

교사: ○○는 엄마 덕분에 엄청 행복한 표정이네?

○○:(웃으며) 맞아요! 제가 친구들한테 나눠 줄래요.

(6) 약속과 규칙에 미치는 영향

유치원 내에서 진행되는 활동에는 다양한 약속과 규칙이 존재한다. 여러 유아와 교사가 함께 활동을 진행하는 만큼 순서 지키기, 다른 친구의 이야기 잘 들어주기 등 공동체에서 지켜야 할 약속이 있기 마련이다. 이야기 나누기 활동을 진행하면서 교사는 규칙을 일깨울 수도 있고, 교사가 생각하지 못한 규칙을 유아가 이야기할 수도 있다.

① 손들기 규칙의 사례

■■: 이거는 배드민턴 칠 때 쓰는 라켓이야.

　　 (다른 유아들 10명 정도가 궁금한 점을 묻기 위해 손을 든다.)

■■: 음…… ●●랑 ○○는 아까 많이 발표했으니까 △△가 물어봐.

△△: 라켓 안에 그 선은 실로 만든 거야?

■■: 실 같은 건데 만져 보면 실보다 더 튼튼하고 세.

교사: (바느질 영역에 있는 실을 꺼내며) 실과 비교해 볼까요?

○○: 실이 더 흐물흐물 뱀 같아요.

★★: 그런데 손잡이에는 테이프를 붙인 거야?

■■: ★★는 손을 들고 물어봐야지. 내가 아직 이름 안 불렀잖아.

교사: 그래요. 손 들고 물어봐 주면 더 좋을 것 같아요.

★★: (손을 든 후 이름이 호명되자) 손잡이에 테이프 붙인 거냐고.

■■: 내가 붙인 건 아닌데, 두껍고 말랑말랑한 테이프로 말아서 만든 것 같아.

(7) 개별적인 특성 고려하기

여러 유아를 대상으로 활동을 진행하면 다양한 유아의 특성이 나타난다. 그러나 이야기 나누기 활동에 참여하는 것을 두려워하는 유아라고 해도 다음의 사례와 같이 서로 다른 특성이 있을 수 있음을 고려해야 한다.

① 말하는 환경을 가리는 유아의 사례

교사: 자, 이제 ○○가 나와서 소개해 줄까요?

○○: (머뭇거리며 작은 목소리로) 네.

교사: ○○는 어떤 물건을 가져왔나요?

○○: (교사 옆 자리에 앉아 바닥을 응시한다.)

교사: ○○가 가져온 물건을 보여 줄까요?

○○: (가져온 이야깃거리를 손으로 든다.)

★★: 어! 퍼즐이다! 완성하면 무슨 그림이지?

교사: ○○가 완성하면 어떤 그림인지 말해 줄 수 있나요?

○○: (고개를 절레절레 흔든다.)

교사: 그럼 선생님이 대신 말해 줘도 될까요?

○○: (고개를 흔들며) 아니요.

교사: 그럼 조금 있다가 이야기해 볼까요?

〈자유선택활동시간 수·조작 영역에서의 ○○ 모습〉

○○: 이거 완성하면 강아지랑 토끼도 나온다!

▲▲: 우와! 그럼 이거 퍼즐 한 번 맞춰 보자.

○○: 그래, 같이 해 보자.

■■: 나도 같이 할래. 나도 해도 돼?

○○: 그래, 이거 내가 교회에서 달란트로 산 건데 원래는 퍼즐 조각이 24개였는데 나는 그
　　거는 쉬워 보여서 36개짜리로 골랐어.

② 모든 활동 참여에 소극적인 유아의 사례

교사: ▲▲의 이야깃거리를 함께 살펴볼까요?

▲▲: (자리에 앉아 나오지 않는다.)

교사: 그러면 ▲▲ 자리에 앉아서 할까요?

▲▲: (이야깃거리를 꼼지락거리며 만진다.)

○○: 이건 야구공이에요.

■■: 야구선수 사인도 여기에 많아요.

교사: 아, 공에 그려진 것들이 야구선수 사인이구나.

▲▲: 김태균…….

교사: ▲▲가 뭐라고 했는지 들었나요?

■■: 김태균이래요! 한화이글스 타자 이름이에요. 저도 김태균이 제일 좋아요!

교사: 그렇구나. ▲▲가 제일 좋아하는 선수가 김태균 선수니?

▲▲: (끄덕거리며 작은 소리로) 네.

(▲▲는 이야기 나누기뿐만 아니라 게임, 신체표현 등 다른 활동에도 소극적인 유아이다.)

6. 이야기 나누기 활동의 기본 진행 틀 예시

〈도입〉

- ' '를 하며 주의를 집중한다.
- 흥미 유발을 한다.

  [수수께끼, 손인형 & 편지, 부분 그림 보고 전체 맞추기, 소리 듣고 맞추기, 퍼즐 맞추기 & 패턴 맞추기]
- 활동을 소개한다.

  [사전활동과 연계하여 제시, 궁금한 점에 근거하여 제시]

〈전개〉

- 실물, 사진, 동영상을 활용하여 이야기 나눈다. (목표 달성을 위한 발문 & 이야기 나누기)
- 이야기 나누기를 한 후 관련된 표상활동을 한다.
  - 그래프(제목 짓기): 어디에 그래프를 게시하면 좋을까요?
  - 신체표현 → 발표
  - 문제점 및 해결방안 이야기 나누기 시 마무리 전에 전개에서 글로 짧게 정리한다.

〈마무리〉

- 이야기 나누기 활동을 평가한다.
- 활동목표 달성을 위한 발문
- 새롭게 알게 된 것에 대한 발문
- 두 줄 생각

- 좋았던 점이나 아쉬웠던 점이 있었나요?
- 이야기 나누기 활동 중에 칭찬해 주고 싶은 친구가 있나요?(융통성)
- 활동을 하면서 사용한 자료를 어디에 두면 좋을까요?
- ○○에 대해 집에서 조사해 보면 어떨까요?(가정과 연계)
- 다음 활동을 소개한다.

평가

1. 유아 평가–활동목표 의문문으로 바꾸기(평가 방법 적기: 체크리스트 혹은 평정척도)
2. 활동 평가
   - 활동이 생활 주제에 적합했는가?
   - 활동이 유아의 발달수준에 적합했는가?
   - 활동이 교육목표 달성에 적절했는가?
   - 도입, 전개, 마무리가 적절했는가?
   - 유아의 흥미와 참여를 이끄는 적절한 발문을 하였는가?

가정 및 지역사회와의 연계

① 가정
   - 가정에서 오늘 한 활동에 대해 부모님과 함께 이야기를 나누고 부모님과 유아가 그 밖의 ○○○(주제)에 대해 알아본다.
② 지역사회
   - 지역사회에 존재하는 ○○○ 등으로 현장학습을 간다.
   - 활동과 관련된 전문가를 유치원으로 초빙하여 질의응답시간을 갖는다.

확장활동

- 이야기 나누기 한 것과 관련하여 미술활동, 실험, 신체활동, 음악활동하기
- 활동 ○○○과 관련된 작은 책 만들어 보기
- 활동 자료를 언어 영역 및 수·조작 영역에 두어 이후에도 관심을 가지고 활동할 수 있도록 한다.

지도상 유의점

〈도입〉

- 모든 유아가 의자와 바닥에 앉을 수 있도록 한다.
- 유아의 경험이나 실생활과 연결 지어 활동에 대한 호기심을 불러일으킨다.
- 모든 유아가 집중할 수 있도록 주변의 교구나 물건을 정리한다.

〈전개〉

- 모든 유아가 자신의 이야기를 할 수 있도록 허용적인 분위기를 조성한다.
- 교사가 지나치게 많은 지식과 정보를 일방적으로 전달하지 않는다.
- 다양한 매체를 활용하여 유아들의 이해를 돕는다.
- 유아들이 적극적으로 참여할 수 있도록 격려한다.
- 유아들이 부적절한 반응을 했을 경우 다양한 생각을 할 수 있도록 발문을 통해 유도한다.
- 다른 사람의 말에 대해 주의 깊게 듣는 태도를 기를 수 있도록 한다.
- 활동과 관련하여 자세한 그림이 필요하면 그림을 그려 넣는다(예 교통표지판).

〈마무리〉

- 유아들의 생각을 반영하여 확장활동을 정해 본다.
- 가정과 연계해 활동이 지속되도록 한다(필히 마무리 발문에 가정과 연계 지도하기).
- 활동에 대해 유아가 스스로 생각해 보도록 한다.

2 문학활동

1. 동화활동

만약 '동화를 활용한 활동'이 주어졌다면 '동화'와 주제(안전/성역할/장애/인성 등)와 관련된 핵심적인 교육 내용을 다루거나 '동화'를 활용하여 협동적인 모둠활동, 동화의 뒷이야기 짓기 등 창의성 요소와 관련된 활동을 진행하는 등의 유형이 제시될 가능성이 있다.

1) '동화'를 매체로 한 이야기 나누기에서 고려해야 할 사항

- 동화에 대해 이야기 나누기: 수렴적 발문과 확산적 발문(정보 추출식 질문과 심미적 질문)의 두 가지 유형을 모두 다루기
- 동화를 들을 때 약속: 평소에 늘 해 오던 규칙 다시 상기하기(오늘의 활동에만 추가로 논의해야 할 새로운 약속이 있다면 이야기 나누기)
- 유아에 반응에 대한 재질문: 동화를 들려준 후 교사는 아동의 첫 번째 반응에 대하여 그것을 확장하거나 분명하게 하려는 시도 없이 그냥 받아들이기보다는 이것을 재지시(redirectinging), 시험(proding), 자극(prompting)하는 방식으로 질문을 바꿈으로써 아동의 사고를 확장시켜 보기 예 "왜 그런 생각이 들었는지 이야기해 줄 수 있니?" "네가 한 말을 설명해 줄 수 있겠니?" "더 이야기할 것 있니?" "또 다른 방법이 있을까?"

2) '동화'를 통한 이야기 나누기 진행

(1) 도입-전개-마무리 순서로 진행

도입	• 동 표지의 그림에 대해 이야기를 나누며 흥미를 불러일으키기 예 "무엇이 보이나요?" "주인공에게 어떤 일이 일어날 것 같나요?" "어떤 제목의 동화일까요?" 등

	• 동 작가와 제목 소개하기 예 "글을 쓰고 그림을 그려 준 작가 선생님은 ○○래요. 작가 선생님은 우리 생각과 또 다르게 어떤 제목을 붙였는지 함께 볼까요?(제목을 가려 둔 종이를 뜯고 함께 읽어 보기) • 동화 읽어 주기 예 "△△에게 어떤 일이 일어나는지 잘 들어 보세요."
전개 (동화 읽어 주기)	예 "숲속 작은 집에 사는 △△은…… (책을 덮어 무릎에 놓으며) △△이 위험을 잘 넘겼네요." → 수업실연에서 동화를 구연하는 과정을 보여 주어야 하는 것은 아니므로 시작 부분만 언급하고 마무리하는 척 하며 본격적인 이야기 나누기를 보여 줘야 한다.
전개(추후활동 = 제시된 본 활동)	예 "선생님이 들려준 ○○라는 동화에 대해서 함께 이야기를 나눠 보도록 해요."

(2) Wright(1995)가 제시하는 동화활동의 3단계

- 동화 읽어주기 전 단계: 적절한 교실 분위기를 만들어 동기를 유발하고 이야기를 이해할 수 있는 적절한 배경지식을 제공해야 하며 책 표지나 관련 삽화를 보여 주고 내용과 상황을 예상하게 한다.
- 동화 듣기 단계: 이야기를 하면서 중간에 멈추고 들은 이야기에 대해 확인하거나 앞으로의 이야기를 추측하는 활동 등을 통해 학습자를 이야기에 참여시켜 이야기의 주체가 되도록 해야 한다.
- 동화를 들은 후 사후 단계
  - 첫째, 이야기 나누기로 교사가 이야기에 대해 간단한 질문을 하거나 모둠별로 이야기 사건이나 등장인물에 대해 토론을 진행한다.
  - 둘째, 그림 그리기로 이야기의 중요한 사건이나 인물을 그려 본다.
  - 셋째, 이야기 표 만들기로 이야기의 중요한 사건이나 구조의 흐름을 이해할 수 있도록 이야기 지도를 만들어 본다.
  - 넷째, 극으로 꾸미기로 다양한 소품을 이용하여 한 장면이나 요약된 전체 이야기, 부분적으로 바꾼 이야기 등을 극으로 친구들에게 들려준다.
  - 다섯째, 이야기 책 만들기로 이야기 주인공이나 인상적인 장면을 중심으로 학습자가 간단한 책을 만드는 과정에서 통합적인 언어교육을 진행할 수 있다.

– 여섯째, 다시 이야기하기로 자신이 만든 책이나 소품을 이용하여 친구들 앞
에서 다시 이야기할 기회를 준다.

3) '동화 지도(활동)' 수업 분석하기(평가 요소)

(1) 교사 연수 자료에 제시된 평가표

동화 지도 평가표				
범주		내용	그렇다	아니다
동화 선정	1	생활 주제와 연계되는가?		
	2	주제가 교육적인가?		
	3	내용과 주제가 흥미 있는가?		
	4	내용과 그림이 문학적으로 가치 있는 것인가?		
대형		'이야기 나누기' 평가요소와 동일함		
매체	7	전달 매체가 적절한가?		
동화구연	8	내용을 완전히 이해했는가?		
	9	시선은 적절한가?		
	10	속도는 적절한가?		
	11	등장인물의 성격에 따른 성대모사가 적절한가?		
동화 지도 과정	12	동기유발을 하는가?		
	13	동화의 제목을 들려주는가?		
	14	동화의 제목을 들려주고 내용을 추측하게 하는가?		
	15	동화의 내용을 회상하게 하는가?		
마무리	16	동화 시간이 끝났음을 알리고 다음 활동을 소개하는가?		

※ 출처: 교육부(2000).

(2) 그 외 평가표 예시

범주		내용	평가
수업 설계		주제와 연계되는가?	
		유아의 경험과 연계되는가?	
		유아의 발달에 적합한가?	
		목표 진술은 적절하며, 평가의 요소를 고려하는가?	
		도입, 전개, 마무리 구성이 적절한가?	
교수-학습 활동	동화 지도 과정	동화에 적절한 매체를 사용하는가?	
		동화구연을 맥락에 맞게 잘 하는가?	
		동화구연 시 매체나 동화책이 모든 유아에게 잘 보이도록 배려하는가?	
		동화 내용에 대해 회상하는 시간을 갖는가?	
		동화를 듣고 난 후 느낌에 대하여 이야기 나누는가?	
평가활동		평가시간을 갖는가?	
		동화활동이 끝났음을 알리고 다음 활동을 알려 주는가?	
학습 자료 활용		동화 내용을 효과적으로 전달할 수 있는 매체를 활용하는가?	
		동화매체를 적절하게 활용하는가?	

※ 출처: 강민정 외(2018).

4) '동화 지도(활동)'를 위한 발문 유형

(1) 확산적/수렴적 발문

예시 1

확산적 발문	• 고양이 목에 방울달기 "고양이 목에 방울을 달 수 있는 방법이 있지 않을까요?" 유아 1: 고양이가 잠을 자고 있을 때 슬그머니 달아요. 유아 2: 고양이가 밥을 먹고 있을 때 달아요.

	"쥐들이 고양이가 다가오는 걸 알아낼 방법은 어떤 것이 있을까요?" 유아 1: 발자국 소리를 듣고 알 수 있어요? 유아 2: "야옹" 하는 고양이 울음소리를 듣고 알 수 있어요? "쥐가 고양이한테 당하지 않으려면 어떻게 해야 할까요?" 유아 1: 바늘로 고양이를 찔러요. 유아 2: 입으로 물어요. 유아 3: 미리 파놓은 땅굴에 고양이가 다가오면 숨어요.
수렴적 발문	"쥐들은 모여서 무엇에 대해 의논했나요?" 유아 1: 고양이 목에 방울 달기에 대해 의논했어요. 유아 2: 고양이랑 싸우려고요. "누가 고양이 목에 방울을 달기로 했나요?" 유아 1: 꾀 많은 생쥐가요. 유아 2: 대장 생쥐요. 유아 3: 아무도 안 달려고 했어요.

📋 예시 2: 그 외 확산적 발문 예시

확산적 발문	혹부리 영감 • 도깨비를 만나면 무슨 말을 하고 싶어요? • 도깨비의 보물을 얻을 수 있는 또 다른 방법은 무엇이 있을까요? • 할아버지들은 어떻게 되었을까요? 걸리버 여행기 • 걸리버는 과연 어떤 방법으로 음식을 먹었을까요? 나라면 어떻게 했을까요? • 걸리버는 엄청나게 큰 침대에서 어떻게 잤을까요? 나라면 어떻게 했을까요? • 걸리버는 어떻게 잠꾸러기 대신을 깨웠을까요? 나라면 어떻게 했을까요? • 거인 나라에서 걸리버가 할 수 있는 일은 무엇이 있을까요? 나라면 어떤 일을 할 수 있을까요? 헨젤과 그레텔 • 조약돌을 떨어뜨리는 방법 말고 다른 방법은 없을까요? • 헨젤이 우리 속에서 나올 수 있는 방법은 없었을까요? • 헨젤과 그레텔이 마귀할멈을 죽이지 않고 탈출할 방법은 없었을까요?

※ 출처: 박유미(2002).

(2) 심미적/정보추출식 질문(로젠블렛, 1983)

심미적 질문		정보추출적 질문	
심미적 질문은 동화에 대한 감상 및 태도에 더 중점을 두고 동일시 및 감정이입을 통해 동화를 정서적으로 체험하도록 하는 질문 유형에 해당한다.		정보추출적 질문은 글의 내용에 대한 사실적, 정보적 수준에 해당하는 것으로 동화 읽기 후 줄거리, 인과관계 등 구성요소에 초점을 두어 질문하는 것에 해당한다.	
상상 및 가정	만약 네가 ~였다면 어떻게 하겠니? (친구들이 만약 피터아저씨처럼 꼼짝도 할 수 없었다면 어떻게 했을까요?)	인물	~이렇게 한 것은 누구니? 누가 나왔니? (허수아비의 이름은 무엇일까요?)
경험회상	네가 전에 혹시 ~일을 경험한 것이 있니? (나 혼자서는 할 수 없었는데 친구가 도와줘서 할 수 있었던 친구 있어요?)	배경	~는 어디에서 살았니? ~는 어디에 있었니?
추론	~는 왜 그렇게 했을까? (왜 농부는 ~했을까?/참새는 피터가 강물에 빠지자 왜 울었을까?)	사건	무슨 일이 일어났니? 어떻게 했니? (둥지를 찾는 참새에게 어떻게 해 주었어요? 아기 참새에게 어떻게 해 주었어요?)
감정이입	~는 이때 기분이 어땠을까? (농부아저씨가 피터를 강물에 집어던졌을 때 피터의 기분이 어땠을까?)	순서	동화를 순서대로 이야기해 보겠니? 그다음에 어떤 일이 일어났니? (피터는 첫 번째 어떤 새를 만났어요? 그다음은 어떤 새를 만났어요? 피터는 강물에 빠진 뒤 어떻게 되었을까요?)
느낌	동화를 듣고 난 후 느낀 점/배운 점/가장 기억에 남는 장면은 무엇이니? (피터가 하늘을 날았을 때 뭐라고 했을 것 같니? 피터의 모습 중에서 뭐가 멋졌는지 이야기해 줄 친구 있어요?)	결론	결국 어떻게 되었니? (새들의 도움을 받은 피터는 나중에 어떻게 되었나요?)

2. 동시활동

유치원에서 동시활동 유형은 동시 감상하기, 동시 표현하기, 동시 창작하기, 기타 지역사회와 관련된 활동으로 나누어 볼 수 있다.

'동시 감상하기' 활동을 통해서는 유아에게 언어의 리듬감을 키워 줄 뿐만 아니라 아름다운 시어를 알게 해 주며 동시를 감상한 후에 유아에게 어떠한 느낌이 드는지, 어떠한 이미지가 연상되는지에 관한 질문을 하여 정서적인 반응을 알아볼 수 있다. '동시 표현하기'는 동시를 듣고 떠오르는 이미지 상상 느낌을 말로, 그림으로, 동작으로 표현해 보는 활동인데, 유아들의 문학적 감각을 길러주는 좋은 활동이 될 수 있다.

동시 감상하기와 표현하기는 함께 이루어지는 경우가 대부분이다. 따라서 동시활동 안에서는 보다 역동적이고 상호작용적인 수업을 보여 주기 위해 짧은 동시를 듣고 손이나 몸동작으로 시의 내용을 표현하도록 진행하는 것이 좋다. 이때 신체를 사용하여 시를 표현하는 것은 시의 의미를 잘 파악할 수 있도록 돕는 목적을 가져야 한다.

'동시 창작하기'는 다음과 같다. 동시를 들으면서 이에 대한 즐거움을 경험해 온 유아들은 생활에서의 경험을 시적으로 표현할 수 있다. 글을 모르는 유아에게는 경험과 관련된 느낌을 그림으로 표현하게 한 후 교사가 그림의 내용을 적어 시적 표현을 할 수 있도록 도와줄 수 있으며 각각 유아들의 단편적인 시어를 모아서 학급 공동 작품으로 만들어 전시할 수도 있다.

마지막으로 '부모와 지역사회와의 연계를 도모할 수 있는 동시활동'으로 유치원에서 부모에게 동시 전달하기, 동시 전시회 개최하기, 유치원의 동시책 만들기 등이 있다.

1) 동시 지도하기

> **참고** 매체 제작하기
>
> 동시는 어떤 내용이나 사건에 대해 함축적 의미를 포함하며 비유나 상징으로 표현하고 있는 경우가 많아 동시의 내용을 잘 표현하는 교수매체가 필요하다. 교수매체를 제작할 때에는 먼저 동시의 내용을 교사가 읽어 보고 난 후 어떤 유형으로 제작할 것인지 결정한다. 한 화면에 모든 연을 제시하기보다는 1연, 2연, 3연 등으로 나누어 제작하는 것이 효과적이다.

(1) 동시 지도활동의 5단계

[1단계] 동시 들려주기

- 동시를 들려주기 전 동시 내용과 관련된 교수매체를 이용해 도입을 한다. 단, 도입에 너무 많은 시간을 할애하면 전개에서 집중도가 떨어지므로 이에 유의한다.
  예 동시와 관련된 수수께끼, 그림 혹은 동영상을 통해 흥미 집중
- 처음 동시를 들려줄 때에는 한 장으로 된 동시판을 가지고 처음부터 줄줄 읽어 주기보다는 동시의 내용에 적합한 교수매체를 제작하여 들려주는 것이 매력적이다. 제작된 매체를 통해 들려주고자 하는 동시의 내용을 이야기식으로 들려준다.
- 동시의 내용을 이야기식으로 들려준 다음 다시 한 번 들려줄 수 있다. 이때 동시의 제목과 지은이의 이름을 이야기해 볼 수도 있다.
- 동시를 들려줄 때 교사는 동시의 느낌을 자연스럽게 잘 전달할 수 있도록 알맞은 억양과 빠르기로 읊어 주되 어색하고 과장된 표현을 하지 않도록 한다.
- 동시 내용과 어울리는 음악과 함께 들려주면 유아들은 심미감을 느끼며 집중할 수 있다.

[2단계] 동시 듣고 난 후 느낌 이야기하기

- 교사는 동시를 들려준 후 들려준 동시에 대한 느낌을 유아들에게 말해 보게 한다. 이때 어떤 내용이었는지, 듣고 난 후 어떤 느낌이 드는지, 재미있거나 아름다운 말이 있었는지 등으로 다양한 관점에서 발문할 수 있다.
  예 「동물이 좋아요」 동시를 들어 보았는데 어떤 느낌이니? 어떤 동물들이 나왔니? 고양이가 왜 좋다고 했니? 병아리는 어떤 목소리로 말한다고 했니? 동물 울음소리를 나타낸 말은 무엇이 있었니? 어떤 말이 여러 번 반복되었니?

[3단계] 동시 함께 읊어 보기

- 처음부터 끝까지 동시를 읽어 보게 하는 것은 유아에게 부담스러운 일이므로 교사와 유아가 나누어 읊어 본다. 이때 간단하면서 반복적인 부분이거나 의성어, 의태어가 있는 부분을 유아들이 읊게 하는 것이 효과적이다.

예 교사와 유아가 연과 연으로 나누어 읽어 보기, 같은 연 안에서 교사와 유아가 나누어 읽어 보기 등

- 교사가 한 연을 읽고 유아들이 교사가 읽는 연을 따라 제창하는 방법은 지양해야 한다.
- 교사가 유아와 나누어 읊을 때에는 유아가 읽어야 할 부분에서 유아들에게 알려 주면 같이 읊을 수 있다.
- 교사와 유아가 나누어 읊고 나면, 유아들끼리 나누어 읊어볼 수 있으며 이때 유아들의 흥미와 집중도를 고려하여 실시 여부를 결정해야 한다.
- 교사와 유아, 유아와 유아로 나누어 읊어 보기가 끝나면 마지막으로 유아들이 편안함 속에서 동시의 아름다움이나 즐거움을 느낄 수 있도록 교사는 배경음악과 함께 동시를 한 번 더 읊어 줄 수 있다.

[4단계] 평가하기

- 동시활동에 대해 평가할 때 단순한 느낌보다는 주제와 활동에 대한 평가가 이루어지도록 한다.

  예 너희는 동시에 나오는 동물 중 어느 동물을 가장 좋아하니? 좋아하는 이유는 무엇이니? 어떤 표현이 가장 재미있게 느껴졌니? 동시를 짓는다면 어느 동물에 대해서 짓고 싶니?

[5단계] 다음 활동에 대해 안내하기(동시 짓기 활동의 예시)

- 부분적으로 동시 짓기는 동시 지도의 사후활동으로 하는 경우가 많으며 기존에 있는 동시에서 낱말을 바꾸어 동시를 만들어 보거나 기존의 동시에서 연을 추가하여 짓는 형태가 있다.
- 부분적으로 동시 짓기가 어느 정도 익숙해지면 교사와 함께 동시를 지어 볼 수 있다.
- 동시 짓기라고 해서 첫 연부터 유아들이 짓는 것이 아니라 사전 경험한 활동에서 유아 각자가 보고 느낀 것, 생각한 것에 관하여 이야기 나누기를 한다. 이때 교사는 구체물이 있으면 구체물을 가지고 직접 소리를 내어 보거나 만져 보는 느낌 등을 이야기한다.

- 유아들이 동시 짓기가 처음일 때에는 교사가 미리 동시 제목을 선정하고 처음 시작하는 말을 생각하거나 유아들이 다음 연으로 넘어가도록 계속 발문해 줄 수 있으나, 유아들이 동시활동을 많이 경험해 보았다면 교사는 무엇에 대해 동시를 지을 것인지에 대해서만 발문해 줄 수 있다.
- 유아에게 발문을 통해 적절한 시어를 잘 선택할 수 있도록 유도하는 것도 교사의 역할 중 하나이다.

  예 '낙엽'이라는 동시를 지으며 교사는 실외놀이활동 후 낙엽을 밟아 볼 기회를 준 후, 가을이 되면 어떻게 낙엽이 변화하는지 물어본다. 그리고 나서 낙엽은 떨어져 어디로 여행을 떠나는지, 또 어떤 일들이 있는지에 대해서 발문해 나간다.

(2) 동시 지도에서 고려할 사항

- 동시 소개하고 낭송하기
  - 시의 내용은 그 의미를 유아들이 이해할 수 있는, 그들의 경험과 깊은 관계가 있는 것이 적절하다. 동시를 읽어 주는 것은 간단한 동작을 나타낸 한두 문장으로 된 짧은 시로 시작한다.
  - 이때 지나친 기교보다는 그 동시에서 느낀 감정을 자연스럽게 살려서 낭송해 준다.
- 다 함께 말하기
  - 다 함께 말하기는 모든 연령의 유아에게 시를 나누기 좋은 방법으로, 문자 해독 이전의 유아기에 언어의 정확한 표현을 도와주고, 읽기와 언어학습을 촉진하는 효과적인 기술이다.
  - 다 함께 말하기 방법은 교사가 친숙하고 재미있는 시를 함께 큰 소리로 읽어 주면서 유아들을 참여시키는 것이다.
  - 처음 지도할 때는 교사가 읽고 유아들이 따라해 보게 할 수 있으며, 점차 여러 방법을 활용해 볼 수 있다.
  - 각 구절은 유아 혼자 혹은 둘이서 할 수 있고, 모둠별로 교대로 하거나 한 목소리로 할 수도 있다.
  - 교사가 시를 읽고 유아들은 후렴 부분을 읽는 방법과 전체 유아들을 두 그룹으로 나누어 서로 질문하고 대답하듯이 읽는 방법이 있다. 각자 다른 유아

들이 차례로 시의 한 구절, 한 구절을 돌려가며 읽거나 말하고 시작이나 종결 부분은 다 함께 읽는 방법이 있다.

> **참고** 다양한 방법으로 암송하기
>
> 시를 바르게 이해하기 위해서는 즐겁게 들으면서 큰 소리로 읽어야 한다. 그 방법은 다음과 같다.
> ① 같은 음으로 제창하는 방법
> ② 합창 속에서 어떤 행은 후렴으로 하는 방법
> ③ 대화식으로 행을 나누어 합창하는 방법
> ④ 합창 속에서 어떤 행은 한 유아의 목소리만 넣어서 하는 방법

2) 동시의 구성요소: 시어/심상/운율

동시활동에서는 다음 세 가지 구성요소를 포함하여 수업을 진행해야 한다.

① 시어: 동시에서는 직유법, 의인법, 은유법 등의 수사법을 활용하여 시의 언어를 더욱 풍성하게 해 준다(시어의 특징은 비유 상징 등을 활용하여 돌려서 말하고 감춰서 말하는 것임).

② 심상: 동시에서 이미지들은 시각적인 것, 청각적인 것, 후각적인 것, 미각적인 것, 촉각적인 것 등으로 형상화되며 묘사, 비유, 상징의 방법으로 표현된다(동시에서는 주로 묘사와 비유를 통해 표현됨). → 심상 표현활동은 시를 읽고 떠오르는 이미지를 포착하여 그림이나 조형작품 그 외의 예술활동을 통해 이미지를 형상화하는 것이다. 이러한 이미지 표현활동은 상상력을 활성화하여 동시의 의미를 이해하고 구체화하는 중요한 활동이 된다.

③ 운율: 동시는 시인의 마음속에 떠오르는 느낌이나 생각을 리듬감 있게 함축성 있게 표현한 것이다. → 운율은 어떤 소리, 단어, 구절, 음절 수 등이 규칙적으로 반복되어 형성되며 반복되는 리듬을 통해 유아는 즐거움을 느낄 수 있다(운율＝운과 율의 합성어).
  • 운: 시 속에 같은 소리의 글자를 반복하여 배치해 발생하는 음악적 요소
  • 율: 음의 고저, 장단, 강약 등을 이용함으로써 발생하는 음악적 요소
  예 이 동시에서 제일 마음에 드는/(혹은) 재미있는 말은 무엇이니?(시어)

이 동시에서 반복되는 소리 단어는 무엇이니?(운율)

이 동시에 나오는 색깔/소리/냄새는 어떤 것이 있니?(심상)

3) 동시를 통한 말놀이활동

(1) 말놀이 유형

유형	종류	내용
연결형	소리가 같은 말 찾기	음소, 음절, 낱말의 언어 형식이 부분적으로 동일한 말로 이어나가는 말놀이
	낱말 찾기	주어진 조건이나 상황에 맞게 낱말들을 연상하여 이어나가는 말놀이
	말 잇기	앞 문장을 사용하여 다음 문장을 이어나가는 말놀이
문답형	수수께끼	어떤 사물의 본질이나 속성을 비유하거나 빗대어 그 말의 뜻을 알아맞히는 말놀이
	다섯 고개	어떤 사물을 모르는 상태에서 질문을 계속하여 그 사물을 알아맞히는 말놀이
전달형	말 전달하기	말을 그대로 전달하여 내용을 재확인하는 말 놀이

(2) 말놀이활동 예시 1: 〈글자 밟기 놀이를 해요〉

> 예 동시
> 우리 동네는 살기 좋은 곳/유치원도 있고, 병원도 있고, 우체국도 있고/우리 동네에 놀러 오세요/우리 동네는 살기 좋은 곳/나무도 있고, 꽃도 피고, 놀이터도 있는/우리 동네에 놀러 오세요/

- 동시의 음절 수만큼 박수치기 놀이를 한다.
  - 리듬에 맞춰 동시에서 나온 2음절의 단어를 박수치면서 말한다.
    우리, 있고, 살기, 좋은⋯⋯.
  - 리듬에 맞춰 동시에서 나온 3음절의 단어를 박수치면서 말한다.
    동네는, 병원도, 나무도⋯⋯.

  - 리듬에 맞춰 동시에서 나온 4음절의 단어를 박수치면서 말한다.

    유치원도, 우체국도, 놀이터도…….

  - '빠르게, 느리게'를 조절하면서 해 본다.

- 유아들이 말한 2음절, 3음절, 4음절의 단어 카드로 글자 밟기 놀이를 한다.

  - 강당 바닥에 글자 카드를 가운데 놓아둔다.

  - 음악을 들으면서 카드 주위에서 자유롭게 몸을 움직인다.

  - 음악을 멈추고 북을 울리면 해당되는 음절의 카드를 찾아 빨리 밟는다.

  - 밟은 카드는 빼내고 계속한다.

  - 글자 카드가 다 없어지면 게임은 끝난다.

- 유아가 가지고 있는 글자 카드를 이용해 동시를 완성해 본다.

(3) 말놀이활동 예시 2: 〈몸짓으로 전해요〉

> 예 동시
> 우체부 아저씨가 계셔서 참 좋아요/편지랑 엽서랑 전해 주니까/소방관 아저씨가 계셔서 참 좋아요/불이 나면 얼른 와서 도와주니까/

- 동시에서 나온 우리를 도와주는 분들의 직업을 말하지 않고 전달하는 방법에 대해 이야기 나눈다.

  - 우리를 도와주시는 분들의 직업을 말하지 않고 전달하는 방법은 무엇이 있을까?

  - 그림 카드 속 직업을 몸으로 표현해 보자.

- '몸짓으로 전해요' 말놀이 규칙을 유아와 함께 정한다.

  - 말을 하지 않고 몸짓으로만 전달한다.

  - 내용에 맞게 정확히 몸으로 표현한다.

- '몸짓으로 전해요' 말놀이활동을 시작한다.

  - 두 모둠으로 나누어 뒤돌아 일렬로 앉는다.

  - 그림 카드를 본 유아는 다음 유아에게 몸짓으로 내용을 전달한다.

  - 마지막 유아는 그림 카드에서 몸짓으로 전달한 내용의 직업을 찾아 교사에게 갖다 주는 말놀이 게임활동이다.

(4) 말놀이활동 예시 3: 〈흉내 내는 말 찾기〉

> 예 동시
> 오리처럼 뒤뚱뒤뚱/토끼처럼 깡충깡충/돼지처럼 꿀꿀꿀꿀/소처럼 음~메/동물 흉내 는 참 재미있다.

- 동시 내용에서 나온 흉내 내는 말에 대해 이야기 나눈다.
  - 동시 내용에는 어떤 동물이 나왔을까?
  - 동물들의 흉내 내는 말을 찾아볼까?
- 그림 카드를 보면서 어떤 동물인지, 어떤 소리를 내는지에 대해 이야기해 본다.
  - 선생님이 보여 주는 카드를 보고 어울리는 소리를 흉내 내어 보세요. 돼지 는 꿀꿀, 고양이는 야옹 야옹, 개는 멍멍멍멍······.
- 다시 카드를 보면서 소리와 모양을 흉내 내는 말을 이야기해 보고 소리와 모양 을 흉내 내는 말로 구분해 본다.

4) '동시 지도' 수업 분석하기(평가 요소)

(1) 교사 연수 자료에 제시된 평가표 예시

✎ 동시 지도 평가표

범주		내용	그렇다	아니다
동시 선정	1	생활 주제와 연계되는가?		
	2	유아의 발달에 적절한가? (예 움직임에 대한 묘사나 독특한 운율이 있음)		
매체	3	적절한 매체로 사용하는가? (예 그림, 손인형, 실물, 사진 등)을 사용하는가?		
	4	배경음악을 사용하는가?		
사전활동	5	사전활동(관찰, 야외학습 등)을 실시하는가?		
동시 지도 과정	6	도입을 하는가?		
	7	교사 혼자 낭송해 주는가?		

	8	유아들이 느낌을 말해 보게 하는가?		
	9	지은이/제목을 이야기해 주는가?		
	10	교사와 유아가 나누어 낭송해 보는가?		
	11	유아끼리 또는 혼자 낭송하게 하는가?		
	12	교사와 유아가 함께 낭송해 보는가?		
	13	제목을 지어 보는가?		
마무리	14	동시 시간이 끝났음을 알리고 다음 활동을 소개하는가?		
사후활동	15	사후활동(그림, 동작으로 표현하기 등)을 실시하는가?		

※ 출처: 교육부(2000).

(2) 그 외 평가표

범주		내용	평가
수업 설계		주제와 연계되는가?	
		유아의 경험과 연계되는가?	
		유아의 발달에 적합한가?	
		목표 진술은 적절하며, 평가의 요소를 고려하는가?	
		도입, 전개, 마무리 구성이 적절한가?	
교수-학습 활동	동시 지도 과정	본시 수업과 관련된 도입을 하는가?	
		동시의 내용을 잘 구현하는 매체인가?	
		유아의 발달에 적절한 동시판을 사용하는가?	
		동시의 내용에 대해 이야기식으로 들려주는가?	
		동시의 느낌을 살려 적당한 빠르기와 억양으로 들려주는가?	
		유아가 함께 참여하여 동시를 읊어 보는가?	
		동시를 듣고 난 후 느낌에 대하여 이야기 나누는가?	
평가활동		평가시간을 갖는가?	
		동시활동이 끝났음을 알리고 다음 활동을 알려 주는가?	
학습 자료 활용		동시 내용을 효과적으로 전달할 수 있는 매체를 활용하는가?	
		동시판을 적절하게 활용하는가?	

※ 출처: 강민정 외(2018).

5) 동시 지도 활동 기본 진행 틀 예시

〈도입〉

- ' '를 하며 주의를 집중한다.
- 흥미 유발을 한다.

  [수수께끼, 손인형 & 편지, 부분 그림 보고 전체 맞추기, 소리 듣고 맞추기, 퍼즐 · 패턴 맞추기]
- 활동을 소개한다.
  - ' '과 관련된 동시가 있어서 선생님이 우리 친구들에게 들려주려고 해요.

〈전개〉

- 교사가 동시를 읊어 준다.
  - 선생님이 동시 전체를 읊어 줄게요. 우리 친구들이 매일 감상할 때처럼 눈은 감고 귀 쫑긋해서 들어 보도록 해요.
- 동시의 느낌과 내용을 이야기한다.
  - 어떤 부분이 가장 기억에 남았나요?
  - 이 동시에서 어떤 단어가 가장 많이 나왔나요?
  - 동시를 들으니 어떤 느낌이 들었나요?
- 교사가 배경음악을 틀고 다시 한 번 들려준다.
  - 선생님이 이번에는 동시를 배경음악과 함께 들려줄게요.
  - 친구들이 들었던 말이 있었는지 귀 기울여 들어 보도록 해요.
- 제목이 붙어 있지 않은 동시판을 보여 준다.
  - 친구들이 들었던 말이 있었나요?
  - 선생님이 글자를 잘 알지 못하는 친구를 위해 그림 자료도 준비했어요.
- 동시 제목을 추측해 본다(제목/지은이 알려 주기).
  - 이 동시 제목은 무엇일까?
  - 친구들이 다양한 생각을 해 주었네요.
  - 이 동시의 지은이는 ○○○ 선생님입니다. 제목은 ○○○로 지으셨어요.
- 동시 말에 대해 이야기를 나눈다.

– 동시에 어떤 내용이 있는지 자세히 살펴볼까요?

– 동시의 내용을 들으니 어떤 느낌이 들었나요?

– 어떤 ○○○들이 나왔나요?

– ○○○들이 어떤 말과 행동을 했나요?

– 왜 그런 말과 행동을 했을까요?

– 이 부분은 어떤 목소리로 읊어 볼까요?

– 지은이 ○○○ 선생님은 어떤 생각으로 이 동시를 썼을까요?

• 동시를 다양한 방법으로 나누어 읊어 본다.

– 교사와 유아가 나누어 읊어 본다(한 소절, 한 연, 의성어/의태어).

– 유아끼리 읊어 본다(모둠별, 남녀, 바닥의자).

– 혼자 또는 여럿이 나와서 읊어 본다.

• 동시를 끝까지 다 같이 읊어 본다.

– 이번에는 우리 사랑반 친구들 모두 다 같이 동시를 끝까지 다 읊어 보도록
  해요.

• 동시를 재구성한다.

– 또 어떤 재미있는 방법으로 읊어 볼까요?

– □□는 이 부분의 내용을 바꾸어 보고 싶다고 하네요.

– △△는 동시를 신체로 표현하면서 읊어 보고 싶다고 하네요.

〈마무리〉

• 동시활동을 평가한다.

– 오늘은 어떤 동시를 읽어 보았나요?

– ○○ 동시를 읽을 때 어떤 느낌이 들었나요?

• 확장활동을 알아본다.

– 동시를 가지고 더 해 보고 싶은 활동이 있나요?

– 그럼 ○○ 말대로 선생님이 동시판을 언어 영역에 둘게요.

• 다음 활동을 알아본다.

– 친구들, 다음 시간은 무슨 시간인가요?

평가

① 유아 평가
- 활동목표 의문문으로 바꾸기(평가 방법 적기: 체크리스트 혹은 평정척도)
② 활동 평가
- 활동이 생활 주제에 적합했는가?
- 활동이 유아의 발달수준에 적합했는가?
- 활동이 교육목표 달성에 적절했는가?
- 도입, 전개, 마무리가 적절했는가?
- 유아의 흥미와 참여를 이끄는 적절한 발문을 하였는가?

가정 및 지역사회와의 연계

① 가정
- 가정통신문에 유치원에서 배운 동시를 제시하여 가정에서도 동시활동에 관심을 가지고 지속할 수 있도록 한다.
- 유치원에서 배운 주제와 관련된 동시를 더 알아본다.
② 지역사회
- 동시 주제와 관련된 현장체험 장소가 있다면 현장학습 가기

확장활동

- 동시의 소재를 활용하여 역할극으로 표현한다.
- 동시를 그림으로 표현한다.

지도상 유의점

〈도입〉
- 연령 및 발달수준에 적합한 동시를 선정한다.
- 모든 유아가 원하는 자리에 자유롭게 앉을 수 있도록 한다.
- 유아의 경험이나 실생활과 연결 지어 활동에 대한 호기심을 불러일으킨다.
- 모든 유아가 집중할 수 있도록 주변의 교구나 물건을 정리한다.

〈전개〉

- 동시에 대해 유아들이 자유롭게 이야기할 수 있도록 허용적인 분위기를 조성한다.
- 글자가 너무 많은 동시 자료를 사용하지 않는다.
- 동시 낭독 시 배경음악을 활용한다.
- 글자를 잘 알지 못하는 유아를 위해 그림 자료를 붙여 준다.
- 유아들과의 다양한 상호작용을 통해 여러 방법으로 동시를 재구성해 본다.

〈마무리〉

- 동시판을 언어 영역에 두어 유아가 지속적으로 관심을 가지도록 한다.
- 유아들의 생각을 반영하여 확장활동을 정해 본다.
- 가정과 연계하여 활동이 지속될 수 있도록 한다.

3. 동극활동

동극은 동화 속 이야기를 극화하여 표현하는 활동으로, 느끼고 생각한 것을 창의적으로 표현하게 함을 목표로 하는 유아기 교육활동이다. 교육부(2010)에서는 '교사가 유아에게 들려주는 동화 내용을 중심으로 나오는 주인공의 역할을 분담하고, 이야기에 적합한 환경을 구성하여 극화하는 순서로 진행하는 활동'이라고 정의하고 있다.

1) 동극활동 지도 단계

동극을 전개하는 방법은 다양하지만 유아들이 서로 토의하여 결정하는 공정한 방식으로 진행하는 것을 보여 줘야 한다.

- Shaftet(1971): 분위기 조성 → 참여자 선정 → 관찰자들 준비 → 무대 설치 → 실연하기 → 재실연하기 → 토론과 평가 → 경험 내용 교환과 일반화하기
- 교육부(2009): 기술 요소 확인하기 → 기술 시범 보이기 → 행동 시연하기 → 연습하기 → 독자적으로 사용하기 → 지속적으로 사용하기
- 김영옥(2015): 동화 선정하기 → 역할 정하기 → 무대 준비하기 → 모범 보이기 → 함께 연습하고 공연하기 → 경험 공유하고 정리하기

(1) 동극활동 지도의 3단계

[1단계] 동화 감상하기

- 동극을 알려 준 후, 동화를 들려준다.
- 동화를 들려주고, 동화 속 등장인물을 알아본 다음 동화 내용을 회상하게 하여 동화 내용을 기억해 보도록 한다.

[2단계] 동극 소품 및 배역 선정

- 유아들과 동극을 하기 위해 소품을 만들고 무대를 꾸민다.
- 등장인물이 누구였는지, 동극을 하려면 몇 사람이 필요한지 이야기 나눈다.
- 배역을 정한 후 유아는 배역에 맞추어 자신의 이름표를 동극 배역 판에 붙인다.
- 나머지 유아들은 관객이 된다.
- 배역을 맡은 유아의 위치에 대해 이야기 나눈다.
- 배역을 맡은 유아들은 어디에 앉아서 차례를 기다려야 할지 정하고 그 자리에 가서 앉는다.

[3단계] 동극활동

- 교사는 동극 시작을 알리고 해설을 해 준다.
- 동극 대사를 말하는 데 어려움이 있는 유아는 교사가 도와준다.
- 동극이 끝나면 교사는 끝인사를 한다.
- 유아들과 함께 감상한 것을 이야기하고 평가한 뒤, 동극에 사용되었던 소품은 역할놀이방에 정리하고 마친다.

(2) 동극의 효과적인 진행 방법(경기도 교육청, 2001)

- 문제 제시 단계에서는 미완성된 이야기나 문제 상황을 유아에게 들려준 후, 만약 너희라면 어떻게 할 것인지, 다음에는 어떤 일이 일어날 것인지 등을 질문한다.
- 연기자 선정 단계에서는 이야기 내용에 나오는 등장인물들의 역할을 맡아 유아의 배역을 선정한다.
- 관중 준비 단계에서는 역할 수행자 이외의 유아는 관중이 되어 관람할 수 있도록 이야기 나눈다.
- 무대 만들기 단계에서는 의자, 책상 등 교실에 있는 물건을 이용하여 가상으로 무대를 만든다.
- 상연 단계에서는 동극활동을 진행한다.
- 토의 단계에서는 상연했던 방법이나 과정에 대해 토론하고 문제해결을 위한 다른 방법도 모색한다.
- 재상연 단계에서는 동극활동을 재연한다.
- 일반화 단계에서는 유아 스스로 문제해결 방안을 찾도록 하여 각자 결론을 내릴 수 있도록 한다.

2) 동극활동 지도 시 대화체로 각색하기

동극활동 지도 시 유의점 중 하나인 대화체로 각색하는 방법은 다음과 같다.

- 시대에 맞는 어휘
  예 소포 왔어요. → 택배 왔어요. 예 청소부 → 환경미화원
- 다양하게 변화 주기: 과장법, 반복법, 의성어 · 의태어 넣기 등
- 유아의 호흡에 맞추어 간결하게 바꾸기
  예 "목소리가 너무 작아서 알아듣기 어려우니까 답답하잖아." → "어유, 답답해. 안 들려. 좀 크게 말해."
- 어휘 선택에 유의하기: 장애를 표현한 경우 언어 순화하기
  예 "너희 엄마는 벙어리잖아." → "너희 엄마는 말을 못 하시잖아."

예 "할아버지는 장님이에요." → "할아버지는 시각장애인이에요./할아버지는 앞을 못 보세요."
- 등장인물에 맞는 높임말 사용하기
  예 "할아버지, 식사하세요." → "할아버지, 진지 잡수세요."
- 그 외: 유아들과 함께 부정적인 내용을 긍정적인 내용으로 바꾸어 보는 등 결말을 바꾸어 동극 대본을 만들어 볼 수 있다.

3) 동극활동 지도 시 역할 나누기

동극 지도 시 유아들이 동일한 배역을 선호하여 역할을 정하는 데 어려움을 겪을 수 있다. 이때 재공연을 통해 유아들이 원하는 배역을 맡도록 배려한다는 측면을 상호작용 시 보여 주는 것도 필요하지만, 다음의 내용을 참고해 볼 수 있다.

- 주인공뿐 아니라 각 역할의 멋진 점과 독특한 점에 대해 충분히 이야기를 나누어 여러 역할에 대한 관심을 유도하여 유아들이 다양한 역할에 참여할 수 있도록 이끈다.
- 내용을 왜곡하지 않는 범위 내에서 동일한 역할을 맡아 공연하도록 진행한다. (예 「커다란 순무」의 경우 등장하는 사람과 동물이 많아도 되므로 많은 유아가 역할을 맡을 수 있다.)
- 소극적인 유아의 경우 동극의 진행을 맡기거나 배경으로 등장하는 사물도 하나의 역할로 구성하여 참여시킬 수 있다. 나무, 돌, 문 등 역할을 위해 배경이 되거나 음향 효과 등에 참여하게 해 되도록 많은 유아에게 기회를 줄 수 있다.

4) 동극 지도 수업 분석하기(평가 요소)

(1) 교사 연수 자료에 제시된 평가표 예시

🖋 동극 지도 평가표

범주		내용	그렇다	아니다
동화 선정	1	대사가 짧고 반복되는가?		
	2	유아가 등장인물을 동일시 할 수 있는가?		
	3	전개 과정이 뚜렷한가?		
	4	절정(클라이막스)이 있는가?		
대본의 적절성	5	설명 부분이 삭제되었는가?		
	6	간접화법을 직접화법으로 바꾸었는가?		
	7	대사가 짧고 반복되는가?		
동극 지도 과정	8	동화를 들려주는가?		
	9	동화 회상 시간을 갖는가?		
	10	동극의 배경이 되는 무대를 유아와 함께 꾸미는가?		
	11	배역을 선정하는가?		
	12	배역을 소개하는가?		
	13	등장인물이 기다리는 자리를 정리하는가?		
	14	평가시간을 갖는가?		
마무리	15	재공연을 하는가?		
	16	동극 시간이 끝났음을 알리고 다음 활동을 소개하는가?		

※ 출처: 교육부(2000).

(2) 그 외 평가표

범주		내용	평가
수업 설계		유아 연령 및 발달수준에 적절한가?	
		활동 주제와 관련이 있는 내용인가?	
		유아의 경험과 연계되는가?	
		전개 과정(도입-전개-마무리)이 명확하며 절정 부분이 있는가?	
교수-학습 활동	대본의 적절성	학급 유아 수, 유아 흥미 수준에 맞게 각색하였는가?	
		대사가 짧고 반복되는가?	
		간접화법을 직접화법(대화체)으로 바꾸었는가?	
	동극 지도 과정	동화를 들려주고 회상시간을 갖는가?	
		동극할 공간을 확보하는가?	
		동극의 배경이 되는 무대를 유아와 함께 꾸미는가?	
		배역을 적절히 선정하는가?	
		배역을 소개하는가?	
		관객도 동극활동에 참여하는가?	
		등장인물이 기다리는 자리를 유아들과 함께 정하는가?	
		재공연을 할 수 있는 기회를 제공하는가?	
		무대 정리를 유아들과 함께하는가?	
		유아들의 적극적인 참여가 이루어지고 있는가?	
평가활동		평가시간을 갖는가?	
		동극활동이 끝났음을 알리고 다음 활동을 알려 주는가?	
학습 자료 활용		동화 내용을 효과적으로 전달할 수 있는 매체를 활용하는가?	
		소품 사용이 창의적이고 적절한가?	

※ 출처: 강민정 외(2018).

5)「커다란 순무」동극 지도 사례를 통해 살펴보는 지도 절차

지도 절차	인성교육 관련 지도사항 및 상호작용 예시
주제 선정하기	• 민주적 절차에 따른 결정하기 • 극 재구성을 위해 의견 수렴하기 유아들: 선생님「커다란 순무」동극해요. 교　사: 애들아~ 그럼 동극 제목을「커다란 순무」라고 할까? 아니면 다른 제목으로 정하고 싶니? 준　혁: 힘을 합쳐 뽑은 순무요. 우　경: 아무도 뽑을 수 없는 순무요. 지　훈: 나는 순무다요. 현　서: 순무야, 순무야, 빨리 나와라 어때요? 교　사: 우리 친구들이 말한 것들 중 어떤 제목으로 하면 좋을까? (유아들이 말한 제목을 적고 스티커를 붙이게 하거나 손을 들어 의견을 표시하는 등 다양한 방법을 사용해 다수결로 정한다.) 교　사: ○○반 어린이들이 가장 좋다고 생각한 제목은「순무야, 순무야, 빨리 나와라」예요. 그럼 이제 함께 동극을 준비해 볼까?
역할 정하기	• 함께 참여 가능한 방법 찾기 • 배려하며 참여하기 • 배역의 특징 파악하기 교　사: 커다란 순무에는 어떤 사람과 동물들이 나왔니? 유아들: 할아버지요, 할머니요, 손녀, 강아지, 고양이, 생쥐, 순무요. 교　사: 할아버지(할머니, 손녀, 강아지, 고양이, 생쥐, 순무) 역할은 어떤 점이 멋있을까? (좋을까?) 준　혁: 할아버지가 처음으로 순무를 발견했어요. 우　경: 저는 순무가 멋져요. 진짜 크고 튼튼해서 아무도 못 뽑을 거에요. ……(중략)…… 교　사: 동극을 하려면 어떤 역할이 필요할까? 우　경: 해설자가 필요해요. 교　사: 더 필요한 역할은 없니? 여러 명이 해도 되는 역할은 무엇일까? 현　서: 손자도 있었으면 좋겠어요. 준　혁: 강아지나 고양이는 2명씩 하면 어때요? ……(중략)…… 교　사: 자기가 하고 싶은 역할을 정했니? (큰 종이에 배역 이름을 쓰고 유아가 자신이 원하는 배역에 자기 이름을 써서 붙이도록 한다.)

무대 준비하기	• 협동으로 무대 준비하기 • 격려하며 참여하기 교　사: 동극을 하려면 무엇이 필요할까? 유아들: 숲속 마을을 그려야 해요. 가면을 만들어야 해요. 교　사: 또 무엇이 있어야 할 것 같니? ……(중략)…… 교　사: 숲속 마을은 어떤 친구들이 그릴 거니? 가면들은 누가 만들까? 우　경: 가면은 역할을 맡은 사람이 그리고 숲속 마을은 관객을 맡은 친구들이 그리면 좋겠어요. ……(중략)…… 교　사: 다른 생각을 가진 친구는 없니? 모두 그렇게 생각하니?
모범 보이기 (대본 읽기 및 동작해 보기)	• 능숙한 모습 보여 주기 • 배려하는 모습 본보이기 교　사: 제일 처음에 누가 나왔니? 준　혁: 할아버지요. 교　사: 할아버지가 뭐라고 했니? ……(중략)…… 교　사: 할아버지는 어떤 모습으로 순무를 뽑았니? 우　경: 두 손으로 순무를 잡고 끌어 당겼어요. ……(중략)…… 교　사: 우리 모두 할아버지처럼 한번 말해 보자.
함께 연습하고 공연하기	• 유아들이 자신이 맡은 배역에 따라 생생한 연기를 자진해서 현실감 나게 반응하는 단계 • 배우처럼 얼마나 연기를 잘하느냐가 아니라 그 역할을 자신의 방식대로 어떻게 표현하는가 하는 데 초점을 맞추어야 함 • 친구들과 함께 협력하여 극놀이를 공연하는 과정에서 성취감을 느끼고, 협동의 즐거움을 배울 수 있음
경험 공유하고 정리하기	• 경험 나누고 공유하기 • 함께 정리정돈하기 • 자신감 갖기 교　사: 「순무야, 순무야, 빨리 나와라」 동극을 하고 나니까 느낌이 어떠니? 유아들: 재미있어요. 여러 사람이 힘을 합치니까 힘이 세진다는 것이 신났어요. 교　사: 어떤 표현이 재미있었니? 어려운 점은 무엇이었니? 준　혁: 동물들이 2명씩 하니까 줄이 너무 길어요.

교　사: 그렇구나~. 더 맡고 싶은 역할은 무엇이니?

······(중략)······

교　사: 다음에는 역할을 바꾸어 다시 해 보자. 오늘 정리는 어떻게 하면 좋을까?

※ 출처: 김영옥(2015).

6) 동극 지도 활동 기본 진행 틀 예시

〈도입〉

- ' ' 손유희를 통해 주의를 집중한다.
- 흥미 유발을 한다.

[수수께끼, 손인형 & 편지, 부분 그림 보고 전체 맞추기, 소리 듣고 알아맞히기, 퍼즐 맞추기 & 패턴 맞추기]

- 활동을 소개한다.
  - 이번 시간은 친구들이랑 선생님이랑 읽었던 『○○○』 동극을 해 보기로 해요.
  - 사랑반 친구들이 힘을 합쳐서 월요일부터 소품과 배경 등을 만들었지요?
  - 동극을 하기 전에 『○○○』 동화에 어떤 내용이 있었는지 알아볼까요?

〈전개〉

- 동화를 회상한다.
  - 이야기 속에는 누가 나왔나요?(등장인물)
  - ○○는 어떤 말을 했나요? 함께 말해 볼까요?(대사)
  - 그때 ○○는 어떤 마음이었을까요?(감정)
  - 어떤 표정으로 말했을까요? 한번 표정도 지어 볼까요?(표정)
  - 왜 ○○가 ~한 행동을 했을까요? ○○ 모습을 상상해 보자.
  - 그럼 ○○가 되어 표현해 볼까요?(행동 및 상황)
- 동극 준비하기

[소품, 배경]

 – 지난 시간에 모둠별로 준비한 소품과 배경을 함께 볼까요?

 – ○○모둠부터 나와서 준비한 것을 소개해 주세요.

[역할 정하기]

 – 어떤 역할이 필요할까요?

 – ○○ 역할을 하고 싶은 사람이 있나요? ○○ 역할을 하고 싶은 사람이 3명
  이나 있네요? 어떻게 하면 좋을까요? (하고 싶은 유아가 하기, 역할연기를 해 보
  고 정하기, 2명의 유아가 쌍둥이 역할하기, 다른 유아의 추천을 받아 역할하기, 하고
  싶은 역할 그래프에 미리 이름표 붙이기 등)

 – ○○ 역할을 하고 싶은 친구는 아무도 없나요? 그런데 ○○ 역할이 없으면
  동극을 할 수 있을까요?

 – 그래요. 동극을 하기 위해서는 모든 역할이 중요하지요. 그럼 ○○ 역할은
  선생님이 먼저 맡아서 해 볼게요.

[동선]

 – 역할을 맡은 친구들은 어디서 기다리면 좋을까요?(대기 장소)

 – 그럴까요? 역할 영역에서 기다리고 있다가 나와서 동극을 하도록 해요.

 – 대사를 하고 나서 어디로 들어가면 좋을까요?

 – 그래요. 그럼 무대 왼쪽 편인 언어 영역으로 들어가도록 해요. 선생님이 우
  리 친구들이 볼 수 있도록 화살표 스티커를 붙여 둘게요.

• 약속을 정한다.

 – 재미있게 동극을 하기 위해서 어떤 약속이 필요할까요?

 – 동극을 하는 친구들은 어떻게 목소리를 내면 좋을까요?

 – 몸은 어떻게 움직일까요?

 – 역할을 맡지 않은 친구들은 어떤 태도를 가져야 할까요?

• 역할을 소개하고 첫 번째 동극을 한다.

 – 동극 역할을 맡은 사람은 앞으로 나와 자기소개를 해 주세요.

 – 저는 ~역할을 맡은 사랑반 선생님입니다.

 – 차렷! 인사.

 – 다들 큰소리로 씩씩하게 자기소개를 해 주었군요. 이제 역할 영역에 가서

대기하고 있다가 등장하도록 해요.
- 동극을 평가한다.
  - 이상으로 ' ' 첫 번째 동극을 마치겠습니다.
  - 동극에 나왔던 배우들은 관객에게 인사를 해요.
  - 역할을 맡은 친구들은 동극을 해 보니 어땠나요?
  - 친구들이 하는 동극을 보니 어떤 점이 재미있었나요?
  - 어떻게 바꾸면 더 재미있을까요?
- 두 번째 동극을 한다.
  - 이번에는 바꾸어서 두 번째 동극을 해 볼까요?
- 동극 중간 평가를 한다.
  - 처음에 한 동극과 두 번째 한 동극은 어떻게 달랐나요?
  - 그러면 친구들이 이야기한 대로 ~해서 세 번째 동극을 해 보도록 해요.

〈마무리〉
- 「○○○」 동극을 평가한다.
  - 오늘은 무슨 동극을 해 보았지요?
  - 어떤 장면이 기억에 남나요?
  - 동극을 하면서 어떤 점이 재미있었나요?/아쉬운 점은 어떤 점이었나요?
  - 동극을 하면서 칭찬해 주고 싶은 친구가 있나요?
- 확장활동을 알아본다.
  - 동극을 하면서 궁금한 점이 있었나요? 선생님과 함께 찾아봐요.
  - 동극 자료는 어디에 두면 좋을까요? ○○가 말한 대로 역할놀이 영역에 둘게요.
- 다음 활동을 알아본다.
  - 다음 시간은 무슨 시간이지요?

확장활동
- 동화 내용을 재구성한다(뒷이야기 꾸미기, 등장인물의 성격 바꾸어 이야기 짓기, 소품과 인물 추가하기 등).

- 소품을 역할놀이 영역에 두고 자유롭게 동극을 한다.
- 동극 초대장을 만들어 본다.
- 동생 반에 가서 동극을 공연한다.
- 등장인물에게 편지를 쓴다.

 가정 및 지역사회와의 연계

- 가정: 부모님을 초대하여 동극을 한다.
- 지역사회: 지역사회에서 개최하는 동화와 관련된 동극을 관람한다.

 지도상 유의점

〈도입〉

- 모든 유아들이 원하는 자리에 자유롭게 앉을 수 있도록 한다.
- 유아의 경험이나 실생활과 연결 지어 활동에 대한 호기심을 불러일으킨다.
- 모든 유아들이 집중할 수 있도록 주변의 교구나 물건을 정리한다.

〈전개〉

- 처음에는 자신 있어 하는 적극적인 유아가 하도록 하고, 두 번째 동극 시에 모든 유아가 참여하도록 지원한다.
- 동극을 표현하기 어려운 유아가 있을 시 구체적인 발문을 통해 상호작용을 한다.
- 동극에 어려움이 있거나 소극적인 유아는 알리미, 해설자 등의 역할을 통해 동극에 참여하도록 한다.
- 평가에 유념하여 재공연을 한다.
- 유아들이 동화 내용을 기억할 수 있도록 그림을 보여 주어 대사와 행동에 대해 회상한다.
- 다양한 역할의 대사, 표정을 연습해 봄으로써 풍부한 표현력을 증진한다.
- 교사는 대사를 말하기 어려워하는 유아가 있을 경우 대사를 관객과 함께할 수 있도록 돕는다.
- 갈등 상황에 유아들의 말을 충분히 수용하고 중재한다.
- 유아들이 꺼려하는 역할이 있을 경우 교사는 모델링을 보인다.

- 동극에 필요한 약속을 유아가 자율적으로 정하되 긍정의 어미로 마무리하여 긍정적인 마음을 갖고 활동하도록 한다.
- 동극을 보여 주는 것에 집중하기보다 동극을 하는 과정을 통해 서로의 의견을 존중하고 협력하는 경험을 하는 것에 중점을 둔다.

〈마무리〉
- 유아들의 생각을 반영하여 확장활동을 정해 본다.
- 가정과 연계하여 활동이 지속될 수 있도록 한다.

4. 책 만들기 활동

책 만들기란 그림책을 보거나 경험 등을 하고 난 후 유아가 경험한 것, 느낀 것, 생각한 것 등을 바탕으로 책이라는 형식을 통해 표현하는 것으로써 이 과정에서 듣기, 말하기, 읽기, 쓰기가 통합적으로 발달되는 교육활동이다(김정숙, 2004). 즉, 책 만들기는 유아의 생각이나 느낌을 그림과 글자를 통해 유아 스스로 책의 형태로 제작하여 표현하는 것을 의미한다(조은아, 2011). 이러한 책 만들기 활동은 그림책을 활용한 경험 중심의 활동으로 시작해 볼 수 있다. 이는 교사가 유아에게 그림책을 읽어 주고 그림책의 내용에서 유아 스스로 하고 싶은 경험을 선정하여 경험하도록 한 후, 경험을 바탕으로 유아가 주제와 방법을 선정하여 책을 만드는 것을 의미한다. 이에 대한 개념 및 의의를 좀 더 구체적으로 살펴보면 다음과 같다.

1) 책 만들기 활동의 개념 및 의의(한아름, 2013)

(1) 개념

유아교육기관에서의 책 만들기란 동화 · 동시 짓기, 이야기 꾸미고 만들기, 후속 이야기 만들기, 그림으로 표현하기 등 일상적으로 이루어지는 활동들을 책이라는 형식으로 표현해 내는 것이다. 유아 대상의 책 만들기 활동은 유아의 경험과 생각을 그림과 글자를 통해 직접 제작한 책의 형태로 표현하는 것이라고 할 수 있다. 유아교육기관에서는 하나의 주제를 선정하여 한 권의 책을 만들어 보는 활동보다는 그림책을 읽고 나서 그림책을 재구성하는 책 만들기 활동을 보편적으로 실시하고 있다.

(2) 의의

- 주도성 함양 및 올바른 독서 습관 형성: 그림책을 읽고 그림책의 구조, 내용 요소를 파악한 후 그림책을 재구성하면서 유아는 쉽게 자신의 생각과 느낌을 이끌어 내어 책을 만들 수 있다. 주도성이 형성되는 유아기에 그림책을 읽고 책을 만들면서 스스로 자신의 일을 해낼 수 있다는 성취감을 갖게 하고 책 만드는 데 즐거움을 느끼게 한다. 따라서 하나의 주제로 완전히 새로운 내용을 만들기보다 그림책을 읽은 후 그와 관련된 연계활동으로 책 만들기 활동을 실시하면 유아에게 자기 주도적 능력을 길러 주며, 글쓰기를 즐기고 나아가 올바른 독서 습관을 갖게 해 줄 것이다.
- 주제 및 개념 습득에 효과적: 그림책에 담긴 내용을 분석하고 핵심 주제를 선정하여 파악한 후 그림책을 만들기 때문에 그 속에 담긴 교육적 가치를 내면화시키는 데 더욱 효과적이다.
- 언어 능력 향상: 책 만들기는 유아가 책의 기본 개념을 이해하고 다양한 책 만들기 활동을 통해 사고하고 표현하는 능력을 키우게 하는 데 목적을 두고 있다. 이 활동 속에서 유아들은 스스로 가지고 있는 무한한 상상력을 바탕으로 이야기 구성력을 키우고 시각 언어를 자유롭게 구사할 수 있으며 시각적 의사소통 능력과 읽기, 쓰기 능력의 향상을 통해 자신의 생각과 이야기를 더 적극적으로 표현해 나갈 수 있다.
- 책에 대한 긍정적 태도 형성: 책 만들기 활동은 책을 통해 배운 것을 책으로 표현하는 활동으로 책을 읽고, 자신의 경험과 느낌을 바탕으로 자신이 직접 책을 만들어 봄으로써 좀 더 적극적으로 책을 즐길 수 있게 해 준다. 책 만들기 활동을 통해서 책에 대한 개념을 알고 글을 만드는 능력과 글의 내용에 맞게 그림을 표현하는 능력, 글 내용을 조직하는 능력이 많이 향상되며 책 한 권이 만들어질 때 유아들은 책을 완성했다는 만족감과 즐거움을 느낀다. 유아기에 책 만들기 활동은 유아가 언어를 이용하여 자신의 생각과 느낌을 적절하고 다양하게 표현할 수 있게 해 주며 유아의 자아개념을 발달시키고 심미감을 기를 수

있다.
- 창의성 사고 증진: 책 만들기 활동을 창작의 과정으로 유아들이 해결해야 할 문제가 내포되어 있고 지식과 경험뿐 아니라 창의적 사고를 발휘하여 이야기를 만들어 갈 수 있어 매우 창조적인 활동이다. 유아들은 허구의 이야기를 통하여 현실의 고정관념을 탈피할 수 있는 자유로운 상상력과 창의력을 기를 수 있을 뿐만 아니라 유아 자신의 경험과 유아가 나름대로 의미를 이해하거나 해석한 대로 이야기를 창조할 수 있다.

［참고］ 유아 독서교육(김미정, 2018)

- **유아기 독서교육의 원리**
  자발성의 원리, 흥미의 원리, 발달의 원리, 목적의 원리, 개별화의 원리, 사회화의 원리, 종합화의 원리

- **독서교육을 위한 교사의 역할**
  바람직한 독서교육을 실현하기 위해 물리적·사회적·심리적 환경 조성이 우선적으로 필요하겠지만 무엇보다 중요한 것은 독서활동을 적극적으로 격려하는 교사의 태도와 이를 바탕으로 한 교사와 유아 간 상호작용일 것이다. 이를 위한 교사의 역할은, 첫째, 조력자의 마음을 가지는 것이다. 유아들이 책 내용을 얼마나 이해했는지 평가하는 데 힘을 쏟기보다 책을 좋아하는 마음을 가지도록 격려하고 북돋워 주는 역할이 필요하다. 둘째, 유아들이 자존감과 효능감을 갖도록 배려하는 심리적 지원자의 태도를 가지는 것이다. 문해력이 덜 발달하여 아직 그림 이야기책의 글을 제대로 읽지 못하는 유아의 마음을 잘 보듬어서 따뜻한 마음으로 이야기책을 읽어 주고, 그림을 보며 멋진 상상의 날개를 펼 수 있도록 배려해야 한다. 셋째, 유아로 하여금 생각하는 즐거움을 만끽하도록 사고의 촉진자가 되는 것이다. 유아가 자신의 생각을 교사에게 말로 표현할 때 귀 기울여 잘 들어주고 적절하게 반응해 주어 유아가 책을 보고 자신의 생각을 더욱 풍부하고 정교하게 표현하도록 사고를 촉진시키는 교사의 역할이 필요하다.

- **유아 독서교육의 실제**
  - 아침독서(매일): 독서통장과 연계
  - 우리가 뽑은 우리 반 인기짱 도서(매월)
  - 독서릴레이: 독서 골든벨과 연계
  - 독후활동: 동극, 신체표현, 과학 · 미술활동, 수수께끼놀이, 끝말잇기 등
  - 독서행사: 독서 골든벨, 독서 축제, 책 보물찾기
  - 독서놀이: 빙고놀이, 기억력게임, 도미노놀이, 등장인물 수 비교하기 등
  - 책 읽어 주는 씨앗
  - 가정과의 연계: 가족독서통장(매일 잠자기 전 책 읽어 주기), 도서관 · 서점 방문

2) 협동적 책 만들기 전개 과정

(1) 전개 과정(진행 단계)

활동 단계		활동 내용
사전활동	동화 감상 및 이야기 나누기	• 협동 주제 동화 감상하기 • 동화에 대해 이야기 나누기 • 동화 속 협동 활동에 대해 이야기 나누기 • 협동적 책 만들기의 주제 제시하기
본활동	브레인스토밍	• 협동적 책 만들기의 주제에 대해 토의하기 • 모둠 구성원 역할 분담에 대해 토의하기 • 책의 제목, 책 앞·뒤 표기 꾸미기 토의하기
	구조화하기	• 책의 형태에 따른 책 만들기 방법 소개하기 • 모둠 구성원의 역할에 따라 다양한 재료와 도구를 활용하여 협동적 책 완성하기 • 브레인스토밍의 연습 종이를 참고하기
사후활동	작품 감상 및 평가하기	• 완성된 모둠별 책을 감상하기 • 책의 제목, 책의 이야기 소개하기 • 협동적 책 만들기 과정에 대해 평가하기

출처: 김태미(2014). p. 51.

(2) 활동 예시

동화 제목	『검피 아저씨의 드라이브』	회차 (소요시간)	1회차 (60′)
활동명	자동차를 빼내는 방법	책의 형태	아코디언북
활동목표	• 자동차를 빼내는 다양한 방법에 대해 생각해 본다. • 협동적 책 만들기 과정 중에서 친구와 의견을 공유하고, 도움이 필요한 상황에서 도움을 주고 받는다. • 자신의 생각과 느낌을 글과 그림으로 자유롭게 표현해 본다.		

단계	활동 내용 및 방법	준비물	집단구성 (소요시간)
사전활동	〈동화 감상 및 이야기 나누기〉 ① 동화『검피 아저씨의 드라이브』를 감상한다. ② 동화를 감상하고 난 후 이야기 나눈다. • 동화를 듣고 나니 어떤 생각(느낌)이 들었니? • 검피 아저씨와 친구들은 어디를 갔니? 어떤 일이 있었니? • 웅덩이에서 자동차를 어떻게 빼냈니? • 친구들이 아저씨를 도와줬을 때 아저씨는 어떤 기분이었을까? 친구들은 어떤 기분이 들었을까? ③ 동화 속 협동 활동에 대해 이야기 나눈다. • 너희들도 동화 속 친구들처럼 어려움에 처한 친구를 함께 힘을 합쳐 도와 준 적이 있니? 그때 기분이 어땠니? • 혼자서 할 때와 여럿이 함께할 때 어떻게 달랐니?	『검피 아저씨의 드라이브』 동화책	대집단 (10′)
본활동	〈브레인스토밍〉 ① 모둠별로 '자동차를 빼내는 방법'에 대해 이야기 나눈다. • 동화 속에서는 친구들이 힘을 합쳐서 자동차를 빼냈어. 만약 너희들이 같은 상황에 처한다면 어떻게 하겠니? 동화 속 친구들이 했던 것과 다른 방법을 생각해 볼까? ② 모둠별로 구성원의 역할에 대해 이야기 나눈다. • 책 만들기 활동을 하기 전에 역할을 나누어 보자. • 자동차를 빼내는 방법을 그림과 글로 표현하는 일은 누가 하면 좋을까?(구성원 간에 마찰이 있을 시 서로 양보하거나 가위바위보 등의 다양한 방법으로 의견을 조정하도록 돕는다.) ③ 유아들의 브레인스토밍을 종이에 기록한다. • ○○책 만드는 순서를 알아보자(연습 종이로 접어 보기). • 어디에 그림과 글씨를 적으면 좋을까? • 책의 제목은 무엇으로 하면 좋을까? • 책의 앞(뒤) 표지에 무엇을 표현하면 좋을까? 〈구조화하기〉 ① 아코디언 북 만드는 방법을 알아본다. • 4절지를 반으로 길게 자른다.	필기도구, 연습 종이 색지, 가위, 풀, 필기도구	소집단 (40′)

	• 반으로 접어 대문접기를 한다. • 한 번씩 더 접은 후 지그재그로 접는다. • 메모지에 그림과 글을 표현한 후 책에 붙인다. • 겉표지를 잘라 붙여 완성한다. ② 구성원들은 역할에 따라 책을 만들어 본다. ③ 아코디언 북은 완성한 후 주변을 정리한다.		
사후활동	〈작품 감상 및 평가하기〉 ① 모둠별로 책을 소개·발표한다. 　• ○○모둠의 책 제목은 무엇이니? 　• 자동차를 빼내는 방법에는 어떤 것들이 있었는지 친 　　구들에게 소개해 보자. 　• ○○모둠의 책을 보니 어떤 느낌(생각)이 드니? ② 활동을 평가한다. 　• 책 만드는 과정에서 어떤 점이 재미있었니?(어려웠니?) 　• 자신이 맡은 역할을 잘 해냈는지, 모둠 구성원 간에 　　협동이 잘 이루어졌는지 평가한다. ③ 다음 활동 시 협동이 더 잘 이루어지기 위해서는 어떻게 　하면 좋을지 이야기 나눈다(수정·보완점). **활동 결과물** 	모둠별 완성된 책	대집단 (10′)
유의점	• 모둠별 브레인스토밍 시 어려움이 있을 경우 교사는 촉진자 역할을 담당한다. • 구성원 간에 역할 분담 시 모든 유아가 골고루 참여하고 역할을 맡을 수 있게 교 　사는 중재자 역할을 한다. • 글씨를 써야 한다는 것에 유아들이 부담을 갖지 않도록 그림도 함께 사용해 생각 　과 느낌을 표현할 수 있도록 한다. • 교사는 유아들의 생각을 존중하고 격려한다. • 책을 만드는 과정에서 소외되는 유아 없이 모든 유아가 참여할 수 있도록 교사는 　주위를 자주 살펴본다. • 모둠별 구성원이 자신의 책에 대해 자부심을 느낄 수 있도록 비교하여 평가하지 　않는다. • 책을 소개, 발표할 때 모든 유아가 한 번 이상의 기회를 가질 수 있도록 구성원 간 　토의하여 정하도록 한다.		

3) 경험 중심 책 만들기 전개 과정

(1) 전개 과정(진행 단계: 박나리, 2017)

그림책 읽기	
그림책 읽어 주기	• 책표지를 보며 그림책을 탐색한다. • 교사가 들려주는 동화를 듣고 내용을 회상한다. • 동화를 들은 뒤 언어 영역에 일주일간 제시하여 짝꿍 친구와 다시 읽어본다. • 대집단으로 이야기 나누기를 하며 그림책을 읽은 후 가장 관심 있었던 부분에 대해 이야기한다.
관련 경험 선정하기	• 대집단 토의활동을 통해 유아들이 해 보고 싶은 경험을 선정하고 칠판에 기록하고 읽어 본다. • 선정된 경험을 할 장소, 시간, 필요한 도구 등을 이야기하고 정리하여 칠판에 기록하고 읽어 본다.

관련 경험하기	
관련 경험하기	• 선정된 경험의 내용을 회상해 본다. • 유아들이 스스로 준비한 경험을 실제로 해 보고 이에 대한 내용을 수첩, 메모지 등에 기록하고 읽어본다.

책 만들기	
책 만들기 주제 선정하기	• 그림책의 내용과 경험했던 내용을 회상한다. • 대집단 토의활동으로 그림책을 활용한 경험을 통해 유아가 만들고 싶은 책의 주제를 결정한 후 이를 칠판에 기록하고 읽어 본다. • 선정된 주제 속에서 유아 개별적인 경험의 내용에 따라 세부내용을 구성한다.
표현하기	• 유아들이 선정한 방법으로 책 만들기를 해 본다. • 유아가 만든 책을 소개하고 전시하여 다른 유아가 만든 책을 읽어 본다.

(2) 활동 예시

📖 그림책 읽기 단계 예시

활동명	야, 비온다		수업형태	대집단활동
활동일	2016.6.21(화)		소요시간	20분
활동목표	• 여름철에는 장마가 온다는 것을 안다. • 비가 오는 모습과 소리에 관심을 갖는다. • 동화를 즐거운 마음으로 듣는다.			
교육과정 관련요소	• 의사소통: 듣기-동요, 동시, 동화 듣고 이해하기 　　　　　 읽기-책 읽기에 관심 가지기 • 자연탐구: 과학적 탐구하기-자연현상 알아보기			
활동 자료	• 『야, 비온다』 책			

단계	교수·학습활동		
	과정	교수활동 및 발문	예상 유아 활동 및 반응
그림책 읽어 주기	• 그림책을 탐색한다.	T: 친구들, 밖에 무엇이 내리나 요? T: 그래요. 요즘 계속 비가 오는 데 여름이 되면 다른 계절과 는 다르게 비가 자주 올 때가 있어요. T: 그런데 오늘 선생님이 가져온 동화책 속에도 비가 내린대 요. 책 표지에는 어떤 것이 보 이나요? T: 책의 제목은 무엇이라고 적혀 있나요? T: 그럼 이 책은 어떤 내용의 책 일까요?	C: 비가 내려요. C: 비가 와요./ C: 자동차가 우산을 쓰고 있어 요./빗 속에 차가 있다!/꼭 물 속에 들어가 있는 것 같아요. C: 야, 비온다 라고 적어져 있어 요. C: 비가 와서 우산을 쓸 것 같아 요./자동차가 우산을 쓰고 다 니나봐요.
	• 동화를 듣는다.	T: 동화를 한번 들어볼까요?	C: 네.
	• 동화의 내용을 회상한다.	T: 동화는 어떤 내용이었나요? T: 동화 속에서 비는 어떤 소리를 내며 내렸나요?	C: 비가 왔어요./ 삼촌이 단이한 테 우산을 사 줬어요./우산 쓰 고 나가서 개구리한테 우산 쓰 라 그랬어요. C: 쏴쏴요./똑도닥똑도닥이요.

	• 가장 관심 있었던 부분을 이야기한다.	T: 동화책 속에 가장 재미있었던 부분은 어떤 부분이었나요?	C: 신호등이 우산 쓴 거요./ 빗소리가 좀 다르게 들렸어요./이상해요.
	• 유아가 해 보고 싶은 경험을 선정하여 기록하고 읽어본다.	T: 그러면 이 동화를 듣고 난 뒤 우리가 직접 해 보고 싶었던 것이 있었나요? T: 그럼 친구들이 이야기한 대로 우산 쓰고 빗소리 들어보기를 해 볼까요? 자, 그럼 정리해서 칠판에 적어 봅시다. 나머지 친구들은 뭐라고 적었는지 읽어봅시다.	C: 저도 우산 쓰고 나가 보고 싶어요./우산 쓰고 나가서 놀래요./똑도닥똑도닥 진짜 들리는지 들어볼래요.
관련 경험 선정 하기	• 경험을 위한 장소, 시간, 필요한 도구 등을 정하여 기록하고 읽어본다.	* 이야기 나눈 것을 정리하여 칠판에 기록한다. T: 그럼 친구들이 정한대로 다음 시간에는 우산을 쓰고 나가서 빗소리를 들어 보도록 해요. 어떤 것이 필요할까요? 누가 나와서 적어 볼까요? T: 언제 나가서 들어볼까요? 누가 나와서 적어 볼까요? T: 어디에서 빗소리를 들어볼까요? 누가 나와서 적어 볼까요? T: 그럼 들어본 빗소리를 잘 기억하려면 어떻게 하면 좋을까요? 이건 누가 나와서 적어 볼까요? T: 이제 우리가 정리한 것을 읽어봅시다. 여기 친구들이 정리한 것처럼 준비해서 내일 나가서 빗소리를 들어보도록 해요. T: 이 책은 짝꿍 친구와 읽어 볼 수 있도록 언어영역에 두도록 할게요. 읽어본 친구는 다 읽었어요. 스티커판에 스티커를 붙이도록 합시다.	C: 우산이요. 장화요. 비옷이요. C: 비가 오면 나가요. C: 저는 운동장에 떨어지는 빗소리를 들어보고 싶어요./저는 잔디밭이요. C: 종이에 적어 봐요./녹음해요/잘 듣고 와요.

출처: 박나리(2017). pp. 47-48.

📑 관련 경험하기 단계 예시

활동명	빗소리를 들어봐요.	수업형태	개별 활동, 대집단활동
활동일	2016.6.22(수)	소요시간	30분
활동목표	• 여름철 장마에는 비가 자주 내린다는 것을 안다. • 비 오는 날 우산을 쓰고 나가 빗소리를 들어본다. • 빗소리를 언어로 표현해 보면서 즐거움을 느낀다.		
교육과정 관련요소	• 말하기: 느낌, 생각, 경험 말하기 • 자연탐구: 과학적 탐구하기–자연현상 알아보기		
활동 자료	• 우산, 포스트잇, 색연필과 같은 필기도구		

단계	교수 · 학습활동		
	과정	교수활동 및 발문	예상 유아활동 및 반응
관련 경험 하기	• 기록해 둔 선정된 경험의 내용을 읽으며 회상한다.	* 전날 토의를 하며 적어 둔 내용을 읽으며 이야기 나눈다. T: 우리가 어떤 책을 읽었었나요? T: 어떤 경험을 해 보기로 했나요?	C: 야, 비온다를 읽었어요. C: 우산을 쓰고 나가서 빗소리를 들어보기로 했어요.
	• 경험을 한다.	T: 그래요. 그럼 모두 나가서 빗소리를 들어보도록 준비합시다. T: 유치원 앞은 빗소리가 어떻게 들리나요? T: 저쪽에서는 또 무엇을 들어 볼까요? T: 또 어디를 들어볼까요? T: 혹시 우리가 바깥놀이 할 때 쓰려고 놔 둔 그릇에서는 무슨 소리가 나는지 들어볼까요? T: 자, 그러면 우리 바깥 놀이터에서 더 들어보고 싶은 곳에서 자세하게 들어보도록 하고 들리는 소리를 이야기해 보도록 합시다. T: 그럼 이제 자기가 들은 것을 교실에 들어가서 포스트잇에 적어 보도록 합시다.	C: 돌에 떨어지면서 툭툭 소리가 나요./나는 똑똑 C: 잔디밭이요. 잔디밭에서는 폭신폭신 떨어져서 토옥 하는 소리가 들려요. C: 선생님 우산에 떨어지는 소리가 제일 잘 들려요. 후두둑 하고 떨어져요. C: 선생님 그릇에서는 톡톡 소리가 나요./이 그릇에서는 소리가 다르게 나요. C: 선생님 저는 나뭇잎에서 들리는 소리가 재밌어요. 또로롱 하는 것 같아요./선생님! 나무야 우산을 쓰렴~. C: 톡톡/쏴쏴/또로롱/똑도닥 C: 톡톡은 잎사귀에서 떨어지는 물소리예요.

| | (교실에 들어가서 유아가 들은 빗소리를 포스트잇에 적어 보게 하고 칠판에 붙인 뒤 어떤 소리가 들렸는지 다 같이 읽어 본다.)

 T: 친구들이 들은 소리에는 어떤 것들이 있었는지 친구들이 적은 종이를 보면서 읽어 봅시다.

 T: 이 소리는 어디에서 들어본 소리인가요?

 T: 친구들은 이 중에서 어떤 소리가 재미있게 들렸나요? | C: 저는 미끄럼틀에 떨어지는 물소리가 재미있었어요. |

출처: 박나리(2017). pp. 49-50.

책 만들기 단계 예시

활동명	빗소리 듣고 책 만들기	수업형태	개별 활동
활동일	2016.6.23(목)	소요시간	40분
활동목표	• 빗소리가 떨어질 때 내는 다양한 소리에 관심을 가진다. • 책 만들기를 통해 빗소리를 다양한 표현으로 써 본다. • 책 만들기에 즐겁게 참여한다.		
교육과정 관련요소	• 의사소통: 말하기–느낌, 생각, 경험 말하기 쓰기–쓰기에 관심 가지기 • 예술 경험: 표현하기–미술활동으로 표현하기		
활동 자료	도화지, 사인펜, 크레파스, 색연필, 가위, 풀 등(유아의 요구에 따라 달라질 수 있다.)		

단계	교수 · 학습활동		
	과정	교수활동 및 발문	예상 유아 활동 및 반응
책 만들기 주제 선정 하기	• 그림책 내용을 회상한다.	T: 우리가 어떤 그림책을 읽었지요? T: 어떤 내용이었나요?	C: "야 비온다"요. C: 비가 왔어요./빗소리도 나왔어요./자동차가 우산을 썼어요.

• 경험을 회상한다.	T: 책을 보고 우리가 어떤 경험을 해 보았나요?	C: 우산을 쓰고 나가서 빗소리를 여기저기서 들어보았어요.
• 책 주제를 결정하고 기록한 후 읽어본다.	T: 그럼 우리가 지금까지 책을 읽고 경험한 것을 가지고 책 만들기를 할 건데 어떤 책을 만들면 좋을까요? T: 누가 나와서 이걸 적어 볼까요? 다함께 읽어 볼까요? 그래요. 그럼 지금부터 친구들이 이야기한 대로 우리가 들은 빗소리를 가지고 책을 만들어 봅시다.	C: 빗소리를 책으로 만들면 좋겠어요./우리가 들은 빗소리를 넣어서 동화처럼 만들면 좋겠어요./운동장에게 "우산을 쓰렴."이라고 말할래요.
• 세부 내용을 구성한다.	T: 그런데 어제 친구들이 들은 빗소리는 모두 다르지요? T: 어떤 빗소리를 들었는지 선생님이 어제 친구들이 적어 준 종이를 다시 한 번 붙여 줄게요. 어떤 소리가 들렸나요? T: 그래요. 그럼 자기가 들은 빗소리에 맞춰서 책을 만들어 봅시다. T: 책의 제목은 친구들이 생각하는 제목으로 만들어도 좋답니다. T: 책의 모양도 친구들이 하고 싶은 대로 해도 좋답니다. T: 선생님은 흰색 종이를 준비해 줄게요. 다른 종이나 재료가 필요한 친구는 미술 역에서 가져다가 쓰도록 합시다. 혹시 없는 재료는 선생님께 이야기해 주세요.	C: 툭툭이요./톡톡이요./쏴쏴요./또로롱이요. C: 저는요, 우산으로 하고 싶어요. 선생님.

표현 하기	• 책 만들기를 해본다.	* 교사가 순회하며 언어적 상호작 　용을 한다. T: 도움이 필요한 친구는 손을 들 　도록 해요. T: 물론이에요. 책을 가져가서 보 　고 싶은 친구는 가져가서 봐도 　된답니다. T: 친구들 '빗' 자는 비에 무슨 받 　침을 적어야 하나요?	C: 선생님 저는요, 글씨를 잘 몰 　라서 저번에 본 책 가져와서 　봐도 돼요? C: 선생님 '빗' 자는 어떻게 적어 　요? C: 시옷이요.
	• 작품을 소개, 전시한다.	T: 자, 다 만든 친구는 자리를 정 　리하고 모입시다. 소개하고 　싶은 친구가 있나요? 나와서 　소개해 볼까요? T: 친구가 소개한 책이 어땠나요? T: 어디에 전시하면 좋을까요? T: 그럼 우리 창문에 전시해보도 　록 합시다. 전시한 책은 자유 　선택 활동 시간에 읽어 보도록 　합시다.	C: 저요. C: 빗소리 나랑 똑같다!/멋졌어요. C: 저는요, 우산 모양으로 해서 창 　문에 전시했으면 좋겠어요.

3 음악활동

　유아의 음악활동과 관련된 교육 내용은 소리 탐색, 노래 부르기, 악기 다루기, 신체 표현, 음악 감상, 음악 창작, 음악극 등으로 살펴볼 수 있다. 다만 수업실연에서 음악활동(새 노래 지도, 악기 다루기 활동 등)이 단독으로 출제될 가능성은 적은 편으로 다른 활동과 연계될 가능성이 있다.

1. 새 노래 지도

1) 새 노래 지도하기

(1) 새 노래 활동 지도 단계

> 1단계 　동기유발하기

- 동화, 동시, 수수께끼, 그림, 융판 자료, 실물 등의 자료를 활용하여 유아의 흥미를 유발한다.

　예 '더 빠른 것과 더 느린 것' 새 노래 지도 시 '교통기관' 수수께끼 내기

　예 나는 바퀴가 보통 2개예요. 어린이들이 타는 것은 바퀴가 3개나 4개인 것도 있어요. 나는 누구일까요?

- 주제에 대해 유아들의 사전 경험과 관련지어 이야기 나눈다.

> 2단계 　교사가 전체 노래 들려주기

- 교사는 오른손 피아노 반주(단음)를 들려주며 유아들을 보고 노래를 들려준다.

　예 선생님이 노래를 들려줄 텐데 어떤 내용인지 잘 들어 보자.

- 교사는 모델로서의 역할로 노래의 가사와 음정, 박자를 정확히 부르는 것뿐 아니라 노래의 느낌을 살려 육성으로 불러 준다.

> 3단계 　노래 가사와 관련된 내용 및 노래의 느낌에 대해 이야기 나누기

- 교사는 전체 노래를 들려준 후 노랫말과 노래 가사에서 느낄 수 있는 느낌에

대해 이야기 나눈다.

[예] 방금 들었던 노래에서 어떤 교통기관이 나왔니? 가장 **빠른** 교통기관은 무엇이니? 어떤 교통기관을 제일 타 보고 싶니?

• 유아들이 음악적 요소를 경험할 수 있도록 고려하여 발문한다.

[예] 노래를 들어 보니 어떤 느낌이니? 노래 속에서 강하게 불러야 하는 곳은 어디인 것 같니? 노래에서 어느 부분을 다른 곳보다 빨리 부르면 좋을까?

[4단계] 전체 노래를 다시 들려주기

• 교사는 전체 노래를 들려줄 때 육성으로 피아노 반주와 함께 들려준다.

[예] 선생님이 다시 한 번 불러 볼 테니 어떤 노래인지 잘 들어 보자. 이번에는 피아노로만 음을 들려줄 테니 잘 들어 보자.

• 교사는 유아들이 멜로디를 익힐 수 있도록 다시 한 번 피아노(단음)를 치며 멜로디를 들려준다.

[5단계] 다양한 방법으로 불러 보기

• 한 가지 소리로 불러 보기: 유아들에게 부르고 싶은 소리를 정하여 불러 보게 하는데, 이때 유아들의 흥미나 노래의 음을 익히는 정도에 따라 부르는 횟수를 조절한다.

• 나누어 불러 보기: 유아-교사, 유아-유아 등으로 노래를 나누어 불러 본다.

• 다함께 불러 보기: 빠르기, 셈여림 등의 음악적 요소를 고려하여 불러 볼 기회를 제공한다.

[6단계] 평가하기

• 평가는 주제와 관련된 평가와 활동과 관련된 평가를 함께 진행한다.

[예] 노래 속 교통기관 중 가장 느리게 다니는 것은 무엇이니?(주제 관련 목표-교통기관의 빠르기에 관심을 가진다.) 노래 속에서 반복되는 리듬은 무엇이니? 강하게 불러야 하는 부분은 어디일까?(활동 관련 목표-리듬과 셈여림에 맞춰 노래를 부를 수 있다.)

[7단계] 다음 활동 안내하기

- 새 노래 지도가 끝난 후에는 노래 지도 시 사용했던 가사판과 그림 자료와 악기, 도구 등을 음률 영역에 비치하여 유아들이 자유선택활동 시간에 개별적으로 충분히 조작하고 경험할 수 있도록 안내한다.

　예 오늘 배운 노래 자료는 음률 영역에 놓아둘게. 다른 악기로도 연주하며 노래 불러 보자.

- 노래 부르기 활동이 끝났음을 알리고 다음 활동을 소개한다.

　예 노래 속에 나온 자전거, 자동차, 비행기 외에 타 본 교통기관은 무엇이 있는지 수 그래프 만들기 활동을 해 보자.

참고 유아의 발성과 노래 지도

- 자연스러운 목소리로 노래하게 한다.
  유아에게 '자연스러운 목소리'란 힘이 들지 않는 부드럽고 무리가 없는 소리를 말한다. 특히 유아기는 성대 보호의 시기로 목에 힘이 가지 않는 부드러운 소리로 부르는 것이 중요하다. 큰소리로 악을 쓰며 노래하지 않도록 한다.

- 정확한 가사로 노래하게 한다.
  가사 표현을 바르게 하도록 지도하는 것은 곧 올바른 발음을 하도록 지도하는 것이다. 이는 단순히 가창 지도상의 내용일 뿐만 아니라 유아의 모든 생활에서 말하기 지도에 걸친 문제이기도 하다.

- 바른 음정으로 노래하게 한다.
  바른 음정으로 노래하도록 교사가 시범창을 한다. 음 감각이 좋지 않은 유아에 대해서는 음 감각이 예민한 유아의 옆자리에 앉게 하거나, 교실의 앞자리나 피아노에 가까운 자리에 앉게 한다.

- 바른 리듬으로 노래하게 한다.
  바른 리듬으로 노래하기 위해 리듬창으로 연습한다. 이때 리듬창의 리듬말은 일종의 가사와 같은 것이라고 생각하고 흥미를 갖고 리듬창을 할 수 있는 정도에 그치는 것이 바람직하다. 리듬 표현을 잘하지 못하는 유아도 리듬감이 예민한 유아의 옆에 앉게 하거나 교실의 앞자리나 피아노에 가까운 곳에 앉게 한다.

- 가창 자세
  - 머리와 어깨에 힘을 빼고 천천히 좌우로 움직이며 긴장하지 않도록 한다.
  - 양발을 조금 벌리고 허리를 편 자세로 노래한다.
  - 양손을 자연스럽게 내리고 가슴을 펴고 노래한다.
  - 턱을 올리거나 너무 내리지 않도록 한다.
  - 신체의 어느 부분에나 부자연스러운 힘이 들어가지 않도록 한다.

- 호흡 지도
  - 호흡은 숨을 천천히 들이마시며 또 천천히 내쉬는 연습부터 한다.
  - 숨을 들이마실 때 양 어깨가 올라가지 않도록 한다.
  - 숨은 코와 입으로 빨리 들이마시고 숨을 들이마실 때 소리가 나지 않도록 한다.
  - 노래를 시작할 때 한꺼번에 숨이 새어 나가지 않도록 한다. 즉, 숨을 조금씩 사용하도록 한다.

(2) 새 노래 활동 지도하기 순서 예시

① 새 노래를 가르치기 전에 음악적으로 노래 부를 수 있도록 준비한다.

(리듬이 힘든 곡은 손 박자를 사용하여 리듬감을 익히도록 연습하기)

예 (리듬감 있는 찬트를 통해 박수를 치거나 손을 튕기는 등 신체악기를 활용해 집중함)

→ 친구들 안~녕/선생님 안~녕/우리 모두 즐거운/노래 시간 랄랄라

② 새 노래를 가르칠 때는 동기를 부여한다.

• 노래에 대한 사전 경험하기

• 노래에 관련된 동화 · 동시 들려주기

• 노래에 관련된 자료 찾아보기

예 숲속에 아침을 맞이하는 동물 친구들 모습은 어떨까? 아침 햇살이 내린 숲속에는 어떤 일이 생겼는지 들어 보자. (이야기 들려주기) 아침이 온 숲속의 모습은 어땠니? ○○ (동물의 이름)의 모습은 어땠어? ……(중략)…… 이런 숲속의 아침 풍경 이야기를 노래로 만든 동요가 있어서 선생님이 가지고 왔어.

③ 영유아와 얼굴을 마주 본 자세에서 교사가 먼저 노래를 전체 노래법으로 들려준 뒤 노래 속에 무슨 이야기가 있는지 이야기를 나눈다.

예 숲속의 모습을 이야기해 주는 새로운 노래를 들려줄게. 잘 들어 보자(노래를 들려준다). 들어 보니 어떤 느낌이 드니? 노랫말과 멜로디를 함께 들어 보니 어땠니? 노랫말 중에서 기억에 남는 것이 있었니?

📌 참고 새 노래 지도 방법

유아의 경우 전체 노래법이나 결합법으로 가르치되 특히 어려워하는 부분에 대해 부분적으로 구절법을 적용하는 것이 좋다.

• 전체 노래법(Whole-Song Method): 노래 전체를 여러 번 들려주는 방법
• 구절법(Phrase-by-Phrase Mehod): 교사나 부모가 먼저 노래를 끝까지 한 번 불러 준 다음 한 번에 한 소절씩 따라 부르게 하고 어려운 절을 반복해서 부르는 방법
• 결합법: 전체 노래법과 구절법을 결합한 방법(전체 노래법을 우선 사용하면서 쉬운 절을 함께하도록 한 후 어려운 것은 따로 배우는 방법)

④ 노래의 반주는 단순한 리듬악기나 피아노를 사용하여 멜로디만 쳐 주는 것이 좋다. 복잡한 피아노 반주는 내용을 파악하기 힘들게 하여 리듬이나 멜로디를 정확하게 듣지 못하게 하므로 새로운 노래를 부르는 데 효과적이지 못하다.

예 노래의 멜로디만 들려줘 볼게. 잘 들어 보자. 기억에 남는 멜로디가 있니?

⑤ 가락(멜로디)에 익숙해지도록 한 가지 소리, 허밍(하나의 음절) 등으로 불러 본다. 가락에 친숙해지도록 2~3회 정도 불러 보고, 멜로디가 생소하게 느껴지거나 어려워 연습이 좀 더 필요한 부분만 반복으로 불러 본다.

예 이번에는 한 소리로 멜로디를 따라 불러 보자. 어떤 소리로 불러 보고 싶니? 또 어떤 소리로 불러 볼까? 조금 어려운 부분이 있었니? 그 부분만 함께 다시 불러 볼까?

참고 동요 가사판 제시할 때 유의점

• 글씨를 읽지 못하는 유아가 있으므로 글씨와 그림을 함께 제시한다.
• 노래를 부분적으로 끊어서 부르도록 하지 않는다.
• 가사에 익숙해지기 전까지는 유아가 노래를 부를 때 가사 판을 손으로 짚어 준다.
• 유아의 창의적인 생각을 적극적으로 수용한다.

⑥ 여러 번 반복하여 노래를 불러 노래에 익숙해지게 한다. 처음에는 교사가 어려운 부분을, 유아가 쉽고 친숙한 부분을 맡아 불러 보며 점차 유아를 다양한 모둠으로 나누어 정해진 부분을 불러 보는 형태로 전개하다가 전체가 함께 전곡을 불러 볼 기회를 제공한다.

예 이제는 노랫말도 넣어서 불러 보면 어떨까? 선생님과 너희가 나누어 불러 보자. (노래를 불러 본 후) 직접 불러 보니 어땠니? 이번에는 순서를 바꾸어 불러 보자. 혹시 나와서 친구들에게 노래를 들려주고 싶어요 하는 친구는 손을 들어 보자.

참고 다양한 방법으로 노래 부르기

반복적으로 노래를 부를 때 유아의 흥미가 지속될 수 있도록 다양한 방법을 활용한다.
예 한 모둠이 부를 때 다른 모둠은 입 모양으로만 부르기, 가사의 일부를 정해 그 부분만 소리를 내지 않고 마음속으로 부르기, 신체악기(손가락 튕기기, 손뼉 치기 등)를 활용해 부르기 등

⑦ 여러 번 활동을 회상하며 평가할 기회를 갖는다. 노래를 부른 느낌, 가장 재미있었던 부분과 어려웠던 부분, 노래와 관련된 확장활동 계획 등에 대해 제안하거나 이야기를 나눈다. 동요판을 음률 영역에 비치하여 유아들이 자유롭게 활동해 보도록 한다.

㉘ 〈○○○〉 노래를 불러 보니 기분이 어땠니? 제일 재미있게 불렀던 부분/방법이 있었니? 노래 부르기 어려웠던 부분은 어디였니? 왜 그런 생각이 들었니?

2) 새 노래 지도 방안

(1) 그림 악보를 통한 노래 지도안 예시

노랫말을 가르치기 위해서 한글로 노랫말을 써서 억지로 읽게 한다든지 한 소절씩 교사가 읽어 주면서 따라 읽는 구태의연한 가사 익히기는 음악적 노래 부르기의 적절한 지도 방법이 아니라는 것이 최근의 경향이다.

• 그림 악보: 그림 악보는 색깔과 그림이 보여 주는 다양한 소재가 유아의 상상력을 풍부하게 하며 가사와 음의 길이와 음의 높이를 자연스럽게 익히게 한다. 가사의 내용에 맞는 그림으로 유아는 가사를 쉽게 익히고 생각하고 떠올릴 수 있다. 또한 노래를 부를 때 스스로 그림을 통해 생각하면서 가사를 익혀 노래를 부르면서 가사를 떠올릴 수 있다. 노래를 부를 때도 음의 길이에 맞추어 그려진 그림으로 쉽고 자연스럽게 리듬을 익힐 수 있다.

〈고기잡이〉 그림 악보를 통한 리듬 지도와 노래 부르기(만 5세)
• 목표: 소리를 시각화하여 음악적 흥미 유발/창작의 즐거움/신체 조절을 통해 그림 그리기
• 활동 교구: 리듬 카드, 그림 악보, 도화지, 색연필이나 크레파스, 칠판
• 그림 악보를 보면서 떠오르는 노랫말에 대해 유아들과 이야기해 본다.
• 유아들의 생각을 들어본 후 원래의 노랫말을 들려주어 비교해 보면서 자연스럽게 노랫말을 익힌다.

- 〈고기잡이〉에 나오는 리듬을 카드로 만들어 칠판에 붙여둔다.

【♪ ♪ ♩】　　　　【♪ ♪ ♪ ♪】

　티 티 타　　　　　티티티티

【♩ ♩】　　　　　【♩】

　타 타　　　　　　타아

- 교사는 리듬 카드에 있는 리듬 중 임의로 정하여 리듬에 맞게 유아의 이름을 불러 준다.

【♪ ♪ ♪ ♪】　　　【♪ ♪ ♩】

　내이름은　　　　　○○○

【♪ ♪ ♪ ♪】　　　【♩ ♩】

　너이름은　　　　　뭐니

- 리듬 카드에 맞추어 리듬말을 하면서 손뼉 치기를 한다.
- 교사의 선창으로 유아들에게 노래를 들려준다.
- 교사는 그림 악보에 멜로디를 넣어 유아가 흥미를 가지고 따라 부를 수 있게 한다.
- 몇 번 반복해서 학습한 후 유아와 같이 부른다.
- 교사는 시범으로 자신이 내는 소리에 적합한 그림을 칠판에 그린다.

　예 소리에 비브라토를 넣었으면, 소리가 짧게 끊어지며 반복되면, 소리가 직선으로 위를 향해 나오면 등으로 표현하여 유아들의 반응을 살피고 유아들도 직접 소리 내어 보고 그림으로 창작하도록 한다.
- 〈고기잡이〉노래를 부르며 다양한 색깔의 색연필이나 크레파스를 이용해 그림 그리기를 한다.
- 물고기 그림을 나누어 주고 선생님과 유아가 같이 〈고기잡이〉노래를 부르며 노래가 끝마쳐질 때에 맞추어 물고기와 만나도록 한다.
- 처음 부를 때는 고른 박으로 노래하여 물고기를 만나게 연습하고 반복하여 연습할 때는 노래의 속도를 빠르게 했다, 느리게 했다 속도를 조절하며 불러 유아가 속도를 조절하면서 그림을 그리고 노래할 수 있도록 해 준다.

(2) 악기를 통한 노래 지도안

악기는 실제 시각적, 촉각적 경험을 제공하므로 음악적 발달 능력에 매우 중요한 역할을 할 수 있다. 악기를 사용하면 유아의 상상력뿐만 아니라 표현력 혹은 창작력 등을 기를 수 있다. 악기 사용은 몸동작의 에너지를 소리의 세계로 발산시키는 기회를 부여해 동작과 소리의 발생이 밀접한 관련을 맺고 있음을 몸소 느끼게 한다. 유아가 사용하기에 적합한 악기는 선율악기와 리듬악기로 나눌 수 있다. 리듬악기로는 큰북, 작은북, 샌드블록, 우드블록, 심벌즈, 트라이앵글, 캐스터네츠, 탬버린, 징, 리듬 막대, 마라카스 등이 있다.

〈가랑비가 내린다〉 그림 악보를 통한 리듬 지도와 노래 부르기(만 5세)

• 목표: 음악의 프레이즈 느끼기/소리 탐색을 통한 청감각과 악기 연주 능력 증진
• 활동 교구: 콩가, 샌드블록, 우드블록, 심벌즈, 트라이앵글, 캐스터네츠, 탬버린, 리듬막대, 마라카스, 메탈로폰, 메탈쉐이커, 카바사 등
• 교사는 유아들과 '비'에 관한 이야기를 나눈다. '비'의 종류에 대해 이야기 나누고 그 빗소리에 대한 유아들의 의견을 듣는다.
• 활동 교구로 준비된 악기들을 준비한 후 유아들로 하여금 악기를 탐색해 보도록 하고 소리 내 보게 한다.
• 〈가랑비가 내린다〉 노래를 교사의 선창으로 들려준다.
• 노래가사에 나오는 소리들을 탐색한 악기소리와 연결 지어 적합한 악기를 찾아본다.
  예 가락비(샤샤샤샤 샤)-메탈 셰이커, 소낙비(쭈루루 루루)-탬버린, 천둥(쾅 쾅)-심벌즈, 햇님(방긋)-트라이앵글
• 노래를 부르며 각자 자신이 찾은 악기를 노래에 맞추어 연주해 본다.
• 악기를 서로 바꾸어 가며 연주해 본다.

---

(3) 음악적 요소 활용하기

음악적 요소는 노래가 어느 정도 익숙해진 후(혹은 악기 연주활동 시) 다양하고 재미있게 활동을 진행하기 위해 적용할 수 있으며, 이를 통해 유아의 음악적 개념 발달을 촉진해 줄 수 있다.

• 셈여림
  – 곰 가족의 그림을 보여 주며 크기에 맞게 노래를 부르거나 악기 소리 내 보기
  – 셈여림이 강조된 노래/음악을 감상하거나 부르며 이를 전지에 미술도구로 표현해 보기
• 빠르기
  – 메트로놈 빠르기에 맞춰 노래 부르기
  – 빠르기에 변화를 주어 노래 부르기

- 빠르기에 맞추어 동작하며(손뼉 치기, 발 구르기 등) 노래 부르기
- 음높이
  - (음의 높고 낮음이 뚜렷한 곡일 때) 음높이에 맞춰 몸이나 신체 부분의 위치를 변화시켜 보며 부르기
  - '하루 종일 우뚝 서 있는' 부분에서는 음이 점점 올라가네. 이 부분은 어떻게 표현할 수 있을까? '허수아비 아저씨' 부분에서는 음이 점점 내려가는데 이 부분에서 어떻게 움직여 보면 재미있을까?
- 리듬
  - 여러 시각 자료의 리듬 패턴을 보며 손뼉 치기/발 구르기를 통해 노래 부르기

(4) 노랫말 개사(예 유치원에 갑니다: 배진나, 2005)

- 노랫말 그림으로 나타내기
  - 어제는 〈유치원에 갑니다〉라는 노래에 여러분의 생각으로 율동을 만들어 보았어요. 오늘은 노랫말을 바꿔 보는 활동을 할 거예요.
  - 먼저, 종이에 〈유치원에 갑니다〉 노래 내용을 생각하면서 그 내용을 그려 볼까? 그린 그림을 친구들에게 설명해 줄 수 있겠니? 아, 그렇구나. 이 노래는 해가 떠도, 눈이 내려도, 비가 오거나 바람이 불어도 유치원에 간다는 노래여서 그 부분을 표현했구나.
- 노랫말 바꾸기(명사, 동사, 의성어, 형용사 바꾸기)
  - 그런데 애들아, 유치원이란 부분을 바꿔 볼 순 없을까? 해가 떴을 때 가는 곳이 유치원뿐일까?(집에도 가고, 공원에도 가고, 시장에도 가요.)
  - 그럼 이 노래에서 어떻게 바꿔 보면 될까?(이렇게 부르면 돼요. ♫쨍쨍쨍쨍 쨍쨍쨍 쨍쨍, 해가 떴어요. 어디 가세요. 나는 ○○공원에 갑니다. ♫/♫쨍쨍쨍쨍 쨍쨍쨍 쨍쨍, 해가 떴어요. 어디 가세요. 나는 ○○공원에 갑니다. ♫)
  - (재밌어요. 계속 바꿔 봐요.) 그럼, '어디 가세요'라는 부분을 바꿔 볼까?
  - 그러니까 어디 가는 거 말고 '무얼 보세요'라든지, 뭐 이런 걸로.
  - 그러면 또 '무얼 보세요' 하고 '와룡공원에 갑니다.'가 조금 이상하지 않니? 어떻게 할까?(이상해요. 무얼 보세요, 했는데 와룡공원에 갑니다 하니까 말이 안 맞는 것 같아요. 그냥 나는 '텔레비전 봐요.'라고 하면 되죠.)

- 그렇구나. 그렇게 하니까 말뜻이 맞는 것 같다. 그럼 한번 불러 볼까?(♬쨍쨍 쨍쨍 쨍쨍쨍 쨍쨍, 해가 떴어요. 무얼 보세요. 나는 텔레비전 봐요. ♬ 선생님 근데, 봐요 하니까 이상해요. 봅니다 하면 더 나아요.)

- 그렇겠네. 그렇게 바꾸면 더 괜찮겠다. 그럼 텔레비전은 꼭 해가 떠야 보니?(아니요, 밤에도 보고 비가 와도 보고요.)

- 이젠 쨍쨍쨍 부분을 바꿔 보자. 해가 없는 밤에 텔레비전 보는 거 할까? 그럼 쨍쨍쨍 하면 이상할 텐데…… (음…… 깜깜한 밤이니까, 깜깜깜깜깜깜)

- 오, 그래. 깜깜? 그거 좋은데……. 넣어서 불러 볼까?

- (그런데 선생님, 해가 떴어요 하면 안 되잖아요!) 그럼, 어떻게 할까? (해가 없어요 해야죠/야, 해가 없어요가 뭐야, 해가 졌어요가 맞지. 그죠?)

- 그래, 밤에는 '해가 진다'라는 표현이 맞아요. 그래서 해가 졌어요, 하면 될 것 같다. 그럼 다시 불러 볼까?(♬깜깜깜깜 깜깜깜 깜깜 해가 졌어요. 무얼 보세요. 나는 텔레비전 봐요. ♬)

- 와, 멋진 노래가 완성되었네. 다음에는 또 다른 방법으로 바꾸어 보자!

• 개사한 노랫말 신체와 그림으로 표현해 보기

- 자, 어제 노랫말을 바꿔 보았는데, 바꿔 본 노래를 불러 볼까요?

- 그럼, 바뀐 노랫말을 생각하며 율동을 만들어 볼까?(♬깜깜깜깜 깜깜깜 깜깜 해가 졌어요. 무얼 보세요. 나는 텔레비전 봐요. ♬: 유아들은 노랫말을 생각하며 율동을 만들어 노랫말에 알맞은 표현을 각자 표현해 본다.)

- 그럼, 이젠 바뀐 노랫말을 생각하며 그림으로 그려 볼까?(유아들은 노랫말을 생각하며 노랫말에 알맞은 그림을 각자의 생각과 표현대로 그림을 그려 표현해 본다.)

- 그림 그린 것을 이야기해 줄 수 있겠니?

- 그렇구나. 너희 그림에 노랫말을 적어 놓고 불러 보면 다른 친구들이 봤을 때 바뀐 우리 노래에 대해 더 잘 알고 이해할 수 있겠구나(유아들의 그림에 개사된 노랫말을 붙여 주고 함께 감상하고 노래 부르기를 해 본다).

• 새로운 노래 만들기

- 이제는 너희가 노랫말을 만들어 보고 싶은 것을 생각해서 그림으로 한번 그려 볼까?(유아들은 자신의 노래를 만들기 위해 각자 만들고 싶은 상황을 그린다.)

- 그럼, 너희가 그린 그림을 이야기해 볼 수 있겠니?(이거는요, 지금 아파서 병원

  에 가는 그림이에요.)

- 그렇구나. 그럼 이 이야기를 〈유치원에 갑니다〉 노래에 넣어서 노랫말을 만

  들어 보자.

- 아플 땐 우린 어떤 소리를 내지? (아야, 아야 이렇게요.)

- 그럼 그것을 어떻게 노래에 넣을까? ……(중략)…… 그런데 아파서요 뒤에

  '나는'을 넣어보면 어떨까?

  ……(중략)……

- 다른 친구들의 그림 이야기도 들어 보고 노래를 만들어 보자.

- 너희가 만든 노래를 테이프에 녹음하여 들어 보자(유아 1명씩 개사된 노래를

  녹음하여 들려준다.)

참고 노랫말 개사 외 음악 창작하기 유형

- 노래의 음악적 요소(리듬, 멜로디, 빠르기, 셈여림 등) 바꾸기

  예 음악적 요소 중 멜로디 바꾸어 보기(곡 전체 혹은 부분적으로 상승음계를 하향음계로/하향음계를 상
  승음계로 바꾸는 방법) '하루 종일 우뚝 서 있는' 부분에서 음이 점점 올라가는데 이 부분을 내려가는 음
  으로 바꾸면 어떻게 불러 볼 수 있을까?

- 조 바꾸어 보기(장조를 단조로 바꾸어 슬픈 느낌의 곡으로 바꾸어 보는 등의 방법 – 대개 음을 3도 내려
  부르면 단조로 변환될 수 있다.)

  예 '하루 종일 우뚝 서 있는(도레미파 솔솔 라라 솔)' → (라시도레미미 파파미)

- 멜로디 창작하기(일상생활 속의 인사, 기분 등에 짧은 문답 형식으로 만들어 볼 수 있다.)

  예 (교사가 먼저 노래 형식으로 물어본다. 〈우리 집에 왜 왔니〉 노래에 개사함) '♬ 오늘의 기분을 이야기
  해 봐요♬ (혹은 '오늘의 기분은 어떠니 어떠니?') 기분에 따라서 내려가는 음이나 올라가는 음 등으로
  자유롭게 대답해 보도록 하고 유아들의 창의적인 표현을 녹음해 들려준다.

3) '새 노래 지도 활동' 수업 분석하기(평가 요소)

(1) 교사 연수 자료에 제시된 평가표 예시

✎ 노래 지도 평가표

범주		내용	그렇다	아니다
노래 선정	1	생활 주제와 연계되는가?		
	2	유아의 경험과 연계되는가?		
	3	노래의 음역이 유아에게 적절한가?		
	4	노래의 길이가 유아에게 적절한가?		
	5	노래의 가사와 리듬이 반복적인가?		
매체	6	그림, 손인형, 융판 자료 등의 적절한 자료를 사용하는가?		
대형	7	유아들이 앉은 대형이 노래 부르기에 적절한가? (예 반은 바닥, 반은 의자)		
	8	유아들은 자신이 원하는 자리에 자율적으로 앉는가?		
	9	유아들의 주의집중을 위해 주변의 교구나 물건이 정리되어 있는가?		
노래 지도 과정	10	도입(노랫말 소개)이 있는가?		
	11	교사가 정확한 음으로 노래를 불러 주는가?		
	12	반주 없이 멜로디만 불러 주는가?		
	13	'라라라' 등으로 멜로디만 다 함께 부르는가?		
	14	교사와 유아가 노래의 일부분씩 나누어 부르는가?		
	15	노래 전체를 다 함께 부르는가?		
	16	확장(가사 바꾸어 부르기)해서 부르는가?		
마무리	17	노래 시간에 대한 평가를 하는가?		
	18	노래 시간이 끝났음을 알리고 다음 활동을 소개하는가?		

※ 출처: 교육부(2000).

(2) 그 외 평가표

범주			내용	평가
수업 설계		1	주제와 연계되는가?	
		2	유아의 경험과 연계되는가?	
		3	유아의 발달에 적합한가?	
		4	목표 진술은 적절하며, 평가의 요소를 고려하는가?	
		5	도입, 전개, 마무리 구성이 적절한가?	
교수-학습 활동	노래 지도 과정	6	도입(노랫말 소개)이 있는가?	
		7	교사가 정확한 음으로 전체 노래를 들려주는가?	
		8	노랫말을 회상하는 시간을 갖는가?	
		9	반주 없이 멜로디만 들려주는가?	
		10	'라라라' 등의 한 가지 소리로 멜로디를 익힐 시간을 갖는가?	
		11	교사와 유아(유아와 유아)가 노래의 일부분씩 나누어 부르는가?	
		12	노래 전체를 다 함께 부르는가?	
		13	음악의 요소에 맞춰 지도하는가?	
평가활동		14	노래활동에 대한 평가를 하는가?	
		15	노래시간이 끝났음을 알리고 다음 활동을 알려 주는가?	
학습 자료 활용		16	노래가사를 효과적으로 전달할 수 있는 매체를 활용하는가?	
		17	유아의 발달에 적절한 가사판을 사용하는가?	

※ 출처: 강민정 외(2018).

4) 새 노래 지도 활동 기본 진행 틀 예시

〈도입〉

• ' '를 하며 주의를 집중한다.

- 흥미 유발을 한다.

[손인형으로 노래 가사와 관련된 이야기하기, 융판에 그림을 붙이면서 이야기
하기, 가사 내용을 동화로 만들어 들려주기]

- 활동을 소개한다.

  - ～한 이야기를 담은 노래가 있어서 함께 불러 보려고 해요.

〈전개〉

- 교사가 전체적으로 노래를 불러 준다.

  - 선생님이 처음부터 끝까지 노래를 불러 줄게요. □□을 생각하면서 노래를
    감상해 보자.

- 반주 없이 멜로디만 들어본다.

  - 이번에는 선생님이 가사 없이 멜로디만 들려줄게요.

- 교사가 노래를 다시 한 번 불러 준다.

  - 다시 한번 노래를 들으면서 어떤 노랫말이 들어 있는지 잘 들어 보도록 해요.

- 가사판을 보여 주며 내용을 알아본다.

  - 어떤 가사가 보이나요?

  - (△△ 가사와 같은) 경험을 한 적이 있나요?

- 한 가지 소리로 불러 본다.

  - 친구들은 어떤 소리로 노래를 불러 보고 싶나요?

  - 아～ ○○으로 노래를 불러 보고 싶구나. 그럼 한번 불러 볼까요?

- 노래를 여러 가지 방법으로 나누어 불러 본다.

  - 어떤 방법으로 노래를 나누어 불러 볼 수 있을까요?

[교사와 유아가 나누어 부르기, 유아끼리 부르기(남/여, 모둠별, 바닥/의자에 앉
은 사람 등) 혼자 또는 여럿이 나와서 부르기]

- 반주에 맞추어 처음부터 끝까지 부른다.

  - 우리 이번에는 처음부터 끝까지 노래를 다 같이 불러 봐요.

- 노래에 익숙해지면 다양한 방법으로 확장하여 부른다.

  - 이번에는 어떤 방법으로 불러 볼까요?

  - 어떤 가사를 바꾸어 불러 보고 싶나요?

– 이 부분의 목소리는 어떻게 내면 좋을까요?

– 박자에 맞춰 손뼉을 치면서 불러 볼까요?/더 빠르게 불러 볼까요?

〈마무리〉

• 새 노래 부르기 활동을 평가한다.

– 오늘 어떤 노래를 불러 보았지요?

– 노래 제목을 바꾼다면 어떻게 바꾸어 볼 수 있을까요?

– 〈○○〉 노래를 불러 보았는데 어떤 느낌이 들었나요?

– 어느 부분이 가장 기억에 남나요? 왜 그 부분이 재미있었나요?

– 아쉬웠던 점이 있었나요?

– 노래를 부르면서 궁금한 점이 있었나요? 선생님과 함께 책에서 찾아보도록 해요.

• 확장활동을 이야기한다.

• 다음 활동을 소개한다.

– 다음 시간은 간식시간이에요. 화장실을 다녀온 후에 손을 씻고 자리에 앉아서 기다리도록 합시다.

평가

① 유아 평가

• 활동목표를 의문문으로 바꾸기

② 활동 평가

• 활동이 생활 주제에 적합했는가?

• 활동이 유아의 발달수준에 적합했는가?

• 활동이 교육목표 달성에 적절했는가?

• 도입, 전개, 마무리가 적절했는가?

• 유아의 흥미와 참여를 이끄는 적절한 발문을 하였는가?

가정 및 지역사회와의 연계

① 가정: 가정통신문으로 악보를 보내 가정에서도 지속적으로 부를 수 있도록 한다.

② 지역사회: 지역사회에서 개최하는 동요대회나 발표회에 참가한다.

확장활동

- 음률 영역에서 노래의 리듬에 맞추어 악기 연주하기
- 노래 가사와 어울리는 손동작이나 율동 만들기
- 배운 노래를 들으면서 느낌을 그림으로 표현하기

지도상 유의점

〈도입〉

- 자유선택활동 시간이 미리 노래를 들려주어 친숙하게 익히도록 한다.
- 모든 유아들이 원하는 자리에 자유롭게 앉을 수 있도록 한다.
- 유아의 경험이나 실생활과 연결 지어 활동에 대한 호기심을 불러일으킨다.
- 모든 유아들이 집중할 수 있도록 주변의 교구나 물건을 정리한다.

〈전개〉

- 노래를 부를 때 흥미를 가지도록 여러 방법으로 나누어 부른다.
- 친숙해지면 음악적 요소를 변화시키거나 동작을 포함하는 등 확장하여 진행한다.

〈마무리〉

- 유아들의 생각을 반영하여 확장활동을 정해 본다.
- 가정과 연계하여 활동이 지속될 수 있도록 한다.
- 활동에 대해 유아가 스스로 생각해 보도록 한다.

2. 율동 지도

1) 율동을 통한 노래활동

유아의 신체활동 흥미도가 높은 결과에 음악에 반응하여 신체적으로 표현하는 달크로즈의 음악교육이론을 적용한다. 예 〈복남이를 보았니〉

- 유아들의 자연스러운 신체표현을 위하여 교사는 유아들이 어떤 동작을 할 수 있는 지 유아들과 이야기를 나눈 후 이야기 중 나온 동작을 유아들과 함께 따라 해 본다. 예 손을 위로 들기, 허리손 하기, 날아가기, 한쪽 다리 들기 등
- 이 노래 셋째단 가사를 보면 '이렇게 저렇게 이렇게 저렇게'가 있다. 이 부분에서 유아들이 창작한 동작을 표현한다.
- 교사는 이 노래 가사의 '복남이' 대신 유아의 이름을 불러 주어 이름이 불린 유아가 리더가 되어 자신의 움직임을 창작하고 다른 유아는 리더가 된 유아가 하는 행동 을 그대로 따라한다.

율동 지도 예시: 〈복남이를 보았니〉

- 활동 유형: 노래 부르기와 신체표현(만 5세)
- 목표: 신체동작의 유연성 향상/창의적인 신체표현/리더십과 자신감 증진
  ① 교사의 선창으로 유아들에게 노래를 들려준다.
  ② 교사가 연주하는 피아노 음을 듣고 유아들과 함께 노래 부른다.
  ③ 유아들과 노래를 반복하여 불러 음정과 노랫말을 익힌다.
  ④ 교사는 어떤 동작을 할 수 있는지 유아들과 이야기 나눈다(손을 위로 들기, 허리손 하 기, 날아가기, 한쪽 다리 들기 등).
  ⑤ 이야기 중 나온 모든 동작에 유아들이 따라 해 본다.
  ⑥ 노래를 모두 배운 다음 가사의 '복남이' 이름 대신 유아의 이름을 넣어 교사가 지적하 면 그 유아는 리더가 되어 자신의 움직임을 창작해 낸다.
  ⑦ 다른 유아는 리더가 된 유아가 하는 행동을 그대로 따라 한다. 이때 유아가 당황해하 거나 동작을 금방 만들어 낼 수 없는 경우 미리 이름을 불러 동작을 만들어 보게 한다. 또 독창적인 표현을 할 수 있도록 자유롭고 즐거운 분위기를 조성해 준다.
  ⑧ 다른 유아들도 지적하면서 활동을 반복한다.

2) 율동 지도 활동 수업 분석하기(평가요소)

🖉 율동 지도 평가표

범주		내용	그렇다	아니다
율동 선정	1	생활 주제와 연계되는가?		
	2	유아들의 신체발달에 적절한가?		
매체	3	그림, 손인형, 융 판 자료 등의 적절한 자료를 사용하는가?		
환경	4	율동을 할 수 있는 충분한 공간이 확보되어 있는가?		
	5	유아들의 안전이 고려되는 공간인가?		
사전활동	6	새로 배우려는 율동과 관련된 사전활동이 있는가?		
율동 지도 과정	7	도입을 하는가?		
	8	음악을 듣고 느낌을 언어로 표현해 보게 하는가?		
	9	노랫말대로 움직이는 패턴 율동일 경우 노래 배우기를 하는가?		
	10	앉아서 따라 할 수 있는 부분이 있을 경우 앉아서 동작을 따라 해 보는가?		
	11	유아 혹은 교사가 시범을 보이는가?		
	12	반 집단으로 나누어 동작해 보는가?		
	13	전체 집단이 함께 동작해 보는가?		
	14	율동 방향, 속도, 앞 유아와의 거리 등에 주의를 두어 유아의 안전을 고려하는가?		
	15	율동에 참여하고 싶어 하지 않는 유아들을 배려하는가?		
마무리	16	율동시간에 대한 평가를 하는가?		
	17	율동시간이 끝났음을 알리고 다음 활동을 소개하는가?		

※ 출처: 교육부(2000).

3. 악기 연주 지도

1) 악기 연주 지도의 단계

[1단계] 동기유발하기

지난 시간 배웠던 관련 노래를 부르며 유아들의 흥미를 유발한다.

[2단계] 악기 탐색하고 노랫말에 맞는 악기 찾아보기

• 유아들이 연주할 악기를 탐색하는 기회를 제공하면서 소리 내는 방법에 대해 알아본다. 악기를 보여 줄 때는 바구니 안에서 하나씩 꺼내 보여 주면서 탐색하도록 한다.

[예] 소리만 들어 보고 악기 맞히기, 수수께끼로 악기 맞히기, 몸으로 악기 연주하는 모습 표현하기, 악기 소리를 언어로 표현하기 등

• 악기를 충분히 탐색한 후 노랫말에 맞는 악기를 찾아보는 시간을 갖는다. 이때 가사 판을 보여 주며 "질퍽질퍽 갯벌에 어울리는 악기는 무엇일까? 왜 그렇게 생각하니?" 등의 발문을 통해 노랫말에 맞는 악기를 정하고 이를 기억하기 위해 노랫말 옆에 악기 그림을 붙여 두는 것이 좋다.

[3단계] 연주할 악기 정하기

유아들이 연주하고 싶은 악기를 정하게 하고, 연령이 어릴 경우 같은 종류의 악기별로 유아의 자리를 마련해 자신의 차례에 악기를 연주할 수 있도록 한다.

[4단계] 선정한 악기를 연주하는 방법에 대해 이야기 나누기

• 유아들과 각 악기별로 연주하는 방법에 대해 알아본다.

[예] '질퍽질퍽 갯벌' 부분을 탬버린으로 연주하기로 했는데 어떻게 연주하면 좋을까?

• 연령이 어리거나 악기 연주에 대한 경험이 적은 경우 신체를 이용해 먼저 소리를 내어 볼 수 있다.

[5단계] 악기 연주 시 약속 정하기

악기 연주 시의 약속과 특별히 주의해야 할 악기나 사용 시 주의점에 대해서도 이야기 나눈다.

㉠ 조심스럽게 다루기, 교사가 이야기하는 동안 악기 연주하지 않기, 악기를 연주하지 않을 때에는 내려놓기, 리듬 막대를 칠 때에는 부드럽게 치기 등

[6단계] 악기 연주하기

• 처음 악기를 연주할 때에는 유아들이 노래를 부르며 악기 연주를 하기 힘들 수 있으므로 교사가 노래를 불러 주고, 유아들은 악기 연주에 집중하도록 한다. 교사는 악기 연주 부분을 악기 그림으로 알려 주는 그림 악보를 활용할 수 있다.
• 유아들이 자신의 연주 부분에 익숙해지면 노래를 부르며 악기 연주를 해 본다.

[7단계] 악기 정리하기

악기를 정리할 때에는 한꺼번에 악기를 모으기보다 바구니에 한 가지 악기를 정리한다.

[8단계] 마무리 및 평가하기

활동 평가 시 본 활동의 목표를 인지하고 평가한다. 기분이 어땠는지 등의 단순한 평가보다는 주제와 활동을 평가한다.

㉠ 갯벌에는 누가 살고 있니? 어떤 악기를 연주해 보았니? 어떤 소리가 났니? '질 퍽질퍽 갯벌' 부분에 탬버린이 잘 어울렸니?

2) '악기 연주활동' 수업 분석하기(평가 요소)

범주		내용	평가
수업 설계	1	주제와 연계되는가?	
	2	유아의 경험과 연계되는가?	

		3	유아의 발달에 적합한가?	
		4	목표 진술은 적절하며, 평가의 요소를 고려하는가?	
		5	도입, 전개, 마무리 구성이 적절한가?	
교수-학습 활동	악기 연주 지도 과정	6	도입이 악기 연주와 관련이 있는가?	
		7	소리 및 악기에 대해 탐색하기 위한 활동을 하는가?	
		8	악기 선택을 자율적으로 하는가?	
		9	음악적 요소를 인식시키는가?	
		10	악기 연주가 조화를 이루도록 지도하는가?	
		11	연주 방법을 다양하게 시도하는가?	
		12	창작활동(리듬창작, 즉흥연주 등)으로 연결시키는가?	
평가활동		13	악기 연주활동에 대해 평가를 하는가?	
		14	악기 연주활동이 끝났음을 알리고 다음 활동을 알려 주는가?	
학습 자료 활용		15	악기 연주용 악보 제작 및 제시가 적절한가?	
		16	활동을 위해 악기들이 정리되어 있는가?	
		17	유아의 발달에 적절한 가사판을 사용하는가?	

※ 출처: 강민정 외(2018).

4. 음악 감상 지도

1) 음악 감상 지도의 단계

[1단계] 동기유발하기

음악 감상할 곡과 관련 있는 내용으로 유아의 흥미를 불러일으킨다.

예 다양한 감정과 관련된 음악 감상을 실행할 경우 다양한 표정의 사진을 보여 주며 도입한다.

[2단계] 감상곡 들려주기/소개하기

• 감상곡을 들려준 후 유아들과 함께 감상곡에 대해 이야기 나눈다. 감상곡이 집

중해서 들기에 길거나 조금 어려울 경우, 무비메이커 등의 편집기를 활용해 음악의 길이를 조정하거나 음악적 요소가 잘 드러나는 부분만을 발췌해 들려준다.
예 다양한 감정(놀람, 기쁨, 슬픔 등)과 관련된 곡을 감상할 경우 한꺼번에 곡을 들려주고 이야기 나누기보다는 하나의 감정이 드러나도록 곡을 편집하여 들려준다.

- 음악 감상 후에는 작곡자의 의도나 음악의 배경에 대해 이야기 나눈다. 이때 작곡자의 이름이나 배경에 대해 설명하기보다는 '스토리텔링' 방식으로 유아들이 흥미를 가지도록 들려준다.

[3단계]   감상한 곡에 대해 이야기 나누기

- 감상곡에 대해 이야기 나눌 때에는 유아들의 생활과 관련지어 구체적으로 발문한다.
예 왜 그런 기분이 들었니? 어떨 때 그런 기분이 드니? 그때 기분을 표정으로 나타내 볼까?
- 유아들이 계속 앉아서 감상하기보다 신체적으로 표현할 기회를 마련한다.
예 '기쁨'과 관련된 곡을 감상한 후: 이런 기분이 들 때 앉아서 몸으로 어떻게 움직여 볼 수 있을까? ○○가 앞에 나와 ~한 표정을 하고 움직임을 친구들에게 보여 줄 수 있겠니? △△는 손을 빠르게 움직여 주었고, ○○는 어깨를 왼쪽, 오른쪽으로 들썩이고 있구나.
- 음악의 느낌이나 특성에 대해 이야기 나눌 때 음악적 요소를 고려해 발문한다.
예 너희는 느리고 힘이 쭉쭉 빠지는 음악에 신나게 춤을 추는 것이 어떨 것 같아?

[4단계]   음악 감상활동에 대해 평가하기

활동 평가 시 본 활동의 목표를 인지하고 평가한다. 기분이 어땠는지 등의 단순한 평가보다는 활동목표에 근거해 발문한다.
예 오늘 우리가 어떤 감정과 관련된 음악을 들어 보았니? 너희는 어떤 음악이 가장 마음에 드니? 왜 그렇게 생각하니?

5단계 다음 활동 안내하기

음악 감상활동이 끝난 후 이에 대한 확장활동으로 어떤 활동이 진행될 것인지 소개한다.

예 ○○반 어린이들은 어떤 감정의 음악을 가장 좋아하는지 조사해 보자(그래프 활동).

2) '음악 감상활동' 수업 분석하기(평가 요소)

범주				내용	평가
수업 설계			1	주제와 연계되는가?	
			2	유아의 경험과 연계되는가?	
			3	유아의 발달에 적합한가?	
			4	목표 진술은 적절하며, 평가의 요소를 고려하는가?	
			5	도입, 전개, 마무리 구성이 적절한가?	
교수–학습 활동	음악 감상 지도 과정		6	도입이 음악 감상 활동과 관련이 있는가?	
			7	감상할 시간을 충분히 주는가?	
			8	음악의 느낌에 대해 이야기 나누는가?	
			9	음악을 들은 후에 다양한 방식으로 표현하는가?	
			10	음악을 듣고 음악적 요소에 대해 이야기 나누는가?	
평가활동			11	음악 감상 활동에 대한 평가를 하는가?	
			12	음악 감상 활동에 대한 느낌이나 생각에 대해 이야기 나누는가?	
			13	음악 감상이 끝났음을 알리고 다음 활동을 소개하는가?	
학습 자료 활용			14	음악 감상을 효과적으로 할 수 있도록 적절한 자료를 활용하는가?	

※ 출처: 강민정 외(2018).

4 신체표현활동

신체표현활동은 신체 인식, 이동, 비이동, 조작 운동의 기본운동과 움직임을 모방하거나 상상을 통해 창의성을 나타내는 창의적 신체표현활동이 있다. 신체표현활동은 주로 바깥놀이와 연계하거나 주제 관련한 이야기 나누기를 통한 활동이 출제될 수 있다. 이때 동작의 요소를 적용한 순차적인 확장, 안전, 매체의 활용 등을 고려하여 발문해야 한다.

1. 동작활동 지도

1) 기초 동작 활동 지도의 단계

[1단계] 자유롭게 탐색하기

유아 스스로 자신의 신체 잠재력을 실험하며 운동 능력 기술이 발달하도록 환경과 시간을 마련한다.

예 바깥놀이 시간에 줄넘기를 할 수 있는 줄을 제공하고 유아가 스스로 선택하여 다양한 방법으로 놀이하는 시간 마련해 주기

[2단계] '안내된 발견'하도록 돕기

사전에 결정된 학습목표에 맞추어 적절한 질문을 던져 유아가 도전해 볼 기회를 준다.

예 줄넘기를 하고 싶지만 힘들어하는 유아의 경우 '줄을 어떻게 하면 잘 넘을 수 있을까?' 등을 상호작용하며 잘 넘을 방법을 생각해 보도록 돕기

[3단계] 문제해결하기

유아들의 개인차를 인정하여 활동 중 각 개인의 능력과 발달 상태를 점검하고 이를 활동에 반영한다. 이때 획일적인 방법으로 지도하는 것을 지양한다. 개인차를 인정하여 유아 수준에 맞는 활동을 제안한다.

예 ○○아, 줄을 먼저 돌리고, 그다음에 줄을 넘어 보자.

2) 창의적 신체표현활동 지도의 단계

[1단계] 동기유발하기

진행하는 주제와 관련 있는 자료를 통해 유아의 동기를 유발하고 흥미를 높인다.

예 사물의 모형, 손인형, 거북이 등의 관찰 자료, 동영상, 다양한 소품 등

[2단계] 신체표현할 대상의 특성에 대해 이야기 나누기

신체표현 하고자 하는 대상의 움직임 위주로 이야기 나누며, 어떻게 표현할지
알아본 후 직접 표현해 본다.

예 거북이가 바다에서(땅에서) 어떻게 헤엄칠 것 같니? (어떻게 움직일까?) 거북이
가 땅에서 가다가 몸이 뒤집어졌을 때는 어떻게 몸을 바로 할까?

[3단계] 소품과 배경/역할에 대해 이야기 나누기

• 필요한 소품은 되도록 교실에 있는 자료를 활용하고, 필요한 경우 자유선택활
  동 시간에 미술 영역에서 제작하여 활용할 수 있다.

  예 교실에서 땅과 바다는 어떻게 표시할까? 좀 쉬고 싶은 거북이는 어디에서
  쉬면 좋을까? 우리를 거북이처럼 보이게 하려면 무엇이 필요할까?

• 여러 역할이 있을 경우 역할을 정한다. 되도록 유아가 원하는 역할을 하게 하
  고, 자신의 역할을 알리는 소품(머리띠, 목걸이 등)을 준비한다.

  예 '저는 아기 거북이가 하고 싶어요' 하는 사람 있니? 거북이들이 쉴 바위가
  되고 싶은 친구 있니?

[4단계] 약속 정하기

신체표현활동은 넓은 공간에서 다양한 표현을 하도록 격려해야 하므로 안전과
관련된 약속을 정한다. 일반적인 활동 시 약속 이외에도 문제 상황이 예상되는
것에 대해 교사가 발문하여 유아들도 그 부분을 인지하도록 한다.

예 거북이가 그물에 걸렸을 때는 어떻게 하면 좋을까? 거북이가 너무 빨리 헤엄
쳐 다른 거북이와 부딪힌다면 어떤 일이 일어날까?

[5단계] 신체표현하기

- 공간이 좁거나 대집단으로 해야 할 경우에는 소집단으로 여러 번 나누어 동작을 하도록 한다.
- 약속을 정한 후 신체표현을 해 볼 때 교사는 표현할 신체 동작을 이야기로 만들어 들려주어 흥미를 느끼고 활동에 참여하게 한다.
- 교사는 이야기 속에서 유아들이 창의적 신체표현을 할 수 있도록 하되 공간, 시간, 힘, 흐름 등의 움직임 요소를 경험할 수 있는 이야기를 만들도록 한다.
- 교사는 스스로 시범 보이는 것을 지양하고, 관찰을 통해 다양한 동작 특성을 유아 스스로 발견하도록 이끌고 격려와 칭찬한다.

  예 ○○가 표현한 거북이는 다른 거북이와 다른 점이 있었어. 혹시 ○○가 어떻게 거북이를 표현했는지 본 어린이 있나요?

[6단계] 신체표현활동에 대해 평가하기

신체표현활동 후의 느낌과 생각을 표현하는 기회를 갖는다. '○○를 표현하는데 어떤 느낌이 드니?'라는 막연한 발문보다는 '어떻게 표현하는 것이 재미있었니? 왜 좋은 느낌이 들었니?' 등으로 구체적으로 발문한다.

[7단계] 다음 활동 안내하기

다음 활동으로 자연스럽게 전이되도록 안내한다. 신체 움직임이 크고 활동의 양이 많은 동작 후에는 휴식을 취하는 활동으로 연결할 수 있다.

3) 창의적 신체표현활동 지도의 사례

① 사물 모형이나 퍼펫, 그림 자료, 녹음 자료, 음원, 동작교육의 소품 혹은 간단한 손동작/몸동작을 통한 수수께끼 등을 활용해 유아의 동기유발과 흥미를 높이고 자연스럽게 동작활동으로 이끈다. 이때 유의할 사항은 다음과 같다.

- 도입은 짧게 5분 정도로 쉽게 구성하고 유아들의 많은 참여를 위해 흥미와 준비운동을 겸할 수 있는 활동을 하도록 한다.

• 지나치게 분위기가 고조되어 있거나 위축되어 있는 유아의 상태를 고려해 활동을 진행한다.

　예 어제 바깥놀이터에 나갔을 때 ○○가 너무 기쁘다는 것을 표현하려고 위아래로 껑충껑충 뛰는 것을 보았어. 혹시 기쁨을 몸으로 표현할 다른 방법이 있을까? 선생님이 작은북을 준비해 왔는데 북 소리에 맞추어서 표현해 볼 수 있겠니?

　예 선생님이 지금부터 말하는 몸의 부위를 짚어 보는 거야. 점점 빠르게 해 볼 거니까 잘 들어야 해요.

　예 (구름 사진을 보여 주며) 여기 있는 구름은 어떤 모양인가요? 아, 그래. 하트 모양 구름도 보이고, 솜사탕 모양 구름도 보이는구나. 양떼가 뛰어가는 모양 같아?

　예 (빗방울 음악을 들려준 후) 이 음악을 듣고 생각나는 것이 있니? 음악의 느낌이 어떤 것 같아? 딱딱 끊어지는 느낌 같아? 이 음악은 비오는 날의 무엇을 표현한 것 같니? 똑똑똑! 부분은 어떻게 표현할 수 있을까?

② 유아들과 함께 특정 동작이나 동작의 주제에 대해 이야기를 나누고 본 동작에 들어가기 전 준비 과정으로 기본 동작을 해 본다(유아들은 준비동작에서 배운 동작의 요소나 기본 동작을 배합하여 탐색적인 동작을 할 수 있다).

　예 이 2개의 막대기는 멈춤 신호야. 선생님이 이 둘을 서로 두드리면 제자리에서 동작을 멈추는 거야! 얼음처럼!/자, 이제 일어나서 친구들과 최대한 멀리 떨어져서 방안을 돌아다녀 보자. 만약 어떤 것이든지 가까이 다가오면 멀리 피해 가야 해!/콩주머니를 어깨 위에 놓고 균형을 잡고 걸어가 볼 수 있겠니?/후프 안으로 들어가 머리 위로 들어 올릴 수 있겠니?

　예 (도입에서 김홍도의 〈씨름〉을 감상하고 움직임을 살펴보게 했다면) 그럼 누가 나와서 동작을 보여 줄 수 있을까?(2명의 유아를 나오게 해서 그림에서 보이는 장면을 따라 해 보게 한다.) ○○와 ◇◇가 표현해 본 동작이 그림과 어떤 점이 같았니? 어떤 점이 다르니? 팔의 모습이 달랐니?

📕 참고

새로운 동작을 제시할 때는 시범/설명/지도의 세 가지 방법을 활용할 수 있다. 이 중 한 번에 한 가지 방법을 순차적으로 사용하여 이해를 명확하게 한다.

- 시범: 예 선생님 팔이 어떻게 되는지 잘 지켜보세요. "시작." (말하지 않고 동작만 보여 준다.)
- 설명: 예 잘 듣고 선생님을 따라해 보자(활동 방법을 언어적으로 설명하며 첫 번째, 두 번째, 세 번째 무엇을 해야 할지 지시를 준다).
- 지도: 유아들과 동작을 할 때는 언어적으로 동작에 관해 이야기를 나누는 것이 필요하다.
  예 이제 선생님이 ○○의 팔을 들어 구부려 볼게(유아의 신체를 직접 움직여 준다).
  예 유아들이 몸을 바닥에 대고 신체 부분 간의 균형을 맞추려 시도할 때 "○○아, 네 몸의 어느 부분을 바닥에 닿게 할 거야? ○○의 몸 어느 부분이 구부려져 있고 어느 부분이 똑바르니?" 등으로 구체적으로 언급해 준다.

③ 계획한 동작교육의 활동목표에 따라 직접적 접근/안내-발견적 접근/탐색적 접근의 다양한 유형을 활용하여 수업을 전개한다.

　예 우리 모두 이제 팝콘이 되어 보자. 아주 몸을 작게 만들어서 팝콘이 되기 전의 모양을 만들어 볼까? 모두 함께 커다란 팝콘의 모습을 만들어 볼까? ○○는 팝콘이 터지기 전의 모양을 만들기 위해서 팔과 다리를 오므리고 있구나. □□는 팔과 다리를 오므리고 바닥에 납작하게 엎드렸구나! 선생님은 아주 아주 더 작은 팝콘의 모습을 만들기 위해서 팔과 다리를 이렇게 꼬고 머리를 무릎 사이에 넣어 볼 거야.

📕 참고

교사는 한 명 또는 그 이상의 유아에게 다른 유아들 앞에서 특정 동작을 해 보도록 진행할 수 있다. 이때 사람들 앞에서 동작을 하는 것을 부담스러워하는 유아가 있을 수 있으므로 자진해서 나오는 경우가 아닌 이상 혼자 나와서 하지 않도록 한다. 3~4명이 함께, 짝과 함께, 모둠별로 서로 반대 역할 해 보기 등으로 유아의 참여를 다양하게 이끌어 낸다. 또한 유아들의 수행을 세밀히 관찰하여 다양한 방법의 움직임을 발견할 수 있도록 도움을 준다.
예 와아~ ○○는 두 팔을 앞뒤로 크게 흔들 때 손가락을 쭉 펴고 했구나. 혹시 ○○가 또 어떻게 다르게 표현했는지 말해 줄 어린이가 있나요?

④ 활동에 대해 평가하는 시간을 갖는다(확장활동에 유아들의 의견을 반영한다).

　예 팝콘 모양을 표현할 때 기분이 어땠니? 어느 부분이 가장 재미있었니? 다른 친구들과 부딪치지 않고 움직였니? 짝과 함께 팝콘 모양을 만들 때는 어땠니? 팝콘이 되어 보는 활동 중에서 어느 부분이 가장 어려웠니? 아, 오늘 만들어 본 팝콘 모양을 그림으로 그려 보고 싶니?

2. 동작의 구성요소 반영하기

① 주제에 따른 움직임을 예상해 동작의 구성요소 및 기본 동작을 중심으로 브레인스토밍하기
- 전신을 사용할 것인가, 신체 일부를 사용할 것인가, 신체 일부에서 전신으로 확장할 것인가?
- 직선을 사용할 것인가, 구불구불한 길을 사용할 것인가?
- 동작에 강세를 둘 것인가? 가속이나 감속을 경험하도록 할 것인가? 어느 부분에서 잠시 쉴 것인가?
- 동시에 같은 박자로 모든 유아들이 움직이게 할 것인가? 리듬을 변화시킬 것인가?
- 강세를 사용한다면 어떤 유형으로 사용할 것인가? 언제 어느 부분의 동작이 강하게 혹은 약하게 변화할 것인가?
- 개별 혹은 짝이나 소그룹 등 어떻게 조직하고 관계를 변화시킬 것인가?
- 어떤 대형을 취하는 것이 가장 적합한가?

② 공간: 자기 공간 → 일반 공간

예 자기 공간

자, 이제 모두 일어나 보자. 두 팔을 머리 위로 올려 원을 만들어 볼까? 친구와 부딪치지 않는지 비행기 팔을 만들어 흔들어 보자. 이제 이 공간 안에서 구름을 만들어 보는 거야. ○○는 낮고 작은 구름을 만들었구나.

예 일반 공간

이제는 교실의 모든 공간을 하늘이라고 생각하고 구름이 되어서 움직여 보자. 바깥쪽이나 가운데 어디든 이동할 수 있지만 친구와 부딪히지 않도록 하세요.

③ 흐름: 연속흐름/비연속 흐름

　예 음악에 맞추어 움직이다가 음악이 멈추면 그대로 멈춰서 자기가 만든 구름 모양을 말해 보자.

④ 공간: 수준

　예 머리 위로 아주 높이 떠다니는 구름이 되어 보자. ○○는 머리 위로 팔을 올리고 기다란 구름을 만들었구나. 낮에 움직이는 구름이 되어 보자. ◇◇는 배를 땅에 대고 아주 낮게 움직이는 구름이 되었구나. 자, 우리 ◇◇처럼 배를 땅에 대고 아주 낮게 움직이는 구름이 되어 볼까?

⑤ 신체: 신체 모양

　예 이번에는 구름 모양을 3번 바꾸어 볼 거예요. 어떤 것을 첫 번째로, 두 번째로, 세 번째로 할 것인지 마음속으로 결정하세요! 선생님의 북소리를 듣고 구름의 모양을 3번 바꾸어 움직여 보자.

⑥ 시간

　예 첫 번째 구름 모양에서 두 번째 구름 모양으로 바꿀 때 느리게 모양을 바꾸어 볼 수 있겠니? 세 번째 구름 모양으로 바꿀 때는 빠르게 바꾸어 볼 수 있니?

⑦ 관계

　예 짝과 함께 둘이서 구름을 연결하기 위해서는 어떤 신체 부위를 만나게 해 볼 수 있을까? ○○와 ◇◇는 엉덩이를 붙였네요. □□와 △△처럼 어깨동무로 껴안을 수도 있겠구나. 이제는 짝과 함께 둘이서 연결된 구름으로 이동하는 방법을 생각해 보자.

3. 동작요소별 동작어휘(김은심, 2015)

① 신체

　예 (부분) 목을 움직이지 말고 머리를 움직여 보자./어깨를 앞으로 모아보고 뒤로 제쳐보자./허리를 좌우로 원을 그리며 돌려 보자./목을 이용해 머리를 앞으로 숙여 봤다가 뒤로 제쳐 보자./양 팔꿈치를 모아서 구부리고 펴 보자./양손의 다른 부분들을 이용해서 손뼉을 쳐 보자./양손을 펼쳤다 오므렸다를 빠르게, 느리게 해 보자./무릎을 이용해서 걸어 보자./여러 방향으로(앞으로 옆으로) 무릎을 내밀어 보자./발의 다른 부분(발뒤꿈치, 발끝, 발의 안쪽 등)으로 걸어 보자.

예 (모양) 우리 몸을 아주 곧게 만들어 보자./팔, 다리, 몸 전체를 꼬아 보자./한 가지 모양으로 움직이면서 균형을 잡아 보자./넓은 모양에서 좁은 모양으로 바꾸어 보자./교실을 움직이다가 신호음이 들리면 직선 모양, 꼬인 모양 등으로 모양을 만들어 보자.

② 공간

예 (자기 공간/일반 공간) 다양한 신체 부위(머리, 팔, 다리 등)를 마음대로 움직여서 가능한 많은 공간을 차지해 보자./한쪽 발을 바닥에 대고 다른 한쪽 발을 떼서 얼마나 먼 곳까지 손이 닿을 수 있는지 알아보자./홀라후프 안에서 몸 전체를 말아 보고, 높게 뻗어 보고, 꼬아 보자./다른 사람과 부딪치지 않고 걸어 보자./공간에서 다양한 방향과 높낮이에 변화를 주면서 이동해 보자./공간에서 계속해서 움직이다 신호음이 점점 작아지면 교실 중심 쪽을 향해 이동해 보자. 신호음이 다시 점점 커지면 교실 바깥쪽으로 이동해 보자.

예 (방향) (앉거나 일어선 자세에서) 서로 다른 신체 부위로 다양한 방향을 가리켜 보자./두발은 앞으로, 팔꿈치는 뒤로, 엉덩이는 옆으로 자유롭게 움직이다가 신호음이 들리면 앞으로, 뒤로, 옆으로 방향을 바꾸어 보자./계속해서 옆(뒤)쪽으로만 걸어 보자./방향을 바꿀 때마다 처음과 다른 이동 동작(걷기 → 달리기 → 스키핑 → 갤로핑)을 해 보자.

예 (높낮이) 자유롭게 이동하다 신호음이 울리면 우리 몸을 아주 낮게, 중간 높이로, 아주 높게 움직여 보자./낮은 위치, 중간 위치, 높은 위치에서 몸의 모양을 크게(작게) 해 보자./엎드린 채로 두 다리를 높은 위치로 올려 보자./낮은 위치에서 느린 박자의 음악에 따라 몸을 점점 높게(낮게) 움직여 보자./낮은 위치에서 교실을 이동하다 강한 박자에는 빠르고 힘차게 높이 뛰고, 약한 박자에서는 느리고 약하게 낮게 점프해 보자.

예 (경로) 한쪽 다리를 이용해서 바닥에 경로를 만들어 보자(직선, 곡선, 지그재그, 세모, 네모 등).

예 (범위) 양손 바닥으로 몸 가까이에 있는 모든 공간을 접촉해 보자./양팔을 옆으로 쭉 뻗어 폭넓게 흔들어 보자./팔을 몸에 착 붙이고 손목을 움직여서 손을 흔들어 보자./두발을 가능한 작은 걸음으로 걸어 보자./몸 전체를 동시에 폈다가 구부려 보자./몸을 최대한 큰 동작으로 만들어 천천히 걷다가 작은 동작으로 걸어 보자.

③ 시간

예 (속도) 제자리에서 빨리 (천천히) 움직여 보자./교실 공간을 빠르게 이동하다가 신호음이 들리면 천천히 움직여 보자./신체 모양을 빠르게(느리게) 변화시켜 보자.

예 (가속과 감속) 등을 바닥에 대고 두 다리를 공중에서 천천히 움직이다 점점 빨리 움직여 보자. 이제 반대로 해 보자./천천히 돌며 움직이다 점점 빠르게 돌아 보자.

④ 힘

예 (힘의 세기) 몸에 힘을 강하게 주었다가 천천히 힘을 빼 보자./힘차게 앞으로 걸어 보자./다시 힘을 빼고 약하게 걸어 보자./점점 강하게, 점점 약하게 해 보자.

예 (무게) 몸이 아주 무거운(가벼운) 것처럼 움직여 보자./무거운 것을 들어 올리는 것처럼 움직여 보자./무거운 것을 미는 것처럼 해 보자./무거운 것을 당기는 것처럼 해 보자.

⑤ 흐름

예 (연속 흐름/비연속 흐름) 교실 끝에서 다른 쪽 끝까지 한 동작으로 멈추지 않고 연속적으로 이동해 보자./앉기-일어서기-세 번 걷기-높이뛰기를 연속으로 해 보자./여러 다른 동작을 연속으로 움직이다가 신호음이 들리면 그대로 두 손을 아주 높이 뻗어보자./연속적으로 동작을 하다가 신호음이 들리면 독특한 자세로 멈추어 보자.

⑥ 관계

[예] (신체 부분) 여러 방법으로 손과 손, 발과 발, 손과 발을 가까이 했다가 멀리 해
보자./오른손으로 다른 쪽(왼쪽) 무릎을 만져 보자./교실을 이동하다가 신호음이
들리면 선생님이 말하는 몸의 부분을 바닥에 대 보자(서로 만나게 해 보자).

[예] (사람 간) 교실을 마음대로 이동하다가 신호음이 들리면 가장 가까이 있는 친
구 쪽으로 한쪽 발을 움직여 보자./짝과 서로의 동작을 거울처럼 똑같이 해
보자.

4. 신체표현활동 수업 분석하기(평가 요소)

1) 평가표 예시

🖊 **기초적 동작활동**

범주			내용	평가
수업 설계		1	주제와 연계되는가?	
		2	유아의 경험과 연계되는가?	
		3	유아의 발달에 적합한가?	
		4	목표 진술은 적절하며, 평가의 요소를 고려하는가?	
		5	도입, 전개, 마무리 구성이 적절한가?	
		6	신체활동을 할 수 있는 충분한 공간이 확보되어 있는가?	
		7	유아들의 안전이 고려되는 공간인가?	
교수- 학습 활동	기초적 동작 활동 지도 과정	8	신체활동과 관련된 사전활동이 있는가?	
		9	유아들이 활동해야 할 내용에 대해 단계적으로 지도하는가?	
		10	활동 시 안전에 대한 약속을 하는가?	
		11	활동 속에 기본 동작(이동, 비이동 등) 활동이 다양하게 구성되었는가?	
		12	기초체력의 요소가 활동을 통해 이루어지는가?(근력, 지구력, 유연성, 평형성, 협응력, 순발력, 민첩성 등)	

	13	활동 유형에 따른 집단의 크기가 적절한가?	
	14	움직임의 요소를 활용하여 상호작용하는가?	
	15	활동하기에 적합한 대형인가?	
평가활동	16	평가가 적절한 내용으로 이루어지는가?	
	17	신체활동을 마무리하고 다음 활동을 안내하는가?	
학습 자료 활용	18	유아의 발달과 활동에 적합한 자료를 사용하는가?	
	19	매체를 적절하게 활용하는가?	

※ 출처: 강민정 외(2018).

참고 신체표현 시 고려사항

• 유아의 발달수준에 적합하며 유아의 흥미를 끄는 활동인가?
• 신체활동에 대한 규칙을 정하고 실시했는가?
• 신체활동에 필요한 적절한 경계/한계를 구분하였는가?
• 도입활동이 창의적 신체활동의 흥미를 유발할 수 있었는가?
• 활동 속에 신체인식, 공간인식, 노력, 관계 등의 움직임 요소가 다양하게 구성되었는가?
• 활동 속에 기본 동작(이동, 비이동, 조작) 활동이 다양하게 구성되었는가?
• 동적인 활동과 정적인 활동, 큰 동작, 작은 동작, 어려운 동작, 쉬운 동작의 대비되는 움직임을 제공했는가?
• 신체활동을 증진시키는 다양한 도구나 음악을 사용하였는가?
• 유아의 창의적 표현을 확장할 수 있는 교사의 언어적 자극이 있었는가?
• 사고와 움직임이 함께 이루어질 수 있도록 신체활동을 구성하였는가?
• 활동을 계획한 시간 안에 끝마칠 수 있었는가?

✎ 창의적 신체표현활동

범주	내용	평가
수업 설계	주제와 연계되는가?	
	유아의 경험과 연계되는가?	
	유아의 발달에 적합한가?	
	목표 진술은 적절하며, 평가의 요소를 고려하는가?	
	도입, 전개, 마무리 구성이 적절한가?	
	신체활동을 할 수 있는 충분한 공간이 확보되어 있는가?	
	유아들의 안전이 고려되는 공간인가?	

교수-학습활동	창의적 신체 표현 활동 지도 과정	신체활동과 관련된 사전활동이 있는가?	
		도입이 적절한가?	
		유아들이 활동해야 할 내용에 대해 단계적으로 지도하는가?	
		활동 시 안전에 대한 약속을 하는가?	
		활동 속에 기본 동작(이동, 비이동 등) 활동이 다양하게 구성되었는가?	
		활동 유형에 따른 집단의 크기가 적절한가?	
		교사의 언어적 자극이 유아의 표현을 확장할 수 있는가?	
		움직임의 요소를 활용하여 상호작용하는가?	
		유아들이 흥미롭게 즐겨 참여할 수 있는 활동이었는가?	
평가활동		평가가 적절한 내용으로 이루어지는가?	
		신체활동을 마무리하고 다음 활동을 안내하는가?	
학습 자료 활용		유아의 발달과 활동에 적합한 자료를 사용하는가?	
		매체를 적절하게 활용하는가?	

※ 출처: 강민정 외(2018).

5. 신체표현활동 기본 진행 틀 예시

〈도입〉

- ' '를 하며 주의를 집중한다.
- 흥미 유발을 한다.

  [수수께끼, 손인형 & 편지, 부분 그림 보고 전체 맞추기, 그림에서 다른 점 찾기, 소리 듣고 맞추기, 퍼즐 맞추기 & 패턴 맞추기]

- 활동을 소개한다.

  [사전 경험 및 활동, 궁금한 점에 근거하여 제시, "○○가 ~하는 모습을 흉내 내는 게 재미있어 보였는데 오늘 다 같이 ~가 되어 보면 어떨까요?"]

〈전개〉

- 사진, 그림, 동영상을 통해 □□의 모습을 이야기 나눈다.

- 이것이 어떻게 움직이고 있나요?
- ○○가 ～할 때 어떻게 움직일까요?

- 자리에 앉아서 신체표현을 한다.
  - 이번에는 자리에 앉아서 △△처럼 움직여 볼까요?
  - 또 다른 방법으로 표현해 볼 수 있을까요?

- 신체표현 시 사용하는 음악을 듣는다.
  - 선생님이 간식시간에 들려준 음악이 기억나나요? 너희가 ～을 표현할 때 이 음악이 흐른다면 어떨지 한번 들어 보자.
  - 눈을 감고 노래를 들으며 움직일 모습을 생각해 보자.
  - 음악을 들으니 어떤 느낌이 드나요?
  - 이 부분에서는 어떻게 움직이면 좋을까요?
  - 노래가 점점 빨라질 때는 어떻게 움직여야 할까요?

- 유아가 나와 시범을 보인다.
  - △△의 모습을 친구들 앞에서 표현해 보고 싶은 친구가 있나요?
  - ○○는 다리를 위아래로 움직이면서 정말 ～처럼 움직이는구나.
  - '○○와 다르게 표현할 수 있어요.' 하는 친구가 있나요?

- 신체표현을 할 때 지켜야 할 약속에 대해 알아본다.
  - 우리가 신체표현활동 시간마다 친구들과 안전하고 재미있게 하기 위해서 하는 약속이 있지요?
  - 첫 번째 카드: 안전하게 활동을 해요.

- 우리가 다치지 않게 신체표현을 할 수 있는 방법은 어떤 것이 있을까요? (친구를 밀치지 않는다. 세게 뛰어다니지 않는다.)
  - 두 번째 카드: 선생님이 보이는 곳에서 즐겁게 신체표현을 해요.
  - 친구와 몸을 부딪치지 않고 안전하게 몸을 움직이려면 어떤 약속을 지켜야 할까요?
  - 친구들에게 방해되지 않게 팔을 넓게 벌리고 서요.
  - 우리 모둠이 신체표현을 하지 않을 때에는 어떤 약속을 지켜야 할까요?
  - 다른 모둠 친구들의 신체표현을 감상하도록 해요.

- 모둠별로 나와서 신체표현을 한다.

　　　– ○○모둠부터 △△을 표현해 보고 싶다고 하네요.

　　　– ○○모둠은 △△을 ~하게 표현해 주었구나~.

　• 모둠별 동작 수수께끼를 한다.

　　　– 그럼 이번에는 ○○가 말한 대로 모둠별로 동작 수수께끼를 내어 맞추어 보
　　　　는 시간을 가져 보도록 할까요? 친구들끼리 팔을 벌려 서 보아요.

　　　– ○○네 모둠은 어떤 동작 수수께끼를 낼지 정했나요?

　　　– 어떤 동작을 표현하는 것 같나요?

　• 다 같이 신체표현을 한다.

① 준비운동하기

　• 우리가 신체표현을 하기 전에 무엇을 했는지 기억나나요? 그래요. 준비운동을
　　해야겠지요.

　• 주변에 있는 친구들과 부딪치지 않도록 오리 체조를 해 봐요.

　♪ 앞으로 오리 꽥꽥꽥, 뒤로 오리 꽥꽥꽥, 옆으로 날개 파닥파닥♬

② 모든 유아들이 함께 신체표현을 한다.

　• 우리 모두 ○○이 되어 볼까요?

　• ○○는 ~을 ~해서 표현해 주었구나.

　• 이제 시간이 되어 ○○는 자기 보금자리로 돌아왔답니다. 천천히 ~하며 자리
　　에 앉아요.

〈마무리〉

　• 신체표현활동을 평가한다.

　　　– 자, 이제 크게 숨쉬기를 두 번 해 볼까요?

　　　– 오늘 신체표현을 해 보았는데 어떤 점이 즐거웠나요?

　　　– 아쉬웠던 점이 있었나요?

　　　– 약속을 잘 지키며 신체표현활동을 했나요?

　　　– 오늘 신체표현활동을 하면서 칭찬을 해 주고 싶은 친구가 있었나요?

　• 확장활동을 이야기한다.

- 신체활동을 하고 난 후에 더 해 보고 싶은 것이 있나요?
- 오늘 너희가 신체활동 한 것을 하모니 선생님이 동영상으로 찍었는데 이것
  을 컴퓨터 영역에 친구들이 보도록 놓아둘게요.
• 다음 활동을 알아본다.
- 다음 시간은 간식시간이에요. 화장실을 다녀온 후에 손을 씻고 자리에 앉아
  서 기다리도록 합시다.

평가

① 유아 평가
• 활동목표 의문문으로 바꾸기(평가 방법 적기: 체크리스트 혹은 평정척도)
② 활동 평가
• 활동이 생활 주제에 적합했는가?
• 활동이 유아의 발달수준에 적합했는가?
• 활동이 교육목표 달성에 적절했는가?
• 도입, 전개, 마무리가 적절했는가?
• 유아의 흥미와 참여를 이끄는 적절한 발문을 하였는가?

가정 및 지역사회와의 연계

① 가정
• 유아들의 신체표현 동영상을 유치원 홈페이지에 올려 가정과 공유한다.
• 가정에서 오늘 한 활동에 대해 부모님과 함께 이야기를 나누고 부모님과 유아
  가 그 밖의 ○○○(주제)에 대해 알아본다.
② 지역사회
• 지역사회에 존재하는 ○○○ 등으로 현장학습을 간다.
• 활동과 관련된 전문가를 유치원으로 초빙하여 질의응답시간을 갖는다.

확장활동

• 컴퓨터 영역에 유아들의 신체표현 동영상을 두어 이후에도 관심을 가지고 활

동할 수 있도록 하기

• 소도구를 활용하여 신체활동하기

지도상 유의점

〈도입〉

• 신체표현과 관련된 사전 활동을 제시한다.

• 모든 유아들이 원하는 자리에 자유롭게 앉을 수 있도록 한다.

• 유아의 경험이나 실생활과 연결 지어 활동에 대한 호기심을 불러일으킨다.

• 모든 유아들이 집중할 수 있도록 주변의 교구나 물건을 정리한다.

〈전개〉

• 신체 움직임을 할 수 있는 충분한 공간을 확보한다(방향, 속도, 거리 등을 고려).

• 교사는 활동 공간이 안전한지 사전에 점검한다.

• 신체활동에 참여하고 싶지 않은 유아나 소극적인 유아들을 배려한다.

• 유아가 다양하게 표현할 수 있도록 유아의 움직임을 사실적으로 묘사하거나 다른 방법을 제안하여 독창적인 표현을 촉진한다.

• 유아들의 표현 과정을 촉진하기 위해 사진이나 동영상을 활용한다.

• 유아가 개인 공간과 일반 공간을 이해할 수 있도록 한다.

〈마무리〉

• 신체활동에 대한 느낌과 생각을 자유롭게 말하도록 격려한다.

5　게임활동

　게임활동은 최소 2명 이상이 타인과 함께 규칙에 따라 진행하는 활동으로 유아기의 게임은 자신을 통제하고 조절하며 또래와의 관계성과 즐거움을 얻는 데 목적을 둔다. 게임에서는 다양한 의사결정과 방법을 창조해 내고 게임 속 의미를 이해하는 과정을 보여 주는 것이 필요하다. 종류로는 원 게임, 편 게임, 자유대형 게임 등 다양하다. 연령이 낮은 유아는 자유대형이나 원 게임 형태로 게임 방법이나 규칙을 경험해 나가도록 하며 점차 편 게임 형태로 확대해 나가야 한다. 경쟁의 요소가 포함된 편 게임일지라도 유아들이 그 안에서 협동을 경험하도록 하는 것을 게임의 진행 과정에서 보여 주는 것이 매우 중요하다. 또한 유아들과 게임의 규칙이나 약속을 정하는 민주적 협의의 과정을 보여 주어야 한다.

1. 게임활동 시 유의사항

- 유아가 경험하는 경쟁활동에 흥미를 잃지 않도록 하며 공정한 활동이 되도록 한다.
- 연령별 게임의 형태를 다르게 하며, 결과만이 아닌 과정의 중요성(특히, 경쟁보다 협력을 강조하는 부분)을 보여 주며 이를 평가 과정에 반드시 포함한다.
- 소극적이며 참여하기 어려운 유아의 경우 부담이 되지 않는 범위에서 참여를 유도한다.
- 규칙을 이야기 나누는 과정에서 유아와 함께 게임 방법을 정하거나 융통성 있게 기존의 방법을 수정하는 등 유아의 의견을 반영해 주는 부분을 포함한다.
- 교사가 함께 모델링 및 시범을 통해 자신감을 가지고 경험할 수 있도록 지원한다.

2. 원 게임(어린 연령에 적합한 게임의 형태)

1) 원형게임

원형게임은 주로 학기 초에 유아들이 둥글게 앉아서 하는 지시와 규칙이 적은 게임을 말한다. 집단에 대한 소속감을 느끼게 할 뿐 아니라 간단한 규칙을 이해하고 지키는 경험을 할 수 있다. 이기고 지는 결과가 뚜렷이 구분되지 않으므로 누구나 성취감을 느끼며 자신감을 형성할 수 있다.

예 동물기차놀이(존 버닝햄의 『야, 우리 기차에서 내려!』를 읽은 후 진행하는 게임으로 2명의 유아가 동화 속 아이와 강아지가 되어 탄력밴드를 고리로 연결한 긴 줄을 기차 삼아 만들고 돌아다니면 나머지 유아들은 각각 동물 가면을 쓰고 원형으로 앉아서 기다린다. → 다함께 관련된 노래를 부르며 기차가 원형 주위를 돌아다니다가 노래에 맞추어 강아지가 한 동물씩 이름을 부르며 기차에 태운다./아이와 강아지 역할을 서로 바꾸어 가며 게임을 해 본다.)

2) 원형게임 지도 방법

- 유아들을 둥글게 의자나 바닥에 앉게 한다.
- 교사는 게임에 대한 동기유발을 여러 자료와 활동(그림 자료, 인형, 노래 부르기, 수수께끼, 실제 준비물)을 이용해 유도한다.
- 게임의 방법과 규칙은 적절한 질문과 준비된 자료를 제시하여 정해 보도록 지도한다.
- 게임은 개별적으로 움직이는 활동뿐만 아니라 2~3명씩 한꺼번에 움직여야 하는 활동 등을 다양하게 경험시킨다.
- 게임을 하는 도중 교사는 유아의 이해 정도와 흥미를 파악하고 평가하도록 한다(평가는 과정 중심으로 이루어짐).
- 게임 후 정리정돈을 하고, 게임에 사용된 자료는 흥미를 지속시키는 데 도움이 될 수 있도록 적당한 흥미 영역에 마련해 준다.

3) 자유대형

일정한 대형 없이 교사와 유아가 함께하는 게임의 형태이다. 원형게임과 마찬가지로 이기고 지는 결과가 뚜렷이 구분되지 않으며 자유롭게 장소를 이동하며 공간을 탐색하고 자신의 신체를 최대한 활용해 볼 수 있다는 장점이 있다.

예 함께 동물 퍼즐 완성하기(한 줄로 길게 서서 한 명씩 바구니에 있는 퍼즐 조각 중 하나를 집어 맨 뒤로 전달하면 맨 뒤에 있는 유아가 퍼즐 조각을 들고 원판 그림에 가서 붙인 뒤 돌아와 맨 앞에 서게 된다. → 다 함께 힘을 모아 완성했다는 의미)

4) 자유대형 지도 방법

- 게임이 시작되기 전에 게임 방법과 규칙에 대해 충분히 이야기를 나누어 결정한 후 활동을 진행해야 한다.
- 간단한 형태와 모양, 색깔, 수 등과 관련된 짝짓기활동이나 음악을 이용하여 움직임과 멈춤을 연속적으로 경험해 보는 다양한 형태의 게임으로 제시할 수 있다.
- 공간을 이동하고 움직임과 멈춤을 반복해 보는 활동들로 이루어져 있으므로 이동운동의 개념을 포함한 기본적 움직임 능력을 발달시키는 데 사용되며, 게임의 조직 수준은 낮은 게임이다(이동운동 → 걷기, 달리기, 스키핑 등).

3. 편 게임

- 두 편으로 집단을 나누어 게임을 하는 것으로, 편 의식이 있어야 하며 게임에 필요한 지시와 규칙이 많은 게임 유형이다.
- 특징
  - 편 게임은 유아의 개별적 성과보다는 자기편을 위해 최대한 노력하고 유아들끼리 협력하여 집단에 대한 소속감과 팀 구성원 간의 결속력, 성취감을 느낄 수 있다는 것이 특징이다.
  - 또한 다른 친구들의 적극적인 활동과 게임 규칙에 대한 준수는 유아에게 흥미와 동기 유발에 자극제가 될 수 있다. 편 게임은 게임 결과보다 정해진 방법과 규칙을 지켜야 함을 강조한다.
  - 평가는 과정 중심으로 유아들과 함께하도록 하고 하기 전에 정했던 규칙을 잘 지켰는지 평가해 볼 기회를 준다. 규칙을 잘 지키지 않았을 경우에는 승패를 가리지 않거나 진 것으로 평가해 규칙에 대해 강조한다.

- 릴레이 게임은 규칙을 지키지 않은 상태에서 빨리 도착한다고 이길 수 있는 것이 아니라 조금 늦게 도착하더라도 규칙을 잘 지키는 편이 이길 수 있다는 평가를 내려 유아에게 규칙의 중요성에 대해 확실한 인식을 심어 줄 필요가 있다.

1) 편 게임 절차

- 편 게임을 시작할 때는 편 의식이 생길 수 있는 게임부터 실시해 볼 수 있다(자기 자리에서 일어나 자기편이 앉아 있는 자리를 한 바퀴 돌아온 후 다음 친구와 연결하는 형태의 게임을 반복적으로 실시해 편의식이 형성되도록 하는 단순한 릴레이 게임에서부터 시작할 수 있다).
- 편 게임이 익숙해지면 준비된 자료를 이용해 유아들이 게임 방법과 규칙을 만들어 보고 결정된 방법대로 게임을 진행해 보고 평가 기회를 제공한다(게임 실시 전 도입 → 본 게임 실시 → 게임 결과 판정 → 게임활동 평가 및 정리).

[1단계] 집단게임활동 계획 및 도입

유아의 연령, 흥미, 활동 주제 등과 관련해 게임을 계획하도록 하며 특정 활동보다는 통합적 활동을, 특정 능력보다는 다양한 능력이 요구되는 게임을 준비하도록 한다(게임의 도입 단계에서는 게임에 대해 간단히 소개한다).

[2단계] 집단게임 이름 및 게임 방법 정하기

게임을 시작하기 전 유아에게 게임의 이름과 방법에 대해 구체적으로 알려 준다(학기 초에는 교사가 알려 주는 것이 좋으나 경험이 많아지면 유아들과 함께 토의해서 결정해 본다).

[3단계] 집단 형태 구성 및 게임 도구 배치하기

집단의 형태는 게임 종류에 따라 결정하므로 다양한 유형의 게임에 알맞은 집단 형태를 유아와 함께 구성해 본다(게임에 필요한 도구의 장치와 출발선 및 도착점 표시를 정확히 하여 공정한 게임이 되도록 한다).

4단계 | 시범게임 및 게임 규칙 정하기

유아들에게 게임에 필요한 규칙을 정해 보게 하여 자율성을 증진시키는 기회를 갖도록 한다. 구체적 경험에 기초한 의미 있는 활동이 되기 위해 본 게임을 실시하기 전 교사나 유아들이 정해진 방법대로 시범게임을 실시해 본 후 필요한 규칙이 무엇인지를 생각해 보도록 한다(게임 방법이나 게임 규칙을 정하는 것으로부터 사회적 합의기술을 습득할 수 있으므로 교사는 유아들이 정한 규칙을 스케치북에 쓰고 다시 함께 읽어 봄으로써 유아들이 규칙을 잘 알도록 돕는다).

5단계 | 집단게임의 실시

- 본 게임의 실시 시 교사는 무엇보다도 유아들이 즐겁고 공정한 게임을 경험하도록 운영한다.
- 게임 방법이나 규칙대로 게임이 진행되지 않을 때 유아들과 함께 이유를 생각해 보고 방법이나 규칙에 문제가 있다면 수정할 기회를 가진다(유아들이 이기기 위해 경쟁적이 될 우려가 있으므로 규칙도 잘 지키고 게임도 열심히 하는 것이 좋은 태도임을 인식하도록 한다).

6단계 | 집단게임 결과 판정

- 승패가 뚜렷한 게임의 경우 유아들이 예민하게 반응하므로 다양한 기준에서 판정하도록 한다.
- 게임의 결과 판정은 게임 참여 태도, 게임 수행 능력, 게임 방법 및 규칙 준수, 응원 태도 등을 고려하여 판정하여 유아들이 공정하며 열심히 참여하는 태도를 기를 수 있도록 한다.

7단계 | 집단게임활동에 대한 전체 평가 및 정리

아동과 함께 게임활동 전반에 대한 평가를 하도록 한다(게임을 하며 재미있었던 일이나 기분이 상했던 일 등을 이야기하도록 하며 자연스러운 평가가 되도록 한다).

2) 협동적 편 게임 진행 절차 예시

1단계	〈게임 준비 및 도입 단계〉 유아의 연령, 흥미, 활동 주제 등과 관련하여 게임을 계획하며 특정한 활동보다는 통합적 활동을, 경쟁심보다는 협동심, 특정 능력보다는 다양한 능력이 요구되는 게임을 준비한다.
2단계	〈전개 단계 중 첫 번째로 협동적 게임 방법 정하기 단계〉 게임을 시작하기 전 유아가 준비되어 있는 활동 준비물을 보고 어떻게 게임을 진행할지 생각해 보도록 하는 단계이다. • 집단 형태는 게임 종류에 따라 결정하며, 다양한 유형의 게임에 알맞은 집단 형태를 유아와 함께 구성해 본다. • 그 후 유아들이 말한 방법대로 시범게임을 진행해 보고 그중에서 가장 재미있을 것 같은 게임 방법으로 유아들이 결정하도록 한다(학기 초에는 교사가 알려 주는 것이 좋으나 게임 경험이 많아지면 유아들과 함께 토의하여 결정해 본다). • 본 게임을 실시하기 전 교사나 유아들이 정해진 방법대로 시범게임을 실시해 본 후 필요한 규칙이 무엇인지를 생각해 본다(게임 방법이나 게임 규칙을 정하는 것으로부터 사회적 합의기술을 습득할 수 있으므로 교사는 유아들이 정한 규칙을 스케치북에 쓰고 다시 함께 읽어 봄으로써 유아들이 규칙을 잘 알도록 한다).
3단계	〈전개 단계 중 두 번째로 게임 실시하기 단계〉 협동적 게임의 규칙을 이야기 나누고 규칙을 준수하여 게임을 실시한다. 게임에 필요한 도구의 장치와 출발선 및 반환점 표시를 정확하게 하여 공정한 게임이 되도록 한다.
4단계	〈전개의 마지막 단계로 결과 판정하기 단계〉 게임 수행 결과뿐만 아니라 협동 태도 및 규칙 준수, 응원 태도 등을 고려하여 결과를 판정한다.
5단계	〈마무리 단계로 종합적인 평가 및 정리하기 단계〉 협동적 게임을 진행하면서 재미있었던 일이나 기분 상했던 일 등을 이야기 나누며 게임 자료 및 교실을 정리하는 단계이다. 승패가 뚜렷한 게임의 경우 유아들이 예민하게 반응하므로 다양한 기준에서 판정한다. 게임의 결과 판정은 게임 참여 태도, 게임 수행 능력, 게임 방법 및 규칙 준수, 응원 태도 등을 고려하여 판정하여 유아들로 하여금 공정하며 열심히 참여하는 태도를 기르도록 한다.

4. 협동적 게임

- 자기중심성이 강하고 이기적인 특성이 강한 유아에게 정서지능과 사회적 능력을 증진시킬 수 있는 방법이다. 유아에게 부정적인 정서를 해소하게 도와주며 협동적 게임을 진행하는 과정에서 유아들은 타인의 감정을 이해하고 배려할 수 있는 경험을 하여 서로 협동하게 되며 소극적이고 수줍음이 많은 유아도 친사회적 행동에 적극성을 갖게 된다.
- 기존에 이루어지는 그룹게임에서의 결과를 위한 단순 협력과 경쟁, 유아의 수동적 참여와는 달리 유아들이 능동적 역할을 한다. 유아들이 게임의 주체가 되고 게임의 결과보다는 게임이 이루어지는 과정에 초점을 맞추어 게임을 즐기는 데 목적을 둔다.
- 협동적 게임에 참여하는 유아는 행위자와 관찰자가 동시에 될 수 있다. 유아에게 또래활동의 협조자인 다른 유아를 이해하는 데 도움을 줄 뿐만 아니라 자기 자신에 대한 현실적인 견해와 심리적인 이해를 갖도록 하며, 성취감을 경험하게 해 준다.
- 협동적 게임을 통한 또래와의 경험을 통하여 유아는 다른 유아와의 연계감을 갖고, 동료와 즐거운 경험을 한다.
- 협동적 게임은 유아들이 서로의 노력을 가치 있게 여기도록 하며, 친구들을 평가하고 격려하도록 하여 함께하는 것의 중요성을 이해하고, 게임에 참여하는 그 자체에서 즐거움을 느끼게 해 준다.
- 협동적 게임은 협동학습의 다섯 가지 요인인 긍정적 상호의존성, 개인 책무성, 면대면 상호작용, 소집단 기능, 집단처리(groupprocessing)를 적용하여 게임 참여자 모두가 필요한 역할을 맡아 참여한다.
- 협동적 게임의 발전에 지대한 영향을 미친 Orlick(1978)은 협동적 게임에는 <u>협동</u>(참가자들이 같이 일한다), <u>수락</u>(참가자들은 한 집단의 일원이다), <u>기여</u>(참가자들은 각각 일에 공헌한다), <u>흥미</u> 등 네 가지 개념에 기초하고 있다고 밝혔다.

참고 1 **토의의 중요성**
협동적 게임에는 규칙이 있고 참가자 전원이 이 규칙을 잘 이해하고 약속을 지키고 실천해야만 한다. 게임의 중요한 요소 중 하나인 규칙을 결정하도록 하는 중요한 매체는 토의이다. 유아들이 자율적으로 협동적 게임의 방법 및 규칙을 토의하는 과정에서 또래 간의 상호존중과 협동을 경험한다.

> **참고 2** 편 게임 중심의 집단게임의 문제점
>
> • 유치원에서의 집단게임은 대부분이 릴레이식 경기였으며, 집단 형태도 편 게임이 대부분으로 성별로 편이 나누어진 경향이 많다.
> • 편을 나누어 경쟁적으로 승패를 가르는 집단게임에서 가장 논란이 되는 부분은 경쟁성이다.
> • 경쟁적 요소를 집단게임의 정의에서 제외시키는 경우도 있으나 게임에서 경쟁성은 불가피하며 이기려는 자발적인 욕구에서 나온다고 보기도 한다. → 경쟁을 통해 사회 적응력과 개인적 성장, 자아 개념의 향상, 탈중심화, 흥미 유발 등에 도움을 줄 수 있으므로 무조건 피하기보다 지나친 경쟁이 되지 않도록 지도해야 한다고 보는 입장
> • 경쟁으로 인해 나타나는 부정적 측면: 상대편 아동에게 반감과 적대감 나타내기, 승부에 집착하여 반칙하기, 게임 수행 능력이 낮은 아동 면박 주고 편에서 제외시키기, 판정 결과에 문제제기하기, 자신의 잘못 인정하지 않는 자기중심적 태도 나타내기 등 → 편 게임 중심의 집단게임활동에서는 이와 같이 유아들이 친구들을 이해하고 배려하며 협동심을 발휘하여 당면한 문제를 해결하기보다는 포기하거나 경쟁하고 대립하며 패배의 원인을 남의 탓으로 돌리는 경향이 있다.

5. 게임활동 수업 분석하기(평가 요소)

1) 교사 연수 자료에 제시된 평가표 예시

✎ 게임활동지도 평가표

범주		내용	그렇다	아니다
게임 선정	1	생활 주제와 연계되는가?		
	2	유아의 발달에 적절한가?		
	3	교육적 가치가 있는가?		
	4	게임에 필요한 자료가 준비되어 있는가?		
매체	5	자료가 적절한가?(활용성, 견고성, 흥미 고려)		
환경	6	게임을 할 수 있는 공간이 충분한가?		
전개	7	게임을 진행하기에 안전한 공간인가?		
	8	게임에 적절한 대형(집단 구성)으로 앉았는가?		
	9	동기유발 방법이 적절한가?		
	10	편 게임일 경우 인원수를 확인하고 팀 이름을 정하는가?		
	11	게임 방법을 소개하는가?		

	12	게임 규칙을 정하는가?		
마무리	13	시범을 보여 주는가?		
	14	속도, 규칙 지키기, 관전 태도를 모두 고려하여 결과를 제시하는가?		
	15	유아의 흥미에 따라 게임을 반복하거나 중단하는가?		
	16	유아와 함께 게임에 대해 평가하는가?		
	17	규칙 준수에 대해 평가하는가?		
	18	개별평가나 점수판을 활용하는가?		
	19	게임이 끝났음을 알리고 다음 활동을 소개하는가?		

※ 출처: 교육부(2000).

2) 그 외 평가표

범주			내용	평가
수업 설계		1	주제와 연계되는가?	
		2	유아의 경험과 연계되는가?	
		3	유아의 발달에 적합한가?	
		4	목표 진술은 적절하며, 평가의 요소를 고려하는가?	
		5	도입, 전개, 마무리 구성이 적절한가?	
		6	게임을 하기에 적합한 환경인가?(안정성, 적합성)	
교수-학습 활동	게임 활동 지도 과정	7	동기유발을 하는가?	
		8	게임 대형이 적절한가?	
		9	인원수를 확인하는가?	
		10	게임 방법을 소개하는가?	
		11	팀 이름과 게임 방법을 유아들이 정하는가?	
		12	게임 규칙을 정하는가?	
		13	시범을 보여 주는가?	
		14	속도, 규칙 지키기, 관전 태도를 모두 고려하여 객관적인 중재가 이루어지는가?	

	15	유아들이 흥미에 따라서 게임을 반복하거나 중단하는가?	
	16	교사의 언어, 태도, 위치가 적절한가?	
평가활동	17	목표, 내용, 과정을 고려한 평가가 이루어지고 있는가?	
	18	게임도구까지 정리하고 마무리하는가?	
	19	게임이 끝났음을 알리고 다음 활동을 소개하는가?	
학습 자료 활용	20	게임에 필요한 자료가 준비되어 있는가?	
	21	게임하기에 자료가 적절한가?(활용성, 견고성)	

※ 출처: 강민정 외(2018).

6. 게임활동 기본 진행 틀 예시

〈도입〉

• ' '를 하며 주의를 집중한다.

• 흥미 유발을 한다.

　[수수께끼, 손인형 & 편지, 부분 그림 보고 전체 맞추기, 소리 듣고 맞추기, 퍼즐 맞추기 & 패턴 맞추기]

• 활동을 소개한다.

　– 이번 활동시간에 선생님이랑 사랑반 친구들이랑 유희실에 왔어요.

　– 지금부터 즐거운 '○○' 게임을 할 거예요.

〈전개〉

• 게임 자료를 탐색하고 게임 방법을 예측해 본다.

　– 어떤 자료들이 있나요?

　– ○○ 자료를 본 적이 있나요? 언제 사용해 보았나요?

　– 여기 있는 자료들로 어떤 게임을 할 수 있을까요?

• 게임 방법을 이야기한다.

　– 선생님이 준비한 게임도 친구들이 말한 방법과 비슷해요.

– 선생님이 우리 친구들이 잘 볼 수 있도록 게임 순서표를 준비해 왔어요.

[게임 순서표]
1.
2.

– 게임을 어떻게 할 수 있는지 함께 알아보도록 해요.
• 유아와 함께 규칙을 알아보고 약속을 정한다.
  – 우리가 게임을 할 때 약속한 것이 있었죠? 함께 말해 봅시다.
    앉을 때는? 선에! 게임은? 협동해서! 응원은? 신나게!
  – 우리가 게임을 재미있고 안전하게 하려면 또 어떤 약속이 필요할까요?
  – 만약 ~가 안 된다면 어떻게 할까요?
  – 어떤 팀에게 점수를 주어야 할까요?
  – 이 게임에서는 빨리 들어오는 것이 중요할까요? 아니면 규칙을 모두 지키면서 들어오는 것이 중요할까요? 그래요. 모든 규칙을 잘 지키고 들어오는 팀에게 점수를 주도록 할게요. 오늘은 선생님이 응원을 열심히 한 팀에게는 응원 점수도 줄 거예요. 친구들 모두 힘차게 응원하도록 해요.
• 유아가 나와서 시범을 보인다.
  – '제가 이 게임을 어떻게 하는 것인지 친구들에게 잘 보여 줄 수 있습니다.'하는 친구가 있나요? 그래요. ○○가 나와서 보여 주세요.
  – 친구들, ○○의 시범을 잘 보았나요? 게임 방법은 모두 이해했나요?
    ○○는 친구들과 한 규칙과 약속을 모두 잘 지켰나요? (선에서 출발하기, 끝까지 열심히 하기 등)
• 인원수 확인 및 팀 이름을 정한다.
  – 같은 색의 공을 뽑은 친구들끼리 자리에 앉아 주었네요.
  – 두 팀의 수가 같은지 세어 볼까요?(한 꼬마, 두 꼬마, 세 꼬마 인디언~)
  – 자, 이제 선생님이 긴 바늘이 한 칸 움직일 동안 시간을 줄게요.
  – 각 팀의 이름과 응원 구호를 정해 보도록 합시다.
• 게임을 진행하고 결과를 이야기한다.
  – 양 팀에서 앞에 앉아 있는 친구부터 나와서 게임을 시작하도록 해요. 우리 모두 끝까지 잘하라고 응원해 줄 수 있지요? 그럼 이제 게임을 시작해 보도

록 해요.

- 두 팀 모두 규칙을 잘 지켰나요? ○○팀이 규칙을 모두 지키고 먼저 들어왔어요. ○○팀에게 1점을 주도록 할게요.
- 5:4로 ○○팀 승리입니다. 축하의 박수!
- ○○팀도 끝까지 최선을 다해 주었어요. ○○팀에게도 잘했다 박수!
- 선생님이 친구들에게 약속한 대로 응원 점수를 주도록 할게요. 오늘의 응원 점수는 '으쌰라 으쌰' 하며 열심히 응원을 해 준 ○○팀에게 주도록 하겠습니다. 박수!

• 유아들이 제안한 방법을 반영하여 게임을 재진행한다.

- 게임을 더 하고 싶은가요? 이번에는 어떤 방법으로 해 볼까요? (코끼리코 세 번 돌고 출발 등)

〈마무리〉

• 게임에 대해 평가하고 게임 자료를 정리한다.

- 오늘 ~게임을 해 보았는데 어땠나요?
- 약속을 잘 지키며 게임을 했나요?
- 어떤 점이 즐거웠나요?/아쉬웠던 점은 있었나요?
- 오늘 게임을 하면서 칭찬을 해 주고 싶은 친구가 있었나요? (순서를 바꾸어 주었다, 넘어져도 끝까지 최선을 다했다 등)
- 게임이 끝났는데 같이 게임에 사용했던 자료를 정리해 볼까요? 누가 해 줄 수 있나요?

• 확장활동을 알아본다.

- 게임을 하면서 궁금한 점이 있었나요? 선생님과 함께 찾아보도록 해요.

• 다음 활동을 알아본다.

- 친구들 다음 시간은 무슨 시간인가요?

가정 및 지역사회와의 연계

① 가정

• 가정통신문에 유치원에서 한 게임활동을 소개한다. 부모님과 유아가 그 밖의

게임 주제에 대해 알아본다.

② 지역사회
- 관련된 현장학습 장소가 있을 경우 현장학습을 간다.

[확장활동]

- 게임 내용과 관련하여 편지쓰기, 동시 짓기, 그림으로 표현하기
- 수 조작 영역에 게임 자료를 두어 이후에도 관심을 가지고 활동할 수 있도록 한다.

[지도상 유의점]

〈도입〉
- 게임을 할 수 있는 공간이 충분하고 안전한지 확인한다.
- 모든 유아들이 원하는 자리에 자유롭게 앉을 수 있도록 한다.
- 유아의 경험이나 실생활과 연결 지어 활동에 대한 호기심을 불러일으킨다.
- 모든 유아들이 집중할 수 있도록 주변의 교구나 물건을 정리한다.

〈전개〉
- 게임 방법에 대해 유아들이 자유롭게 이야기할 수 있도록 허용적인 분위기를 조성한다.
- 게임하기에 적절한 대형으로 앉도록 한다.
- 속도, 규칙 지키기, 관전 태도를 고려하여 결과를 제시한다.
- 게임을 하는 동안 유아가 게임의 결과보다 과정에 관심을 가지고 규칙을 잘 지키도록 지도한다.
- 모든 유아들이 골고루 참여할 수 있도록 한다.
- 게임 방법을 가능한 유아의 의견을 반영하여 정한다.

〈마무리〉
- 유아들의 생각을 반영하여 확장활동을 정해 본다.
- 가정과 연계하여 활동이 지속될 수 있도록 한다.

6 요리활동

요리활동은 유아들이 직접 만들어 보고 먹을 수 있는 즐거움이 수반되는 흥미 있는 활동인 동시에 여러 재료의 질감이나 특성을 탐색하고 요리 방법에 따라 재료가 변화하는 과정과 변화된 모습을 통해 수·과학적인 경험을 제공할 수 있다. 동시에 건강·위생 교육의 장면으로 활용될 수 있다. 이러한 측면을 고려하여 요리활동의 과정을 보여 주는 것이 중요하다.

1. 요리활동의 준비

요리활동을 위한 영역은 평소 역할놀이 영역이나 다른 영역으로 운영되던 곳을 임시로 바꾸어서 구성하는 것이 좋으며, 요리활동의 종류에 따라 물과 전기의 연결이 가까운 곳이면 더 편리하다. 모든 유아들이 한꺼번에 요리활동에 참여하지 않더라도 진행되는 것을 볼 수 있도록 교실에서 자유선택활동 시간 중에 진행하는 것이 바람직하다.

요리활동은 유아들이 매우 좋아하는 활동인 반면 자칫 소란스러워지고, 안전사고의 위험도 있으므로 전체 유아가 한꺼번에 하기보다는 가능하면 몇 조로 나누어서 진행하는 것이 좋다. 각 조의 인원은 요리활동을 진행하는 시기와 유아들의 연령, 유아들의 친숙도, 요리 방법의 난이도 등에 따라 달라져야 할 것이다.

요리활동이 항상 유아들에게 새롭고 흥미 있는 활동으로 소개되도록 계획하기 위하여 요리 순서도를 활용한다. 요리 순서도는 유아가 요리활동의 내용과 방법을 쉽게 이해할 수 있게 할 뿐 아니라 유아의 읽기 발달에도 도움을 줄 수 있다.

실제 요리활동을 할 때에는 청결과 안전, 적절한 용기 선택이 매우 중요하다. 요리를 하기 전에 책상을 깨끗이 닦고 청결한 덮개를 깔아놓고, 손 씻기와 앞치마 입기도 강조한다. 한편 유아에게는 날카로운 칼보다는 끝이 둥근 과도나 플라스틱 빵 칼과 같이 위험이 배제된 도구를 제공한다. 불을 사용하는 요리는 교사가 적절히 개입하여 유아가 직접 실험하고 조작해 볼 기회를 배려하면서도 적절히 제한하도록 한다.

2. 요리활동 진행 시 유의점

1) 요리활동 사전계획 시 유의점

- 요리활동을 실시하는 유아의 연령과 시기(계절, 학기)를 고려한다.
- 각 유아의 음식에 대한 기호와 알레르기 등을 파악한다.
- 유아교육기관의 시설과 조리도구 등을 점검한다.
- 유아들과 함께 의논하여 어떤 요리를 할 것인지 정한다.
- 정해진 요리활동의 주된 목표를 설정한다.
- 조리 방법을 선택한다.
- 유아를 요리활동의 전 과정에 참여시킬 것인지 또는 일부 과정에만 참여시킬 것인지 결정한다.
- 한 조당 참여시킬 인원을 결정한다.
- 몇 조로 나누어 요리할 것인지를 유아들에게 알리고, 자기가 원하는 조를 스스로 선택하여 표시하도록 한다.
- 필요한 재료와 적합한 요리도구를 준비한다.
- 교사가 사전에 활동을 해 봄으로써 활동의 적절성과 활동상의 유의점, 안전에 대한 주의점 등을 발견하여 실패가 없도록 한다.
- 요리 재료와 과정을 나타낸 요리 순서도를 준비한다.
- 유아들과 함께 요리활동의 계획을 세운다.

2. 요리활동 전개 시 유의점(교육인적자원부, 2005)

- 과정의 각 단계는 간단하게 제시한다. 교사가 유아에게 요리 과정에 대해 설명할 때에는 유아들이 직접 할 수 있는 범위 내에서 쉽게 알아들을 수 있도록 구체적이고 간단하게 이야기한다.
- 요리를 하면서 유아와 많은 대화를 나눈다. 요리 과정에서 재료를 탐색하고 다루는 방법, 관찰한 내용 등에 대해 교사가 질문하고 함께 이야기를 나눔으로써 유아는 구체적으로 과학적 지식을 습득하게 된다. 또한 교사는 유아의 식성과

식습관, 영양 상태 등을 파악하고 개선할 수 있는 기회를 가질 수 있다.

- 감각기관을 사용하게 한다. 유아는 오감각을 이용하여 주변을 탐색하면서 모든 것을 배운다. 그러므로 교사는 유아가 시각, 청각, 후각, 미각, 촉각을 모두 이용하여 요리 재료의 변화 과정을 받아들이고 표현하도록 돕는다. 단순히 "어떠니?" "어떻게 되었니?"라는 질문보다는 "어떤 냄새가 나니?" "만져 보자. 느낌이 어때?"와 같이 구체적으로 관찰하는 방법을 제시해 준다.

- 안전사고를 예방한다. 요리 과정에서 유아는 칼로 자르거나 썰고, 불에 끓이거나 볶는 등 여러 위험요소를 갖고 있는 도구들을 사용하게 된다. 교사는 요리도구를 사용하기 전에 반드시 정확한 사용 방법과 주의해야 할 점을 유아들에게 알려 주어 활동 중에 안전사고가 발생하지 않도록 각별히 신경 쓴다.

- 모든 순서와 절차에 유아가 적극적으로 참여하도록 격려한다. 교사는 유아들이 요리활동을 진행하는 속도에 맞추어 그때그때 해야 할 일을 정확하게 알려 주어 유아들이 무엇을 해야 할지 망설이거나 흥미를 잃지 않게 한다. 이를 위해서 요리 순서도를 적극 활용한다.

- 요리도구를 유아가 다양한 방법으로 탐색할 수 있도록 한다. 요리활동을 하기 전에 필요한 요리도구들을 유아가 직접 살펴보며 특징과 사용 방법을 탐색해 볼 수 있도록 소개하는 시간을 갖는다. 필요에 따라서는 요리활동이 끝난 후에도 사용했던 요리도구들을 과학 영역에 전시하여 유아들이 다양한 방법으로 탐색해 보게 한다.

- 요리활동을 마친 후 요리 과정을 평가해 본다. 요리활동 과정과 결과에 대한 전반적인 평가를 해 봄으로써 음식과 맛에 대한 평가, 위생과 안전에 대한 주의를 재강조할 수 있다.

- 요리 방법을 회상하고, 가정에서도 실시해 보게 돕는다. 유아교육기관에서 실시한 요리활동을 부모와 함께 가정에서도 해 보게 한다면 일회적인 경험에 그치지 않고 확장된 경험으로 발전시킬 수 있다. 매달 가정으로 보내는 월 생활 예정 안이나 별도의 가정통신문을 이용하여 유아교육기관에서 실시했던 요리활동을 소개해 줄 수 있다.

3. 요리활동의 단계별 특성

1) 사전활동(관련된 사전활동을 요리활동의 도입에서 언급할 수 있다.)

① 재료에 대한 호기심 유발하기

예 당근을 교실 내 영역에 놓아두거나 과학 영역에서 당근을 믹서에 갈아 밀가루 반죽에 넣어 밀가루 점토로 모양을 만들 수 있게 제공한다./당근으로 미술 영역에 도장 찍기 놀이를 하도록 하여 재료에 대한 친숙함을 느끼게 할 수 있다.

② 텃밭 바꾸기 및 교실에서 채소 기르기

예 채소의 재배, 수확, 활용을 권장하는 영양교육 프로그램을 운영하여 텃밭에 피망, 콩, 당근, 가지, 상추 등의 모종을 심어 물을 주고 가꾸게 하거나 교실에서 당근의 싹이 자라는 과정을 관찰하게 하여 재료에 대한 친숙함을 가지게 한다.

③ 재료의 영양적 가치 알아보기

예 우리 몸에 좋은 음식, 영양 정보에 관해 이야기 나누거나 가정과 연계한 소개(발표) 시간을 갖도록 한다.

2) 요리활동의 전개

요리 재료 및 도구 소개와 탐색 → 요리 순서도 제시 → 요리활동 시 유의점 및 약속 이야기 나누기 → 요리활동 준비(앞치마/머릿수건 등 위생 관련 사항 점검) → 요리하기(과학적·수학적 과정기술 촉진) → 정리정돈 → 요리한 음식 먹기 → 평가하기

① 오감을 이용한 재료 탐색하기

예 어떤 소리가 날 것 같니? 어떤 맛이 날 것 같아? 색깔이 점점 어떻게 변하니?

② 창의성 촉진하기

예 이 도구는 어떻게 사용하는 것일까? 이 도구를 다른 용도로 사용한다면 무엇을 할 때 사용하면 좋을까? 모둠별로 요리의 이름을 지어보자.

③ 재료를 잘게 다지거나 좋아하는 재료를 첨가하여 편식에 대한 거부감 없애기

　　예 유아들이 편식하는 음식은 대부분 당근, 콩 등 딱딱한 질감이 많으므로 잘게 부수거나 다져서 잘 보이지 않게 사용하고 유아가 좋아하는 재료와 섞이는 과정을 보여 주는 방식으로 새로운 음식에 대한 거부 반응을 줄여 편식을 해결할 수 있도록 지도한다.

④ 과학 과정 기술 촉진하기

　　예 감자와 마늘 중 어떤 것이 크니(작니)? 밀가루를 만져 보니 어떤 느낌이 드니? 반죽했을 때의 느낌과 어떻게 다르니? 삶지 않은 달걀과 삶은 달걀은 어떤 점이 달라졌니? 예측대로 되었니? 왜 감자가 덜 익었을까? 감자를 너무 오래 삶으면 어떻게 될까? 왜 감자는 껍질을 벗겨서 오래 놔두면 색깔이 변할까?

⑤ 언어발달 촉진하기

　　예 예전에 ○○요리를 먹어 본 적이 있니? 장식한 요리에 대해서 설명해 줄 수 있니? 지난번 만들어 본 ○○요리와는 어떤 차이가 있는지 설명해 보자. ○○를 먹으면서 나는 소리를 어떻게 표현할 수 있을까?

⑥ 사회성발달 촉진하기

　　예 음식은 어떻게 나누어 먹어야 할까? 차례를 기다리자. 함께 먹을 수 있는 요리(고마운 분들에게 고마움을 표현할 수 있는 요리)를 계획해 보자. 요리활동 순서 중에서 서로 도와서 활동할 수 있는 부분은 무엇일까?

4. 요리활동 진행 예시

'감자 치즈 전' 활동 예시(만 5세)
- 요리에 의한 감자의 형태와 색의 변화를 이해한다.
- 한 가지 재료로 다양한 음식을 만들 수 있음을 안다.

1) 탐색과 이야기 나누기

- 생감자를 3~4개 준비하여 유아들이 감자의 모양, 크기, 색깔, 냄새, 촉감 등을 다양하게 탐색해 보도록 한다.
- 과학 영역에 껍질을 벗긴 감자와 껍질을 물에 담가 놓고 어떻게 변하는지 관찰한다. 시간이 지난 후 감자의 변한 상태를 관찰하며, 감자의 색이 변하지 않도록 하는 방법을 알아본다.
    - 선생님이 감자를 왜 물에 담가 놓았을까?
    - 과학 영역에 껍질을 까서 놓아 둔 감자를 보았니?
    - 감자가 어떻게 변했니? 껍질은 어떻게 달라졌니?
    - 왜 색이 변했을까?
    - 감자의 색이 변하지 않도록 하려면 어떻게 해야 할까?
- 감자로 만든 음식을 알아본다.
    - 감자로 만든 음식에는 어떤 것들이 있을까?
    - 감자튀김, 감자조림, 감자샐러드, 감자볶음, 삶은 감자, 감자전, 감자떡, 감잣국 등
- 유아들이 좋아하는 감자 요리에는 어떤 것이 있는지 이야기해 본다.

2) 요리활동의 계획

- 감자 요리 중 감자치즈전을 만들어 보기로 한다.
    - 감자치즈전은 어떤 맛이 날까?
    - 어떤 재료로 어떻게 만들 수 있을까?
- 요리 순서도를 이용해서 요리 재료 및 과정을 알아본다.
- 요리 재료와 도구 및 준비물을 정리해 놓는다.
- 요리에 참여할 유아들은 요리활동에 필요한 준비를 하고 자리에 앉는다.

3) 요리활동의 전개

- 감자치즈전을 만들기 위해 준비된 감자와 치즈 등 재료와 도구들을 소개한다.
- 유아들에게 강판을 보여 주고, 강판의 모양을 관찰한 후 강판 위의 요철이 있는 면에 손이 다치지 않도록 주의한다.
- 강판 위에 감자를 갈면 어떻게 될지 예측해 본다.
  - 감자를 강판에 갈면 어떻게 될까?
- 강판에 준비된 감자를 간다. 크기가 큰 감자를 이용해서 유아들이 한 번씩 갈아 보면서 감자의 상태가 변하는 것을 관찰한다.
  - 감자가 어떻게 되었니?
  - 갈아진 감자를 손으로 만져 보자. 느낌이 어때?
- 간 감자에 부침가루를 넣어 되직하게 만든 후 부침가루를 넣기 전과 비교해 본다.
- 감자 반죽에 달걀, 다진 양파 등을 넣어 섞는다.
- 감자치즈전의 간을 맞추기 위해 무엇을 넣어야 할지 이야기한다.
  - 감자치즈전의 간을 맞추려면 무엇을 넣으면 좋을까?
- 소금을 약간 넣는다.
- 전기 프라이팬에 기름을 두르고 감자 반죽을 한 숟가락씩 떠 놓는다.
- 떠 놓은 반죽 위에 피자 치즈와 다진 피망을 얹는다.
- 다 익으면 채반에 꺼내어 놓는다.
- 그릇에 담아 간식 먹을 준비를 한다.
- 요리에 대한 평가를 한다.
  - 감자치즈전을 만들면서 가장 재미있었던 부분은 무엇인가?
  - 감자치즈전의 맛은 어떤가?
  - 강판에 감자를 갈 때 어려웠던 점은 무엇이었나?

4) 확장활동

- 가능하다면 감자밭으로 가서 감자를 직접 캐 보고, 그 감자를 이용해서 감자치

즈전을 만들어 본다.
- 감자를 이용한 다양한 음식을 그림이나 사진으로 전시한다.
- 감자를 이용한 요리활동은 감자 삶기 등과 같은 단순한 활동부터 감자떡과 같은 과정이 복잡한 활동까지 연령에 따라 다양하게 계획할 수 있다.
- 유아들이 가장 좋아하는 감자 요리를 그래프로 만들어 본다.

5) 요리활동의 유의점(교육인적자원부, 2005)

- 사전 활동(이야기, 동화 등)을 제공한다.
- 개별 또는 소집단으로 실시한다.
- 손을 씻고 앞치마를 입도록 지도한다.
- 재료 탐색 시 오감을 다양하게 활용한다.
- 요리활동을 몇 번째로 하고 싶은지 정하는 표에 유아가 자신의 사진을 붙이고 순서대로 요리활동에 참여하도록 한다.
- 요리활동 단계마다 다양한 발문을 제공한다.
  – 색, 모양, 질감, 냄새, 맛 등 물질의 특성과 변화에 대한 과학적 탐구를 할 수 있는 질문을 한다(관찰, 비교, 측정, 예측, 실험 등).

5. 요리활동 예시: 공립유치원 만 5세 공개수업안

생활 주제	생활도구	활동명	과일 퐁듀
활동목표	• 열에 의해 변하는 초콜릿을 관찰한다. • 요리도구의 사용법을 알고, 안전하게 사용하는 태도를 기른다.		
누리과정 관련 요소	• 자연탐구: 탐구하는 태도 기르기-탐구 과정 즐기기 　　　　　　과학적 탐구하기-간단한 도구와 기계 활용하기		
준비물	앞치마, 머릿수건, 행주, 전기레인지, 냄비, 생수, 쇠그릇, 국자, 컵, 바나나, 딸기, 키위, 초콜릿, 나무꼬치, 나눔 접시, 도마, 안전 칼, 개별 접시		

활동 과정	과학적 탐구 능력의 구성요소	활동 내용
도입	토의하기	• 요리활동을 위해 책상을 ⊓모양으로 옮긴다. • 앞치마, 머릿수건을 한 후 손을 깨끗이 씻는다. • 다 씻은 유아는 책상자리에서 기다린다. • 오늘의 도우미 친구들이 행주로 책상을 깨끗이 닦는다. • 자음, 모음 카드로 글자를 만들어 본다. 　– 'ㅍ, ㅗ, ㅇ, ㄷ, ㅠ'로 어떤 글자를 만들 수 있을까요? • 퐁듀에 대해 이야기를 나눈다. 　– '퐁듀'라는 말을 들어본 적 있나요? 　– 작은 그릇에 불을 올려놓고 치즈, 초콜릿 등을 녹여 찍어먹는 　　요리를 말해요. 　– 스위스 사람들이 딱딱하게 굳은 치즈를 녹여 빵에 찍어 먹던 것 　　에서 유래했다고 해요.
전개	토의하기 비교하기 예측하기 관찰하기	• 오늘의 요리활동 '과일 퐁듀'를 소개한다. 　– 오늘 우리는 과일로 만든 '과일 퐁듀'를 만들어 볼 거예요. 　– 들어 본 적이 있나요? 먹어 본 적이 있는 친구도 있나요? 　– 먹어 봤다면 어떻게 만드는 것인지 이야기해 줄 수 있을까요? • 요리활동에 필요한 재료와 도구를 탐색한다. 　– '과일 퐁듀'를 하기 위해 무엇이 필요할까요? 　– 어떤 재료와 도구들이 있는지 살펴보자. • '과일 퐁듀' 요리 방법에 대해 이야기 나눈다. 　– 과일 퐁듀를 어떻게 만들까요? 　　① 과일을 한 입 크기로 자른다. 　　② 과일을 꼬치에 끼운다. 　　③ 녹인 초콜릿에 과일 꼬치를 담근다. 　　④ 초콜릿이 묻은 과일 꼬치를 개별 접시에 담는다. • 과일 퐁듀를 만들 때 주의할 점에 대해 이야기 나눈다. 　– 과일 퐁듀를 만들 때 조심해야 할 점은 무엇일까요? • 약속을 지키며 요리 순서에 따라 과일을 자른 후 꼬치에 끼운다. • 딱딱한 초콜릿과 초코시럽을 비교해 보는 시간을 가진다. 　– 이 두 초콜릿의 다른 점이 무엇인가요? 　– 초콜릿을 녹이면 어떻게 될까요? 　– 그런데 딱딱한 이 초콜릿을 어떻게 하면 녹일 수 있을까요? • 중탕으로 초콜릿을 녹여 본다. • 다 녹은 초콜릿을 그릇에 옮겨 담는다.

		• 과일 꼬치를 초콜릿에 담갔다 꺼낸 후 개별접시에 담는다.
마무리	토의하기	• 사용한 재료 및 도구를 선생님의 안내에 따라 정리한다. • 과일 퐁듀를 만들고 나서의 느낌에 대해 이야기를 나눈다. 　– 과일 퐁듀를 만들기까지 필요한 재료는 무엇이었나요? 　– 어떤 도구를 사용하여 요리했나요? 　– 요리를 하면서 어떤 점이 좋았나요? • 간식으로 과일 퐁듀를 맛있게 먹는다.

6. 요리활동 수업 분석하기(평가 요소)

1) 교사 연수 자료에 제시된 평가표 예시

✏️ 요리활동 평가표

범주		내용	그렇다	아니다
요리활동의 선정	1	생활 주제와 연계되는가?		
	2	유아의 발달에 적절한가?		
	3	교육적으로 가치가 있는가?		
	4	유아의 영양과 건강을 고려하였는가?		
환경 및 도구	5	공간이 충분한가?		
	6	물이 가까운 곳에 있는가?		
	7	전기가 가까운 곳에 있는가?		
	8	안전을 고려하였는가?		
	9	도구가 유아의 수준에 적절한가?		
집단의 크기	10	개별 또는 소집단으로 실시하는가?		
요리 순서도	11	요리 순서도가 있는가?		
	12	필요한 양이 정확하게 기재되어 있는가?		
	13	요리 과정이 구체적으로 명시되어 있는가?		
요리활동의 지도 과정	14	사전활동(이야기, 동화 등)을 제공하는가?		
	15	손을 씻도록 지도하는가?		
	16	앞치마를 입도록 지도하는가?		
	17	준비된 재료를 탐색해 보는 시간을 주는가?		

	18	요리의 순서를 익히는 시간을 주는가?		
	19	유아가 주도적으로 요리를 하도록 허용하는가?		
	20	요리한 것을 그릇에 담도록 지도하는가?		
	21	정리할 시간을 주는가?		
	22	앞치마를 벗고 손을 씻도록 지도하는가?		
	23	요리한 음식을 먹어볼 기회를 제공하는가?		
마무리	24	요리활동에 대한 평가를 하는가?		
	25	요리활동이 끝났음을 알리고 다음 활동을 소개하는가?		

※ 출처: 교육부(2000).

2) 그 외 평가표

범주			내용	평가
수업 설계		1	주제와 연계되는가?	
		2	유아의 경험과 연계되는가?	
		3	유아의 발달에 적합한가?	
		4	목표 진술은 적절하며, 평가의 요소를 고려하는가?	
		5	도입, 전개, 마무리 구성이 적절한가?	
교수- 학습 활동	요리 활동 지도 과정	6	사전활동(이야기 나누기, 동화 등)을 제공하는가?	
		7	요리 순서도가 있는가?	
		8	손을 씻도록 지도하는가?	
		9	준비된 재료를 탐색해 보는 시간을 주는가?	
		10	요리의 순서를 익히는 시간을 주는가?	
		11	유아가 주도적으로 요리를 하도록 허용하는가?	
		12	요리한 것을 그릇에 담도록 지도하는가?	
		13	사용한 도구와 자료를 정리할 시간을 충분히 주는가?	
		14	요리한 음식을 먹어볼 기회를 제공하는가?	
평가활동		15	평가가 적절한 내용으로 이루어지는가?	
		16	요리활동을 마무리하고 다음 활동을 안내하는가?	

학습 자료 활용	17	유아의 발달과 활동에 적합한 자료를 사용하는가?	
	18	요리 순서도가 필요한 경우, 순서도를 적절하게 제시하는가?	

※ 출처: 강민정 외(2018).

7. 요리활동 기본 진행 틀 예시

〈도입〉

- ' '을 하며 주의를 집중한다.
- 동기 유발을 한다.

  [수수께끼, 손인형 & 편지, 부분 그림 보고 전체 맞추기. 소리 듣고 맞추기, 퍼즐 맞추기 & 패턴 맞추기]

- 활동을 소개한다.
  - 오늘은 사랑반 친구들이 만들어 보고 싶다고 한 ○○ 요리를 만들어 볼게요.

〈전개〉

- 요리활동을 준비한다.
  - 친구들, 요리를 하기 전에 어떤 준비가 필요할까요?
  - 친구들이 손을 씻고 앞치마와 머릿수건이나 두건을 하고 자리에 앉아 주었네요.
- 요리 재료를 탐색한다.
  - ○○ 요리를 하기 위해 어떤 재료들이 필요할까요?
  - 이것은 무엇일까요? 모양은 어떤가요? 냄새는 어떤가요? 맛은 어떤가요?
- 도구를 살펴본다.
  - 이러한 재료들을 가지고 요리하기 위해 어떤 도구들이 필요한지 한번 볼까요?
  - 어떤 도구들이 있나요? 이 도구의 이름은 무엇일까요?
  - 언제 사용하는 것일까요? 무엇을 할 때 사용하는 걸까요?
  - ○○을 사용할 때는 안전을 위해 어떤 점을 조심해야 할까요?

- 요리 순서표를 보며 요리 순서를 알아본다.
  - ○○을 만드는 순서를 함께 알아볼까요?
  - 선생님이 ○○ 요리를 만들 수 있는 방법을 그림을 통해 알려 줄게요.

> [요리 순서표]
> 1.
> 2.

  - 첫 번째 사진을 보니까 가장 먼저 무엇을 해야 하나요?
  - 그다음은 무엇을 해야 할까요?
  - 이 사진에서는 어떤 점을 조심해야 할 까요?(불, 뜨거운 물 등)
- 요리활동 시 주의할 점에 대해 이야기를 나누고 약속을 정한다.
- 안전하게 요리를 하기 위해서는 어떤 약속이 필요할까요?
  - ○○을 사용할 때는 어떤 점을 조심해야 하나요? 왜 그렇게 해야 할까요?
- 요리 순서에 따라 요리활동을 한다.
  - 오늘은 친구들의 요리를 도와주기 위해서 ○○ 선생님, ○○ 선생님, ○○ 선생님이 와 주셨어요.
  - 힘든 점이 있으면 모둠 선생님께 도움을 요청하도록 해요.
  - 시계를 볼까요? 긴 바늘이 2에 있지요? 긴 바늘이 6에 갈 때까지 요리를 하도록 해요.
  - 각자 자신의 모둠으로 가서 요리활동을 해요.
  - ~을 해 보니 ~하기 전과 모양과 색깔이 어떻게 변했나요?
  - ○○는 ~을 해 보고 싶나요? 그렇게 한번 해 볼까요?
  - 완성된 요리는 그릇에 담도록 해요.
- 요리를 마친 후 정리정돈을 한다.
  - 요리가 끝난 모둠은 자기 자리를 깨끗이 정리하고 손을 씻으세요.
  - 앞치마와 머릿수건은 정리해서 제자리에 두도록 해요.

〈마무리〉

- 요리활동을 회상하며 평가한다.
  - 오늘은 무엇을 만들었나요?

- 요리를 하면서 무엇이 가장 기억에 남나요?

- 요리를 하면서 어려웠던 점이나 아쉬웠던 점은 없었나요?

- ○○음식을 먹으면 우리 몸에 어떤 점이 좋을까요?

- 요리활동을 할 때 모두 약속을 잘 지켰나요?

- 칭찬해 주고 싶은 친구가 있나요?

• 확장활동을 알아본다.

- 요리활동을 하면서 궁금한 점이 있었나요? 선생님과 함께 책에서 찾아보도록 해요.

• 다음 활동을 알아본다.

- 다음 시간은 간식시간이에요. 친구들이 만든 요리를 맛있게 먹어 봐요.

- 간식을 먹고 선생님이 『수진이는 요리사』라는 동화책을 읽어 줄게요.

[가정 및 지역사회와의 연계]

① 가정

• 가정통신문을 통해 유치원에서 만든 요리의 순서표를 게시하여 가정에서도 만들어 볼 수 있도록 한다.

• 가정에서 오늘 사용한 재료를 활용하여 다른 요리활동을 알아본다.

② 지역사회

• ○○농촌체험학습

• 요리교실에 참여하여 다양한 요리활동을 경험해 본다.

[확장활동]

• 만든 요리를 그림으로 그려 본다. 조형작품을 만든다.

• 음식의 맛을 글로 나타내거나 끄적거리거나, 요리 과정이나 느낀 점을 동시로 표현한다.

• 요리활동 과정을 신체로 표현한다.

[지도상 유의점]

〈도입〉

- 모든 유아들이 원하는 자리에 자유롭게 앉을 수 있도록 한다.
- 유아의 경험이나 실생활과 연결 지어 요리활동에 대한 호기심을 불러일으킨다.
- 모든 유아들이 집중할 수 있도록 주변의 교구나 물건을 정리한다.
- 유아들의 음식 알레르기 반응을 고려하여 요리활동을 계획한다.

〈전개〉

- 개별 또는 소집단으로 실시한다.
- 재료 탐색 시 오감을 다양하게 활용한다.
- 색, 모양, 질감, 냄새, 맛 등 물질의 특성과 변화에 대한 과학적 탐구를 할 수 있는 질문을 한다(관찰하기, 측정하기, 비교하기, 예측하기, 실험하기 등).
- 요리활동 단계마다 다양한 발문을 제공한다.
- 요리도구를 사용할 때에는 다칠 위험이 있으므로 주의하도록 한다.
- 모둠별로 탁상용 달력으로 만든 요리 순서표를 제공한다.
- 모둠별로 스스로 뒷정리를 할 수 있도록 지도한다.

〈마무리〉

- 유아들의 생각을 반영하여 확장활동을 정해 본다.
- 가정과 연계하여 활동이 지속될 수 있도록 한다.

7 바깥놀이

바깥놀이는 실외에서 이루어지는 모든 놀이(미끄럼틀, 그네, 시소, 정글짐, 터널 등의 큰 운동 놀이기구를 이용한 놀이/훌라후프, 공 등의 작은 놀이기구를 이용한 놀이/물·모래놀이/동식물 관찰하기와 기르기/산책하기 등)를 포함하는 활동으로 5개 영역의 발달을 고르게 이루도록 하는 활동이면서 누리과정의 자연탐구 영역 중 과학적 탐구하기, 창의성 증진활동들과도 직접적으로 연계될 수 있다.

> **참고** 만들어 가는 놀이터
>
> 유아교육기관 내에 자연물을 활용하여 생태 특성에 적합한 내용과 방식으로 아이들과 교사가 함께 구성해 가는 자연 중심의 공간

1. 바깥놀이 시 고려사항

- 날마다의 일과로 포함되도록 한다. → 실외활동은 날씨와 상관없이 진행할 수 있으나, 기상이변(황사, 미세먼지, 폭염, 지진 등) 시 안전한 대체활동으로 변경한다.
- 특정한 시간대에 이루어지는 것보다 오전, 오후, 저녁 등 다양한 시간대에 이루어지도록 한다(기온, 땅의 색, 그림자의 변화 등 다양한 자연의 변화 느끼도록).
- 실내와 마찬가지로 몇 개 영역으로 나누어 배치하는 것이 바람직하다(실외 공간의 1/3 정도는 정적 활동으로+정적 활동 공간에는 그늘을 만들어 조용히 휴식하거나 동화 듣기, 극놀이, 조형활동 등을 할 수 있도록)
- 교사는 유아들이 위험한 상황에 노출되었는지 항상 전체 영역을 관찰+모든 위험과 사고가 예방될 수 있도록 바깥놀이터의 사용 규칙을 정해 공동으로 사용하는 과정에서 학급 간 혼란이나 불편이 생기지 않도록 한다.
- 실외활동에서 얻은 자연물은 교실에서 재탐색할 기회를 제공한다.

2. 생태유아교육 프로그램 활동 예시

1) 바깥놀이 프로그램

현대사회에서 도시화, 산업화로 아이들의 놀이 공간이 사라져 바깥 자연 속에서 다양한 감각경험과 직접적 학습경험이 필요하다(시대를 막론하고 아이들에게 가장 좋은 놀잇감은 자연).

예 다양한 꽃과 풀 등 계절의 변화 알게 됨/널뛰기, 비석치기, 공기놀이, 딱지치기, 강강술래, 여우야 여우야 뭐하니, 땅따먹기, 우리 집에 왜 왔니 등 다양한 전통놀이를 통해 전통의 소중함 경험

2) 산책 프로그램

산책은 매일 이루어지는 일상적 활동이 되도록 하며 자연적인 곳, 조용한 곳, 볼거리가 많은 곳을 선택한다(아이들의 가장 훌륭한 교사는 자연).

예 꽃, 나물, 나무, 곤충 관찰하기 등 자연을 온몸으로 느끼기(나무 심기, 꽃씨 심기 등)/풀피리불기, 맨발로 걸어 보기, 그림자놀이, 흙 파기, 돌탑 쌓기, 흙 위에 글자쓰기 등의 놀이 등 자연물을 가지고 노는 다양한 놀이/그 외 계절에 따라 다른 놀이 경험(여름에 물놀이와 가을에 낙엽 줍기, 겨울에 팽이치기 등)

3) 텃밭 가꾸기 프로그램

스스로 텃밭을 일구고 채소를 길러 봄으로써 계절과 날씨의 변화, 식물의 성장 과정, 수확의 기쁨을 얻는다(자연과 함께하는 삶을 이해+노동의 기쁨과 신성함 경험(텃밭이 없을 시 주말농장이나 자연학습장을 빌리거나 햇빛이 잘 드는 옥상이나 베란다에 스티로폼 박스로 밭 만들기).

예 조부모나 부모 중 농사 경험이 있으신 분을 전문가 강사로 초빙하기, 텃밭 가꾸기는 1년 내내 진행하는 것이 바람직함(봄에 상추, 배추꽃 등+여름에 참외, 수박, 토마토+가을에 벼이삭 관찰, 시금치 씨앗 뿌리기+겨울에 낙엽 모아 퇴비 만들기 등 체험)

4) 손끝놀이 프로그램

손끝놀이란 손끝을 사용해 할 수 있는 놀이로, 손놀림이 단순한 육체적 과정이 아닌 정신적 과정으로 머리, 마음, 손의 3H의 조화로운 발달을 하도록 한다.

예 자연물을 이용한 손끝놀이에는 나뭇가지로 글쓰기, 모래놀이, 물놀이, 흙으로 만들기, 돌에 그림 그리기, 열매 따기, 콩깍지 까기, 꽃물 들이기, 호박 따기, 나물 뜯기, 조개껍질 목걸이 만들기, 돌탑 쌓기 등이 있다./그 외에도 곡식 옮기기 등의 놀이나 절구, 맷돌 등의 생활도구를 활용한 손끝놀이가 있다.

5) 몸짓놀이 프로그램

몸짓놀이란 몸을 이용해 할 수 있는 놀이로, 이를 통해 자연과 인간이 하나가 되는 체험을 할 수 있으며 정서 순화와 한국인 고유의 몸짓을 살려낼 수도 있다.

예 우리나라 전통 육아 방법에서 찾아볼 수 있는 몸짓놀이는 도리도리, 짝짜꿍, 잼잼 등/자연물을 활용해 현장에서 적용할 수 있는 몸짓놀이는 봄에 새소리, 시냇물 소리, 꽃잎이 흩날리는 모습 등을 창의적 신체표현활동으로 나타낸다(여름에 잠자리가 나는 모습, 장마와 태풍, 가을에 솔방울이 떨어지는 모습 등).

6) 생태미술 프로그램

자연물로 생태미술 프로그램을 구성하는 것으로, 자연물을 훼손하는 것이 아닌 순간적으로 나타났다 사라지는(땅 위에 그리기 등) 작품들을 구성하고 사진으로 기록하는 등 대자연과 교감하며 노는 체험활동이 된다.

예 꽃물 들이기, 벌집 만들기, 거미의 움직임 표상, 땅 위에 물로 혹은 나뭇가지로 그리기, 옷감에 풀물 들이기, 솔방울로 리스 만들기, 눈 위에 그림 그리기, 입김으로 유리 위에 그리기 등

3. 바깥놀이활동 유형

1) 운동놀이

기본운동 능력과 기초체력을 키우고 긴장감을 해소하며 즐거움 느끼도록 한다.

예 운동놀이기구를 이용한 놀이(미끄럼틀, 그네, 흔들다리, 시소 등)

예 작은 도구를 사용한 놀이(사방치기, 공굴리기, 줄넘기, 땅따먹기, 제기차기, 널뛰기, 쌓기 놀이 등)

예 몸을 사용한 놀이(술래잡기, 잡기놀이, 손으로 힘겨루기, 배로 힘겨루기, 그림자놀이 등)와 작은 도구를 활용한 놀이, 몸을 활용한 놀이가 있음

> **참고 유의점**
> - 규칙적으로 하되 매일 다른 놀이로 바꾸어 가며 다양하게 하기
> - 위와 반대로 한 가지 놀이를 여러 날에 걸쳐 반복하는 가운데 그 놀이에 익숙해지면서 신체조절 능력, 놀이전략 등이 확장되도록 하기
> - 활동 공간에 다른 인원수, 도구의 안전한 사용법, 놀이 시 지켜야 할 규칙, 놀이기구와 공간 바닥 등의 안정성 정기 점검 필요

2) 물 · 모래놀이

긴장감 해소에 좋으며 사고 능력도 발달한다.

예 물과 모래의 특성 파악, 혼합해서 형태, 성질, 촉감이 변화함을 경험, 다양한 모양과 크기의 용기에 옮기는 과정에서 눈과 손의 협응력, 뜨고 가라앉는 물체에 대해 생각해 보며 사고 능력 개발

3) 기타 아이디어

- 흙을 파서 물구덩이를 만들거나 긴 도랑 만들기(물이 땅속에 스며드는 것 관찰하고 종이나 나뭇잎 띄워 보기 등)
- 만든 도랑 위에 댐이나 다리 만들어 보기

- 호수로 물 뿌려 비오는 놀이+무지개 경험
- 경사진 곳에서 물이 위에서 아래로 흐르는 것 경험
- 몇몇 유아가 들어갈 정도의 통에 물을 담아 들어가 놀이하기 등

4) 동식물 관찰하고 기르기

물을 주고 동식물의 먹이, 모양, 색, 소리 등의 특성과 성장 과정, 사람과의 관계, 잘 기르는 방법, 소중함 등에 대해 관심을 가지며 탐구하는 태도를 기른다.

참고 유의점

- 햇볕이 잘 들고 통풍과 배수가 잘되는 곳 선정한다.
- 꽃과 채소는 계절별로 적합한 것을 선정하고 계절마다 다른 종류를 관찰할 수 있도록 지도한다.
- 심고 가꾸지 않아도 저절로 나고 지는 민들레, 제비꽃 등도 잘 관찰하고 소중히 여길 수 있도록 지도한다.
- 바깥 공간이 협소한 유치원이라면 작은 공간을 활용해 창문 앞에 나팔꽃을 심을 수 있다.
- 여러 채소를 수확해 먹어 보며 각기 독특한 맛과 향이 있음을 경험한다.
- 동물이 자라는 과정을 경험하거나 잘 먹는 먹이를 조사하는 등의 과정을 통해 관심을 가지고 탐구하는 환경과 분위기 만들어 준다(벌이 왜 꽃에 앉아 있어요? 저 대롱은 뭐예요? 개미들이 줄지어서 어디 가는 거예요?)

5) 산책하기

여유로움, 자유로움, 편안함, 즐거움을 느끼며 주변 세계, 사람들 또는 자연과 만나며 호기심, 상상력 펼치도록 한다.

예 산책경로는 유치원이 위치한 지역 특성에 따라 다양함(농어촌이라면 산, 들, 강, 바다 등/도심 유치원이라면 공원, 골목길, 아파트 놀이터, 초·중등학교 등으로 산책을 감으로써 자연을 만나고 다양한 사람들의 모습, 길, 교통수단 등을 만나게 됨)

유의점

- 매일 충분한 시간을 배정한다.
- 하루 일과 중 계절에 따라서 시원한 오전, 따뜻한 오후, 보슬비가 내릴 때, 눈이 올 때 등 적절한 시간대를 다양하게 택한다.
- 처음에는 가까운 곳에서 시작해 점차 먼 곳까지 시간을 늘려갈 수 있다.
- 진행 중인 주제를 고려해 장소를 정할 수 있다.
- 유아들과 지도를 보고 산책하고 싶은 곳을 알아볼 수도 있다.
- 안전사항 지도(안전하게 걷기, 혼자 멀리가지 않기, 찻길 건너기 등에 대해 사전에 이야기 나누고 규칙을 만들며 동화, 극놀이 등으로 충분히 준비되도록 한다.)

6) 현장학습

유아가 학습 자료가 있는 현장으로 직접 가서 학습목표를 효율적으로 달성할 수 있도록 하는 학습 방법이다(지역사회 특성 고려).

예 농장, 어장, 동물원, 동물병원, 고궁, 박물관, 병원, 시장, 경찰서 등 다양하게 활용하며 주제와 관련된 곳을 선정

효과적인 현장학습을 위한 교육방안

- 현장학습의 필요성과 목표를 분명히 한다.
- 적합한 장소가 정해지면 현장을 답사한다.
- 현장답사를 통해 현장학습까지 갈 수 있는 교통편, 거리, 소요시간, 이동 동선, 시간 배분, 참여 학부모나 자원 봉사자의 역할 등 필요한 사항을 검토한다.
- 현장학습이 결정되면 현장학습기관에 협력을 요청하고 가정통신문을 통해 부모에게 현장학습의 목적과 내용, 장소, 교통편 등을 알린다.
- 그 밖에 도움받을 사람 확보하고 날씨 변화 등에 대한 대비책을 마련한다.
- 현장학습 전후에 관련된 활동을 진행한다(이전에는 학습 장소, 관찰해야 할 사항, 질문 및 조사할 사항, 지켜야 할 규칙 등에 대해 이야기 나누기/이후에는 관찰 및 조사한 것에 대해 이야기 나누기, 그림 및 글로 써 보기, 찍어 온 사진 전시하기 등).
- 현장학습 전체 과정에 대해 평가하고 다음 현장학습에 반영할 사항을 기록한다.

4. 바깥놀이 시 상호작용 예시

1) 바깥놀이의 시작

- 선생님이 오늘은 실외 놀이터의 복합놀이기구에 수수께끼 카드를 숨겨놓았어요.
- 오늘은 수수께끼에 맞는 답을 말한 친구끼리 같은 팀이 되어서 놀이를 해 보자.
  - 놀이기구를 이용하지 않는 친구는 먼저 무엇을 하면 좋겠니? 물·모래놀이를 먼저 할까?

2) 바깥놀이 시 활동 촉진을 위한 발문

- ○○는 어떤 것을 만든 거니? 모래 음식을 만든 거니?
- 물·모래 영역에는 어떤 것들이 있니? 물·모래놀이를 할 때 필요한 약속이 무엇일까?
- 놀이하다가 힘들거나 다치면 선생님에게 이야기해 주렴.
- ○○는 노란 바구니에 있는 놀잇감 중 어떤 것을 사용할 거니?
- 바닥에 그림을 그렸더니 어떤 색이 나왔니? 흙에 그릴 때랑 종이에 크레파스로 그릴 때랑 다른 점이 무엇이니?
- 선생님이 벽에 그린 그림은 무엇인 것 같아?
- 모래에 길이 생겼네. 어느 쪽으로 연결할 거니? ○○가 페트병에 담은 물은 다 어디로 흘러갔니? 아, 모래로 길을 만들어서 물을 부었더니 웅덩이가 생겼구나.
- 선생님이 동물이 먹을 수 있는 먹이를 가져왔어. 이 먹이를 선생님은 여기에 숨겨 보았는데 너희도 할 수 있겠니? 먹이는 동물들이 먹을 수 있도록 숨겨 볼까? 동물들이 찾을 수 있도록 숨겨 놓았니? 우리가 동물이라면 잘 찾을 수 있을까?
- 여기 떨어진 나뭇가지로는 무엇을 만들 수 있을까? ○○는 나뭇가지로 글자를 만들었네.
- 동물 발자국을 발견했구나? 어떤 동물의 발자국 같니? 지난번에 사진을 찍어 왔던 발자국과 어떤 차이가 있는지 살펴보자.

- 선생님처럼 나뭇잎을 뿌려 볼 수 있니?
- 텃밭에 오이가 몇 개 달려 있니?
- ○○가 생각한 대로 만들어진 거니? 네가 하는 것을 보니까 선생님도 하고 싶어진다.
- 이걸 어떻게 한 건지 방법을 친구들에게 설명해 줄 수 있겠니?
- 돌멩이에 이름을 붙여 주었구나.
- □□가 친구를 도와준 덕분에 ○○가 쉽게 옮길 수 있었네.

3) 바깥놀이 시 갈등 상황(예 동일한 자연물을 가지고 싶은 경우)

- ○○와 □□가 똑같은 꽃잎을 가지고 싶었구나. ○○랑 같은 것을 가지고 싶었니? ○○를 많이 좋아하는 것 같다. 서로 속상하지 않게 놀이할 수 있는 방법이 있을까?
- □□가 똑같은 꽃잎을 찾지 못해서 속상했는데, ○○가 웃어서 더 속상한 마음이 들었구나. 맞아. 내가 속상할 때 다른 친구가 나를 보고 웃으면 더 속상한 마음이 들거나 화가 나기도 해. 그럴 때는 친구에게 뭐라고 말해 주면 좋을까?
- 아, 다시 한번 같이 찾아보면 좋겠구나. 그것도 좋은 방법이다. 또 다른 방법도 있을까?

4) 바깥놀이 시 문제 상황(예 활동에 능숙하지 못한 유아)

- ○○야, 왜 울고 있니? 아, 보물을 찾지 못해서 속상했구나. 선생님하고 함께 찾아볼까? 나무 옆을 한번 먼저 살펴보자. ○○의 발아래에는 무엇이 있는지 찾아볼래? 지금까지 찾지 않았던 장소를 다시 한번 살펴보면 어떨까?
- ○○가 아직 보물을 찾지 못했는데, 도와줄 친구 있니? 함께 찾아보니 기분이 어땠니?

5) 바깥놀이 시 갈등 상황(예 동일한 놀잇감을 가지고 싶은 경우)

- ○○는 □□가 타고 있는 자동차를 타고 싶었구나? 그런데 지금은 자동차를 ○○가 타고 있지? 지금 당장 하고 싶지만 참아야 할 때도 있단다.
- □□에게 언제까지 탈 건지 물어보고 조금 기다려 볼 수 있겠니? 아, 혼자 물어보기가 어려웠구나. 이번에는 선생님이 함께 이야기해 줄 테니 다음에는 선생님처럼 한번 물어보자.
- □□가 세 번만 돌고 자동차를 준다고 하는데 그때까지 기다려 줄 수 있니?
- 지금 놀이하고 싶은 것을 참고 잘 기다리고 있구나.
- ○○가 타고 싶은 차를 □□가 빌려주니까 기분이 어떠니?

6) 바깥놀이 시 문제 상황(예 모래가 눈에 들어간 경우)

- ○○야, 눈이 불편하니? 눈을 계속 비비고 있어서…… 아, 눈에 모래가 들어갔구나?
- 눈을 크게 뜨고 비비지 말고 먼저 물로 헹구어 내자.
- 이제 어떠니? 눈이 아직 불편하니? 보건실에 가서 눈을 다시 한번 살펴보고 많이 불편한지 확인해 보자.

7) 바깥놀이 시 문제 상황(예 부딪혀서 우는 경우)

- ○○와 □□가 서로 미끄럼틀을 타려고 하다가 부딪혔구나. 많이 아프지? ○○가 오는 것을 □□가 보지 못했구나 ……(중략)…… □□는 ○○에게 어떻게 된 건지 직접 이야기해 줄 수 있겠니? ○○는 □□가 하는 말을 잘 들어 보았니? ○○가 만약에 □□가 되었다면 어떤 느낌일 것 같니? ……(중략)…… □□가 미안하다고 했는데 ○○는 마음이 이제 좀 어떠니? ○○도 □□에게 미안하다고 말해 주어서 □□가 기분이 좋아졌대. 미끄럼틀은 장소가 좁아서 서로 조심해서 타야 할 것 같아. 또 부딪히지 않으려면 어떤 약속을 지켜야 할까?

5. 바깥놀이 유형(예 산책하기)

1) 동기유발: 이전 경험 나누기

예 지난 주 견학을 가며 유아들이 관심을 나타낸 은행나무에 대해 대화를 나눈다.
- 지난주에 견학갈 때 너희가 은행나무에 대해 궁금해 했지? 아, 할머니들이 은행 열매를 줍고 있었던 것이 기억나니? 은행 열매를 밟았더니 냄새가 났구나? 맞아. 길가에 은행잎이 수북이 쌓여 있었어.
- ○○는 아빠랑 가다가 은행을 밟고 넘어진 적이 있었어? □□는 은행나무가 바람에 움직이는 것 같아서 예뻐 보였구나. 은행 열매를 넣은 말린 과일을 먹어 본 적도 있었구나?

2) 궁금한 점 알아보기(교사 질문거리/유아 질문거리 → 질문 목록표 작성)

예 은행에서는 왜 냄새가 날까?/은행나무를 관찰하려면 무엇이 필요할까?/은행나무는 겨울에 안 추울까?/은행잎을 끓이면 어떤 색이 될까?/500년 된 은행나무는 얼마나 클까?/은행나무 노래도 있을까?/은행 열매 껍질을 까 보면 어떤 모양일까?/은행나무에는 왜 거미줄이 쳐질까?/은행나무에는 벌레들이 살까?/은행잎, 열매를 가지고 어떤 요리를 할 수 있을까?

3) 산책활동 중 관찰할 내용에 대해 이야기 나누기

예 산책을 가서 무엇을 하고 싶은지/무엇을 조사해 올지/무엇을 준비해 가야 할지를 이야기해 보자. 은행나무 가지를 이용해서 흙에 글씨를 써 보고 싶다고? 은행나무를 꼭 안아 주고 싶니? 은행잎을 모아 와서 실험을 해 보고 싶구나. 숟가락을 가지고 가서 은행열매를 옮겨 보는 게임을 하고 싶니? 그럼 어떤 것을 챙겨 가야 할까?

4) 지켜야 할 규칙에 대해 이야기 나누기

예 안전하고 재미있게 놀이하려면 어떤 약속을 지켜야 할까? 그래. 우리 약속한 곳에서만 놀기로 해요. 또 어떤 약속이 있을까? 자연을 소중히 여기는 마음 가지기(쓰레기 버리지 않기)/다치는 물건 조심하기(유리조각 줍지 않기)/도움이 필요할 때 즉시 요청하기/자연물은 떨어진 것 한 개씩만 줍기 등

5) 준비(화장실 다녀와 줄서기 등) → 산책(오감각을 활용한 주변 환경 탐색) → 놀이활동(신체표현/동시 짓기/게임 등) → 각 모둠이 놀이한 활동 소개 및 평가

참고 유의점

• 생태적 감수성을 가진 교사가 되도록 노력한다.
• 유아를 가르치려 하지 말고 자연과 친구가 되고 자연과 놀이하는 모습을 먼저 보여 준다.
• 산책을 가기 전 유아들의 건강 상태, 날씨, 유아의 요구 등을 고려한다.
• 산책에서 보고 듣고 느낀 점이나 수집해 온 자연물을 다양한 표상양식으로 표현하도록 한다.

6. 바깥놀이 수업 분석하기(평가요소)

바깥놀이 평가표				
범주		내용	그렇다	아니다
바깥놀이 선정	1	생활 주제와 연계되는가?		
	2	유아의 발달에 적합한가?		
	3	유아들의 동기와 관련 있는가?		
	4	교육적 가치가 있는가?		
환경	5	적절한 매체(예 사진, 동영상 자료 등)를 사용하는가?		
	6	바깥놀이에 필요한 자료들이 모두 준비되어 있는가?		
	7	바깥놀이터에 위험한 요소는 없는가?		
도입	8	주제를 고려한 주의집중을 하는가?		
	9	대형정돈을 하는가?		
	10	동기유발(혹은 사전 경험회상)을 하는가?		
	11	활동 안내는 하는가?		
바깥놀이 활동 지도 과정	12	바깥놀이 영역에 제시된 자료를 탐색하는가?		
	13	유아가 자료의 종류를 스스로 선택하게 하는가?		
	14	유아가 원하는 구성물을 만들도록 격려하는가?		
	15	바깥놀이에 필요한 약속을 정하는가?		
	16	친구와 협동하여 바깥놀이를 확장할 것을 격려하는가?		
	17	구성물을 전시 · 소개하는가?		
	18	정리시간을 갖는가?		
발문	19	유아의 수준을 고려하여 발문하고 응답할 시간을 적당하게 주는가?		
	20	유아의 다양한 반응을 유도하는 발문을 하는가?		
	21	유아의 대답과 오답에 대한 응답처리가 적절한가?		
	22	언어 · 비언어적 표현을 사용하여 칭찬과 격려를 자주 하는가?		
마무리	23	바깥놀이에 대한 평가를 하는가?		
	24	바깥놀이가 끝났음을 알리고 다음 활동을 소개하는가?		

7. 바깥놀이 기본 진행 틀 예시

〈도입〉

- ' '를 하며 주의를 집중한다.
- 흥미 유발을 한다.

  [사전 경험 활용, 유아들의 궁금한 점, 수수께끼, 손인형 & 편지, 부분 그림 보고 전체 맞추기, 소리 듣고 맞추기, 퍼즐 맞추기 & 패턴 맞추기]
- 활동을 소개한다.

  – 오늘은 친구들이 이야기한 대로 바깥으로 나가 활동을 해 보도록 해요.

〈전개〉

- 활동 방법에 대해 이야기를 나눈다.

  예 숲 산책, 사진 찍기, 모래놀이, 식물 관찰하기
- 바깥놀이활동 시 유의점에 대해 이야기를 나눈다.

  – 안전하고 재미있게 놀이하려면 어떤 약속이 필요할까요?

    (질서 지키기, 선생님 말씀 잘 듣기, 장난치지 않기, 약속한 곳에서만 놀이하기, 자연을 소중히 여기는 마음 가지기, 다치는 물건 조심하기, 도움이 필요할 때 즉시 요청하기, 자연물은 떨어진 것 한 개씩만 줍기)

  – 또 무엇을 지켜야 할까요?
- 바깥 환경에 대해 이야기를 나눈다.

  – 오늘 날씨는 어때요?

  – 하늘의 색깔은 어떤가요?

  – 기분이 어때요?

  – 우리 다 같이 숨을 깊이 들이마셔 본 후에 내뱉어 보자.
- 바깥에서 자유롭게 놀이한다.

  – 어떤 놀이를 하고 있나요?

  – 도움이 필요하면 언제든지 선생님께 이야기해요.

  – 모임 신호가 울리면 정해진 장소로 모이도록 해요.

〈마무리〉

- 바깥놀이활동을 회상하며 평가한다.
  - 오늘 바깥놀이에서 무엇을 했었지요?
  - 친구들이 바깥놀이 한 모습을 하모니 선생님이 사진을 찍어 주셨어요. 사진을 한번 보도록 해요.
  - 자신이 한 놀이를 사진을 보며 친구들에게 소개해 주고 싶은 친구가 있나요?
  - 무엇이 가장 재미있었나요?
  - 속상했거나 아쉬웠던 점이 있었나요?
  - 활동을 하면서 칭찬해 주고 싶은 친구가 있나요?
- 확장활동에 대해 알아본다.
  - 바깥놀이에서 더 해 보고 싶은 것이 있었나요?
  - ○○가 꽃이 핀 모습을 보고 신체로 표현해 보고 싶다고 이야기하네요. 다음 바깥놀이활동 시간에 꽃이 핀 모습을 신체로 표현해 보도록 해요.
- 다음 활동에 대해 알아본다.
  - 다음 시간은 점심시간이에요. 화장실을 다녀온 후에 손을 씻고 점심 먹을 준비를 하도록 해요.

평가

① 유아 평가
- 활동목표 의문문으로 바꾸기
② 활동 평가
- 활동이 생활 주제에 적합했는가?
- 활동이 유아의 발달수준에 적합했는가?
- 활동이 교육목표 달성에 적절했는가?
- 도입, 전개, 마무리가 적절했는가?
- 유아의 흥미와 참여를 이끄는 적절한 발문을 하였는가?

확장활동

자연물을 활용한 동시 짓기, 신체표현하기, 자연물을 보고 연상되는 것을 그림으로 표

현하기, 자연물과 똑같은 모양 찾기, 자연물을 도화지에 붙이고 창의적인 그림 그리기

가정 및 지역사회와의 연계

① 가정
  • 자연물을 활용한 놀이의 종류를 사전에 가정에서 조사해 온다.

② 지역사회
  • 지역사회에 존재하는 식물원으로 현장학습을 간다.
  • 지역사회의 자연생태전문가를 초대하여 자연물을 활용한 다양한 놀이 방법을
    배우는 시간을 갖는다.

지도상 유의점

〈도입〉
  • 바깥의 풍경 사진을 미리 제시하여 유아의 흥미를 유발한다.
  • 바깥놀이활동을 나가기 전에 유아들의 복장과 건강 상태를 점검한다.
  • 활동을 나가기 전에 화장실에 다녀오도록 지도한다.

〈전개〉
  • 날씨 등 환경 요인을 고려하여 융통성 있게 진행한다.
  • 주변 환경의 변화, 자연물 상태와 변화 등에 유아가 관심을 가지도록 충분한
    상호작용을 한다.
  • 유아가 스스로 자연을 경험하도록 한다.
  • 오감각을 충분히 활용하여 탐색하도록 한다.
  • 바깥놀이를 통해 자연을 아끼고 보호하려는 마음을 내면화하도록 한다.
  • 활동을 하기 전에 준비운동을 한다.

〈마무리〉
  • 자연물을 활용한 활동에 대해 유아가 스스로 생각해 보게 한다.
  • 유아들의 생각을 반영하여 확장활동을 정해 본다.
  • 가정과 연계하여 활동이 지속될 수 있도록 한다.

8 현장학습

현장학습은 자연이나 사회를 직접 경험하는 것을 말하며, 교실 밖에서 이루어지기 때문에 현장견학이라고도 한다. 현장학습의 운영 과정은 ① 계획 세우기 → ② 교사의 현장답사 → ③ 공문 발송 및 가정통신문 안내 → ④ 일일 보조교사 교육 → ⑤ 현장체험 시 필요한 물품 준비/현장체험을 위한 사전 토의 → ⑥ 현장체험 → ⑦ 현장체험 후 사후활동 → ⑧ 전시 및 평가의 과정으로 이루어진다.

> **참고** 현장학습 시 고려사항
>
> • 유아들에게 전체적으로 관찰할 수 있도록 현장학습 장소를 안내한다.
> • 자신의 관심 분야를 더욱 구체적으로 관찰할 수 있도록 소집단활동을 심화시켜 나간다.
> • 각각의 소집단별로 활동을 기록하는 방법을 다양화한다.
> • 현장 경험을 기록한다.

1. 교사와 유아가 함께 준비할 사항

1) 현장에 대해 유아들에게 설명한다

• 현장학습지가 어떤 곳인지 설명한다.
• 무엇을 볼 수 있고, 누가 설명을 해 줄 것인지, 현장에서 얻어올 수 있는 것은 어떤 것이 있는지, 누구와 함께 갈 것인지 등을 설명한다.

  예 (현장학습의 목적 알기-댐 방문 시) 우리가 바깥놀이를 하고 더워서 목이 마르면 생각나는 것이 무엇이지? 우리에게 꼭 물이 필요한 경우는 어떤 때일까? 그 물이 어디서 오는 걸까? 그 많은 물을 모아 두는 곳에 대해 들어 보았니? 우리가 가 볼 수 있는 근처의 댐은 어디에 있는지 알아보자. 댐에서는 무엇을/누구를 볼 수 있을까?

  (현장학습의 주요 활동 알기) 그곳에 가서 무엇을 해야 할까? 무엇을 하고 싶니? ○○ 활동을 하기 위해서는 무엇이 필요할까?

2) 현장에서 볼 것을 예상한다

- 유아들이 현장에 가서 보고 싶은 것을 예상해 보게 한다.
- 예상해 본 것을 간단하게 그림으로 그리거나 글로 표현한다.

3) 질문 목록을 만든다

- 현장에 가서 질문할 것을 찾아서 기록한다.
- 현장에 가서 누가 어떤 질문을 할 것인지 정하고, 질문 내용을 종이에 옮겨 적는다.

4) 현장에서 지켜야 할 태도(약속)를 정한다

- 현장학습지가 어떤 곳인지와 어떤 주의를 해야 하는가에 대해 설명해 준 후 현장에서 지켜야 할 약속을 정한다.
- 현장에서 지켜야 할 일반적인 태도(약속)
  - 혼자 아무 데나 돌아다니지 않는다.
  - 허락 없이 아무거나 만지지 않는다.
  - 소리 지르고 뛰어다니지 않는다.
  - 질문이 있을 때는 손을 들고 차례대로 질문한다.
  - 들어가고 나올 때는 공손하게 인사를 한다.
- 그 외: (활동에 편한 복장 알기) 어떤 옷을 입고 가야 할까?
  (안전한 활동과 장소 알기) 그곳에는 ○○한 위험한 곳이 있어./안전한 활동이 되려면 어떤 약속을 지켜야 할까? 어떤 준비가 필요할까?

참고 미아가 발생했을 시 요령 교육하기

- 출발하기 전에 원복이나 식별하기 용이한 표시를 준비하여 부착한다.
- 깃발, 호루라기 등을 준비하여 이탈하는 사고가 발생되지 않게 한다.

• 모둠별로 인솔자를 정하여 낙오자가 생기지 않도록 주의한다.
• 만약 낙오가 되었을 때에 대비하여 행동하는 요령도 지도한다.

5) 기록 방법을 알려 주거나 확인한다

• 유아들이 사용할 수 있는 기록 방법을 준비한다.
• 기록 방법에는 보고 느낀 것 그리기, 쓰기, 스케치하기, 문질러 그리기(예술 경험 통합), 수로 나타내기, 측정하기, 표로 나타내기, 순서도로 표시하기, 사진 찍기 등의 방법이 있다.
  예 ○○활동을 어떻게 기록할 수 있을까?

6) 준비물을 챙긴다

• 일반적 준비물: 메모판, 종이, 연필
• 메모판은 딱딱한 것으로 준비하여 유아들이 어디서나 쉽게 그림을 그리거나 글을 쓸 수 있게 한다.
• 복장 정하기: 현장학습에 가기에 가장 적합한 복장을 정하고, 어떤 신발을 신는 것이 좋은지 등을 정한다.

2. 현장학습활동

1) 현장학습지에서 할 일

① 관찰 및 조사하기: 현장 사람들의 안내에 따라 현장을 돌아보며 여러 물체나 작업 과정을 관찰하고 조사한다.
② 현장 사람들에게 질문하기: 미리 준비해 간 질문과 현장을 둘러보거나 조사하며 생긴 질문을 한다.
③ 기록하기: 현장에서 관찰·조사를 하면서 보고, 듣고, 느낀 것이나 현장 사람들과 면담을 통해 알게 된 것을 기록한다.

④ 물품 수집하기: 현장에서 물품을 수집해 오면 현장학습 이후의 학습활동이 더 생동감 있게 이루어질 수 있다. 물품은 현장에서 직접 수집할 수도 있고, 현장 사람들에게 협조를 구하여 대여할 수도 있다.

참고 현장에서 조사해 볼 수 있는 것

장소	어디에: 위치, 거리, 근접거리
시간	언제, 얼마나 오래: 지속기간, 순서, 시간척도, 마감시간
사람들	누가, 누구에게: 관계, 맡은 일, 역할
사물	무엇: 도구, 차량, 기계
생물	식물, 동물, 성장, 습관
과정	첫째, 그러고 나서, 그다음, 마지막으로
주기	사건이 반복해서 일어나는 순서
원인과 결과	어떻게, 만약 이것이, 그렇다면
반대	대조, 위아래, 밤낮
비교	속성, 변수
전체-부분	전체와 부분 관계, 부분들
빈도	얼마나 많은, 세기, 양, 수
비율	~의 얼마만큼, 분수, 퍼센트
질감	패턴, 자연적인 또는 인위적인, 무엇을 위한 것, 기능
어휘	전문용어들, 정확한 단어들
내용	무엇이 안에 있나, 보이지 않는 부분들

3. 사후 활동

- 현장학습에서 찍어온 사진과 동영상을 보고 이야기 나누기 시간에 함께 회상한다.
- 현장학습에서 알게 된 점이나 느낀 점을 동작이나 그림이나 말로 표현(다양한 표상활동)한다.
- 현장학습에서 알게 된 사람이 있다면 다시 원에 초청하여 이야기를 들어 보는 시간을 가질 수 있다.
- 현장학습 시 보완해야 할 점과 지켜야 할 약속의 내용을 수정 및 보완하여 다음 현장학습에 활용한다.
- 현장학습 보고서를 작성하여 다음 현장학습의 안전사고 예방에 만전을 기한다.

9 미술활동

미술활동에는 그림 그리기, 재미있는 표현기법, 판화 등의 평면활동과 조소, 꾸미기 등의 입체활동이 있으며 그 외 감상활동이 진행될 수 있다. 미술활동은 협동미술활동을 모둠별로 진행하거나 개별 활동을 진행할 때 대부분 자유선택활동에서 이루어질 수 있다.

1. 미술표현활동 지도

[1단계] 동기유발하기

본 활동에 대해 유아들이 동기유발할 수 있도록 한다.

[2단계] 재료 및 도구 탐색하기

• 재료를 탐색할 때에는 먼저 유아들이 알고 있는 사전지식과 경험에 기초하여 재료의 이름이 무엇인지, 어디서 사용하는 물건인지에 대해 발문한다.

　예 이 재료의 이름은 무엇일까? 재료의 모양이 어떠니?

• 탐색한 재료로 무엇을 어떻게 꾸밀 수 있는지에 대해 발문한다.

　예 이 재료를 이용해서 얼굴의 어느 부분을 표현할 수 있을까? 웃고 있는 입을 만들려면 어떤 재료가 필요할까? 이 재료는 무엇을 이용해 붙일 수 있을까?

[3단계] 만드는 방법 알아보기

• 교사가 일방적인 지시나 시범을 보이기보다는 어떤 재료로 어떻게 꾸밀 수 있는지 이야기 나눈 후 순서도와 함께 활동에 대해 안내한다. 순서도는 유아의 연령에 맞게 글과 그림이 적절하게 들어가는 것이 좋으며, 실행하려는 미술활동을 알기 쉽게 표현하는 것이어야 한다.

　예 종이 뒤편에 이름을 적는다. → 얼굴 모형 종이에 그리고 싶은 얼굴 표정을 그린다. → 목공본드를 이용해 얼굴 표정에 따라 재료를 붙인다. → 완성되면 앞의 융 판에 작품을 붙인 후 정리한다.

- 활동 안내 시 순서도는 유아들이 직접 미술활동을 할 때에도 제작 순서를 다 익히지 못한 유아들을 위해 융 판이나 벽면에 붙여놓을 수 있다.

[4단계] 약속 알아보기

- 유아들과 미술활동 시 지켜야 할 약속에 대해 이야기를 나눈다. 재료와 도구를 어떻게 사용할 것인가, 완성된 작품은 어디에 전시할 것인가, 활동이 끝난 후 정리를 어떻게 할 것인가에 대해 함께 정한다.
  예 재료를 사이좋게 나누어 사용하기, 꾸미는 곳을 완성한 후 다른 곳의 양면 테이프 떼기, 사용한 재료와 도구 제자리에 정리하기, 미술활동이 끝난 후 작품은 화이트보드에 전시하기 등
- 규칙과 약속은 수업계획 시 미리 생각해 두어 교사가 의견을 낼 수도 있고 유아들과 이야기할 수도 있다(어린 연령의 경우는 교사가 안내할 수 있다).

[5단계] 만들기

- 자신이 원하는 활동을 선택한 후 재료가 마련된 책상으로 이동하여 만든다. 교사는 사전에 유아의 수를 고려해 미술활동에 사용할 재료와 도구 등을 준비한다.
- 미술활동 시에는 유아들과 개별 또는 집단으로 활동에 대해 상호작용이 지속적으로 이루어져야 하며 상호작용은 미술적 요소에 근거하여 이루어지는 것이 좋다.
  예 어떤 표정으로 꾸미고 싶니? 어떤 재료를 이용할 거니? 기쁜 표정의 눈은 어떤 모양으로 표현할 거니? 털실로 눈썹을 표현하면 어떤 느낌일까?

[6단계] 활동 마무리 예고하기

- 활동을 마무리 할 때에는 정리시간 10분 전에 미리 알려 주어 유아들이 여유 있게 작품을 완성할 수 있도록 한다. 대집단활동 시간에 완성하지 못한 유아들은 자유선택활동 시간에 완성할 수 있음을 알려 준다.
- 유아들이 미술활동을 하는 동안 잔잔한 음악을 틀어 주는 것도 좋다.

[7단계] 도구 및 주변 정리하기

미술작품이 완성되면 미리 약속된 곳에 전시하고, 사용한 미술 재료나 도구를 유아 스스로 정리하도록 한다. 자신이 사용한 도구나 물품을 정리하지 않은 유아에게 보다 구체적으로 역할을 주어 정리를 함께할 수 있도록 지도한다.
예 ○○는 책상 위에 있는 가위를 좀 정리해 주자. △△는 의자를 정리하자.

[8단계] 만든 작품 감상하기

유아들이 꾸민 작품을 감상하는 시간을 갖는다. 유아들의 작품을 감상할 때에는 미술적 요소를 고려하여 발문하는 것이 좋다.
예 동그란 눈을 보니 어떤 감정일 것 같니?(모양), 입이 직선으로 표현된 이 그림은 어떤 감정일 것 같니?(선), 좀 더 기쁜 표정처럼 느껴지려면 무엇을 어떻게 바꿀 수 있을까?, ○○의 작품에 대해 칭찬하고 싶은 점은 무엇이니?, ○○의 작품에서 새롭게 바꾸어 보고 싶은 부분이 있니?

[9단계] 활동 평가하기

작품을 만들면서 재미있었던 점과 느낌 점에 한정하기보다 수업목표와 관련하여 평가하도록 한다.
예 어떤 재료를 이용해서 꾸몄니? 너희도 ○○처럼 속상했던 적이 있었니? 기쁜 마음을 어떻게 표현했니? 친구가 속상한 표현을 하면 우리는 어떻게 해야 할까?

2. 미술 감상활동 지도 예시(펠드만의 4단계 적용)

1) 동기유발: 그림을 보고 무엇이 보이는지 이야기하기(기술하기 단계)

미술 작품에서 드러나는 객관적이고 시각적 요인을 이야기해 보는 과정
예 그림 속에서 본 것을 모두 이야기해 보자. 그림을 1분 동안 자세히 보자. 이제 눈을 감고 무엇이 떠오르는지 말해 보자.

2) 작품 감상: 미술적 요소 및 원리 이야기 나누기(분석하기 단계)

작품의 구성요소를 살펴보도록 하여 미술작품에 나타난 특징, 관계, 조직에 대해 이야기해 보는 과정
예 눈으로 이 선을 따라 가 보자. 빨간색 모양을 볼 때마다 손뼉을 쳐 보자. 굵은 선은 어떤 붓으로 그렸을까?

3) 작품 감상: 작품의 내용 및 작가의 의도 이야기 나누기(해석하기 단계)

형식에 대한 분석 과정을 토대로 작품의 의미를 발견하고 이해해 보는 과정
예 네가 이곳에 있다면 어떤 향기가 날 것 같니? 이 그림 전에 무슨 일이 일어났을 것 같니? 그림을 그린 화가 선생님은 어떤 제목을 붙였을 것 같니?

4) 작품 제목 및 작가 소개

예 그 그림을 그린 작가는 파블로 피카소예요. 피카소는 항상 새로운 그림을 그리기 위해서 노력을 많이 했대. 그런데 어느 날 친구인 마티스의 조각을 보고 나서 놀라서 이것을 그림으로도 표현할 수 있을까 고민을 하다가 이런 모양과 선의 그림을 그리게 되었대. 작가인 피카소가 생각한 대로 잘 표현된 것 같니?

5) 작품에 대한 개인적 판단(평가하기 단계)

개인적 판단을 발견하도록 돕는 과정
예 가장 재미있는/마음에 드는 부분이 무엇이니? 혹시 싫어서 바꾸고 싶은 부분이 있니? 이 그림을 교실에 붙여 놓는다면 어디가 좋겠니?

3. 미술요소/원리 탐색을 위한 발문 예시

1) 색

어느 작품이 전혀 다른 색의 얼굴색을 가지고 있니? 실제 색처럼 보이니? 그림에 있는 색에서 행복한 감정이 느껴지니? 아니면 왜 그렇지 않을까? 어떤 색은 햇빛 속에 앉아 있는 것처럼 따뜻한 느낌을 주기도 하는데 혹시 이 그림 중에서 그런 부분이 있니? 어떤 그림이 차가운 색깔로 물을 표현한 것 같니? 이 색상환에서 서로 반대쪽에 있는 색깔을 보색이라고 해. 이 그림에서 서로 반대쪽에 있는 색을 찾아볼 수 있니?

2) 명암

이 중에서 어떤 작품이 어두운 부분이 있니? 사람들이 어두운 곳에 서 있는 그림을 찾아볼까? 어둠을 만들기 위해서는 어떻게 표현할 수 있을까? 화가들은 어떤 한 색에 흰색을 섞어서 연하고 밝은 색을 만들어 이 그림에서 혹시 그런 부분을 찾아볼 수 있니? 화가들은 어떤 한 색에 검은색을 섞어서 어둠을 만들어 이 그림에서 어둠이 만들어진 색은 어디일까? 검고 하얀 부분이나 어둡고 밝은 부분이 바로 붙어 있는 부분을 찾아볼 수 있겠니? 손가락으로 어두운 부분을 따라가 볼까? 사람의 얼굴에서 어두운 그늘이 있는 부분은 어디니?

3) 선

위아래로 뻗은 선을 찾을 수 있니? 우리가 직선을 이용할 때 그리는 방향이야. 누워 있는 것 같은 선이 있는 그림도 있니? 화가가 가는 선과 굵은 선을 모두 사용한 곳은 어디니? 어떤 선이 두 부분으로 나누어 주고 있는 것 같은 부분이 있니? 그림의 한쪽 끝에서 반대쪽으로 그어진 선을 대각선이라고 하는데 어느 그림이 가장 대각선 같니? 계속 반복되는 선을 만들면서 같은 방향으로 나아가는 선을 줄무늬라고 하는데 어느 작품에서 줄무늬가 사용되었니? 줄무늬는 어느 방향을 향해 있니?

4) 모양(형태)

나뭇잎 모양을 찾아볼까? 어느 그림이 제일 둥글게 보이니? 이 조각에서 머리처럼 생긴 모양을 찾아볼까? 어느 그림에 세모 모양이 가장 많이 있니?

5) 질감

표면이 부드럽게 표현된 것과 울퉁불퉁하게 표현된 그림은 어느 것이니? 만져 보고 싶은 그림이 있니? 고흐의 그림에서 붓이 움직인 것 같이 보이는 부분을 찾아보자. 그 부분을 만지면 어떻게 느껴질 것 같니?

6) 공간

2개의 그림에 사람들이 있는데 어떤 사람이 가장 멀리 보이니? 왜 그럴까? 마치 공중에서 걷고 있는 것 같은 그림을 찾아보자. 왜 그렇게 보일까? 안의 공간을 나타낸 그림이 무엇인 것 같니? 어떻게 알 수 있었니? 고흐의 침실에 있는 의자 중에 어느 의자가 더 커 보이니(더 가까워 보이니)? 왜 그럴까?

7) 균형

작품의 중심에는 무엇이 있니? 화가가 양쪽 측면에 무엇을 놓아두었니? 그림 양쪽 중 어느 쪽이 더 무거워 보이니?

8) 강조

이 그림에서 제일 먼저 어디로 눈이 가니? 왜 먼저 눈에 보였을까?

4. 평가요소 – 조형활동

1) 교사 연수 자료에 제시된 평가표 예시

조형활동 지도 평가표

범주		내용	그렇다	아니다
조형활동 선정	1	생활 주제와 연계되는가?		
	2	유아의 발달에 적절한가?		
	3	교육적 가치가 있는가?		
환경	4	작업하는 유아들이 손쉽게 자료를 꺼내 쓸 수 있는가?		
	5	필요한 자료들이 모두 준비되어 있는가?		
	6	작업 후 건조시키거나 전시할 장소가 마련되어 있는가?		
조형활동 지도 과정	7	도입을 실시하는가?		
	8	활동에 필요한 자료를 소개하는가?		
	9	활동의 방법에 대해서 유아들과 토의하는가?		
	10	창의적인 표현을 격려하는가?		
	11	정리시간을 갖는가?		
평가	12	개별 또는 집단으로 작품을 평가하는가?		
전시	13	유아의 요구에 따라 작품을 전시 또는 보관하는가?		

※ 출처: 교육부(2000).

2) 그 외 평가표

미술 표현활동 분석표

범주		내용	평가
수업 설계	1	주제와 연계되는가?	
	2	유아의 경험과 연계되는가?	
	3	유아의 발달에 적합한가?	
	4	목표 진술은 적절하며, 평가의 요소를 고려하는가?	
	5	도입, 전개, 마무리 구성이 적절한가?	

교수-학습 활동	미술 표현 활동 지도 과정	6	수수께끼, 동화, 자료 설명, 경험회상 등을 이용하여 동기유발을 실시하는가?	
		7	활동에 필요한 자료를 소개하는가?	
		8	활동의 방법에 대해서 유아들과 토의하는가?	
		9	창의적인 표현을 격려하는가?	
		10	정리시간을 갖는가?	
		11	확장활동을 하는가?(확장활동이 필요한 경우)	
		12	개별 또는 집단으로 작품을 평가하는가?	
평가활동		13	평가가 적절한 내용으로 이루어지는가?	
		14	미술활동을 마무리하고 다음 활동을 안내하는가?	
학습 자료 활용		15	유아의 발달과 활동에 적합한 자료를 사용하는가?	
		16	순서도가 필요한 경우, 순서도를 적절하게 제시하는가?	

※ 출처: 강민정 외(2018).

미술 감상활동 분석표

범주			내용	평가
수업 설계		1	주제와 연계되는가?	
		2	유아의 경험과 연계되는가?	
		3	유아의 발달에 적합한가?	
		4	목표 진술은 적절하며, 평가의 요소를 고려하는가?	
		5	도입, 전개, 마무리 구성이 적절한가?	
교수-학습 활동	미술 감상 활동 지도 과정	6	본시 수업과 관련된 도입을 하는가?	
		7	작품을 관찰하는 시간을 주는가?	
		8	미적 요소와 원리에 대한 내용이 반영되고 있는가?	
		9	미술과 다른 교과가 적절하게 통합을 이루고 있는가?	
		10	작품 내용에 대해 이야기 나누는가?	
		11	작품에 대해 내면화하고 있는가?	
평가활동		12	목표, 내용, 과정을 고려한 평가가 이루어지고 있는가?	
		13	교과 및 주제 관련 목표에 대한 평가를 하는가?	
		14	감상활동이 끝났음을 알리고 다음 활동을 소개하는가?	

학습 자료 활용	15	유아들의 흥미를 끌고 매력적인가?	
	16	매체 조작을 자연스럽게 잘하는가?	

※ 출처: 강민정 외(2018).

5. 미술활동 기본 진행 틀 예시

〈도입〉

- ' ' 하며 주의를 집중한다.
- 동기를 유발한다.

  [수수께끼, 손인형& 편지, 부분 그림 보고 전체 맞추기, 소리 듣고 맞추기, 퍼즐 맞추기 & 패턴 맞추기]

  [사전활동과 연계하여 제시, 궁금한 점에 근거하여 제시]
- 활동을 소개한다.

  – 오늘은 선생님과 ○○을 표현(그리기, 만들기 등)해 보는 시간을 갖도록 해요.

〈전개〉

- 활동 자료를 알아보고 탐색한다.

  – ○○을 만들기(그리기) 위해서는 어떤 재료들을 사용할 수 있을까요?

  – 이것을 사용해 본 적이 있나요? 이것은 어떻게 사용할 수 있을까요?

  – 모양/색깔/냄새/크기/느낌은 어떤가요?

  – 궁금한 재료가 있나요?

  – 이것은 ○○라고 해요.

  – 이것을 가지고 무엇을 표현(그리기/만들기)할 수 있을까요?
- 활동 방법에 대해 이야기를 나눈다.

  – 이 재료를 가지고 어떻게 ○○을 만들 수 있을까?

  – 어떤 방법으로 활동해 볼 수 있을까요?

  – 친구들이 이야기한 대로 다양한 방법으로 표현해 보도록 해요.
- 활동의 유의점을 이야기한다.

  – 미술활동을 할 때 지켜야 할 약속은 무엇이 있을까요?

- ○○은 어떻게 사용하는 것일까요?
- 가위를 사용할 때 조심해야 할 점은 무엇인가요?

• 활동하며 모둠별로 질적 상호작용을 한다.

- 선생님이 각 모둠별로 다양한 재료를 책상 위에 준비해 두었어요.
- 모둠으로 이동하기 전에 친구들이 무엇을 만들거나 그릴지 먼저 생각하는 시간을 가져 볼까요? (계획)
- 모두 다 생각했나요? 그럼 각 모둠으로 이동해서 미술활동을 하도록 해요.
- 자, 큰바늘이 6에 갈 때까지 작품을 만들어 볼 거예요. 활동을 마치기 5분 전에 선생님이 종을 울려서 정리시간을 알려 줄게요.
- 혹시 더 필요한 자료가 있으면 선생님에게 말해 주세요.

• (모둠별 상호작용)

- 어떤 방법으로, 어떤 재료로 ○○을 만들고 싶어요?
- 창의적인 유아: □□는 다른 친구들과 다르게 △△하게 만들었구나~.
- 잘 못하는 유아: ○○는 꾸미기 어렵나요? 전시되어 있는 사진을 보고 꾸며 보면 어떨까요?
- 재료 사용 방법: △△는 풀로 붙이고 싶은데 잘 안 되는군요. 그럼 테이프를 사용해 보는 것은 어떨까요?
- 재료 사용 확장: ○○는 모루를 구부려 사용하고 □□는 모루를 말아서 사용할 수도 있군요.
- 예술적 요소 발문: ○○는 굵은 선으로 ~을 그렸네요(선, 모양, 색, 명암, 공간감, 균형, 강조, 질감, 움직임)./□□는 네모난 ~을 그려 주었네요.

• 활동이 끝나면 주위를 정리정돈한다.

- (종을 울리며) 자, 이제 시계를 보니 큰바늘이 5에 가 있군요. 6에 갈 때까지 5분 정도 남았으니 그 안에 활동을 마무리하도록 해요.
- 활동을 마친 친구들은 사용한 재료와 도구를 정리하고 자리에 앉아서 기다리도록 해요.
- 활동을 마무리하지 못한 모둠(유아)이 있나요?
- 활동이 마무리되지 않은 모둠(유아)은 자유선택활동시간에 마무리해도 좋아요./오늘 배운 새 노래를 부르면서 선생님이랑 친구들을 기다릴게요. 친

　　구들이 노래를 부를 동안 활동을 마무리하도록 해요(택 1).
- 작품을 소개하고 감상한다.
  - 친구들에게 작품을 소개해 주고 싶은 친구가 있나요?
  - ○○는 무엇을 만들었나요? 어떻게 만들었나요? 나만의 □□을 만드니 기분이 어떤가요?
  - 앉아 있는 친구 중에서 ○○의 작품을 보고 궁금한 점이 있으면 질문을 할까요?
  - 비교하기: ○○와 △△는 똑같이 ~을 만들었는데 어떤 점이 다른가요?/같은 재료를 어떻게 다르게 사용했나요?

〈마무리〉
- 미술활동을 평가한다.
  - 오늘은 어떤 표현(그리기/만들기)을 해 보았지요?
  - 어떤 점이 기억에 남나요?(아쉬움/재미)
  - 미술활동을 하면서 칭찬해 주고 싶은 친구가 있나요?
- 확장활동을 알아본다.
  - 오늘 한 미술활동을 가지고 해 보고 싶은 활동이 있나요?
  - 미술활동을 하면서 궁금한 점이 있었나요? 선생님과 함께 책에서 찾아보도록 해요.
  - 오늘 사용하고 남은 재료를 어디에 둘까요?
  - 그래요. 남은 재료들을 미술 영역에 둘게요. 더 해 보고 싶은 친구들은 미술 영역에 가서 사용해 보도록 해요.
  - 우리 친구들이 만든 작품은 어떻게 하면 좋을까요?
  - ○○가 말한 것처럼 우리 반 사물함 위에 전시해 두어도 좋아요.
  - □□는 집에 가져가서 부모님께 보여 드리고 싶대요. □□처럼 '저도 집에 가지고 갈래요.' 하는 친구들은 작품을 가방에 넣어 가도록 해요.
- 다음 활동을 알아본다.
  - 다음 시간은 무슨 시간인가요?
  - 그래요. 다음 시간은 바깥놀이 시간이에요.

평가

① 유아 평가

- 활동목표 의문문으로 바꾸기

② 활동 평가

- 활동이 생활 주제에 적합했는가?
- 활동이 유아의 발달수준에 적합했는가?
- 활동이 교육목표 달성에 적절했는가?
- 도입, 전개, 마무리가 적절했는가?
- 유아의 흥미와 참여를 이끄는 적절한 발문을 하였는가?

가정 및 지역사회와의 연계

① 가정

- 유아들이 만든 작품을 찍어 유치원 홈페이지에 게시한다(유아들이 만든 작품을 집에서 활용해 보기).

② 지역사회

- 지역사회에 존재하는 미술관, 박물관 등으로 현장학습을 간다.
- 화가, 조각가 등을 유치원으로 초빙하여 질의응답시간을 갖는다.

확장활동

- 전시회 초대장을 만든다.
- 자신의 작품에 이름을 붙여 준다.

10 과학활동

실험은 가설을 검증하기 위한 조작활동으로 과학 지식에 대한 이해와 태도, 기술을 함양시키는 과학활동의 필수 과정이다. 실험 과정에서 유아들의 흥미와 동기를 지속시키고 과학적 태도를 길러줄 수 있는 과정 기술을 촉진하는 상호작용을 보여 주는 것이 중요하다.

참고 유의점

- 유아 수준을 고려하여 실험을 선택한다.
- (실험의 내용, 종류, 수준에 따라 집단을 다양하게 구성) 정해진 주제를 가지고 활동 특성에 따라 대집단, 소집단, 개별로 운영될 수 있으나 대집단활동으로 시작할 경우라도 소집단이나 개별로 확장되는 과정을 통해 유아의 개별적 흥미와 호기심을 반영하도록 한다.
- 유아에게 제공되기 전에 반드시 교사가 먼저 사전실험을 하여 실험에서 성공할 수 있는 조건이 무엇인지 알고 있어야 한다.
- 실험 과정에 유아들이 능동적으로 참여할 수 있는 방안을 모색한다.
- 가설은 점차 유아가 설정하도록 한다. 처음 실험을 진행할 경우 교사가 활동목표에 따라 가설을 설정하고 유아가 검증하지만 점차 유아의 흥미에 따라 가설 설정도 유아가 하도록 하고 가설의 내용을 쉬운 것에서 어려운 것으로 단계적으로 진행해 나간다.
- 실험 과정에서 유발될 수 있는 사고에 대비하여 안전에 대한 사전설명을 충분히 하고 규칙을 상기시킨다.

1. 구성주의에 입각한 순환학습 모형(learning cycle model, Gallenstein, 2003)

학습자의 사전지식과 경험에 근거한 활동을 통해 학습자의 개념 형성을 돕는 모형이다. 구체적 경험을 통해 학습자 스스로 개념을 형성해 나가는 여러 단계를 거친 후에 마지막 단계가 다시 처음 단계로 이어진다. 사회적 상호작용으로 교사는 학습자의 선개념을 파악하고 학습자의 인지 갈등을 유발시켜 수업에 대한 관심을 고조시키고, 학습자의 개념 형성을 도와주어야 한다.

- 1단계 참여(engage) 단계: 과학활동에 대한 유아의 관심과 흥미를 끌기 위해 질문을 하거나 유아의 선개념과 모순된 현상을 제시하는 단계

- 2단계 탐색(explore) 단계: 유아가 직접 조작하고 탐구하면서 개념을 구체화시키는 단계
- 3단계 설명(explain) 단계: 유아는 가설 검증 과정에서 자신이 조사한 것이나 발견한 현상 등을 설명하고 공유하는 단계
- 4단계 확장(extend) 단계: 유아가 새롭게 형성한 개념을 상황에 적용해 보는 단계
- 5단계 평가(evaluate) 단계: 유아가 자신의 오개념이 새로운 개념으로 변화한 것을 확인하는 단계

1) 1차 수업(과학적 개념: 공기가 움직이는 것이 바람이다)

- 바람을 본 적이 있는지 질문해 유아들이 "바람을 볼 수 있을까?"라는 궁금증을 가지도록 한다.
- 유아들이 바람을 볼 수 있다는 가설을 설정하고, 바람을 보기 위해 바깥으로 나가서 바람 보는 활동을 전개한다.
- 모둠별로 바람에 대해 자신이 조사한 것이나 발견한 현상을 발표하고 공유하도록 한다.
- 유아들이 새롭게 형성한 개념을 새로운 상황에 적용하도록 교사는 교실의 창문을 여닫으며, 유아들이 바람을 느낄 수 있는 상황을 제시한다.
- 지금까지 언급된 많은 내용을 정리해 주면서 바람이 불 때 느낌이 어떠하였는지, 무엇을 보았는지 등을 유아들에게 질문한다.

2) 2차 수업(과학적 개념: 물체를 이용하여 바람을 만들 수 있다)

- 바람은 자연에서만 분다고 생각하는 유아들에게 "교실에는 바람이 없을까?" "바람을 만들 수는 없을까?"라고 질문하면서 호기심을 자극한다.
- 유아들이 교실에서 바람을 만들 수 있다는 가설을 설정하고, 모둠별로 바람을 만들 수 있는 물체를 탐색하도록 한다.
- 유아들이 발견한 현상을 발표하고 공유하도록 한다.

- 유아들이 지식을 확장할 수 있도록 바람개비를 만드는 미술활동을 전개한다. 교사는 개념도를 활용하여 바람은 자연적으로 발생하지만 인공적으로도 만들 수 있음을 정리해 준다.

3) 3차 수업(과학적 개념: 바람은 방향이 있다)

- 강풍이 부는 상황을 담은 동영상을 보여 주면서 유아들이 "바람은 방향이 있을까?"라는 궁금증을 갖도록 한다.
- 유아들이 바람은 방향이 있다는 가설을 설정하고, 모둠별로 바람 부는 날 실외에서 바람의 방향을 탐색하도록 한다.
- 모둠별로 각자가 기록한 바람의 방향을 서로 비교하면서 공유하도록 한다.
- 간단한 풍향계를 만드는 미술활동을 전개하고, 유아들이 바람은 매우 불규칙하게 분다는 개념을 수정하고 바람은 방향이 있다는 개념을 내면화하도록 한다.
- 지금까지 언급된 많은 내용을 정리해 주면서 유아 스스로 자신의 개념 변화를 확인하도록 한다.

2. 실험활동 진행

참고 교수 원리

- 인과관계에 초점을 맞출 수 있도록 자료를 제한한다.
- 비록 작동하지 않더라도 유아의 발상에 따른 시도를 허용한다.
- 유아의 과학 과정 기술을 촉진하는 발문을 한다.

1) 탐색하기(과학 영역에 놓아두어 호기심과 흥미 유발)

- 활동의 흥미와 호기심을 높이기 위한 도입 단계 → 이전 경험 회상, 수수께끼, 짧은 동화, 퀴즈, 동영상, 비밀상자, 실물 등을 다양하게 사용함

2) 준비물 및 도구 탐색하기

- 여기 무엇이 있니? 이 자동차는 어떻게 움직일까? 자동차를 움직여 보자. 자동차를 밀지 않고 움직일 방법은 무엇일까?

3) 예측하기

- 너희가 이야기한 대로 길을 기울이면 자동차가 어떻게 될지 실험해 보도록 하자.
- 경사가 진 길 위에 자동차를 굴려 보면 어떻게 될까?
- 자동차가 더 빠르게 움직이게 하려면 어떻게 해야 할까?

4) 실험 약속 정하기

- 경사로나 자동차를 사용할 때 주의할 점은 무엇일까?
- 실험을 할 때는 옆에 있는 친구들과 어떻게 해야 할까?
- 실험한 것을 나타낼 수 있는 방법에는 무엇이 있을까?

5) 실험하기(변인통제를 하고 있음을 교사가 발문으로 짧게 이야기하기)

자동차의 바퀴 크기도 다양하게 해 보고 싶니? 우리가 제일 먼저 자동차가 가는 길의 높이(경사)를 다르게 해서 굴려 보기로 했으니까 그 부분은 여기 적어 두었다가 순서대로 진행해 보자.

- 길의 높이를 다르게 하려면 어떤 방법이 있을까?
- 길 밑에 블록을 하나 더 받쳐 놓았더니 두 길의 높이가 어떻게 달려졌니?
- 두 길 중 어떤 길에서 자동차가 더 빨리 굴러갈 것 같니? 한번 굴려 보자.
- 이번에는 다양한 재료로 길을 만들어 보기로 했었는데 이 길을 손으로 만지면 어떤 느낌이 나니? 이 길 위에 자동차를 굴리면 어떻게 될까? 어떤 길에서 자동차가

가장 빠르게/느리게 내려올 것 같니? 정말 그럴지 한번 굴려 보자. 이번에는 길의 높이를 똑같이 맞추어 놓았니?

6) 실험 과정 회상 및 결과 정리하기

• 자동차 굴리기를 해 보았는데 어떤 점이 재미있었니?
• 어떤 점을 새롭게 알게 되었니? 어떤 길에서 가장 빠르게 내려왔니?
• 자동차가 더 잘 굴러갈 수 있도록 만드는 또 다른 방법은 무엇이 있을까?
• 이 기록지는 어디에 놓으면 좋을까? 우리가 기록한 기록지 말고 또 다른 방법으로 실험 결과를 기록해 보고 싶니?

3. 과학활동 수업 분석하기(평가요소)

과학활동 지도 평가표

범주		내용	그렇다	아니다
실험 선정	1	생활 주제와 연계되는가?		
	2	유아의 발달에 적절한가?		
	3	교육적 가치가 있는가?		
매체	4	안전을 고려하였는가?		
	5	사용된 도구가 실험에 적절한가?		
	6	실험도구가 유아 수준에 적절한가?		
실험 지도 과정	7	관찰하는 시간을 갖는가?		
	8	실험 방법을 고안해 보는가?		
	9	준비물 및 도구를 탐색하는 시간을 갖는가?		
	10	예측할 기회를 주는가?		
	11	실험할 기회를 주는가?		
	12	기록할 기회를 주는가?		
	13	실험 결과에 대하여 설명해 주는가?		
	14	추론할 기회를 주는가?		

마무리	15	실험 내용을 종합하는가?		
	16	실험시간이 끝났음을 알리고 다음 활동을 소개하는가?		

※ 출처: 교육부(2000).

4. 소집단 과학활동 기본 진행 틀 예시

〈도입〉

- ' '를 하며 주의를 집중한다.
- 흥미 유발을 한다.
  - 과학 영역에 있던 ○○을 사용해 보았나요? 무엇을 해 보았나요?
  ※ [사전활동과 연계하여 제시, 궁금한 점에 근거하여 제시]
- 활동을 소개한다.
  - 그럼 친구들이 직접 ~을 해서 어떻게 될지 알아보도록 해요.

〈전개〉

- 도구를 탐색한다.
  - 어떤 도구들이 있지요? 우리 함께 볼까요?
  - 생김새가 어떤가요?(크기, 냄새, 모양 등)
  - 만져 보니 느낌이 어떤가요?
  - 무엇에 필요한 도구일까요?
- 궁금한 점과 탐구 방법을 이야기 나눈다.
  - 이 도구를 활용하여 어떤 과학활동을 할 수 있을까요?
  - ○○의 어떤 점을 알아볼까요?
  - 그럼 오늘은 ~을 알아보기 위한 ○○과학활동을 해 보도록 해요.
- 결과를 예측하고 기록한다.
  - △△를 가지고 ○○을 하면 어떻게 될까요? 왜 그렇게 생각했나요?
  - 그럼 정말 ○○처럼 되는지 한번 알아볼까요?
  - 우리 친구들이 예측한 결과를 관찰기록지에 글이나 그림으로 기록해 보도록 해요.

- 실험 약속을 정한다.

    - 도구를 어떻게 사용해야 할까요?

    - 어떤 점을 주의해야 할까요?

    - 활동을 하는 동안 옆 친구와 어떻게 해야 할까요?

    - □□은 끝이 뾰족하니까 다른 친구들에게 닿지 않도록 조심해야겠지요.

    - ○○을 어디에 두고 시작하는 것이 좋을까요?

    - 더 필요한 것이 있다면 교실에 있는 것을 가지고 와서 사용하도록 합시다.

- 과학활동을 한다.

    - ○○모둠부터 실험을 시작할게요. 긴 바늘이 6에 갈 때까지 실험을 할 거에요. 나머지 모둠은 계획한 놀이를 하면서 기다리도록 합시다.

    - 선생님은 생각하지 못했는데 ○○는 이런 방법을 생각해 주었구나(구체적 진술).

- 탐색

  모양, 크기, 냄새, 촉감-오감각을 활용하여 탐색한다.

- 관찰

    - 먼저 ○○○을 관찰해 보자. ~을 관찰해 보니 어떤가요?

    - ○○가 ~을 관찰하기 위해 자세히 보는 데 어려움이 있구나.

      그럼 우리 눈 대신에 ~을 더 크게 보여 줄 수 있는 다른 도구가 있을까요?

- 변화

  처음과 다르게 어떻게 변했나요? 왜 이렇게 되었을까요?

- 비교

    - 두 △△의 모양(크기, 냄새, 촉감)은 어떤가요? 어떤 점이 다른가요?

    - 다른 △△는 어떤 모양인가요?

- 예측

  만약 ~한다면 어떻게 될까요?(모양, 크기, 냄새, 촉감)

- 측정

    - 무엇을 사용해서 어떤 방법으로 재어 볼까요?(길이, 무게, 넓이)

    - 시작점을 어디로 하면 좋을까요?

- 과학활동 과정을 회상하고 결과를 정리한다.
  - 긴 바늘이 6에 가까이 왔어요. 이제 ○○모둠은 과학활동을 마무리하도록 해요.
  - 친구들이 탐구실험을 하기 전에 예측했던 것과 같은 결과가 나왔나요?
  - 어떻게 달랐나요? 왜 다를까요?

〈마무리〉

- 과학활동을 평가한다.
  - 모든 친구들이 과학활동을 마치고 자리에 앉아 주었네요.
  - 오늘 어떤 과학활동을 했지요?
  - 무엇을 알기 위한 활동이었지요?
  - 과학활동 약속을 잘 지켜 주었나요?
  - 과학활동 결과를 친구들에게 발표하고 싶은 모둠이 있나요?
  - 활동을 하면서 어떤 느낌이 들었나요?
  - 어떤 점이 기억에 남나요?
  - 활동을 통해 새롭게 알게 된 점은 무엇인가요?
  - 관찰한 것을 기록지에 적는 이유는 무엇일까요? 또 다른 생각은 가진 친구가 있나요? 왜 그렇게 생각했나요?
- 확장활동을 알아본다.
  - 우리가 적은 기록지는 어디에 두면 좋을까요?
  - 그래요. 과학 영역에 관찰 기록지를 모아 두는 통에 놓아두면 되겠어요.
  - 활동을 하면서 더 알고 싶거나 궁금한 점은 없었나요?
  - 그래요. ○○에 대해 선생님과 함께 책에서 찾아보도록 합시다.
- 다음 활동을 알아본다.
  - 다음 시간은 바깥놀이 시간이에요. (과학활동이 바깥놀이활동과 연계될 시 발문하기)

평가

① 유아 평가

- 활동목표 의문문으로 바꾸기(평가 방법 적기: 체크리스트 혹은 평정척도)

② 활동 평가

- 활동이 생활 주제에 적합했는가?
- 활동이 유아의 발달수준에 적합했는가?
- 활동이 교육목표 달성에 적절했는가?
- 도입, 전개, 마무리가 적절했는가?
- 유아의 흥미와 참여를 이끄는 적절한 발문을 하였는가?

가정 및 지역사회와의 연계

① 가정

- 가정에서 오늘 한 활동에 대해 부모님과 함께 이야기를 나누고 부모님과 유아 가 그 밖의 ○○○(주제)에 대해 알아본다.

② 지역사회

- 지역사회에 존재하는 ○○○ 등으로 현장학습을 간다.
- 활동과 관련된 전문가를 유치원으로 초빙하여 질의응답시간을 갖는다.

확장활동

- 활동을 하면서 궁금한 내용을 책에서 찾아보기
- 관찰한 것을 그림으로 표현해 본다.

지도상 유의점

〈도입〉

- 과학 영역에 미리 도구를 놓아둔다.
- 유아들의 안전을 고려하여 계획한다.
- 유아의 경험이나 실생활과 연결 지어 활동에 대한 호기심을 불러일으킨다.
- 모든 유아들이 집중할 수 있도록 주변의 교구나 물건을 정리한다.

〈전개〉

- 교사는 유아의 확산적 사고를 촉진시키는 발문과 상호작용을 한다.

- 안전한 과학활동을 위하여 각 모둠을 위한 약속판을 제공한다.
- 과학활동 자료의 상태와 변화에 대한 탐색을 지속할 수 있도록 돕는다.
- 과학활동을 위한 충분한 시간을 제공한다.
- 교사는 유아가 능동적으로 과학활동에 참여할 수 있도록 허용적인 분위기를 조성하고 적극적으로 상호작용한다.
- 교사의 철저한 사전계획을 통해 변인통제된 자료를 순차적으로 제시해 과학적 오개념이 형성되지 않도록 돕는다.

〈마무리〉
- 유아들의 생각을 반영하여 확장활동을 정해 본다.
- 가정과 연계하여 활동이 지속될 수 있도록 한다(필히 마무리 발문에 가정과 연계 지도하기).
- 활동에 대해 유아가 스스로 생각해 보도록 한다.
- 유아가 처음 궁금증을 가지고 탐구했던 내용이 관찰 기록지를 통해 결과로 보여짐을 알 수 있도록 한다.

11 자유선택활동

자유선택활동은 유아가 활동을 스스로 결정함으로써 새로움에 도전하거나 익숙한 활동을 재경험할 수 있는 흥미로운 시간이다. 유아의 흥미에 따라 다양한 놀이를 경험할 수 있도록 지원하며 때로 놀이 중 발생하는 문제 상황을 스스로 해결할 수 있도록 돕는 과정을 보여 주는 것이 필요하다.

1. 자유선택활동의 계획 – 실행 – 평가

놀이 계획	• 1단계 놀이 소개 각 흥미 영역에 제공된 놀이활동이나 놀잇감을 유아들에게 소개해 줌으로써 유아가 놀이활동을 선택하여 계획하는 데 도움을 준다. • 2단계 놀이 계획 놀이활동이 소개된 후에는 어떤 놀이를 할 것인지 계획을 세우도록 지도한다. 놀이 계획은 유아의 발달수준, 학기 시기, 학급당 원아 수 등에 따라 다양한 방법으로 이루어질 수 있다. 예 말로 표현하기, 게임 형식으로 계획하기, 흥미 영역별로 표시하기, 자유선택활동 계획판 이용하기, 놀이 계획 용지 이용하기
놀이 실행	– 유아들이 자신이 세운 놀이 계획에 따라 놀이하도록 지도한다. – 계획한 놀이에 대한 기억을 환기하는 질문이나 놀이 영역 또는 놀잇감에 대한 구체적 안내와 놀이 집단에 자연스러운 참여를 유도하는 방법을 통해 도움을 준다. – 유아가 놀이하는 동안 비언어적 및 언어적 표현으로 유아의 놀이를 인정하고 격려해 준다. 예 미소를 짓거나 끄덕이기, '음식을 만들고 있구나' 등의 언어화 등 – 놀이 시 너무 소란하거나 안전사고, 공격적인 행동이 자주 발생하면 놀이 중간에 잠시 모이는 시간을 갖고 학급 분위기를 안정시킨 후 다시 놀게 한다. – 유아들의 놀이를 주의 깊게 관찰한 후 개입한다. – 유아들이 놀이 상황에서 겪게 되는 갈등을 스스로 원만히 해결할 수 있도록 도와주며, 문제 상황이 발생하지 않도록 사전에 세심한 배려를 기울인다. – 교사는 한 유아와 이야기를 나누거나 도움을 줄 때에도 유아 전체를 바라봄과 동시에 한 유아에게서 다른 유아로, 한 놀이 집단에서 다른 놀이 집단으로 이동하면서 개별 유아의 활동에 관심을 보이며 상호작용하도록 한다.

	– 놀이 시간이 끝난 후에는 스스로 정리정돈을 하도록 지도한다.
놀이평가	• 집단평가 방법 – 학급의 전체 유아가 함께 모이거나 소집단으로 모여 놀이를 평가하고 발표하는 방법이다. – 발표 순서를 정하거나 각 흥미 영역에 참여한 유아들이 발표하도록 지도한다. – 발표하는 방법은 말로 표현하기, 놀이시간에 가지고 논 놀잇감이나 작품을 직접 가져와서 보여 주면서 발표하기, 무언극으로 평가 내용을 발표하기 등이 있다. – 집단으로 놀이 평가를 하며 다른 친구들의 놀이 경험이나 평가 내용을 듣게 됨으로써 유아가 놀이활동을 계획하거나 평가하는 데 많은 도움이 된다. • 개별평가 방법 – 유아가 놀이 평가표를 사용해서 개별적으로 평가하는 방법이다. – 놀이평가표는 계획과 평가를 함께하도록 만들거나, 평가 내용을 얼굴 표정 그림으로 표시하게 할 수도 있다. – 교사는 놀이평가표를 수집하여 분석하면 각 유아의 놀이 참여 경향 및 평가 능력을 파악하여 지도하는 데 많은 도움이 된다.

2. 영역별 지도 내용 및 예시

1) 역할놀이/쌓기놀이 영역

- 많은 유아가 함께 활동하는 공간이므로 놀이 공간, 놀잇감, 자료를 충분히 제공한다.
- 유아들 간의 놀이가 확장되도록 다양한 역할로 개입한다.
- 문제 상황이 생길 시 유아들과 함께 토의하여 스스로 해결해 나갈 수 있도록 한다.
- 활동에 참여하지 못하는 유아는 교사가 관찰 후 개입하여 유아의 불편사항을 해결해 주고 놀이활동에 참여할 수 있도록 한다.

[활동에 대한 상호작용 예시]

어떤 놀이를 제일 먼저 할 생각이었니?/기계 놀이에 필요한 것이 무엇이 있을까?/새로운 블록이 있네. 무엇을 만들고 싶니?/○○가 있는 곳은 무엇을 파는 곳이니?/○

○는 주말에 한 일을 사진을 보며 만드는 거니?/선거를 하는 모습을 본 적이 있어서 투표함을 만들었구나./그렇구나. ○○는 버스가 더 커야 한대. 너희 생각은 어떠니?/□□는 버스정류장을 만들고 ☆☆는 신호등을 만들었구나./역할놀이에 있는 것으로 옷이 충분하니? 옷 가게 놀이를 하는 데 필요한 물건이 더 있으면 선생님에게 말해 주세요./간판을 어떻게 만들면 좋을까? 음식 모형이 없는 것은 누가 그림으로 그려 주면 좋을까?/자동차를 조금 더 만들고 싶었구나. 그러면 우리 시곗바늘이 ~에 갈 때까지만 더 놀이하고 마무리하자.

예 놀이에 참여하고 싶은 유아

- ○○도 가게놀이를 하고 싶은데 어떤 방법이 있을까? 가게가 좀 좁지만 함께 놀이할 수 있는 방법이 있니? 아, 가게를 블록으로 더 넓게 만들 수 있구나. 좋은 생각을 해 주어서 고마워.

- ○○와 □□가 모두 주인을 하고 싶은데 어떻게 하면 좋겠니? 아, 가게의 종류를 나누어서 할 수 있겠구나. 그럼 우리 ◇◇의 생각대로 한번 해 볼까?

예 구성물을 무너뜨린 경우

- ○○가 만든 블록을 □□가 모르고 넘어뜨려 속상했구나. □□가 사과하는데 받아줄 수 있겠니? 친구가 만들고 있을 때는 다른 곳으로 돌아가는 것도 좋은 방법인 것 같다. 좋은 생각을 해 냈구나. □□가 사과했는데 기분이 좀 좋아졌니? 그러면 우리 함께 도와 다시 블록을 만들어 보면 어떨까?

2) 언어 영역

- 듣기, 말하기, 읽기, 쓰기를 자유롭게 접할 수 있는 환경을 구성한다.
- 문맥에 맞지 않더라도 자신감을 잃지 않고 활동할 수 있도록 격려한다.

[활동에 대한 상호작용 예시]

주인공에게 해 주고 싶은 말이 있니? 그 말을 들으면 주인공이 뭐라고 말할 것 같니?/이 우유팩에 쓰여 있는 글자를 따라 써 볼 수 있니? ○○는 소리를 듣고 혼자 쓸 수 있구나/컴퓨터에서 어떤 것을 보고 있니? 글자를 맞추어 보고 있구나. 마이크에서 목소리가 나오는 것도 신기하지? 목소리를 녹음하는 방법도 알고 있구나./어떤 내용을 이야기하고 있었니? 우리 반 신문에 어떤 이야기를 넣으면 좋겠어? 이야기를 만드는 데 더 필요한 것이 있니? 어떤 그림이 필요할 것 같아?/친구의 이름을 쓰는 것이 어려워? ○○가 도와줄 수 있겠니?

예 컴퓨터 사용 시간을 다투는 경우

- 왜 기분이 좋지 않아? 아, 컴퓨터로 미디어 동화를 보고 싶었구나. 지금은 누가 하고 있지? 긴 바늘이 어떤 숫자에 갈 때까지 ○○가 하기로 했었니? 그런데 아직 마무리가 되지 않았구나. 마무리 할 때까지 조금만 더 기다려 줄 수 있니? ○○가 기다려 줘서 □□가 잘 끝냈구나.

3) 수 · 과학 영역

- 유아의 실수나 잘못된 점을 즉시 피드백하기보다 조금 기다려 주거나 관찰/발문을 통해 스스로 수정해 가도록 돕는다.
- 우연한 문제해결의 결과에 대해서도 격려하고 칭찬한다.
- 일상생활 속의 문제해결을 할 수 있는 통합적 환경을 구성한다.

활동에 대한 상호작용 예시

○○가 게임 방법을 잘 모르는구나? 몇 칸을 가야 하는지 볼까? 둘 다 똑같은 칸에 있으면 어떻게 놓아야 할까?/패턴활동의 규칙이 ○□◇ 이니?/양팔 저울에서 내려간 쪽은 무게가 어떨 것 같니?/산책하면서 가져온 감이 어떻게 되었니? 만져 본 느낌을 말해 보겠니?/물이 아래로 흐르려면 다른 좋은 방법이 있니?

예 방해를 받은 경우

- 여기 스포이트로 빨간색 물감을 넣고 싶었는데 ○○가 초록색을 넣어 버렸구나. 맞아. 당연히 화가 날 수 있어. 왜 화가 났는지 ○○에게 말해 주었니?
- ○○는 □□가 빨간색을 넣고 싶은 것을 모르고 그랬구나?
- 초록색 물감을 넣었을 때의 색도 관찰해 보았으니 이번에는 빨간색 물감을 넣고 어떻게 변하는지 보면 어떨까?

- 친구와 함께 서로 불편하지 않으려면 어떤 약속을 정하면 좋을까?

4) 미술 영역

- 교사의 계획과 지시로 이루어지는 것이 아니라 자발적 흥미에 따른 활동으로 이루어지도록 한다.
- 다양한 자료 제시 및 환경 지원을 통해 유아가 자신의 흥미에 따른 표상활동을 여러 방법으로 확장할 수 있도록 한다.

[활동에 대한 상호작용 예시]

○○는 친구랑 물감 스펀지를 같이 쓰고 싶었구나? 그럼 스펀지를 쓸 때 선생님이 무엇을 해 주면 서로 불편하지 않고 사용할 수 있을 것 같니? ○○가 생각한 것처럼 한 번씩 순서대로 나누어 찍으니 기분이 어떠니?/우유팩과 요구르트 병이 서로 떨어지려고 하는데 더 단단하게 붙일 방법이 있을까?/과자봉지를 정말 새롭게 꾸몄구나. 친구들에게 소개해 줄 수 있겠니? 선생님 도움이 필요하면 언제든지 부르럼. 색깔 테이프가 더 필요하구나?

5) 음률 영역

- 일상생활에서의 자연스러운 소리 탐색을 경험할 수 있도록 한다.
- 악기 탐색 및 연주는 계획된 활동을 완성하기보다 단계적으로 경험하도록 지원한다.

[활동에 대한 상호작용 예시]

어떤 악기 소리가 가장 무거운 소리 같아? 노랫말에 더 넣고 싶은 말이 있니?/음의 높이를 다르게 해서 불러 보고 싶니? 악기를 대신할 수 있는 것이 교실에 있을까?/노랫말에 ○○ 이름을 넣어서 불러 보면 어떨까?/악기가 조금 부족한 것 같니? 아, 만든 악기도 함께 사용하면 되겠구나./악기의 소리를 함께 연주하니까 합주가 되었네. 이 연주를 다른 친구들에게도 보여 주면 좋을 것 같은데 너희 생각은 어떠니?

예 악기 연주 시 불평하는 경우

- 악기 연주를 할 때는 다른 친구와 소리나 빠르기가 맞지 않을 때가 있어. 그래서 악기 연주는 누구나 어렵다고 느끼는 때가 있거든. 다시 한번 천천히 해 보자.
- 지금은 연주를 잘할 수 있지만 만약에 ○○처럼 잘 안 되어서 속상하다면 어떨 것 같니? 친구가 더 잘 연주할 수 있도록 우리가 도와줄 방법이 있을까?
- 아, 다 함께 천천히 해 보는 것도 좋은 방법이구나. 너희가 생각한 방법으로 다시 해 볼까?

Part 3

수업지도안 예시

1 수업의 절차: 도입과 마무리 예시

> • 활동명: 사자왕의 행진(신체활동, 만 5세)
> • 생활 주제: 동식물과 자연
> • 주제: 동물과 우리 생활
> • 소주제: 동물과 함께하는 즐거움 느끼기
> • 목표: 사자의 특징을 창의적으로 표현한다. 신체활동에 즐겁게 참여한다.
> • 활동 자료: 사자왕의 행진 동영상, 사진 자료, 음원, 망토

1. 도입 예시

도입에서는 다음과 같은 방법 중 적합한 방법을 통해 <u>주의집중</u> → <u>연계성 이끌어 내기</u> → <u>활동 안내(소개)</u>가 이루어져야 한다. 도입에서는 유아들의 동기를 유발하기 위해 다음과 같이 유아의 느낌과 경험을 연결시켜 마음을 움직이는 것이 필요하다.
예 "○○가 즐거워 보이네. 우리도 해 볼까요?(바람)" "왜 그럴까? 재미있겠다(흥미, 관심, 탐색)." "이상한 것 같아(호기심)." "우리가 도와주고 싶다(동정, 공감)." "너희도 ○○처럼 외로워 본 적이 있니?(경험)" "지난 시간에 잘 해냈었지?(자신감)"

누리과정 교사용 지도서에 제시된 '사자왕의 행진' 활동에 Part I에 소개한 'ARCS 동기전략'을 활용해 본 도입 예시는 다음과 같다.

1) 주의집중 이끌어 내기(A)

무언가 흥미로운 내용이 제시될 것이라는 기대와 감각을 자극하여 주의집중을 불러일으키는 방법들이다.

① 목소리 크기와 높낮이 조절하기: "(〈London bridge is falling down〉 노래의 음에 맞추어 개사) ○○반 모여라~ 모여라 ~모여라~ ○○반 모여라 다 모였다." / 목소

리 크기를 조절하여 유아들이 자리에 앉도록 함(〈유치원에서(김진영 작사·작곡)〉 노래를 활동명에 맞추어 개사))

② 그림이나 사진의 일부를 보여 주거나 구체물 활용하기: "선생님이 어제 어떤 동물의 사진을 여러 장 찍어 왔어. 그런데 그 동물의 각 부분들만 자세히 찍어 온 사진이 에요. 어떤 동물의 부분을 찍었는지 알아볼까?"(휴대전화를 컴퓨터에 연결하여 화면 으로 보여 줌)

③ 교사의 손짓과 몸짓 활용하기: "선생님이 몸짓으로 보여 주는 동물이 누구일지 맞 추어 볼 수 있겠니?"

④ 칠판에 그림을 그리며 말하기: "오늘은 그림 퀴즈로 시작해 볼까? 선생님은 어떤 동 물을 그려 볼 거예요. 선생님이 그리는 동물이 어떤 동물인지 알 것 같은 친구는 손을 들어 주세요. 그런데 어떤 동물인지 말하지는 않을 거예요. 어떤 동물인지 알 것 같은 친구는 나와서 선생님이 그리는 그림을 더 완성해 보자."

2) 연계성 이끌어 내기(R)

학습자의 과거 지식과 경험에 새롭고 낯선 내용을 연결하는 것으로 다음과 같은 다 양한 방법을 활용해 볼 수 있다.

① 개인적 경험 나누기: (유아의 개인 경험 말하기) "사자를 본 적이 있니? 어디서 보았 니?"/(교사의 개인 경험 말하기) "선생님이 주말에 동물원에 다녀왔단다. 그날따라 날씨도 너무 좋고 동물들도 많이 돌아다니고 있어서 사진을 찍어 왔어."

② 현장학습/지난 시간 학습 내용 회상하기: (현장학습) "지난주에 동물원에 가서 보았 던 동물 중에서 우리 ○○반 어린이들이 '사자'에 대해서 더 궁금해서 '더 알아보 고 싶어요!' 게시판에 기록해 두었던 것 기억나나요?"/(지난 시간 학습 내용과 연결 짓기) "어제 '유치원에서 키우고 싶은 동물'을 조사해서 그래프를 만들었을 때 어 떤 동물들이 있었는지 기억나나요? ……(중략)…… 맞아요. 사자도 있어서 사자 를 유치원에서 키울 수 있는 방법이 있을까에 대해 이야기를 나누었어요.

③ 궁금한 것 말해 보기: (사자의 생김새나 움직임에 대해 궁금한 것) "사자가 갈기를 휘

날리며 걸어가는 모습을 표현하려면 어떻게 하면 좋을까?" "사자가 먹잇감을 보

았을 때는 어떻게 움직이는지 보고 싶니?"

④ 유아가 노력한 결과에 대해 시각 자료 제공하기: "우리가 표현한 사자의 모습을 남

겨 놓으면 어떨까? 사진으로 찍어서 남겨 놓고 싶니? 동영상으로 찍어서 남겨 놓

는 것이 더 좋겠니?"

3) 자신감 유발하기(C)

자신감을 발달시키기 위해 유아들이 부분적으로 유의미한 개인적 통제를 할 수 있

도록 수업을 조직하고, 긍정적인(유아가 해낸 부분에 대해) 피드백을 제공한다.

① 유아의 생각을 말할 수 있는 기회 제공하기: (사자의 다양한 모습을 몸짓 퀴즈로 진행

함) "이번에는 또 사자가 무엇을 하는 모습을 표현해 볼 수 있을까? ○○가 해 보

고 싶다고 손을 들어 주었어. 우리 ○○가 몸짓으로 보여 주는 사자의 모습을 보

고 무엇을 하고 있는 중인지 맞추어 보자." (음원 감상 후) "눈을 감고 생각해 보자.

사자가 어떻게 하고 있는 장면이 생각나니?"

4) 활동(목적) 안내(S)

목적을 분명하게 정의해 줌으로써 유아들이 실제적인 혹은 잠재적인 수업의 목적을

알도록 하는 데 도움을 준다.

① 학습 내용이 나에게 어떤 좋은 점을 주는지 혹은 이러한 활동을 하는 이유를 생각해

보도록 하고 알려 주기: "오늘은 선생님이 준비한 동영상을 본 뒤에 모두 사자가

되어서 자유롭게 움직여 볼까? 내가 표현해 보고 싶은 사자의 모습을 음악을 들으

며 마음껏 표현해 보자."

2. 마무리 예시

1) 활동정리 및 평가

① 활동목표 반영하기(사자의 특징을 창의적으로 표현하는지/신체활동에 즐겁게 참여하는지)

- 음악에 맞춰서 사자의 모습을 표현해 보니 어땠니? 어떤 부분이 좋았니?
- 어떤 부분이 재미있었니?

② 다음 활동 계획을 위해 유아의 의견 반영하기

- 어떤 부분을 바꾸면(어떤 자료를 활용하면) 더 재미있었을 것 같니?
- 몸으로 사자를 표현해 보았는데 더 해 보고 싶은 것이 있니?

③ 다양한 표현에 대한 존중(인성요소)

- 친구의 표현 중에서 어떤 부분이 제일 마음에 들었는지(재미있었는지) 이야기해 보자.

2) 다음 활동(차시) 예고

① 다음 연계활동 계획하기(유아의 의견 수렴)

- 다음에는 망토 말고 어떤 것을 활용해서 신체표현을 할 수 있을까?
- ○○는 언어 영역에서 동물원의 사자에게 편지를 써 보고 싶구나.

② 다음 활동 안내+전이

- 오늘 신체활동을 할 때 동영상으로 찍어 둔 것은 보고 싶을 때 볼 수 있도록 컴퓨터 영역에 놓아둘게요. 다음 시간은 점심시간이에요. 간식시간과 반대로 ○○모둠부터 순서대로 일어나 화장실을 다녀오도록 할게요.

2　활동 유형별 지도안 예시

1. 이야기 나누기 및 언어활동

1) 토론활동: 아빠의 새 직장

생활 주제	나와 가족(만 5세)	주제	소중한 가족	소주제	가족과 화목하게 지내기
활동명	아빠의 새 직장				
활동 목표	1. 문제 상황에 대한 다양한 해결 방법을 고안한다. 2. 타당한 근거로 자신의 주장을 말한다. 3. 가족 내에서 일어나는 문제에 대해 이야기 나눔으로써 가족의 소중함을 느낀다.				
누리과정 관련 요소	• 의사소통: 말하기-느낌, 생각, 경험 말하기 • 사회관계: 가족을 소중히 여기기-가족과 화목하게 지내기				
활동 자료	이야기 상황 융판 자료				

교수학습 단계	활동 방법	유의점
도입	(자리 · 대형 정리 및 배치 후) 1. 지난 수업에서 감상했던 이중섭의 〈길 떠나는 가족〉 명화를 회상한다. 　• 만약 가족과 함께 있을 때 (가족과 헤어지게 된다면) 어떤 마음(기분)이 들까? 2. 그림 속의 아이에게 온 편지를 읽어 준다. 　• ○○가 너희에게 자기의 고민을 편지로 보내왔어. 　• 편지 내용을 잘 듣고 나서 우리가 ○○의 고민을 어떻게 해결할 수 있을지 생각을 모아 전달해 주는 것은 어떨까? 　우리 집 고민은 아빠의 회사야. 우리 아빠가 더 좋은 회사로 가게 되셨어. 그런데 그러려면 지금 내가 살고 있는 곳에서 더 먼 곳으로 이사를 가야 한대. 나는 유치원도, 친구도, 놀이터도 모두 지금 내가 살고 있는 동네가 정말 좋아. 엄마도 나랑 똑같대. 　엄마랑 나랑 모두 함께 아빠의 새 회사로 이사를 가야 할까? 아니면 아빠만 혼자 이사를 가서 주말에만 엄마랑 나	

	를 보러 오는 것이 좋을까? 난 정말 모르겠어. 얘들아, 너희는 어떻게 생각하니?	
전개	1. 고민을 듣고 문제에 대해 이야기 나눈다. 　• 모두 잘 들었니? ○○의 고민은 무엇이니? 2. 토론할 주제(문제)를 확인한다. 　• 우리가 오늘 ○○의 고민에 대해서 함께 생각을 나누어 보면 어떨까? 3. 이 상황(결정한 바)에 대한 느낌에 대해 좀 더 이야기 나눈다. 　• 만약 모두 함께 이사를 간다면 아빠(엄마/○○)는 어떤 기분일까? (만약 아빠만 이사를 간다면 아빠(엄마/○○)는 어떤 기분일까?) 너희라면 어떤 기분일 것 같니? 4. 각자의 서로 다른 생각에 대해 이야기 나눈다. 　• 이럴 때는 어떻게 하는 게 좋다고 생각하니? 엄마랑 ○○랑 모두 멀리 이사를 가는 게 좋을까? 아니면 아빠만 가는 게 좋을까? 　• 왜 그렇게 생각했니? 다른 생각을 가진 친구도 있니? 5. 생각에 따라 자리를 바꾸어 본다. 　• 우리가 지금까지 이야기 나누어 본 내용에 대해서 '○○가 아빠를 따라 이사를 가야 한다.'고 생각하는 친구는 이쪽에 앉고 '이사를 가지 않는 게 좋겠다.'고 생각한 친구들은 이쪽에 앉아 보자. 　• 아직 결정을 못한 친구들은 바닥에 좀 더 앉아 있다가 자리를 옮길 수 있어. 　• 왜 이쪽에 앉았는지 이야기해 줄 수 있니? 6. 생각을 바꿀 기회를 제공하고 생각이 바뀐 이유에 대해 이야기 나눈다. 　• 왜 자리를 바꿨는지 이야기해 줄 수 있니? 　• 결정을 하게 된 이유가 있니? 7. (모둠별 진행) 자신의 입장과 상대방의 관점에 대해 이야기 나눈다. 　• ○○과 생각과 같은 생각을 하는 사람은 누구니? 왜 그렇게 생각했니? 　• 모든 가족이 이사를 가게 된다면 어떤 점이 좋을 것 같다고 생각했니? 어떤 점에서는 안 좋을 것 같니?	• 갈등 상황에 대한 인식 및 탐색이 포함되도록 진행한다. • 갈등 상황 속 인물의 마음을 추론해 볼 기회를 제공한다. • 유아들이 각자 자신의 입장을 이야기하고 다른 친구의 생각을 들어보는 기회를 제공한다.

	• ○○와 다른 생각을 갖고 있는 사람이 있니? 왜 그렇게 생각했니? • 누구와 비슷한 생각을 하니? 왜 다른 친구는 ~라고 생각했을 것 같니? 8. 모둠의 구성원들이 의견을 합의할 수 있는 대안이나 최선의 방법에 대해 이야기를 나눈다. 　• 모두 다 의견이 같지는 않은데 어떻게 결정하는 것이 가장 좋을까? 가족들이 모두 함께 이사를 가거나 아빠만 혼자 이사를 가는 것 말고 또 다르게 해결할 수 있는 방법이 있을까?	• 유아들이 자신의 의견을 정리해 보고 친구의 관점을 이해하도록 돕는다.
평가	1. 모둠별로 내린 결정을 함께 이야기해 본다. 　• ○○ 모둠은 ~하기로 결정을 내렸어. 　• 모둠별로 결정된 내용을 ○○에게 어떻게 전달할 수 있을까? 그래, 편지를 써 보는 방법이 있을 것 같구나. 2. 토의의 과정에 대해 평가한다. 　• 토의하면서 어떤 점이 재미있었니? 새롭게 알게 된 점이 있니? 친구와 나의 생각에 대해 이야기를 나누어 보니 어떠니? 　　　　(전이활동 및 다음 활동 안내)	

※ 출처: 이선영(2016)의 활동 예시를 재구성함.

참고

교사는 이야기 나누기를 진행하며 유아들에게 다양한 제안을 할 수도 있다(이때 답은 한 가지가 아니라는 측면으로 접근한다).
例 "친구들 의견도 들어보고 결정해 보자."
　"팀을 정할 때는 가위바위보로 해 보면 어떨까?"
　"이건 너무 ~하다면 △△로 바꾸어서 해 보면 어떠니? 너희는 ~를 하고, 선생님은 ~를 할게."

2) 책 만들기 활동: 소피가 화나면

생활 주제	나와 가족(만 5세)	주제	나의 몸과 마음	소주제	나의 감정 알고 조절하기
활동명	학급 책 만들기(소피가 화나면, 정말 정말 화나면)				
활동 목표	1. 나의 감정이 상황에 따라 변하는 것을 안다. 2. 나의 감정을 긍정적으로 조절해 본다. 3. 학급 책 만들기 활동을 통해 친구와 협동하며 즐거움을 느낀다.				
누리과정 관련 요소	• 의사소통: 말하기–느낌, 생각, 경험 말하기 • 사회관계: 다른 사람과 더불어 생활하기–공동체에서 화목하게 지내기				
활동 자료	『소피가 화나면, 정말 정말 화나면』(동화), 책 만들기 자료				

교수학습 단계	활동 방법	유의점
도입	(최근 동향으로는 자리 앉기 등 수업과 직접적으로 관련 없는 부분은 생략하고 진행할 것을 요구하는 경우도 있음) 1. 『소피가 화나면, 정말 정말 화나면』 동화의 표지를 보여 준다. 　• 지난 시간에는 우리 얼굴 카드를 가지고 '어떤 기분일까요?' 맞추어 보는 게임을 했었지요? 오늘은 선생님이 기분과 관련해서 우리가 함께 읽어 볼 책을 가지고 왔어요. 　• 여기 표지에 주인공 아이가 보이나요? 이 아이의 이름은 '소피'래. 소피의 기분이 어떤 것 같나요? 　• 아, ○○는 소피의 기분이 ~한 것 같다고 생각하는구나. 왜 그렇게 생각했나요? 그럼 ○○가 말한 것처럼 우리도 화가 난 소피의 표정을 따라해 볼까? 또 다른 생각을 하는 친구도 있나요? 　• 그렇다면 이 동화의 제목은 무엇일 것 같아요? 2. 제목과 저자와 삽화가의 이름을 소개한다. 　• 이 이야기를 써 준 작가 선생님은 ○○라는 분인데 이 이야기의 그림도 그려 주셨대요. 우리 생각과 또 다르게 어떤 제목을 붙이셨는지 같이 읽어 보자(제목을 가린 종이를 떼고 함께 읽어 본다). 　• 그럼 우리가 소피에게 어떤 일이 있었는지, 그래서 어떤 기분인 것인지 이야기를 읽으면서 소피를 다시 만나 보도록 하자.	• 이전 활동을 상기시키며 표지 속 주인공의 표정을 보고 감정을 추론해 보는 기회를 제공한다.

전개	1. 동화책의 내용을 듣는다. 소피가 한창 놀고 있는데, 언니가 다가와 고릴라 인형을 움켜쥐고 "내 차례야!" 하고 말하는데 엄마까지 "이제 언니 차례다, 소피." 하고 언니 편을 들어 화를 돋움 결국 인형은 찢어지고 소피는 너무 화가 나 집 밖으로 달려 나가 다리가 풀려 주저앉을 때까지 달리고, 달리고 달려 숲길에 도착하는데, 주위 자연을 둘러보며 화는 씻은 듯 사라지고 행복감이 밀려 다시 집으로 돌아옴 → 가족들이 따뜻하게 맞아 줌 2. 동화의 내용을 회상하며 이야기 나눈다. 　• 소피는 왜 화가 났을까요?(상황과 연결 지어 생각해 볼 수 있도록 한다.) ○○반 어린이들도 소피처럼 화가 난 적이 있었나요? 　• 소피는 화가 났을 때 어떻게 했나요? 소피는 계속 화가 나 있었나요? 어떻게 해서 소피의 기분이 변했을까요? (기분이 어떻게 변화했는지 생각해 볼 기회를 제공한다.) 3. 동화 내용과 관련된 서로 다른 생각에 대해 이야기 나눈다. 　• ○○반 어린이들도 소피처럼 화가 났을 때 기분을 푸는 방법이 있나요?(각자의 방법을 공유해 본다.) 　• △△는 '숨을 천천히 5번 쉬어요.'라고 말해 주었어요. 우리 △△가 말한 것처럼 천천히 숨을 5번 쉬어 볼까요? 4. 함께 이야기 나눈 방법을 기록할 방법에 대해 결정한다. 　• 우리가 지금까지 '화가 났을 때 화를 풀 수 있는 방법, 다시 즐거운 마음으로 바꾸는 방법'에 대해 서로 좋은 생각을 나누어 보았는데, 이런 좋은 생각들을 다음에도 기억하면 좋을 것 같아. 어떤 방법이 있을까? 　• 지금까지 나온 세 가지 방법 중에 손을 들어 결정해 보면 어떨까? 5. 모둠활동을 한다. 　• 우리가 모둠으로 함께 그림을 그리고 글씨를 써서 책을 만들기로 결정했어요. 　　　　　……(중략)…… 　(교사는 모둠별로 돌아다니며 역할을 배정하고, 글씨를 못 쓰는 유아의 지도 등의 역할을 보여 준다.)	• 동화 속 이야기를 회상할 수 있는 질문으로부터 자신의 경험을 연결 지어 볼 수 있는 질문으로 확장한다. • 갈등 해결 방법이 주된 요소가 아닌 자신의 감정을 긍정적으로 조절하는 방법에 초점을 맞추어 이야기 나누기를 진행한다. • 다른 사람의 다양한 방법에 대해 주의 깊게 듣고 존중할 수 있도록 발문한다.

	6. 모둠별로 완성된 책을 발표한다. • 자, 이제 모두 다 완성했니? 먼저 보여 주고 싶은 모둠이 있으면 손을 들어 볼까요?	
평가	1. 활동에 대해서 평가한다. • 어떤 점이 재미있었니? 어떤 점이 힘들었나요? 새로 알게 된 방법은 무엇이 있나요? （전이활동 및 다음 활동 안내）	

3) 동시활동: 어떻게 갈까요

생활 주제	교통기관(만 4세)	주제	항공/ 해상교통기관	소주제	항공/해상교통기관 움직임과 변천 과정 알아보기
활동명	어떻게 갈까요				
활동 목표	1. 의성어, 의태어를 들으며 우리말의 재미를 느껴 본다. 2. 항공/해상 교통기관에 관심을 갖는다.				
누리과정 관련 요소	• 의사소통: 듣기–동요, 동시, 동화 듣고 이해하기 • 자연탐구: 탐구하는 태도 기르기–탐구 과정 즐기기				
활동 자료	동시판 혹은 PPT '어떻게 갈까요'				
교수학습 단계	활동 방법			유의점	
도입	(최근 동향으로는 자리 앉기 등 수업과 직접적으로 관련 없는 부분은 생략하고 진행할 것을 요구하는 경우도 있다.) 1. '동시의 주제'와 관련되어 동기유발을 한다. 　(지난주 ○○로 견학을 다녀왔다고 도입하는 방법 외에 다음과 같은 다양한 방법으로 도입해 볼 수 있다.) 예 배경음악과 함께 편지 들려주기 ┌──────────────────────────┐ │ ○○반 어린이들 안녕. 난 우도라는 섬에 살고 있는 △△ 라고 해. 우리 섬에는 사람들이 많이 살지 않아. 그래서 나는 친구가 없어. 엄마가 바다에 일하러 가시면 나는 혼자 집에 남아 있어. 혼자 노는 건 정말 심심해 ……(중략)…… 너희가 놀러와 줄 수 있겠니? │ └──────────────────────────┘			• 동시의 주제와 관련되면 이전 수업, 유아의 생활 경험과 연관될 수 있도록 도입하되, 본 활동인 '동시 듣기'보다 주가 되지 않도록 한다.	

예 막대 인형 상황극 보여 주기

> ○○반 선생님 안녕하세요.
> 오늘 제 친구 △△ 생일이에요. 친구의 생일을 축하해 주고 싶은데 친구가 너무 멀리 이사를 가서 어떻게 가야 할지 모르겠어요…….
> (유아들의 표정과 반응을 잘 살피며 유아가 상황극에 몰입할 수 있도록 전개하며 교사는 혼잣말과 질문을 사용하여 유아들의 반응을 최대한 끌어낸다.)

예 교사의 이야기 들려주기

> 선생님은 주말에 하늘도 파랗고 날씨도 좋아서 어딘가로 놀러가고 싶었어. 그래서 김포공항으로 갔어. 공항에는 ~가 있었고, ○○, △△…… 여러 도시 이름이 적혀 있었어. 선생님은 그곳 중 한 곳을 골라 기차를 타기로 했어. 선생님이 우리 반 어린이들에게 보여 주고 싶어서 사진을 찍어 왔는데 같이 보겠니?

2. 주제와 관련된 경험에 대해 이야기를 나눈다.
   - (교사의 이야기 들려주기–'사진'으로 도입할 경우) 이 사진을 보니 어떤 것이 생각나니? 아, 우리가 지난번에 수업했던 '하늘에서 일하는 교통기관' 카드가 생각났구나. 맞아. □□□는 하늘을 날아다니면서 사람들이 여기저기로 이동할 수 있도록 도와주었지.
   - (막대 인형 혹은 편지 읽어 주기 예시로 도입할 경우) 우리가 우도에 사는 ○○에게 놀러가려면 어떻게 갈 수 있을까? 아, 우리가 지난주에 감상했던 〈빨간 배〉 명화가 기억났구나? 맞아, 그 배를 타고 갈 수도 있겠다. 또 다른 방법이 있을까?

| 전개 | 3. 동시를 소개한다.
　• (동시판을 보여 주며) 지금까지 너희가 이야기했던 교통기관들이 나오는 시가 있어서 선생님이 준비해 왔는데 같이 보겠니? (그림에 대해 이야기 나눈 뒤) 어떤 제목의 동시일 것 같니? (유아들의 의견을 들어 본 후) 이 시를 쓰신 작가 선생님의 이름은 ○○인데, ○○ 선생님은 어떤 제목을 붙이셨는지 확인해 볼까? (제목을 가린 종이를 뜯으며) 함께 읽어 보자(손가락으로 글자를 가리키며 함께 읽어 본다). | • 유아들이 우리말의 재미를 느끼는 데 초점을 맞춘다. |

4. 동시를 들려준다.
   • 자, 그럼 선생님이 들려주는 동시를 잘 들어 보세요.

> 바다 건너 먼 곳에 어떻게 갈까요?
> 넘실넘실 신나는 배를 타고 가지요.
>
> 바다 속 물고기 세상 어떻게 갈까요?
> 뽀글뽀글 신기한 잠수함 타고 가지요.
>
> 구름 건너 저 하늘에 어떻게 갈까요?
> 부웅부웅 멋−진 비행기 타고 가지요.
>
> 초롱초롱 우주에는 어떻게 갈까요?
> 슈웅 슈웅 힘−찬 로케트 타고 가지요

• 다양하게 읽기/시어 바꾸기 등의 전개를 고려하여 상호작용적으로 동시판을 구성한다.

5. 동시를 들은 느낌/내용에 대해 이야기 나눈다(다시 한 번 들려준다).
   • 모두 잘 들었나요? 동시를 듣고 생각나는 것이 있으면 이야기해 줄 수 있니?
   • 배/잠수함/비행기를 타고 간다면 어떤 느낌일까?

• 글을 읽기 어려워하는 유아를 위해 그림이나 사진 자료를 포함하여 동시판을 구성한다.

6. 다시 한 번 들려준 후, 특징적인 시어에 대해 이야기 나눈다.
   • 동시를 듣고 생각나는/가장 기억에 남는 말이 있니? 재미있는 말이 있었니? 왜 그렇니?

• 무리해서 동시를 외우는 것에 중점을 두지 않는다.

7. 동시의 느낌을 표현해 보도록 한다.
   • ○○는 '넘실넘실'이 재미있다고 했는데, 넘실넘실은 어떻게 흉내 내 볼 수 있을까?
   • ◇◇가 이렇게 팔을 앞으로 구부리고 위 아래로 흔들어 주니까 정말 바다 물결이 넘실넘실 움직이는 것 같아.
   • 우리 모두 ◇◇처럼 흉내 내어 볼까? 또 어떻게 흉내 내 볼 수 있을까?

• 활동목표인 '의성어, 의태어를 들으며 우리말의 재미를 느껴 본다.'를 반영하여 상호작용하도록 한다.

8. 다양한 방법으로 함께 읊어 본다.
   • 이번에는 선생님과 ○○반 어린이들이 나누어서 동시를 읽어 보자. 어떤 부분을 선생님이 읽어 보면 좋겠니? (동시판을 가리키며) 아, 선생님은 여기 파란색 부분으로 되어 있는 질문을 하고, 너희는 여기 노란색 줄로 되어 있는 대답을 하면 좋겠어?

	예 빨간색 옷을 입은 유아와 아닌 유아로 나누어 읽기/ 바닥에 앉은 유아와 의자에 앉은 유아로 나누어 읽기/의 성어, 의태어 부분에서 동작을 하며 읽기 등 다양한 방법 을 적용한다. 9. 시어를 바꾸어 본다. • 그럼 이번에는 선생님이 여기 동시판에 있는 단어 중 몇 가지를 떼어 볼게. ('바다'와 같은 '장소' → 그와 관련된 '교통기관' → '의성어 · 의태어' 순서로 점차 진행해 볼 수 있다.) • 없어진 단어들을 너희가 마음대로 바꾸어 넣어 보자. ┌──────────────────────────────────┐ 동시 완성하기: 소개한 동시를 감상하고 확장활동을 한 동 시의 형용사, 부사, 명사 등을 삭제하고, 삭제한 부분에 유 아가 자신의 생각, 느낌 등을 글로 표현하여 자기만의 동 시로 완성하는 것 └──────────────────────────────────┘ 10. 부분 창작한 동시를 다시 읽어 본다. • 자, 이제 우리가 새롭게 바꾸어 본 동시를 함께 읽어 보자.	
평가	11. 활동에 대해 평가한다. • 어떤 점이 재미있었니? 어떤 점이 어려웠니? ……(중 략)…… 선생님이 이 동시판을 언어 영역에 둘게요. (전이활동 및 다음 활동 안내)	

2. 신체표현활동

1) 창의적 신체표현활동: 국수가 춤을 춰요

생활 주제	건강과 안전 (만 5세)	주제	맛있는 음식과 영양	소주제	바르게 먹기
활동명	국수가 춤을 춰요				
활동 목표	1. 국수 요리 과정을 회상하며 변화 과정을 이해한다. 2. 국수의 변화 과정을 신체로 다양하게 표현한다. 3. 몸의 빠르기를 느끼며 몸으로 표현한다. 4. 신체표현활동에 즐겁게 참여한다.				

누리과정 관련 요소	• 신체운동 · 건강: 건강하게 생활하기-바른 식생활하기 • 예술 경험: 예술적 표현하기-음악으로 표현하기 • 의사소통: 말하기-느낌, 생각, 경험 말하기	
활동 자료	요리활동(국수 삶기) 동영상 자료, 음악 파일, 스피커, 마스킹 테이프, 보자기 등	
교수학습 단계	활동 방법	유의점
도입	(자리 · 대형 정리 및 배치 후) 1. (노래 등을 통해 주의집중 후) 이전 시간에 진행한 요리활동을 회상하며 이야기 나눈다. • 어제 자유선택활동 시간에 과학 영역에서 무엇을 했는지 기억나니? 그래. 국수 삶기 요리활동도 해 보고, 그 국수를 오전 간식으로 조금씩 먹어 보았지? 2. 오늘의 활동을 소개한다. • 너희가 국수가 끓는 물에서 움직이는 모습이 신기하다며 흉내를 내는 모습이 너무 재미있어서 선생님이 오늘은 국수를 삶는 과정을 몸으로 표현해 보는 활동을 준비해 왔어.	• 충분한 공간 확보를 위해 강당으로 이동하여 활동한다.
전개	1. 국수를 삶는 변화 과정이 담긴 영상 자료(음악 포함)를 본 후 어떻게 움직임이 변하였는지 이야기 나눈다. • 우리가 어제 했던 요리활동 시간에 국수를 삶았던 것을 동영상으로 찍어 보았는데 함께 보도록 하자. • (영상을 본 후) 국수가 변하는 모습을 잘 보았니? 처음에 국수 면이 어떻게 되어 있었니? 요리활동 때는 잘 몰랐는데 선생님이 찍은 영상으로 보니까 더 자세히 볼 수 있어서 좋았구나. 물이 점점 끓으면서 뻣뻣하던 국수의 모습이 어떻게 변했니? 영상으로 볼 때 물이 끓을 때 음악도 함께 빨라져서 더 재미있었구나? 2. 장소를 옮기고 신체표현활동을 위해 대형을 정리한다. • 자, 이제 신체표현활동을 위해 유희실로 장소를 옮겼어요. 모두 함께 손을 잡고 큰 동그라미를 만들어 보자. 최대한 멀리 잡은 손을 놓치지 않도록 하면서 큰 동그라미를 만들어 보세요. 자, 이제 친구와 손을 놓고 비행기 팔을 만들어 친구와 손이 닿지 않도록 조금만 더 크게 원을 만들어 보자. 자. 이제 그대로 제자리에 앉는 거예요.	• 유아들의 흥미를 고려하거나 다양한 움직임을 자세히 탐색하기 위해 동영상을 다시 보여 주는 등의 융통성을 발휘한다. • 유아들로 하여금 다양한 표현이 나오도록 격려하고 서로의 아이디어를 공유해서 함께 표현해 볼 기회를 제공한다.

3. 동작의 진행 순서를 고려하며 동영상에서 보았던 국수의 움직임을 탐색하고 표현해 본다.
   • 국수가 어떤 순서로 변했는지 다시 한 번 기억해 보자. 뻣뻣하던 국수가 냄비에 들어갔어요. 뻣뻣한 국수는 어떻게 표현해 볼 수 있을까? 손가락을 이용해서 국수를 만들어 볼까? 두 팔로 국수 모양을 만들어 볼 수 있니? ○○는 두 팔을 쭉 뻗으면서 손가락까지 천장을 향해서 모두 쭉 뻗으니까 정말 일자 모양의 국수 가락 같아. 우리도 ○○처럼 해 볼까? 그리고 국수 면이 냄비에 들어갔어요. 냄비 속으로 풍덩! △△는 기다랗게 뻗었던 몸을 말아서 냄비 속으로 들어가는 것처럼 움직였구나! ……(중략)…… 물이 끓기 시작하면서 국수 면이 점점 엉키면서 흐물흐물 빨리 움직였었지? 점점 빠르게 움직여 볼 수 있겠니? ……(하략)……

4. 음악을 들으며 국수가 끓어 접시에 담기기까지의 과정을 앉아서 표현해 본다. (음악의 빠르기에 반응하도록 유도한다.)
   • 자, 이번에는 선생님이 아까 동영상을 볼 때 함께 들었던 음악을 틀어 볼게. 음악을 들으면서 국수가 냄비 속으로 풍덩! 하는 모습부터 접시에 담기기까지의 모습을 표현해 보자. ……(중략)…… 물이 끓으면서 점점 빨라지는 부분은 어떻게 표현하면 좋겠니?

   • 신체활동 시 적극적인 참여를 격려한다.

5. 신체표현을 위한 규칙을 상기시키고 이야기 나눈다.
   • 자, 이제는 우리가 일어나서 국수가 되어 표현을 해 볼 텐데 신체표현을 할 때에 지켜야 할 약속에는 어떤 것들이 있었니? 앉아서 친구들의 표현을 감상하는 친구들은 어떤 약속을 지켜야 할까? 선생님이 테이프로 바닥에 커다란 네모와 동그라미를 그려 놓았어. 커다란 네모는 냄비가 되고 동그라미는 접시가 될 곳이에요.

6. 반 그룹으로 나누어 신체표현을 진행한다.
   • 자, 이제 친구들이 국수가 되어 움직이는 모습을 감상할 친구들은 이쪽 벽에 등뽀뽀를 하고 앉아 보자. 친구들 모습을 잘 보았다가 어떤 표현이 재미있었는지, 멋있었는지 이야기해 주기로 해요. 선생님이 음악을 틀면 이제 국수가 되어서 냄비 속으로 풍덩! 이동해 보자.

   • 소극적인 유아는 충분한 탐색과 시간 여유를 준다.

	7. 중간 평가를 한다(동작의 요소를 반영하여 더욱 다양한 표현을 해 볼 수 있도록 격려해 준다). • ○○모둠, ◇◇모둠, □□모둠 어린이들의 표현 중에 어떤 점이 재미있었니? 다시 해 볼 때는 어떤 움직임/모습을 표현해 보면 좋을까? 아, 접시에 담긴 후에 양념장을 뿌리고 비비는 모습까지 표현해 보고 싶니? 어떤 소품을 사용하면 좋을까? 지난 시간에 사용했던 스카프를 활용해 보고 싶구나.	• 안전하게 놀이할 수 있도록 유아들의 활동을 세심히 관찰한다.
평가	1. 활동을 회상하고 평가한다. • 이번 시간에는 몸으로 국수 삶기 과정을 표현해 보았어요. 도우미 선생님이 우리 반의 다양한 표현을 사진으로 찍어 주었는데 함께 살펴볼까? 국수를 표현하면서 가장 재미있었던 것/표현은 어떤 것이었니? 그럼 국수를 표현하면서 어려웠거나 힘든 것은 무엇이었니? ○○는 냄비 속이 너무 좁아서 친구들과 부딪혀서 힘들었대요. 그럼 선생님이 다음 활동 때에는 모두가 넓게 공간을 안전하게 활동할 수 있도록 할게. 우리가 약속한 것들은 잘 지켜졌나요? 2. 확장활동을 소개한다. • 우리 몸으로 국수를 표현해 보았는데 더 해 보고 싶은 활동이 있었니? 아, 우리가 표현한 국수의 모습을 그림으로 그려 보고 싶구나. 그럼 선생님이 미술 영역에 표현 재료들을 준비해 놓을게. 또 오늘 들었던 국수 음악을 다시 듣고 싶은 어린이들도 있구나. 선생님이 음률 영역에 준비해 둘게요. <div align="center">(전이활동 및 다음 활동 안내)</div>	• 유아들의 평가 내용을 다음 활동 시 반영한다. • 확장활동에 대한 유아의 의견을 수용한다.

3. 게임활동

1) 편게임활동: 아기 북극곰을 구해 주세요

생활 주제	동식물과 자연 (만 5세)	주제	자연과 더불어 사는 우리	소주제	사라져 가는 동식물에 관심 가지기

활동명	아기 북극곰을 구해 주세요	
활동 목표	1. 북극곰의 서식지와 지구온난화에 관심을 가진다. 2. 게임의 방법과 규칙을 알고 지킨다.	
누리과정 관련 요소	• 의사소통: 듣기−동요, 동시, 동화 듣고 이해하기 • 사회관계: 다른 사람과 더불어 생활하기−친구와 사이좋게 지내기 • 자연탐구: 과학적 탐구하기−생명체와 자연 환경 알아보기	
활동 자료	• 북극곰 손인형, 동영상 자료 '얼음 위를 걷고 싶어요' 〈지식채널 e〉 동영상, 북극곰 동영상(http://home.ebs.co.kr/jisike/main.jsp) • 게임 준비물(신호 악기, 아기 곰 가면 2개, 엄마 곰 가면 2개, 아기 곰이 앉을 의자 2개, 얼음 조각판 4개)	
교수학습 단계	활동 방법	유의점
도입	(자리 · 대형 정리 및 배치 후) 1. 손유희를 하며 주의집중을 유도한다. 　• (북극곰 손인형을 등장시켜) "안녕, 난 지금 매우 슬퍼. 내가 왜 슬픈지 들어줄래?" 2. '얼음 위를 걷고 싶어요' 동영상을 시청한 후 내용을 회상하며 이야기 나눈다. 　• 동영상을 보고 나니 어떤 생각이 드니? 북극곰은 왜 물에 빠졌을까? 물에 빠진 북극곰은 어떤 마음이었을까? 북극곰들은 왜 슬퍼할까? 　• 북극의 얼음은 왜 녹아내릴까? 어떻게 하면 북극곰을 구해 줄 수 있을까? 우리가 북극곰을 살리기 위해서 어떻게 해야 할까? 3. 오늘의 활동을 소개한다. 　• 북극곰이 물에 빠지지 않도록 얼음 다리를 놓아주는 게임을 해 보면 어떨까?	
전개	1. 게임 방법에 대해 이야기 나눈다. 　• (자료를 보여 주며) 앞에 어떤 것이 있니? 준비된 도구를 보고 어떻게 하는 게임일 것 같은지 한번 생각해 보자. 맞아. ○○가 동영상에서 보았던 내용을 기억했구나. ○○말처럼 이 얼음 조각판을 놓아서 아기 곰이 엄마 곰을 만날 수 있게 해 주는 게임이야. 게임을 어떤 방법으로 해 보면 좋을까? 누가 의자에 앉아 있고 누가 조각판을 놓아주면 될까? □□가 이야기한 대로 한번 해 보면	• 경쟁하지 않고 협력해서 게임을 진행하도록 한다.

좋을 것 같아. 나와서 시범을 보여 줄 수 있겠니? 또 어떤 방법이 있을까? 아, 그 방법도 좋겠다. 이번에는 △△의 생각대로 한번 해 볼까? 어떤 방법이 더 좋을지 함께 정해 보자. (다수결) ……(중략)…… 자, 그럼 우리가 함께 정한 게임 방법을 다시 이야기해 볼까요?

〈게임 방법〉
- 양편으로 나누어 앉는다.
- 유아가 2인 1조로 짝을 짓는다.
- 1명은 아기 곰 역할을, 1명은 엄마 곰 역할을 맡는다.
- 곰은(유아 1) 의자에 앉아 있고, 유아 2(엄마 곰)는 출발 위치에 선다.
- 출발 신호가 나면 엄마 곰은 얼음 조각판을 들고 아기 곰에게 간다.
- 엄마 곰은 아기 곰에게 얼음 길을 만들어 주며 출발선으로 돌아온다.
- 먼저 돌아온 아기 곰이 종을 친다.
- 역할을 바꾸어 한 번 더 해 볼 수 있다.

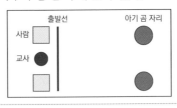

• 학급의 전체 유아 수를 고려하여 팀 인원을 조정한다.

2. 게임할 때 주의해야 할 점은 무엇인지 이야기 나눈다.
   - 편 게임을 재미있게 하려면 어떤 규칙을 지켜야 하는지 다시 기억해서 이야기해 보자. 혹시 오늘 게임에서 우리가 지켜야 할 약속을 추가할 것이 있을까? 잘못하면 친구들이 다치거나 위험한 부분이 있다면 어느 부분이라고 생각하니? 아, 맞아. 친구를 밀치고 먼저 뛰어가면 규칙을 지키지 않은 것으로 하자.
3. 편 이름과 응원 구호를 정한 후, 시범 게임을 한다.
   - 함께 모여서 편 이름을 정해 보자.
4. 시범 게임을 한 후 게임 방법을 잘 이해했는지 이야기를 나눈다.

• 장애유아의 경우 게임 참여 시 필요한 경우 교사가 적절한 도움을 제공한다.

	5. 중간 평가 후 유아의 의견을 반영하여 재게임한다. • 친구들의 응원을 받으니 기분이 어땠니? 이번에는 어떤 응원을 해 주면 좋겠니? • 한 번 더 게임하고 싶은 친구들이 많구나. 다른 방법으로 해 볼 수도 있을까? 어떤 방법으로 바꿔서 게임을 하면 좋을까? 게임에 추가하고 싶은 것이 있니? • <u>〈친구의 실수로 이기지 못해 화가 난 유아〉</u> △△는 게임에서 이기지 못해서 속상했구나. ○○가 얼음 조각판을 떨어뜨려서 게임에서 너희 편이 졌다고 생각이 들어서 아까 소리를 지른 거였구나? ○○도 열심히 했는데 손에서 미끄러져 속상해 하고 있을 것 같아. 선생님도 ○○처럼 급하게 하려다가, 더 잘하려다가 실수한 적이 있었어. ○○뿐 아니라 선생님이나 누구나 마음이 급하면 떨어뜨리고 실수할 수 있어. 6. 게임의 결과에 대해 판정한다. • ○○반 어린이들이 모두 열심히 게임활동에 참여해 준 모습을 보니 선생님은 정말 대견하다(점수를 판정할 때 결과와 과정을 모두 중시하여 부여하도록 한다).
평가	1. 게임에 대해 평가한다. • 아기 곰을 구해 주었을 때 어떤 기분이었니? • <u>〈이기지 못해 속상한 유아〉</u> ○○는 더 빨리 돌아오지 못해서 속상했구나. (계획대로 되지 않아 기분이 좋지 않구나). 게임을 이기면 기쁠 거야. 그런데 이번엔 게임에 지더라도 다음번에 더 잘할 수 있잖아? 그러니까 이긴 친구들을 칭찬해 주는 것은 어떨까? □□팀은 더 빨리 돌아와 종을 친 친구들이 많아서 이겼지만, ☆☆팀은 게임 약속을 잘 지키려고 노력해 주어서 그런 점에서는 이겼어. 그렇게 보면 공동 우승이라고 할 수 있겠네. • 게임을 하면서 가장 재미있었던 것은 무엇이니? 다음에는 어떻게 해 보고 싶니? • 아기 곰에게 편지를 써 보고 싶은 친구들도 있구나. 그러면 선생님이 언어 영역에 아기 곰에게 편지를 쓸 수 있도록 카드와 ~를 준비해 둘게요. <div align="center">(전이활동 및 다음 활동 안내)</div>

※ 출처: 공립학교 우수 수업안을 참고하여 상호작용 내용을 추가함.

3 조건별 상호작용의 내용 및 예시

1. 인성요소

1) 인성 덕목별 유아 인성교육의 내용(교육인적자원부, 2011)

덕목	정의	하위 내용
배려	타인의 필요와 요구에 민감하게 반응, 공감하는 것	친구, 가족, 이웃, 동식물에 대한 배려
존중	사람이나 사물은 기본적으로 그들의 존재만으로 존중할 가치가 있음을 인식하고, 그 가치에 대하여 소중히 여기는 것	자신과 전통문화에 대한 존중, 다른 사람들과 다른 문화에 대한 존중, 생명과 환경에 대한 존중
협력	두 명 이상의 구성원이 공동의 목표를 설정하고, 이를 달성하기 위하여 개인적 책임을 다하고 서로 조언 및 조력을 주고받는 것	긍정적인 상호의존성, 개인적 책임감, 집단 협력
나눔	자기 스스로 우러난 마음에서 남을 돕기 위해서 하는 일로, 대가를 바라지 않고 지속적으로 도와주는 것	나눔의 의미 알기, 나눔을 실천하기, 나눔에 참여하기
질서	민주주의 사회에서 책임감 있는 민주시민으로서 살아가기 위해 필요한 사회규범을 지키는 것	기초질서, 법질서, 사회질서
효	자식으로서 인간된 도리를 충실히 하는 것	부모, 조부모, 지역사회 어른에 대한 효

→ 이와 같이 구분한 인성의 덕목은 상황적이고 맥락적인 특성이 있어 인성교육 활동 내에서 교육의 내용은 혼합되고 통합적으로 나타나기도 한다.

참고 「인성교육진흥법」에서의 인성교육 주제

예절	친절, 겸손	존중	자기 존중, 타인 존중, 생명 존중
효도	우애, 경애	배려	공감(감정이입), 연민, 관용
정직	신의, 공정성, 충성	소통	관점의 변화, 정보 공유
책임	역할 책임, 행위 책임	협동	공동체의식, 연대성, 조화

2) 유아 인성교육의 방법

사람 됨됨이를 만드는 인성교육은 하루아침에 이루어지는 것도 아니고, 어떤 특정 시간을 정해놓고 집중적으로 실시한다고 이루어지는 것도 아니므로 지속적으로 진행되어야 하며, 생활하는 모든 시간과 공간 속에서 전체적인 과정으로 이루어져야 한다. 따라서 유치원에서의 생활 자체를 인성교육의 장으로 생각하는 것이 필요하며, 각 수업의 활동 유형 안에서, 수업의 전개 과정을 진행하는 절차 안에서 각각의 인성요소를 포함하여 발문하는 것을 생각해 두는 것이 필요하다. 유아 인성교육을 위한 교사의 역할에는 민주적이고 도덕적인 분위기의 교실 운영, 역할 모델, 가정과의 연계 교육 실시 등이 있다.

※ 출처: 교육인적자원부(2011).

[민주적이고 도덕적인 분위기의 교실 운영]

• 분위기 자체가 민주적이며 서로 배려하는 도덕적인 교실을 운영하는 것이 중요하다.

• 교실에서 필요한 규칙을 교사가 일방적으로 정하고 유아에게 지키도록 요구하는 것보다는 유아와 함께 필요한 규칙을 정해 보는 것이 도덕적인 교실을 운영하는 방법이 될 수 있다. 이때 '○○하지 않기보다는 ○○하기'라는 긍정적인 표현을 사용하여 규칙을 정하는 것이 긍정적인 사고를 형성하는 데 도움이 된다.

[역할 모델]

• 교사는 존중의 덕목을 가르치려고 하지 말고 교사 스스로가 유아를 존중하는 모습을 보여 줌으로써 자연스럽게 유아가 보고 배울 수 있도록 해야 한다.

• 유아는 민주적이며 도덕적인 분위기 속에서 생활 자체를 통해 중요한 인성 덕목을 습관적으로 내면화하게 될 것이다.

[가정과의 연계 교육 실시]

• 유아 인성교육이 삶을 통해 지속적으로 이루어지기 위해서는 유치원에서만 하는 것으로는 어려우므로 가정과의 연계가 반드시 필요하다.

- 최초의 교사는 유아의 부모이며 인성교육을 실천하는 일차 장소가 가정임을 인식하고 유치원의 인성교육에 가정을 적극적으로 끌어들일 방안을 찾아야 한다.
- 가정 내에서 인성교육을 실천할 수 있도록 안내하고, 부모교육을 통해 인성교육의 중요성과 구체적인 방법을 공유해야 한다.

3) 활동 시 인성교육 함양을 위한 교사의 발문

✎ 동화 · 동시 · 이야기 꾸미기 · 미술표현 · 신체표현 등의 사례에 적용한 예시

배려	타인의 필요와 요구에 민감하게 반응하고 공감하는 마음과 태도 예 • 친구들은 어떤 동화의 제목을 만들었는지 말할 친구를 보면서 잘 귀기울여 들어볼까요? • 친구들이 만든 동시를 잘 들어 보고 느낌을 이야기해 보자. • 재료를 나누어 사용해야 하니 친구가 사용할 때는 배려하는 마음으로 조금 기다려 순서대로 가져오도록 하자. • ○○가 △△를 배려해서 자신이 쓰던 물건을 빌려줬네요. 또 친구가 필요한 재료를 양보해 줄 친구 있나요? • 듣지 못하는 화가 ○○는 불편한 점이 있었을 텐데, 우리가 만약 도움을 준다면 어떤 도움을 줄 수 있을까요? • 소음으로 인해서 다른 사람이 불편하지 않게 내가 배려할 수 있는 일은 무엇이 있을까요?
존중	사람이나 사물은 기본적으로 그들의 존재만으로 존중할 가치가 있음을 인식하고, 그 가치를 소중히 여기는 것 예 • 친구가 꾸민 이야기(만든 작품) 중 어떤 부분이 가장 마음에 들었나요? • 친구가 만든 동시 중 어떤 구절이 가장 기억에 남았나요? • 친구가 표현한 동작 중 무엇이 가장 기억에 남나요? 친구가 만든 동작을 함께 따라 해 볼까요? • 친구가 발명한 도구가 우리에게 어떤 도움이 될 것 같아요? • ○○가 만든 작품(한 행동)에 어떤 부분을 칭찬해 주고 싶어요?
협력	단순히 시간 · 공간적으로 함께 모여 있는 것, 함께 활동하는 것만이 아니라, 2명 이상의 구성원이 공동의 목표를 설정하고, 이를 달성하기 위해 개인적 책임을 다하고 서로 조언 및 도움을 주고 받는 것 예 • 친구들과 함께 협력해서 생각을 모아 동화의 제목을 지어 보자(함께 동화를 만들어 보자).

	• 친구들과 함께 활동을 하면서 혼자 할 때보다 가장 좋았던 점은 무엇이었나요? • 친구들과 함께 주제를 정하고 이야기를 만들어 볼 거예요. • 친구들과 생각을 모아 이야기를 나누고 함께 공동작품을 만들어 보자. • 친구들과 함께 뒷정리를 깨끗하게 해 보자. • 친구들과 함께 구름을 만들어 볼 수 있어요? • 친구들과 함께 신문지 조각을 빨리 모을 수 있는 방법을 생각해 보자.
나눔	자기 스스로 우러난 마음에서 남을 돕기 위해 하는 일로 대가를 바라지 않고 지속적으로 도와주는 것 예 • 동화에서 등장인물들이 서로 나누는 장면을 이야기해 보자. • ○○처럼 서로 나누었을 때 더 기분이 좋았던 적이 있었는지 이야기해 보자. • 사용하지 않는 색을 필요한 친구에게 나누어 줄 수 있는 어린이 있나요? • 재료가 충분하지 않아서 부족한 친구들이 있는데 어떻게 나누어 쓰면 좋을까요?
질서	민주주의 사회에서 책임감 있는 민주시민으로서 살아가기 위해 필요한 사회규범을 지키는 것 예 • 동시활동을 하면서 우리가 지켜야 할 규칙은 무엇인가요? • 실험의 순서를 잘 지켜서 해 보자. • '○○ 게임' 규칙을 만들어 보자. • 뜨거운 것에 다치지 않도록 약속을 지켜서 실험을 하도록 하자. • 친구들이 꾸민 이야기를 들을 때 지켜야 할 약속은 어떤 것들이 있을까요? • 재료가 많이 필요한 만들기를 할 때는 어떤 새로운 규칙이 필요할까? • 정해진 시간을 지켜서 해 볼 수 있을까요?
효	인간된 도리를 충실히 하는 것으로 부모를 잘 섬기는 자식의 도리에서 출발 예 • 동화 속에서 어른을 공경했던 장면을 이야기해 보자. • 부모님과(할머니, 할아버지와) 집에서 동화를 읽어오기로 하자. • 너희가 지은 동시를 부모님께 들려드리자. • ○○처럼 할머니를 기쁘게 해 드리기 위해 내가 할 수 있는 일은 무엇일까요? • 부모님께 우리가 만든 작품을 선물해 보자.

공감	다른 사람의 상황이나 기분을 같이 느낄 수 있는 능력 및 태도 예 • 동화 속 친구의 기분을 표정으로 한번 표현해 볼까요? 　　• 그때 ○○의 마음은 어땠을까요?
소통	다른 사람의 의견에 귀를 기울이고 반응할 수 있는 능력 및 태도 예 • 친구들이 꾸민 이야기(역할극)를 보면서 궁금한 점을 같이 질문해 볼까요? 　　• 친구들의 이야기를 듣고서 '나와 같은 생각이에요.' 한 부분이 있었나요? 　　• 친구들이 지은 동시를 감상해 볼까요?
정직	마음이나 행동에 거짓이나 꾸밈이 없이 바르고 곧게 하는 태도 예 • ○○가 아까 실험할 때 생각했던 것과 다르게 된 부분(어려웠던 부분)을 용기 있게(솔직하게) 이야기해 줘서 고마워요. 　　• 정직하게 이야기해 보니 기분이 어땠나요?

4) 인성 지도 방법

✎ **모델링 · 다양성 경험하기 · 토의하기 · 세대 간 소통**

모델 보이기 (또래, 교사, 역사적 인물, 동화 주인공 등)	• 친구 칭찬 릴레이(친구들의 좋은 점을 칭찬하는 릴레이) 예 "○○를 칭찬해요. ○○는 음식을 남기지 않고 잘 먹어요." 　　"○○를 칭찬해요. ○○는 음식을 꼭꼭 씹어 먹어요." 　　"○○를 칭찬해요. ○○는 목이 마른 친구에게 물을 가져다주었어요."
다양성 경험하기	• 피부색에 대해 편견(피부가 유난히 검은 친구에게 못생겼다고 이야기하거나 깨끗이 씻으라고 이야기하는 유아의 경우) 예 "사람마다 모두 피부색이 다르구나. ○○는 조금 연하고, ○○는 조금 더 진하네. 서로에게 더 어울리는 피부색은 무엇일까? 너희는 어떻게 생각하니?" → 다양성을 다룰 수 있는 동화, 자료 등을 소개하고 경험하도록 돕기
토의하기	• 화장실에서 손을 씻을 때의 규칙 지도("어떤 약속을 지켜야 할까? ……(중략)…… 이제 모두 화장실에서 지켜야 할 약속을 잘 지킬 수 있겠죠?"라고 상투적으로 마무리하지 않기 위한 예시) 예 "선생님이 오늘 너희가 간식시간 전에 화장실에서 손을 씻는 모습을

	카메라로 찍어 보았단다. 함께 동영상을 볼까? ……(중략)…… 친구들이 손을 씻는 모습을 잘 보았니? ……(중략)…… 어떤 약속이 필요할까? 또 어떤 약속이 있을까? 자, 그럼 지금까지 우리가 이야기 나눈 내용을 정리해 보자. 선생님이 너희가 대답해 준 내용을 그림으로 그려 보았는데 앞에 나와서 도와줄 친구 있니?" → 유아들이 스스로 규칙을 생각해 볼 수 있도록 동영상 자료를 활용하며 예상하지 못한 유아의 의견도 수용함
세대 간 소통	• 우리 동네 경로당 방문하기 예 "우리가 방문할 경로당의 할머니, 할아버지를 즐겁게 해 드리기 위해 할 수 있는 일은 무엇이 있을까? 노래를 불러 드리면 좋을 것 같니? ○○는 꽃목걸이를 만들어 드리고 싶다고 이야기해 주었어요 ……(중략)…… 우리가 경로당에서 공연할 활동을 정해 보자. 제일 먼저 무엇을 하면 좋을까? 그다음에는 무엇을 할까? ……(중략)…… 우리가 방문했을 때 할머니, 할아버지의 기분이 어떤 것 같았니? 우리가 다시 와서 무엇을 해 주면 좋겠다고 말씀하셨니? 할머니, 할아버지가 즐거워하시니까 너희는 기분이 어떠니? 공연을 준비할 때 무엇이 가장 재미있었니? 그곳에서 새롭게 알게 된 것은 무엇이니?(왜 그곳에 계시는지, 그곳에서 어떤 점이 좋고 불편하신지 등)"

2. 창의성 요소

최근에는 창의적 능력은 선천적으로 가지고 태어나지만 후천적으로 교육적, 사회문화적 지원과 환경적 지원을 통하여 신장될 수 있다고 보기 때문에 유아의 창의적 능력을 향상시켜 줄 수 있는 창의성 교육과 기법에 대한 관심이 높아지고 있다. 또한 창의성이란 인지 능력만이 아닌 몇 가지 동기, 성향 등을 포함하여 구성되어 있으며, 창의적 문제를 해결할 때 작용하는 것(Torrance, 1979)이라는 정의를 내리기도 하듯이 창의성을 창의적 문제해결 과정으로 설명하는 경우도 있다.

1) 창의성의 구성요소

(1) 길포드(Guilford)의 창의성 이론

길포드는 창의성을 인지적으로 접근하려 했으며 인간의 사고 중 생산적인 사고력을 다음의 두 가지 유형으로 구분한다.

① 확산적 사고력(산출): 주어진 문제에 대해 개인이 새롭고 독특하고 다양한 답을 유
  창하고 융통성 있게 만들어 내는 능력
② 수렴적 사고력(산출): 확산적 사고와 달리 주어진 정보에 따라 하나의 옳은 답에 집
  중해야 하는 일련의 능력을 말함

✎ 길포드가 제시한 창의적 사고의 구성요소

용어	정의
유창성	특정한 문제 상황(주어진 자극에 대해) (정해진 시간 내) 가능한 많은 아이디어나 반응을 생각해 내는 능력
융통성	고정적 사고방식이나 관점을 변화시켜 다양한 해결책을 찾아내는 능력
독창성	기존의 것에서 벗어나 새롭고 독특한 아이디어를 새로운 차원에서 창출하는 능력
정교성	기존의 다듬어지지 않은 아이디어에 유용한 세부사항을 추가해 보다 가치로운 것으로 발전시키는 능력(은연중 떠오른 아이디어라도 소중히 여기고 이를 발전시켜 훌륭한 아이디어가 되도록 다듬는 활동)
민감성	오감을 통해 들어오는 다양한 정보에 대해 관심을 보이고 이를 통해 새로운 영역을 탐색해 가는 능력

※ 출처: 교육과학기술부(2011).

(2) 통합적 모델

① 인지적 요소

✎ 통합적 모델: 창의성의 구성요소

인지적 요소		
사고의 확장	사고의 수렴	문제해결력
• 확산적 사고	• 논리/분석적 사고	• 문제 발견
다양한 관점에서 새로운 가능성이나 아이디어를 다양하게 생성해 내는 사고 능력	부적절한 것에서 적절한 것을 분리해 내고 합리적인 결론을 끌어내는 사고 능력	새로운 문제를 찾고, 형성하고, 창조하는 것
• 상상력/시각화 능력	• 비판적 사고	• 문제해결

이미지나 생각을 정신적으로 조작하고, 마음의 눈으로 사물을 그릴 수 있는 사고 능력	편견, 불일치, 견해 등을 인식할 수 있는 능력, 객관적이고 타당한 근거에 입각하여 판단하는 사고 능력	문제를 인식하고 현재 상태에서 목표 상태에 도달하기 위해 진행해 가는 일련의 복잡한 사고활동
• 유추/은유적 사고		1. 문제 발견
사물이나 현상 또는 복잡한 현상들 사이에서 기능적으로 유사하거나 일치하는 내적 관련성을 알아내는 사고 능력		2. 자료 탐색 및 해결안 생성 3. 실행 및 평가

② 성향적 요소와 동기적 요소

성향적 요소		동기적 요소
개방성	독립성	호기심/흥미
• 다양성	• 용기	• 문제 발견
다양한 아이디어나 입장을 수용하는 열린 마음	모험심, 위험 감수, 개척자 정신, 도전 정신	주변의 사물이나 현상에 대해 끊임없는 의문과 관심을 갖는 성향
• 복합적 성격	• 자율성	• 몰입(flow)
서로 모순되는 정반대(양극)의 성격을 동시에 가지고 있는 것	타인의 말에 쉽게 흔들리지 않고 스스로 선택하고 행동하는 성향	
• 애매모호함에 대한 참을성	• 독창성	
해결 중인 문제의 어느 부분들이 맞지 않을 때의 불확실성과 모호함을 잘 견딤으로써 문제의 어려운 측면이 해결될 시간을 충분히 갖고 새로운 방향으로 문제해결력을 이끄는 성향	자기만의 방식으로 현상을 판단하고, 유행을 따르지 않는 성향	어떤 일에 시간이 가는 줄 모르고 몰두하게 되는 완벽한 주의집중 상태
• 감수성		
미세하고 미묘한 뉘앙스를 잘 느끼고 감지하는 것, 정서/자극에 대한 민감성		

※ 출처: 한국과학창의재단(2010).

(3) 대표적인 창의성 기법

① 브레인스토밍

집단 발상 방법으로 문제해결의 단계 중 빠른 시간에 많은 아이디어를 내는 것에 역점을 둔 아이디어 발상법 → 일반 워밍업('빨간색' 하면 떠오르는 것이 뭐지?), 주제 워밍업('가을' 하면 생각하는 것이 뭐지?) 등으로 연상활동을 해 볼 수 있으며 모둠활동으로 진행 시 다음과 같은 역할을 분담할 수 있다.

- 리더자: 발언권, 규칙을 어겼을 때 경고를 준다.
- 기록자: 아이디어를 기록한다.
- 발표자: 아이디어를 발표한다.

  ※ 사전활동으로 브레인스토밍의 규칙(아이디어를 비난하거나 평가하지 않기/우스꽝스러운 아이디어라도 수용하기/아이디어는 많을수록 좋음/제안된 아이디어로부터 다른 아이디어 이끌어 내기)을 이야기 나눈 후 다음과 같은 다양한 방법으로 진행해 볼 수 있다.

  ㉠ 종이 돌리기: 두 그룹(원형)으로 앉아 유아 수만큼 종이를 나누어 준 뒤 해당 주제(예 빨대처럼 길쭉한 것)에 대한 아이디어를 한 가지씩 그리거나 적어 옆 사람에게 넘기면, 종이를 받은 사람이 앞 사람의 아이디어를 보고 자신의 아이디어를 그리거나 적는 방식

  ㉡ 메모지 이용하기: 붙였다 떼어지는 메모지에 각자 주제(예 자동차 타이어에 구멍이 났다면)에 대한 아이디어를 적고 집단으로 모여 발표 후 비슷한 것끼리 분류해 보는 방식

  ㉢ 브레인스토밍 박물관: 전지 3장에 각기 다른 주제를 적어 놓고 벽면에 붙이면 유아들이 돌아다니며 각 전지에 해당하는 주제에 맞는 아이디어를 그리거나 적는 활동으로, 주제마다 중복해 적을 수도 있으며 히치하이킹을 한 경우에는 그 사람의 아이디어 옆에 선을 그어 표시해 두는 방법

② 특성을 열거하는 방법들

- <u>특성 열거법</u>: 문제점을 보다 깊이 분석하여 개선책을 얻기 위한 것으로 미국 네브래스카대학교의 크로퍼드(R. Cholford) 교수가 제안한 방법 → 특성은 명사적 특성과 형용사적 특성, 동사적 특성에 따라 열거할 수 있다.

예 냉장고의 특성에 대해 이야기를 한다면, 명사적 특성으로는 냉장고, 냉장실, 선반, 얼음그릇 등이 될 수 있으며, 형용사적 특성으로는 차갑다, 하얗다, 네모나다, 산뜻하다, 깔끔하다 등이 된다. 또한 동사적 특성은 얼린다, 싱싱하다, 차갑다, 문을 열고 닫는다가 될 수 있다.

- 결점 열거법: 어떤 물건이나 생활환경에서 결점이나 불편한 점을 열거하다가 개선을 위한 아이디어를 얻는 방법

  예 '운동화'의 결점 열거

  - 양말을 안 신고 신으면 냄새가 나요. 금방 더러워져요. 끈을 묶기가 힘들어요. 오랫동안 신으면 더워요. 축구할 때 공이 안 차져요. 신발이 금방 작아져서 오랫동안 신을 수 없어요.

  - '결점 열거로 변화된 운동화': 비닐로 감싸서 더러워지지 않게 해요. 신발 안에 양말을 넣고 냄새 좋아지는 것을 뿌려요. 앞에 스프링을 달아서 공이 잘 차지게 해요. 끈을 없애고 지퍼를 달아요. 슬리퍼처럼 뒷부분을 뚫어요.

- 희망 열거법: 결점열거법처럼 단순히 결점만 찾는 것이 아니라, 희망사항에 대해 이야기함으로써 아이디어를 얻는 것

  예 이런 신발이 있었으면 좋겠다.

  - 재미있는 소리가 나는 신발, 발 냄새가 나지 않는 신발, 해지지 않는 신발, 굽이 닳지 않는 신발, 넘어지는 것을 방지하는 신발, 사람이 신으면 자동으로 걸어가 주는 신발

③ 강제결합법

- 전혀 관련 없는 대상을 연결시키는 것으로, 관계없는 두 사물을 서로 연결시켜 새로운 기능을 만들어 내기 위해 고안된 방법(즉, 전혀 상관없는 다른 대상을 어떤 대상을 개선하기 위하여 임의로 선택하여 이 둘을 강제로 연결시키는 것)

> 강제결합법 노래(〈그대로 멈춰라〉 노래에 개사)
>
> 즐겁게 합체놀이 해/카드를 넘겨라!
> 즐겁게 합체놀이 해/상상해 보세요!
> 상관없어도 합칠 수 있죠/엉뚱해도 연결 지어 봐!
> 즐겁게 합체놀이 해/카드를 넘겨라!
> 즐겁게 합체놀이 해/상상해 보세요!

예『샘 많은 카멜레온』동화 감상 후 '합체'의 의미에 대해 이야기 나누기 →
무작위로 그림 카드 제시하고 활동 진행(두 그림은 아무런 상관이 없는 물건이
지만 자세히 관찰하면 공통점이 하나라도 있을 수 있다.) → 어려워할 경우 차이
점을 찾아내는 것부터 시작한다.

예'지각을 하지 않으려면 어떻게 해야 할까?' → 단어 제시: 왕/피아노
- 지각을 하지 않을 때마다 '왕'이라고 불러 줘요.
- 지각을 하면 피아노로 시끄러운 소리를 만들어 들려줘요.

④ 스캠퍼
- SCAMPER는 미국의 오스본의 창의력 촉진을 위해 개발한 체크리스트를 애벌
이 재구성한 것으로, 다음의 일곱 가지 질문을 하는 방법

㉠ Sustittute: 다른 것을 대체할 수 없을까?

㉡ Combine: 다른 것과 결합하면 어떻게 될까?

㉢ Adapt: 다른 곳에 적용하면 어떻게 될까?

㉣ Modify/Magnify/Minify: 모양을 수정/확대/축소하면 어떻게 될까?

㉤ Put to other uses: 다른 용도로 사용할 수 없을까?

㉥ Eliminate: 특정한 부분을 없애면 어떻게 될까?

㉦ Rearrange/Reverse: 순서를 재조정하거나 반대로 하면 어떻게 될까?

> 스캠퍼 노래(〈올라가는 눈! 내려오는 눈!〉 노래에 개사)
>
> 즐거운 놀이/스-캠-퍼/대치하기 결합하기/순응하기/
> 수정하기~/확대하기~/제거하기 반대하기/다른 용도/

예'자동차'
- 다른 곳에 사용한다면? '문구점'으로 사용해요. (P)
- 만약 바퀴가 위에 달려 있다면? 자동차가 뒹굴기 체조를 하면서 가요. (R)
- 만약에 버스만큼 커진다면? 결혼식에 온 사람들이랑 다 같이 여행을 갈 수
있어요. (M)
- 무엇으로 대치할 수 있을까? 가마를 타고 가요. (S)
- 무엇을 더하면 좋을까? 자전거처럼 페달을 만들어요. (C)
- 모양을 바꾼다면? '토끼' 모양의 자동차로 만들어요. (M)

⑤ PMI

- 주의를 감독하는 도구로 우선 Plus 요소들에 주의를 기울인 후 그다음에는 Minus 요소들에 주의를 기울이고 마지막으로 Interesting 요소들에 주의를 돌리는 방법(이 방법은 2분에서 3분 남짓한 시간 동안 침착하고 찬찬히 해야 함)
- PMI에서 'I'는 몇 가지 기능을 갖는데, 첫째, 그것은 긍정적인 면과 부정적인 면이 아닌 모든 점을 포괄할 수 있기 때문에 생각 확장이 가능하다. 둘째, 한 가지 아이디어가 다른 아이디어로 움직이는 수평적 사고가 이루어질 수 있다. 셋째, 아이디어에 대한 판단의 감정에만 반응하는 것을 넘어서 흥미로운 점에도 반응하도록 훈련시켜 준다.

  예 '버스 안의 의자를 모두 없앤다면'
    - P: 버스에 더 많은 사람이 탈 수 있다.
    - M: 노인이나 어린이가 서 있기 힘들다.
    - I: 접는 의자를 만든다면?

⑥ 육색사고모자

- 1985년 캠브리지 드보노 박사가 개발한 기법으로 진행자가 검은색, 흰색, 노란색, 빨간색, 녹색, 파란색의 여섯 색깔 모자를 번갈아 가면서 쓰고 참여자들은 그 색깔에 해당하는 사고에 집중하도록 하는 것이다.
- 사고의 단순화뿐만 아니라 다른 사람과 아이디어가 겹치지 않아서 비판하는 일이 거의 없고, 자신의 사고에만 몰두하여 깊이 있는 아이디어를 제안할 수 있다.
- 모자의 종류: 하얀 모자는 정보에 대한 사고, 빨간 모자는 직관적이고 감정적인 사고, 검은 모자는 논리적이며 부정적인 사고, 노란 모자는 논리적이며 긍정적인 사고, 초록 모자는 창의적인 노력과 사고, 파란 모자는 사고 과정의 통제를 의미한다.

(4) 활동 시 창의성 함양을 위한 교사 발문

✎ 동화 · 동시 · 이야기 꾸미기 · 미술표현 · 신체표현 등의 사례에 적용한 예시

유창성	• 주인공을 도와줄 방법에는 어떤 것들이 있을까? • 동물이 주인공인 동화는 어떤 것들이 있니? • 어떤 재료로 쿠키를 만들고 싶나요? • ○○하면 생각나는 것을 모두 이야기해 보자. • 소음을 줄이기 위해서 내가 할 수 있는 일은 무엇이 있을까? • 신문지를 가지고는 어떤 놀이를 할 수 있을까? • 냉장고의 단점을 말해 보자.
융통성	• 내가 주인공이라면 원래 이야기와 다르게 어떻게 문제를 해결할 수 있을까? • 동화 속 등장인물들을 바꾼다면 어떻게 바꿀 수 있을까? • 내가 램프의 요정이라면 어떤 말을 하고 싶니? • '빨갛다'라는 색을 다르게 표현할 수 있는 방법을 생각해 보자. • 붓 대신 물감을 칠할 수 있는 방법은 무엇이 있을까? • 풍선이 아닌 다른 어떤 물건이 또 여기에 어울릴까? • 말하지 않고 신체로 이야기할 수 있는 방법을 생각해 보자. • 신문에 나오는 광고 말고 또 ○○를 효과적으로 사람들에게 알리려면 무슨 방법이 있을까?
독창성	• 동화의 결말(제목)을 나만의 결말(제목)로 새롭게 지어 보자. • 들어본 다양한 상황 중 제일 재미있는 상황을 정해서 각자 동시(그림)로 표현해 보자. • 놀이의 규칙을 네가 바꾼다면 어떻게 바꾸고 싶니? • 친구들과 다른 독특한 동작을 만들어 보자. • 우드블록 소리의 세기를 듣고 나만의 특별한 기호로 표현해 볼 수 있겠니? • 악기를 골라서 여기 기호를 보고(빠르기, 강/약 등) 이 느낌을 창의적으로 연주해 볼 수 있을까? • 친구들과 함께 신문지 조각을 빨리 모을 수 있는 방법을 생각해 보자. • 쓰레기를 줄일 수 있는 나만의 기발한 아이디어를 생각해 보자.
정교성	• 동화 속 주인공의 모습을 더 자세하게 그려 보자. • (역할극 진행 시) 재미있게 더 자세히 표현하고 싶은 장면은 어디니? • ○○○하면 떠오르는 이미지를 자세하게 이야기해 보자. 그리고 그걸 그림으로 표현해 보자. • 동시를 들은 후 이 이미지를 그림으로 표현해 보자.

3. 조건별 상호작용의 내용 및 예시　　289

	• 작품을 완성하려면 어떤 것을 더 만들어야 할 것 같니? 천 조각을 더 붙여 서 꾸미고 싶다고? • 지금 들어 본 노래 가사 중 다듬어 보고 싶은 부분이 있니? 그 부분을 바꾸 어 보자. • 냉장고의 단점을 보완할 수 있는 방법을 이야기해 보자. • (광고지 작업 시) 이 내용을 잘 전달하기 위해서 이 그림 말고 또 어떤 문구 를 넣어서 완성하면 좋을까?
민감성	• 동화 속에서 본 것들을 이야기해 보자. • (신데렐라와 신데룰라 동화를 읽고) 신데렐라와 신데룰라의 비슷한 점과 다른 점은 무엇인가요? • ○○과 무엇이 닮았니? 사과랑 닮은 것 같다고? • 지금 네 기분을 색으로 표현한다면 어떤 색일 것 같니? • 두꺼운 종이와 얇은 종이에 그릴 때 차이가 있는 것 같아? • 어떤 색을 쓰는 것이 더 부드러운 느낌이 들까요? • 내가 말하거나 들을 수 없다면 어떤 느낌일 것 같니? • 이 음악은 어떤 악기의 소리로 연주된 것 같니? • 우유와 물의 차이점을 관찰해 보자. 눈으로만 관찰하지 말고, 냄새도 맡아 보고, 손으로도 만져 보고…… • 교실에서 이것보다 작은 물건을 찾아보자(그림에서 숨어 있는 도형을 찾 아보자).

4 주제별 상호작용의 내용 및 예시

1. 반편견 및 다문화 요소

1) 다문화 교육요소

문화 이해	문화 간의 유사점과 차이점을 알고, 각 문화에 대한 이해와 존중심을 기르며 문화 간 긍정적인 태도를 발달시킨다. 범주로는 거주(가옥 등), 음식, 직업, 언어, 문학, 음악, 춤, 기념일(축제), 종교, 예식, 문화유산, 일상생활, 가족구조 등이 있다.
정체성	긍정적인 자아개념과 자아정체감 및 집단정체성을 형성하도록 하는 것이다.
다양성	유사점과 차이점을 가지고 있는 다양한 개인과 집단이 존재하는 것을 알고, 이러한 다양성을 존중하는 마음을 갖도록 하는 것이다. 다양한 인종이나 민족의 존재 및 인종이나 민족 간의 유사점과 차이점 등이 이에 속한다.
평등성	국가, 민족, 인종, 성, 신체적 능력, 사회계층은 다르지만, 인간은 모두 평등하다는 긍정적인 태도와 가치를 형성하도록 하는 것이다.
반편견	선입견, 편견, 고정관념 및 차별대우에 대한 비판적인 사고를 형성하고, 이러한 문제에 직면했을 때 대처하는 능력을 길러 주는 것이다. 그 예로는 장애우에 대한 반편견을 들 수 있다.
협력	협력은 다양한 사람과의 상호작용 능력과 협동 능력을 길러주는 것이다. 공동체를 유지하기 위한 사람들의 노력과 일 등이 이에 속한다.

→ 여러 학자가 제시하는 다문화 교육 내용을 토대로 다문화 교육 요소를 위와 같이 선정하였다(※ 출처: Derman-Sparks, 1989; Robles de Melendez & Ostertag, 1997; 채정란, 1999; 김영옥, 2000).

> **참고** 더만-스파크스의 반편견 교육과정
>
> 더만-스파크스(Derman-Sparks)는 1989년 미국 전국유아교육연합회(NAEYC) 워크숍에서 'Anti-bias' 라는 용어와 '반편견(anti-bias) 교육과정'을 제안하였다. '반편견'이란 'against'의 개념인 'anti'와 편견의 'bias'가 결합되어 선입견, 고정관념, 편견에 저항하는 능동적인 접근을 의미한다. 반편견 교육의 교수 학습 방법은 반응적 접근법, 활동 중심의 통합적 접근법, 반편견 반영 도서를 이용한 문학적 접근법으로 정리할 수 있다. 더만-스파크스는 반편견적 문화 이해 교육을 위해서는 정체성, 편견, 협력이 주요 요인이라고 하였다. 또한 관광식 교육과정이 문화 간 이국적인 차이를 장려하고 강조하며 평범화하고, 다른 사람들의 삶에서 일어나는 일상적인 문제와 경험을 다루기보다는, 축하와 즐거움을 표현하는 방식의 표면적 측면을 다룬다고 비판하였다.

2) 다문화 교육을 위한 교수-학습 단계·전략

통합적 표상접근의 유아 다문화 교육 프로그램 개발 및 적용 예시는 다음과 같다.

자신 문화 이해하기 → 다문화 조명하기 → 토의하기 → 통합적 표상하기 → 평가하기

(1) 자신 문화 이해하기

- 자신 문화 인식 · 수용하기
- 자신 문화 인식 및 수용한 총체를 문자 쓰기와 그리기로 표상하기

사례: 세계 여러 나라의 집

(자료) 세계 여러 나라 사람들과 이들이 사는 집 관련 사진, 동화책, 실물 자료, 인터넷, 동영상 등

- 우리나라와 다른 나라에 여행 가본 경험을 이야기 나누기

  예 다른 나라에 여행을 가본 경험이 있니?, 어떤 나라를 가보았니?, 어떤 사람들이 살고 있니?, 우리나라 사람들하고 생김새가 달랐니?, 우리나라에서는 어떤 곳을 가보았니?

- 자신 문화 인식 · 수용하기(자신이 살고 있는 집 소개)

  예 우리는 어디에서 살고 있지?, 내가 살고 있는 집과 친구가 살고 있는 집은 어떻게 다를까?

  → 나의 집과 우리나라의 다양한 집의 특성을 이해하고 사람들은 각기 다른 집에서 살 수 있음을 이해한다.

  나의 집과 다른 사람의 집은 모두 가족이 함께 사는 소중한 집임을 수용한다.

- 문자 쓰기와 그리기로 표상하기('내가 다른 사람의 집에 살게 되면 어떨까'를 문자 쓰기와 그리기로 표상)

  예 생각한 것을 문자 쓰기와 그림으로 표현해 보자, 우리가 오늘 이야기 나누었던 것을 다시 한 번 생각해 보자, 만약 내가 다른 사람의 집에 살게 된다면 어떨까 어떤 기분이 들까?, 생각한 것을 글로 써도 좋고 그림으로 그려도 좋아.

마음껏 표현해 보자. 다 했으면 두 명씩 짝을 만들어 서로 나의 것을 소개해 보자.

→ 대집단으로 모여 문자 쓰기와 그리기 표상 결과물을 소개하면서 나의 집도 소중하고 다른 사람이 살고 있는 집도 소중함을 알고 서로 소통하게 된다.

(2) 다문화 조망하기

- 다른 문화 이해하기, 수용하고, 친숙해지기
- 다른 문화 비교하기
- 다른 문화 이해 및 수용한 총체를 문자 쓰기와 그리기로 표상하기

사례: 세계 여러 나라의 집

(자료) 다른 나라 집에 대한 사진 카드

예 (이글루 사진을 보여 주며) 이 집은 어떤 집일까? 북극에서는 왜 이글루라는 집에서 살았을까?, (수상가옥 사진을 보여 주며) 이 집은 어떤 집일까?

→ 세계 여러 나라 사람들의 집은 날씨나 그 나라의 환경에 따라 재료가 서로 달라질 수 있음을 이해한다.

- 다른 문화 이해하기, 수용하고, 친숙해지기(세계 여러 나라의 다양한 집의 특성을 이해하고 수용)

예 베트남에서는 왜 수상가옥에서 살았을까?, 여름에 날씨가 너무 더울 때 우리 친구들은 어떤 생각이 드니?, 너무 더울 때 우리는 어떤 집이 필요할까?, 우리나라에 이글루를 지으면 어떨까?, 우리나라에 수상가옥을 지으면 어떨까?, 그러면 우리처럼 아파트나 주택의 형태와는 다른 이글루나 수상가옥 등에 사는 사람들은 모두 소중할까?

→ 이글루, 수상가옥, 천막집, 아프리카 흙집 등 집의 모양은 달라도 모두 가족이 함께 모여 사는 곳이라는 것을 이해하고 수용한다./세계 여러 나라의 다양한 집과 가족들에 대해 이해하고 수용하며 존중한다.

• 다른 문화 비교하기(유사점과 차이점)

예 다른 나라 사람들은 집에서 무엇을 할까? 우리가 집에서 밥을 먹고, 잠자고 게임도 하면서 행복하게 사는 것처럼, 이글루나 수상가옥에서 사는 사람들도 그 집에서 밥도 먹고, 잠도 자고, 가족과 게임도 하면서 살고 있을까? 우리나라 집 과 다른 나라 집의 같은 점은 무엇이니? 우리나라 집과 다른 나라 집은 어떤 점 이 다를까?

→ 집의 형태는 모두 달라도 모두 가족이 함께 모여 사는 소중한 집임을 수용한다.

• 문자 쓰기와 그리기로 표상하기(유사점과 차이점)

예 다른 나라 집과 우리나라 집에 대해 비교하면서 알게 된 것과 생각나는 것이 있니? '내가 살고 싶은 세계 여러 나라 집'에 대해 생각해 보자. 생각한 것을 그림 으로 그려 볼까? 다 했으면 두 명씩 짝을 만들어 서로 나의 것을 소개해 보자.

→ 대집단으로 모여 문자 쓰기와 그리기 표상 결과물을 소개하면서 세계 여러 나라 사람들이 살고 있는 집의 소중함을 알고 소통한다.

(3) 토의하기

• 토의집단 구성하기
• 자신과 다른 문화의 차이, 조망에 대한 토의 주제 및 문제 선정하기
• 소집단별 토의하기
• 대집단으로 모여 소집단별 토의 결과 발표하기, 집단별 결론 맺기

– 토의 집단 구성하기(토의 시작 전)

예 모둠별로 역할을 정하자. 누가 조장을 해 볼까? 친구와 의견이 다를 때는 어떻게 해야 할까?

– 토의 문제(주제) 선정하기

예 토의 주제를 정해 보자. '왜 세계 여러 나라 사람들이 살고 있는 집은 형태와 재료가 다를까'라는 주제로 하고 싶니? 또 다른 주제를 생각해 볼 수 있겠니?

－ 소집단별 토의하기

• 토의 시 유념할 약속 정하기

• 교사가 각 집단을 돌며 관찰하거나 지지하고 중재하기

－ 토의 결과 발표하기(또래들에게 토의 내용을 소개하기)

예 오늘 토의를 하며 어떤 생각이 들었니? 어떤 것을 새롭게 느끼고 알게 되었
니?

(4) 통합적 표상하기

• 인식 · 이해 · 수용 · 조망한 다문화에 대해 회상하기

• 적용하기－통합적 표상하기

－ 문자 쓰기 및 그리기 표상을 기초한 신체 표상하기

－ 문자 쓰기 · 그리기 · 신체 표상을 토대로 이야기 구성하기

－ 이야기 구성을 토대로 극놀이로 통합적 표상하기

• 통합적 표상 활동 결과 소개 및 감상하기: 다문화에 대한 인식 · 이해 · 수용 ·
조망 총체를 통합적 표상을 통한 신념으로 견고화하기

(5) 평가하기

• 대집단으로 모여 다문화교육을 통해 자신이 느낀 것, 알게 된 것 평가하기

• 문화 다양성 수용, 정체성 형성, 문화 인식과 이해, 다른 문화 사람과 협력과
소통에 대해 평가하기

사례: 세계 여러 나라의 집

• 인식 · 이해 · 수용 · 조망한 다문화에 대해 회상하기

예 우리가 그동안 이야기했던 세계 여러 나라의 집에 대해 회상해 보자. 그 집의
살고 있는 가족은 어땠었니? 우리나라 사람들은 어디서 살면 가장 좋을까? 아
프리카에 사는 사람들은 어디서 살면 가장 좋을까? 남극에 사는 사람들은 어
디서 살면 가장 좋을까? 아프리카에 사는 사람들은 흙집이 좋고, 남극에 사는
사람들은 이글루에 사는 것이 가장 편하고 좋겠지.

→ 우리나라의 집도 소중하고 다른 나라 사람이 살고 있는 집도 소중함을 알
    고 서로 소통한다. 나와 우리나라 문화에 대해 긍정적 자아정체성을 갖고
    세계 여러 나라 사람들과 공동체의식을 기른다.

• 적용하기-통합적 표상하기

예 (신체 표상) 아프리카에 살던 사람이 이글루 집에 가면 어떨까? 어떻게 표현할
    까? 너무 추워서 몸을 떨겠지. 추워서 떠는 동작을 표현해 보자. 반대로 남극
    에 사는 사람이 베트남 수상가옥에 가면 어떨까? 어떻게 표현해 볼 수 있을까?

예 (극놀이)

- 이야기 만들기(우리가 함께 이야기를 만들어 보자. 제목은 '베트남으로 이사 간 ○
    ○네 집'이야. ○○네가 베트남으로 이사를 갔어, ○○네는 어떤 집에서 살게 되었을
    까? 수상가옥에 살게 되었지. 그런데 수상가옥에 처음 살게 된 ○○는 수상가옥에 들
    어가려다가 어떻게 되었을까? 그만 물에 빠지고 말았어. 그래서 그만 ○ ○는 울고 말
    았어. 그 이후로 ○○는 매일매일 수영 연습을 하게 되었지.)

- 필요한 소품과 배경을 준비(극놀이를 하려면 어떤 소품과 배경이 필요할까? 모둠
    별로 친구들과 필요한 것을 만들고 준비해 볼까? 선생님도 소품을 준비해 왔단다. 이
    것은 어떻게 사용할까?)

- 극놀이 하기(극놀이를 더 즐겁게 하기 위해 어떤 약속이 필요할까? 자신이 맡은 역
    할을 잘 표현할 방법이 있을까?)

• (평가) 통합적 표상 활동 결과 소개 및 감상(모둠별로 통합적 표상 결과물을 소개
    하고 발표)

예 어느 모둠이 먼저 극놀이를 발표해 볼까? 오늘 극놀이를 하며 어떤 생각이 들
    었니? 다른 조가 발표한 극놀이를 보면서 어떤 생각이 들었니? 새롭게 알게
    된 것이 있니?

2. 장애 이해 및 통합교육 요소

1) 장애통합교육의 목적

대상	영역	목적
유아	지식	• 사람들은 다양한 측면에서 서로 같을 수도 있고 다를 수도 있다는 사실을 습득한다.
	태도	• 외모나 생각이나 능력이 나와 다른 사람에 대하여 긍정적으로 수용하는 태도를 기른다. • 외모나 생각이나 능력이 나와 다른 사람들과도 친구가 될 수 있다는 태도를 지닌다.
	기술	• 외모나 생각, 능력이 다양한 사람들과 함께 놀거나 친구가 되는 방법을 학습한다. • 특별한 도움이 필요한 사람들에게 도움을 주는 방법을 학습한다.
교사	지식	• 장애 및 장애유아에 대한 올바른 지식을 습득한다. • 통합교육 운영을 위한 지식을 습득한다.
	태도	• 장애유아도 동등한 학습의 구성원으로 수용하는 태도를 기른다. • 통합교육 실행 및 성과에 대한 긍정적인 태도를 지닌다.
	기술	• 유아들이 장애유아에 대한 올바른 태도를 가질 수 있도록 대처하는 기술을 습득한다. • 유아들이 장애유아와 긍정적인 관계를 형성하고 상호작용할 수 있도록 촉진하는 기술을 습득한다.

※ 출처: 교육인적자원부(2008).

2) 활동 시 유의점(교육인적자원부, 2008)

장애나 발달지체 유아가 학급에 있다고 가정하고 수업 실연 진행 시 유의해야 할 내용은 다음과 같다.

① 용어 사용을 신중히 한다.
  • '장애' 또는 '장애유아' 등의 용어를 가능한 한 사용하지 않는다.

- 교사도 유아가 가진 문제가 유아의 특성 중 일부분이라는 인식을 한다.
- 유아들의 질문에 대해서는 정확하고도 편견 없는 정보를 제공하도록 노력한다.

② 장애 이해 교육은 모두를 위한 인성교육임을 이해해야 한다.

- 사람은 모두 다르며, 다른 것은 나쁜 것이 아니라는 것을 가르친다.
- 자기존중감과 다른 사람을 존중하고 배려하는 태도를 기른다.
- 누구나 도움을 주거나 받을 수 있다는 전제하에 장애유아에게 도움을 주도록 한다.
- 서로 돕고 우정을 형성하는 학급 분위기를 조성한다.
- 지속적이고 다양한 활동을 실시한다.

③ 장애 이해의 궁극적인 목적은 사회적 관계 형성이다.

- 다양한 상호작용 방법을 적용해 본다.
- 개별 유아에게 맞는 의사소통 방법을 개발하고 가르친다.
- 의사소통을 위한 다양한 방법이 있다는 것을 알게 한다.
- 필요에 따라서 구체적인 상호작용 기술을 직접 가르친다.
- 혼자 놀고 있는 친구를 인식하고 같이 놀자고 말할 수 있도록 가르친다.
- 다양한 친구와 함께 놀기 위해 놀이를 수정할 수 있도록 가르친다.

④ 장애 이해 교육은 유아교육과정의 자연스러운 일부분이 되어야 한다.

- 가능한 한 생활 주제에 맞게 활동을 배치한다.
- 다양한 유형의 활동을 실시한다.
- 활동에 따라서는 매일의 일과 활동으로 응용하여 실시한다(오늘의 주인공은 누구일까요?).
- 특정 유아나 장애가 부각되지 않도록 자연스럽게 활동을 진행하도록 노력한다.
- 각 활동별 교수지침을 숙지한 후 활동의 목적과 유의사항을 인식하여 활동을 계획한다.

3) 학급에서의 교육과정 수정전략 유형

① 환경적 지원

정의	참여와 학습을 촉진하기 위해 물리적·사회적·시간적 환경을 수정한다.
전략 예시	• 물리적 환경의 변경(예 장애유아의 사물함에 사진 붙여 주기) • 사회적 환경의 변경 • 시간적 환경의 변경
상호작용 예시	하루 일과를 시작할 때 어려워하는 유아의 경우 → 물리적 환경 지원 예 (그림 카드를 사물함에 놓아두고) ○○야, 여기 그림 카드가 보이니? 선생님이 여기에 오전에 ○○가 유치원에 왔을 때 제일 먼저 할 일이 무엇인지 그림으로 붙여 놓았어.

② 교재(자료)의 사용

정의	가능한 한 독립적인 참여를 촉진하기 위해 교재를 수정한다.
전략 예시	• 교재나 교구를 최적의 위치에 배치하기(높이 조정) • 테이프나 벨크로 등을 사용한 교재 수정하기 • 반응 수정하기 • 교재를 크게 또는 밝게 제작하기
상호작용 예시	바깥놀이를 나갈 때 양발에 맞는 신발을 신기 어려워하는 유아의 경우 → (한쪽 신발에 색깔이 있는 점을 붙여두고) ○○야, 선생님이 ○○가 숟가락을 잡는 손과 같은 쪽의 발에 맞는 신발에는 노란색 점을 표시해 두었어. 바깥놀이를 나갈 때 이 신발부터 신어 보도록 하자.

③ 특수장비

정의	장애영유아의 참여 수준을 높이는 특수장비나 기구를 활용한다.
전략 예시	• 활동이나 놀이 영역에 접근 용이성을 위한 특수장비 활용: 학급에 비치된 책상을 사용하거나 활동에 참여하기 어려운 경우 높이 맞춘 의자 사용하기 • 참여율 증진을 돕는 특수장비 활용: 손힘이 약하여 가위 사용이 어려운 경우 손잡이가 고리로 된 가위나 다른 조정 가위 사용하기
상호작용 예시	식사시간에 젓가락 사용이 어려운 유아의 경우 → ○○야, 선생님이 여기 두 가지 젓가락(기능성 젓가락)을 준비했는데 둘 중에 어떤 것이 더 편하고 마음에 드는지 한번 사용해 보고 선택해 보겠니?

④ 활동의 단순화

정의	수행 단계의 수를 줄이거나 작게 나누어 복잡한 과제를 간단하게 한다.
전략 예시	• 작은 단계로 세분화하기 • 수행 단계의 수 줄이기 및 변경하기(예 색종이 접기 10단계를 5단계로 줄여서 제시) • 성공하는 단계에서 종료하기
상호작용 예시	집 만들기 활동 진행 시 → (집을 오리고, 그 위에 이름을 쓰고, 색칠을 하는 활동인 경우) ○○야, 선생님이 ○○의 이름을 적은 종이랑 집 모양으로 오린 종이를 여기 준비했어. ○○가 이제 이름을 붙이고 마음에 드는 색으로 집을 색칠해 볼 수 있겠니?

⑤ 선호도 활동

정의	주어진 기회를 통해 학습의 혜택을 누리지 못하는 경우, 아동의 선호도를 판별해서 활동에 통합시킨다.
전략 예시	• 좋아하는 장난감 들고 있기 • 좋아하는 활동 활용하기 • 좋아하는 사람, 사물 활용하기(예 색칠하기 활동 시 만화 캐릭터 활용하기)
상호작용 예시	실외활동에 나가기 위해 문 앞에 줄을 서는데 돌아다니는 경우(전이시간) → (해당 유아가 좋아하는 유아에게) ○○야, 지금 밖으로 나가야 하는데 △△가 돌아다니고 있거든. ○○가 줄 서는 시간이라고 알려 주고 함께 손잡고 줄을 서 주면 어떨까?

⑥ 교사의 지원

정의	유아의 참여와 학습 지원을 위한 성인의 중재
전략 예시	• 시범 보이기 • 아동의 놀이에 참여하기 • 칭찬과 격려: 언어적 촉진(예 화장실 사용 시 "바지 내려야지."라고 말해 주기)

상호작용 예시	• 식사도구를 적절하게 활용하지 못하는 유아의 경우 → "○○야, 숟가락으로 시리얼을 떠먹어 볼래? 선생님도 이렇게 숟가락으로 떠먹을 거야. 샐러드는 이렇게 포크로 찍어서 먹어 보자." → 유아가 지시에 따라 숟가락, 포크를 이용하여 간식을 먹을 때마다 칭찬(말, 신체적)을 하고 촉진과 격려한다. "잘했어. ○○야."라고 언어적으로 격려하거나 ○○에게 강화물을 주고, 유아가 어떻게 해야 할지 모르면 교사가 시범을 보일 수 있다. • 유아게임이나 활동 참여를 유도하고 지도할 경우 → "○○야, 친구들과 함께 게임을 해 보겠니? 네 차례가 되면 달려가서 퍼즐을 맞춰 보렴. 네 차례가 되면 파란색 왕구슬을 2개 끼우면 돼……(중략)…… 게임에 사용되었던 퍼즐(구슬)을 조작 영역에 가져다 둘 수 있겠니?" 등으로 지속적으로 상호작용을 한다.

⑦ 또래의 지원

정의	중요한 목표행동의 학습을 도와주도록 또래를 활용한다.
전략 예시	• 시범 보이기(예 점심 식사 후 이 닦는 방법 보여 주기) • 도우미(예 이동이 어려운 친구의 휠체어 밀어 주기) • 칭찬과 격려(예 또래들이 잘했다고 다 함께 박수 쳐 주어 강화하기)
상호작용 예시	퍼즐활동에 어려움을 느끼는 경우 → (퍼즐활동에 익숙한 유아에게) ○○랑 함께 해 보면 어떨까? 지금 어려워하는 각이 진 부분을 ○○랑 함께 나누어서 맞추어 보자.

⑧ 보이지 않는 자원

정의	하나의 활동 중에 자연적으로 발생하는 사건을 의도적으로 구성한다.
전략 예시	• 참여 가능성을 높이는 일련의 차례 설정하기 • 교육과정 영역에서 일련의 활동하기(놀잇감 수를 부족하게 제시하여 도움을 청하는 상황 만들기)
상호작용 예시	게임 방법이나 미술 작업 방법을 알지 못하는 경우 → (또래들이 먼저 활동을 하는 순서로 배치하고 나중에 활동하도록 진행) "○○야, ○○가 맨 마지막으로 징검다리를 건너는 순서거든? 그동안 다른 친구들이 먼저 게임하는 모습을 잘 지켜보자."

참고

교육과정의 수정 등을 활용해도 학습이 어려운 경우, 이 아동에게만 필요한 기술, 행동, 개념이 있을 수 있다. 이때 이러한 아동의 특별한 요구로 인해 분리된 환경에서 개별 또는 소집단 등의 다양한 형태로 수업이 이루어질 수 있다. 교육과정의 수정 전략과 더불어 교사의 촉진과 강화가 필요한 예시는 다음과 같다.

유아가 목표행동을 수행하기 어려워하는 경우

→ (언어적 설명) 손을 씻기 위해 수도 손잡이를 잘못된 방향으로 돌리고 있는 유아에게 "파란색 쪽으로 돌려 보자." 또는 "오른쪽으로 돌려 보자."라고 말하기

→ (시범 보이기) 한쪽 운동화를 신겨 주면서 "이쪽은 선생님이 도와줄 테니 저쪽은 네가 혼자 신어 보렴." 이라고 말하기

3. 그 외 다양한 상황을 제시하는 경우

1) 우는 아이 사례

부적절한 예시 (교사 주도)	• 지시: △△야, 그만 울어. 이리 와서 ○○와 함께 종이 오리기 하자. • 경고: △△야, 자꾸 울면 좋아하는 ~ 활동하지 못하게 할 거야. • 설교: △△는 몇 살이지? 다섯 살 언니인데. 다섯 살 언니는 아무데서나 울지 않아요. • 설득: △△야, 지금 무슨 시간이지? 놀이시간이지? 놀이시간에는 즐겁게 놀이를 해야 하잖아. 지금은 우는 시간이 아니잖아. 그렇지? • 전환: △△야, 우리 방금 전에 뭐했지? 코끼리 흉내 낸 거, 그거 참 재미있었지?
적절한 예시 ('왜' 보다 '무엇'/ '어떻게'로 접근하기)	• △△아, 뭔가 속상한 일이 있었구나. 많이 화가 난 것 같아 보이기도 하네. 어떻게 이런 기분이 들었을까? • 그렇구나. 놀이하고 있는데 ○○가 자리로 넘어와서 팔로 쳤구나. 어디 보자. 어머, 진짜로 많이 아팠겠다. • 그래, 너무 아파서 아무것도 하기 싫고 화가 났구나. 선생님도 ~할 때는 짜증도 나고 화도 났었어. 그런데 ○○가 매일 그렇게 했었니? • 아, 매일 그러는 건 아니야? • 그래도 자동차를 가지고 놀 때는 방해를 하는구나? 정말 속상했겠다. • ○○가 놀이를 방해했을 때 △△는 어떻게 했는지 이야기해 줄 수 있니? • 아, 화가 나서 친구를 때렸을 때, 기분은 어땠니? • 기분이 나쁘기도 하고, 시원하기도 하고, 겁도 나고 그랬구나. 그럼 또 다른 방법은 없을까?

	유아가 대답하지 못할 경우: 선생님이 한 가지 제안을 해 볼까? 하지만 이것만 정답은 아니야, 생각이 잘 나지 않을 때는 선생님이 생각하는 방법은 어떤지 한번 들어볼 수도 있을 것 같아서 말해 보는 거야(제안을 할 때는 유아가 생각할 여지와 가능성을 열어 두도록 한다).

2) 문제 행동 시 I-message 대화 예시

방법	• 행동 서술: 받아들일 수 없는 행동을 객관적으로 간단히 서술하기 • 느낌 서술: 받아들일 수 없는 행동에 대한 교사의 감정 이야기하기 • 결과 서술: 그러한 감정과 생각을 가지게 된 이유에 대해 설명하기
적절한 예시	① ○○가 친구들에게 장난감 자동차를 던져서 ② 선생님은 놀라기도 하고 속상하기도 해. ③ 왜냐하면 ○○가 던진 자동차에 친구들이 다칠 수 있어서 걱정이 되고, 장난감도 망가질 수 있기 때문이야. ① 선생님이 책을 읽는 동안 ○○가 소리치며 교실을 걸어 다닐 때 ② 선생님이 조금 힘들었어. ③ 왜냐하면 선생님이 다른 친구들의 이야기를 들을 수 없게 되었고, 친구들도 선생님이 읽어주는 동화를 듣기 어려웠기 때문이야.

3) 따돌림 사례(상황극)

	• 특정 유아를 지목하여 그 유아와 편을 먹거나 놀이하면 이제 놀이에 껴 주지 않겠다고 하는 상황
부정적 행동에 대한 타인의 정서 이해하도록 지도하기	교사: 얘들아~, 잠깐 선생님이 자유선택 활동 전에 할 말이 있는데 잘 들어볼래? (따돌림행동을 한 유아들을 제외하고 다른 유아들만을 감싸며 상황극을 연출함) 이제 너희만 선생님 편이야. 선생님은 너희하고만 놀고 다른 친구들하고는 놀지 않을 거야. ……(중략)…… 교사: (따돌림행동을 한 친구들과 이야기를 나누며) 선생님이 특정 친구들하고만 놀이하니까 기분이 어땠니? 그래, 맞아. 친구가 그러면 속상하고 슬

	플 수 있어. …… (중략) …… 선생님도 우리 ○○반 어린이들이 함께 사이좋게 놀이하면 더 행복하거든.

4) 식습관 지도 예시

또래 모델링	• 긍정적인 식습관: "와아, ○○가 오늘은 바르게 앉아서 밥을 먹고 있구나. 바르게 앉아서 먹으니까 음식도 안 흘리고, 옆에 있는 친구들도 불편하지 않겠네." • 식습관 실천: "○○야, ○○가 좋아하는 당근을 △△가 먹기 힘든가 봐. 한 번만 먹어 보라고 얘기해 주면 어떨까?"(유아: △△야, 내가 좋아하는 당근 한 번 먹어 볼래?)
교사 모델링	• 긍정적인 식습관: "음~ 맛있다. 오늘 고사리가 정말 맛있네. 선생님은 밥이랑 한 번씩 같이 먹으니까 더 맛있는 것 같아(맛있게 먹는 모습을 보여 주기)." • 음식을 대하는 긍정적 태도: "얘들아, 오늘은 새로운 메뉴가 올라왔네? 이 음식 속에는 어떤 재료가 들어 있을까? 아~! 선생님이 엄청 좋아하는 도토리묵 말린 거다. ○○가 좋아하는 당근도 들어 있네. 이 음식의 이름은 □□래. 선생님이 먼저 한 번 먹어볼게."(음식을 먹어 본 후 느낌과 맛에 대해 이야기해 주고 맛볼 수 있도록 격려하기) • 즐겁게 식사하는 모습 격려: "(노래를 통해 격려) 우리 모두 다 같이 나물 반찬 먹어요~ ♪" "우리 반이 모두 함께 먹어 보니까 ○○도 나물을 먹어 보았구나."

5) 공격성 지도 예시

우연적 공격성	• 피해 유아의 감정을 인정해 주고 공격성이 우연적으로 일어났다는 정확한 정보를 제공해 줌으로써 보복성 공격행동을 감소시키기: "맞아서 놀랐지. 아프기도 하고 화가 났구나. ○○가 너를 때리려고 한 것은 아니었는데 공이 밖으로 나가는 걸 막으려다가 그렇게 되었어."
표현적 공격성	• 타인에게 해를 끼치지 않도록 상황을 조정하며 유아가 원하는 신체활동을 지속할 수 있도록 하기: "○○를 쫓아다니는 게 너무 재미있어서 ○○도 너처럼 재미있어 할 거라고 생각했구나? ○○는 팔을 잡아당기는 것이 아프고 싫대. ……(중략)…… 너처럼 잡기놀이를 좋아하는 친구가 누구인지 한 번 찾아보면 어떨까?"

공격행동 지도 방향 및 예시	• 관찰 시 문제의 초기 신호를 주시하여 위험한 상황을 막기(신호가 명백히 나타나면 즉각적으로 중재해야 함) • 부적절한 행동을 무조건 비난하기보다 좌절의 원인을 들어보고 이에 대처하도록 도움으로써 공격성을 감소시키도록 함 • 다른 유아와의 문제 상황이나 갈등을 조절할 때 대화를 하는 방법/감정과 의사소통을 표현하는 다양한 방법 등을 제안하도록 함 • 함께 공격행동을 감소시킬 수 있는 절차와 규칙을 만들기/역할놀이나 극놀이를 제안할 수 있음 • 갈등 상황 시 정서를 반영하며 문제해결을 지지하도록 함(정서의 수용 및 공감 → 각자의 입장 들어보기/객관적인 상황에 대해 이야기 나누기 → 문제해결 촉진) 예 마지막 단계인 문제해결 촉진 ① "음~ 그것 때문에 문제가 생긴 거였구나. 우리 지난번에 문제가 생겼을 때 해결하는 방법 배웠던 것 기억나니? 순서대로 써서 저쪽에 붙여 두었었는데, 순서대로 다시 해 보자." ② (유사한 동화를 들려준 후 전체 학급 유아들과 생각을 모아 보는 시간으로 확장해 볼 수 있음) "얘들아, ○○도 △△도 속상하지 않으려면 어떻게 하면 좋을까? 또 어떻게 말할 수 있을까? ……그래, 좋은 생각이구나. 지금까지 너희가 여러 가지 생각을 했어. 첫째,…… 둘째,…… 셋째,…… 이 중에서 어떤 것이 가장 좋은 방법인 것 같니? ……(중략)…… 다음에 그런 친구를 볼 때는 뭐라고 이야기해 주면 될까?"

6) 긍정적 행동지도 예시

기다리기 행동	• 놀이하고 싶은 장난감을 친구가 먼저 놀이하고 있을 경우: "친구야, 놀이하고 빌려줄래?"라고 말한 후 다른 놀이를 하며 기다리도록 지도하기
순서 지키기 행동	• 화장실 앞에 줄을 서 있는데 순서를 지키지 않고 들어가 버린 경우 "○○가 먼저 순서를 지키지 않고 들어가 버리면 친구 마음은 어떨까?"라고 공감해 볼 수 있도록 지도하기 • 계속 발언하는 유아에게 "○○가 하고 싶은 이야기가 많구나. 그런데 지금 다른 친구들도 이야기하고 싶어서 기다리고 있으니까 조금 후에 다시 이야기해 줄 수 있겠니?"라고 욕구를 반영해 주며 이유를 함께 설명해 주기

	• "○○가 어제 화장실 갈 때는 차례를 지키지 못했는데, 오늘은 스스로 차례를 잘 지켰구나."라고 말하며 발전된 점을 격려해 주기
바르게 앉기	• 바르게 앉은 유아에게 발언권을 주며 "약속대로 바르게 앉아 있는 ○○가 먼저 발표해 보자."라고 이름을 호명해 준다./"와~! ○○가 바르게 앉아 있구나. 앞에 나와서 친구들에게 바르게 앉는 모습을 보여 줄 수 있니?"라고 경청하는 유아를 격려해 줄 수 있다. • 새롭게 제시하는 교구 소개 시 도우미로 선정하여 "오늘 선생님이 새로운 교구를 준비했어. 교구 사용법을 알려 주려고 하는데 바르게 앉아 있는 ○○가 나와서 선생님을 도와줄 수 있겠니?"
부정적 정서 표현하기	『소피가 화나면, 정말 정말 화나면』을 읽은 후 ① 화가 났을 때 어떻게 했니?(행동회상) ② 화가 났을 때 (발을 계속 구르면/소리를 지르면/친구를 때리면) 어떤 일이 일어날까?(행동의 결과 알아보기) ③ 화를 내는 것은 나쁜 일일까? 화를 내지 않고 참으면 어떻게 될까?(정서관리 측면 고려하기) ④ 다른 사람을 기분 나쁘거나 화나게 하지 않고 화가 난 마음을 표현하는 방법으로는 무엇이 있을까?(화를 표현하는 긍정적 방법) ⑤ 화가 났을 때 화를 내지 않고 열을 세어 보면 화난 마음이 어떻게 될까? 화가 난 사람에게 그다음 내가 왜 화가 났는지 마음을 이야기해 주면 어떻게 될까?(긍정적 방법의 결과 예상하기) ⑥ 지금까지 했던 방법 중에 내가 해 보고 싶은 방법이 있니? 그 방법을 사용하면 어떤 점이 좋을 것 같니?(내가 하고 싶은 방법 찾기) ⑦ 앞으로 화가 났을 때는 어떤 방법으로 화난 마음을 표현하는 것이 가장 좋을 것 같니? 오늘 우리가 함께 이야기했던 방법으로 나의 화난 마음을 표현해 보자(실천 가능한 방법 정하고 마무리하기).

7) 그 외 다양한 상황

등원하기 싫은 유아	• 기분이 안 좋아 보이는구나. ○○가 기분이 안 좋으니 선생님도 기분이 안 좋은 것 같아. 어떻게 하면 ○○ 기분이 좋아질까? • 집에서는 어떤 놀이가 재미있니? 유치원에서 재미있는 것이 있는지 함께 찾아볼까? 아, 기분이 좋아지도록 휴식 영역에 가서 조금만 쉴까? • 하고 싶은 말이나 필요한 것이 있으면 선생님에게도 말해 주겠니?

간식을 몰래 버린 유아	• ○○야, 바닥에 당근이 떨어졌네. 휴지로 주워 보자. • ○○는 당근이 먹기 싫었구나. 그런데 먹기 싫다고 바닥에 버리면 안 된단다. 다음부터 먹기 싫을 때는 선생님에게 "먹기 싫어요."하고 말해 줄 수 있겠니? • 당근 말고 먹고 싶은 것이 있는지 한 번 볼까? △△를 먹고 싶니? 어떤 맛이 나서 좋은지 말해 줄 수 있어? 그럼 당근에서는 어떤 게 싫은 것 같아? 아~! 당근이 너무 딱딱하고 냄새가 싫었구나. • 그럼 다음에는 만약에 당근이 냄새도 나지 않고 너무 딱딱하지 않으면 먹어볼 수 있겠니? 어떻게 그렇게 요리할 수 있는지 궁금해? 선생님하고 같이 여러 가지 요리 방법을 찾아볼까? • ○○는 당근이 먹기 싫구나. 선생님은 어떤 맛이 나는지 조금만 먹어 보았으면 좋겠는데, 선생님이랑 같이 먹을 수 있는지 조금만 맛을 볼까? • 대신 ○○가 먹고 싶은 만큼만 해 보는 거야. 새끼손톱만큼이라도 괜찮아. • 그래, 먹고 싶지 않는데 노력했구나. 조금이라도 먹어서 선생님은 기뻐. 부모님도 들으시면 기뻐하실 거야. 몸이 튼튼해지려면 골고루 먹어 보는 것이 중요하대. 다음에는 조금 더 먹어 볼 수도 있겠다. 오늘 이렇게 싫어하는 당근을 먹어 주어서 고마워!
음식 알레르기가 있는 유아	• ○○는 이 음식을 먹으면 좀 가렵거나 아플 수 있어. 혼자서만 이 음식을 먹을 수 없어서 속상하구나. 몸이 조금 더 건강해지면 먹을 수 있으니까 그때 먹어 보자. • 오늘은 선생님이 이 음식은 빼고 줄게. 대신 엄마가 챙겨 주신 ○○를 먹어 보자.
유아 간 갈등 상황	• 모둠활동 중 의견이 맞지 않을 때: ○○가 △△ 때문에 속상하다고? ○○와 △△가 생각을 함께할 수 있는 방법이 있을까? ○○가 하고 싶은 것과 △△가 하고 싶은 것을 둘 다 해 보면 어떨까? …… (중략) …… 어떻게 하기로 결정했니? ○○가 친구의 이야기를 잘 들어주는구나. ○○와 △△가 같이 노력해서 맞추어 가는 모습을 보니 선생님도 기쁘다. 함께 생각하니까 더 좋은 생각이 되는 것 같아. • 자기 의견만 주장하는 경우: ○○는 나뭇가지는 가벼워서 물에 뜰 것 같고 △△는 작은 돌멩이가 더 가벼워서 물에 뜰 것 같다고 말하는 거구나. 그럼 우리 어떤 것이 더 가볍고 물에 뜰지 알아볼까? 무엇이 더 가벼운지 알아보려면 어떻게 하면 될 거 같니? 그래. 저울로 재어 볼까? 저울에 재 보니 누구 이야기가 맞는 것 같아? 아, 나뭇가지 중에 더 커서 무거운 것도 있고, 작은 나뭇가지는 작은 돌멩이보다 가벼운 것도 있었네. 그럼 이번에는 어떤 것이 물에 뜨는지 알아볼까? ……(중략)…… 친구와 서로 생각이 다를 때 서로 다투지 않고 해결할 방법이 어떤 것이 있었니? 어떻게 하는 것이 가장 좋은 방법일까?

5 연습 문제

연습문제 **1** ▶ 자동차 모양 쿠기 만들기

- 생활 주제: 교통기관
- 주제: 여러 가지 육상 교통기관
- 소주제: 육상 교통기관의 특성 알아보기
- 주요 내용
  - 열에 의한 물질의 변화 과정에 관심을 가진다.
  - 약속을 지키며 쿠키를 만든다.
- 활동 유형: 이야기 나누기/요리활동
- 활동명: 자동차 모양 쿠기 만들기
- 활동 자료: 재료(밀가루, 베이킹파우더, 상온에서 녹인 버터, 달걀, 설탕, 소금), 도구(체, 밀대, 거품기, 볼, 도마, 오븐), 요리 순서도, 앞치마, 머릿수건
- 대상 연령: 만 4세
- 유의사항
  - 인성요인 중 '협력−집단협력'의 요소가 포함된 수업실연을 진행하시오.
  - 자리 앉기 등 수업과 직접적으로 관련 없는 부분은 생략하시오.
  - 수업실연 전 수업의 방향을 소개하시오(**경기도 제외**).
  - 창의성 요인 중 '인지적 요소−사고의 수렴'을 포함하여 진행하시오.

✎ 자동차 모양 쿠키 만들기-계획안 예시

생활 주제	교통기관	주제	여러 가지 육상 교통기관	소주제	육상 교통기관의 특성 알아보기
활동명	자동차 모양 쿠키 만들기	활동 유형	이야기 나누기 요리활동	연령	만 4세
활동 목표	1. 열에 의한 물질의 변화 과정에 관심을 가진다. 2. 쿠키를 만드는 방법과 순서에 따라 쿠키를 만들 수 있다. 3. 요리활동에 필요한 약속을 지키며 요리활동에 즐겁게 참여한다.				
누리과정 관련 요소	• 사회관계: 다른 사람과 더불어 생활하기-공동체에서 화목하게 지내기 • 자연탐구: 과학적 탐구하기-물체와 물질 알아보기				
활동 자료	재료(밀가루, 베이킹파우더, 상온에서 녹인 버터, 달걀, 설탕, 소금), 도구(체, 밀대, 거품기, 볼, 도마, 오븐), 요리 순서도, 앞치마, 머릿수건				

교수학습 단계	활동 방법	유의점
도입	(자리 · 대형 정리 및 배치 후) 1. 자동차 수수께끼를 풀어본다. • 우리 지난주에 어디에 다녀왔는지 기억하나요? • 그래요. 카센터에 체험학습을 다녀왔지요? • 그곳에서 만났던 분들은 누가 있었나요? • 아픈 차를 고쳐 주시는 정비사님들이 계셨어요. • A의 이야기처럼 우리가 안전하게 자동차를 이용할 수 있도록 도와주시는 고마운 분들이었어요. • 선생님이 어제 노랑반 어린이들이 자유선택활동시간에 정비사님께 드릴 그림 선물을 그리고 있는 것을 보았어요. 그래서 어린이들이 정비사님들을 위해서 그린 그림과 함께 쿠키를 만들어서 드리면 어떨까 생각했어요. 어린이들 생각은 어떤가요?	

전개	2. 쿠키 모양에 대한 이야기를 나눈다. • 그럼, 어떤 쿠키를 만들어 드리면 좋을까요? • B는 하트 모양 쿠키를 만들고 싶대요. B야, 왜 그렇게 생각했나요? • 아, 하트로 정비사님 감사합니다! 이렇게 마음을 표현하고 싶었구나. • C는 정비사님이니깐 자동차 모양의 쿠키를 만들었으면 좋겠대요. • 다른 어린이들 생각은 어떤가요? 그래, 자동차 모양의 쿠키를 만들어서 선물하면 더욱 특별한 선물이 될 것 같아요! • D는 자동차 중에서도 특히 D의 할아버지가 타고 다니시는 커다란 트럭 모양으로 만들고 싶대요. 우와, 선생님은 D가 만든 트럭 쿠키 얼른 보고 싶다! • E가 손을 들었네요. E는 어떤 모양의 쿠키를 만들고 싶나요? E는 왜 탱크를 만들고 싶어요? 아, 친구들아, E의 이야기 들었나요? E가 지난번에 삼촌을 만나러 갔을 때 아주 멋진 탱크를 봤어요. E 삼촌은 군인이시구나! 선생님은 탱크 쿠키도 어떤 모양일지 정말 궁금하구나! • 친구들아, F가 궁금한 게 있대요. 아, F는 오토바이 쿠키를 만들고 싶은데, 정비사님께서 오토바이도 고치실 수 있는지 궁금하구나. 얘들아, 정비사님이 오토바이도 고치실 수 있을까? • G는 정비소에 갔을 때 옆에 세워져 있던 오토바이도 보았구나! F야, 정비사님은 오토바이도 고치실 수 있단다. 그럼 F는 오토바이 쿠키를 만들어서 선물하면 좋겠다! • 멋진 생각을 이야기해 준 어린이들 모두 고마워요.	• 만들고 싶은 자동차 모양에 대해 자유롭게 이야기하도록 분위기를 조성한다.
	3. 소집단을 나누어서 요리활동을 한다. • 자, 이제 쿠키를 만들기 시작할 건데, 자유선택활동 중에서 같은 영역을 계획한 친구들끼리 팀을 만들어서 같이 쿠키를 만들어 보려고 해요! 먼저 미술 영역을 계획한 어린이들이 쿠키 만들기를 해 볼게요. 나머지 어린이들을 방과후선생님과 함께 각자가 계획한 영역에서 자유선택활동을 시작하도록 합시다. • 영역에서 놀이를 하면서 우리 팀은 어떤 모양의 자동차 쿠키를 만들지 이야기 해 보세요. [인성 – 협력: 집단협력]	• 아이들이 생각을 모으는 과정에서 자연스럽게 갈등이 일어날 수 있음을 인정하고 의사소통 과정을 통해 스스로 이를 긍정적인 방향으로

		해결할 수 있도 록 돕는다.
	4. 요리 재료를 탐색한다. • 미술팀 어린이 모두 모였나요? • 어린이들이 앞치마와 머릿수건을 하고 온 모습을 보니깐 정말 멋진 요리사 같구나! [건강교육 – 청결] • 미술팀 어린이들은 어떤 모양의 자동차 쿠키를 만들기로 했는지 선생님한테 보여 줄 수 있나요? 미술팀 어린이들이 만들 자동차 쿠키는 바퀴가 6개이고, 창문이 8개나 있고, 뿔이 달렸구나. 정말 멋진 모양이네. [창의성 – 인지적 요소: 사고의 수렴] • 그럼, 쿠키를 만들려면 제일 먼저 무엇을 준비해야 할까요? • H가 정말 중요한 것을 이야기했어요. 먼저 손을 씻어야 해요! 어린이들 모두 손을 깨끗하게 씻고 왔나요? [건강교육 – 청결] • 좋아요, 그럼 다음으로는 무엇을 해야 할까요? • 그래요. 쿠키 만들기에 필요한 요리 재료를 먼저 알아봐야 해요. • 어린이들은 쿠키를 만들 때 어떤 재료가 필요할 것 같나요? • 밀가루가 필요할 것 같고, 또, 아! 달걀이요? I는 왜 달걀이 필요할 것 같나요? 아, I는 집에서 아빠와 쿠키를 만들 때 맛있으라고 달걀을 넣어 줬구나. • 밀가루와 달걀 말고 어떤 재료가 필요할지 선생님이 준비해 온 나머지 재료들도 한번 볼까요? 어? 그런데 여기 하얀 색의 가루가 여러 가지가 있네. 이 중에서 밀가루가 무엇인지 어떻게 알 수 있을까? 만졌을 때 부드러운 것이 밀가루인 것 같다고? 어떻게 그렇게 생각했어? 그러면 설탕과 소금은 어떻게 구분할 수 있을까? 아~, 맛을 보면 알 것 같나요? • 자, 이렇게 재료들을 모두 탐색해 보았어요. 이제 요리를 만들기 위해 필요한 도구는 무엇이 있는지 살펴보도록 해요.	• 요리 재료를 탐색할 때에는 유아들이 오감을 활용해서 자유롭게 재료를 탐색해 보도록 한다.

5. 요리도구를 탐색한다.

- 어린이들아, J가 쿠키를 뜨겁게 만들어 주는 기계가 필요할 것 같다고 하는데, 쿠키를 뜨겁게 만들어 주는 그 기계의 이름이 잘 생각나지 않는 것 같아. 혹시 알고 있는 어린이 있나요?
- 그래요, 오븐! 선생님이 어린이들과 함께 사용할 미니 오븐도 가지고 왔어요. 하지만 오븐은 정말 위험한 기계에요. [안전교육-도구 이용 안전]
- K는 동생이 오븐에 손을 데는 것을 본 적이 있구나. 그래, 오븐은 쿠키를 따뜻하고 맛있게 만들어 주는 기계이지만, 아주 뜨거워서 크게 다칠 수 있어요. 오늘 오븐은 선생님만 사용하도록 할게요!
- 오븐 말고 또 어떤 요리도구가 필요할까요?
- 밀가루를 담아 둘 수 있는……! 그래요, 큰 그릇(볼)이 필요하고, L의 이야기처럼 요리 재료들을 섞는 주걱도 필요할 것 같아요.
- 쿠키를 만들 판도 필요할 것 같구나!
- 어린이들이 이야기한 오븐과 볼, 주걱 그리고 도마 말고 선생님이 이렇게 세 가지 도구를 더 가지고 왔어요.
- 응, 맞아요. 우리가 바깥놀이터에서 사용했던 도구가 보이지요? 모래에서 돌을 거를 때 사용했던 이 도구는 '체'라는 요리도구인데 오늘은 고운 밀가루를 만들 때 사용할 거예요!
- 그리고 또, 지난번 요리 수업에서 사용했던 거품기도 있어요.
- 마지막으로 이 도구는 무엇일까요? 어떻게 사용하는 물건일까요? 혹시 집에서 이 도구를 본 적이 있나요?
- 아, H가 이 도구의 이름은 '밀대'라고 알려 주었어요. 할머니께서 만두를 만들어 주실 때 밀대를 쓰셨구나.
- 그럼 우리는 오늘 쿠키를 만들 때 밀대는 언제 필요할까요? 밀대로 무엇을 할 수 있을까요?
- 그래, 쿠키를 얇게 펼 때 사용할 거예요. 쿠키가 너무 두꺼우면 오븐을 이용해도 잘 구워지지 않는대요. 그래서 밀대를 사용해서 얇게 만들어 줄 건데, 쿠키를 너무 얇게 만들면 어떻게 될까요?
- I는 얇은 쿠키를 먹다가 부러진 적이 있었구나. 오늘은 부러지지 않도록 밀대를 적당히 사용해 보기로 해요!

- 오븐 이용에 관련된 이야기를 할 때에는 안전한 사용법에 대해 반드시 미리 안내한다.

6. 요리 순서를 알아본다.	
• 자, 이제 요리 재료랑 도구를 알아보았어요. 이제 어떻게 쿠키를 만들지 요리 순서를 알아볼까요?	
• 선생님이 준비한 그림을 보면서 함께 알아보도록 해요.	
• 제일 먼저 볼에 달걀, 버터, 설탕 그리고 소금을 넣고 거품기로 저어야 해요. (괄호 안에 제시된 중간 순서를 생각하고 마지막 단계인 것처럼 넘어갈 수도 있음) 다음으로는 밀가루를 체에 쳐서 고운 밀가루로 만들어 주고 아까 만들어 놓았던 그릇에 베이킹파우더와 함께 섞어 줘요. 섞은 재료들이 뭉쳐질 때까지 손으로 반죽을 하고 그다음에 마지막으로 반죽을 밀대로 밀거나 손으로 눌러서 우리가 만들고 싶은 자동차 모양을 만들 거예요. 쿠키 반죽이 완성되면 선생님이 오븐에 넣어서 10분 동안 구워 줄게요.	• 요리 순서에 대한 간단한 수수께끼나 퀴즈를 내어 자연스럽게 요리 순서를 익히도록 한다.
• 친구들이랑 한 번 더 순서도 그림을 보면서 이야기해 볼까요? 모두 요리 순서를 잘 기억했나요?	
• 좋아요, 그럼 가장 먼저 그릇에 넣어야 하는 요리 재료는 무엇일까요?	
7. 쿠키가 구워지는 과정을 관찰한다.	
• 쿠키의 모양을 다 만들었으면 이제 선생님이 오븐에 넣어서 구워 줄게요.	
• 쿠키 반죽을 오븐에 넣으면 어떻게 될까요?	
• K는 쿠키가 지금보다 훨씬 커질 것 같아요? 아, L은 쿠키가 까맣게 탈까 봐 걱정이 되는구나. [과학적 탐구 과정 기술-예측하기]	• 오븐에 과자 반죽을 넣고 굽는 동안 유아들이 오븐을 만지거나 주변에서 노는 일이 없도록 한다.
• 그럼 쿠키가 어떻게 변하는지 오븐에서 조금 떨어져서 우리 함께 관찰해 보자. 더 자세히 볼 수 있도록 화상기를 통해서 보여 줄게요. [과학적 탐구 과정 기술-관찰하기]	
• 쿠키가 어떻게 변하고 있나요? 반죽에 구멍이 생기는 것을 발견한 어린이도 있고요, 쿠키가 풍선을 불 때처럼 동그랗게 부풀어 오르는 것도 발견했구나.	
• 자, 이제 선생님이 오븐에서 쿠키를 꺼내 볼게요. 그런데 우리가 오븐에 쿠키를 넣기 전에는 반죽이 무슨 색이었지요? 그래, 우리 피부보다 조금 더 밝은 색이었어. 지금	

	은 어떤가요? L이 걱정했던 것처럼 까맣게 타지는 않았지만, 노랑반 교실 바닥처럼 갈색으로 변했구나. 왜 이렇게 색이 변한 걸까요? **[과학적 탐구 과정 기술 – 추론하기]** • 아, H 생각에는 여름에 바다에 가면 우리의 몸이 타는 것처럼 쿠키 반죽도 뜨거운 오븐에서 타서 색깔이 변한 것 같대. H야, 정말 재미있는 생각이구나. 어린이들 생각은 어떤가요? 그래요. 오븐에서 뜨거운 열을 받아서 쿠키의 색이 변한 거래요. 8. 쿠키를 먹어본다. • 이제 쿠키를 먹어볼 건데, 얼마나 먹으면 좋을까요? • 그래요. 여러분 이야기처럼 너무 많이 먹으면 이가 썩을 수도 있고, 곧 점심을 먹어야 하니까 지금은 하나씩만 먹어 보기로 했어요. **[영양교육]**	
마무리	9. 활동을 평가하고 확장활동을 소개한다. • 얘들아, 오늘 영역별 팀끼리 모여서 함께 자동차 쿠키를 만들어 보고 어떤 쿠키를 만들었는지 소개해 보기도 했는데, 재미있었던 점이 있었나요? • A는 B가 멋진 자동차 모양을 그려서 재미있었구나. C는 쿠키가 정말 맛있었대요. D는 오븐 속에서 쿠키가 점점점점 부풀어 오르는 것을 보니깐 신기했구나. • 그럼 혹시 어려웠던 점도 있었나요? • E는 리본이 달린 자동차 모양을 만들고 싶었는데, 친구들이랑 함께 만드느라 그렇게 만들지 못해서 속상했구나. 선생님도 아까 보았는데, E가 속상한 마음을 참고 역할 팀 친구들과 끝까지 사이좋게 만드는 모습이 정말 멋졌어요. • F는 쿠키를 더 먹고 싶었는데 참았구나. 그것도 정말 멋지네요. • 오늘 점심을 먹고 나서는 여러분이 만들어 보고 싶었던 자동차 모양을 만들어 보려고 해요. 그래, P가 말한 것처럼 우리가 다 먹고 난 우유갑을 활용할 수 있을 것 같아요. • 나는 어떤 자동차를 만들지 점심을 먹으면서 자유롭게 생각해 보도록 해요.	

연습문제 **2**   보글보글 국물에 채소가 풍덩

- 생활 주제: 건강과 안전
- 주제: 맛있는 음식과 영양
- 소주제: 즐겁게 먹기
- 주요 내용
  - 요리활동에 즐겁게 참여한다.
  - 열에 의한 재료의 변화를 관찰한다.
  - 요리한 음식을 맛있게 먹는다.
- 활동 유형: 요리
- 활동명: 보글보글 국물에 채소가 풍덩
- 활동 자료: 요리 순서표, 요리 재료(표고버섯, 팽이버섯, 배추, 두부 등) 핫플레이트, 큰 냄비, 다시 육수, 국자, 개인 접시, 젓가락
- 대상 연령: 만 5세
- 유의사항
  - 과학과정기술을 촉진할 수 있는 상호작용을 포함하여 수업을 실연하시오.
  - 버섯을 먹기 어려워하는 유아가 있다고 가정하고 수업을 전개하시오.
  - 긍정적인 식습관(음식을 대하는 긍정적 태도)을 길러 주는 상호작용을 포함하여 수업을 실연하시오.
  - 우리나라 삼국 시대부터 사용하던 고유의 요리 방법인 '토렴'이 있음을 알도록 수업 실연을 전개하고 이와 관련된 확장활동을 제시하시오.

  참고: 토렴
  밥이나 국수 등에 더운 국물을 여러 번 부었다가 따라내어 덥히는 일을 의미하는 용어

연습문제 **3**   반쪽이

- 생활 주제: 나와 가족
- 주제: 가족의 생활과 문화
- 소주제: 다양한 가족에 관심 가지기
- 주요 내용
  - 사람마다 서로 다르다는 것을 알고 존중한다.
  - 장애를 가진 친구를 이해한다.
  - 더불어 살아가는 마음을 갖는다.
- 활동 유형: 동화
- 활동명: 반쪽이
- 대상 연령: 만 5세
- 활동 자료: 전래동화 『반쪽이』(곽미금, 개작) 플래시 동화, 장애를 가진 친구(시각, 청각, 신체장애 유아) 삽화
- 유의사항
  - 인성 요인 중 '배려−친구에 대한 배려'의 요소가 포함된 수업실연을 진행하시오.
  - 창의성 요인 중 '성향적 요소−독립성'을 포함하여 진행하시오.
  - 장애이해 촉진의 측면을 고려하여 수업을 전개하고 이와 관련된 확장활동을 제시하시오.

동화: 『반쪽이』

늙도록 자식이 없던 아주머니가 백일기도 끝에 아들 셋을 낳습니다. 그런데 아들 둘은 멀쩡한데 셋째 아들은 눈도 하나, 귀도 하나, 팔도 다리도 하나씩인 반쪽이입니다.
과거를 보러 가던 두 형은 반쪽이가 따라나서자 사람들이 놀릴까 봐 반쪽이를 바위에 꽁꽁 묶어서 버립니다. 그러나 힘이 장사인 반쪽이는 바위를 아예 들어 올려 형을 뒤쫓아 가다가 때마침 나타난 호랑이를 잡아 가죽을 벗겨 짊어지고 갑니다.
도중에 부잣집 영감과 마주친 반쪽이는 내기 장기를 벌여 이길 경우에는 영감의 딸과 혼인하기로 하지만, 영감은 약속을 지키지 않습니다. 늦은 밤, 영감의 집에 찾아간 반쪽이는 사람들이 잠든 틈을 타 방안에 벼룩을 뿌리고, 이때 뛰쳐나오는 딸을 들쳐 업고 나와 색시로 맞고는 행복하게 살아갑니다.

✎ '반쪽이' 이야기 나누기 – 계획안 예시

생활 주제	나와 가족	주제	가족의 생활과 문화	소주제	다양한 가족에 관심 가지기
활동명	반쪽이	활동 유형	동화	연령	만 5세
활동 목표					

활동 목표	1. 사람마다 서로 다르다는 것을 알고 존중한다. 2. 장애를 가진 친구를 이해한다. 3. 더불어 살아가는 마음을 갖는다.
누리과정 관련 요소	• 사회관계: 다른 사람과 더불어 생활하기 – 친구와 사이좋게 지내기 • 사회관계: 가족을 소중히 여기기 – 가족과 협력하기
활동 자료	전래동화 『반쪽이』(곽미금, 개작) 플래시 동화, 장애를 가진 친구(시각, 청각, 신체장애 유아) 삽화

교수학습 단계	활동 방법	유의점
도입	(자리 · 대형 정리 및 배치 후) ※ 참고 (**지난 활동과의 연계**): 지난 시간에 '다양한 가족'에 대한 활동을 진행하며 몸이 불편한 가족 구성원에 대해 유아들이 궁금해 하여 이와 관련한 동화를 준비했다고 소개할 수 있다. 1. 동화와 관련된 그림 자료를 보며 이야기를 나눈다. 　• 애들아, 선생님이 너희한테 물어보고 싶은 것이 있어. 우리는 모두 똑같이 생겼나요? 　• 그래요. 우리는 비슷한 점도 많지만 모두 다르기도 해. 어떤 점이 다를까요? 　• A가 이야기한 것처럼 B는 머리가 길고, C는 머리가 짧아요. D는 안경을 안 썼지만, E는 안경을 쓰기도 했지요. 　• 선생님이 오늘 어린이들하고 같이 보려고 그림을 가지고 왔어요. 　• 이 그림에는 어떤 사람들이 있나요? 그래요, 눈이 불편한 사람, 다리가 불편한 사람, 귀가 불편한 사람들 그림이에요. 　• 너희도 이런 친구나 어른들을 본 적이 있니? 　• 아, F는 지하철에서 눈이 잘 안 보이는 어른이 안내견과 함께 탄 것을 본 적이 있구나.	• 장애와 관련된 활동은 유아들이 자신과 다른 사람의 차이를 인식하는 것에서부터 시작한다.

	• 그분을 보니깐 어땠어요? 눈이 안 보여서 아무데도 못 가실 줄 알았는데, 안내견과 함께 지하철을 잘 이용하시는 모습을 보니깐 신기했구나. 2. 동화의 맨 앞 장을 보고 동화 제목을 예상해 본다. • 오늘 우리가 들어볼 동화의 주인공도 우리랑 조금은 다른 모습을 하고 있대. 우리 같이 주인공을 만나볼까? • (반쪽이 플래시 동화의 첫 표지를 보여 주며) 여기에 있는 친구가 우리가 오늘 읽어볼 동화의 주인공이이야. • 옆에는 원래 동화의 제목이 쓰여 있는데, 선생님이 살짝 가려 놨어요. • 주인공의 모습이 어떤가요? • G가 이야기한 것처럼 주인공의 눈이 하나밖에 없네? 아, 팔도 하나밖에 없구나! • 이 동화의 제목은 무엇일지 생각해 볼까? • H는 '하나밖에 없어요.'라고 생각했구나. 아, 하나씩밖에 없어서 너무 슬플 것 같아요? • 또 다른 생각을 한 어린이도 있나요? • I는 왜 '반밖에 없어도 괜찮아'라고 생각했나요? 아, 어린이들아 ○○는 눈이 하나, 팔이 하나, 입도 반밖에 없는데도 주인공 얼굴을 보니깐 씩씩해 보여서 '반밖에 없어도 괜찮아'라고 제목을 지어봤대. 이것도 정말 멋진 생각이다.	
전개	3. 동화를 듣는다. • 우리가 예상한 제목이랑 진짜 제목이랑 같은지 동화를 한번 들어보자.	• 제목을 예상해 볼 때 독창적인 생각을 할 수 있도록 격려한다.
	4. 동화 내용을 회상한다. • 얘들아, 동화에는 누가 나왔나요? • 그래, 반쪽이, 반쪽이 형들, 어머니도 나왔지. 약속을 안 지킨 영감님과 영감님 딸도 나왔어. 호랑이도 나왔구나! • 어린이들이 동화를 정말 열심히 들었구나. • 동화 속의 반쪽이는 어땠나요? • 반쪽이는 팔도, 다리도 하나밖에 없어서 아무것도 할 수 없었나요?	• 제목을 예상해 보는 활동을 통해 교사는 장애를 가진 사람에 대한 유아의 선개념을 파악할 수 있다.

• 그래, 반쪽이는 반쪽밖에 없는데도 힘이 아주 세고 호랑이도 이길 정도로 용감하고 혼자서 할 수 있는 일도 많았어요. 반쪽이가 혼자서 할 수 있는 일은 어떤 것이 있었나요? [창의성 – 성향적 요소: 독립성] • 만약 반쪽이가 우리 친구가 된다면 어떨 것 같아요? • 아, 나쁜 사람들로부터 우리를 지켜 줄 거라고 생각했구나. • J는 반쪽이가 우리를 높이 들어 줄 것 같대. 그것도 정말 재미있는 생각이다. • 동화를 듣기 전에 어떤 친구가 반쪽이 모습을 보고, 반쪽밖에 없어서 너무 슬플 것 같다고 했는데, 동화를 들어보니 어땠나요? 반쪽이가 정말 슬퍼했나요? • K는 반쪽이가 씩씩하고 용감했대요. 아, L은 형들이 반쪽이를 미워하고 괴롭혀서 슬펐을 것 같대요. • 다른 어린이들 생각은 어떤가요? 그래, 너희가 이야기한 것처럼 씩씩하고 용감한 반쪽이지만, 형들이 놀리고 괴롭힐 때는 속상하기도 했을 거야. 만약 우리 가족 중에 반쪽이 같은 동생이나 형이 있다면 어떻게 대해주어야 할까(어떻게 말해 주고 싶니?) [인성 – 배려: 친구에 대한 배려]	• 반쪽이의 장애보다는 장점에 초점을 맞추어 유아들과의 이야기를 진행할 수 있도록 한다.
5. 몸이나 마음이 불편한 친구에 대해 이야기를 나눈다. • 혹시 너희 중에도 이런 적이 있던 어린이가 있나요? • 아, M은 유치원에 처음 안경을 쓰고 온 날 친구들이 놀려서 많이 속상하고 화가 났구나. • 그래, M은 친절한 사랑반 친구인데, 안경을 쓰고 왔다고 친구들이 놀려서 마음이 많이 아팠을 것 같아. • M아, 지금은 기분이 괜찮아졌니? 그렇구나, 친구들이 사과하고 화해해서 다시 사이가 좋아졌구나. • 어린이들아, 친구들은 왜 M을 놀렸을까? 아, N은 안경 쓴 친구를 처음 봐서 그냥 이상하다고 생각이 들었대. • 다른 친구들 중에도 이런 생각을 했던 어린이가 있나요? • O는 처음에는 안경을 쓰고 온 M의 모습이 조금 어색했지만, 같이 놀다 보니 안경을 써도 똑같은 M이라는 생각이 들었구나.	• 유아들이 장애를 가진 친구들의 장점을 인식하되, 적절하게 도움을 줄 방법에 대해서도 생각해 보게 한다.

	• 그래, 모습은 조금씩 다르더라도 우리는 모두 같은 사랑반 친구야. • 만약 우리가 저 동화 속에서 반쪽이 친구였다면 반쪽이 형들한테 뭐라고 이야기할 수 있을까? **[창의성 – 성향적 요소: 독립성]** • P는 형! 반쪽이를 괴롭히지 마세요! 이렇게 말할 거래. **[인성 – 배려: 친구에 대한 배려]** • Q는 "오빠! 반쪽이는 힘이 아주 센 멋진 친구예요!"라고 말해 주고 싶대. • 우리가 정말로 반쪽이를 만난다면 너희는 어떻게 대해 줄 수 있을까? • 아, R은 좀 무서울 것 같아요? 다른 생각을 하는 어린이도 있나요? • S는 처음에는 이상할 것 같은데, 반쪽이랑 친한 친구가 되어서 같이 놀고 싶대. • 애들아, 그런데 T가 만약에 반쪽이가 다리가 하나밖에 없어서 놀다가 넘어지면 어떻게 해야 하는지 궁금하다고 선생님한테 물어봤는데, 너희라면 어떻게 해 줄 수 있겠니? **[인성 – 배려: 친구에 대한 배려]** • 아, U는 반쪽이가 넘어지지 않게 계단을 내려올 때 손을 잡아 줄 거래. • V는 반쪽이 가방을 들어줄 거래요. 모두 정말 멋진 생각이네요! • 반쪽이와 같이 놀이하기 위해서 우리가 배려해야 할 것이 있다면 무엇이 있을까?	
마무리	6. 활동을 평가하고 확장활동을 알아본다. • 애들아, 오늘 반쪽이 동화를 들어보았는데, 어땠나요? • 아, W는 힘이 센 반쪽이가 정말로 우리 유치원에 놀러왔으면 좋겠구나. • A는 M을 놀렸던 게 생각나서 M한테 많이 미안했구나. • 반쪽이를 놀린 형들이 밉기도 했구나. • B는 동화를 다시 들어보고 싶어요? 그러면 선생님이 어린이들이 스스로 반쪽이 동화를 읽어 볼 수 있도록 언어 영역에 놔 줄게요. 동화를 한 번 더 읽어 보고 싶은 어린이들은 자유선택활동 시간에 친구들과 함께 읽어 보세요.	• 활동을 진행할 때 유아들이 장애를 가진 친구에게 무조건 도움을 주기보다는 동등한 친구로 대하도록 유의한다.

- 미술 영역에는 아까 그림으로 보았던 몸이 불편한 친구들이 우리 유치원에 온다면 내가 함께 어떤 놀이를 할 수 있을지, 또 그 친구들을 내가 어떻게 도와줄 수 있을지 그림으로 그려볼 거예요. 이 활동을 해 보고 싶은 어린이들은 오늘 자유선택활동 시간에 미술 영역을 계획해 보세요.
- 자, 이제 어린이들 모두 자유선택활동을 계획하러 갑시다.

연습문제 **4**   깨끗한 우리 동네 캠페인

- 활동명: 깨끗한 우리 동네 캠페인
- 생활 주제: 우리 동네
- 주제: 전통과 문화
- 소주제: 우리 동네를 아끼고 사랑하기
- 주요 내용
    - 우리 동네 환경을 깨끗이 하는 방법을 안다.
    - 우리 동네를 위해 할 수 있는 일을 실천한다.
    - 쓰레기 줍기 캠페인 구호를 만든다.
- 활동 유형: 이야기 나누기/바깥놀이활동
- 대상 연령: 만 4세
- 활동 자료: 쓰레기로 더러워진 우리 동네 사진 3장, 동영상(유아들의 캠페인 활동–쓰레기 줍기, 구호 외치는 모습), 피켓, 포스터, 캠페인 띠, 비닐봉지, 집게, 지역 쓰레기봉투
- 유의사항
    - 인성 요인 중 '협력–집단 협력' 요소가 포함된 수업실연을 진행하시오.
    - 자리 앉기 등 수업과 직접적으로 관련 없는 부분은 생략하시오.
    - 창의성 요인 중 '인지적 요소–문제해결력'을 포함하여 진행하시오.
    - 확장활동으로 본 활동과 연계된 게임을 제시하시오.

✎ '깨끗한 우리 동네' 캠페인 활동 계획안 예시

생활 주제	우리 동네	주제	우리 동네 전통과 문화	소주제	우리 동네를 아끼고 사랑하기
활동명	살기 좋은 우리 동네를 만들어요	활동 유형	이야기 나누기/ 바깥놀이활동	연령	만 5세
활동 목표					

활동 목표	1. 살기 좋은 동네를 만드는 방법에 대해 관심을 가진다. 2. 우리가 할 수 있는 동네 사랑 방법을 안다. 3. 살기 좋은 동네를 만들기 위해 함께 실천하는 경험을 한다.
누리과정 관련 요소	• 사회관계: 사회에 관심 갖기–사회적 가치를 알고 지키기 • 사회관계: 사회에 관심 갖기–지역사회에 관심 갖고 이해하기 • 의사소통: 말하기–상황에 맞게 바른 태도로 말하기
활동 자료	쓰레기로 더러워진 우리 동네 공원 사진 3장

교수학습 단계	활동 방법	유의점
도입	(자리·대형 정리 및 배치 후) 1. 더러워진 우리 동네에 대해 이야기를 나눈다. • 오늘 유치원에 오는 길에 어제 우리가 그린 우리 동네 벽화를 보았나요? • 벽화를 보니깐 기분이 어땠나요? • 선생님도 어린이들이 벽화를 그리니깐 우리 동네가 더욱 멋있어진 것 같았어요. • 혹시 여기 사진 속 장소는 어디인지 아는 어린이 있나요? • A는 어디에서 본 적이 있는 것 같다는데, B는 기억이 났구나. • 그래, 우리 동네의 공원 사진이에요. • 오늘 선생님이 유치원에 오는 길에 이 공원을 지났는데, 이상한 냄새가 나는 거야. • 아, C야, 이게 쓰레기 냄새예요? C는 이게 쓰레기 냄새라는 것을 어떻게 알았나요? • D랑 F도 공원에 쓰레기가 많이 있는 것을 본 적이 있구나. • G는 언제 보았나요?	• 더러워진 우리 동네에 대한 유아의 경험을 이끌어 낼 수 있는 발문을 한다. • 우리 동네가 더러워져서 불편했던 경험이나 불쾌했던 기억에 대해 이야기한다.

- 엄마랑 공원에 축구하러 갔을 때 보았구나. 그때 기분이 어땠나요?
- 축구공이 쓰레기가 있는 쪽으로 굴러가서 기분도 안 좋고, 화도 났었구나.
- 연두반 어린이들아, 원래 동네 공원은 무엇을 하는 곳인가요?
- 그래요. 어린이들처럼 축구를 하기도 하고 산책을 하면서 쉬는 곳이에요.
- 그런데 왜 이곳에 쓰레기가 있을까요?
- H는 아저씨들이 담배꽁초를 버리는 걸 본 적이 있구나.
- 만약 사람들이 계속 우리 동네 공원에 쓰레기를 버리면 어떻게 될까요?
- I는 공원이 쓰레기장이 될 것 같구나. J는 우리 동네 전체에서 쓰레기 냄새가 날 것 같대요. 그럼 정말 큰일이구나.
- 더러워진 모습을 보니 마음이 어떤가요? M은 우리가 사는 동네가 이렇게 더러우면 너무 속상하대요. 선생님도 정말 속상해요.
- 아, R은 우리가 공원을 깨끗하게 해 주면 좋을 것 같아요? 그래, 정말 좋은 생각이에요.

전개	2. 우리 동네를 깨끗하게 하는 방법에 대해 이야기를 나눈다. • 우리 동네를 깨끗하게 만들려면 어떻게 해야 할까요? **[창의성 – 문제해결력]** • K는 공원에 있는 쓰레기를 우리가 가서 치워야 한대요. • 아, K는 쓰레기가 많이 있어서 사람들이 그곳을 쓰레기통이라고 생각하는 것 같구나. 그럴 수도 있겠다. • 또, 어떻게 해야 할까요? • L은 우리가 치워도 다른 사람들이 또 버릴 수도 있을 것 같대요. • R은 사람들한테 공원에 쓰레기를 버리지 말라고 이야기해 주자고 하는데요? • 정말 좋은 생각이다, R아. • 그런데 연두반 어린이들아, 사람들한테 어떻게 말할 수 있을까요?	• 우리 동네를 깨끗하게 할 수 있는 다양한 방법에 대해 이야기 나눈다.

- 편지를 쓰는 것도 좋은 방법인 것 같고, M이 이야기한 것처럼 부모님에게도 말씀드리면 좋을 것 같네요.
- N은 부모님 말고 더 많은 사람한테 알려 줘야겠다는 말이구나.
- 어떻게 하면 더 많이 알려 줄 수 있을까요? 선생님 생각에도 O 이야기처럼 우리 동네의 모든 사람한테 편지를 쓰다 보면 팔이 너무 아플 것 같아.
- P는 지난 식목일에 '나무심기' 캠페인 했던 것처럼 캠페인을 했으면 좋겠대요. 어린이들 생각은 어떤가요?

3. 캠페인을 할 장소에 대해 이야기를 나눈다.
- 연두반 어린이들아, 우리가 어디에 가서 캠페인을 하면 좋을까요? [서로 다른 의견에 대한 갈등]
- Q는 쓰레기가 많이 있는 ○○공원에 가서 하면 좋겠구나. R은 ㅇㅇ마트 앞에서 캠페인을 했으면 좋겠구나. 왜 그렇게 생각했어, R아? 아, 사람들이 많이 모이는 장소라서 그렇게 생각했구나? Q와 R의 생각에 대해서 어떻게 생각하는지 연두반 다른 어린이들의 이야기를 좀 더 들어볼까요?
- L은 마트는 마트 앞을 지키는 아저씨도 있어서 우리가 아까 이야기한 대로 쓰레기를 줍는 활동은 못 할 것 같대요.
- S는 Q 이야기대로 ○○공원에서 쓰레기를 줍고 유치원에서 ○○공원까지 걸어가면서 캠페인을 하면 좋겠다는 이야기구나.
- R아, ○○공원까지 가는 길에 ○○마트가 있는데 S의 생각은 어떤 것 같아요? R도 찬성이구나. Q도 S의 생각이 좋은 생각 같다고 생각했니? 다른 친구들은 어떻게 생각하나요? 찬성하는 친구들은 고개를 끄덕여 볼까요? 혹시 다른 생각이 있는 친구도 있나요?
- 우리 연두반 어린이들이 모두 좋은 생각이라고 찬성해 주었어요.
- 그럼 오늘은 ○○공원에 가서 쓰레기를 줍고 공원을 오고 가며 캠페인을 해 보자.

- 캠페인에 대한 사전지식이 없을 경우에는 관련 동영상을 시청하면서 유아의 흥미를 끌 수 있다.

4. 캠페인을 할 수 있는 여러 방법에 대해 이야기를 나누고 모둠별로 준비한다.
  • 자, 우리가 캠페인을 하려면 무엇을 준비하면 좋을지 이야기해 보도록 해요. **[인성 – 협력] [창의성 – 문제해결력]**
  • 아, 포스터를 만들면 좋겠어요! L은 쓰레기 그림 위에 빨간 엑스 표시를 한 포스터를 붙이면 쓰레기를 버리지 말아야겠다는 생각이 들 것 같대요.
  • A는 캠페인 송을 만들면 좋겠다고 생각했구나. C는 구호를 큰 소리로 외치면 좋을 것 같아요? 그러면 캠페인 송과 구호 중에서 어떤 것으로 하면 좋을지 이야기해 볼까요? C도 하고 싶은 말이 있는 것 같아요. 아, C는 식목일에 캠페인 했던 것처럼 글씨를 써서 피켓을 들고 가면 좋겠다고 생각했구나. 피켓에 구호를 쓰면 좋을 것 같대요. A는 이 중에서 가위바위보를 해서 정하자고 하는데, 어린이들 생각은 어떤가요? 아, 가위바위보보다는 손을 들어서 결정하자는 이야기구나.
  • 손을 들어서 결정해 볼까요? 오늘은 구호를 만들고 피켓을 쓰기로 하고, 캠페인 송도 만들어 보고 싶다고 이야기해 주었으니 그렇게 해 볼게요.
  • 또 다른 생각이 있는 어린이 있나요? 그럼 이제 모둠별로 모여서 캠페인에 필요한 구호, 피켓, 포스터, 캠페인 송을 만들어 보자.
  • (모둠별 활동 후) 같은 모둠 친구들이랑 어떻게 준비했는지 발표해 볼까요?
  • ○○모둠 어린이들이 함께 정한 구호를 들어볼까요? '깨끗한 우리 동네가 좋아요! 쓰레기를 버리지 마세요!' 연두반 어린이들도 함께 외쳐 볼까요?
  • ○○모둠 어린이들은 아까 우리 동네 사진을 선생님에게 프린트해 달라고 해서 이렇게 피켓에 붙이기도 했어요.
  • ○○모둠 어린이들이 준비한 캠페인 송도 한 번 들어볼까요? 선생님과 다른 친구들한테도 들려줄 수 있나요? 들어보니 어떤가요? 우리가 잘 알고 있는 자전거 동요를 개사해서 재미있는 캠페인 송을 만들었구나.
  • 이렇게 멋진 방법을 준비했으니까 이제 캠페인을 하러 밖으로 나가 볼까요?

  • 생활 주제와 연계하여 모둠의 이름은 같은 지역의 동이름으로 하고 모둠 친구들은 같은 동네에 사는 친구들로 묶어서 진행할 수 있다.
  • 다수결에 의해 문제를 해결할 때에는 다수가 선택한 보기가 정답은 아니며, 다음번에는 다르게 할 수 있다는 것을 알려 준다.

326 Part **3** 수업지도안 예시

	바깥놀이-캠페인 활동 생략(캠페인 활동을 다녀온 후)	
마무리	5. 활동을 평가하고 마무리한다. • 밖에 나가서 캠페인을 해 보니까 어떤가요? • T는 사람들이 쳐다보는 것이 부끄러웠구나. • U는 그래도 재미있었대요. • A는 캠페인 송을 부를 때 어른들도 같이 부르는 것이 좋았구나. 선생님도 캠페인 노래를 벌써 다 외웠어요. • 혹시 캠페인을 할 때 더 해 보고 싶은 것도 있었나요? • B는 텔레비전에서 국회의원 선거운동하는 것처럼 캠페인을 할 때 같이 춤도 춰 보고 싶대요. 그것도 좋은 방법이네요. 다음에 또 캠페인을 하게 되면 해 보도록 해요. • 오늘 점심을 먹고 난 후에는 우리 동네를 깨끗하게 만들기 위한 다른 방법은 어떤 것이 있는지 언어 영역에서 글씨로 쓰거나 미술 영역에서 그림으로 그려 보기로 해요.	

연습문제 5 　안전한 생활 캠페인

- 생활 주제: 건강과 안전
- 주제: 안전한 놀이와 생활
- 소주제: 안전하게 놀이하기
- 주요 내용
  - 안전한 생활을 위해 우리가 할 수 있는 일을 안다.
  - 안전한 생활에 관심을 가지고 실천한다.
- 활동명: 안전한 생활 캠페인
- 활동 유형: 이야기 나누기/바깥놀이
- 대상: 만 5세
- 활동 자료: 자유 구상

〈조건〉
- 인성 요소 중 '협력−집단협력'이 포함되도록 수업을 실연하시오.
- 양성평등교육이 반영된 발문을 포함하여 수업을 실연하시오.
- 인성 요소 중 '질서−사회질서'를 반영하여 수업을 실연하시오.
- 확장활동 두 가지 이상 제시하시오.
- 바깥놀이 진행 과정(캠페인활동 진행)을 생략하고 수업을 실연하시오.

연습문제 **6**   조심조심 함께 걸어요

- 생활 주제: 유치원과 친구
- 주제: 유치원에서 만난 친구
- 소주제: 내 마음, 친구 마음 알기
- 주요 내용
  - 게임 방법과 규칙을 협의하여 정해 본다.
  - 서로 협력하면서 즐겁게 게임을 해 본다.
- 활동 유형: 바깥놀이활동
- 활동명: 조심조심 함께 걸어요
- 대상 연령: 만 5세
- 활동 자료: 5명의 유아가 잡을 수 있는 길이의 막대(2개), 반환점, 신호기, 점수판, 상황 그림
- 유의사항
  - 인성요인 중 배려(친구에 대한 배려), 질서(기초질서) 요소가 포함된 수업실연을 진행하시오.
  - 자리 앉기 등 수업과 직접적으로 관련 없는 부분은 생략하시오.
  - 창의성 요인 중 동기적 요소인 '몰입'을 이끌어 내기 위한 수업을 진행하시오.
  - 경쟁의 요소가 포함된 편 게임이나 진행 과정에서 협력적 요소를 포함하여 진행하시오.
  - 확장활동으로 본 활동과 연계된 바깥놀이활동(탐색활동, 산책 놀이 등)을 제시하시오.

※ 게임진행 과정

- 양쪽 편에서 3~4명씩 나와 줄을 선 후 함께 줄지어 막대를 잡는다.
- 신호가 울리면 친구들과 협력하면서 정면에 있는 반환점을 돌아온다.
- 게임이 끝나면, 점수를 확인하고 승부를 가린다.

✏ '조심조심 함께 걸어요' 게임활동 – 계획안 예시

생활 주제	유치원과 친구	주제	유치원에서 만난 친구	소주제	내 마음, 친구 마음 알기
활동명	조심조심 함께 걸어요	활동 유형	바깥놀이	연령	만 5세
활동 목표	1. 게임 방법과 규칙을 협의하여 정해 본다. 2. 서로 협력하면서 즐겁게 게임을 해 본다.				
누리과정 관련 요소	• 신체운동 · 건강: 신체활동에 참여하기–바깥에서 신체활동하기 • 사회관계: 다른 사람과 더불어 생활하기–친구와 사이좋게 지내기				
활동 자료	5명의 유아가 잡을 수 있는 길이의 막대(2개), 반환점, 신호기, 점수판, 상황 그림				
교수학습 단계	활동 방법			유의점	
도입	(자리 · 대형 정리 및 배치 후) ※ 참고(지난 활동과의 연계): 지난 시간에 '친구들의 마음'을 알아 보는 활동을 진행했었다고 가정하고 오늘 소개할 그림을 보며 친구들의 마음이 어떤지 생각해 보자고 이야기할 수 있다. 1. 상황 그림을 보며 어떤 게임일지 예측해 본다. • 선생님이 오늘 게임활동과 관련된 그림을 하나 가지 고 왔어요. • 어떤 그림일까? 이야기 해 보고 싶은 어린이 있나요? • A는 친구들이랑 게임활동하는 그림일 것 같대요. B는 게임을 하고 있는 나눔반 친구들 모습일 것 같대요! C는, 아, 게임 방법을 알려 주는 그림일 것 같아요? • 어떤 그림일지 다 같이 볼까요? (그림을 보여 주며) 어 떤 그림인가요? • 친구들 모습이 어떤가요? • 아, D는 머리 묶은 친구가 힘들어 하는 것 같아 보이는 구나? 왜 그렇게 생각했어요? 달리기하는 게임이라 너 무 많이 뛰어서 힘들어서? 아~ 그럴 수도 있겠다! • D와 다르게 생각하는 어린이 있나요? (유아와 유아 간 상호 작용을 유도하는 발문으로 사용) • E는 힘들어 하는 게 아니고 게임에서 질 것 같아서 속 상해 하는 것 같대요. 머리 묶은 친구의 표정을 보니까 속상해 하는 것처럼 보이기도 하는구나.			• 그림을 보고 유아 가 자신의 생각을 자유롭게 이야기 할 수 있도록 서 로 다른 의견을 존중하는 분위기 를 조성한다.	

	• 어디에서 게임을 하고 있는 것 같니? F는 왜 그렇게 생각했나요? • 이 친구들은 어떤 게임을 하고 있는 것 같나요? • 그래요, 어린이들이 생각한 것처럼 이 그림은 긴 막대 하나를 친구들 여러 명과 힘을 합쳐서 들고 반환점을 돌아오는 게임이야.	
전개	2. 게임 자료에 대해 이야기를 나눈다. • 우리도 이 게임을 해 보면 어떨까요? • 이 놀이를 하기 위해서는 어떤 준비물이 필요할까요? • 그래, G가 이야기한 것처럼 긴 막대기가 2개 필요하겠구나. **(실제 유아의 이름을 다양하게 불러 주는 것이 중요)** • 또 어떤 물건이 필요할까? • 아, H는 반환점으로 사용할 기둥 같은 것이 필요할 것 같대요. • 그럼 우리 반에서 반환점으로 사용할 수 있는 물건이 무엇이 있을까? • 어? I가 쌓기 놀이 영역에 있는 커다란 블록 2개를 들고 왔어요! 얘들아, I가 들고 온 블록을 반환점으로 사용할 수 있을까? • J는 블록이 가벼워서 넘어지거나 쓰러질 것 같대. 그럼 어떻게 하면 좋을까요? **(문제해결 능력)** • 얘들아, K가 의자를 사용해 보자고 하는데, 어린이들 생각은 어떤가요? 아, 좋은 것 같아요? 그럼 의자는 선생님이 운동장까지 옮겨 줄게! • 막대는 몇 명의 친구들이 잡고 가는 것이 좋을까? T는 짝꿍과 둘이서 하면 좋을 것 같아요? K는 4명에서 해 보면 좋겠어요? 그럼 다른 어린이들은 어떻게 생각하는지 우리 한 번 손을 들어서 결정해 볼까요?	
	3. 게임을 할 때 지켜야 할 약속에 대해 이야기 나눈다. • 이 게임을 할 때 지켜야 할 약속도 있을까? • 아, 친구한테 모래를 뿌리면 안 돼요? • 그래, 맞아요, 우리는 오늘 이 게임을 바깥놀이터에서 할 거라서, 바깥놀이터 약속도 꼭 기억해야 해요. • 또 어떤 약속이 있을까요?	• 바깥놀이터에서 진행하는 게임활동인 만큼 안전을 위해 게임활동의 규칙뿐만 아니라 일상적으로 바깥

• L은 그림처럼 '친구야 얼른 와 빨리 가자!'라고 하면서 막대기를 당기면 안 될 것 같대. 만약 그렇게 하면 어떻게 될까요? **(인성 요인 – 배려: 친구에 대한 배려)** • 그래, M 이야기처럼 친구가 넘어져서 크게 다칠 수도 있겠다. • 친구가 다치지 않도록 조심해서 막대기를 옮겨야겠어요. • 만약에 4명의 친구가 막대를 잡고 가다가 한 친구가 막대를 놓치거나 걷는 속도가 맞지 않아서 넘어지면 그때는 어떻게 하는 것이 좋을까요? A는 그냥 빨리 가고 싶을 것 같아요? 그럼 막대를 놓친 친구는 마음이 어떨까? 아, J는 처음 출발선으로 돌아와서 다시 시작하는 것이 좋을 것 같대요. T는 그 자리에서 다시 시작하는 것이 좋을 것 같아요? 또 다른 생각을 하는 친구 있나요? 그럼 어떤 방법이 좋은지 함께 손을 들어 정해 보도록 해요. • 이제 바깥놀이터에 가서 게임을 해 보자. • 친구들과 차례차례 줄을 서서 신발을 갈아 신으러 가자. • 바깥놀이터에 가기 전에 혹시 화장실에 가고 싶은 어린이들은 미리 다녀오세요.	놀이터에서 지켜야 할 약속들도 반드시 다시 상기시켜 준다.
5. 게임을 진행할 팀을 나누고 팀 이름을 정한다. (바깥놀이터로 장소 이동) • 아까 본 그림에서는 막대기 하나를 몇 명의 친구들이 함께 옮겼는지 기억하나요? • 우리 반은 막대기 하나를 4명의 친구가 옮겨 보려고 해요! • 아까 본 그림보다 더 많은 어린이가 마음을 모아야 하니까, 조금 더 어려울지도 몰라요. 할 수 있나요? • 4명씩 한 팀을 만들어 보자. 팀 이름은 어떻게 정하는 게 좋을까? N은 동물 이름으로 팀 이름을 지었으면 좋겠대요. • 아, ○는 우리 팀 친구들이 가장 좋아하는 영역 이름으로 팀 이름을 만들면 좋겠대요. 어때요? 그래, 우리가 지금 유치원과 친구에 대해서 알아보고 있으니까 팀 친구들이 가장 좋아하는 영역 이름을 팀 이름으로 짜는 것도 좋은 생각 같아요. 다른 어린이들은 어때요? 오늘은 ○가 이야기한 것처럼 영역 이름으로 팀 이름을 지어 봐요!	• 안전과 질서를 위해 유아들이 줄을 잘 서서 기다릴 수 있도록 지도한다.

• 멋진 생각을 말해 준 N도 고마워요! • 그럼 선생님이 20을 셀 동안 같은 팀 친구들 함께 팀 이름을 정해 보세요!	
6. 게임을 진행한다. • 쌓기팀, 역할팀, 미술팀, 음률팀 이렇게 4팀이 만들어졌으니까, 먼저 쌓기팀이랑 역할팀부터 게임을 해 볼까요? • 어린이들이 친구들과 함께 막대를 들고 출발선에서 기다리고 있다가 선생님이 호루라기를 불면 출발하기로 해요! • 자, 시작합니다. 나머지 친구들은 어디에 있기로 할까? 다음 차례인 팀은 출발선 뒤에서 차례대로 줄을 서서 기다리고 있자. [인성 – 질서: 기초질서] • 그래! D 이야기처럼 친구들 뒤에서 응원해 주기로 하자! • 그렇구나. E 이야기처럼 같은 편 친구들이 아니어도 응원해 줄 수 있어요? 그럼 우리 모두 나눔반 친구들이 열심히 할 수 있도록 큰 소리로 응원해 주자! (역할 잘해라! 쌓기 잘해라!)	• 응원을 통해 유아들은 자신의 순서를 기다리는 동안 지루해 하지 않을 수 있으며, 다른 유아의 활동을 관찰함으로써 모방학습이 일어난다.
7. 게임을 평가한다. • 자, 이제 우리 점수판을 한 번 볼까요? 먼저 들어온 쌓기팀과 역할팀이 1점씩, T가 넘어졌을 때 넘어진 친구를 배려해서 '괜찮아'라고 말해 주고 함께 처음부터 다시 시작한 미술팀에게도 협력 점수가 1점 주어졌어요. 서로 소리를 맞추어 응원을 힘차게 해 준 음률팀에게도 1점이 주어졌어요. [문제 상황 1]: 게임활동에 참여하고 싶지 않은 유아 • 나눔반 어린이들아, 잠깐만! 선생님이 잠깐 P를 도와줘야 할 것 같아, 잠깐 기다려 줄래? (웅크리고 있는 P에게 다가가 앉으며) P야, 무슨 일인지 선생님한테 이야기해 줄 수 있나요? • 아, P는 이 게임을 하다가 넘어질까 봐 걱정이 많이 되는구나.	• 소극적 유아가 활동에 참여할 수 있도록 충분한 시간을 주고 격려한다.

- 음, 그러면 어떻게 하면 좋을까? 애들아 P가 넘어질까 봐 조금 무섭다고 하는데 어떻게 하면 좋을까요?
- 아, P야, 친구들이 다른 팀 친구들이 하는 것을 먼저 보고 그다음에 해 보면 어떠냐고 물어보는데, P 생각은 어떤가요? 그래, 그럼 우선 다른 친구들이 하는 것을 한번 보자! 선생님이 옆에서 손잡아 줄게.
- 우아, 역할팀 친구들이 P가 마음의 준비를 할 수 있도록 같이 기다려 주는구나. 정말 멋진 친구들이다.
- 그럼 미술팀이랑 쌓기팀이 먼저 해 보기로 해요!
- 미술팀, 쌓기팀 준비됐나요? (쌓기 잘해라! 미술 잘해라!)
- 우아, 쌓기팀이랑 미술팀! 친구들이 응원하는 목소리를 들었나요?
- 그래, 선생님도 친구들이 '조심조심 와!'라고 응원해 주는 소리를 들었어. L은 친구들이 '이겨라! 이겨라!' 이렇게 응원하지 않고 '조심조심 와'라고 하니까 게임하는 데 더 재미있었대요.
- 자, 이번에는 역할팀이랑 음률팀 차례입니다!
- P야, 친구들이 하는 것을 보니까 어떠니? P도 한번 해 볼까? 그래! 애들아, P가 용기내서 함께 게임을 할 준비가 되었대요. 우리 모두 함께 더 열심히 응원해 주자!

[문제 상황 2]: 게임 도중에 넘어진 유아
- 자, 역할팀, 음률팀 준비! 삑~ (역할팀! 음률팀! P!)
- 삑~! 음률팀이 게임하는 중에 무슨 일이 있었니? 그래, A가 넘어졌었지. 음률팀 친구들이 A를 일어날 수 있게 도와주고, 처음에 약속했던 것처럼 막대를 다시 들고 출발했어. A는 울지도 않고 바로 일어나서 다시 게임에 열심히 참여했구나. 아쉽게도 역할팀이 먼저 들어오기는 했지만, 넘어진 친구를 도와주고 끝까지 열심히 한 음률팀 어린이들도 정말 멋졌어.
- 이번에는 역할팀과 미술팀이 한번 해 볼까?
- 역할팀 이겼습니다! 우승한 역할팀과 열심히 게임에 참여한 미술팀, 쌓기팀, 음률팀 친구들에게도 다 함께 박수를 쳐 주자!

	7. 활동을 회상하고 평가한다. • 오늘은 바깥놀이터에서 친구들과 협동해서 막대를 들고 돌아오는 게임을 해 보았는데, 어땠어요? • 아, F는 생각보다 막대가 너무 길었구나! 그래도 선생님이 보니까 F가 정말 씩씩하게 잘하던데?! • G는 빨리 갈 수 있을 줄 알았는데, 친구들이랑 다 같이 가니깐 속도가 너무 느려졌구나. 그래도 H는 친구들이랑 하니까 재미있었대요. • P는 무서울 줄 알았는데, 친구들이 천천히 가 주어서 하나도 안 무서웠대요. • 선생님도 너희들이 약속도 잘 지키고, 안전하게 게임을 하는 모습을 봐서 정말 즐거웠어.	• 유아들의 평가 내용을 다음 활동 시 반영한다.
마무리	8. 확장활동을 알아본다. (전이활동 및 다음 활동 안내) • 아까 I가 막대 말고 다른 물건을 옮기는 게임을 해 봐도 재미있을 것 같다고 했는데, 여러분 생각은 어떤가요? • 재미있을 것 같아요? 그럼 어떤 물건을 옮겨 볼 수 있을까요? • J 생각처럼 친구들이 다 함께 옮기려면 책상만큼 커야 할 것 같대. • 아, K는 무거우면 못 옮길 것 같구나. 그래, 옮기다가 친구들이 다칠 수도 있으니까 무겁지 않은 물건이어야겠다. • L이 친구들이랑 훌라후프를 옮겨 보고 싶다고 하는데 어린이들 생각은 어떤가요? • 오늘 사용한 막대기랑 다르게 훌라후프는 동그란 모양이어서 더 재미있을 것 같아! • 그럼 선생님이 바깥놀이 시간에 훌라후프를 준비해 줄게요. • 자, 이제 손을 씻고 간식 먹을 준비를 합시다! 오늘은 힘을 모아서 막대를 옮겼던 같은 팀 친구들끼리 함께 앉아서 간식을 먹어 보자.	• 확장활동에 대한 유아의 의견을 수용한다.

* 실제로 만 5세의 경우, 교사가 유아의 말을 반복해서 대답해 주지 않지만, 수업 실연에서는 유아와의 상호작용이 다양하게 일어나고 있다는 점을 보여 주기 위해 이와 같이 진행하는 것을 보여 드렸습니다.

* 위에 제시된 문제 상황 말고도 '게임 결과에 승복하지 못하는 유아' 등의 문제 상황을 추가해 생각해 볼 수 있습니다.

연습문제 7 각 나라의 특산물을 싣고 와요

- 생활 주제: 세계 여러 나라
- 주제: 세계 여러 나라와의 교류
- 소주제: 여러 나라의 경제 알아보기
- 수업목표
  - 나라마다 대표적인 특산물이 있음을 알고, 여러 나라 사람들이 필요한 물건을 서로 사고판다는 것에 관심을 가진다.
  - 규칙을 지켜 게임을 한다.
  - 다른 사람과 함께 하는 활동에 즐겁게 참여한다.
- 활동 유형: 게임
- 활동명: 각 나라의 특산물을 싣고 와요
- 활동 자료
  - 여러 나라의 특산물 그림 카드(대한민국-스마트폰, 태국-열대과일, 인도-쌀, 에티오피아-커피, 가나-초콜릿 등 유아 수만큼 준비)
  - 특산물을 붙일 세계 지도
  - 상자로 만든 교통기관 2개(특산물 그림 자료를 넣을 수 있는 화물칸을 준비한 후 상자에는 비행기 혹은 배 그림을 붙임)
  - 색 테이프, 융판, 신호 악기, '각 나라의 특산물을 싣고 와요' PPT 자료 등
- 대상 연령: 만 5세
- 유의사항
  - 자리 앉기 등 수업과 직접적으로 관련 없는 부분은 생략하시오.
  - 초등학교 교육과정과의 연계를 포함하여 수업을 전개하시오.
  - 수업의 마무리 부분은 생략하시오.

※ 초등학교 교육과정 관련

슬기로운 생활: 우리나라-이웃나라와 알고 싶은 나라에 대해 조사하면서 우리의 주변국에 대해 관심을 갖는다.

※ 학급 유아 상황

- 유아 1: 자신의 차례를 지켜 활동에 참여하기 어려운 유아
- 유아 2: 활동에 참여하기 위해서는 성인의 언어적 촉진이 필요한 다문화 유아(한국말 표현이 어려운 유아)
- 유아 3: 주의집중이 짧아 활동에 집중하기 어려운 유아
- 유아 4: 활동에 대한 자신감이 부족하여 의욕이 없는 유아

※ 게임방법 예시(참고로 제시해 드리는 것이므로 자유 구상도 가능합니다!)

① 상자로 만든 교통기관을 타고 교사의 신호음(호각 소리 등)에 맞추어 출발한다.
② 세계지도에 붙어 있는 특산물 그림 카드를 떼어 화물칸에 넣는다.
③ 상자로 만든 교통기관에서 내려 다음 순서의 유아에게 전달한다.

바람을 만들어요

- 생활 주제: 환경과 생활
- 주제: 바람 · 공기와 우리 생활
- 소주제: 바람과 놀기
- 수업목표
  - 바람을 만들 수 있는 방법을 찾아본다.
  - 동극활동에 적극적으로 참여한다.
  - 역할에 어울리는 말과 행동을 해 본다.
- 활동 유형: 동극
- 활동명: 바람을 만들어요
- 활동 자료: 동화 『바람을 만든다고?』(이정환, 한국어린이육영회, 1999), 동극 소품(머리 띠, 꿀 병, 들꽃, 주스 컵, 수레, 큰 나뭇잎 등)
- 대상 연령: 만 5세
- 유의사항
  - 인성 요인 중 '협력–개인적 책임감'의 요소가 포함된 수업실연을 진행하시오.
  - 창의성 요인 중 '성향적 요소–개방성'을 포함하여 진행하시오.
  - '창의성–정교성/융통성'의 요소와 관련하여 극을 재구성하기 위한 토론의 과정을 포함 하시오.

※『바람을 만든다고?』

숲속 마을에 바람을 좋아하는 여우가 있었어요. "난 바람이 제일 좋아!" 며칠째 바람 한 점 없는 날이 계속되었어요. 바람을 좋아하는 여우는 그만 병이 들었지요. 이 소식을 들은 동물 들이 여우를 찾아 왔어요. 곰은 여우를 위해 꿀을 가져왔어요. "여우야, 맛있는 꿀을 먹어 봐. 그러면 병이 나을지 몰라." "고맙지만, 거기에 놓아두렴. 바람을 만나면 병이 나을 것 같 은데……." 이번에는 토끼가 여우에게 찾아왔어요. 토끼는 여우를 위해 들꽃을 가져왔어요. "여우야, 예쁜 들꽃을 보렴. 그러면 병이 나을지 몰라." "고맙지만, 거기에 놓아두렴. 바람을 만나면 병이 나을 것 같은데……." 다람쥐도 여우를 찾아왔어요. 다람쥐는 산딸기 주스를 가져왔어요. "여우야, 시원한 산딸기 주스를 먹어 봐. 그러면 병이 나을지 몰라." "고맙지만, 거기에 놓아두렴. 바람을 만나면 병이 나을 것 같은데……." 그렇게 며칠이 지났어요. 여우 의 병은 좀처럼 낫지 않았어요. 동물 친구들은 걱정스러웠어요. 여우를 걱정하던 동물 친구들은 마을 앞 느티나무 아래 모여 이야기했어요. "바람을 만나면 병이 나을 것 같다고 했는데……." "그럼, 우리가 여우에게 바람을 만들어 주자." "바람을 만든다고?" "어떻게?" "그건 좀 더 생각을 해 봐야겠지만……." 바람을 만들어 주자던 토끼의 제안에 모두 곰곰이 생각하기 시작했어요. 곰은 엄마가 상처 난 곳을 불어 주었던 것이 생각났어요. 곰은 입으로 입김을 불어 보았어요. "후우~ 후우~." 토끼는 언덕길을 뛰어갈 때 느꼈던 바람을 생각하곤 수레를 만들었어요. 수레에 여우를 태우고 달려야겠다고 생각한 것이지요. 다람쥐는 큰 새가 날아오를 때 바람이 일어났던 것이 생각났어요. 다람쥐는 큰 나뭇잎을 가져와 양손에 쥐었어요. 그러고는 큰 새의 날개처럼 양손의 나뭇잎을 흔들어 보았어요. 동물 친구들은 여우를 위해 준비한 선물을 가지고 여우 집을 향해 갔어요. 여우의 병이 나았을까요?

연습문제 **9**　　비행기가 되어 보아요

- 주요 내용
  - 모양이나 소리를 흉내내는 말에 관심을 갖는다.
  - 의성어, 의태어를 들으며 우리말의 재미를 느껴 본다.
  - 비행기의 움직임을 상상하여 신체로 표현할 수 있다.
  - 팔과 다리의 움직임을 조절할 수 있다.
- 활동 유형: 동시/신체표현
- 활동명: 비행기가 되어 보아요
- 활동 자료: 동시 「어떻게 갈까요?」, 비행기의 모습이 담긴 동영상, 신나는 음악 음원, 스카프
- 대상 연령: 만 5세
- 유의사항
  - 인성요인 중 '다른 사람들과 다른 문화에 대한 존중'의 요소가 포함된 수업실연을 진행하시오.
  - 자리 앉기 등 수업과 직접적으로 관련 없는 부분은 생략하시오.
  - 창의성 요인 중 '인지적 요소-사고의 확장'을 포함하여 진행하시오.
  - 동시활동을 진행한 뒤 신체표현으로 연계하시오.

어떻게 갈까요?

바다 건너 먼 곳에 어떻게 갈까요?
넘실넘실 신나는 배를 타고 가지요

바닷속 물고기 세상 어떻게 갈까요?
보글보글 신기한 잠수함 타고 가지요

구름 건너 저 하늘에 어떻게 갈까요?
부웅부웅 멋-진 비행기 타고 가지요

연습문제**10**   숲과 친해지기

- 생활 주제: 동식물과 자연
- 주제: 식물과 우리의 생활
- 소주제: 식물과 함께 지내는 방법 알아보기
- 주요 내용
  - 숲에서 자연을 느끼고 즐긴다.
  - 숲의 식물을 소중히 여기는 태도를 가진다.
  - 현장체험 시 지켜야 할 약속을 안다.
- 활동 유형: 현장체험
- 활동명: 숲과 친해지기
- 대상 연령: 만 5세
- 활동 자료: 숲 활동에 적합한 복장, 비상약품
- 유의사항
  - 인성 요인 중 '배려−동・식물에 대한 배려'의 요소가 포함된 수업실연을 진행하시오.
  - 수업실연 전 수업의 방향을 소개하시오(경기도 제외).
  - 창의성 요인 중 '인지적 요소−문제해결력'을 포함하여 진행하시오.
  - 생명감수성을 증진시키기 위한 방향을 고려하시오.

연습문제 11 물웅덩이

- 생활 주제: 환경과 생활
- 주제: 물과 우리 생활
- 소주제: 물의 이용과 물 부족 알아보기
- 수업목표
  - 비 온 뒤에 달라지는 것들에 관심을 갖는다.
  - 물웅덩이를 활용한 놀이를 즐긴다.
- 활동 유형: 바깥놀이
- 활동명: 물웅덩이
- 활동 자료: 자유 구상
- 대상 연령: 만 5세
- 유의사항
  - 인성요소(협력-긍정적인 상호의존성)를 고려하여 수업을 실연하시오.
  - 자연친화적 태도를 증진시킬 수 있도록 수업을 진행하시오.
  - 유아들이 물웅덩이를 즐겁게 탐색하도록 실연하시오.
  - 안전에 유의하여 수업을 실연하시오.

연습문제 **12** 바깥놀이 자유 구상

- 생활 주제: 동식물과 자연
- 주제: 자연과 더불어 사는 우리
- 소주제: 자연과 더불어 살아가기
- 주요 내용
  - 다양한 자연물을 활용하여 창의적으로 꾸민다.
  - 다른 사람과 협력하는 태도를 기른다.
- 활동 유형: 바깥놀이
- 활동명: 자유구상
- 활동 자료: 자유구상
- 대상 연령: 만 5세
- 유의사항
  - 유아들의 협력적인 배움이 나타나는 수업을 실연하시오.
  - 생태적 감수성 증진과 관련된 상호작용을 포함하여 전개하시오.
  - 모래놀이 영역에서 유아들과 교사가 함께 '만들어 가는 놀이터'를 구성해 가는 내용을 포함하시오.
  - 활동에 능숙하지 못한 유아가 있다고 가정하고 이와 관련된 상호작용을 전개하시오.

연습문제**13**　　미래의 친환경 재생종이

- 생활 주제: 생활도구
- 주제: 미래의 생활도구
- 소주제: 필요한 생활도구 발명하기
- 수업목표
  - 미래에 필요한 생활용품을 만들어 봄으로써 환경 보전에 관심을 가진다.
  - 그 외 자유 구상
- 활동 유형: 미술
- 활동명: 미래의 친환경 재생종이
- 활동 자료: 미래의 친환경 재생종이 PPT자료, 신문지, 밀방망이, 옷걸이, 플라스틱 수조, 스타킹, 수건
- 대상 연령: 만 5세
- 유의사항
  - 과학과정기술을 촉진할 수 있는 상호작용을 포함하여 수업을 실연하시오.
  - 환경교육의 측면을 반영하여 수업을 전개하시오.
  - 창의성 요소 중 '인지적 요소-문제해결력'이 포함되도록 수업을 실연하시오.
  - '자신의 의견만 주장하는 유아'가 있는 상황을 포함하여 수업을 실연하시오.
  - '논리-수학적 지식'을 촉진하는 발문을 포함하여 수업을 실연하시오.
  - 유아들의 생활과 연계된 배움이 일어날 수 있는 확장활동을 제시하시오.

연습문제**14**   미세먼지로부터 나를 지켜요

- 생활 주제: 환경과 생활
- 주제: 바람 · 공기와 우리 생활
- 소주제: 맑은 바람 · 공기 만들기
- 수업목표
  - 공기 속 미세먼지로부터 나를 보호하는 방법을 안다.
  - 공기 속 미세먼지로부터 나를 보호할 수 있다.
  - 협동하여 활동에 참여한다.
- 활동 유형: 이야기 나누기/과학실험
- 활동명: 미세먼지로부터 나를 지켜요
- 활동 자료: 마스크, 색모래, 풍선 손 펌프(그 외: 필요시 자유 구상)
- 대상 연령: 만 4세
- 유의사항
  - 자리 앉기 등 수업과 직접적으로 관련 없는 부분은 생략하시오.
  - '마스크가 미세먼지를 잘 막아 주는지 어떻게 알 수 있을까요?'와 관련한 과학실험을 포함하여 수업을 전개하시오.
  - 창의성 요인 중 '문제해결력' 요소를 포함하여 진행하시오.
  - 환경교육의 측면을 포함하여 수업을 전개하시오.
  - 학급에 발달이 느린 유아가 있다고 가정하고 수업실연을 진행하시오.

연습문제 **15**　바람으로 움직여요

- 생활 주제: 생활도구
- 주제: 생활도구를 움직이는 힘
- 소주제: 생활도구를 움직이는 힘 알아보기
- 수업목표
  - 도구에 따라 바람의 힘이 다름을 안다.
  - 바람의 세기에 따른 공의 움직임이 다름을 안다.
  - 바람의 힘에 대한 과학활동에 즐겁게 참여한다.
- 활동 유형: 미술/과학
- 활동명: 바람으로 움직여요
- 활동 자료: 자유 구상
- 대상 연령: 만 4세
- 유의사항
  - 융합교육의 측면에서 예술적 경험을 통한 과학활동으로 유아들의 창의성을 증진시켜 줄 수 있는 수업을 전개하시오.
  - 전개 과정에서 미술활동 진행 과정을 생략하고 이와 연계된 과학활동에 대한 수업을 실연하시오.
  - 과학활동 진행 시 서로 다른 흥미와 관심을 가진 개별 유아가 있다고 가정하고 이를 고려한 교사−유아 간 상호작용을 포함하여 수업을 실연하시오.
  - 창의성(동기적 요소−호기심 · 흥미)과 인성(협력−집단 협력)요인을 고려하여 수업을 실연하시오.
  - 환경교육적 측면의 상호작용을 포함하시오.
  - 메이커 교육(발명)과 관련된 확장활동을 제시하시오.

연습문제**16**   세계 명화 속 놀이를 찾아라

• 생활 주제: 세계 여러 나라
• 주제: 세계 여러 나라의 문화유산
• 소주제: 세계의 미술과 건축물 감상하기
• 수업목표
  − 세계 여러 나라의 놀이가 담긴 그림이 있음을 안다.
  − 모둠활동에 적극적으로 참여하고 즐거운 마음을 가진다.
  − 그림 속 놀이를 표현할 수 있다.
• 활동 유형: 이야기 나누기(명화감상과 관련된 토의활동)
• 활동명: 세계 명화 속 놀이를 찾아라
• 활동 자료
  〈명화〉 신윤복의 〈임하투오〉: '투오놀이', 김홍도의 〈씨름〉: '씨름놀이', 마코프스키의
  〈놀이〉: '비석치기 놀이', 루소의 〈공놀이하는 남자들〉: '공놀이'
  〈놀이 재료〉 자유 구상
• 대상 연령: 만 5세
• 유의사항
  − 자리 앉기 등 수업과 직접적으로 관련 없는 부분은 생략하시오.
  − 인성 요인 중 '협력−상호의존성' 요소를 포함하여 진행하시오.
  − 미술의 요소 혹은 원리에 대한 발문을 포함하여 수업을 전개하시오.
  − 관련된 확장활동을 제시하시오.

※ 명화

신윤복의 〈임하투호〉: '투호놀이'

김홍도의 〈씨름〉: '씨름놀이'

마코프스키의 〈놀이〉: '비석치기 놀이'

루소의 〈공놀이하는 남자들〉: '공놀이'

연습문제**17** 명화 속의 바람

- 생활 주제: 환경과 생활
- 주제: 바람 · 공기와 우리 생활
- 소주제: 생활 속에서 바람 이용하기
- 수업목표
  - 명화를 바르게 감상하는 태도를 기른다.
  - 신체를 이용하여 바람을 창의적으로 표현해 본다.
  - 겨울바람에 관심을 가진다.
- 활동 유형: 이야기 나누기(명화감상)/신체표현
- 활동명: 명화 속의 바람
- 활동 자료: 〈겨울바람〉(고야, 1786) PPT, 바람소리 녹음 자료, 스카프(그 외 필요시 자유 구상 가능)
- 대상 연령: 만 5세
- 유의사항
  - 인성 요인 중 존중(다른 사람들과 다른 문화에 대한 존중)요소가 포함된 수업실연을 진행하시오.
  - 자리 앉기 등 수업과 직접적으로 관련 없는 부분은 생략하시오.
  - 명화감상과 신체표현을 연계한 수업을 계획하시오.
  - 동작의 요소를 적용하여 창의적 신체표현이 이루어지도록 전개하시오.
  - 명화감상의 확장활동을 제시하되 '창의성-독창성'의 요소를 고려한 활동을 제시하시오.

※ 고야의 〈겨울바람〉

연습문제 18　춤추는 소고

- 생활 주제: 우리나라
- 주제: 우리나라의 놀이와 예술
- 소주제: 우리나라의 노래와 춤 경험하기
- 수업목표
  - 소고에 호기심을 가지고 다양한 방법으로 탐색한다.
  - 음악활동에 즐겁게 참여한다.
- 활동 유형: 음악(악기 연주)
- 활동명: 춤추는 소고
- 활동 자료: 자유 구상
- 대상 연령: 만 4세
- 유의사항
  - 자리 앉기 등 수업과 직접적으로 관련 없는 부분은 생략하시오.
  - 인성교육 혹은 기본생활습관 지도를 포함하여 수업을 전개하시오.
  - 창의성 요인 중 '독창성' 요소를 포함하여 진행하시오.
  - 음악적 요소에 대한 발문을 포함하여 수업을 전개하시오.
  - 가정연계방안을 포함하시오.
  - 지난 시간에 배운 〈꼬마야 꼬마야〉 노래로 활동에 연계하시오.

※ 〈꼬마야 꼬마야〉

똑똑! 누구십니까?
꼬마입니다. 들어오세요.
꼬마야 꼬마야 뒤를 돌아라
꼬마야 꼬마야 땅을 짚어라
꼬마야 꼬마야 한 팔을 들어라
꼬마야 꼬마야 잘 가거라

힘겹게 사는 친구들을 도와요

- 생활 주제: 세계 여러 나라
- 주제: 세계 여러 나라의 교류
- 소주제: (생략)
- 수업목표
  - 세계에는 권리를 보호받지 못하는 어린이들이 있음을 안다.
  - 어려움을 겪고 있는 세계 여러 나라 친구들을 위해 도움을 줄 방법을 알아본다.
  - 나와 다른 나라 친구가 겪고 있는 어려움을 알고 격려하는 마음(혹은 돕고자 하는 마음)
    을 갖는다.
- 활동 유형: 이야기 나누기(대집단 토의활동)
- 활동명: 힘겹게 사는 친구들을 도와요.
- 활동 자료: 세계 여러 나라 아동의 삶에 대한 그림이나 사진 자료, 접착 메모지, 쓰기도구
  등(그 외 필요시 자유 구상)
- 대상 연령: 만 5세
- 유의사항
  - 자리 앉기 등 수업과 직접적으로 관련 없는 부분은 생략하시오.
  - 인성 요인 중 '협력-상호의존성' 요소를 포함하여 진행하시오.
  - 유아들의 '사회적 실천 행동'을 이끌기 위한 방향으로 토의가 전개되도록 수업을 진행
    하시오.
  - 수업 중 '특정 나라 혹은 인종에 대한 편견을 나타내는 유아'가 있는 상황을 포함하여 수
    업실연을 진행하시오.

두 가지 이야기 중 하나만 택일하여 수업실연을 보여 주셔도 됩니다!

※ 르네의 이야기

안녕? 내 이름은 르네야. 나는 네팔에 살고 있어. 큰 지진이 일어나서 건물이 무너지고 많은
사람이 다치고 죽었어. 나는 집도, 가족도 잃어서 오늘도 무너진 건물 위에서 엄마와 아빠를
기다리고 있어.

※ 토토의 이야기

안녕? 내 이름은 토토야. 나는 아프리카의 케냐라는 나라에 살아. 우리 집에는 물이 나오지
않아. 그래서 나는 매일 물을 얻으러 이웃마을을 다녀와. 흙탕물을 먹기도 하고. 거기는 너
무 멀고 물통도 무거워서 힘들어. 나도 너희처럼 그림도 그리고 친구들하고 재미있게 놀았
으면 좋겠어.

연습문제20 대한민국은 민주 국가, 투표로 대통령을 뽑아요

- 생활 주제: 우리나라
- 주제: 우리나라의 자랑거리
- 소주제: 우리나라의 자랑스러운 모습 알아보기
- 수업목표
  - 대통령 선거를 통해 우리나라가 민주 국가임을 인식한다.
  - 대통령의 하는 일과 책임을 알아본다.
  - 투표활동을 통해 민주주의의 의미와 올바른 선거 문화를 경험한다.
- 활동 유형: 이야기 나누기/자유선택활동(역할놀이 영역)
- 활동명: 대한민국은 민주 국가, 투표로 대통령을 뽑아요
- 활동 자료: 다양한 쓰기도구, 투표용지, 투표함, 선거유세에 필요한 도구(어깨띠 등), 투표소 등(그 외 자유 구상 가능)
- 대상 연령: 만 5세
- 유의사항
  - 자리 앉기 등 수업과 직접적으로 관련 없는 부분은 생략하시오.
  - 가정연계를 포함하여 수업을 전개하시오.
  - 인성 요인 중 '협력-긍정적인 상호의존성' 요소를 포함하여 진행하시오.
  - 발달이 느린 유아가 있다고 가정하고 수업을 진행하시오.
  - 성역할 고정관념을 보이는 유아를 지도하는 사례를 포함하여 수업을 전개하시오.
  - 이야기 나누기 이후 자유선택활동 내 역할놀이를 지도하는 내용의 수업실연을 보여 주시오(수업의 마무리 생략).

연습문제 21 자유 구상

- 생활 주제: 우리 동네
- 주제: 우리 동네 전통과 문화
- 소주제: (지도서와 관계없이 자유 구상 가능)
- 수업목표
  - 책을 활용한 다양한 활동을 통하여 책에 친숙해지고 책 읽기를 즐긴다.
  - (그 외 자유 구상)
- 활동 유형: 목표에 기반해 자유 구상하기
- 활동명: 자유 구상
- 활동 자료: 자유 구상
- 대상 연령: 만 5세
- 유의사항
  - 자리 앉기 등 수업과 직접적으로 관련 없는 부분은 생략하시오.
  - 지역사회 연계를 포함하여 수업을 진행하시오.
  - 발달이 느린 아이(예 쓰기가 안 되는 유아)가 있다고 가정하고 수업을 전개하시오.

공립유치원 임용고시 기출문제

1 수업실연 시험 관련 항목

1. 교육계획안 작성

수업교육계획안의 작성은 시·도 교육청별로 기준이 다르다. 경기도나 서울 등 교육계획안 작성 2차 시험을 진행하는 시·도 교육청이 있으며 또한 단위활동계획안이 아닌 일일교육계획안(예 대구, 인천 등)을 작성하는 시·도 교육청이 있으며 해마다 기준이 달라질 수 있다.

2. 수업실연

자신이 작성한 교육계획안을 가지고 15~20분의 수업실연을 하는 경우도 있고 혹은 교육계획안 작성과 별개로 생활 주제, 주제, 소주제, 주요 내용, 활동 명, 수업실연의 조건 등을 제시해 주고 20분간의 구상 후 후 수업실연을 하는 경우도 있다.

> ※ 활동의 유형별로 기본 틀을 만들어 두고 이러한 틀에 여러 주제를 적용해 수업실연을 연습해 보는 것이 필요하다.
> → 이야기 나누기/동화·동시·동극/게임/음률활동/신체활동/요리활동/바깥놀이활동/현장학습 등 각 유형에 대한 수업평가표의 요건과 절차를 중심으로 공부하도록 한다.

1) 지역별 공고 예시

※ 전국 공통의 1차 시험과는 달리2차 시험은 지역별로 조금씩 차이가 있습니다.
다음은 지난 해 발표된 지역별 2차 시험의 시행계획 및 일정공고예시입니다.

지역	구상	수업실연	나눔	교수학습과정안	비고
서울	15분	10분 이내 (45점 배점)	5분 이내 반성적 성찰	60분 (15점 배점)	
경기	25분	15분 이내	15분 이내		2019년도에서는 수업실연 30점 + 수업나눔 30점 배점으로 변경
		(50점 배점)			

세종	15분	15분 (40점 배점)	60분 (20점 배점)	2019년도에는 교수학습과정안폐지, 수업실연(설계포함) 50점 배점, 수업실연은 구상·평가시간 20분(수업설계발표 5분 포함)으로 변경
인천	15분	15분 (40점 배점)	60분 (10점 배점)	
대전	15분	15분 (45점 배점)	60분 (15점 배점)	
대구	25분	25분 (55점 배점)		
울산	15분	15분 (40점 배점)	60분 (10점 배점)	
부산	15분	15분 (40점 배점)	60분 (20점 배점)	
광주	30분	20분 (60점 배점)		수업실연 및 수업면접 배점은 각각 30점임
강원	15분	15분 (40점 배점)		
충남	15분	15분 (40점 배점)	60분 (20점 배점)	
충북	15분	15분 (50점 배점)	60분 (10점 배점)	2019년도에서는 교수학습과정안 폐지, 수업실연50점 배점으로 변경
전북	10분	15분 (20점 배점)	60분 (40점 배점)	
전남	15분	15분 (40점 배점)	60분 (60점 배점)	
경남	15분	15분 (50점 배점)	60분 (10점 배점)	
경북	15분	15분 (40점 배점)	60분 (20점 배점)	
제주	15분	15분 (40점 배점)	60분 (20점 배점)	

[시험 방식]

• 활동 하나를 15분 내에 실연하도록 하거나(일반적으로 3명의 면접관 앞에서) 10분의 실연 후 수업실연에 대한 수업나눔 시간을 갖는 경우(2018 경기 지역)가 있다.

• 오전에 계획안을 작성하고 오후에 실연을 하는 방식과 과정안을 작성 후 하루 뒤 안정적으로 수업을 하는 방식 중 현재는 후자의 방식으로 진행되는 경향이나 매해 기준이 바뀔 수 있다. 계획안과 동일한 수업실연이 진행되는 방식과 별도의 주제와 조건으로 수업실연이 진행되는 유형이 있다(수업 구상 및 실연시간, 활동 유형 및 조건은 매해 변경되므로 2차 공고를 확인해야 함).

[시험 준비]

• 음률활동(특히 새 노래 배우기)과 같이 교사의 역량(노래 실력 등)을 요하면서 발문능력 등에서 큰 차이를 보여 주기 어려운 경우에 출제 빈도가 상대적으로 낮을 수 있습니다. 반면 이야기 나누기는 모든 활동의 기본이 된다(해당 지역의 전년도 활동 유형이 출제될 가능성이 낮음).

• 교사의 발문을 면밀하게 보여 줄 수 있도록 활동별 다양한 예시 발문을 준비해 놓도록 한다.

• 지도서의 활동이 그대로 출제되는 것은 아니지만 지도서를 참고해 생활 주제별 활동을 뽑아 기본 틀을 만들어 두고, 각각의 조건에 해당하는 발문의 리스트를 만들어 준비해 두도록 한다.

• 자신의 수업실연 모습을 촬영해 어휘의 사용, 표정, 발음, 무의식적인 습관과 몸짓, 시선처리 등을 점검하고 개선해 나가도록 한다.

• 다양한 칭찬의 방법, 참여하도록 만드는 발문 등 다음의 내용을 준비해 두도록 한다.

• 수업 전체의 흐름과 목소리 등에 강약, 멈춤(pause), 속도 조절을 변화 등을 주도록 한다.

[조건의 예시]

→ 기본적으로 장애통합(혹은 발달지체 유아를 포함한 수업), 창의인성, 수업에 방해가 되는 유아 등의 조건을 포함하는 발문을 준비해 두어야 한다(파트 2에서 이러한 조건별 상호작용의 예를 제시함).

✿ 활동 유형: 동극
- 동화를 사전에 들었다고 가정하고 전개할 것
- 유아들이 만든 작품을 활용해 무대 꾸미기 활동을 전개할 것
- 역할을 맡은 유아가 목소리가 작아 잘 들리지 않는 상황에 일어났을 경우의 문제해결을 포함할 것
- 배역을 맡은 유아가 표현을 하다 친구의 눈을 찌른 안전 문제 발생 시 문제해결을 위한 과정을 포함할 것
- 다양한 의성어를 즐길 수 있는 발문 포함

✿ 활동 유형: 동시
- 동시 내용을 신체로 표현해 보는 내용을 포함해 작성할 것
- 관련된 확장 활동을 두 개 이상 제시할 것
- 동시 바꾸기 과정을 포함해 작성할 것
- 감정에 관한 사전 활동을 했다고 가정하고 도입할 것

✿ 활동 유형: 이야기 나누기/감상
- 사전에 현장학습을 다녀왔다는 가정하에 수업을 전개할 것
- 미술의 요소와 원리를 반영해 발문할 것
- 펠트만의 감상4단계를 반영해 발문
- 평가에서 사회관계 영역에 관련해 발문
- '쓰기' 관련한 개별 활동 내용을 포함한 확장활동 제시

✿ 활동 유형: 미술
- 산책을 다녀왔다는 가정 하에 도입하고 이와 관련된 자료를 추가해 진행할 것
- 협동활동을 고려해 계획할 것
- 협동 활동 시 주어진 공간 중 같은 부분에 서로 표현하고자 하는 갈등상황이 발생 시 이를 해결하기 위한 발문 포함
- 지역사회 연계와 관련된 확장활동을 계획할 것

✿ 활동 유형: 신체활동

- 누리과정 관련 요소 중 과학적 탐구하기의 내용이 반영되도록 도입방법을 제시할 것
- 거울의 원리에 관심을 갖는 발문을 제시할 것
- 활동 중 자신의 마음대로 하는 유아가 발생했을 경우 유아들이 스스로 문제해결을 할 수 있도록 발문할 것(생활 주제: 유치원과 친구)
- 발달특성이 느린 유아가 신체조절에 대한 어려움을 느껴 포기하는 일이 발생할 경우 문제해결을 위한 발문을 제시할 것
- 반사와 대칭 개념을 활용한 확장활동을 제시할 것

✿ 활동 유형: 신체활동

- 누리과정 관련 요소 중 과학적 탐구하기의 내용이 반영되도록 도입 방법을 제시할 것
- 거울의 원리에 관심을 갖는 발문을 제시할 것
- 활동 중 자신의 마음대로 하는 유아가 발생했을 경우 유아들이 스스로 문제해결을 할 수 있도록 발문할 것(생활 주제: 유치원과 친구)
- 발달 특성이 느린 유아가 신체 조절에 대한 어려움을 느껴 포기하는 일이 발생할 경우 문제해결을 위한 발문을 제시할 것
- 반사와 대칭 개념을 활용한 확장활동을 제시할 것

✿ 주의집중 방법들

노래 부르기나 손유희는 자료 없이도 가능하므로 간편하지만 집중시간이 짧으므로 구체적 실물 자료, 유아에게 의미 있는 자료, 주제와 관련된 자료 등을 제시하는 것이 좋다.

- 유아의 목소리나 친구의 목소리 녹음한 것 듣고 알아맞히기
- 상상여행: 가고 싶은 곳이나 느낀 것 이야기 나누기
- 손인형, 손가락 인형으로 말하기: 목소리 변형
- 친구의 달라진 모습 찾기: 한 명이 나오고 나머지 친구들 눈 감게 하고 진행

- 수수께끼 내기: 교사가 먼저 내고 유아들이 돌아가며 내어 보기
- 신체를 활용해 모양이나 소리 만들기
- 침묵 게임하기: 20을 셀 때까지 움직이지 않고 앉아 있기
- 소리 안 내고 입 모양으로 말하기: 혹은 아주 작은 소리로 말하기
- 수세기 놀이하기: 교실 안에서 찾아볼 수 있는 것들

※ 그 외: 교사와 반대로 말하거나 행동해 보기, 어떤 사물의 특징에 대해 무언극으로 보여 주면 동작이 의도하는 것을 맞추어 보기

2) 수업실연 평가 내용 예시

✎ 〈참고 1〉

평가사항	평가 관점
수업체계	• 수업전개 과정에서 도입잔개 마무리 단계에 맞게 교육활동이 체계적인가 • 교육 내용, 교육 활동량이 교육목표 달성에 적절한가? • 정해진 시간을 지키는가?
도입 단계	• 사전활동 및 경험의 회상 또는 출발점행동 진단을 하였는가? • 동기유발 내용은 교육 활동 내용과 밀접한 관련성이 있는가? (동기유발은 창의적인가?) • 사전활동과 연계해 활동을 소개(제시)하는가? (유아들이 궁금한 점에 근거하여 제시하는가?) • 구체적인 교육목표를 제시하였는가?
전개 단계	• 적합한 교수학습 방법을 사용하였는가? (유아들이 교육목표에 도달하도록 하기 위한 최선의 방법인가?) • 교수학습 방법의 사용은 자연스럽고 능숙한가? (적절한 주의집중 방법을 활용하여 유아들이 수업에 집중하게 하는가) • 교사의 발문은 유아들의 사고를 유발하는 발문인가? (사고를 넓혀주는 확산적 발문을 하며, 발문 후 유아가 충분히 생각할 시간을 주는가) • 유아의 특성과 요구(실태분석)를 고려한 교수학습 방법이 적용되었는가? • 교육목표도달에 적합한 교수매체를 효과적으로 사용하는가? • 유아들의 흥미를 유발하는 다양하고 창의적인 교수매체를 적절하게 사용하는가?

상호작용 능력	• 유아 수준에 적합한 교수용어를 사용하는가? (교수 용어, 습관적인 말버릇 등) • 정확한 발음으로 교수하며, 말의 빠르기는 적절한가? • 전체 유아에게 고르게 시선을 주는가? • 밝은 표정과 몸짓으로 유아를 수용하는 태도를 보이는가?
교사의 품성과 자질	• 자신감 있는 수업(목소리, 몸짓)을 보여 주는가? • 교사로서의 품위를 지니고 있는가?

✏️ 〈참고 2〉

동기유발 및 활동 안내	5	• 주제 관련성 • 동기유발 적절성 • 활동 안내의 적절성
교수행동 및 발문 내용	10	• 어조, 표정, 몸짓, 사고시간 부여, 동선 • 탐구 능력 • 긍정적이고 허용적
교수학습	10	• 상호 간 협력활동 • 안전 • 부적응 유아
자료활용수업	10	• 내용적합성 • 자료 제시가 적시한가? • 목표, 활동, 평가가 일관성이 있는가?
평가 및 활동평가	5	• 정리의 적절성 • 평가피드백 • 차시예고

✏️ 〈참고 3〉 교수기술 자기평가척도

평가사항	평가 관점
수업설계	1. 나는 수업설계에서 학습자 분석의 중요성을 알고 있다. 2. 나는 수업목표를 기술할 때 학습자들의 지적 특성을 고려해 수업을 설계한다. 3. 나는 학습자들이 현재 알고 이해하고 있는 내용을 토대로 수업을 계획한다. 4. 나는 학습자들의 성취정도를 고려해 수업을 설계한다. 5. 나는 학습자들의 학습 동기 수준을 고려해 수업을 설계한다. 6. 나는 수업목표를 구체적으로 기술한다.

7. 나는 흥미 있고 학습자 참여적인 활동을 계획한다.

8. 나는 교육과정의 내용에 관해 충분히 알고 있다.

9. 나는 학습자들이 활동에 참여할 수 있는 충분한 시간을 계획한다.

10. 나는 교육활동에 적용할 교수 전략을 수업의 특성을 고려해 다양하게 설계한다.

11. 나는 수업을 계획할 때 활동의 수행 형태(즉, 대그룹, 소그룹, 개인)에 따른 학습의 효과성을 고려한다.

수업실행	12. 나는 학습자들의 학습 동기를 유발할 때 학습자들의 특성에 맞는 처치를 하려고 노력한다. 13. 나는 학습동기유발에 의한 학습자의 언어적/비언어적 반응을 통해 학습자의 지루함의 정도를 파악할 수 있다. 14. 나는 학습동기유발에 의한 학습자의 언어적/비언어적 반응을 통해 학습자의 도전감의 정도를 파악할 수 있다. 15. 나는 학습동기유발에 의한 학습자의 언어적/비언어적 반응을 통해 학습자의 불만족감의 정도를 파악할 수 있다. 16. 나는 설계한 활동을 학습자에게 참여하도록 할 때 학습자의 지적/성격적 특성을 고려한다. 17. 나는 설계한 활동을 할당할 때 대그룹, 소그룹, 개인으로 할당했을 때의 효과성을 고려한다. 18. 나는 활동에 참여한 학습자의 언어적/비언어적 반응을 통해 학습자의 불만족감의 정도를 파악할 수 있다. 19. 나는 활동에 참여한 학습자의 언어적/비언어적 반응을 통해 학습자의 도전감의 정도를 파악할 수 있다. 20. 나는 활동에 참여한 학습자의 언어적/비언어적 반응을 통해 학습자의 지루함의 정도를 파악할 수 있다. 21. 나는 활동 수행에 의한 학습자의 언어적/비언어적 반응을 기반으로 이후 활동(또는 확장 활동)을 부여한다. 22. 나는 보통 이상의 학습자에게 도전감을 주는 활동을 제시한다. 23. 나는 학습자들이 활동의 특정 부분에 어려움을 느낄 때 활동을 적절하게 변화시킨다. 24. 나는 학습자와 언어적 상호작용할 때 학습자의 성격 특성을 고려한다. 25. 나는 학습자와 언어적 상호작용을 한 후 학습자의 언어적/비언어적 반응을 통해 학습자의 긍정적 감정 정도를 파악할 수 있다. 26. 나는 학습자와 언어적 상호작용을 한 후 학습자의 언어적/비언어적 반응을 통해 학습자의 부정적 감정 정도를 파악할 수 있다.

27. 나는 학습자와의 언어적 상호작용을 한 후 학습자의 언어적/비언어적 반응을 기반으로 이후 언어적 상호작용을 선택한다.

28. 나는 주의집중 전략을 선택할 때 학습자의 성격 특성을 고려한다.

29. 나는 주의집중 전략에 의한 학습자의 언어적/비언어적 반응을 통해 학습자의 긍정적 감정의 정도를 파악할 수 있다.

30. 나는 주의집중 전략에 의한 학습자의 언어적/비언어적 반응을 통해 학습자의 부정적 감정의 정도를 파악할 수 있다.

수업평가	31. 나는 수업 후 수업의 효과성을 기반으로 수업의 문제점을 찾아낸다.
	32. 나는 수업 후 수업의 효과성을 기반으로 수업설계안을 수정할 수 있다.
	33. 나는 수업을 준비할 때 항상 이전 수업의 문제점을 수정해 수업한다.
	34. 나는 수업 후 수업에 대한 반성적 성찰을 한다.
	35. 나는 수업 후 동료와 수업에 대한 반성적 대화를 나눈다.

〈참고 4〉 모의수업 절차

수업계획 단계		
교육과정 목표진술	교육과정 근거	수업의 목표 설정 시 연령별로 교육과정(유치원 교육과정, 표준보육과정, 누리과정)에 근거해 작성하며, 교육과정의 관련 요소(영역, 내용 범주, 내용)를 목표 진술 시에 함께 기술하는가? 예 신체운동영역/감각과 신체인식/신체를 인식하고 움직이기 예 표현생활/예술적 표현 즐기기/조형활동으로 표현하기
	목표진술	유아가 경험을 통해 지식과 기술, 개념, 태도 등을 내면화하여 스스로 구성해 가는가에 초점을 두고 목표를 진술하는가? 예 놀이와 다양한 신체활동을 통해 유아 스스로 신체에 대해 인식할 수 있다. 예 세제의 특성을 활용해 적절하게 모양을 꾸밀 수 있다.
교수 방법 및 적절한 교수자료의 선정	일반적 특성	학습의 내용과 교수 방법이 유아들의 연령과 발달적 수준에 적합한가? 예 유치원 교육과정 언어생활 '읽기' 내용의 수준은 '읽기에 관심 가지기'로 여러 가지 맥락을 활용해 글의 내용을 추측하거나 그림을 단서로 추측해 읽다. 따라서 읽기가 어려운 유아들에게 읽기기능을 강조하거나 인쇄매체 위주로 준비되지 않도록 한다.
	교수방법 선정	수업목표에 적합한 교수 방법을 선정하는가? 예 설명, 토의, 질문, 탐구학습, 협동학습, 시범, 실험
	학습양식	제시되는 교수자료와 교수 방법이 유아들의 짧은 주의력을 고려하며, 유아들의 다양한 감각을 활용할 수 있도록 하는가?

교수자료의 효율적 선정	수업목표에 따라 기존 교수자료의 활용 및 수정 또는 제작하는 등 교수자료를 효율적으로 선정하는가?
교수자료의 매력도	유아에게 학습에 대한 동기유발이나 흥미를 불러일으키는가?
교수자료의 품질보장	제시되는 교수자료가 안전성이나 좋은 기술적 품질이 보장되는가? 예 비디오 자료일 경우 화질에 문제가 있는데 계속 보여 주거나, 소리가 안 들리는데도 계속 보여 줄 경우, 또는 자료가 손상된 것을 보여 줄 경우는 좋은 기술적 품질로 보기 어렵다.

		수업진행 단계
교수자료의 활용 및 상호작용	교수자료의 사전검토 및 연습	교수자료를 유아들에게 제시하기 전에 순서대로 조직하거나 수업과 관련된 장면 또는 교수자료를 미리 연습 및 검토해 학습자들이 수업에 집중하도록 준비가 되어 있는가? 예 인터넷 상의 동화를 들려주어야 할 경우 미리 바탕화면에 다운받거나 링크하지 않으면 유아들이 주의집중 하기가 힘들다. 예 제시되는 교수자료를 사전에 조직적으로 준비하지 않아, 제시 하는 데 시간이 오래 걸리는 경우
	환경준비	교수자료는 모든 학습자들이 잘 보고, 잘 들을 수 있도록 제시되며 집단 유형에 따른 대형은 적절한가?
	학습자 준비	수업에 주의를 기울이도록 하기 위해 수업목표에 대한 설명을 하거나 필요한 경우 교수자료에 대한 지식이나 특별한 용어, 어휘에 대한 설명을 미리 하여 유아가 학습에 대한 준비를 할 수 있게 하는가?
	출발점 능력파악	수업 주제에 관련된 유아들의 출발점 능력을 파악하기 위해 질문이나 토의 등을 통해 사전지식, 사전 경험을 파악하는가?
	학습경험 제공	교사 주도적 교수자료 활용보다는 유아들이 대소집단에서 가능한 개별적 참여를 하도록 하며, 교사가 주도하는 수업일 경우라도 유아들의 의견을 반영(경청)해 참여를 유도하는가?
	교수자료의 효율적 활용과 상호작용	교사는 유아의 경험과 사고를 확장하기 위해 교수자료를 효율적으로 활용하며 적절한 상호작용과 인지적 사고를 장려하는 발문을 하는가?
	교사의 태도	교사가 유아와의 상호작용 시 유아에게 골고루 눈 맞춤을 하며, 적절한 목소리 크기와 몸짓이 자연스럽게 이루어지는가?

적극적인 학습자 참여	연습과 피드백 제공	유아가 교수내용에 대한 반응을 제대로 하고 있는지를 토의, 질의, 응답형식의 간단한 테스트로 대답하는 등의 기회를 제공하는가?
	학습된 지식 이용	유아가 학습 결과로 얻은 지식이나 기술을 이용해 다른 문제해결을 수행하도록 확장하는가? 예 색채를 학습한 학습자에게 "우리 반 교실에서 무지개 색깔을 찾을 수 있니?"와 같은 문제를 해결할 수 있는 기회를 준다.

수업평가 단계		
수업평가 및 분석	교육과정과 목표진술	교육과정 관련 요소에 부합되는 수업목표가 진술되었는가?
	교수내용과 방법의 적합성	유아의 연령과 발달수준에 적합한 교수·학습 방법으로 수업목표를 달성하였는가?
	교수자료의 효율적 선정	교수자료가 수업목표에 부합되도록 효율적으로 제작, 선정되었는가?
	사전검토 및 연습	교수자료를 수업 전에 미리 검토 및 연습해 오래 기다리거나 주의가 흐트러지지 않도록 하였는가?
	출발점 능력	수업주제와 관련된 유아들의 출발점 능력을 파악하기 위해 사전지식, 사전 경험을 질문, 토의 등을 통해 학습활동을 선택하는 데 도움이 되도록 하였는가?
	교수자료의 활용과 상호작용	유아의 경험과 사고를 확장하기 위해 교수자료를 효율적으로 활용하며 적절한 상호작용과 인지적 사고를 장려하는 발문을 하였는가? 예 교구제작 시간과 복잡성의 정도에 비해 수업에 활용되는 측면이 단순한 활동으로 끝나는 경우 적절한 교수자료의 활용으로 보기가 어렵다
	학습양식	교수자료를 유아에게 제시할 때 유아들의 짧은 주의력을 고려하고, 다양한 감각을 활용할 수 있도록 하였는가?
	학습경험의 참여	가능한 유아들의 의견을 반영(경청)하거나 참여를 유도하였는가?
	교사의 태도	교사의 발표 시 몸짓, 목소리, 억양, 시선처리가 적절하며 수업에 임하는 태도가 진지하였는가?
	수정 및 개선	수업에 사용된 매체 및 교수 방법이 보다 적합한 목표 달성을 위해 다시 수정되어야 한다면 어떻게 수정 및 개선되어야 할지를 알 수 있는가?

2 최근 3년간 수업실연 기출문제(2017~2019)

1. 2019 지역별 수업실연 기출문제

1) 지역별 기출문제

서울

생활주제	교통기관
주제	교통 통신과 교통 생활
소주제	안전한 교통질서 지키기
활동유형	캠페인 활동
활동명	교통안전 약속을 지켜요
주요 내용 (총 3개 제시됨)	• 교통안전 규칙을 지키기 위해 우리가 할 수 있는 일을 안다.
창의 · 인성 요소	• 창의성: 성향적 요소-개방성 • 인성: 협력-긍정적인 상호의존성
대상연령(인원)	만 5세(26명)
활동 자료	자율
그 외 조건	• 자신의 수업 의도를 시연 전 1분 이내로 설명하시오. • 도입, 전개, 마무리를 포함하여 수업실연 하시오. • 다른 연령 유아와 협력적 인성교육 경험을 포함하시오. • 교사의 언어적 의사소통과 비언어적 의사소통을 포함하여 수업실연 하시오. • 사전활동으로 캠페인에 필요한 자료를 모두 만들었다고 가정하여 수업실연하시오. • 자신의 의견을 고집하며 캠페인 진행을 지연시키는 유아가 있는 것을 가정하고 수업실연 하시오. • 확장활동으로 지역사회연계를 포함하시오. 〈유치원 전체 유아 등 · 하원 현황〉 횡단보도 이용(50%), 육교(35%), 자차(15%)

수업 나눔	1. 다른 연령 유아들과 협력적 인성교육을 할 때 중점을 둔 인성교육의 덕목과 그 이유를 말하고, 자신의 수업에서 동료 교사와 나누고 싶은 우수한 점을 말하시오. 2. 자신의 의견을 고집부리며 캠페인 진행을 지연시키는 유아를 지도한 방법에서 보완하고 싶은 부분을 말하시오.

경기 ▐ ▏▎

생활주제	봄 여름 가을 겨울
주제	봄
소주제	봄 풍경 즐기기
활동유형	자유
활동명	나무를 심어라
활동목표	• 나무에 대한 고마움을 알고 나무를 심는 경험을 한다. • 친구와 협력하여 활동에 참여한다.
대상연령(인원)	만 5세(26명)
그 외 조건	김 교사는 식목일을 맞이하여 유아들과 바깥에서 나무심기 활동을 계획하였다. 그러나 당일 미세먼지가 '매우 나쁨'이어서 나무심기 활동을 할 수 없게 되었다. 이를 대처하기 위한 활동을 '놀이 중심 수업'으로 구상하시오. • 놀이중심 교육으로 실연하시오. • 수업의 도입과 전개 1/2까지를 15분 내로 실연하시오. • 교사가 사전에 자료 준비를 하지 못하였다고 가정하고 수업실연 하시오. • 유아의 흥미와 요구를 반영하여 수업실연 하시오. • 수업에서 유아 간 협력적인 상호작용이 드러나도록 실연하시오. • 자유로운 활동을 격려하되 안전에 유의하여 수업실연 하시오.
수업 나눔	1. 놀이의 가치를 말하고 이를 수업에 어떻게 적용하였는지 말하시오. 2. 유아에게 어떤 배움이 일어났으며 협력적 상호작용이 어느 부분에서 일어났는지 말하시오. 3. 수업을 하면서 어려웠던 점은 무엇이고 이를 어떻게 개선/보완할 것인지 말하시오.

평가원

생활주제	나와 가족
주제	나의 몸과 마음
소주제	내 몸의 각 부분 특징 알기
활동유형	신체
활동명	나의 몸으로 모양 만들기
활동 목표	• 신체 각 부분의 특성을 이해한다. • 친구와 함께 신체로 모양을 만들어본다. • 신체활동에 즐겁게 참여한다.
창의·인성 요소	• 창의성: 성향적 요소−개방성 • 인성: 협력−긍정적인 상호의존성
대상연령(인원)	만 4세(22명)
활동 자료	자유
그 외 조건	• 사전 활동: 내 몸의 구조를 알아보았음 　　　　　　'내 몸' 노래를 사전에 불러보았음 • 강당에 모여있음을 가정하고 수업실연 하시오. • 수업의 전개, 마무리만 실연하시오. (도입은 문제지에 T, C로 제시됨) • 안전과 관련된 약속을 정하는 상황을 포함하여 수업실연 하시오. • 지나가다가 친구와 부딪혀서 우는 상황에 대한 상호작용을 포함하여 수업실연하시오. • 관련된 확장활동에 대한 안내를 포함하여 수업실연 하시오. 　　　　〈도입으로 제시된 '내 몸' 노래 가사〉 　　　끄덕 끄덕 끄덕 끄덕 왼쪽 오른쪽 　　　　　　빙글빙글 빙글빙글 　　　　　　　움직이는 내 목 　　　　　까딱 까딱 까딱 까딱 　　　　　　　왼쪽 오른쪽 　　　　　　빙글빙글 빙글빙글 　　　　　　　돌아가는 손목 　　　쫑긋 쫑긋 쫑긋 쫑긋 위로 아래로 　　　　　　빙글빙글 빙글빙글 　　　　　　　움직이는 발목 　　　　　끄덕 끄덕 까딱 까딱 　　　　　　　내 몸 신기해 　　　　　쫑긋 쫑긋 빙글빙글 　　　　　　　건강한 내 몸

인천 ▶ |||

생활주제	생활도구
주제	미래의 생활도구
소주제	새로운 생활도구 알아보기
활동유형	이야기 나누기 및 미술
활동명	미래의 바깥놀이터
대상연령(인원)	만 5세(28명)
활동 자료	바깥놀이터(놀이기구)를 찍은 사진, 종이, 사인펜, 색연필
그 외 조건	• 수업실연 전에 수업의 의도에 대해 이야기하시오. • 사전에 유치원과 유치원 주변의 놀이터를 둘러보았음을 가정하여 수업 실연 하시오. • 바깥놀이터에서 놀이기구를 이용하여 놀 때 느꼈던 불편한 점이나 바깥 놀이터의 놀이기구와 공간 중 바뀌었으면 하는 부분에 대해 이야기 나누는 과정을 포함하시오. • 미술활동을 모둠 활동으로 진행하시오. • 활동 시 유아 간 협력이 드러날 수 있도록 수업실연 하시오. • 도입과 전개 부분만 수업실연 하시오.

세종 ▶ |||

생활주제	건강과 안전
주제	안전한 놀이와 생활
소주제	안전하게 놀이하기
활동유형	게임
주요 내용	• 위험한 상황 시 대처하는 방법을 안다. • 위험한 장소와 물건을 안다. • 위험한 상황에서 도움을 주시는 분들에게 고마움을 느낀다.
수업 설계	유아의 연령, 경험, 흥미 등을 고려하여 창의적으로 수업을 구성할 것 유아의 생활과 연계하여 배움이 일어나도록 할 것

그 외 조건	(도입/전개/마무리 모두 실연) • 일상생활 속에서 실천할 수 있도록 하는 수업 내용을 실연하시오. • 기본생활습관과 인성 덕목을 포함하시오. • 과정중심 평가를 반영하여 실연하시오. • ① 긴장할 때마다 화장실에 자주 가려는 유아 / ② 단짝 친구와만 활동하려는 유아가 있다고 가정하고 실연하시오. • 유아의 요구로 인해 수업이 자주 중단되는 상황을 포함하여 실연하시오. • 놀이의 즐거움에 대한 설문 조사 결과를 반영하여 실연하시오. (총 인원 중 4명을 제외한 나머지 유아들은 교사와 함께 하는 활동을 선호하는 것으로 나타났음)

대구

생활주제	환경과 생활
주제	소리와 우리 생활
소주제	소리 만들기
활동유형	음악
활동 자료	자유
수업설계	• 누리과정 관련요소 3가지(신체조절하기 / 음악으로 표현하기 / 탐구 과정 즐기기)를 통합하여 '활동명'을 정하고 그 이유를 말할 것 • 활동과 관련하여 유아에게 길러주고자 하는 미래 역량 1가지를 정하고 이에 대한 방법을 말할 것 • 활동의 유의점 3가지와 주요 활동 3가지를 말할 것 • 목표 달성 여부를 확인할 수 있는 유아 평가 방법을 말할 것
그 외 조건	(인자 및 자리 배치 등 필요 없는 부분 생략) • 도입단계에서 2가지 이상의 감각을 활용하여 수업을 도입하시오. • 전개단계에서 음악적 요소 2가지에 대한 탐색활동을 포함하여 실연하시오. • 사회성이 부족하고 평소에도 혼자 놀이하는 경우가 많은 유아가 이 활동에 흥미를 보이지 않을 때 유아를 격려하는 상황을 포함하여 실연하시오.

광주 ▶│││

생활주제	봄 여름 가을 겨울
주제	가을
활동유형	이야기 나누기 및 현장학습
활동명	가을 동산으로 산책을 가요
활동목표	• 가을에 나타나는 자연의 변화에 대해 안다. • 자연물을 이용하여 다양한 놀이를 할 수 있다. • 가을 풍경의 아름다움을 느끼고 자연을 소중히 여기는 마음을 가진다.
창의 · 인성 요소	• 창의성: 인지적 요소–문제해결력 • 창의성: 인지적 요소–사고의 확장 • 인성: 존중
대상연령	만 5세
수업면접	1. 현장에서 이 수업을 한다면 발생할 수 있는 어려움과 그 해결방안 2가지를 말하시오. 2. 놀이확장을 위해 개입한 장면 3가지와 이유를 말하시오. 3. 모둠활동 시 배움이 일어난 상황 3가지와 이유를 말하시오. 4. 방과후 과정과 연계할 수 있는 확장활동 3가지와 이유를 말하시오.

2) 2019 응시자 사례

서울 ▶│││ (수업실연＋반성적 성찰＝45점 만점 기준)

사례 1(45점 만점)

✔수업의도

❶ 가장 먼저 수업목표를 이야기하였습니다. 모든 목표를 스스로 만들어서 이야기하기보다 지식, 기능, 태도 목표를 주어진 문제에 나와 있는 주요내용을 참고하여 이를 조금 변형하여 수업 목표를 선정하였습니다.

❷ 다음으로는 유아들이 지난 시간에 이야기 나눈 것을 통해 오늘 캠페인 활동을 진행할 것을 인지하고 있으며 〈조건〉에 명시된 대로 활동에 필요한 자료를 만들었고, 이

미 여러 번의 경험을 통해 캠페인 활동의 의미와 방법을 숙지하고 있음을 가정하여 수업을 진행할 것임을 말씀드렸습니다.

❸ 지금부터 수업실연을 시작하겠습니다라고 말씀을 드린 후에 수업을 시작하였습니다.

(대략 40~50초 정도 소요)

✔도입

❶ 주의 집중

• '~이는 어디 있나 여기'. 장미반 모두 모였나요? 카펫과 의자에 모두 잘 앉아주었네요.

❷ 동기유발

• 우리가 오늘 어떤 활동을 하기로 했지요? ○○이 말대로 오늘은 안전한 교통질서를 위한 캠페인 활동을 하기로 했어요.

• 그 전에 장미반에 어떻게 유치원에 오는 지 알아볼 수 있도록 어제 자유선택활동시간에 수·조작영역에 선생님이 만들어 놓은 표에 스티커를 붙여보기로 했었지요.

• 장미반 어린이들이 어떻게 유치원에 등원하는지 다 함께 표를 봐볼까요?

• 어떤 칸에 가장 많은 스티커가 붙어 있나요? ○○이가 이야기 해준 대로 횡단보도를 건너 유치원을 오는 어린이들이 가장 많군요. 그 다음은 **이의 말대로 육교를 건너서 오는 어린이들이 두 번째로 많네요. 마지막으로는 차를 타고 유치원에 오는 어린이들이 세 번째로 많이 보이네요. (이 때에는 저의 오른쪽에 표가 놓여 있는 시늉을 하며, 1, 2, 3번째 이야기할 때마다 손으로 짚어가는 시늉을 하며 수업을 진행하였습니다.)

❸ 활동 소개

• 그럼 우리가 어떻게 유치원에 등원하는 지까지 모두 알아보았으니 본격적으로 캠페인 활동을 해보도록 할까요?

• ('○○이는 빨리 캠페인을 하고 싶은 마음에 발을 동동동 구르고 있군요' 식으로 유아 행동을 언어화 하였던 것 같아요!)

• (이 부분에서 〈조건〉동생들과 함께 캠페인 활동을 한다는 이야기가 들어갔어요.)

✔전개

❶ 사전에 만든 자료 소개하기

• 캠페인 활동을 위해 우리가 만들었던 자료를 모둠별로 소개해보아요. 어떤 모둠이

먼저 나와서 소개해볼까요? 손을 번쩍 들어준 존중 모둠이 나와 볼까요?

- 존중 모둠은 무엇을 만들었나요? 아~ 캠페인 활동에 필요한 구호를 만들었대요. 우리 모두 존중 모둠이 만든 구호를 들어볼까요? 아! 존중 모둠은 구호와 함께 할 수 있는 율동을 같이 만들었구나. 우리 모두 다 같이 구호와 율동을 해볼까요? (이 때 구호와 율동을 구체적으로 정하고 교사가 이를 언어화 하는 과정이 있었던 것 같아요. 예를 들면, '빨간 불에서는 멈춤' 이 부분에서는 손을 가슴에 모아 이렇게 x자를 만드는 율동이군요.)

- 〈조건〉어 그런데 ○○이 표정이 좋지 않네요. 불편한 점이 있나요 ○○아? 아 ○○이는 율동은 여자 어린이들만 하는 것이라고 율동을 하고 싶지 않다고 이야기하네요. 장미반, 율동은 여자들만 하는 것일까요? **이와 ##이가 아니라고 말해주었네요. 그러면 너희들은 남자들이 율동을 하고 있는 모습을 본 적이 있나요? 언제 본 적이 있나요? 아~ **이는 우리 유치원의 난초반 남자 @@@담임선생님께서 율동을 하고 있는 모습을 본 적이 있대요. 어 !!이도 본 적이 있고, ^^이도 본 적이 있구나. 만약 율동을 여자만 할 수 있는 거라면 @@@ 선생님께서 율동을 할 수 있을까요? ##이가 율동은 남자와 여자에 상관없이 모두 즐겁게 하는 거라고 이야기해 주었네요. ○○이도 난초반 선생님이 율동하는 모습을 본 적이 있구나. 장미반이 이야기 해준 대로 율동은 남자와 여자에 관계없이 모두가 즐겁게 하는 것이에요. ○○이의 생각은 어떤가요? 아 친구들의 이야기를 잘 들어보았더니 생각이 바뀌게 되었대요.

- (이 부분에서 '오늘은 특별히 동생들과 함께 캠페인을 하여 율동을 쉽게 만들었다고 말해주었네요.' 이런 발문을 추가하여 제가 〈조건〉을 인지하고 있음을 끊임없이 내포하였습니다.)

- 존중 모둠 나와 주어서 고마워요.
  (전개에 소개할 때 2모둠, 평가할 때 2모둠 각각 다른 것으로 이야기하여 총 4가지의 캠페인 활동이 나올 수 있도록 이야기하였습니다. 존중 모둠 말고 자세히 기억이 안 나는데 아마 다른 모둠이 만든 피켓을 함께 보며 이야기 나누었던 것으로 기억하는데 이 부분에서는 〈조건-활동 지연 유아〉 충족에 중점 포커스를 맞추었습니다.)

- (성 차별적 요소로 인해 활동을 지연시키는 유아 방법은 민쌤 수업 시간에 선생님께서 다뤄주셨던 부분이에요. 선생님께서 저렇게 구체적으로 설명해주셨고, 저는 이 부분에 인상 깊게 남고 아주 좋은 방법인 것 같아 조건이 명시되었을 때 고민 없이 저 방법을 써서 활동을 진행하였습니다. 결과적으로 반성적 성찰에서 할 이야기도 많고 1차 때도 많이 공부하였던 부분이라 주저하거나 막힘없이 이야기하여 자신감이 더욱 생겼던 것 같아요!)

❷ 캠페인 활동 방법 선정하기
- 오늘은 우리가 어디서 캠페인을 하기로 했나요? ○○이 말대로 지난번에 캠페인을 했던 장소인 유치원 앞 공원에 나가기로 했지요. 모두 잘 기억하고 있군요.
- 〈조건〉 **이가 할 말이 있다고요? 장미반 **이의 이야기 잘 들었나요? 그래요! **이가 이야기해준 대로 오늘은 바로 동생반인 난초반과 함께 캠페인을 하기로 했지요. 〈조건〉 아 ○○이가 난초반 @@@ 선생님과 함께 율동을 같이 해보고 싶다고 이야기를 하였네요. 그거 정말 좋은 생각인데요?

❸ 캠페인에 필요한 약속 정하기
- 캠페인 활동을 안전하게 하기 위해 지켜야 할 약속은 무엇인가요?
- 공원에 갈 때 계단 조심하기, 우리가 정한 교통안전 약속들을 지키며 안전하게 공원으로 이동하기, 동생들과 함께 캠페인 활동을 하니 친절하게 도와주기—어떻게 도와주면 좋을까요? 아 피켓을 드는 게 조금 무거울 수 있으니 우리 형님들이 동생들과 힘을 합하여 협력적으로 도와주면 좋을 것 같다고 말해주었네요.
- (약속 부분을 이야기 할 땐 〈조건〉−협력적 인성을 중점으로 맞춰 이야기를 강조하였습니다.)

❹ 캠페인 활동 나가기
- 그럼 우리 동생들과 함께 힘을 합쳐 캠페인을 하러 나가 볼까요?
- (잠시 숨을 고른 뒤) 자 여기 배려 모둠은 무엇을 하고 있나요? 아 동생들과 힘을 합쳐 피켓을 들고 있구나. 힘을 합쳐서 캠페인 활동을 하니 더 멋진 교통안전 캠페인이 되고 있는 것 같은데요?
- 존중 모둠은 동생들과 멋진 구호와 율동을 함께 하고 있네요. 아! 운동하시던 할아버지도 함께 율동을 해주시고 계셔서 힘이 더욱 난다고 말해주었네요.
- 우리 5분 후에 교실로 들어갈 것이니 남은 시간 동안 모두 힘을 더욱 내보도록 해요.

✔마무리

❶ 사진보며 활동 평가
- 자 모두 손을 닦고 다시 쌓기 영역에 모여 주었네요. 선생님과 @@@ 선생님이 너희들이 열심히 캠페인 활동을 할 때 사진을 찍었어요. 모두 같이 사진을 보도록 해요.
- 누구의 모습이 보이나요? 나눔 모둠이 보이네요. 나눔 모둠이 무엇을 하고 있나요? 〈조건〉 동생들과 같이 만든 포스터를 들면서 열심히 구호까지 외치고 있는 모습이군

요. ○○이가 너무 열심히 외치는 바람이 몸에 힘이 쭉 빠졌다고 말해주었네요. 선생님도 나눔 모둠을 보았는데 동생들을 도와주면서 열심히 포스터를 들고 캠페인 활동을 하는 모습이 기억에 남아요.

• 오늘 캠페인 활동이 어땠는지 이야기 해줄 어린이가 있나요? ○○이는 앞으로 더욱 열심히 교통안전 약속을 지켜야겠다는 마음이 들었대요. **이는 동생들과 힘을 합쳐 협력적으로 캠페인을 하니 더욱 재미있었다고 말해주었네요.

• 선생님도 오늘 장미반이 캠페인 활동을 한 것을 보니 지난번 ~캠페인 활동을 할 때보다 안전 약속도 모두 잘 지키고 동생들과 힘을 합쳐 재미있게 캠페인 활동을 하는 모습에 마음이 너무 따뜻해졌어요.

❷ 확장활동

• 오늘 우리가 교통안전 약속을 지키기 위한 캠페인 활동을 해보았는데 더 해보고 싶은 활동이 있나요?

• 〈조건〉 직접 교통안전 (박물관? 공원?)에 가서 캠페인을 해보고 싶다고 말해주었네요. **이는 지역사회에 계시는 교통안전 선생님을 유치원으로 초대하고 싶다고 말해주었네요. 모두 그러는 것이 좋을 것 같다고요? 선생님이 교통안전 선생님이 우리 장미반으로 오실 수 있는 지 알아보도록 할게요.

❸ 다음 활동 소개

• &&이가 오늘 너무 열심히 캠페인을 했더니 배에서 꼬르륵 소리가 난대요. 벌써 점심 시간이 다가왔어요. 모두 손을 닦고 점심 먹을 준비를 하도록 해요.

'이상입니다.'를 외친 후에 시간이 10~15초 정도 남았던 것으로 기억해요. 심사위원님이 더 하고 싶은 말이 있냐고 질문해주셔서 '괜찮습니다' or '아닙니다'(둘 중 하나) 라고 웃으면서 대답한 후에 대기하였습니다.

♣ 수업나눔(반성적 성찰)

① 제가 협력적 인성교육을 진행할 때 중점을 둔 인성 덕목은 협력입니다. 인성교육 중 '협력' 요소는 최근 서울시에서도 강조하고 있는 아주 중요한 덕목입니다. 이러한 협력 중에서도 '상호의존성'을 중점을 두었습니다. 단순히 힘을 합하여 활동을 하는 것에서 더 나아가 서로 도움을 주고받으며 다양한 방법을 인식할 수 있고 이렇게 도움

을 주고받는 경험을 통해 유아가 미래 사회에 필요한 배려, 나눔과 같은 다른 인성 가치를 자연스럽게 습득 할 수 있기 때문입니다. 저는 이러한 협력의 중요성과 가치를 동료교사와 함께 나누고 싶습니다. 앞으로의 미래 사회는 혼자만 살아가는 것이 아니라 서로가 힘을 합쳐 협력적으로 살아야 합니다. 그렇기 때문에 유아기부터 협력의 의미와 필요성, 가치를 자연스럽게 활동 속에서 지속적으로 알려준다면 유아들 또한 협력의 가치를 인식하여 내면화됨으로서 올바른 성인으로 성장할 수 있기 때문입니다. 또한 협력적 가치는 유아뿐만 아니라 성인에게도 필수적으로 갖추어야 할 덕목이기 때문에 함께 이야기를 나누며 그 가치의 우수성을 다시 한번 깨닫고 싶습니다.

② 저는 자신의 의견을 고집 부리며 캠페인 활동을 지연시키고 있는 유아를 '성 역할 고정관념'을 지니고 있는 유아로 선정하였습니다. 구호와 함께 율동을 정하였지만 율동은 여자만 하는 것이라고 지연 시키는 유아를 선정하였습니다. 제가 실제 수업을 할 때 이러한 유아가 있다면 구체적으로 성에 대한 평등을 인식할 수 있도록 보완하여 지도하고 싶습니다. 수업실연이라는 시간적 제약이 있는 수업이기 때문에 남자 선생님이 율동하는 것을 본 적이 있는 유아의 경험을 이야기 나누며 ○○이에게 설명해 주었지만 실제로 다시 지도를 하게 된다면 이러한 부분을 구체적으로 짚고 넘어가고 싶습니다. 유아기는 성 역할 고정관념을 가질 수 있는 시기이지만 교사에 지도에 따라 쉽게 성 역할에 대한 평등 인식을 가질 수 있는 시기라고 생각합니다. 따라서 제가 지도를 할 때에는 왜 그런 생각이 들었니? 정말 율동은 남자만 하는 것일까? 남자가 할 수 있는 것은 여자가 할 수 없을까? 등의 구체적인 발문을 통해 유아가 스스로 성에 대한 차별을 없애고 성에 대한 올바른 평등 인식을 습득할 수 있도록 오랜 시간 동안 꾸준히 교사로서 지도하고 싶습니다.

등의 이야기를 하며 이상입니다. 라고 외친 후 30초 정도 남았습니다. 심사위원님께서 30초 정도 남았는데 더 하고 싶은 말이 없냐고 질문해서서 괜찮습니다라고 웃으며 답하였지만 수업이 끝난 후 저에 대한 포부라도 이야기할 걸 하는 생각이 들었습니다.

∴ 모두가 그렇듯 가장 중요하게 생각한 부분은 목표 달성, 조건 충족, 시간 지키기 등이었습니다. 모든 조건을 저만의 표시로 쉽게 볼 수 있도록 문제지 가장 아래에 다

시 한 번 적으며 수업실연 중 끊임없이 되풀이하여 제가 모든 조건을 충족하고 있음을 지속적으로 이야기하였습니다. 생각보다 문제지를 잘 보지 않기 때문에 제가 까먹을 것 같은 발문은 언제든 쉽게 찾을 수 있도록 동그라미를 크게 쳐 놓거나 모서리에 다시 적어두기 등의 방법을 사용하였습니다. 캠페인이라는 유형은 민쌤 수업에서 많이 연습했던 유형이라 문제를 처음 보았을 때부터 자신감이 조금씩 생기며 연습한대로만 하자! 라는 생각이 들었습니다.

자신감이 반이라고 해도 과언이 아닐 정도로 자신감 있는 안정된 목소리로, 연습한대로만 한다면 모든 분들께서 원하는 만큼 실력을 발휘할 것이라고 생각해요!! 많이 긴장되시고 힘드실 텐데 조금만 더 힘내서 1000%실력발휘 하실 수 있기를 진심으로 응원하겠습니다. 파이팅하세요 선생님들~♥♥

사례 2(40.63점)

♣ 수업실연 팁

• 민쌤 문제를 활용했어요. 직강에서 들은 부분을 실연을 할 수 있는 대본으로 만든 다음 집에서 대본을 보면서 연습했어요. (tc가 있는 대본)

• 스터디 1~2주 까지 마찬가지로 스터디에서 수업실연 할 내용을 한글파일로 작성한 후 보면서 수업실연을 했어요. 첫 2차 준비였기 때문에 어떠한 틀도 없이 무조건 익숙해지는 것을 목적으로 연습을 했어요.

• 모든 영역을 골고루 했습니다. 처음은 신체였다면 다음은 이야기나누기, 게임 등으로 영역을 나누어서 실연을 했어요.

• 짝꿍 선생님과 같은 주제로 하더라도 서로 다른 아이디어가 있기 때문에 내가 생각하는 좋은 아이디어를 함께 공유하고 '이렇게 했으면 더 재미있는 수업이 될 것 같다.'라는 이야기를 나누면서 좀 더 풍부한 수업을 만들어갔어요.

• 스터디 시작 전 수업실연 문제를 한 개씩 만 들어왔어요. 나올 것 같은 조건들을 추가해가면서 수업실연문제를 만들고 그 문제를 가지고 수업실연을 했어요.

• 스터디원의 수업을 보면서 종이에 주요발문들을 간단하게 받아 적었어요. 피드백 시간에 종이를 보며 이것저것 체크하면서 수업을 좀 더 다듬는 연습을 했어요.

• 시간 연습이 제일 힘들었어요. 서울은 10분, 만약 수업의도를 1분 동안 말하려 한다면 9분이기 때문에 정말 시간을 맞추는 것이 힘들었어요. 제가 선택한 방법은 나머지 부분은 생략 조건부분은 확실히 하는 방법이었어요. 선택과집중 방법이죠..^d^ 대신 조건부분을 보여 줄 땐 무조건 유아를 존중하는 태도를 보이며 저의 수업 태도를 보여 주기 위해 노력했어요.

- 도중에 2018년 합격생 만능 틀 자료를 받게 되었어요. 이 만능 틀 자료를 어떻게 활용할까 하다가 한 가지 유형의 문제를 정한 뒤 이 만능 틀에 맞추어서 수업을 하기 시작했어요. ex) 이야기 나누기의 만능 틀이 [도입-전개(~를 보며 이야기나누기-문제인식-사전경험 이야기나누기-해결방안 모색 등등)-마무리] 라면 여기에 맞춰서 수업실연 문제를 적어보기 시작했어요. 이렇게 해보니까 슬슬 만능 틀이 머리에 들어오기 시작했어요.
- 지도서를 보려고 했지만 시간이 없었어요. 그래서 일단 모든 수업유형을 몸에 익혀보자는 생각을 가지고 연습을 많이 했어요.

- 매일매일 수업영상을 촬영했어요. 스터디가 없는 날에도 집에서 그 전날 스터디에서 한 수업영상을 다시 보며 스스로 피드백을 한 뒤에 다시 영상을 찍었어요. 그 찍은 영상에서도 부족함이 보인다면 그 부족함이 고쳐질 때까지 한 수업에 대한 영상을 3개 4개정도는 찍어본 것 같아요.
- 10일정도 남겨둔 날에는 하이패스문제와 과정 안 문제를 활용해서 매일매일 15분 동안 수업을 짜고 10분 수업을 촬영했어요. 정말 하기 싫었지만..! 연습만이 살길이다 싶어 하루에 한개는 무조건 하기 위해 노력했어요.
- 15분만에 수업을 짜는 것이 어려웠지만 머릿속에 외운 만능 틀을 토대로 큰틀을 먼저 종이에 적은 뒤에 세부적으로 적었어요.
  * 실제 면접장에 가서는 종이에 수업을 짜서 들어갔음에도 불구하고 종이를 거의 보지 못했어요. 너무나 큰 긴장감 때문에 ㅠㅠ그치만 만능 틀을 달달 외운 덕분에 만능 틀을 따라서 수업을 전개해 나가려고 노력했어요.

♣ 수업복기

〈수업의도〉

- 안녕하십니까, 관리번호 23번입니다. 제가 시연할 수업의 목표는 첫째, 교통안전 캠페인에 즐겁게 참여한다.(태도), 둘째, 교통안전 규칙을 안다. 셋째, 교통안전 규칙을 지킬 수 있다. 입니다. 사전활동으로 유아들과 캠페인에 쓸 자료를 미리 만들어 보았습니다. 오늘활동으로는 캠페인에 나가기 전 지켜야할 규칙에 대해 이야기 나누고 직접 나가보는 활동을 하고 확장활동으로 지역사회와 연계하여 현수막을 만들어보는 활동을 하겠습니다. 그럼 지금부터 수업실연을 시작하겠습니다.

〈도입〉

🅣 사랑하는 다정반~ 우리가 오늘 어떤 활동을 하기로 했지요?(기대감 가득)

🅣 다정반이 모두 큰소리로 이야기해주었네! 오늘은 바로 바로 바로 캠페인을 나가보기로 했지요! 우와!

🅣 그래서 우리 다정반 친구들이 어제 무엇을 만들었지요~?

* (조건) 사전활동으로 캠페인에 필요한 자료를 모두 만들었음

🅣 ㅇㅇ이가 이야기해준 것처럼~? 친구들과 함께 협동해서 캠페인에 필요한 준비물을 만들어 주었어요. 짜자잔 (앞으로 손짓하면서) 다정반 친구들이 함께 준비물을 만들었더니!? 이렇게 많은 준비물들이 만들어졌어요! 그럼 우리 친구들이 어떤 준비물을 만들었었는지 다시 한 번 살펴볼까요?

〈전개〉

🅣 먼저 첫 번째 준비물~! 어 이 준비물은 무엇인가요? 그래요 ㅇㅇ이가 이야기한 것처럼 바로 피켓이에요.

🅣 이 피켓을 만든 친구~~! 아 ㅁㅁ이가 만든 피켓이군요! 이 피켓에는 무엇이라고 적혀있나요?

🅣 '횡단보도를 건널 땐 조심조심!'이라고 적혀 있군요. 글자를 읽어 준 ZZ이 고마워요~!

🅣 그럼 ㅁㅁ이는 이 피켓을 무엇 때문에 만들었어~?

* (조건) 등하원 현황 고려하기

🅣 아 ㅁㅁ이가, 엄마차를 타고 유치원에 오는데~!? 아~~ 횡단보도 앞에서! 사람들이 마구 뛰어갔구나. 그래서~? 아 ㅁㅁ이 차 앞에서 크게 넘어질 뻔했어? 아 그래서 사람들이 횡단보도를 조심조심 건넜으면 좋겠어서 이 피켓을 만들었구나! (유아가 실제 이야기하는 내용을 그대로 받아주는 느낌으로 시연을 했어요) ㅁㅁ이가 큰 글씨로 피켓을 적어 준 덕분에 사람들이 피켓을 보고! 횡단보도를 안전하게 건너갈 수 있겠다~.

🅣 그럼 다음 준비물을 볼까요~ 짜자잔 이 준비물은 무엇인가요? 어깨띠네요! 이 어깨띠 만들어준 친구 어디있나요~~.

🅣 아 ㅎㅎ이와 ㄴㄴ이가 함께 만들었군요! 어깨띠에는 어떤 글자가 적혀 있나요? 아~ 육교를 건널땐? 조심조심 이라고 적혀 있구나.

🅣 ㅎㅎ이와 ㄴㄴ이는 무엇 때문에 이 어깨띠를 만들었어?

🅣 아 ㅎㅎ이와 ㄴㄴ이가 유치원 앞에 있는 육교를 건너서 유치원에 오는데? 아 계단에서! 사람들이 ㅎㅎ이 어깨를 픽! 하고 밀쳤어?(슬픈 표정을 지으면서 어깨를 쓰다듬었어요) 많이 아팠구나! ㄴㄴ이가 볼 때는 정말 위험해 보이기도 했구나. 아~ 그래서 사람들이 안전하게 건넜으면 좋겠어서 이 어깨띠를 만들었구나!

🅣 우리가 지금까지 다정반 친구들이 만든 준비물들을 모두 살펴 보았어요. (시간 상 생략했어요.)

🅣 이렇게 많은 준비물들로 어떻게 캠페인을 하면 좋을까?

🅣 혼자서 모든 준비물들을 할 수 없으니까 친구들과 함께 역할을 정했으면 좋겠구나. 어떻게 정했으면 좋겠어~?

🅣 AA이는 손을 들고 친구들이 역할을 정했으면 좋겠구나. 다른 친구들 생각은 어때요~?아 다정반친구들도 그렇게 했으면 좋겠어요? 어 근데 우리 ZZ이가 또 다른 이야기를 하고 하고 싶대요.

🅣 ZZ이는 뽑기통을 사용했으면 좋겠구나~ 그럼 이렇게 두 가지 의견이 나왔는데~ 우리가 어떤 방법으로 역할을 정하면 좋을까?

🅣 ㅇㅇ이가 방금 좋은 의견을 이야기해 주었어요. 우리 다정 반 친구들이 어떤 방법으로 역할을 정하면 좋을지 손을 들고 정해보면 좋겠대! AA이와 ZZ이 생각은 어때? 좋다구요? 그럼 지금부터 손을 들고 방법을 정해 보자!(생략)

🅣 우리가 역할을 정하는 방법을 모두 정해 보았어요. 우리 다정반의 15명 친구들이 손을 들어주어서! 오늘은 똑같이 손을 드는 방법으로 역할을 정해보도록 하자!

* (조건) 고집을 부리며 캠페인을 지연시키는 유아

🅣 우리 AA이가 선생님께 더 하고 싶은 이야기가 있어? 아 AA이가 뽑기통으로 역할을 정하고 싶었는데, 손들기로 정해져서 많이 속상했구나. 그럼 AA이는 어떻게 했으면 좋겠어? 친구들과 다시 한 번 이야기를 하고 싶구나. AA이에게 이야기를 해

주고 싶은 친구가 있니?

🅣 DD이가, 나도 뽑기통으로 하고 싶었는데 손들기 방법을 하고 싶은 친구들이 더 많아서 양보해야한대. 대신 다음번에 뽑기 통으로 하면 되잖아~ 라고 이야기를 해주었네. AA이 생각은 어때?

🅣 아 AA 이가 DD이 이야기를 들으니까 생각이 바뀌었구나. 아 다음번에는 꼭 뽑기 통으로 했으면 좋겠어? 다른 다정반 친구들도 좋아요 라고 이야기를 해 주었네. 그럼 우리가 다음에 역할을 정할 때는 뽑기통으로 역할을 정해 보자!

* (조건) 다른 연령 유아와 협력적 인성 경험 포함

🅣 우리가 지금까지 모두 역할도 정해보았어요. 그런데 다정반 오늘은 지난번에 했던 캠페인이랑은 조금 다른 특별한 방법으로 캠페인을 할 거예요 . 너무 궁금하다구요~?

🅣 오늘은 바로 옆 반 동생 반과 함께 캠페인을 나가볼 거예요 . 동생반이랑 캠페인을 나가려면 어떻게 하면 좋을까요?

🅣 ㅁㅁ이가 동생 반을 위해서 우리가 할 수 있는 것들을 정해보면 좋을 것 같다고 이야기를 해주었어요. 그럼 우리가 동생 반을 위해서 어떤 것을 해줄 수 있을까?

🅣 아 ㅋㅋ이는 피켓을 드는데~? 아 동생이 혼자서 피켓을 들면 너무 무거울 것 같대요. 그래서 ? 아 동생을 위해서 피켓을 함께 들어줄 수 있을 것 같대요. 그것도 너무 좋은 생각이다! 동생들이 피켓을 혼자서 들면 너무 힘드니까 우리 다정 반 친구들이 힘들어하는 동생이 보이면 함께 들어주도록 하자.

🅣 또 다른 생각 있는 친구~!? 아 ZZ이는 구호를 외칠 때 ! 아 동생반이 소리가 작을 수도 있구나. 그럼 우리가 어떻게 하면 좋을까? 아 함께 큰소리로 구호를 외치면 좋을 것 같군요. 그럼 동생반과 다정반이 함께 구호를 외치면? 다른 사람들이 모두 안전규칙을 잘 지킬 수 있을 것 같아!

🅣 그럼 우리가 이제 진짜 진짜 캠페인을 나가볼건데~ 우리가 오늘은 어디로 캠페인을 나가기로 했지요?

🅣 다정반이 큰소리로 이야기해준 것처럼 바로 유치원 앞 횡단보도 옆에서 캠페인을 할거예요 . 우리가 어제 캠페인 장소지도도 만들었었지요~ 지도를 모두 볼까요?

🅣 (지도를 들어 올려서 붙이는 모습) 자 우리가 만든 지도에요. 우리가 유치원에서 나가

서~(손가락으로 가리키며) 옆 골목으로 지나면~ 커다란 횡단보도와 육교가 있는 곳에서 캠페인을 하기로 했어요. 그럼 우리가 이곳에서 캠페인을 할 때 어떤 규칙을 지키면 좋을까요? (생략함)

🅣 우리 다정반이 오늘 캠페인에서 지켜야할 규칙을 잘 이야기해주었으니 이제 캠페인을 나갈 거예요! 화장실 다녀올 친구 다녀오고 문 앞에 한줄기차하면~ 도우미 선생님과 선생님이 우리 친구들에게 필요한 준비물들을 나누어 줄 거예요.

〈마무리〉

🅣 다정반~ 우리가 오늘 즐겁게 캠페인을 해보았지요. 다들 얼굴이 싱글벙글하네요. 우리가 오늘 캠페인을 하고나서 어떤 점이 좋았는지~ 조금 힘들었던 점은 없는지 자유롭게 이야기해볼까요?

🅣 ㅇㅇ이가 육교 앞에서 어깨띠를 매고 구호를 크게 외쳤구나~ 아 그래서 사람들이? 육교를 안전하게 걸어갔었구나. 아 그래서 우리 ㅇㅇ이가 뿌듯한 마음이 들었구나. 또 다른 이야기해줄 친구?

🅣 ㅋㅋ이는 동생이 피켓을 들기 힘들어해서 함께 들어줬더니? 동생이 ' 고마워 형아 ~' 라고 이야기를 했구나. 동생을 도와줄 수 있어서 행복했구나.

🅣 선생님도 오늘 다정반의 모습을 보고 사람들이 정말 교통안전규칙을 잘 지키는 것을 보면서 뿌듯한 마음이 들었어. 그리고 동생 반에게 도움을 주는 모습을 보고 우리다정반이 마음이 정말 따뜻한 아이들이라는 생각이 들었어.

* (조건) 확장활동 지역사회 연계

🅣 그럼 오늘 활동하면서 느꼈던 이야기를 또 해줄 친구 있나요? 아 ㅋㅋ이는 사람들이 계속 안전규칙을 지켰으면 좋을 것 같아요. 어떻게? 아 우리가 만든 피켓을 횡단보도 앞에 세워놓으면 좋을 것같대. 그것도 정말 좋은 생각이다.

🅣 우리 ㅋㅋ이 생각이 덧붙여 이야기해줄 친구 있나요? 아 ㅎㅎ이가 피켓은 조금 작으니까 더 큰 현수막을 만들면 좋을 것 같대요. 우리 다정반 친구들이 힘을 합치면 정말 멋진 현수막을 만들 수 있을 것 같아! 그럼 다음시간에 우리가 함께 이야기를 나누어 보고 현수막을 만들어 볼까요?

🅣 우리 다정반이 오늘 정말 캠페인을 잘해주었어요. 다 같이 성공외치고 활동 마무

리할까요? 하나 둘 셋 성공! 이상입니다.

♣ 수업나눔(반성적 성찰)

- 다른 연령 유아들과 협력적 인성교육을 할 때 중점을 둔 인성 덕목과 그 이유를 말하고 자신의 수업에서 동료교사와 나누고 싶은 우수한 점을 말하시오.
  - 답변 드리겠습니다. 제가 중점을 둔 인성 덕목은 바로 '배려'입니다. 배려는 타인과 더불어 가는 세상을 살아감에 있어 가장 필수적인 요소라고 생각하고 유아들에게 꼭 길러져야 하는 인성요소라고 생각합니다. 그래서 저는 만 5세 유아들이 자신보다 나이가 어린 유아에게 할 수 있는 일에 대해 스스로 이야기를 해봄으로써 상대방을 위한 배려를 실천하고자 하였습니다. 그리고 평가시간에 동생에게 도움을 주고 뿌듯했던 경험에 대해 이야기 나누며 유아들이 배려하는 행동은 나를 기쁘게 한다는 점을 깨달을 수 있도록 지도하였습니다.
  - 동료교사와 나누고 싶은 점은 바로 유아들과 현수막을 만들어 지역사회 연계를 도모한 점입니다. 저는 지역사회와 연계 측면에서 유치원 또한 개방적인 태도로 지역사회를 위한 도움을 제공해야 한다고 생각합니다. 따라서 유아들이 함께 협동하여 만들 수 있는 현수막을 지역사회 횡단보도에 걸어둠으로써 유아들이 힘을 모아서 지역사회에 도움을 제공할 수 있다는 점을 동료교사와 나누고 싶습니다.
- 자신의 의견을 고집부리며 캠페인 진행을 지연시키는 유아를 지도한 방법에서 보완하고 싶은 부분을 말하시오.
  - 유아의 감정을 제대로 수용하지 못한 점입니다. 두 의견이 충돌되는 상황에서 한 유아가 느꼈을 속상한 감정을 읽어주고 공감하며 더 나은 대안을 이야기 하지 못한 점을 보완해야할 점이라 생각합니다. 제가 만약 현장에 가서 이러한 상황이 생긴다면 대안만 제시하기 보단 유아가 자신의 감정을 솔직하게 이야기 할 수 있도록 유아에게 공감하는 태도를 보이며 정서적으로 안정 될 수 있도록(?) 돕겠습니다. 이상입니다.

사례 3(40.5점)

♣ 수업복기

〈수업의도 – 1분〉

먼저 제 수업의 의도부터 말씀드리겠습니다. 제 수업의 목표는 첫째, 교통안전 규칙을 알고 지킨다 입니다. 이를 위해서 아이들과 캠페인 활동을 하기 전에 등하교 길에 어떤 교통안전 규칙이 필요할지에 대해 발문하였고 아이들의 경험으로부터 교통안전 규칙을 이끌어내었습니다. 둘째, 동생들과 함께 캠페인 활동에 즐겁게 참여한다 입니다. 이를 위해서 동생, 친구들과 함께 캠페인 활동을 할 때 어떤 점을 배려하면 좋을지에 대해 발문하였고, 유아들이 정한 약속을 지킬 수 있도록 캠페인 활동을 진행하였습니다. 수업실연을 시작하도록 하겠습니다.

〈도입 – 1분 정도〉

사랑하는 새싹반!(손으로 하트 만들기)새싹반 선생님이 그림하나를 가져왔는데 어떤 그림인지 한번 볼까요? 하나, 둘, 셋 그림아 나와라 얍! 어 서정아, 서정이가 우리가 어제 만든 캠페인 자료들이 보인다고 이야기해주었어요. 그래요. (진호를 가리키며) 새싹반 진호가 동생반 어린이가 무단횡단을 하는 것을 보아서 우리가 캠페인 활동을 하기로 했었지요? 그래서 오늘은 선생님과 새싹반 그리고 동생반이 함께 교통안전 캠페인 활동을 하러 나갈거예요!

〈전개 – 7분 정도〉

그런데 우리가 캠페인을 하기 위해서는 어떤 교통안전 규칙이 필요한지 생각해보면 좋을 것 같아요. 우리 새싹반은 아침에 어떻게 오나요? 육교로도 오고(손으로 가리키면서), 횡단보도를 건너서 오기도 하고(손으로 가리키면서), 차를 타고 오는 어린이도 있구나! 혹시 오면서 위험하거나 무서웠던 적도 있었나요? 아, 현정이는요 아빠차를 타면서 오는데 횡단보도를 건너는 친구가 무단횡단을 해서 쾅! 하고 부딪힐 뻔한 적이 있었대요.(손으로 차가 들이 받는 시늉) 그래서 아버지랑 현정이가 깜짝 놀랐다고? 지금은 어때요? 괜찮아요? 다치지 않아서 참 다행이에요. 또 다른 이야기를 해줄 어린이 있나요? 아 지훈이는 반대로 초록 불에 건너가는데 차가 달려와서 부딪힐 뻔 했어요? 친구들 이야기를 들어보니 어떤 마음이 들어요? 얼른 캠페인 활동을 해서 동네사람들에게 알려 주어야겠다는 생각이 들었구나. 그러면 우리가 사람들에게 어떤 내용을 알려 주면 좋을까요? 선생님이 너희가 기억하기 쉽도록 옆에 화이트보드 판에 글자를 써 줄게요. 아 우리가 교통안전 공원에서 들었던 내용을 애진이가 잘 기억해주었어요. 횡단보도를 건널 때에는 손만 드는 것이 아니라 운전자 아주머니, 아저씨의 눈을 봐야한다고 했지요. 적어줄게요(적는 시늉/교통안전 규칙 2가지 정도 더 언급). 우리 새싹반이 교통안전 규칙까지 이야기하고 나니 얼른 캠페인에 나가고 싶다고 이야기해 주었어요. 우리가 오늘은 캠페인을 어디에서 하면 좋을까? 음 서정이는 횡단보도에서 하고 싶대요. 어떻게 그런 생각을 하게 되었어요? 아 횡단보도에서 하면 차를 이용하는 사람들이랑 횡단보도를 건너는 사람 그리고 육교를 건너는 사람 모두에게 전할 수 있다고 생각했구나. 또 다른 생각을 하는 어린이가 있나요? 현순이는 육교에서 하고 싶다고 이야기해주었어요. 육교는 중간을 다 연결해 주기 때문이라고 말해주었어요. 그러면 이렇게 두 장소가 나왔는데 어떻게 하면 좋을까요? 방금 준형이가 좋은 생각을 말해 주었는데, 지난번처럼 눈을 감고 손을 들어서 더 많이 나온 장소로 정하면 좋을 것 같대요. 그러면 선생님이 3초 시간을 줄 테니 생각해 보고 손을 들어 주세요. 3, 2, 1!(손 제스처) 육교보다는 횡단보도가 더 좋다고 생각한 어린이들이 많네. 어, 현순이는 속상한 표정을 짓고 있네. 현순이가 왜 속상한 표정을 지을까? 선생님에게 이야기해 줄 수 있을까요? 아 현순이는 육교 장소가 뽑히지 않아서, 어! 하기가 싫다고요? 그런데 우리 한명의 친구가 빠지게 되면 더 큰 소리를 낼 수 있을까요? 지혜는 현순이가 함께해 주면 더 크게 소리를 내어서 힘을 낼 수 있을 것 같대요. 아 현순이 생각은 어때요? 생각이 바뀐 것 같아요? 우와 우리 현순이까지 함께 하니 우리 반이 더 큰 목소리로 캠페인 활동에 참여할 수 있을 것 같아요. 새싹반 우리가 캠페인 활동을 나갈 때 사람들에게 알려주려면 어떤 태도가 필요할까요? 목소리를 크게, 동작을 크게 하면 더 잘 할 수 있을 것 같다고 생각했구나. 그러면 오늘의 캠페인 활동은 동생반과 함께하는데 동생들을 위해서 어떤 약속이 있으면 좋을까요? 아 동생들은 피켓을 들기 무거울 것 같으니 우리가 들어 주면 좋겠다고 생각했구나. 우와, 동생들이 우리 새싹반 덕분에 힘을 내서 즐겁게 캠페인 활동에 참여할 수 있겠다. 그러면 이제 우리가 나갈 건데, 화장실에 가서 손을 씻고 한 줄기차 하기로 해요. 선생님이 우리 새싹반이 다 왔는지 확인할게요. 한 꼬마, 두꼬마…… 열세꼬마! 우리 26명의 새싹반이 모두 모여 주었어요. 이제 캠페인 활동을 시작하러 가볼까요~?

〈마무리 – 1분〉

우리 새싹반이 다들 손 씻고 자리에 앉아주었네요. 우리가 오늘 동생반과 캠페인 활동을 해 보았는데 어떤 생각이 들었는지 이야기해 줄 어린이 있나요? 재선이는 동생들과 함께해서 더 좋았던 것 같대요. 형진이는 우리가 함께 큰 소리를 내니 사람들이 쳐다봐서 기분이 좋았대요. 그러면 혹시 오늘 활동을 하면서 더 하고 싶은 활동이 생긴 어린이 있나요? 현지는 지난번처럼 어머니, 아버지, 주변사람들에게 알려 줄 수 있는 UCC 활동을 하면 좋겠다고 이야기해 주었어요. 정말 재밌는 활동일 것 같다. 새싹반 우리가 열심히 캠페인 활동을 하니, 배가 꼬르륵 꼬르륵 하는 것 같지요. 그래요 점심시간이에요. 앞에 앉은 어린이들부터 한줄기차하고 서보도록 해요.

사례 4(39.6점)

수업 복기

〈도입〉

1. 노래를 부르며 주의집중을 한다.

🅣 예진이 봤나 난도 봤다. 태영이 봤나 난도 봤다. 노랑반 봤나 난도 봤다. (소리 작게) 선생님 봤나 난도 봤다.

🅣 노랑반 어린이들 모두 자리에 앉았나요? 선생님이 모두 잘 보이나요?

2. 손인형을 보며 흥미를 유발한다.

🅣 선생님이 오늘 유치원에 오는데 어떤 어린이가 자꾸 따라오는 거예요. 그래서 왜 따라오냐고 물어봤더니 우리 노랑반 어린이들에게 꼭 해주고 싶은 이야기가 있다고 해서 우리 반으로 초대를 했어요. 우리 하나둘셋하면 다함께 친구야 하고 외쳐볼까요? 하나 둘 셋! 친구야~ (이때 심사위원 분들이 함께 해주셔서 긴장이 많이 풀렸어요!!)

🅣 (손인형 등장)형 누나들 안녕~나는 동생반에 있는 똘이 라고 해. 내가 어제 집에 가는데 횡단보도에서 엄마를 보고 급하게 길을 건너다가 큰일이 날 뻔 했어. 선생님이 횡단보도는 초록불에 건너는 거라고 알려 주셨는데 나도 모르게 자꾸 까먹어. 어떻

게 하면 잊어버리지 않을 수 있을까?

〈전개〉

3. 똘이를 도울 수 있는 방법을 생각해 본다.

🅣 우리반에 어떤 친구가 찾아왔나요?

🅣 똘이라고 하는 동생 반 친구가 찾아왔지요. 어떤 이야기를 해 주고 갔어요?

🅣 똘이가 그런 것이 걱정이라고 했구나. 그럼 우리가 똘이를 도와줄 수 있는 방법이 있을까?

🅣 아~유정이는 똘이가 교통안전 규칙을 잊어버리지 않게 편지를 써 주고 싶다고 이야기 해주었어요. 또 다른 생각을 가진 어린이가 있나요?

🅣 여경이는 똘이에게 직접 가서 말로 어떤 규칙이 있었는지 이야기해 주고 싶대요~

🅣 어~지호가 할말이 있대요~우리 지호의 이야기를 들어볼까요?(혹시 반성적 성찰에서 소통에 대한 것이 나올까봐 이런 것을 넣었어요!)

🅣 얘들아 지호가 어떤 이야기를 했나요?

🅣 편지 쓰기나 말로 이야기해 주면 똘이가 또 잊어버릴 수도 있을 것 같대요. 그럼 어떤 방법이 좋을 까요?

🅣 아~우리가 지난번에 했던 캠페인 활동을 통해서 알려 주면 많은 동생들한테 알려 줄 수도 있고 잊어버리지 않게 도와줄 수 있을 것 같다고 생각했군요. 선생님도 우리 노랑반 어린이들의 이야기를 들으니까 캠페인 활동을 통해서 알려 줘도 정말 좋을 것 같아요.

🅣 유정이는 왜 속상한가요? 아~유정이는 그래도 편지쓰기를 하고 싶구나. 왜 편지쓰기가 하고 싶나요?(조건-자신의 의견을 고집하는 유아)

🅣 유정이는 글씨 쓰는 것이 하고 싶어서 편지 쓰기를 하고 싶었구나.

🅣 노랑반 어린이들아 유정이는 편지쓰기를 하고 싶다는데 어떻게 하면 좋을까?(유아들이 직접 해결할 수 있도록 하였습니다!!)

🅣 인호가 한번 이야기해볼까요? 아 인호가 이번 시간이 끝나고 자유선택활동시간에 편지쓰기를 하면 좋을 것 같대요? 어때 유정아?

🅣 그래요. 그럼 우리 자유선택활동시간에 선생님이 편지쓰기를 할 수 있도록 해 줄게요.

4. 캠페인 활동의 내용을 정한다.

🅣 그럼 우리가 똘이와 동생들한테 어떤 내용을 알려주면 좋을지 이야기를 해 볼까요?

🅣 우리 유치원에 올 때를 함께 생각해 보아요. 노랑반 어린이들은 유치원에 어떻게 오나요?(조건–횡단보도, 육교, 자동차 유아 비율제시)

🅣 아~우리 노랑반 어린이들은 걸어서도 오고 자동차를 타고도 오는 구나~ 그럼 어떤 규칙을 지키면서 유치원에 오나요?

🅣 아~예진이는 횡단보도를 건널 때 초록불인 것을 확인하는 것도 중요하지만 차가 오는지 안 오는지도 같이 확인해야 한다고 이야기해 주었어요.

🅣 여경이는 육교도 건너서 오는데 계단을 오르고 내려올 때는 한 칸씩 걷는 것도 중요하대요.

🅣 태영이는요. 엄마차를 타고 유치원에 오는데 자동차를 탈 때는 안전벨트를 꼭해야 한다고 이야기해 주었어요.

🅣 우리 어린이들이 정말 중요한 이야기를 많이 해주었어요. 우리 이따가 캠페인 활동을 할 때 방금 이야기한 것들을 잘 기억해 두었다가 동생들에게 알려 주도록 해요.

5. 캠페인 활동에 필요한 준비물을 생각한다.

🅣 우리가 캠페인 활동에 할 때 필요한 것들에 대해 생각해 볼까요?
지난번에 우리가 어떤 것을 가지고 캠페인 활동을 하였나요? 그래요~피켓도 들고 나가고, 어깨띠도 메고, 포스터도 들고 나갔지요~.우리 어제 만들었던 포스터랑 선생님이 준비한 어깨띠도 함께 들고 나가도록 해요.

6. 캠페인 활동에 필요한 약속들을 정한다.

🅣 노랑반 어린이들~지금 동생반이 놀이터에서 바깥놀이를 하고 있대요. 얼른 나가서 교통안전 규칙을 알려 줄 건데 그 전에 우리가 바깥놀이터에 나가서 지켜야 할 약속들이 있을까요?

🅣 첫 번째 약속 뚝딱 뚝딱!(어린이들의 이야기를 들은 후) 놀이터에서 장난을 치면 안되겠지요~오늘은 동생반이 함께 있으니까 더욱 조심해야 할 것 같아요.
두 번째 약속 뚝딱 뚝딱! 우리가 알려 줘야 할 내용들을 꼭 알려 주고 돌아와야 겠지요~ 우리 까먹지 말고 동생들에게 교통안전 규칙을 알려 주도록 해요. 모두 화장실을 갔다가 바깥놀이터로 나가볼까요?

7. 캠페인 활동을 한다.

🅣 (일어서서)노랑반 어린이들 우리 모두 시계긴바늘이 5에 갈 때까지 동생들에게 교통
안전 규칙을 알려 주도록 해요.

🅣 노랑반 어린이들 모여라~이제 교실로 돌아갈게요.

〈마무리〉

8. 활동을 마무리한다.

🅣 노랑반 어린이들 손을 다 씻고 자리에 모였나요? 선생님 저는 동생들에게 이런 것
을 알려 주었어요 하고 이야기해 볼 어린이 있나요?

🅣 오늘 캠페인 활동을 하면서 이런 마음이 들었어요 하고 이야기해 줄 어린이 있나요?

🅣 아~수윤이는 교통안전 규칙을 까먹을 때가 있었는데 오늘 동생들한테 알려 주면
서 다시 떠올릴 수 있어서 좋았대요.

🅣 우리가 다음에 이 활동을 다시 한다면 이런 것도 해보고 싶어요 하고 이야기해 줄
어린이가 있나요?

🅣 아~예진이는 다음에는 동네 사람들에게도 알려 주고 싶었대요. 그럼 우리 다음번
에는 동네를 돌아다니면서 캠페인 활동을 해 볼까요?(조건−지역사회 확장활동) 아까
편지쓰기를 하고 싶어했던 유정이는 자유선택활동시간에 편지쓰기를 꼭 해 보도록
해요.
이상으로 수업실연을 마치겠습니다.
…… 면접이 끝났다는 마음에 신이나서 다음활동 소개를 까먹고 못했어요…… ㅎㅎ

〈반성적 성찰〉

1. 다른 연령 유아들과 협력적 인성교육을 할 때 중점을 둔 인성 덕목과 그 이유를 말하고,
자신의 수업에서 동료교사와 나누고 싶은 우수한 점을 말하시오.
제가 중점을 둔 인성 덕목은 나눔입니다. 현대사회는 빠르게 지식정보화 사회로 변
화해 가고 있습니다. 이때 아이들에게 가르쳐야 하는 중요한 것은 더 많은 양의 지
식을 쌓아 가는 것 보다는 자신이 알고 있는 지식을 다른 사람과 나눌 수 있는 인성

적 자질이라고 생각합니다. 따라서 저는 아이들이 자신이 알고 있는 교통안전 규칙을 동생들에게 나눔으로서 나눔의 인성적 자질을 기를 수 있도록 수업을 설정하였습니다.

제 수업에서 동료교사와 나누고 싶은 우수한 점은 유아주도적인 수업을 한 것입니다. 저는 똘이라는 동생을 도울 수 있는 방법을 유아들이 생각할 수 있도록 하였습니다. 또한 유정이라는 아이가 편지쓰기를 하고 싶다고 고집을 부릴 때 해결방안을 유아들이 직접 생각할 수 있도록 수업을 설계하였습니다. 뿐만 아니라 편지쓰기라는 유정이의 의견이 소외되지 않도록 자유선택활동에 넣어주었습니다. 저는 이러한 저의 유아주도적인 수업을 동료교사와 나누고 싶습니다.

2. 자신의 의견을 고집부리며 캠페인 진행을 지연시키는 유아를 지도한 방법에서 보완하고 싶은 부분을 말하시오.

캠페인 진행을 지연시키는 유아를 지도한 방법에서 보완하고 싶은 점은 수업실연이라는 한정된 상황으로 유아의 감정적인 부분을 다루어 주지 못한 점입니다. 자신이 하고 싶은 활동을 하지 못한 유아에게 '편지쓰기를 하지 못해서 많이 속상하구나' 등의 언어적 상호작용을 함으로서 유아의 정서적인 측면도 다룰 수 있도록 하겠습니다. 태어난 집은 달라도 배우는 교육은 같아야 한다고 생각합니다. 단 한명의 유아도 배움에 있어서 소외되지 않도록 유아의 교육적인 측면뿐만 아니라 정서적인 측면도 관심을 갖는 교사가 되겠습니다.(2018년도에 서울시에서 중요하게 생각하는 것이 배움에서 소외되지 않는 것이어서 마지막에 그냥 말하고 나왔습니다..ㅎㅎ)

사례 5(38.43점)

♣ 수업복기

〈수업의도〉

(수업 목표를 정하여 이야기 했던 것 같아요, 지식, 기능, 태도에 초점을 맞춰서요) 제가 이 수업에서 가지고 있는 의도로, 첫째, 유아가 지켜야 할 교통규칙에는 어떤 것이 있는지 안다. 둘째, 캠페인 활동의 방법에 따라 적극적으로 참여한다. 셋째, 친구들과 캠페인 활동에 협력하여 참여하는 태도를 기른다.입니다. 수업실연을 시작하겠습니다. (1분

조금 안 됨)

〈도입〉

1) 주의 집중

- "내가 만일 자동차라면"(노래) 진달래반 모두 쌓기놀이 영역에 모였네요. 석원이
  부터 도현이까지 몇 명이 모였는지 세어 볼까요?
- 1대, 30대 모두 다 모였네요.

2) 동기유발

- 우리가 지난시간에 어떤 것을 했었지요? 은비의 말처럼 '유치원에 올 때 어떻게 오
  는지'를 조사해보았지요.
- 민영이의 말처럼 그래프에 스티커를 붙이면서 조사를 했던 것 같아요.
- 도현이는 완성된 그래프를 친구들과 같이 보고 싶다고 이야기하네요. 선생님이
  그럼 준비해 줄게요.
- 이 그래프를 보면 유치원에 어떻게 오는 어린이들이 많나요? 석원이의 말처럼 유
  치원 앞 횡단보도로 오는 어린이들이 하나에서 열 가장 많네요. 그 다음으로는..
  마지막으로는 차를 타고 오는 어린이들이 많다고 수연이가 이야기해 주었어요.
  (조건: 비율 활용)

3) 활동 소개

- 이번 시간에는 우리 어떤 활동을 해 보기로 했었지요?
- 진달래반이 말한 것처럼 교통질서를 지키기 위한 캠페인을 우리가 준비하고 해
  보기로 했었지요?

〈전개〉

1) 준비한 활동에 대해 조별로 발표하기

- 하경이는 진달래반이 캠페인을 위하여 준비한 것을 발표하기 위해 조별로 앉으면
  좋을 거 같다고 이야기해 주었어요.
- 어떤 모둠이 먼저 나와 발표를 해 볼까요?
- 협력 모둠은 어떤 것을 만들었는지 친구들이 물어보는데요?
- 우리가 지난 시간에 배웠던 횡단보도를 건너는 방법에 대해 구호를 만들었다고
  말해주었어요. 어떤 구호인지 친구들이 듣고 싶다고 이야기하네요.

(발표할 때 친구들 작품에 대해 유아가 직접 질문한다고 가정하여 발문했어요-서울 시책인 '질문있는 교실'을 적용하기 위해서요.)

- 인성 모둠은 어떤 것을 만들었나요?
- 미술영역에서 '자동차에서는 안전벨트를 매야 한다'라는 피켓을 직접 만들었구나. (총 3모둠이 3개 작품-구호, 피켓, 포스터를 만들었다고 가정하였습니다.)

2) 캠페인 활동에 대해 합의하기
- 석원이는 조별로 만든 캠페인 도구를 활용하여 캠페인을 더 재미있게 할 수 있다고 하는데?
- 어떻게 하면 더 재미있게 할 수 있을까?
- 동네 사람들에게 전하고 싶구나/ 동생반에게 전해주고 싶구나. 왜 그렇게 생각하나요?
- 다른 사람들도 교통안전 규칙을 다 같이 지켜야 안전한 유치원과 동네가 된다고 생각하는 구나.
- 그럼 선생님이 너희가 캠페인 하고 싶은 장소를 칠판에 적어 볼게.
- 어떤 조가 유치원 밖으로 나가 캠페인 활동을 해 볼까요? 인성 모둠은 동생 반에 나가서 캠페인을 하고 싶다고 이야기해 주었어.

3) 캠페인 활동을 하기 전에 주의사항에 대해 이야기 나누기
- 우리가 캠페인 활동을 재미있게 하기 위해서는 진달래반이 정했던 규칙이 있다고 석원이가 말해 주었어.
- 너희가 부탁해서 선생님이 규칙판을 가지고 왔어.
- 첫째, 선생님이 볼 수 있는 곳에 있는다/ 셋째, 짝의 손을 놓치 않는다..
- 협력 모둠은 뒤에 게시는 선생님과 유치원 밖을, 인성 모둠은 교육 실무사 선생님과 함께 옆에 있는 동생반에 가서 캠페인 활동을 해 보도록 하자. (나머지 모둠은 방과후 과정 선생님이라고 한거 같은데, 장소는 정확히 기억이 나지 않습니다.)

〈평가〉

1) 활동 사진을 보며 활동 평가하기
- 진달래반 캠페인 활동을 마치고 모두 다시 모여주었나요?
- 빔 프로젝트에 어떤 것들이 있나요?

- 너희들이 캠페인 활동을 하는 사진이 있지. 먼저 협력 모둠 어린이들이 나와 활동에 대해 발표해 주고 싶다고 말해 주었어요.
- 민지는 협력 모둠의 구호에 대해 어떤 점이 궁금한 건가요?
- 아 잘 들었나요? 협력 모둠 어린이들이 동네 사람들이 '횡단보도를 잘 건너기 위한 방법'을 최대한 열심히 소리쳤다고 이야기해 주었어요.
- 또 궁금한 점이 있는 어린이들은 협력 모둠 어린이들에게 질문해 주세요.
- **(고집있는 유아 반영)** 왜 민호 표정이 좋지 않나요? 아~ 민호는 협력 모둠 어린이들이 적은 규칙이 틀린거 같다고, 손을 드는 것이 멈추는 거보다 더 먼저 인거 같다고? 협력 모둠 어린이들은 어떻게 생각하나요? 민호야 협력 모둠 어린이들은 '멈추기'가 가장 먼저라고 했는데, 그래도 너의 생각이 맞는 거 같니? 아 이제 좀 괜찮다고? (시험 볼때는 더 고집있는 유아라고 가정하여 2마디 말을 더 했던 거 같아요.)
- 마지막으로 인성 모둠 어린이들이 동생반에게 가서 어떤 캠페인 활동을 하였나요?
- 동생들은 어떻게 이야기를 해주었나요?

2) 확장 활동
- 오늘 우리가 이렇게 교통 규칙을 잘 지키자라고 캠페인 활동을 하였는데 더 해보고 싶은 활동이 있나요?
- 아 민지는 우리 동네에 있는 교통공원에 직접 가서 여러 교통기관을 경험해보고 교통규칙을 지켜보고 싶다고 이야기해 주었어요**(확장활동–지역사회 연계)** 다른 어린이들의 생각은 어떤가요?

3) 다음 활동 소개
- 다음 시간은 어떤 시간이지요?
- 맞아요. 밥 먹을 시간이에요. 협력 모둠부터 손 씻으로 화장실로 출발해 볼까요?
- 이상입니다. (딱 시간이 맞았어요)

♣ 수업나눔(반성적 성찰)
- (이 부분에서 질문을 제대로 이해하지 못하여 많이 깎인 거 같아요.)
  제가 이 수업 안에서 반영한 협력적 인성 요소로는 질서로서 유아가 사회구성원으로서 지켜야 하는 규칙에 대해 인식하는 것을 반영하였습니다. 특히 질서 중 사회질서를 반영하였는데 유아가 지켜야 하는 사회질서로서 교통질서를 인식하고 이를 실천하기 위해 캠페인 활동을 진행하는 것으로 하였습니다. 다음으로 제 수업에서 제가 동료교사에게 말할 수 있는 우수한 점으로는, 첫째, 지역사회와 연계한 방안입니다. 유아가 진행한 캠페인 활동을 교실 내부에서 그치는 것이 아니라 동네 주민들에게 직접 알리는 과정을 통해 유아 스스로 의미 있는 지역사회 구성원임을 인식할 수 있다고 생각합니다. 또한 동네에 있는 교통공원에 가는 것으로 지역사회의 자원을 활용하여 유아의 경험을 확장했다는 측면에서 우수했다고 생각합니다. 둘째, 유아가 서로 질문할 수 있는 기회를 제공했다는 점입니다. 서울 시책에서도 강조한 것처럼 '질문 있는 교실'이 중요한 문제이기 때문에 유아들이 작품을 발표할 때 교사 주도적으로 질문을 하는 것이라 유아들이 궁금한 점을 민주적인 분위기 안에서 자유롭게 질문 할 수 있도록 활동을 이끌었습니다.

- 수업 중에 고집을 부리는 유아인 민호를 지원하기 위해서 수업 중에서는 다른 친구들의 의견을 물어 교사 주도적으로 문제를 해결하기 보다는 유아 주도적으로 문제를 해결하려고 하였습니다. 하지만 시간이 부족하였기 때문에 민호가 왜 그렇게 생각하는지 마음을 공감해 주지 못하고 다소 주도적인 방법으로 사건을 무마하려고 했던 것 같습니다. 저의 방법을 보완하기 위하여 유아의 마음을 공감하고 이를 이해하기 위하여 반영적 경청을 할 것입니다. 교사가 반영적 경청을 하면서 민호의 마음에 관심을 가지고 들어 주려고 노력할 때 민호 역시 자신의 의견을 표현할 수 있을 뿐 아니라 상한 마음을 풀 수도 있다고 생각하기 때문입니다.

사례 6

♣ 수업실연 팁

- 수업실연을 준비할 때 중요한 것은 모든 유형들을 연습해 보는 것과 시간 조절을 하는 것이에요. 우선 무조건 많이 해 보는 것이 가장 중요한 것 같아요. 또 서울 지역의 경우 수업실연 시간이 10분으로 굉장히 짧아요. 심지어 이번 연도 기출문제에서는 1분간 수업의 목표를 설명한 후 진행해야 했기 때문에 실제적으로 시연 시간은 9분밖에 되지 않았어요. 시간 조절이 중요한 이유 중 또 하나는 수업실연의 조건 중에 확장활동을 제시하거나 평가와 관련된 조건이 많기 때문에, 시간 조절에 실패해서 마무리를 하지 못하게 되면 감점을 많이 당하실 수 있어요. 그래서 면접을 할 때보다는

좀 더 빠르게 말해서도 좋아요.

- 앞서 말한 듯이 수업실연은 많이 해보는 것이 중요해요. 다양한 유형을 최소 두 번씩은 해보셔야 해요. 또 자신이 없는 부분은 더 집중해서 연습해야 해요.

- 활동유형별로 활동의 순서를 익히는 것도 중요해요. (만능 틀이라고도 하죠!!) 활동의 순서를 익히고 있다면 수업을 구상할 때 발문을 구체적으로 적지 않아도 수업을 진행할 수 있어요. 또 구상지를 보는 횟수도 확 줄게 됩니다!!

- 수업실연 역시 유아중심적인 발문이 무엇보다 중요해요. 예를 들어, 동극 활동을 하게 된다면 유아들이 동화책을 읽고 동극을 해 보고 싶다는 요구에 의해서 동극이 이루어져야 해요. 뿐만 아니라 동극에 사용되는 소품 역시 유아들이 직접 만든 것을 사용하고, 동극 무대도 유아들과 함께 꾸미는 등 유아중심적인 수업이 되도록 해야 해요.

- 중간 중간 말 리듬이나, 손 유희 등 유아들의 주의를 집중시키는 요소들도 넣어 줘야 해요. 인상적인 도입 역시 매우 중요합니다!!! 수업실연에서 중요한 것은 강한 인상을 남기는 것이에요. 중간 중간 앞서 말한 요소들을 넣어 준다면 활기찬 수업이 될 수 있고 좋은 인상을 남길 수 있어요.

♣ 수업나눔(반성적 성찰)

- 수업나눔은 아무리 해 봐도 어렵더라고요……. 수업나눔도 면접처럼 어느 정도 자신만의 틀을 만들어 놓는 것이 중요한 것 같아요. 기출문제를 많이 연습해 보면서 어떤 질문들이 출제되었는지 연습하고 자신만의 답변 만능 틀도 몇 개 정도 준비해 두세요!!

사례 7

♣ 수업실연 팁

현장에서의 경력이 있어서 수업에 대한 자신감이 있었는데 막상 2차에서 진행되는 문제를 받아보니 정말 경력이 무색하리만큼 어려웠어요. 오히려 제가 가지고 있던 습관들을 고치는 데 정말 많은 시간이 걸렸어요. 그러니 경력이 없으신 선생님들께서 '나는 현장경력이 없는데 어떡하지?' 하는 걱정은 정말 안하셔도 된다고 생각해요! 오히려 저도 민쌤 2차 강의를 들으며 학생선생님들께서 하시는 모습에 감탄하고 좋은 점들을 배운 적이 더욱 많았어요.

그런데 수업보단 면접이 걱정되어 수업은 하루에 1개 정도만 해 보고 면접만큼 꼼꼼한 피드백과 수정하여 다시 해 보는 등의 과정을 거치지 않았어요. 이러한 연습부족이 결국 실제 실연에서 많은 허점을 드러냈고 그만큼 감점도 정말 많이 되었어요. 그러니 선생님들께서는 면접, 수업 등 모두 저처럼 게을리 하지 마시고 꾸준히 반복 연습하며 좋은 발문들이 자연스럽게 나올 수 있도록 하시면 좋을 것 같아요.

♣ 수업복기

〈도입〉

어제 활동 회상(캠페인 준비), 오늘 캠페인 소개

〈전개〉

함께 준비한 소품과 약속에 대해 회상하며 이야기 나누기
– 어깨띠, 구호, 약속 판, 포스터 등(횡단보도 팀/육교＋자차 팀)
　　오늘 캠페인을 하며 필요한 약속 정하기
　　동생 반으로 캠페인 가기 싫다고 하는 유아(친구들의 의견을 듣고 내일은 바깥놀이터로 나가기로 함)
　　함께 구호 외친 후 2모둠으로 나누어 동생 반으로 이동(하모니 선생님 도움)
　　동생 반에서 캠페인 진행(포스터 및 약속 소개, 질문에 대한 답변 등)
　　교실로 이동

〈마무리〉

자료 정리, 캠페인 회상하며 어땠는지 이야기 나누기
확장활동으로 캠페인 한 것 촬영하여 UCC 제작, 동네에서 캠페인

♣ 수업나눔(반성적 성찰)

① 다른 연령 유아들과 협력적 인성교육을 할 때 중점을 둔 인성교육의 요소와 자신의 수업에서 동료교사와 나누고 싶은 우수한 점을 말하시오.

답안 복기 나눔 / 유아들의 의견을 존중한 것

② 자신의 의견을 고집부리며 캠페인 진행을 지연시키는 유아에 대한 다른 교육 방안
   을 이야기하시오.

답안 복기 사전에 유아들의 미묘한 변화 더욱 꼼꼼하게 살피기

경기 ▮▮▮ (수업실연 30점 만점)

사례 1(30점)

♣ 수업복기

• 존댓말 사용(중간 중간 자연스러운 반말은 섞여서 말이 나온 것 같아요.) 누구는 의자에~
  뭐 이런 자리확인 발문은 안했어요. 지금 생각해보니 언제까지 놀이할건지 시간도
  안정하고 그냥 한 것 같네요.;; 복기하다보니 부족한 점들이 많이 보이지만 그래도 도
  움이 되었으면 하는 마음에 적어볼게요.^^

• 저는 처음에 들어가서 인사를 해야 할지 대기석에서 인사를 해야 하는 건지 우물쭈
  물 거렸어요. 제가 1번을 뽑아서 그런지 감독관님이 먼저 '들어와서 앉으라고' 말을
  걸어주서서 인사할 타이밍을 놓쳤거든요. 그래서 대기석에 앉아서 '아, 인사 못했다.'
  고 잠시 생각하고 그 다음부터 계속 웃었어요. 대기석에 앉아서 구상지 보고 외우고
  하는 게 아니라 정면을 바라보고 구상시간에 생각 못했던 도입에서 할 노래 율동 생
  각하고 수업을 머릿속에서 그려보면서 계속 웃고 있었어요. 감독관님들도 귀엽다는
  듯이? 쳐다보셨어요.

• 식목일에 숲에 가서 나무심기를 하기로 하였으나 당일 미세먼지 때문에 갈 수 없게 되
  어 교실에서 나무심기활동의 대체활동을 실시해야 한다.

▶ 생활주제 – 주제: 봄여름가을겨울 – 봄 (봄에 볼 수 있는 나무를 몰라서 한참 고민했네요;;)
▶ 활동유형: 자유
▶ 목표: 나무에게 감사한 마음을 알고? 나무심기 경험을 해야 한다.
        협력적으로 활동에 참여한다. ?
▶ 조건
  • 교사는 사전에 어떠한 자료도 미리 준비하지 못함.

> - 유아의 흥미?를 반영하여 수업을 전개해야함.
> - 유아의 협력적인 상호작용이 드러나야 함.(유아 간 상호작용이었는지 협력적인 활동인지 기억 안 나요ㅠㅠ)
> - 안전에 유의하여 활동을 진행할 것
> - 도입, 전개의 중간까지 15분 내로 실연.
>
> --
>
> ✓ 목표, 활동명, 대상 등은 정확히 기억이 안 나네요.. 비슷한 맥락의 내용이었던 것 같아요.
> ✓ 점수에 필요할 것 같은 조건은 하나도 빠짐없이 확실하게 수업에 드러나게 포함하였습니다. (중요)
> ✓ 활동이 자유유형이라서 멘붕이 왔다는 선생님들도 계셨지만 저는 오히려 제가 자신없는 유형이나 내용이 나올까봐 걱정했었는데 자유라서 오히려 자신 있게 할 수 있었던 것 같아요. 특히 저는 마무리 부분이 자신이 없었는데 전개까지 하라고 해서 그것도 제가 자신있게 할 수 있었던데 한 몫 한 것 같아요!

〈도입〉

♬♬ 나는 나는 숲으로 갔었지~ 숲에서 무얼 보았니(노래 우렁차게 시작해버렸는데 도중에 시작종이 쳐버려서 감독관님들이 웃음…… 저도 웃음. 종 끝나고 아무 일 없었다는 듯이 다시 시작) ♬♬

- 우리 오늘 어디가기로 했었지요~? 그래 맞아, 나무를 심으러 숲에 가기로 했었어요.
- 나무를 심으러 가려고 지난시간에 나무를 심을 때 뭐가 필요한지, 어떻게 심어야 하는지 찾아보고 함께 이야기도 나누었어요.
- 그런데 오늘 날씨가? 그래 맞아. 미세먼지가 많아서 숲을 갈 수 없게 되었어.
- ●●이는 숲에 가지 못해서 너무 속상하다고요.? (진짜 슬픈 표정) 그래 선생님도 숲에 가서 나무를 심지 못해서 너무 속상하고 아쉬워요.
- △△이도 나무를 꼭 심고 싶어요?
- (놀라는 척) 어머, 애들아. ○○이가 좋은 생각을 말해주는 걸 선생님이 들었는데, 혹시 다른 어린이들도 ○○이가 하는 말을 들었어요? 못 들은 친구들이 많은 것 같아. ○○아, 다른 친구들도 들을 수 있게 다시 한 번 말해줄 수 있어요?
- 우와. ○○이가 뭐라고 말을 해 주었죠? 그래 맞아, (속삭이듯이) 교실에서 나무를 심으면 되잖아라고 말해 주었어요. 우와, 그거 정말 멋진 생각이다.

- 우리 누리반 교실에서 어떻게 나무를 심을 수 있을 까요?
- ○○이는 미술영역에서 그림을 그려서 나무를 심으면 좋겠다는 생각을 하였군요.
- △△이는 미술영역보다 쌓기영역에서 놀이를 하고 싶어요.? 우와. □□이는 쌓기영역에서 나무를 심을 수 있는 숲을 만들어 주면 좋을 것 같다는 생각을 해 주었네요. (협력)
- △△이도 쌓기영역에서 나무를 심을 수 있는 멋진 숲을 만드는 것을 도와줄래요? 그래요. 그럼 오늘은 미술영역에서 나무를 심고 싶은 어린이들은 미술영역에서, 숲을 만들고 싶은 어린이들은 쌓기 영역에서 자유롭게 놀이하기로 해요.
- 그런데 ○○이는 미술영역에 사람이 너무 많을 것 같아서 언어영역에서도 나무를 심으면 좋을 것 같다는 생각이 들었어요.? 그래. 선생님도 ○○이 생각처럼 미술영역에 많은 어린이들이 있으면 재미있게 놀이를 하지 못할 것 같아요. 그럼 오늘은 그림을 그려서 나무를 심고 싶은 어린이들은 미술영역과 언어영역에서 나무를 심어보도록 해요.
- 그럼 오늘 놀이를 할 때 안전을 위해서 지켜야할 약속에는 무엇이 있을까요. 그래요. 쌓기영역에서는 ~~ 야 하고, 미술영역에서는 ~~ 해야 해요. 약속들을 잘 지키면서 재미있고 안전하게 놀이하기로 해요~.

⟨전개⟩

미술영역으로 가서

- ○○이는 나무도 그려져 있고, 나무를 심을 때 필요한 물도 그렸네요. 어, 그런데 나무에 예쁜 하트도 있네요? 아, ○○이는 공기를 맑게 해주는 나무에게 고마워서 고마운 마음을 하트로 그려서 표현해 준 거구나. ○○이가 하트를 그려 주어서 나무의 마음이 따뜻해 질 것 같아요.
- △△이는 나무 아래 왜 까만색 색연필로 칠한 거예요? (감독관 한 분이 궁금한 듯 쳐다보셨어요. 그리고 듣더니 끄덕이면서 다시 평가지를 보시더라고요.) 아, △△이는 여름에 나무 아래에 있는 그늘에서 나무 덕분에 시원하게 쉬었던 기억이 나서 까만색으로 칠했던 거구나. 그래, 선생님도 나무 아래에 있으면 시원한 바람이 불어서 기분이 너무 좋았던 적이 있었는데 △△이도 그랬던 적이 있었구나.

언어영역으로 가서

(활동에 관심 없어 하는 유아를 설정해서 그 유아와 함께 영역을 돌아다니다가 활동 중에 글을 쓸 때 도움을 필요로 하는 유아를 도와주어 협력적인 상호작용이 이루어지도록 한 상황을 전개에 포함했어요. 그런데 정확한 순서나 내용이 정확하지 않아 함께 적지는 않았어요ㅠㅠ)

쌓기영역으로 가서

• 똑똑. 선생님이 쌓기영역으로 들어가도 될까요? 아까 ○○이가 선생님한테 와서 우리가 미술영역에서 사용하려고 씻어서 말려놓았던 요플레 통을 달라고 해서 선생님이 주었는데 어디에 사용하고 있는 거예요?

• 아. △△이가 블록으로 만든 숲에 나무(나무모형)를 세우려니까 자꾸 쓰러져서 어려워하고 있었는데 ○○이가 요플레 통에 과학영역에 있던 봄에 느낄 수 있는 흙을 넣어서 나무를 심었더니 나무가 쓰러지지도 않고 잘 세울 수 있었구나. 우와 ○○이와 △△이의 생각이 합쳐져서 숲에 나무를 더 잘 심을 수 있게 되었네. 정말 더 멋진 숲이 된 것 같아요.

미술영역으로 다시 가서

(시간이 너무 남아서 미술영역으로 다시 가서 애드리브를 했는데 하나도 기억이 나지 않아 생략합니다…… ㅎㅎㅎ)

사례 2(수업실연 29.33 + 수업나눔 28.5점 사례)

♣ 수업복기

〈도입〉

• 자리 모이기, 모이는 동안 '숲에 가면' 손유희('시장에 가면' 개사)

• 오늘 무엇을 하기로 했나요? (C: 밖에서 나무 심기!)

• 밖에 나가기 전에는 항상 무엇을 했나요? (C: 미세먼지 확인이요!) 그래요, 미세먼지를 확인했지요.
  우리 함께 오늘의 미세먼지 확인해 볼까요? → 매우 나쁨!

• 어떻게 하면 좋을까요? ~이 말처럼, 교실에서 나무 심기 놀이를 해도 재미있을 것

같아요.

→ 블록으로 산 만들고 나무 심기 / 찰흙으로 나무 만들기 / 언어영역에 있는 나무 OX퀴즈(유아들이 의견 제시했다고 가정하였음＋원래 우리 반에 있는 영역별 교구를 사용하기로 합의함)

• 놀이를 하면서 지켜야 하는 규칙은 무엇이 있을까요?

→ 나무 블록 던지지 않기 / 찰흙 칼 사용할 때 조심히 사용하기(목표와 연관되지 않은 안전 규칙이라 아쉬웠습니다)

나무 심는 경험을 위해 쌓기 영역에서 나무 심는 극놀이를 한다고 가정하고, 나무 심을 때 사용하는 삽을 조심히 사용하는 규칙을 언급했다면 목표에 더 부합했을 것입니다.)

• 시간 안내＋자유선택활동 계획표 작성

〈전개〉

〈언어영역 OX퀴즈〉

• Q. 나무는 숲에만 심을 수 있다!

→ X (우리 유치원 화단에도 나무가 있음, 어디나 심을 수 있음)

• Q. 나무는 깨끗한 공기를 만들어준다!

→ O (나무가 깨끗한 공기를 내뿜음(여기서 말도 안 되는 말실수를 조금 했어요 ㅠㅠㅠㅠ) → 글자를 읽을 수 있는 유아가 OX퀴즈 카드에 적힌 것을 보고 이야기하도록 함)

〈블록 영역: 산 만들어서 나무 심기〉

• 산 만들고 있음 → 산 쌓는 방법을 다르게 하고 싶은 두 유아 → 산이 무너짐 → 유아 간 상호작용을 통해 함께 방법 해결해보도록 함 → 큰 블록은 아래에, 위로 갈수록 작은 블록을 쌓게 하여 해결

• 블록으로 만든 산에 나무를 어떻게 심을지 논의

→ 미술영역에서 나무 그려서 가져오기로 함 → 나무 그림을 블록에 붙여서 활용

• 유치원 뒤뜰 화단을 만드는 유아들 → 색깔 패턴 언급해 줌(굳이 실연하지 않았어도 되는 부분이었다고 생각합니다.)

〈미술영역: 찰흙으로 나무 만들기〉

• 찰흙으로 나무를 만들고 있는데 찰흙 칼 사용이 어려운 유아 → 옆의 유아가 도와줌

• 찰흙 칼로 홈을 만들었더니 정말 나무의 무늬 같다는 반응 보여 줌

• 초록색 솜 볼 사용해서 나뭇잎 만들고 싶은 유아 → 이쑤시개 사용해서 꽂아보기 → 안전 유의 언급

• 찰흙 칼 사용 때 도움 받았던 유아가 반대로 나뭇잎 만들려는 유아를 도와줌(상호협력하도록)

종침! 끝

♣ 수업나눔(반성적 성찰) － 28.5점

1	• 주도성(유아 스스로 놀이를 선택하고, 그 놀이를 실행하며 주도성을 배움 / 유아들이 도입에서 의견 제시하도록 하여 문제 상황을 해결해나가도록 함) • 협력(OX퀴즈에서 팀으로 퀴즈 내며 협동, 미술영역에서 서로 돕도록 함)
2	• 배움: 환경 친화적 태도(OX퀴즈, 쌓기 영역, 미술영역) • 협력적 상호작용: OX퀴즈, 쌓기영역, 미술영역 언급(1번과 중복된 발언 ㅠㅠ)
3	• 유아의 흥미를 위한 활동에 대한 고민 → 실연하다보니 너무 유아 주도식으로만 흘러감 → 경기도에서는 배움중심을 강조하므로 교사도 적절한 제안을 해야 하는데 그러지 못한 점이 아쉬움 → 이를 보완하기 위해, 유아의 흥미를 존중하되, 목표에 부합하는 활동을 하도록 유아들에게 교사의 의견도 제안해 보도록 하겠음 • 활동목표를 자유선택활동에 잘 반영할 수 있을지에 대한 고민 → 1번 목표가 언어영역에서만 드러나고 다른 부분에서는 관련 발문이 많이 일어나지 못했음 → 목표를 반영하는 발문을 다양하게 해 줄 수 있도록 노력하겠음

사례 3(29.5점)

♣ 수업복기

1. 말 리듬으로 주의집중

2. '나무' 수수께끼 도입

　빨강반 어린이들 모두 모였나요.

선생님이 어린이들에게 수수께끼를 하나 내려고 해요. 그런데 언제나 선생님이 수수께끼를 냈으니까, 이번에는 어린이들이 직접 내보는 것은 어떨까요? 괜찮을 것 같아요?

그럼 어떤 어린이가 수수께끼를 내볼까요?

우리 A가 나와서 수수께끼를 내보자.

선생님이 귓속말로 어떤 단어를 말해 주면, 그걸 친구들에게 몸으로 표현해 줄 수 있을까요?

그럼 선생님이 귓속말로 말해 줄게요! (소곤소곤 나.무)

어? 애들아, A가 지금 어떻게 표현했나요?

두 팔을 쭉 뻗기도 하고, 동그란 모양을 만들기도 했네요. 무엇을 표현한 걸까요?

B는 ~같고, C는 나무 같아요? A야 정답이 나무 맞나요?

맞구나. A야 수수께끼를 멋지게 내주어서 고마워요! 들어가 주세요.

3. 식목일에 대해 이야기 & 대체활동 의논

어린이들아 선생님이 왜 나무라는 수수께끼를 냈을까요? 오늘 우리가 무엇을 하기로 했었지요?

곧 다가올 식목일을 위해서 나무를 심기로 했었어요. 그런데 오늘 날씨를 한 번 볼까요? 어때요?

A이 말처럼 뿌옇고, 콜록 콜록 기침도 나요. 그렇구나. 미세먼지가 많은 날씨구나.

그런데 우리가 왜 식목일에 나무를 심는다고 했는지 기억나는 어린이 있나요? 그래요, 나무에게 고마움을 표현하기도 하고, 나무를 많이 심자는 의미로 나무를 심기로 했었어요. (실제 수업에서 이 발문을 언제 넣었는지는 기억이 잘 안 나요⋯⋯! 최대한 목표 관련해서 앞부분에 발문하려고 했지만, 구상지를 안 보다보니 까먹어서 뒤늦게 넣었던 기억이 있습니다. 다소 매끄럽지 않았다고 생각하지만 버벅이지 않아 자연스럽게 넘어 갔던 것 같아요)

그럼 우리가 바깥에 나갈 수가 없는데, 어떻게 하면 좋을까요?

교실에서 나무를 심자고요? 그것도 좋은 생각이다. B는 하고 싶은 말이 있나요?

아. B생각에는 우리 교실에는 흙도 없고, 나무에게 줄 수 있는 공기, 햇빛도 들어오기 힘들어서 교실에 나무 심기는 힘들 것 같다고 생각했구나. 그럴 수도 있겠다. 그럼 어떻게 하면 좋을까요? (유아들 간에 문제해결. 협력적 배움 일어나도록 미리 설계)

C는 우리가 직접 나무가 되어 보자고요? 우리가 어떻게 나무가 되어 볼 수 있을까요?

D가 이야기해 볼까요? 아, 한 명이 나무역할을 하고, 다른 친구가 나무 심는 역할을 하면 재미있을 것 같다고요? 애들아 이 생각 어때요? 정말 멋지네요! 모두들 괜찮을 것 같나요? (다양한 방법으로 칭찬하려고 노력)

괜찮을 것 같은 어린이는 어깨를 으쓱으쓱 해볼까요?

그럼 우리가 직접 나무역할도 해보고, 나무 심는 역할도 해 보면서 신체표현을 해 보도록 해요.

그런데 선생님이 자료를 준비하지는 못했는데 어떻게 하면 좋을까요? (조건 충족 언급. 이 발문을 하려고 구상은 했으나 실제 수업에서 했는지는 잘 모르겠습니다)

우리 교실에서 찾아보자고요? 그래요. 그럼 어떤 도구를 사용하면 좋을까요?

아, 우리가 지난번에 사용했던 보자기를 사용하면 좋겠구나. 그럼 어떤 어린이가 역할영역에서 보자기를 가져다줄래요? E가 가져다줄래요? 고마워요.

그럼 우리 이제 강당으로 이동해서 신체표현 해볼 건데, 양말 때문에 미끄러질 수 있으니까 양말을 먼저 벗!고! (안전 조건 언급하기 위해 일부러 강조 억양) 강당으로 출발해봅시다!

4. 강당 이동 및 동영상 감상

우리가 강당에 모두 모여 앉았어요. 선생님 잘 보이나요? 잘 보이는구나. 양말도 모두 벗었나 보자~ 모두 잘 벗었군요. (한 번 더 언급)

그런데 우리가 직접 나무도 되어 보고, 또, 친구 나무를 심어 보려면 나무를 어떻게 심는지 다시 떠올려 봐야 할 것 같아요. 그래서 선생님이 어제 보았던 나무 심는 동영상을 다시 준비해 왔어요. 동영상을 보면서 어떻게 나무를 심는지 떠올려보도록 해요.

(동영상 감상) 애들아 동영상 속에 누가 나왔나요?

나무도 나오고, 나무 심는 사람도 나왔고, 그래요 F가 말한 것처럼 나무에 물주는 사람도 있었어요.

그럼 이번에는 동영상을 다시 한번 볼 건데, 이번에는 내가 나무가 된다면, 나무 심는 사람이 된다면 어떻게 표현할지 생각해 보면서 동영상을 보도록 해요.

(동영상 다시 감상) 동영상 속 나무는 어떻게 하고 있었나요? 우리 모두 앉아서 나무를 표현해볼까요?

G는 두 팔을 위로 쭈욱 뻗으면서 표현하고 있네요. 정말 재미있는 표현이다. 우리도 G나무가 되어서 표현해 볼까요?

그럼 나무 심는 사람은 어떻게 하고 있었나요? H처럼 한쪽 팔을 이용해서 물을 주기도 하고, I처럼 두 손으로 흙을 토닥토닥 해 주기도 했구나.

그럼 우리 이런 것을 잘 기억하면서 신체표현을 해 보도록 해요.

5. 배경음악 탐색

그런데 선생님이 어린이들이 더 재미있게 표현해 볼 수 있도록 우리가 감상했던 '나무'노래를 가지고 왔어요. (아무렇게나 지어낸 노래..) 우리가 신체표현할 때 이 노래가 나온다면 어떻게 표현할 수 있을지 생각해보면서 노래를 들어봐요.

노래를 다시 들어보니 어떤가요?

점점 빨라지는/느려지는 부분에서는 어떻게 표현하면 좋을까요?

6. 도구탐색

(이 다음에 도구 탐색을 했는지, 시간이 없어서 넘어갔는지 기억이 잘 안 나네요……! 아마 간단하게 언급하고 넘어갔던 것 같아요. 간단하게 써보겠습니다.)

우리가 아까 신체표현하기 위해서 어떤 도구를 사용하기로 했지요? 보자기를 사용하기로 했었구나. 그럼 표현할 때 보자기를 사용하고 싶은 어린이는 자유롭게 사용하도록 해요~.

7. 무대정하기

이제 신체표현을 해 볼 건대 신체표현하는 무대는 어디로 하면 좋을까요? 그럼 테이프가 붙여진 부분을 나무가 심어지는 흙이라고 할까요?

그럼 선생님이 주문을 외치면 여기가 흙이 되는 거예요. 흙으로 변해라 뚝딱 뚝딱!

짜잔! 테이프 속이 흙으로 변했네요!

8. 약속정하기

그럼 우리가 더 재미있게 신체표현을 하기 위해서 지켜야 할 약속도 있을까요?

(노래. 한 꼬마 두 꼬마 인디언 음 활용) 첫 번째 첫 번째 내 공간을 지켜요 (개인 공간) 두 번째 두 번째 안전하게 표현해요.

세 번째 세 번째 즐겁게 참여해요 모두 준비됐어요!

이것 말고도 또 지켜야 할 약속이 있을까요? 우리가 오늘 특별히 무엇을 사용하기로 했지요? 보자기를 사용하기로 했어요. 이 보자기는 어떻게 사용하면 좋을까요? 친구가 보자기를 밟고 미끄러질 수 있겠구나. 그럼 우리 떨어트리지 않도록 조심해서 표현해 보도록 해요. (안전 조건)

9. 역할정하기

그럼 이제 정말 신체표현을 해 볼 거예요. 나는 나무하고 싶어요 하는 어린이 있나요? 나는 나무를 심어 볼래요 하는 어린이 있나요? (갈등요소를 넣으려고 했으나 시간 관계 상 빠르게 넘어감. 앉아있는 어린이에게도 역할을 주고 싶었으나 실제로 했는지 기억이 나지 않습니다.)

그럼 나무 역할/친구 나무를 심어 볼 어린이들 나와 주세요~.

10. 신체표현하기

A는 몸을 아주 낮게 구부려서 나무를 표현했군요. B는 손바닥을 이용해서 토닥토닥 나무를 심고 있어요. (신체표현 과정은 지문을 넣으려고 했으나 동작 요소만 넣어서 간단히 언급. 일어나려고 했으나 시간이 없어서 앉아서 진행)

어린이들이 정말 재미있게 표현해주었어요.

이번에는 내가 하고 싶어요 하는 어린이 있나요? / 우리가 두 번째 신체표현도 멋지게 해 보았어요. / 뭐라고요? 아, 한 번 더 해 보고 싶다고요?

그럼 이번에는 선생님이 이야기를 들려주지 않고 노래만 틀어 줄게요. (창의적인 표현 격려하기 위한 장치.) 모든 어린이들이 일어나서 표현해 봐요. 강당 전~체가 흙으로 변신하는 거예요! 친구와 부딪히지 않게 내 공간을 지키면서 자유롭게 움직여 보도록 해요!

11. 평가

우리가 오늘 무엇을 해 보았나요? 직접 나무도 되어보고 친구나무도 심어 보았어요. 그런데 왜 우리가 나무를 심어 보았지요? (목표 관련)

C말처럼 나무에 대한 고마움을 느끼려고 했구나. D생각처럼 나무가 많아져서 공기가 깨끗해졌으면 하는 마음에서 나무를 심기도 했어요.

우리가 직접 신체표현해 보니 어떤 마음이 들었나요?

E는 나무가 고마웠고, F는 진짜 나무가 된 것 같았구나. G도 하고 싶은 말이 있나요? 아, G는 나무가 되어보니까 나무가 어떻게 물을 마시는 건지 궁금했구나. 선생님도 정말 궁금하다. 그럼 우리 점심 먹고 난 후에 책으로 함께 찾아볼까요? (교사와 협력적 배움 장치)

→ 에서 시간이 다되어 끊겼습니다.

어디에서 0.5점이 감점이 된 건지는 모르겠지만, 아마 전개까지만 실연하라는 조건을 채우지 못해서 감점된 것도 있는 것 같아요! 마무리할 때 면접관님들 표정이 띠용~ 하셨거든요ㅎㅎ.

Point)

*최대한 리듬, 노래를 넣어서 재미있게 진행하려고 노력. 수업 내내 웃었음.

*실제 수업에서는 이름을 부를 때도 리듬을 넣어서 불렀습니다. 민쌤이 자주 말씀하시는 솔~미~ 음에 이름을 넣었어요.

*직접적인 발문을 통해 조건을 채웠다는 느낌 주려고 노력.

*전개까지만 실연이라는 조건을 보지 못해서 끝까지 했는데, 시간 내에 끝까지 해야 한다는 강박 때문에 발문을 전체적으로 빠르게 했던 것 같아 아쉬움이 남습니다.

♣ 수업나눔(반성적 성찰) — 29.67점

① 본인이 생각하는 놀이의 가치, 그것을 수업에 어떻게 적용하였는가.

놀이는 유아의 동기와 흥미를 존중하는 가운데 전인발달이 이루어지도록 하는 가장 효과적인 방법. 그 중 가장 중요한 놀이의 가치는 '즐거움'이라고 생각. 저는 유아들이 교사가 계획한 수업도 놀이로 느낄 수 있도록 놀이적 요인을 수업에 반영하려 함.

바로 주도성, 과정지향성, 즐거움임.

주도성-유아들이 직접 도구 선택하도록 했으며 유아들이 원해서 신체표현함.

과정지향성-실패를 두려워하지 않고 즐겁게 참여할 수 있도록 결과를 평가하지 않고 과정 자체를 격려. 그러나 이번 활동이 단순히 놀이 자체로 끝나지 않도록 신체표현 과정에서 동작 요소를 반영한 발문을 함으로서 유아들이 신체를 세밀하게 움직여볼 수 있도록 노력하였음.

즐거움-유아가 즐겁도록 하기 위해 무엇보다 교사가 즐기려고 노력함. 즐기려고 노력하긴 했지만 수업을 진행하다보니 실제로 정말 즐거웠음.

② 협력적 배움이 일어나도록 설계한 부분

모든 수업에 있어 협력적 배움이 가장 중요하다고 생각. 이를 위해 생각을 더해줄 어린이 있나요/ 평가를 진행할 때도 함께하니 어땠나요 등등 발문. 이뿐 아니라 유아와 교사 간에도 협력적 배움 일어남. 마지막에 나무가 어떻게 물을 흡수하는지 궁금한 유아를 위해 교사가 함께 알아보기로 함. 권위가진 지시자가 아니라 동등한 탐구자로 참여……

③ 수업 설계 시 어려웠던 부분과 이에 대한 극복 방안

생태적 감수성은 정의적인 영역이기 때문에 지식이나 행동을 알려 줄 수 없다고 생각함. 유아의 마음에서 우러나와야 하는데 교사가 답을 정해 주는 것처럼 흘러가진 않을까 어려웠음. 또한 이러한 인성적 요소는 단편적이고 일회적인 수업으로 형성되지 않는다고 생각. 따라서 캠페인 활동 진행하여 오늘의 배움이 단편적으로 끝나지 않도록 할 것. 예를 들어, 캠페인 활동을 계획하여서 유아들이 나무의 고마움을 지식적으로 알 뿐 아니라 그 중요성 다시 인식하고 실천할 수 있는 실천의지를 갖도록 돕겠음

나눔 point

* 수업 구상할 때 나눔 요소들을 미리 넣어서 구상했습니다. 구체적으로는 협력적 배움 요소를 모든 유형에 반드시 넣었고, 각 유형별로 포인트가 될 수 있는 부분을 넣어 설계하려고 했어요. 예를 들어, 신체표현이면 교사의 이야기 없이 노래만 듣고 표현하도록 하기(→ 창의적 표현을 격려하였습니다), 게임이면 승부의 결과보다 규칙 잘 지킨 것 격려하기(→ 유아들이 게임 결과보다 규칙을 지키도록 격려하여 놀이적 요인 중 과정지향성을 반영하였습니다) 등을

넣으려고 했어요. 이렇게 나만의 요소들을 만들어 두고 수업을 구상하면 나눔 때 대답하기가 훨씬 수월할 뿐 아니라 유아중심의 수업이 자연스럽게 완성된답니다!

* 나눔을 위해 강추 드리는 책: 교사, 수업에서 나를 만나다.

사례 4(수업실연 29점＋수업나눔 29.5점 사례)

♣ 수업복기

1. 상황

　식목일을 맞이하여 유아들과 나무심기 활동을 준비하였으나 당일 미세먼지 '매우 나쁨'으로 준비한 나무 심기를 바깥에서 할 수 없다. 교사는 대체활동을 준비하지 못한 상황이다.

2. 목표
   • 나무의 고마움을 알고 나무심기를 경험한다.
   • 친구와 협력적인 활동에 참여한다.

3. 활동 유형: 자유

4. 대상: 만 5세 26명

5. 조건
   • 유아의 흥미와 요구를 반영하여 수업할 것
   • 놀이를 중심으로 활동을 구상할 것
   • 유아가 자유롭게 놀이하되 안전에 유의하여 활동을 진행할 것
   • 협력적인 배움이 일어날 수 있도록 진행할 것
   • 교사는 대체활동을 위한 준비 자료가 없음, 단 교실 내의 자료를 자유롭게 사용 가능
   • 도입＋전개 1/2 만 시연

〈도입〉

• 하늘반, 모두 앉고 싶은 자리에 앉았나요? 끝에 앉는 ○○이도 선생님 얼굴이 잘 보

이나요?

- 지난 시간에 우리가 무엇에 대해 이야기 나누었는지 기억이 나나요?
- 그래, ○○이가 말해 준 것처럼 나무가 우리에게 주는 고마움에 대해서도 알아보고, ○○이가 말한 것처럼 어떻게 나무를 심으면 좋을지도 이야기 나누어 보았지요?
- 그래서 오늘 우리가 바깥에서 나무를 심어보기로 했는데요.
- 오늘 유치원 올 때 날씨가 어땠어요?
- 아, ○○이는 오늘 미세먼지가 많아서 마스크를 쓰고 왔구나.
- 그래, ○○이도 오늘 유치원 현관에서 미세먼지 '매우 나쁨'이라는 표시를 봤대요.
- 미세먼지가 많아서 우리가 오늘은 바깥에서 나무심기 활동을 하지 못할 것 같은데, 대신에 어떤 활동을 하면 좋을까요?
- 우리가 함께 생각을 모아볼까요? 선생님이 생각할 시간을 잠시 줄게요.

〈전개〉

- ○○이가 좋은 생각이 났는지 손을 번쩍 들었네요? 어떤 생각인지 한번 들어볼까요? 교실에서 나무를 심자고요? 조금 더 자세하게 설명해 줄 수 있겠어요?
- ○○이는 진짜 나무는 아니고 가짜 나무를 심는 게임을 했으면 좋겠대요. 아, 다른 친구들도 ○○이의 생각이 좋은 것 같다고요?
- 그런데 선생님이 오늘 게임을 할 수 있는 자료를 준비하지 못했는데, 어떻게 게임을 해 볼 수 있을까요?
- 아, ○○이는 미술영역에 있는 나무젓가락으로 우리가 나무를 만든 다음에 나무 심기 게임을 해 보았으면 좋겠어요?
- 그래, 그것도 정말 좋은 생각인데? 하늘반 친구들은 어때요? 좋아요? (끄덕끄덕)
- ○○이는 우리 반이 다섯 모둠이니까 모둠 별로 1개씩 만들어서 게임을 하면 좋을 것 같대요. 어때요? 그래, 모둠끼리 협력해서 나무를 만들면 더 재밌겠다.
- 그럼 우리가 모둠별로 나누어져서 미술영역에서 필요한 재료를 가져와서 나무를 만들어 볼까요?
- ○○모둠은 어떻게 나무를 만들고 있나요? 나무젓가락으로 기둥을 만들고, 모루로 나뭇가지를 만들었구나.
- 모루가 구부러진 모습이 정말 나뭇가지 구부러진 모습 같네?

- 색종이를 붙여서 잎사귀도 만들어 줄 거예요?
- 이야~ 잎이 풍성한 나무가 될 것 같아서 선생님도 참 기대가 된다. 다 완성하면 친구들에게도 꼭 소개해 주세요.
- 자, 우리가 모둠별로 함께 힘을 모아서 다섯 그루의 나무를 만들어 보고 친구들에게 소개도 해 보았는데, 이 나무들로 어떻게 게임을 하면 좋을지 게임 방법을 한번 이야기 나눠 볼까요?
- ○○이가 미술영역에 있는 스티로폼을 사용하면 좋을 것 같대요. 어떻게 사용할 수 있을지 스티로폼을 가져와서 설명해 줄 수 있겠어요?
- 아, 우리가 나무젓가락으로 만든 모형 나무를 이 스티로폼에 먼저 꽂고 돌아오는 사람에게 1점을 주었으면 좋겠대요. 그런데 ○○이가 손을 들었네요?
- 우리가 준비했던 물조리개로 물도 주는 흉내도 돌아왔으면 좋겠어요? 그래, 그러면 정말 나무를 심는 것 같은 느낌도 나겠다.
- 그런데 나무도 심고, 물도 줘야 하는데 혼자서 모든 걸 할 수 있을까요?
- 아, 오늘 게임은 2명씩 했으면 좋겠어요? 한 팀에서 2명씩 출발해서 한명은 나무를 심고, 한명은 물을 주고 왔으면 좋겠어요?
- 그럼 선생님이 우리 하늘반이 이야기한 게임 방법을 순서판에 적어 주도록 할게요.

1. 한 팀에서 두 명씩 나와 물조리개와 나무모형을 들고 출발선 위에 선다.
2. 스티로폼에 나무를 심고 물조리개로 물을 준다.
3. 친구와 손을 잡고 함께 돌아온다.

- 자, 우리가 게임을 하기 위해서 자료들을 가지고 넓은 유희실에 도착했어요.
- 지난번에 ○○이가 다음번 게임에는 공뽑기로 팀을 나눠 보자는 의견을 주어서 선생님이 공뽑기 통을 준비했어요. 팀을 한번 나눠 볼까요?
- 자, 이제 공뽑기로 빨간팀 노란팀을 나눠봤는데, 짝을 지어서 하는 활동이라 한명씩이 남는데, 어떻게 하면 좋을까요?
- 아~ 하늘반 말대로 팀에서 한 번 더 할 친구를 뽑아서 알려 주면 그 친구가 짝꿍이 되면 되겠구나.
- 그러면 이렇게 팀을 나누어 보았는데 또 무엇을 해야 할까요? 그래, 팀 이름이랑 팀

구호도 정해야겠구나. 팀끼리 이야기를 나누어서 팀 이름과 팀 구호를 한번 정해 볼까요?

- 이제 팀 구호도 한번 외쳐 볼까요? 이겨이겨 빨강! 노랑노랑 파이팅!
- 자, 이제 우리가 재미있고 안전하게 게임을 하기 위해서 어떤 약속을 정해야 할까요?
- 그래~ 게임을 할 때 친구를 밀지 않는 것도 중요한 약속이겠다.
- 또 ○○이 말처럼 오늘은 특별히 친구와 같이 하는 게임이기 때문에 혼자 빠르게 가지 않고 친구와 협력해서 나무를 심고 돌아와야겠구나~.
- 아~ 그런데 ○○이가 게임 방법이 잘 이해가 안 된다고 하는데, 게임을 하기 전에 혹시 시범을 보여 줄 수 있는 친구가 있나요?
- 그래요. ○○이와 ○○이가 나와서 보여 줄 수 있겠어요?
- (시범중계) ○○이와 ○○이가 출발선에서 나무를 들고 물조리개를 들고 섰구나. 이제 출발해 보도록 할게요. 준~비 시작! ○○이가 스티로폼에 나무를 꽂아 주고 ○○이가 물을 듬뿍 주고 있네요. 그리고 손을 잡고 발을 맞춰서 들어 왔구나.
- 두 친구 덕분에 다른 친구들이 더 쉽게 이해할 수 있었던 것 같아요. 고마워요~.
- 자, 이제 본격적으로 게임을 시작하겠습니다.
- 각 팀의 첫 번째 선수들 나와 주세요.
- 빨강팀의 친구 2명과 노랑팀의 친구 2명이 출발선 위에 섰구나~ 준비 시~작
- 빨강팀의 선수들이 먼저 도착해서 스티로폼에 나무를 꽂고 물을 주고 있습니다~.
- 거의 동시에 들어왔는데 빨강팀의 친구들이 조~금 앞서서 들어와서 빨강팀이 1점을 얻겠습니다~.
- 자, 그럼 이제 게임의 점수를 알아볼까요?
  빨강팀 4점, 노랑팀 3점으로 이번 게임은 빨강팀의 승리입니다.
- 우리가 이렇게 게임을 해보았는데 혹시 더 재미있게 하기 위한 좋은 방법이 있나요?
- 아~ ○○이가 길을 꼬불꼬불하게 만들어서 그 길을 따라가면 재밌을 것 같다는 생각을 해 주었는데 다른 친구들 생각은 어때요? 좋아요?
- 그래~ 그러면 보조 선생님께 부탁을 드려서 꼬불꼬불한 길을 만들어 볼게요. 그동안에 게임을 하면서 좋았던 점에 대해 함께 이야기를 나눠 볼까요?
- 아~ ○○이는 처음에는 어려울 것 같았는데 친구랑 함께 하니까 재밌었구나.
- ○○이는 친구들이 응원해 주니까 기분이 정말 좋았구나.

- 어느새 길이 다 완성되었네? 이번에는 꼬불꼬불한 길에서 두 번째 게임을 시작해 볼 까요?
- 이상입니다.

♣ 수업나눔(반성적 성찰) ─ 29.5점

① 놀이의 가치는 무엇이라 생각하는지, 그것을 수업에 어떻게 적용하였는지 말하시오.
- 놀이의 가치는, 첫째, 자발성입니다. 놀이는 아이들이 스스로 자발적인 마음에 일 어나게 되어 이로 인해 배움이 더 크게 일어날 수 있기 때문입니다. 오늘 수업에서 바깥에서 나무를 심지 못하여 대신할 수 있는 활동으로 유아들이 게임 활동을 제 안하였고 이로 인해 자발적인 놀이가 이루어질 수 있었습니다. 둘째, 흥미입니다. 유아가 재미를 느낄 수 있는 것은 놀이라고 생각하기 때문입니다. 게임 활동을 통 해 유아들이 재미있고 즐거워하는 모습을 볼 수 있었으며, 이에 흥미라는 놀이의 가치가 구현될 수 있었습니다.

② 유아에게 일어난 배움은 무엇인지, 유아 간 협력적 상호작용이 일어나기 위해 의도 한 부분에 대해 말하시오.
- 첫째, 이전 학습과의 연계된 배움입니다. 나무심기 활동을 위해 사전 활동으로 나 무의 소중함을 알아보고, 나무를 어떻게 심으면 좋을지 이야기를 나누어 보았습 니다. 이러한 연계된 활동의 경험을 통해 자연스럽게 자신들만의 게임 방법을 만 들 수 있었으며, 단절된 경험이 아닌 연속적인 활동으로써의 배움이 일어날 수 있 었습니다. 둘째, 유아의 시범을 통한 배움입니다. 교실 내에는 다양한 수준의 유아 들이 존재합니다. 수업 속에서 게임의 방법을 잘 이해하지 못하는 유아가 발생하 였을 때 교사가 게임의 방법을 알려 주는 것이 아닌 다른 유아들이 시범을 통해 보 여 줌으로써 유아와 유아간의 배움이 일어날 수 있었습니다. 셋째, 유아와 유아의 상호작용을 통한 배움입니다. 게임을 어떤 자료로 어떻게 하면 좋을지 함께 이야 기를 나눠 보면서 한 유아가 이야기한 내용에 다른 유아가 자신의 생각을 덧붙여 서 이야기를 나눠보며 함께 주고받는 상호작용의 형태로 배움이 일어날 수 있었습 니다. 또한 유아 간 협력적 상호작용이 일어나게 하기 위해 교사가 의도한 부분은 게임 활동이 개인 활동이 아닌 친구와 짝을 지어 함께 해본 점입니다. 서로 함께 도우며 게임에 참여해 봄으로써 협력적 배움이 일어날 수 있었습니다.

③ 수업과정에서 고민했던 점, 어려웠던 점과 이를 어떻게 극복할지에 대해 이야기하시오.

- 수업과정에서 고민했던 점은 경기유아교육에서 추구하는 놀이중심수업을 구현하기 위한 고민이었습니다. 놀이중심수업은 자유선택활동 놀이뿐 아니라 바깥놀이, 대소집단 활동 등의 모든 활동이 놀이처럼 이루어지는 것이라고 생각합니다. 따라서 게임 활동이 구조적인 형태의 대집단 활동이 아닌 좀 더 놀이처럼 이루어지기 위해 어떻게 전개해 나갈지에 대한 고민을 하였습니다. 또한 이러한 수업과정에서 교사의 발문에서 부족함이 느껴져 어려운 부분이 있었던 것 같습니다. 따라서 이를 보완하기 위해 개인적 측면으로는 수업을 녹화해 다시 보면서 반성적 사고를 통해 스스로의 수업을 되돌아보고 싶습니다. 또한 상호작용과 관련한 전문서적으로 살펴보면서 놀이중심 수업의 발문을 익혀 보고 싶습니다. 조직적 측면으로는 전문적 학습공동체에 참여하겠습니다. 교사는 태어나는 것이 아니라 성장하는 존재라고 생각합니다. 따라서 수업기술에 대해 동료교사, 선배교사들과 이야기를 나누며 실천적 지식을 쌓고 싶습니다. 이상입니다.

사례 5(수업실연 27.33＋수업나눔 28.33점 사례)

♣ 수업복기

오늘은 어떤 활동할까~ ♬ 오늘은 어떤 활동할까~ 두구두구두구! 동극!
우리가 오늘 식목일을 맞아 나무심기를 하기로 했었지요~. 그런데? 그래요 지민이가 이야기해 준 것처럼 미세먼지가 '나쁨'이어서 밖에 못나가게 되었어요. 우리 어린이들이 너무 아쉬워요~라고 이야기를 하다가! 우리가 교실 안에서 할 수 있는 활동은 무엇이 있을까 생각을 모아보았잖아. 그러다 지난 시간에 들어본 '아낌없이 주는 나무' 동극을 하면서 나무심기를 해보자고 이야기를 했었지요~.

아, 그런데 하솜이가 궁금한 게 있는지 손을 번쩍 들었네? 이야기해줄 수 있나요? 아~ 우리가 동극을 하면서 나무 심기를 하는 것도 좋을 것 같지만 진짜 밖에 나가서 나무심기는 언제 할 수 있는지 궁금하다고~ 옆에 혜미가 이야기를 해 주네! 그래요 혜미가 이야기해 준 것처럼 미세먼지가 나쁨이 아닌 날에 꼭! 밖에 나가서 나무심기를 직접 해보기로 하자! (속상한 표정 읽어 주고＋공감해 주었는데 자세한 발문이 기억이 안 나요ㅠ

ㄲ) 괜찮나요? 이해해 줘서 고마워요~!

그럼 우리 '아낌없이 주는 나무' 동극을 준비해 보도록 할까요?

아낌없이 주는 나무에는 어떤 친구들이 나왔었지? 그래요—현정이 말처럼 하솜이와 나무가 등장했었어(그림 자료 융판에 붙이는 척). 우리 지난 시간에 보았던 그림 자료를 보면서 이야기를 나눠 보자! 하솜이와 나무에게 어떤 일이 일어났지? 사람들이 와서 나무를 베어갔어. 아 수영이가 그때 사람들이 했던 대사가 생각난대. 무엇인지 이야기해 줄 수 있나요? "나무를 베어~베어 보자!" 다함께 해 볼까요? "나무를 베어 베어 보자~" 그랬더니 어떻게 됐어요? 주인공 하솜이가 너무 슬퍼했어~ 우리 어린이들이 이번에는 정말 하솜이가 된 것처럼 슬픈 표정을 짓고 있네. 지윤이는 눈물을 닦으면서 슬픈 표정을 짓고 있구나. 이번에는 소영이가 하고 싶은 말이 있나요? 하솜이가 했던 "미안해"라는 말을 잘 기억하고 있구나. 우리 다 함께 하솜이가 되어서 대사를 해 볼까요? "미안해~" 하솜이의 말을 듣고 나무가 어떻게 이야기했지? 혜랑이가 이야기해 주네. 그래요~ 나무가 "괜찮아"라고 이야기를 하면서 "대신 내가 없으면 사람들이 숨쉬기도 불편하고~ 의자랑 책상도 만들 수가 없어. 하솜이 너가 나무를 더 심어 주었으면 좋겠어. 부탁할게"라고 이야기를 했지. 그래서 하솜이가 나무를 심으러 갔는데! 혼자 나무를 심기가 어려워서 친구들을 불러 모아 힘을 합쳐(강조) 나무를 심어 주었지. (기억은 잘 안 나는데 유아들이 더 힘을 모아서 나무심기를 한다는 내용을 발문을 더 했어요. 특히 수업목표 중 '나무의 고마움을 알고 나무심기를 한다'가 잘 보일 수 있도록 했어요)
우리 희망찬반 어린이들이 이렇게 동화 내용을 잘 기억하고 있었네. (표정 읽어 주고 대사와 표정 같이 발문을 함께했습니다!)

그러면 이번에는 동화에 나왔던 인물들의 역할들을 함께 정해 보도록 할까요? 하솜이가 하고 싶은 어린이는? 그래요— 우리 윤희가 하고 싶다고 손을 들었네요. 윤희가 하솜이 역할을 하면 되겠다. 그다음 나무를 베어가는 사람은 누가 있을까요? 아 아무도 하고 싶지가 않아? 왜 그런지 물어봐도 될까요? 아 나무를 베어 가는 사람은 나쁜 사람이라고 생각되어서 하고 싶지 않았구나. 그런데 오늘 나무를 베어가는 사람이 없으면 동극을 하기 어려울 것 같은데 어떻게 하지? 아 선생님이 하면 좋겠다고? 그래 그러면 선생님이 하도록 할게요. 혹시 선생님이 혼자 하면 조금 외로울 것 같은데 함께해 줄 어린이 있나요? 상혁이가 손을 들었네. 상혁이가 함께해 주면 선생님도 더 재미있게 할 수 있을 것 같아. 또 나무를 함께 심어 주는 친구들은 ○○와 ○○가 함께해 주면 좋겠다~ 또 어떤 역할이 있었지요? 그래요─나무 역할도 있었네. 나무 역할은 누가 하고 싶나요? 상진이와 혜원이가 같이 하고 싶다고 하네요.

그런데 나무 역할은 하나였는데 어떻게 하면 좋을까? 고민을 좀 더 해 볼까요? 아 태린이가 좋은 생각이 있다고? 이야기해줄 수 있나요? 아 가위바위보를 하면 어때 하고 물어보는데~ 상진이와 혜원이는 어떻게 생각하나요? 음 둘 다 너무 하고 싶어서 가위바위보를 하고 싶지 않다고? 그럼 어떻게 하면 좋을까? 아 은솔이가 그러는데 두 명에서 같이 나무 역할을 하면 어떠냐고 물어보네~ 상진이와 혜원이도 둘이 같이하는 건 좋다고 생각했구나! 그러면 상진이와 혜원이가 함께 나무 역할을 해 주면 되겠네요. (문제 상황을 교사가 풀어가는 게 아니라 유아들의 의견을 듣고 함께 풀어나가고 있음을 강조했어요! 이걸 수업 나눔에서도 강조했고요!)

자 이렇게 역할도 정했고, 이번에는 동극에 필요한 소품들을 함께 살펴보도록 하자.

그런데 지난번에 동극을 할 때는 우리가 미리 모둠별로 배경과 소품 머리띠도 다 준비를 했었는데~ 이번에는 갑자기 동극을 하게 되어서 소품이 준비가 안 되어있네. 우리가 함께 생각을 모아서 준비해 볼까요? 배경은 어떻게 하면 좋을까? 성근이가 손을 들어주었는데, 역할영역에 있는 초록색 스카프를 배경으로 하면 좋을 것 같대. 왜 그렇게 생각했나요? 아─ 나뭇잎들이 초록색인데 초록색 스카프로 하면 푸른 나무를 잘 표현할 수 있을 거라고 생각했구나. 그거 정말 좋은 생각이다. 다른 어린이들은 어떻게 생각하나요? 고개를 끄덕거려 주는구나. 그러면 우리 배경은 초록색 스카프를 이용하면 좋겠다. 배경은 이제 준비가 되었고~ 그다음은 머리띠는! 짠! 선생님이 지난번에 동화를 들으면서 사용했던 그림 자료를 가지고 왔어. 투명 머리띠에 여기 그림자료를 붙이면 어떨까? 그래요─ 우리 어린이들이 모두 좋다고 이야기를 해 주네. 그럼 머리띠도 준비가 되었구 나무는 무엇으로 하면 좋을까? 아 키이라가 과학영역에 있는 화분을 하면 좋을 것 같다고 이야기를 해 주었어. 그것도 정말 좋은 생각이다. 나무도 정해졌고~ 또 무엇이 있지? 나무를 심을 때 흙도 꾹 꾹 눌러 줘야 한다고? 아 그럼 흙은 무엇으로 하면 좋을까? 새벽이가 미술영역에 있는 찰흙을 사용하면 바닥도 더러워지지 않고, 꾹꾹 눌러서 나무 심는 표현도 잘 할 수 있을 것 같대. 우리 어린이들도 정말 좋은 아이디어라고 이야기를 해 주네. 그러면 이렇게 소품도 다 정해졌네. 그럼 우리 지금 큰바늘이 12에 가있는데(이 때 시계 보면서 시간 체크했어요) 큰 바늘이 똑딱 똑딱 지나서 4에 갈 때까지 함께 무대를 완성해 보도록 할까요?

배경을 하고 싶은 어린이들은 무대에 배경을 달아 주고, 머리띠를 준비하고 싶은 어린이들은 고무줄을 연결해 주면 돼요. 또 나무와 찰흙을 꺼내서 소품을 준비하면 되겠다. 각자 내가 하고 싶은 것들을 선택해서 준비를 하도록 해요. 우리가 이렇게 모두 힘을 모아서 동극을 준비했더니, 금방 멋진 무대가 완성되었다. (협력 강조) 그럼 이제 정말 희망찬반의 동극을 시작할건데 그 전에 지켜야 하는 약속에는 무엇이 있을까? 먼저, 나와서 동극을 하는 어린이들은? 그래요-승아가 이야기해 준 것처럼 ~약속을 지키면 다른 어린이들도 더 잘 볼 수 있겠다.

앉아서 동극을 관람하는 어린이들은? ~가 이야기해 주는데 다른 어린이들이 동극을 잘 할 수 있도록 귀를 쫑긋하고 들어 주면 좋을 것 같대. 그러면 정말 나와서 동극을 하는 어린이들도 더 힘을 내서 동극을 할 수 있겠네요. 자 첫 번째 동극을 할 어린이들 나와 주세요. 자기소개를 해 보도록 하겠습니다. 저는 해설을 맡은 희망찬반 선생님입니다. 또 다음은~(마이크 넘기는 척) 자 그럼 큰 박수와 함께 첫 번째 동극을 시작하겠습니다!!와!!(혼자 박수쳤어요)

첫 번째 동극이 이렇게 끝이 났어요. (평가를 어떻게 했는지 기억이 잘 안 나는 데 잘한 점+아쉬운 점 이야기 나누고 두 번째 동극을 시작하겠습니다! 하고 바로 '이상입니다.'를 했습니다.)

✓ 놀이 중심 수업에서 자유구상이라 자선, 게임, 신체표현 많이 하셨던데 저는 동극을 해서 합격자 발표까지 엄청 마음 졸였던 기억이네요. 수업 점수도 그리 높지는 않지만 조금이나마 도움이 되었으면 해서 기억을 더듬어 복기합니다!
✓ 다시 수업을 한다면 자유선택활동을 할 것 같아요.)
✓ 제가 수업에서 중점을 둔건 요소 채우기+목표 달성하기 였어요.
✓ 정말 유아들이 내 앞에 있다고 생각하고 최대한 웃으면서 했습니다.

♣ 수업나눔(반성적 성찰) - 28.33점
① 놀이의 가치를 말하고 이를 수업에서 어떻게 적용하였는지 말하시오.
유아들은 놀이를 통해 세상을 탐색하고, 타인과 관계를 형성하며 다양한 사회적 기술을 습득해 나갑니다. 특히 교사, 또래, 환경과의 다양한 상호작용이 오갈 수 있으며 이는 교육적 효과의 증대로 이루어진다고 생각합니다. 저는 이러한 놀이의 가치

를 실현하기 위해서 나무심기 활동을 동극으로 표현해 보았습니다. 현장에 있을 때 동극수업을 할 때 유아들이 각자 맡은 역할에 있어서 적극적으로 표현하려고 하였고, 즐거움을 느끼는 것을 본 적이 있기 때문입니다. 또한 동극 수업을 통해 오늘의 수업 목표인 '나무에 대한 고마움을 알고 나무 심기를 한다.'를 긍정적으로 실현할 수 있었다고 생각합니다. (수업을 하고나서도 과연 놀이중심 수업을 동극으로 한 게 맞는지 스스로 의문이 들어서 현장에서의 경험을 이야기하며 유아들이 이러한 역할극을 할 때 즐거워했다고 이야기했어요. 고개를 끄덕여주시기는 했는데 점수를 받은 건지는 잘 모르겠어요. 개인적으로 1번 문항이 제일 말이 꼬였다고 생각해서 다시 심호흡하고 2번 문항을 준비했습니다!)

② 유아에게 일어난 배움과 유아 간 협력적 상호작용이 일어나기 위해 어떻게 의도했는지 말하시오.

제 수업에서 일어난 배움과 협력적 상호작용이 일어난 부분은, 첫째, 유아들과 함께 수업을 준비해 나간 점입니다. 수업 조건에서도 있듯이 수업을 미리 준비하지 못하였지만, 이를 유아들과 함께 생각을 모아 동극을 준비해 나가며 유아들의 의견을 통해 만들어나가는 교육과정을 보여 드릴 수 있었다고 생각합니다. 이는 유아의 흥미와 아이디어에 따라 융통성 있게 만들어가는 교육과정은 경기도에서 강조하는 학생중심, 현장중심의 수업과도 연결된다고 생각합니다. 둘째, 동극 역할을 정하는 과정에서 유아들이 스스로 문제를 해결할 수 있도록 한 점입니다. 유아들이 역할을 정할 때 두 명이 한 역할을 하고 싶어 하거나, 하고 싶지 않은 역할이 있다고 가정하였습니다. 이러한 상황에서 교사가 일방적으로 가르쳐 주는 것이 아니라 유아들과 함께 생각을 모아 문제를 해결해 나갈 수 있도록 하였습니다. 이상입니다. (좀 더 자세하게 예를 들어서 설명했던 기억이에요! 시간이 지나서 쓰려다보니 제 수업도 확실치가 않네요)

③ 수업과정에서 어려웠던 부분과 이를 어떻게 극복했는지 이야기하시오.

먼저, 오늘 수업 유형인 '자유구상'을 보며 저뿐만 아니라 많은 선생님이 어려움을 느꼈을 것이라고 생각했습니다. 이러한 어려움은 수업을 어떻게 하면 즐겁고, 유아 중심으로 하면 좋을지로 연결되었고 저는 '동극'을 표현해 보기로 하였습니다. 동극을 수업유형으로 한다면 오늘 활동의 목표를 충족시키며 유아들이 즐거워하는 놀이 중심의 수업을 보여드릴 수 있을 것이라고 생각했기 때문입니다. 다음으로, 제가 어려움을 느꼈던 부분은 미세먼지로 밖에 나가지 못하는 것과 미리 수업상황을 준비할 수 없었다는 것입니다. 실제 현장에서도 요즘 미세먼지가 많아 바깥활동을 자주 하지 못합니다. 제가 현장에 간다면 미리 이러한 상황을 예상하고 실내에서 할 수 있는 수업을 준비해 놓아야겠다는 생각을 했습니다. 또한 이러한 고민을 혼자서만 안고 있는 것이 아니라 현장에 계신 선배 선생님들과 함께 이야기 나누고, 유아들에게 즐거운 수업, 놀이 중심의 수업에 대해 고민하고 연구하며 미세먼지가 많은 날에도 유아들이 즐겁게 유치원 생활을 할 수 있도록 하겠습니다. 선배 선생님들에게 배울 수 있는 가치와 노력들을 적극적인 자세로 배우고자 하며 협력적인 배움을 저부터 실천하는 교사가 되겠습니다. 이상입니다.

[수업 나눔 TIP]
✓ 수업실연보다 수업나눔 점수가 더 좋아서 공유하고 싶은데 이제 와서 복기를 하려니까 정말 생각이 안 나네요. 무엇보다 제가 수업 나눔에서 잘한 것은 진심을 보여 준 것이라고 생각해요. 지금 수업은 이렇게 했지만(?) 유아들을 위해 이렇게 노력하고 있다~를 보여 주려 노력했고, 최대한 예의바르게 행동했어요.
✓ 3문제 모두 생각하고 답변했어요. "잠시 생각해 보겠습니다~" 하고 생각한 뒤 "수업나눔 1번 문항에 대해 답변 드리겠습니다."를 하고 이야기해 나갔습니다. 연습에서는 10분 꽉 채워서 이야기했는데 실전에서는 거의 3분 정도가 남았던 것 같아요. 5번을 뽑았는데 그 때 같이 들어간 선생님 들 중 제가 가장 빨리 나오기도 했고요. 그래도 다행히 좋은 점수를 받았답니다!

사례 6(수업실연 27.83점+수업나눔 28.5점)

♣ 수업복기

1. 주의집중+조건에 있는 상황 반영: 용기반~ 모두 자리에 앉았나요? (둘러보는 척) 우리가 지난 시간에 어떤 활동을 해보기로 했었지요? 그래요. 나무심기 활동을 해보기로 했지요. 그런데 오늘 날씨가 어떤가요? 맞아요. 미세먼지가 너무 많아서 밖에 나갈 수가 없네요. 너무 아쉬운 표정이구나. 선생님도 정말 아쉬워요. (가슴에 손을 얹으며)

2. 나무의 좋은 점(목표 1: 나무의 고마움을 안다.): 그런데 왜 우리가 나무를 심어보기로 했었지요? 우리 하온이가 손을 들었네?(손바닥으로 가리킴) 이야기 들어보자. (웃으며

듣는 척) 아~ 하온이가 나무가 우리에게 좋은 점을 많이 준다고 이야기해 주었구나. 그래요. 나무가 우리에게 많은 좋은 점들도 주고 또 우리가 식목일을 맞이해서 함께 나무를 심어보기로 했지요. 그런데 나무가 우리에게 어떤 좋은 점을 줄까요? 아. 규태가 이야기해볼까? (웃으며 듣는 척) 규태가 맑은 공기를 만들어 준다는 것을 이야기해 주었구나. 규태 이야기를 들은 지수가 할 말이 있다고 손을 들었네요! 아. 지수는 집에 공기청정기를 두는데 나무를 많이 심어서 맑은 공기가 만들어지면 공기 청정기를 사용하지 않아도 될 것 같다고 이야기해 주네요! 그래요. 정말 나무를 많이 심어서 맑은 공기가 만들어지면 나중에 공기청정기를 사용하지 않아도 될 것 같네요! 우리 현수도 손을 들었구나? (웃으며 듣는 척) 우리 현수는 산사태를 막아 줄 수 있을 것 같다고 이야기해 주었어요! 우와. 왜 그렇게 생각했나요? (웃으며 듣는 척) 아. 예전에 아빠랑 같이 뉴스를 본 적이 있었는데, 비가 많이 오는 날 산이 산사태를 막아 준다는 이야기를 들은 적이 있구나. 그래서 그게 생각나서 이야기를 해 주었구나! 그래요. 우리 용기 반 어린이들이 이야기해 준 것처럼 나무는 정말 고마운 존재구나!

3. 오늘의 활동: 그런데 오늘 우리가 이렇게 고마운 나무를 심지 못해서 어떡하지? 좋은 생각 있는 어린이 있나요? (둘러보는 척) 우와, 하온이가 손을 들었네! 헉!(놀란 척) 하온이 이야기 들었어요? 하온이는 직접 우리가 교실에서 나무를 심으면 좋겠다고 이야기해 주네요! 어떻게 나무를 심으면 좋을까요? (경청하는 척) 아~! 우리가 우리 반만의 나무를 만들어서 심어보면 좋겠다고 이야기하네요! 정말 멋진 생각이다! 다른 친구들의 생각은 어때요? 재밌을 것 같아요? 그래요. 그럼 우리가 우리 반만의 나무를 만들고 심어보기로 해요! 우리 반만의 나무를 만들어 보고 다음에 날씨가 좋을 때 같이 나가서 진짜로 나무를 심어 보면 좋을 것 같아요! (목표 1: 나무를 심는 경험을 한다 → 이 목표 반영이 너무 어렵고 부족했던 것 같아요. 그래서 수업 나눔 시 이 부분이 가장 어려웠다고 말씀드렸어요. 수업 조건에 교사가 미리 교재교구를 준비해 놓지 못한 상태라고 적혀 있어서 교실에서 어떻게 나무를 심는 경험을 할 수 있을까 고민하다가 협동미술활동을 생각해보았다고 말씀드렸어요..)

4. 필요한 재료와 도구: 그런데 우리가 우리 반만의 나무를 만들고 심기 위해서는 어떤 재료와 도구가 필요할까요? 우와(아이들 이야기 듣고 이야기하는 척) 미술영역에 있는 큰~~(손동작하면서) 전지가 필요할 것 같아요?! 지수는 미술영역에 있는 색연필도

필요할 것 같다고 이야기해 주네요! 아아! 매직도 필요할 것 같아요? 그렇구나. 그럼 선생님이 용기반 어린이들이 이야기한 필요한 재료와 도구를 준비해 줄게요!

5. 미술 활동 방법: 자, 선생님이 우리 어린이들이 이야기 한 재료와 도구를 가져왔어요! 우리가 이 재료와 도구로 어떻게 나무를 만들어 보면 좋을까? 우리 지온이가 이야기해 볼까요? (웃으며 듣는 척) 아아 지온이가 전지에 커다란 나무를 그리면 좋을 것 같대요! 그럼 우리가 만든 이 나무가 잘 자라려면 어떤 것들이 필요할까요? 규태가 이야기해 보자!(웃으며 듣는 척) 아 규태는 물이 필요하다고 이야기해 주네요! 우리 지현이도 이야기해볼까? (웃으며 듣는 척) 아~ 햇빛도 필요하구나! 우리 하준이도 좋은 생각이 있나봐요! (웃으며 듣는 척) 아 우리 하준이는 사랑이 필요하다고 이야기를 해 주었네요?! 우와 왜 사랑이 필요하다고 했어요? 아아 예전에 집에서 엄마랑 같이 집에서 방울토마토를 키운 적이 있었는데 엄마가 방울토마토가 잘 자라려면 사랑해 주는 게 필요하다고 하셨구나! 그래서 그게 생각이 나서 사랑이라고 이야기한 거예요? 우와 정말 멋진 생각이다. 그럼 우리가 지금까지 이야기 나눈 것들을 어떻게 표현하면 좋을까? (물—물 조리개 그리기, 햇빛—태양 그리기) 그런데 사랑은 어떻게 표현하면 좋을까? 하온이에게 좋은 생각이 있대요! (듣는 척) 아~ 하온이는 우리가 그린 나무에 '사랑해~'라는 말을 하면 될 것 같다고 이야기하네요! 엇 그런데 하온이 이야기를 들은 지현이가 새로운 생각이 떠올랐다고 이야기해 주었어요! 지현이 이야기 한번 들어 볼까요? (듣는 척) 아, 지현이는 말을 해 주는 것보다 우리가 그림이나 글로 그리거나 써서 나무에게 사랑의 말을 해 주면 좋을 것 같다고 이야기해주네요! 다른 친구들의 생각은 어때요? 좋은 것 같아요? 그래요. 그러면 선생님이 종이를 또 준비해 올게요! 그런데, 우리가 오늘의 활동을 안전하고 재미있게 하려면 어떤 약속을 지키면 좋을까요? (조건: 안전에 유의) 우리 상윤이가 이야기해 볼까요? (웃으며 듣는 척) 아, 우리 상윤이가 이야기해 주었는데 미술 도구를 사용할 때 조심히 사용해야 한 대요. 그래요. 우리가 미술도구를 사용할 때 친구가 다치지 않도록 조심히 사용하는 것도 정말 중요한 약속이네요! 그럼 우리가 지금 이야기한 약속들을 머릿속에서 꼭꼭 기억하면서 함께 나무를 만들어 보도록 해요.

6. 모둠 별 활동: 그런데 우리가 지금 이야기 나눈 것을 다 하기에는 조금 힘들 수도 있을 것 같은데. 어떻게 하면 좋을까? 아~ 모둠 별로 나눌까요? 그래 좋은 생각이다. 그럼 우리가 모둠별로 나누어서 함께 우리 반 만의 나무를 꾸며 보도록 해요. (일어

나서 돌아다님) 엇? 여기는 무슨 활동을 하고 있나요? 아~ 나무에게 글씨로 사랑의 마음을 표현하고 있구나. 엇. 그런데 왜 상우가 표정이 좋지 않을까? 아~ 글씨를 잘 못써서 조금 속상하구나. 그럼 어떻게 하면 좋을까? 우리 옆에 있는 지수가 상우를 도와주고 싶다고 이야기하네요! 아 그러면 지수랑 같이 도와서 상우랑 글씨를 써 볼까요? 그래. 지금 상우가 이야기해 주었는데 나무라는 글자는 쓸 수 있는데 '친구'는 잘 못쓰겠다고 이야기를 하네요. 아 지수가 그럼 '친구'라는 글자를 써 주고 상우가 볼 수 있게 해 주고 싶어요? 그래 정말 마음이 예쁘네요. 그럼 상우랑 지수 같이 도우면서 함께 글씨를 적어 보도록 해요. (목표 2: 친구와 협력적으로 활동한다.) (뚜벅뚜벅 면접관 앞으로 옴) 우와 우리 은제랑 하온이는 무엇을 그리고 있어요? 물조리개를 그리고 있구나? 아 하온이는 물을 그리고 있고, 은제는 물 조리개를 그리고 있는 거예요? 우와 너희가 이렇게 힘을 합쳐서 함께 그림을 그리니까 더 멋진 그림이 나오는 것 같네요!

♣ 수업나눔(반성적 성찰) − 28.5점
① 놀이의 가치와 그것을 반영한 점
- 답변 드리겠습니다. 놀이의 가치는 유아가 주도성을 가지고 활동을 하는 가운데 자유로움과 기쁨, 행복을 느끼는 것이라고 생각합니다. 제가 놀이중심교육에 관한 자료를 찾아보았을 때 경기도 교육청에서 발행한 놀이로 유아교육의 본질 찾기라는 자료를 본 적이 있습니다. 이 자료에서는 유아가 놀이라고 느낄 수 있는 놀이 특성에 대한 요소가 적혀 있었습니다. 유아는 활동을 주도적으로 하는 가운데 자유로움, 기쁨, 행복을 느낄 때 그것이 아무리 이야기 나누기나 동시와 같은 구조성이 높은 활동이어도 그것을 놀이라고 생각하며 즐겁게 참여하는 것을 알 수 있었습니다. 따라서 오늘 수업에서도 이를 반영하여 수업을 하려 노력하였습니다. 저는 오늘 수업을 진행하면서 교사 주도적이 아닌 유아가 주도하여 수업을 진행하는 것을 구현해내려 노력하였습니다. 예를 들어, 교사가 계획한 대로 진행하는 것이 아니라 유아에게 '오늘 밖에 미세먼지가 많아서 나무심기 활동을 못하는데 어떻게 하면 좋을까? 좋은 생각 있는 어린이 있나요?', '나무를 어떻게 만들어 보면 좋을까?', '어떤 재료가 필요할까?', '어떤 방법으로 만들어 볼까?', '사랑은 어떻게 표현해보면 좋을까?'와 같이 유아들에게 발문을 던졌고, 유아들이 주도적으로 대답한

것을 반영하여 수업을 진행함으로써 유아의 주도성이 보장된 놀이중심교육이 이루어졌을 것이라고 생각합니다.

② 배움, 협력적 상호작용

- 답변 드리겠습니다. 유아들의 배움은 서로의 생각을 나누는 과정에서 가장 잘 이루어질 수 있다고 생각합니다. 혁신학교의 지향점에서도 학생들이 스스로 탐구하고 협력하는 학습의 기회를 제공해 주어야 한다고 언급되어 있습니다. 또한 혁신학교의 기본철학에서도 역동성이 적혀져 있었습니다. 이러한 점을 토대로 보았을 때, '아. 유아들의 배움이라는 것은 사회적 지혜를 모으는 협력을 통해 가장 잘 이루어질 수 있겠구나'를 생각하게 되었습니다. 따라서 오늘 수업활동에서도 이러한 유아들의 협력적 배움이 일어나도록 수업을 구상하려 노력하였습니다. 예를 들어, 전개에서 한 유아가 공기가 맑아진다는 이야기 → 이를 들은 다른 유아가 공기청정기~~ 배움이 일어났을 것이라고 생각합니다. 또한 모둠별 활동을 통해서도 협력적 배움이 일어났을 것입니다.

다음으로 협력적 상호작용에 대해 말씀드리겠습니다. 저의 수업에서 모둠별 활동에서 한 유아가 글씨를 못 쓰고 있자 한 유아가 도움을 주면서 협력적인 상호작용이 일어나는 장면이 있었습니다. 그러나 한 가지 고민이 있었던 부분은 도입에서 전개의 반까지 실연을 해야 했기 때문에 유아들 간의 협력적 상호작용과 배움을 더 보여드리지 못한 것 같아 아쉬웠습니다. 만약 전개를 다 실연을 했다면 모둠별 활동을 통해 유아들이 알게 된 내용을 친구들에게 이야기하는 과정에서 더 잘 드러날 수 있었을 것입니다. 제가 만약 경기교사가 된다면 현장에서는 유아들의 토의상황에서 충분한 상호작용으로 협력적인 배움을 이끄는 교사가 되도록 노력하겠습니다.

③ 오늘 수업을 구상하며 어려웠던 점. 이를 어떻게 보완할지.

- 답변 드리겠습니다. 오늘 수업에서 어려웠던 점은 교실에서 나무심기 관련 수업을 어떻게 전개해나가야 할지 고민이 되었습니다. 왜냐하면 수업 구상 조건에 '교사가 사전에 교재교구를 준비해 놓지 못한 상황'이 적혀 있어서 이것을 어떻게 수업 내에서 구상해나갈까 고민을 하다가 협동 미술활동을 생각해 보았습니다. 현장에서는 날씨, 물적 환경 등으로 인해 수업을 변경해야 하는 상황이 많이 있습니다. 이에 이러한 점을 보완하기 위해 대체 활동을 늘 생각해놓는 교사가 되겠습니

다. 또한 앞으로 다양한 상황에서 대처능력을 기르기 위해 자기 장학, 전문적 학습 공동체 등을 활용하겠습니다.

사례 7(수업실연 29.17점+수업나눔 30점)

♣ 수업복기

〈도입〉

　사랑하는 열매반 어린이들 모두 모였나요? 아~아직 자리에 오지 못한 친구들이 있다고요. 그럼 우리가 저번시간에 개사했던 노래를 불러 보면서 친구들을 기다려 볼까요?(반짝반짝 작은 별 개사–생활주제에 맞게 개사함) 자 우리가 이렇게 노래를 부르는 동안 열매반 친구들이 모두 모여 주었군요. 어 그런데 윤호의 표정이 좋지 않아요. 아~윤호가 오늘 깜빡하고 보청기를 집에 두고 왔대요. 윤호를 위해 자리를 바꿔 줄 어린이가 있나요? 우와~지수가 윤호를 위해 자리를 바꿔 준다고요. 역시 양보를 잘하는 지수군요. 윤호도 이제 선생님의 말이 잘 들리나요? 그래요. 자 열매반~ 우리 다 같이 옆에 있는 창문 밖 날씨를 볼까요? 날씨가 어때요? 흐려요, 미세먼지가 많아요. 그래요 오늘 그래서 따뜻한 아침 맞이 시간에 시연이는 마스크를 끼고 왔군요. 또 태흔이는 "오늘 나무심기 활동 못 하는거 아니에요?"라고 선생님한테 물어봤었지요. 오늘은 바깥에 미세먼지가 많아서 오늘 하려고 했던 '나무심기 활동'을 못하게 되었어요. 열매반 어린이들이 모두 아쉬운 표정이네요. 선생님도 많이 아쉬워요. 그럼 '나무심기 활동'을 교실에서 할 수 있는 방법은 없을까요? 얘들아, 현준이 이야기 들었니? 그래 현준이가 "이제 곧 자유선택활동 시간이니까 자유선택활동 시간에 나무심기 활동을 하면 좋을 것 같아요"라고 해 주었어요. 열매반 어린이들 생각은 어때요? 좋은 생각인 것 같나요? 그럼 자유선택활동에서 어떻게 나무심기 활동을 할 수 있을까요? 아 쌓기 영역에서 종이블록과 나무블록으로 나무를 만들어서, 또~? 역할영역에서 나무심기 역할놀이를 하면 재밌을 것 같다고요? 아 송은이는 미술영역에서 나무에 붙일 나뭇잎과 꽃을 만들고 싶어요? 열매반 생각을 모아보니 정말 재미있는 놀이가 될 것 같아요! 우리 건우가 손을 번쩍 들어주었는데 건우가 이야기해 볼까요? 우와~ 건우 이야기 들었나요? 건우는 빨리 바깥에 미세먼지가 없어질 수 있게 나무에게 힘내라고 응원의 편지를 써 보고 싶대요. 다함이도 나무에게 고맙다고 편지를 쓰고 싶구나. 열매반이 할 수 있는 놀이가 많네요. 그럼 우리가 이야기 한 놀이를 자유선택활동시간에 해 보도록 할까요? 열매반 어린이들 표정이 '빨리 놀이하고 싶어요!' 하는 표정이군요. 선생님도 정말 재미있는 놀이가 될 것 같아요! 자 그럼 옆에 있는 시계를 한 번 볼까요? 지금 긴바늘이? 그래요 1에 있네요. 그럼 언제까지 놀이를 하면 좋을까요? 열매반이 이야기해 준대로 10에 갈 때까지 놀이를 해 보도록 할게요. 선생님 옆에 놀이계획표가 있지요. 여러분이 하고 싶은 놀이에 여러분 얼굴 스티커를 붙이고 놀이를 해 보도록 할게요. (계획하는 것 바라보는 것처럼 모션) 어? 건윤이 선생님한테 할 말이 있나요? 아~ 오늘은 역할놀이영역과 쌓기영역에 친구들이 많을 것 같다고요. 그럼 선생님이 더 많은 친구들이 함께 놀 수 있도록 교구장을 옮겨 줄게요.

〈전개〉

　자, 어떤 영역을 가 볼까~ 쌓기영역을 가 볼까요~(앉아서 수업진행함. 왼쪽으로 몸을 틀고) 쌓기영역 어린이들은 무엇을 하고 있나요? 윤호와 예준이가 나무블록으로 진짜 나무처럼 만들고 있구나. 그런데 예준이 표정이 좋지 않네요. 아~ 위에 있는 나무블록이 자꾸 떨어진다고요. 그러게요. 나무블록이 예준이 발밑으로 떨어지면 정말 위험하겠네요. 어떻게 하면 떨어지지 않고 나무를 만들 수 있을까요? 오 예준아 윤호가 좋은 방법이 있다는데요? 음~ 윤호말 대로 큰 블록부터 차근차근 쌓으면 무너지지 않고 나무 기둥을 세울 수 있을 것 같다는데 예준이 생각은 어떤가요? 윤호랑 함께 만들면 만들 수 있을 것 같다고요. 그래요 그럼 함께 힘을 모아 만들어 볼까요? 그래요. 함께 만들면 무너지지 않고 더 튼튼한 나무를 만들 수 있겠네요.(시선 조금 옆에 두고) 다함이는 분홍색 색종이를 잘라서 긴 나무블록에 붙이고 있네요. 유치원 오는 길에 보았던 벚꽃나무를 만드는 거군요. 아~ 다함이는 벚꽃나무를 제일 좋아한다고요. 분홍빛깔 벚꽃나무가 되었네요. (시선 조금 옆에 두고) 승현이는 무엇을 만들고 있나요? 나무기둥은 만들었는데 나뭇가지와 나뭇잎을 어떻게 할지 모르겠다고요. 그러게요. 나뭇가지는 블록으로 하려니까 자꾸 떨어지네요. 어떻게 하면 좋을까요. 아~미술영역에서 갈색 한지를 둘둘 말아 나뭇가지를 만들고 싶다고요! 그렇게 나무를 만들면 정말 더 튼튼하고 멋진 나무가 완성될 것 같아요! (쌓기영역 어린이들을 한 번씩 둘러보며) 선생님 도움이 필요하면 언제든지 선생님을 불러 주세요.

　(몸을 가운데로 틀고) 자 이번에는 어떤 영역을 가보지? 어? 한서는 왜 놀이하지 않고

서있나요? 아~ 역할영역에서 놀이하고 싶은데 친구들이 많아서 못하고 있구나. 그럼 선생님이랑 한서는 어떤 놀이를 계획했는지 봐 볼까요? 음 한 서는 역할영역과 미술영역에서 놀이를 계획했구나. 그럼 역할영역 자리가 빌 때까지 미술영역에서 활동하는 건 어떤가요? 좋아요? 그래요 선생님이랑 같이 미술영역에 가 볼까요. 미술영역 친구들은 무엇을 하고 있나요? 우와~ 지수와 송은이가 함께 초록색, 연두색, 주황색 색종이를 이용해서 나뭇잎을 만들고 있다고요. 아~(듣는 척) 나뭇잎을 많이 만들어서 쌓기영역에 있는 나무에 붙이고 싶군요. 그렇게 하면 정말 더 멋진 나무가 만들어지겠다! 한서는 무엇을 만들고 있나요? 한지를 둘둘 말아서 동그라미 모양을 만들었네요. 음~ (듣는 척) 이걸 나무기둥에 붙여서 새집으로 만들거라고요? 우와 한서의 아이디어가 담긴 나무는 새에게도 도움을 주는 고마운 나무가 되겠네요.

　(몸을 오른쪽으로 틀고) 언어영역 친구들은 무엇을 하고 있나요? 현준이와 건우는 어떤 책을 읽고 있나요? 아~ 나무를 심을 때 방법이 나온 책을 읽었구나. 그래 건우야. 나무를 심을 때는 삽과 물이 필요하다고요. 역할놀이 친구들이 나무 심는 방법을 모를 수도 있으니까 빨리 가서 알려 주고 싶어요? 정말 좋은 생각이네요.(종이 침)

* 제가 구상지에 계획한 내용은 실연한 내용이후에 언어영역에서 편지쓰기활동, 역할놀이영역에서 나무심기 역할놀이(땅 파는 사람, 나무 심는 사람, 쌓기영역에서 만든 나무 활용한 역할놀이)를 계획했지만 도입에서 많은 시간을 써서 구상한 내용을 전부 보여드리지 못했습니다. 정말 너무 아쉬웠어요. ㅠㅠ

♣ 수업나눔(반성적 성찰) - 30점

① 놀이의 가치는 무엇이라 생각하며 이를 수업에 어떻게 반영했는지 말하시오.

　놀이에서 가장 중요한 것은 주도성과 몰입입니다. 유아가 놀이에 주체가 되어 참여하고 몰입하여 즐거움을 얻는 것이 중요하기 때문입니다. 따라서 저는 자유선택활동으로 활동을 계획하여 유아가 주도성을 가지고 활동을 계획하고 실행해 볼 수 있도록 하였습니다. 또한 영역을 확장해주고 유아의 놀이를 언어화하고 격려하며 몰입할 수 있는 환경을 제공하려고 노력하였습니다. 또한, 유아들의 의견에서 놀이가 시작될 수 있도록 유아에게 질문을 던지고 유아가 하고 싶은 놀이를 직접 할 수 있도록 하였습니다. 등

② 활동에서 일어난 배움이 무엇인지 말하고, 협력적인 배움이 일어난 지점이 어디인 지 말하시오.

(위의 수업에서 일어난 배움과 협력을 이야기 함. 자신의 의견이 다른 친구들과 함께할 수 있는 놀이가 되고 함께 활동하는 부분에서 배움이, 유아가 겪는 어려움에 대해서 친구의 의견을 수용하고 함께 수정보완하는 과정에서 의견을 받아들이는 유아에게는 새로운 아이디어를, 의견을 이야기한 유아에게는 다른 유아에게 의미 있는 의견이 되었다는 뿌듯함에서 협력적인 배움이 일어났다고 이야기했던 것 같습니다. 자세하게 기억이 안 나요ㅜㅜ)

③ 수업에서 아쉬운 점과 개선할 방법에 대해 말하시오.

먼저, 현장에서는 다양한 흥미, 상황의 유아가 있기 때문에 더 다양한 반응과 의견이 나올 것이라 예상한다. 하지만 그러한 점을 모두 보여 드리지 못한 점이 아쉽다고 이야기했어요. 특히 저는 구상한 수업을 모두 보여 드리지 못해서 정말 진실성 있게 이야기 했습니다 개선 방법은 수업 복기를 통해 자아성찰, 같은 고민을 하고 있는 동료교사들과 전문적 학습 공동체를 구성하여 고민을 공유하고 나눈다는 식으로 발언했습니다.

사례 8(수업실연 27.5점, 수업나눔 복기 없음)

♣ 수업복기

〈도입〉

1. 주의집중: 사전경험 회상
- 우리 어제 무슨 이야기를 나누었었지요?
- 모두 기억해 주고 있구나. '식목일'에 대해서 이야기를 나누었었지?

2. 동기유발
- 그리고 우리 오늘 나무를 심기위해서 무엇을 알아보고 오기로 했었지?
- 맞아. 나무에 대해 알아보기. 그리고 나무 심는 방법 알아보기. 모두 잘 기억해 주고 있구나!

3. 활동안내
- 그런데 애들아 오늘 유치원에 올 때 날씨가 어땠어?

- 그래 너희가 말한 것처럼 하늘도 노랗고, 선생님도 숨을 쉴 때 목이 조금 불편했어.
- 오늘 아쉽지만 미세먼지가 많이 껴서 밖에 나가서 나무를 심기가 조금 어려울 것 같아.
- 어떻게 하면 좋을까?
- 알아본 것을 이야기해요!
- 그래 그것도 좋은 생각이다. 또?
- 연습해요! 어떤 연습? 나무심기? 하지만 오늘 미세먼지 때문에 밖에 나가지 못하는데?
- 모래놀이영역에서? 그래! 우리 반에 모래놀이영역에 있었지?
- 그러면 우리가 나무에 대해서 알아온 것이랑 나무심기 연습을 해 보면 될 것 같다.

〈전개〉

1. 나무에 대한 고마움 이야기
   - 나무가 우리에게 어떤 도움을 주지?
   - 공기를 맑게 해 줘요! 또? 바깥놀이 할 때 우리가 더우면 그늘도 만들어 줘요!. 또? 아 ○○이가 좋아하는 사과열매를 만들어 주기도 하는구나.
   - 이렇게 나무가 우리에게 많은 도움을 주네

2. 나무 심기에 대해 이야기
   - 나무를 심으려면 무엇이 필요할까?
   - 흙을 파기 위한 모종삽도 필요하고. 또? 그래 우리 손이 다치지 않게 장갑도 필요할 것 같아. 또? 그래 거름도 필요하겠다.
   - 그러면 나무심기를 하려면 어떤 역할이 필요할까?
   - 나무를 잡아 주는 역할도 필요할 것 같고, 그래. 나무를 심으려면 땅을 파야하지! 땅을 파는 역할도 필요하겠다. 또? 맞아 나무가 잘 자라기 위해서 우리가 물도 줘야 해!

3. 나무심기 연습 이야기
   - 우리 이제 모래놀이영역에서 나무심기 연습을 해 볼 건대 우리 나눔반 어린이 모두가 함께하기는 조금 어려울 것 같아. 어떤 좋은 방법이 없을까?
   - 아~ 모둠활동! 그래. 모둠으로 나누어서 하면 우리 모두 할 수 있겠다. 그러면 너희

가 순서를 정하는 동안 선생님이 저쪽 모래놀이 영역에서 준비를 하고 있을게요.

4. 모래놀이 영역 상호작용

- 사자모둠이 와 주었구나. 우리 사자모둠은 어떻게 역할을 맡기로 했었어요?
- 아~ ○○이랑 ○○가 나무를 잡는 역할을 하기로 했고, ○○이랑 ○○이가 땅을 파기로 나누었구나. 그러면 ○○이는 물을 주는 역할을 맡았겠다.
- 그런데 ○○아 오늘은 나무심기 연습을 할 거라서 물을 주는 역할 대신에 다른 역할이 필요할 것 같은데. 어떤 역할로 친구들에게 도움을 줄 수 있을까?
- 잘 모르겠다고요? 우리 사자모둠 어린이들이 함께 생각을 해 볼까요? 어떤 역할을 맡으면 ○○이가 도움을 줄 수 있을까?
- 기록을 하면 좋겠다고? 어떻게 그런 생각을 했어? 아~ 우리가 나중에 나무 심을 때 까먹을 수도 있으니까 오늘 했던 것을 ○○이가 기록하면! 그래 나중에 까먹지 않을 수 있을 것 같아. ○○이가 좋은 생각을 해 주어서 고마워요.
- 그런데 얘들아 문제가 있어. 우리 나무를 심는 연습을 해야 하는데 나무가 없네? 어떻게 하면 좋을까?
- 아~ 미술영역에 선생님이 만들기라고 준비해 둔 나무젓가락으로 사용하면 되겠다고?
- 그래! 좋은 생각이다. 그러면 나무젓가락으로 우리 나무심기 연습을 해 보자.

사례 9(수업실연 26.67점 + 수업나눔 27.17점)

♣ 수업실연 팁

　저는 연습을 할 때도 자유유형이 나올 수도 있겠다 생각하고 가끔 연습했어요. 근데 제가 가장 자신 있는 수업은 현장학습이나 바깥놀이, 숲 체험 등이어서 자유유형 나오면 항상 나가서 수업했거든요. 그런데 문제에 미세먼지 매우 나쁨…… 나갈 수가 없어…… …… 문제를 받자마자 너무너무 당황했습니다. 그래서 이 수업조건에 맞춰서 뭘 할 수 있을까 고민하느라 한 1~2분은 가만히 있었어요. 게임을 하면 좋을 것 같은데 조건에 '자유로운 활동을 격려'라고 해서 좀 불안하기도 하고, 자유선택활동은 여러 영역 보여 줘야 할 것 같은데 시간도 없고, 신체표현도 괜찮을 것 같은데 문제는 제가 정말 정말 자신 없는 유형이어서 셋 중에 대체 뭘 하지? 머리가 그때처럼 팽팽 돌아간 때가 없어요. 그래도 다행히, 전개1/2까지만 하라고 하셨기 때문에 과감하게 진짜 게임하는 부분은 자르고 실연하기로 결심하고 미친 듯이 구상지를 작성했습니다. 앞뒤로 문제지 보면서 조건 하나하나 넣으려고 했어요. **물론 가장 기본적으로 활동 목표에 맞게 수업을 짜는 것이 중요합니다! 이거 먼저 생각하고 수업흐름을 잡은 뒤에 조건을 넣어야 해요.** 항상 구상지 작성할 때 목표를 맨 위에 써 두세요. 그러면 수업을 하다가도 '아 이게 목표였지' 하면서 중요발문을 하게 되더라고요.

▶ 태도로 사로잡기. 평가실에 들어가서 아주아주 반갑게 인사했습니다. 제가 원래 수업을 막 잘하는 편이 아니었기 때문에 태도로 평가자들을 사로잡고 싶었어요ㅋㅋ 나름의 전략이었습니다. 민쌤이 그러셨는데, 같은 실수를 해도 평가자 맘에 들면 귀여워 보이고, 평가자 맘에 안 들면 너 잘 걸렸다! 감점! 이렇게 된다고 하셨거든요. 그래서 아주아주 활짝, 반갑게 인사드리고 대기석에 앉았습니다. 앉아서도 긴장한 티를 안 내고 세상 해맑은 척 싱글벙글했어요. 속으로는 아 봐 이 발문 안 썼네. 아 이거 꼭 이따가 다시 해야지 안 하면 진짜 미친X이다하며 완전 혼돈이었지만요ㅎㅎㅎ 속으로 정리하다보니 종이 쳤고, 급하게 안 하고 천천히 가서 또다시 공손히 목례(태도로 사로잡고 싶었으니까) 하고 웃으면서 수업 시작했습니다.

▶ 자신 있는 거로 시작하기. 민쌤은 노래에 자신 없으면 안 해도 좋다고 하셨지만 저는 만능노래를 만들어 뒀어서 그냥 불렀습니다. 제가 가장 자신 있게 시작할 수 있는 방법이라고 생각했거든요! 가사는 사랑하는 ○○반과 함께 모여서~ (환경)에 대해서 생각해보며~ 친구들과 옹기종기 모여앉아서~ (이야기나누기)해 보자~였습니다. 환경대신 나무라고 할 걸 그랬어요. 즉흥으로 하다 보니 나도 모르게 환경이 나왔어요. 미세먼지랑 나무의 고마움이랑 봄 이런 거 합쳐서 뭘 하지 하다가 말이죠.. 나무로 했다면 좀 더 주제에 맞는 느낌이었을 것 같아요. 이렇게 자연스럽게 시작하니 시험날 수업도 스터디처럼 물 흐르듯이 하게 되었습니다.

▶ 오바하기. 저는 현장 경험이 2년 있는데요. 그때도 그렇고 스터디 할 때도 그렇고 항상 좀 오바하는 경향이 있었어요. 그래서 우리반 애들도 항상 업되고 감정표현 풍부한 친구들이었고요. 전 이거를 단점이라고 생각하지 않았어요. 표정을 정말 실감나게 짓고, 손동작도 크게 크게, 유아의 말에 진심으로 감탄하(는척하)기! 이렇게 수업을 하니까 스터디원들이 항상 제 수업은 앞에 정말 유아가 있는 것 같다.라고 평가

해주셨고, 평가자분들도 이런 느낌을 받지 않았을까 싶어요. 물론 이건 선생님들 성향에 따라 안 맞는 옷이 될 수도 있는 부분입니다.

▶ 유아 간 상호작용을 항상 보여주기. 저는 이걸 가장 중요하다고 생각해 왔고 이번에도 그렇게 실연했어요. 그래서 과감하게 뒷부분(유아들이 게임하는 부분)을 뺀 거였고요. 게임이라는 활동을 정하게 되는 부분도, 유아들끼리 의견을 나누어보고 왜 그렇게 생각하는지? 말해 보도록 격려했습니다. 아 정말 ○○는 그런 경험이 있었구나. 그게 재밌어서 친구들과 해 보고 싶었구나. 오~ **도 ○○ 의견이 좋은 것 같아? **근데 − 생각은 조금 다르다고? 왜?** 아 —도 해봤는데 그 때 그런 문제가 있었구나. 정말 그럴 수도 있겠다. 음 그럼 어떻게 할까? ○○ 생각도 참 좋은 생각이고, −−의 의견도 좋은 의견이니까. 우리 어떻게 하면 좋을까? 하면서 아주 길게 상호작용하는 모습을 보여줬어요. 사실 제 수업은 게임이라기보단 토의가 아니었나 싶기도 해요. 그 정도로 대화를 많이 했어요. 하지만 절대 교사 주도적으로 대화하시면 안 돼요! 제가 **어떻게 하면 좋을까?** 하고 아이들한테 물어본 것처럼 유아들에게 주도권을 항상 넘기셔야 합니다. 유아중심수업!! 민쌤도 강조하신 부분이구요ㅎㅎ 아~ 그리고 꼭 물어본 다음에는 잠시 듣는 척 시간을 좀 썼어요. 경청하는 교사의 모습을 보여주려고요. 꼭 어깨 틀고, 이초 정도는 쉬도록 했어요!

▶ 아쉬운 점: 게임하는 부분을 못 보여 준 것. → 놀이하는 모습 자체를 못 보여 줬다고 생각합니다. 저는 첨부터 끝까지 거의 대집단 토의나 다름없는 수업을 했거든요. 무슨 활동할지 정하고, 게임 방법 함께 정하고, 규칙 이야기나누고. 그래서 본게임은 아니더라도 시범이라도 보여 주고 싶었는데(구상도 시범까지 적었었어요), 시계를 보니까 1분 30초 정도 남아서 과감하게 그냥 '이상으로 수업실연을 마치겠습니다.' 하고 끝냈어요. 다들 의아해하는 표정이셨습니다. 여기에서 감점이 되지 않았나 싶어요.

▶ 수업 목표 달성한 부분

1. 나무의 고마움을 알고 나무심기를 한다.
    → 도입 부분에서 간단하게 우리가 봄의 날씨인 황사를 알아봤고~ 나무가 황사를 막아 준다는 것을 알았으며~ 그래서 나무가 고마워서 나무심기를 하기로 했지~ 이런 식으로 발문했어요.

2. 친구와 협력하여 활동한다.
    → 그냥 게임이 아니라, 일부러 릴레이게임으로 하도록 설계했어요. 어떤 유아가

우리 근데 저기에 나무만 심고 오면 너무 심심할 거라고 얘기한 뒤, 그걸 듣고 한 유아가 동생, 엄마 아빠랑 함께 캠핑 가서 릴레이게임을 했더니 나는 한 개만 잘 하면 되니까 어떻게 보면 더 쉽고, 하지만 모두가 힘을 합쳐야 하니 더 긴장되기도 하고, 함께 같은 게임을 하니 더 재밌게 할 수 있었다고 이야기하도록 했습니다. 그래서 다른 유아들도 동의하고, 저는 협력하는 게임을 하니까 더 좋은 점에 대해서 유아들이 이야기한 부분을 정리해서 언어화 해 주는 발문을 하였습니다. 근데 협력해서 활동하는 모습 자체는 아까 말한 것처럼 보여 주지 못했어요.

▶ 수업 조건 달성한 부분

1. 사전에 준비된 자료가 없다고 가정하시오.

→ 도입부분에도 우리가 지금 활동을 못하고 선생님이 특별하게 준비한 재료가 없다고 언급하고 넘어갔고, 전개 부분에서도 게임 자료를 유아들에게 정해 보라고 하고 주도권을 넘겼어요ㅋㅋ

2. 유아의 흥미와 요구를 반영하여 수업하시오.

→ 유아들이 활동을 정할 때 게임을 하자고 한 이유, 게임 방법 정할 때 릴레이 게임을 하자고 한 이유를 물어봤고, 거기서 유아들이 재밌었다! 과거에 했을 때 좋았다! 또해보고 싶었다라고 이야기하도록 설계했어요.

3. 유아 간 협력적인 상호작용이 드러나도록 수업하시오.

→ 활동 정하기, 방법 정하기, 규칙 정하기 등에서 교사와 유아 간 상호작용보다는 유아와 유아 간 상호작용이 드러나도록 발문했어요.

4. 자유로운 활동을 격려하되 안전에 유의하여 수업하시오.

→ 처음부터 끝까지 유아들에게 주도권을 넘기고 교사는 그걸 정리하는 식으로만 발문하였습니다. 하지만 유아들에게 게임규칙을 정할 때, 어 ○○가 아주 중요한 이야기를 해주었어. 뭐라고 했지? 맞아 우리가 화분을 들고 친구한테 넘겨 줄 때, 진짜 화분이기 때문에 깨지거나 하면 위험하다고 했지. 하면서 안전 규칙도 상기할 수 있도록 발문했습니다. 수업은 중간에 조금 끊기든 구상지를 보든 어색하든 상관없는 것 같아요. 주변 합격생 선생님들 이야기 들어보면 정말 그래요! 그러니까 스터디 하실 때 항상 유아중심 발문, 유아 간 발문, 태도 위주로 하시면 분명 좋은 점수 받을 수 있을 거라고 생각합니다. 물론 저처럼 놀이를 요구했는데 놀이를 안 보여 주면 안 돼요!^^ 당연히 기본적으로 문제지에 있는 건 다 수업에서 보여

쥐야 합니다 ㅎㅎ

♣ 수업나눔(반성적 성찰) ― 27.17점

① 본인이 생각하는 놀이의 주요 가치는 무엇이며, 내 수업에서 어떻게 이 가치를 적용
했는지 답하시오.

▶ 경기도에서 놀이중심을 워낙 강조하니까, 2차 준비하면서 놀이 자료를 봐 뒀었어
요. 그 자료에 놀이의 가치를 다섯 가지로 말하더라고요. 즐거움, 선택, 주도성,
몰입, 과정지향성으로요. 외워뒀던 거라 자신 있게 즐거움, 주도성이라고 말했습
니다. 다섯 가지는 시간이 모자랄 것 같았어요. 면접과 동일하게 먼저, 저는 놀이
의 가치를 즐거움과 주도성이라고 생각합니다. 즐거움은 ~하며, 주도성은 ~이
기 때문입니다. 다음으로, 이러한 가치를 어떻게 적용했는지 말씀 드리겠습니다.
첫째, 즐거움은 ~~이런 식으로 문장을 정리해서 말하려고 노력했어요. 근데 제
수업 자체가 기억이 잘 안 나서 끼워 맞추느라고 약간 횡설수설했던 부분이 좀 있
었다고 생각해요. 그래도 다시 말씀 드리겠습니다. 하고 다시 정리해서 말해서
그나마 점수가 덜 깎인 것 같아요! 저는 즐거움은 유아가 '예전에 다 같이 게임했
던 게 너무 재밌었어서 우리가 함께 게임을 했으면 좋겠다라고 한 부분에서 반영
됐다고 했고, 주도성은 유아들이 게임방법을 스스로 설계하는 과정 중에 반영됐
다고 했습니다.

② 배움이 일어난 부분과, 유아들의 협력을 이끌어내기 위해 의도적으로 설계한 부분
을 답하시오.

▶ 사실 이 부분은 무슨 배움이었는지…… 잘 기억이 안 나요. 그럼에도 불구하고 돌
이켜보면…… '음 유아들 간 서로 협력하는 과정에서 주도성에 대한 배움이 일어
났다?'라고 얘기했던 것 같습니다. 아닐 수도 있어요ㅋㅋ 그리고 유아 간 협력을
이끌어내기 위해 설계한 부분은 아까 수업실연 복기 때 작성한 '유아들 간 상호작
용'하는 부분이라고 했어요. 그런데 여기서 유아 간 상호작용을 열심히 하려다보
니, 시간 관계 상 게임을 실제로 보여드리지 못해서 아쉽다라고 했습니다. 놀이
중심수업이라 함은 유아들이 정말 즐겁게 놀이하는 모습이 보여야 하는데, 다소
이야기나누기 수업같이 진행되지 않았나? 반성된다고 했어요. 모두가 아주 공감하
는 표정으로 고개를 끄덕여 주시더라고요. 평가자님들도 아쉬우셨나 봐요ㅋㅋ

여튼 제가 상호작용 때문에! 놀이 상황을 못 보여 줬다라고 정리하고 넘어가서, 제 수업이 더 깎일 걸 덜 깎이지 않았을까 싶습니다. 3점 넘게 깎였지만요ㅠㅠ

③ 이번 수업을 하면서 어려웠던 점과 해결방안을 이야기하시오.

▶ 어려웠던 점은 제가 이렇게 여러 상황에 노출되어 본 적이 없어서(갑자기 수업을 못하게 되는 상황이라든지) 실제로 이런 상황이 일어났을 때 과연 내가 어떻게 수업을 할 수 있을지에 대해 고민을 했다~라는 식으로 얘기했어요. 그런데 해결방안을 이야기하기 어렵더라고요. 그래서 조금 추상적으로 얘기를 하게 되었습니다. 선배 교사님들에게 조언을 얻는다였나…… 그런 식으로요. 여기서 좀 갸우뚱하시는 거 같아서, 생각을 정리하고 말씀 드리겠습니다. 하고 생각을 조금 했어요. 그래서 입을 떼고 말하기 시작하는데 그만 종이 울려 버렸습니다. 삼번을 제대로 답변 못하게 된 셈이죠. ㅠㅠ 준비한 포부도 얘기 하나도 못하고요. 그래서 정말 정말 찝찝한 기분으로 나왔습니다. 그래도 답변을 반만 했는데 2점밖에 안 깎여서 지금은 다행이라는 생각이 듭니다. 수업 실연이 구상지대로 이루어지지 못한 채 멘붕으로 끝났지만 1분 정도 숨 고를 시간이 있어서 찬찬히 숨을 가다듬었어요. 그리고 종이 울려 나눔 자리로 갔습니다.

사례 10(수업실연 27.17점+수업나눔 27.17점)

♣ 수업실연 팁

• 2차의 꽃이라고 할 수 있습니다. 학부 때 모의수업을 하셨던 선생님들도 계시겠지만 조건도 추가되고 시험이라는 분위기 상 편하게 할 수 있는 영역은 아닌 것 같습니다.

• 우선 스터디 원들과 각 활동 유형(동시, 동극, 새 노래 등) 별로 만능 틀을 만들었습니다. 만능 틀이랑 해당 유형이 나왔을 때 꼭 포함해야 하고 거쳐야 하는 발문과 단계 등을 계획안 형식으로 적어 놓은 한글 파일입니다. 실제로 수업실연을 해 보기 전에 만능 틀을 충분히 숙지할 시간을 가졌습니다. 기본 틀은 알아야 수업의 흐름과 발문을 계획할 수 있기 때문입니다. <u>수업실연을 할 때는 우선 만능 틀을 익히면 좋을 것입니다.</u>

• 만능 틀을 어느 정도 익히고 나면 실제로 수업을 해 보았습니다. 자료는 민정선 선생님 자료와 기출문제 그리고 지도서를 활용하였습니다. 면접과 유사하게 같은 유형을

스터디 원끼리 해보며 서로 비교해 본 적도 있고, 서로 다른 유형을 하여 여러 가지 유형을 볼 수 있는 시간도 가졌습니다.

- <u>먼저 전체적인 활동 유형들을 한 번 씩 해 보았고, 그다음에 출제 될 것 같은 것이나 중요해 보이는 활동 유형(자유선택활동, 바깥놀이, 현장학습 등)들을 한 번 씩 더 해 보는 식으로 스터디 원과 수업실연 연습을 하였습니다.</u> 어떤 유형이 출제 될지 모르기 때문에 하기 싫은 유형도 꼭 해 보고 피드백을 받아 보아야 할 것입니다.

- 면접과 비슷하게 수업실연도 저는 항상 시간이 부족했습니다. 수업계획 25분, 수업실연 15분이었는데 스터디를 하는 내내 시험 전날 까지도 시간이 부족해 중간에 끊는 경우가 다반사였습니다. 스터디원들의 피드백으로 시간을 점점 줄여 나갈 수 있었던 것 같습니다. 제가 수업을 할 때 생략해도 되는 발문 등으로 시간을 소요하는 것 같다는 피드백을 반영하여 수업실연에 정말 필요한 발문만 넣어서 해 보는 연습을 한 결과 어느 정도 시간을 단축할 수 있던 것 같습니다.

- 면접도 마찬가지이지만 수업실연을 할 때 휴대폰으로 자신이 수업 혹은 면접하는 모습을 촬영하는 것도 좋은 방법일 것입니다. <u>단 촬영을 하고 그것을 꼭 보고 어떤 점을 고쳐야 할지 확인하는 시간이 필요합니다.</u> 저는 항상 찍기는 했지만 본 적은 적어 고칠 수 있던 것도 못 고친 것 같아 아쉬웠습니다.

♣ 수업복기

〈도입〉

- 주의집중으로 배웠던 자연 관련 노래를 짧게 불렀습니다.
- 지난 시간에 식목일 기념 나무심기 활동을 하기로 했던 것을 회상하였습니다.
- 휴대폰으로 미세먼지 표시를 보여 주며 오늘 약속한 활동을 할 수 없음을 이야기 나누었습니다.
- 교사가 일방적으로 정하기보다 이러한 문제 상황에서 어떤 활동을 할 수 있을지 유아들과 함께 고민하는 시간을 가졌습니다.
- 유아들이 강당에서 나무심기 놀이를 하자는 의견을 제시했고 이를 반영하여 진행하도록 하였습니다.

〈전개〉

• 강당으로 이동하고 다시 한 번 안전에 대해 이야기를 나누고 규칙을 정했습니다.

• 작은 나무를 가지고 개별 유아들이 심어 보는 놀이를 먼저 진행했습니다. 이 과정에서 일어나서 무릎도 꿇으며 개별 유아와 상호작용하는 모습을 보여 주었습니다. 무슨 나무를 심고 있는지, 왜 그 나무를 심으려고 하는지 유아의 이야기를 들어주고 반응하도록 노력했습니다.

• 개별적으로 나무심기 놀이를 한 후 다른 유아들은 어떤 나무를 어떻게 심었는지 소개해 보는 시간을 가졌습니다.

• 다음으로 유아들이 정했던 대로 동극에서 만들었던 큰 나무를 모든 유아가 함께 심어보는 놀이도 진행했습니다. 이 과정에서 안전 관련 발문을 또 했었습니다.

• 수업 조건에 전개 반 정도 까지 진행하라 하였기 때문에 함께 만든 큰 나무를 보고 노래를 불러보며 실연을 마무리했습니다.

♣ 수업나눔(반성적 성찰) - 27.17점

• 나눔 1번: 놀이의 가치는 유아들의 주도성이라고 생각합니다. 저는 이러한 가치를 수업에 적용하기 위해 수업 전체 과정에서 유아 중심으로 진행하도록 노력하였습니다. 먼저 도입에서 유아들과 오늘 날씨에 대해 이야기를 나누며 어떤 활동을 대체할 수 있을지 함께 고민했습니다. 이 과정에서 유아들이 의견을 활발하게 제시하였고 저는 이를 적극 반영하여 유아들이 주도적으로 활동을 계획하도록 하였습니다. 전개 단계에서도 유아에게 지시하기 보다는 유아의 말을 들어주고 반응하면서 끝까지 유아 중심의 활동으로 이어나갔습니다. 활동의 자그마한 부분이라도 유아와 함께 고민하고 정하는 과정에서 유아들의 주도성은 발달하게 되고 긍정적인 발달을 이룰 수 있다고 생각합니다. 이상입니다.

• 나눔 2번: 먼저, 이번 수업을 통해 유아들에게 생태적 감수성이라는 배움이 일어났다고 생각합니다. 생태적 감수성은 산업화 도시화가 이루어지는 현대 사회에서 자연 및 환경에 민감하게 반응하고 대처하는 능력이라고 생각합니다. 이러한 능력의 시작은 자연과 환경에 대해 친근함과 관심을 갖는 것이라고 생각합니다. 이를 위해 관련 노래도 부르고 나무 심기 놀이를 진행하였습니다. 다음으로, 유아 간 협력적 상호작용도 활동 전체에서 일어났다고 생각합니다. 어떤 활동을 할지, 어떤 자료가 필요할

지, 어떻게 큰 나무를 심을지 등의 문제 상황에서 유아들이 서로 의견을 주고받으며 상호작용하는 과정에서 하나의 공통된 방안을 추출할 수 있었고 이러한 협력적인 상호작용이 일어나기 위해 경청을 해 줌과 동시에 문제를 던져 주는 발문을 하였습니다. 이상입니다.

• 나눔 3번: 이번 수업에서 어려웠던 부분은 예상치 못한 상황에서의 대처라고 생각합니다. 식목일 기념으로 계획했던 나무심기가 미세먼지라는 변수로 실행할 수 없게 되었고 활동 순서, 자료, 내용 등을 다시 정해야 하는 상황이 발생하였습니다. 초임교사로서 이러한 불확실한 상황에서 유연하게 대처하기 어렵다고 생각합니다. 저는 이러한 상황에서 저 혼자만의 고민이 아니라 유아들과 함께 고민하고 해결해 가려는 태도를 갖기로 했습니다. 아이들과 어떤 문제가 발생했는지, 이를 해결하기 위해 어떻게 하면 좋을지 모든 과정을 유아들과 이야기를 주고받으며 해결하도록 했으며 제가 생각했던 것 보다 유아들이 좋은 의견을 내어 주어 성공적으로 수업을 마쳤던 것 같습니다. 다만, 다음에도 다른 상황에서의 문제 상황이 발생할 수 있으므로 평소에 미리 예상하고 대비하는 태도가 필요하며 항상 유아들과 이야기를 하려는 자세도 필요하다고 생각합니다. 이와 더불어 유아뿐만 아니라 동료교사와도 이러한 상황에서는 어떻게 해결할지 생각을 공유하며 전문성 향상을 하는 교사가 되도록 하겠습니다. 이상입니다.

사례 11

♣ 수업실연 팁

1. 수업 유형별 정리	유형 별 전개 순서 암기 → 간결한 수업(전개에서 중복 방지)
2. 매일 실전처럼 2세트	연습만이 살길!!(60점 배점인 만큼 매일 꼭!! 수업 감 익히기)
3. 조건을 살려 연습	문제의 조건을 강조하여 살리기(채점하기 쉽게!! 조건 명확하게!!)
4. 질 높은 피드백	스터디 원과 더 좋은 수업이 되려면 무엇을 보완할지 고민하기
5. 내 모습을 촬영하기	무의식적 습관, 표정, 말투, 빠르기 점검하기

1. 수업 구상 시 생각하기	수업 구상25분 동안 나눔 질문 까지 예상하여 준비하기
2. 지향하는 교사상	나만의 학급 브랜드, 어떻게 성장하는 교사 되고 싶은지 나눔에 반영하기
3. 핵심을 전달하기	시간을 채우기보다 간결하게 핵심 전달!!

♣ 수업나눔(반성적 성찰)

1. 수업 구상 시 생각하기	수업 구상25분 동안 나눔 질문 까지 예상하여 준비하기
2. 지향하는 교사상	나만의 학급 브랜드, 어떻게 성장하는 교사 되고 싶은지 나눔에 반영하기
3. 핵심을 전달하기	시간을 채우기보다 간결하게 핵심 전달!!

• 나눔 질문을 미리 예상하고 구상하라는 교수님 말씀이 실전에서도 정말 도움이 되었어요. 저는 게임을 했는데 구상 10분을 남기고 '자유선택활동'을 의도한 것이구나!! 라는 생각이 들었어요. 10분 안에 다시 구상할까 고민하다가 수업 나눔에서 '게임도 놀이의 요소를 넣으면 충분히 놀이중심 수업이 된다!'를 어필해야지 생각했어요. 감사하게도 나눔1번 질문이 '놀이의 가치와 이를 어떻게 수업에 반영했는가' 여서 제가 한 게임 수업을 놀이 중심 수업으로 포장할 수 있었어요.

평가원 ⅠⅠ| (40점 만점)

사례 1 – 충남 지역(40점)

♣ 수업복기

〈전개〉

• '내 몸' 노래 배운 것이 너무 재미있어서 몸으로 표현해 보기 위해 강당에 모임

• '내 몸' 노래에는 어떤 가사 있었나(손목, 발목 등)

• 그럼 어떻게 표현해 볼까? 앉아서 표현하기

• 언어화: 손목으로 'ㄱ' 글자, 발목으로 'ㄴ' 글자

• 일어나서 표현하기, 지난 시간에는 ○○모둠, ○○모둠 먼저 했으니 이번에는 ○○모둠, ○○모둠 표현하기

• 일어나기 전에 약속 상기시키기

• '내 몸' 동요 들으면서 표현

• 언어화

• 도구 사용하고 싶은 사람 자유롭게 사용하기

• 언어화

1. 스카프를 두 손으로 잡고 들어 올리고 다리를 벌리니 모래시계 같음(이 친구에게 다른 친구가 말해 주는 것처럼 이야기함) ○○이는 ○○이가 ~이렇게 표현해서 재미있구나.

2. 아 ○○이는 ○○이가 오른손을 위로 구부리고 왼손을 아래로 구부리고 한쪽 다리를 들어 올리니까 문 쪽에 있는 비상구 표지판 같다고? 정말 재미있는 표현인 것 같아.

- 모든 유아들이 다 표현해 봄
- 이번엔 짝지어서 해보고 싶다고 유아들이 얘기함
- 언어화
  1. 두 유아가 손을 맞잡고 몸을 뒤로 지탱하고 있음
  2. 네 명의 유아가 누워서 몸을 연결해서 네모 모양을 만듦
- 다 같이 표현하기
- 조건: 두 유아 부딪힘
- 무슨 일이니? 아, ○○이가 표현하고 있는데 ○○이와 부딪혔구나. 아이고, 정말 아팠겠다. ○○아 왜 부딪히게 되었어요? 아, 신체표현이 너무 재미있어서 신나서 뛰어다니다가 ○○이랑 부딪혔구나. 그래, 너무 재미있었구나? 그런데 (부딪혀서 울고 있는) ○○이의 기분은 어떨까? 그래, 아프고 속상할 것 같구나. ○○이에게 해 주고 싶은 말이 있을까? 아, 사과해 주고 싶어요? 그래요. (우는 유아) ○○아 ○○이가 미안하다고 이야기하네, 지금은 기분이 어때? 아 이제 괜찮아졌어요? 그래 그럼 이제 즐겁게 다시 신체표현해 볼까?
- 시간이 다 되어 정리(정리 노래 부르며 스카프, 사용한 도구 정리)

〈마무리〉

- 오늘 신체표현 활동한 것 중에 어떤 모양이 기억에 남는지
- 무엇이 재미있었는지
- 아, ○○이는 허리를 움직일 때 엉덩이도 같이 움직여서 우리 몸이 연결되어 있다는 것을 알 수 있었구나.
- 친구들이 표현하는 모양을 관찰해 보는 것도 재미있었고, 친구들과 함께 여러 모양을 만들어 보는 게 재미있었구나, 선생님도 너희가 서로 힘을 합쳐서 다양한 모양을

만드는 모습이 정말 멋졌어요.

- 더 하고 싶은 것은?
- ○○이는 아까 ○○이의 표현이 너무 재미있어서 교실에 가면 그림으로 그려보고 싶구나. 선생님이 너희가 표현할 때 찍어 둔 사진을 미술영역에 게시해 둘게요.
- 아, ○○이는 쌓기 영역에서 ○○이의 모습을 블록으로도 표현해 보고 싶어요? 그럼 사진을 쌓기 영역에도 게시해 줄게요.
- 선생님이 너희가 재미있게 표현하는 모습을 동영상으로도 촬영했는데 밥 먹을 때 틀어줄 테니까 함께 보도록 해요.
- 다음 시간은 밥 먹는 시간이니까 한 줄로 줄을 서서 천천히 안전하게 급식실로 이동해 볼까요?
- 수업실연을 마치겠습니다.

사례 2 - 강원 지역(40점)

♣ 수업복기

〈전개〉

1. 사진 보면서 이야기: 노래에 있던 신체 부위를 사진으로 한번 볼까요? 그래요, 손이에요. 손은 어떻게 움직일 수 있었지요? 손목을 돌릴 수도 있고, 아~ 손에는 손가락도 있는데 손가락이 구부려지기도 하죠. 이 사진은 발이에요. 발은 어떻게 움직이나요? 그래요, 발목을 돌릴 수도 있다고 이야기해 주네요.

2. 음악 듣기: 선생님이 음악을 들려줄 거예요. 잘 들어 보도록 해요. ○○이 어디서 들어봤어요? 그래요, 선생님이 자유선택활동 시간에 틀어 주었던 음악이었어요. 이 음악의 느낌이 어때요? 아~ 신이 나는 것 같아요? 빠르기는 어때요? 아~ 느리다가 빨라졌어요?

3. 유아 시범: 앞에 나와서 음악에 맞추어 신체표현을 해 볼 어린이 있나요? 그래요. 사랑이가 나와 주었네요! 사랑이는 무엇을 표현해 주었나요? 우와! 손으로 큰 하트를 만들어 주었네요. 아~ 이름이 사랑이기 때문에 하트를 만들어 주었구나. 잘해 주었어요. 사랑이에게 박수!

4. 약속 정하기: 우리가 함께 신체표현을 해 볼 건데 어떤 약속을 하면 좋을까요? ○○

는? 아, 뛰지 않아요? 왜 그렇게 생각했어요? 아, 뛰다가 친구랑 쾅~ 부딪힐 수도 있기 때문에? 그래요. 안전하게 할 수 있겠다! 좋은 생각이에요.

5. 모둠별로 하기: 우리가 함께 해 볼 건데 ○○이 좋은 생각이 났어요? 아, 다같이 하면 힘들 수도 있을 것 같아서 모둠별로 하면 좋겠어요? ○○이는 저번에 모둠별로 했으니까 오늘은 앉아 있는 대로 했으면 좋겠구나! 그래요. 그럼 우리 첫 번째 줄 먼저 나와 볼까요? 우리 ○○이는 손을 모으고 구불거리며 올라가고 있네요! 아, 뱀을 표현한 거예요? 손과 손가락을 자유롭게 움직일 수 있기 때문에 뱀을 표현해 주었구나. 엄마와 텔레비전에서 봤던 뱀이 생각이 나서 했군요~. 와~ ○○와 ○○는 무엇을 만들고 있어요? 아~ 나비를 만든 거예요? 팔꿈치가 구부러졌다 펴지기 때문에 날개를 표현하였구나! 첫 번째 줄 어린이에게 박수~ 두 번째 줄 나와 주세요! 아, 우리 ○○는 나오고 싶지 않아요~? 부끄러워서 나오기가 힘들었군요. 친구들이 하는 모습을 보고 싶어요? 그래요. 친구들이 하는 모습을 보고, 하고 싶은 마음이 생기면 다음 친구들이 나올 때 해 보도록 해요.

6. 준비운동: 이번에는 우리가 다 함께해 볼 거예요. 먼저 손깍지 끼고, 왼쪽 오른쪽~ 하늘 높이 쭉 뻗다가 점프!

7. 개인 공간: 두 팔을 양쪽으로 벌리고~ 친구와 닿지 않게 서 주도록 해요. 앞뒤로도 ~ 그래요. 두 번째 줄 어린이들과 너무 가까우면 부딪힐 수도 있죠. 음악을 틀어 주도록 할게요. 와~ ○○와 ○○는 한쪽 팔을 들어서 커다란 하트를 만들어 주었네요. ○○이는 친구들에게 보여 줬던 손을 모으고 일어났다 앉았다 뱀을 표현해 주고 있군요.

8. 일반공간: 아~ 가만히 서서 하니까 조금 심심한 것 같아요? 그러면 강당 전체를 친구들과 함께 사용하여 신체표현을 해 보도록 할까요? 그래요. 음악을 틀어 주도록 할게요. ○○와 ○○가 만나서 무엇을 하려고 할까~ 그런데 ○○아, 왜 울고 있나요? 아, ○○와 부딪혔어요? ○○아, ○○가 부딪혀서 울고 있는데 어떻게 된 건지 이야기해 줄 수 있어요? 아~ ○○는 잘 못 보고 지나갔어요? 우리가 약속했던 것처럼 뛰지 않고 급하게 지나가다 보면 부딪힐 수도 있으니까 조심히 해 주어야겠지요. ○○이에게 뭐라고 이야기해 주면 좋을까요? ○○아 괜찮아? 하고 이야기해 주었네. ○○이는 괜찮다고 이야기해 주었구나. 조심히 신체표현해 보도록 해요!

9. 도구 사용: ○○아 좋은 생각이 났어요? 아, 우리가 저번 시간에 했던 것처럼 스카프

를 사용하고 싶어요? 그래요 그러면 스카프를 사용해서 신체표현을 해 보도록 해요. (음악) 와~ ○○이는 손을 쭉 뻗어서 스카프를 위로 돌리고 있구나. 아, 스카프를 사용해서 큰 동그라미를 표현한 거예요? 정말 좋은 생각이군요!

〈평가〉

우리가 이렇게 신체표현을 해 보았는데 어땠어요? 아, 친구와 함께해서 더 신이 났어요?

선생님이 우리 사랑반이 하는 모습을 사진으로 찍었는데 함께 볼까요?

사랑이가 하트를 만들었는데 옆에 사진을 보니까 친구와 함께 한쪽 팔을 들어서 큰 하트를 만들어 주었어요! 이번 사진은~ 와, 세 명의 어린이가 있네요? 무엇을 만들어요? 나비를? 어떻게 만든 거예요? 아~ 양쪽에 있는 ○○와 ○○는 팔꿈치를 구부렸다 폈다 해서 날개를 만들고 가운데 있는 ○○는 무엇을 한 건가요? 아! 더듬이로 꼬불꼬불 모양을 표현해 주었구나. 신체 부분으로 여러 모양을 표현해 주었네요.

더 해보고 싶은 활동은 없나요?

아, 오늘 선생님이 찍어 준 사진으로 사진책을 만들고 싶어요? (시간 종료)

사례 3 - 전남 지역(40점)

♣ **수업실연 팁**

만 4, 도입 주어짐, 전개부터, 협력포함, 신체표현하다 친구끼리 부딪혀 갈등 해결하기, 조건 주어졌습니다. 저는 다른 분들과 다르게 접근하였습니다. 대부분 신체를 이용하여 모양을 표현하셨던데, 저는 동물을 표현해 보았습니다. 우선 책상과 의자는 사용하지 않았으며, 종이도 땅에 놔두고 맨몸으로 실연하였습니다. 이는 '나는 수업에 자신이 있다.'는 저만의 표현이었습니다. 만 4세라서 신체를 탐색해 보는 시간을 잠깐의 이야기 나누기를 통해 알아보았습니다. 그리고 신체를 이용해 무엇을 표현할지 함께 알아보았습니다. 저번시간에 동물원에 간 것을 토대로 동물을 표현하고 싶다는 아이가 많다고 가정하고 진행 하였습니다. 이때 짝 이야기를 활용하였습니다. 이후 신체표현을 대비한 저만의 스트레칭 '튼튼체조'를 진행하였습니다. 스트레칭이 완료된 후 신체표현시간을 가졌습니다. 각자 표현하고 싶은 동물을 자유롭게 표현해 보았으며 이때 교사는 유아의 표현을 언어화 신체화시켜 주어야 합니다. 표현하기 어려운 아이가 있다고 가정하고 함께 고민해 잘 표현할 수 있도록 발문도 해 주어야 합니다. 어느 정도 표현이 되었다고 하면, 모둠활동으로 나아가 함께 고민해 표현할 수 있는 기회를 주어야 합니다. 이를 통해 협력의 요소를 실현하였습니다. 또 도구는 저번시간에 알아보았다고 가정하고 도구도 활용할 수 있도록 기회를 제공합니다. 그리고 표현의 과정을 거치며 여기서 유아의 갈등상황을 해결하는 모습을 보여 주었습니다. 교사가 무릎을 꿇고 시선은 아래에서 위로 유아를 향해 바라보며 부드럽고 온화한 말투를 사용하며 양쪽의 말을 들어주고 공감해 주는 발문을 해 주어야 합니다. 그리하여 유아가 이해가 되는 상황에서 서로 사과할 수 있도록 발문하였습니다. 그리고 모둠별로 표현하면 칭찬의 박수도 해 주고 동영상으로 찍어서 부모님께 보내 준다는 발문도 넣었습니다. 차후 활동은 흔한 점심시간이 아닌 유아의 생각과 발표로부터 2개 정도 활동을 이끌어 낸 후 교실에 가서 동물의 왕국 동극하기로 마무리 지었습니다. 마무리에서는 교사가 오늘 활동에 대한 요약을 위주로 발문해야 하며 재미있던 점 즐거웠던 점은 지양해야 합니다. 오늘 우리가 어떤 활동을 했고 이를 통해 어떤 것을 알 수 있었는지의 방향으로 발문해 주시고 확장활동으로 나아가시면 됩니다.

제가 수업만점을 받은 이유는 자신감 있는 태도와 목소리, 온 몸을 격하게 사용하여 신체를 표현한 점이라고 생각합니다. 신체표현 시 교사는 큰 동작으로 유아들이 흥미를 갖게끔 하는 게 중요합니다. 정적인 수업이 아니라 매우 동적으로 수업이 진행되도록 교사는 온몸을 활용해야 합니다.

사례 4 – 전남 지역(39.47점)

♣ 수업복기

〈도입〉

('내 몸' 노래를 부르며 신체 부위를 탐색하는 발문이 제시되어 있었고, 도입 이후의 전개, 마무리를 진행하였어요.)

〈전개〉

1. 신체 탐색하며 모양 만들기

   친구와 함께 모양을 만들어 볼 텐데 신체로 어떤 모양을 만들어 보면 좋을까요?

   손가락 모아서 작은 동그라미를 만들 수 있구나.

   팔로 큰 동그라미를 만들어 볼 수 있겠구나.

   민준이는 사진기 모양을 만들 수 있다고 말해 주었는데, 사진기 모양은 어떻게 만들 수 있을까요?

   민준이는 손가락 두 개를 모아서 사진 찍는 모양을 만들 수 있다고 말해 주었어요.

   민준이가 선생님을 이쁘게 찍어 주고 싶대요. 선생님 이쁘게 찍어 주었나요?

   혜성이는 나와서 표현해 보고 싶어요?

   혜성이가 한쪽 팔을 쭉 뻗고 한쪽 팔은 위로 올리니 'ㄴ'모양이 만들어졌네요.

   하늘반 친구들도 혜성이가 만든 'ㄴ'모양을 다 함께 만들어 주고 있네요.

2. 음악감상

   선생님이 친구와 함께 모양을 만들기 위해 필요한 음악을 가지고 왔는데 한번 들어 볼까요?

   음악을 들어보니 어땠나요?

   지민이는 자유선택활동 때 들어보았던 음악이라고 이야기를 해주었어요. 맞아요, 선생님이 틀어 준 음악은 자유선택활동 때 들어 보았던 음악이지요.

   완희는 느릴 때는 느리게 모양을 만들어 보고 빠를 때는 빠르게 모양을 만들어보면 좋을 것 같다고 이야기를 해 주었어요. 우리 완희가 이야기한 것처럼 느릴 때는 모양을 느리게 만들고, 빠를 때는 모양을 빠르게 만들어 볼 수도 있을 것 같아요.

   현서는 음악을 들어보니, 빨리 신체표현이 하고 싶어요?

3. 약속

   우리가 신체표현 재미있고 안전하게 하려면? 맞아요, 규칙을 지켜야 하지요.

   우리가 지켜야 할 신체표현 약속은 무엇이 있을까요?

   부딪히지 않아요 / 친구의 표현을 놀리지 않아요.

4. 반 모둠 표현

   선생님이 파란색 마스킹 테이프를 붙여 놓았는데, 파란색 마스킹 테이프에서 창문 쪽은 감상하는 친구들이, 문 쪽에서는 표현하는 친구들이 한번 해 볼까요?

오늘은 어떤 모둠부터 할 차례인가요? 배려 모둠과 질서 모둠부터 시작해 보도록 할게요.

나눔 모둠과 존중 모둠은 창문 쪽으로 가서 앉아 주도록 해요.

배려 모둠과 질서 모둠은 준비되었나요? 선생님이 음악을 틀어 주도록 할게요.

1) 완희와 지민이는 어떤 모양을 만들고 있나요?

완희와 지민이가 세모 모양을 만든다고 이야기를 해 주었어요.

완희는 앉아서 팔을 위로 쭉 뻗고 지민이 허리를 굽혀서 팔을 아래로 쭉 뻗으니 정말 세모 모양 같네요.

2) 도영이와 민준이는 어떤 모양을 만들고 있나요?

도영이와 민준이는 손가락을 모아서 작은 동그라미를 팔을 위로 올려서 만나니 큰 동그라미를 만들고 있네요.

3) 지수는 왜 울고 있나요?

아, 완희랑 지민이랑 부딪혔는데 넘어져서 아파서 울어요?

지수 무릎 괜찮나요? 피가 나면 선생님이 연고를 발라 줄게요. 피가 나지 않는다고 말해 주었네요.

완희야, 지민아. 지수가 부딪혀서 넘어졌는데 아파서 울었대요. 아, 완희와 지민이는 몰랐어요?

완희와 지민이가 "미안해, 네가 옆에 있는 줄 모르고 움직였어, 앞으로 조심할게"라고 말해 주었는데 지수 괜찮나요?

지수가 괜찮다고 이야기를 해 주었어요. 지수야, 신체표현하다가 아프면 선생님 불러 주세요.

음악이 모두 끝났어요. 배려 모둠과 질서 모둠 친구들은 자리에 앉아 주세요.

5. 중간평가

친구와 함께 모양을 만들어 보니 어땠나요?

완희는 지민이랑 세모를 만들어 보니 정말 재미있었대요. 맞아요, 지민이와 완희가 함께 신체표현을 할 때 환하게 웃고 있는 것을 보았어요.

승범이가 손을 들어주었네요. 승범이는 민준이와 도영이가 함께 동그라미를 만든 것이 재미있었대요.

선생님도 보니까 도영이랑 민준이가 동그라미를 만드는 것을 보고 감상하고 있던 친구들도 앉아서 작은 동그라미 큰 동그라미를 함께 만들어 보았던 것을 선생님이 보았어요.

아, 현서는 빨리 표현을 하고 싶어요?

그럼 이번에는 배려 모둠과 질서 모둠이 창문 쪽에서 감상하고, 나눔 모둠과 존중 모둠이 문 쪽으로 와서 표현을 해 보도록 할까요?

6. 반 모둠 표현 / 나눔 존중과 존중 모둠

   1) 현서와 혜나는 앉아서 어떤 모양을 만들고 있나요?

      긴 원을 만든다고 이야기를 해 주었어요.

      현서와 혜나가 발을 맞대고 손을 쭉 뻗어서 만나니 정말 길쭉한 원이 되었네요.

   2) 혜성이와 소영이는 어떤 모양을 만들고 있나요?

      혜성이와 소영이가 앉아서 발을 맞대니 네모 모양이 되었네요.

   3) 승범이는 음악이 느려지니 목으로 천천히 동그라미를 만들어 주었어요. 갑자기 음악이 빨라지니 팔을 쭉 펴서 빠르게 동그라미를 만들고 있네요.

음악이 끝났어요, 하늘반 친구들 모두 이야기 나누기 자리로 모여 주세요.

〈마무리〉

1. 활동평가

   친구들과 함께 모양을 만들어 보니 어땠나요?

   혜성이는 친구와 함께 모양을 만드니 정말 재미있었다고 이야기를 해 주었어요.

   선생님도 보니 하늘반 친구들이 친구들과 함께 웃으면서 모양을 만들고 있었어요.

   도영이는 신체로 모양을 만들어 보니 재미있었다고 이야기를 해 주었어요. 맞아요, 도영이가 이야기한 것처럼 허리를 구부리고 팔을 쭉 펴보면서 모양을 만들어 보았지요.

   민준이는 정말 신체로 작은 동그라미 큰 동그라미 길쭉한 동그라미 사진기를 만들어보니 신기하다고 이야기를 해 주었어요.

   지수는 하고 싶은 이야기가 있나요? 지수는 완희와 지민이랑 부딪혀서 속상했었는데, 사과해서 기분이 다시 나아졌다고 이야기를 해 주었어요.

   맞아요, 신체표현 하면서 완희와 지민이, 지수가 부딪혔었는데 완희와 지민이가 지수에게 사과를 해 주었고, 지수는 다시 신체표현을 할 수 있었지요. 지수는 무릎 괜찮나요? 괜찮다고 이야기를 해 주었어요.

2. 연계 활동

친구와 함께 신체로 모양을 만들어보았는데, 어떤 활동을 더 해 볼 수 있을까요?

완희가 신체로 어떤 모양 만드는지 작은 책을 만들어 보고 싶다고 이야기를 해 주었어요.

그럼 선생님이 언어영역에 작은 책을 만들 수 있도록 재료를 준비해 둘 테니 언어영역에서 책을 만들어 보도록 해요.

3. 전이

다음은 점심시간이에요. 나눔 모둠과 존중 모둠 친구들부터 문 앞에 두 줄 기차 해 주세요.

이상입니다.

♣ 수업실연 팁

전남은 수업실연이 15분 구상에 15분 실연이에요. 저는 11번 중에 9번을 뽑았어요. 전남은 종이 책을 볼 수 있게 해 주었어요. 그래서 수업 유형을 다 돌아볼 수 있었고, 틀을 한 번 씩 더 볼 수 있었던 것 같아요. 제 순서가 되어 구상을 하고 평가실에 들어가기 전 평가실 앞에서 '수업실연 연습했던 만큼만 하자'라고 마인드 컨트롤을 하고 평가실에 들어갔어요. 평가실에 들어가니 면접 때와 똑같은 심사위원분들이 5분 계셨고, 뒷번호 인지라 많이 힘드신 것 같았어요ㅠㅠ

그래도 밝게 인사하였습니다. 인사하고 보니 책상과 의자가 가운데 없고, 측면에 정리되어 있기에 "책상과 의자를 써도 될까요?"라고 물어보았고, 자유롭게 하라는 말씀에 의자만 가지고 와서 하였어요. 구상을 하면서 수업을 대부분 인지해서 인지 저는 구상지는 따로 보지 않고 수업을 마무리까지 이끌었어요. 마무리를 이끌고 나서 시간을 보니 딱 0초가 되었어요. 이번에는 심사위원분들이 시간을 계속 보시기에, 시간이 상관있나 했었는데, 그건 아니었던 것 같아요.

사례 5 - 강원 지역(39.47점)

♣ ♣ 수업복기

〈전개〉

- (바닥에 부직포 동그라미가 붙어있다는 가정하에) 모두들 부직포 동그라미 위에 앉았나요?

- 우리가 어제 '내 몸'이라는 동요를 배웠지요? (서서 시작했다가 아차 싶어서 이 부분에 스르륵 내려앉아서 아이들과 눈높이를 맞췄어요!)

- '내 몸' 동요에 어떤 신체 부위가 나왔었는지 기억이 나는 친구 있나요? 그래요~ 팔도 나왔고 손도 나왔고, 다리도 나왔어요!

- 손으로는 어떤 모양을 만들 수 있을까요? 나의 손으로 다양한 모양을 만들어 볼까요?

- 11는 (세모 모양을 만들며) 이렇게 세모 모양을 만들었네요~ 22는 (동그라미 모양을 만들며) 이렇게 동그라미 모양을 만들었어요!

- 그럼, 다리로는 어떤 모양을 만들어 볼 수 있을까요?

- 33이는 쭉 벋은 모양을 만들었구나~ 44는 다리를 살짝 구부려서 다이아몬드 모양을 엄마가 집에서 보여 주신 다이아몬드 모양을 만들었다고요?

- 이번에는 자리에서 일어나서 친구들이랑 같이 모양을 만들어 볼 거예요. 이번 주 나의 짝꿍 친구랑 부직포 동그라미 안에 서 보도록 할까요?

- 선생님이 '내 몸' 동요를 틀어 줄 건데 잘 듣다가 노래가 멈추는 곳에서 어떤 신체 부위가 나오는지 잘 들어보고~ 친구랑 그 부위로 모양을 만들어 볼 거예요.

- (노래를 틀고 끄는 시늉) 얘들아, 방금 어떤 신체 부위가 나왔어요?

- 팔? 그래, 팔이 나왔지요. 팔로 짝꿍 친구와 어떤 모양을 만들 수 있을까요?

- 55와 66이는 팔로 이렇게 하트를 만들었네요!(하트 만드는 시늉)

- 77이와 88이는 팔을 꼬아서 서로의 손을 잡고 이렇게 리본 모양을 만들었어요!

- 선생님이 동요를 다시 한번 들려 줄 테니까 어떤 신체 부위에서 멈추나 잘 들어보고, 친구와 모양을 만들어 보도록 해요.

- 우리가 또다시 친구와 신체 부위로 다양한 모양을 만들어 보았어요. 어땠나요?

- 친구와 신체 부위로 다양한 모양을 만드는 것이 재미있었구나. 아, 44는 다른 친구와도 신체 부위로 다양한 모양을 만들어 보고 싶대요. 그럼 어떤 방법으로 다른 친구와

다양한 모양을 만들어 볼 수 있을까요?

- 55가 노래가 나올 때 자유롭게 돌아다니다가 노래가 멈추면 동그라미 안에서 만난 친구와 짝이 되면 좋을 것 같대요~ 다른 어린이들도 좋다고 이야기를 해 주네요.
- 그럼 선생님이 '내 몸' 동요를 틀어 줄 테니까, 자유롭게 움직이며 표현해 보도록 해요.
- 33아 무슨 일이니? (자리를 옮겨서 앉아서 아이들과 눈높이를 맞춤) 왜 울고 있어요? 아, 우리 22가 지나가다가 모르고 팔로 쳤구나. (등을 어루만져 주며) 33이 많이 속상하구나. 어디 보자. 선생님이 보니까 다친 곳은 없네요. 으응, 그래~ 많이 속이 상했구나. 이제 조금 진정이 되었니?
- 22야 어쩌다가 33이를 치게 되었어? 아~ 22가 노래가 틀어졌을 때 자유롭게 돌아다니다가 모르고 33이를 쳤구나~ 아~ 33이한테 미안한 마음이 들었구나.
- 우리가 다른 친구를 치지 않고, 즐겁게 신체활동을 하려면 어떻게 하면 좋을까?
- 아~ 33이한테 먼저 미안하다고 사과하고~ 아~ 팔을 벌려서 공간을 넓히면 좋을 것 같아요? 다른 친구들도 좋은 생각이래요! 그럼 33이한테 미안하다고 사과할까요? 33이도 22가 사과를 하니까 표정이 한결 밝아졌네요.
- 그럼 우리 양팔을 벌리고~ 비행기가 된 것처럼 공간을 만들어 볼까요? 공간이 넓어졌네요. 그럼 선생님이 노래를 다시 틀어 줄 테니까 신체표현을 해 보도록 해요.
- 모두 비행기가 되어 자유롭게 날아다니다가~ 자리에 내려앉습니다. (같이 자리에 앉음)

〈마무리〉

- 푸른반~ 모두 동그라미 부직포에 앉았나요?
- 우리 이번 시간에 친구와 함께 신체 부위로 다양한 모양을 표현해 보는 활동을 해 보았는데, 어땠나요?
- 너무너무 재미있었구나~.
- 아~ 우리 66이는 나와 내 짝꿍 친구가 만든 모양이 가자 멋진 줄 알았는데, 활동을 하면서 77와 88이가 만든 모양을 보았는데 너무너무 멋있었구나.
- 선생님도 너희들이 친구와 함께 다양한 모양을 만든 것을 보니까 정말정말 멋지고, 재미있었어.
- 그럼~ '저는 이런 점이 아쉬웠어요.' 하는 어린이 있나요?
- 더 해보고 싶은 활동이 있는 어린이 있나요?

- 아, 애들아~ 99가요. 우리가 친구와 함께 신체 부위로 만든 다양한 모양을 사진으로 찍어서 앨범을 만들면 재미있을 것 같대요. 다른 어린이들은 어떻게 생각하나요? 아~ 모두 재미있을 것 같아요?
- 그럼, 다음 신체활동 시간에 친구와 신체 위로 다양한 모양을 만들고, 사진을 찍어서 우리 반만의 앨범을 만들어보도록 해요.
- 우리가 즐겁게 신체활동을 했더니, 꼬르륵~ 점심시간이 되었어요. 모두 화장실에 다녀와서 한 줄로 모이도록 할게요.
- 이상입니다.

사례 6 - 대전 지역(45점 만점, 42.3점)

♣ 수업복기

〈전개〉

(문제에 도입까지 제시되었기 때문에 전개부터 시작)

▶ 약속과 체조
- 안전하고 재미있는 신체활동이 되기 위해서는 어떤 약속을 지켜야 할까요?
- ○○말처럼 친구와 부딪힐 수 있으니 조금 떨어져서 하면 좋을 것 같아요. 또 ○○ 말처럼 친구의 표현을 놀리지 않고 존중해 주어요. 또 다른 생각 있는 친구 있을까요? ○○말처럼 다치지 않도록 조심해서 표현하는 것도 좋을 것 같아요.
- 그럼 별누리반 친구들이 이야기한 이런 약속들을 지키면서 신체활동을 해 보도록 할까요? 신체활동을 들어가기 전에 우리 반의 튼튼 체조 한번 해 볼까요? (실제로 팔을 이용해서 간단한 체조)

▶ 어떤 모양을 표현할지 짝과 함께 마주 이야기(+소품 이용 표현)
- 별누리반 친구들은 친구들과 함께 어떤 모양을 만들고 싶나요? 아~ 짝과 함께 이야기 나누어보고 싶다고요? 그럼 선생님이 준비한 모래시계가 떨어질 때까지 짝과 함께 이야기 나누어 보도록 할까요? ○○와 ○○는 어떤 이야기를 나누고 있나요? 아

두 친구의 팔을 이용해서 모양을 만들어 보고 싶군요. 모래시계가 거의 다 떨어지고 있어요. 별누리반 친구들 충분한 이야기를 나누었나요? 그래요. 그러면 친구와 함께 이야기 나눈 것을 소개해 줄 친구 있나요?

- 우리 ○○와 ○○가 한 번 나와서 보여 줄래요? ○○와 ○○는 팔을 모아서 하트 모양을 만들고 있네요. 우와~ 두 친구의 팔이 모이니 길쭉한 하트가 만들어졌네요. 앉아있는 친구들도 해보고 싶다고요? 그럼 옆에 있는 짝꿍과 함께 하트 모양을 만들어 볼까요? 우와~ 별누리반에 하트모양이 가득하니 사랑이 샘솟는 것 같아요. 사랑스러운 표현을 보여 준 ○○과 ○○에게 박수를 쳐 줄까요? ○○와 ○○는 들어가 주세요.

- 또 다른 모양을 친구들에게 소개해 주고 싶은 친구 있나요? ○○와 ○○가 나와서 보여 줄래요? 두 친구가 어떤 모양을 표현하고 있나요? 아 등을 마주하고 앉아있으니 ㄴ자가 두 개 생긴 것 같군요. 서로 등을 붙이면서도 재미있는 모양을 만들 수 있네요.

- 어? 우리 ○○이는 소품을 이용해서 친구와 모양을 만들어 보고 싶어요? ○○이와 ○○이가 어떻게 표현하고 있나요? 등을 붙이고 서서 두 팔을 쭉 뻗어 함께 공을 들고 있네요. 공을 든 친구들의 모습이 어떤 모양인 것 같아요? ○○이는 막대사탕 모양인 것 같대요. 또 다른 생각 있나요? 그렇게도 생각하는군요.

▶ 음악과 함께 신체표현하기
- 우리 친구들이 이렇게 힘을 모아 다양한 모양을 표현할 수 있네요. 우리 ○○이는 음악을 이용해서도 표현하고 싶나요? 어떤 음악이요? 아, 우리가 어제 배운 '내 몸' 노래요? '내 몸' 노래를 듣고 어떻게 표현할 수 있을까요? ○○이와 ○○이처럼 서로의 손목을 대어보고 싶군요. 손목을 대면 어떤 모양인가요? 아 엑스(X)자 모양이 나오는군요. 그럼 선생님이 노래를 틀어 줄 테니 ○○친구들만 자리에서 일어나서 표현해 볼까요? ○○이와 ○○이는 서로 손목을 대며 요리조리 움직이고 있네요.

▶ 조건 해결(부딪혀서 우는 유아)
- ○○이는 왜 울고 있나요? 지나가다 ++이가 때렸다고요? 다친 곳은 없나요? 아프진 않은데 놀라서 울음이 나왔어요? 그래요 괜찮아요. 우리 ++이의 이야기 들어볼까요? 아, ++이가 지나가다 ○○이가 있는 줄 모르고 가려다가 부딪힌 거래요. 일부러 때

Part 4 공립유치원 임용고시 기출문제

린 게 아니래요. ○○이는 일부러 그런 줄 알았는데 ++이가 실수한 걸 알아서 이제 괜찮구나. 그래요. 그럼 두 친구들 서로 마음이 풀렸나요? 그래. 다시 재미있게 신체 표현해 볼까요?

▶ 다 같이 대집단으로 표현하기
• 이번에는 어떤 방법으로 표현하고 싶나요? ○○이가 이야기해 줄래요? 아~ 지금까지 우리 반 친구들이 반씩 표현했다면 이번에는 다 같이 표현해 보고 싶어요? 그것도 좋은 생각이네요. 우리 반 친구들이 다 같이 어떤 모양을 표현하면 좋을까요? 아, 우리 ○○이는 강강술래를 할 때처럼 우리 반 친구들이 큰 동그라미를 만들고 싶군요. 다 같이 일어나서 친구들과 손을 잡아볼까요? 그래요. 별누리반의 큰 동그라미가 만들어졌네요. ○○이는 음악에 맞춰 동그라미가 움직였으면 좋겠어요? 그럼 선생님이 음악을 틀어 줄게요. 음악이 빨라지니 우리 친구들의 동그라미가 빠르게 돌고 있어요. 음악이 다시 느려지니 동그라미가 거북이처럼 느리게 돌고 있네요.

▶ 정리하기
• 이제 친구들 우리가 사용한 자료들을 정리하고 자리로 모여 볼까요? 우리 ○○이가 열심히 공을 들고 가고 있네요. 우와~ 별누리반 친구들이 모두 힘을 모아 열심히 정리하고 있네요.

▶ 호흡하기
• 심호흡하고 이야기 함께 나누어 볼까요? (실제 호흡하는 것처럼)

〈마무리〉

▶ 평가하기
• 친구들 오늘 어떤 활동을 했나요? 그래요, 친구들이 말해 준 것처럼 우리 몸을 이용해서 다양한 모양을 만들어 보았어요. 어떤 모양을 만들었나요? ○○이 말처럼 하트 모양도 만들었지요. ○○이 말처럼 공을 이용해서 막대사탕 모양도 만들었어요. 팔을 이용해서 하트 모양도 만들고, 등을 붙여 ㄴ자 모양도 만들었어요. 그렇다면 친구들 혼자 모양을 만들 때보다 친구와 함께 모양을 만드니 어떤 점이 더욱 좋았나요?

○○말처럼 더 큰 모양을 만들 수도 있었네요. 아, 우리 ○○이는 친구와 함께 몸을 사용하면서 더욱 친해진 것 같았군요.

• 오늘 활동을 하면서 칭찬해 주고 싶은 친구는 누구인가요? 아~ (이때 조건으로 제시되었던 부딪혔지만 잘 화해한 유아들 언급) 우리 ++이는 ○○이를 실수로 때리게 되어 너무 미안했는데 ○○가 이해해 주어서 고맙대요. 그래요, 선생님이 볼 때도 서로를 이해해 주는 모습이 정말 좋았어요. 그럼 우리 ○○에게 칭찬 박수를 쳐 줄까요? ○○이 최고!

• 별누리반 친구들 다음에 신체표현한다면 어떤 모양을 또 만들어 보고 싶나요? 아~ 우리 ○○이는 친구들과 함께 누워서 별을 만들어 보고 싶군요. 정말 재미있겠다. 선생님도 같이 별을 만들어 보고 싶어요.

▶ 확장활동 알아보기

• 오늘 활동과 관련해서 더 해 보고 싶은 활동은 무엇인가요? 아, ○○이는 오늘 찍은 사진을 가족들에게 보여 주고 싶군요. 그럼 선생님이 우리 반 홈페이지에 올려놓을 테니 가족들과 함께 보도록 해요. 또 다른 생각 있나요? ○○이는 우리 반 친구들이 반은 악기를 연주하고 반은 그 연주에 맞춰 몸을 움직여 보고 싶군요. 그것도 재미있겠네요. 마지막으로 한 친구의 생각 더 들어볼까요? 그래 ○○이 말처럼 친구에 대한 마음을 몸으로 표현하는 것도 좋을 것 같아요. 친구들이 이야기한 이런 활동들을 다음에 또 해 보도록 할까요?

▶ 추후활동 안내 및 전이하기

• 다음 시간은 무슨 시간이죠? 우리 반 친구들이 가장 좋아하는 점심시간이네요. 점심을 먹기 전에 가장 중요한 것이 무엇이죠? 그래요. 손을 씻는 것이에요. 강당 문 앞에 줄을 서서 손을 씻으러 갈까요?

사례 1

♣ 수업실연 팁

1. 지도서의 내용을 정리하자.

    저는 4,5세의 지도서 내용을 3일에 걸쳐 읽어 보고 난 후 이를 정리하여 저만의 요약 본을 만들어 보았습니다. 예를 들어, 캠페인이나 행사, 전통놀이, 토우, 와당 이런 지 도서 나오는 중요하다고 생각되는 내용을 정리하고 이를 주제로 하여 나름대로 머 릿속으로 수업 구상을 해 보거나 수업을 연습해 보았습니다. 특히 대구의 경우 수업 실연에서 창의적인 문제가 많이 출제되고 있어서 과학, 요리, 음률, 역할, 쌓기, 자유 선택 등 다양한 활동을 가리지 않고 구상해 보고 실연해 보았습니다.

2. 만능 틀을 암기하자.

    합격생분들께서 올려 주신 수업 만능 틀을 암기하고 여기에서 중요한, 그리고 반드 시 들어가야 하는 요소들을 숙지하며 나름대로의 중요한 발문도 정리를 해 보았습 니다.

3. 수업을 많이 보자.

    저는 이전에 재수시절 합격 선생님과 했던 2차 수업자료를 가장 먼저 숙지하고 이 후 우수 수업을 보며 수업에 대한 감과 유아들과 상호작용 시 자연스럽게 하는 연습 을 하였습니다.

4. 상호작용을 미리 준비해 두자.

    저는 수업을 하면서 늘 "내가 왜 이렇게 수업을 못하나?"는 생각을 달고 살았습니다. 그래서 늘 스터디 시, 수업에 자신이 없었고 제가 하는 수업에 대한 확신이 없었습 니다. 그래서 저는 어떻게 하면 수업을 잘 할 수 있을까 고민을 하다가 각 상황별에 맞는 상호작용 대본을 만들어서 암기를 해야겠다고 생각하였습니다. 예를 들어, (활 동에 소외된 유아와 상호작용/ 문제행동을 하는 유아상호작용/ 유아들 간의 협력이 일어날 수 있도록 하는 상호작용/창의적인 방법으로 문제가 해결될 수 있도록 조력하는 상호작용) 등의 상황이나 조건을 선정하여 미리 대본을 만들고 이에 적합한 자연스러운 상호 작용이 이루어질 수 있도록 하였습니다.

5. 수업설계 시 나만의 틀을 만들자.

대구의 경우 수업설계를 5분정도 말을 하고 난 후 이후에 수업을 실연합니다. 저는 수업설계를 하는 데 시간이 많이 소요되어 어떻게 하면 수업설계를 하는 시간을 단축할까 고민을 하다가 수업설계를 틀을 만들어 어떠한 내용이 나와도 나만의 틀에 맞게 수업설계를 작성하여 수업설계를 말하는 연습을 하였습니다.

광주 ▮▮▮ (수업실연＋수업면접＝60점 만점 기준)

사례 1(수업실연 28.77＋수업면접 28.93점)

♣ 수업실연 팁

수업실연 문제는 광주 자체 출제였어요! 유형은 (이야기 나누기 및 현장학습)으로 연령은 (만 5세) 활동명이 (가을동산으로 산책을 가요)였어요~ 목표는 (가을에 나타나는 자연의 변화에 대해 안다. 자연물을 이용하여 다양한 놀이를 할 수 있다. 가을풍경의 아름다움을 느끼고 자연을 소중히 여기는 마음을 느낀다.) 세 가지고 조건은 따로 없이 누리과정 관련 요소가 (예술경험, 자연탐구) 두 가지로 제시되었고 창의성 및 인성요소가 (문제해결력, 사고의 확장, 존중)으로 제시되었어요! 저는 수업에서 점수도 좀 깎였고 제 수업이 절대 답은 아니에요! 부족한 부분이 많아요ㅠ 참고용으로만 가볍게 봐 주시면 감사하겠습니다.

♣ 수업복기

〈도입〉

〈주의집중〉

@@반 친구들~ 오지 않은 친구들을 기다리며 우리가 함께 만든 '가을이 좋아' 동시를 동작과 함께 낭송해 볼까요?

나는 나는 가을이 좋아~ 살랑살랑 바람이 불어오는 가을이 좋아~

우리 친구들이 동시를 잘 기억해 주고 있네요~ 모두 앉고 싶은 자리에 앉았나요? 앉은 자리에서 선생님이 잘 보이나요?

〈전시회상〉

　우리 어제 무슨 활동을 했었죠? ○○이 말처럼 가을의 열매로 요리를 만들었지요~. 그럼 우리 요리 활동에서 가장 기억에 남았던 부분을 줄줄이 이야기로 말해 볼까요? 친구들 모두 요리활동이 정말 재미있었나봐요~.

〈동기유발〉

　이번 시간은 무슨 시간이지요? '궁금해요' 시간이지요! 친구들이 궁금한 내용을 편지로 써서 이 궁금이상자에 담아 주었는데 오늘은 누가 편지를 뽑을 순서인가요? ○○이가 나와서 뽑아 볼까요? ○○이가 파란 편지를 뽑았네요~. ○○이가 친구들에게 무슨 내용의 편지인지 읽어 줄래요? 아~ 선생님과 친구들과 같이 읽고 싶군요~. 그럼 편지를 모든 친구들이 볼 수 있게 실물화상기로 보여 줄게요. 자리에 앉은 친구들도 화면을 보며 같이 읽어 볼까요?

〈안녕하세요. 저 ○○이에요. 가을이 되니까 나뭇잎이 초록색이었는데 빨간색이랑 노란색으로 바뀌었어요. 나뭇잎색깔 말고 다른 건 바뀐 게 없는지 알고 싶어요.〉 모두 편지를 잘 읽었네요. 누가 보낸 편지였나요? ○○이가 보낸 편지였어요~ 무엇이 궁금하다고 했나요? 나뭇잎 색깔 말고 또 변한 건 없는지 궁금하다 그랬지요. 그럼 오늘은 ○○이가 보낸 편지대로 가을이 되어서 바뀐건 무엇이 있을지 이야기를 나누어 볼 시간을 가져 보아요.

〈전개〉

〈경험나누기〉

　그럼 친구들~ 가을이 되어서 또 바뀐 게 무엇이 있을까요? 다들 하고 싶은 이야기가 많은 것 같은데 짝과 이야기를 나누어 볼까요? 모래시계의 모래가 다 떨어질 때까지 이야기를 나누어 보아요. 시작~ ○○이와 ○○이는 날씨가 변한 것 같다고 이야기를 나누고 있구나. 모래가 다 떨어졌네요. 다시 선생님을 볼까요? 짝과 이런 이야기를 나누었어요! 이야기해 줄 친구 있나요? ○○이가 이야기해 줄래요? 가을이 되어서 좀 추워진 것 같다고 생각을 했네요. 다른 친구들의 생각은 어떤가요? 추워서 반팔에서 긴팔로 옷도 바뀌었군요. 바람도 더 많이 부는 것 같아요? 가을이 되어서 날씨도 변했고 또 다른 이야기를 한 친구 있나요? ○○이는? 산 색깔이 바뀐 것 같대요. 왜 바뀌었을까요? ○○이가 멋진 이야기를 해 주었어요. 나뭇잎 색이 변했으니까 나무가 모여 있는 산도

색이 달라진 것 같대요. 다들 ○○이와 같은 생각을 하고 있군요. ○○이가 손을 들었어요. 하고 싶은 이야기가 있나요? 친구들 ○○이의 이야기 잘 들었나요? ○○이는 친구들이 이야기한 게 맞는지 잘 모르겠대요.

〈활동안내〉

어떻게 하면 ○○이가 가을이 되어서 변한 것들을 알 수 있을까요? 밖으로 직접 나가서 보면 될 것 같아요? 좋은 생각이네요. 어디로 나가면 잘 알 수 있을까요? 우리 동네에 있는 금당산으로 가면 볼 수 있을 것 같군요. 다들 나가서 보고 싶어요? 그럼 우리 오늘은 다함께 금당산으로 가서 가을이 돼서 무엇이 변했는지 직접 보고 오도록 해요. 우리가 산에 가서 무엇을 할 수 있을까요? 나무도 보고 동물들도 보고 놀고도 싶군요. 어떻게 놀고 싶어요? 저번에 산에 갔을 때처럼 모둠친구들과 놀이하고 싶군요.

〈놀이계획〉

모둠친구들과 무엇을 하고 놀건가요? 잠깐 모둠이야기를 하면서 산에 가서 무엇을 하고 놀지 이야기를 나누어보아요. 이야기 다 나누었으면 다시 선생님을 보도록 할까요? 저희 모둠은 이런 이야기를 했어요~. ○○모둠이 이야기해 줄래요? ○○모둠은 산에 있는 열매들로 놀이를 하고 싶군요. 또 다른 모둠이 이야기해 볼까요? ○○모둠은 나뭇잎으로 그림을 그리고 싶군요. 무엇을 그릴 거예요? 친구 얼굴을 서로 그려 줄 거예요? 재미있겠네요. 또 ○○모둠은 밴드연주를 할 거예요? ○○이네 아빠가 밴드를 하셔서 그 모습을 따라해 보고 싶군요! 정말 기발한 생각이네요. 이렇게 친구들이 산에 가서 무엇을 하고 놀이할지 이야기를 나누어 보았는데 산에 가기 전에 또 어떤 이야기를 해야 할까요?

〈준비물 및 약속정하기〉

준비물이 필요하겠지요. ○○이 말처럼 수첩이 있으면 좋을 것 같고, 목마를 때 마실 물도 가져가야겠죠. ○○이는 카메라를 가져가고 싶군요. 친구들이 놀이하는 모습을 찍어 주고 싶어요? 그럼 오늘은 ○○이가 카메라 반장을 해도 될까요? 좋아요. 친구들은 준비물 잘 챙기도록 하고 선생님도 구급상자를 챙길게요. 다치는 친구가 없으면 좋겠지만 혹시 다친다면 선생님에게 바로 말하도록 하세요. 준비물 말고 이번에는 약속도 이야기를 나누어야겠죠~ 모둠끼리 놀이하니까 인성약속 노래 부를 거예요 ? 다 같이 율동과 함께 불러 볼까요? ♬ 우리 반의 인성 약속 존중 배려 협력 우리 모두 함께 지켜 봐요 행복한 교실 만들어요 ♬ 우리가 오늘 존중 배려 협력을 지키려면 어떻게 해 야 할까요? 친구가 어려워하면 도와주는 배려도 필요할 것 같고요. 자연물을 소중하게 존중해 줄 거예요 ? 어떻게 하면 존중해 줄 수 있을까요? 꽃이나 열매를 함부로 꺾지 않 고 바닥에 떨어진 열매들만 가지고 놀 거군요. 친구와 다같이 놀이도 하는 협력도 지킬 수 있겠네요. 인성약속을 이야기해 보았는데 또 안전 약속도 이야기를 나누어야겠지 요. 먼저 우리가 산에 갈 때 어떻게 가나요? 걸어가요. 가다가 횡단보도를 만나면 초록 불에만 건너 가야 해요. 또 산에 가면 어디에서만 놀아야 할까요? 선생님이 정해 준 곳 안에서만 놀기로 약속했지요? 가면 선생님이 나무에 묶어 둔 리본이 보일 거예요 . 그 리본 안에서만 놀기로 해요.

〈현장학습 장소로 이동〉

　이제 산으로 가볼까요? 신발 신고 선생님 앞에 한 줄로 모여 주세요. 우리반 친구 들 25명이 모두 모였네요. ○○이는 노래를 부르면서 가고 싶어요? 좋아요~ 노래 부 르면서 출발해 볼까요?

　여기가 어디인가요? 산에 왔어요. 숨을 크게 쉬어 보자고요? 어때요~ 바람이 좀 차 가워진 것 같고, 공기가 맑은 것 같아요? 그래요. 주변을 볼까요? 하늘도 높아진 것 같 고요. 여름에 왔던 산이랑 무엇이 다른가요? 정말 나무 색이 달라졌네요. 어떤 색이 보 이나요? 노랗고 빨갛고 주황색도 보이네요. 나무에 묶여진 리본도 보여요? 오늘은 그 리본이 묶인 안에서만 놀기로 해요. 아까 이야기한 약속 다들 생각나나요? 생각이 나는 군요. 지금부터 놀이를 시작할건데 얼마나 놀고 싶어요? 한 시간이면 좋을 것 같아요? 그럼 한 시간 후에 선생님이 호루라기를 불면 이 자리로 다시 모이도록 해요.

〈모둠활동 시작〉

　○○모둠은 무엇을 하고 있나요? 열매들을 모아왔네요. 가을에 볼 수 있는 도토리 랑 솔방울이랑 바닥에 있던 밤 알맹이에요? 무엇이 더 큰지 크기를 비교하고 있군요. 가까이 대보니까 솔방울이 제일 큰 것 같아요? 그럼 순서대로 줄을 세워 볼까요? 무엇 이 제일 작은 것 같아요? 도토리가 제일 작네요. 열매들로도 재미있게 놀고 있군요.

○○모둠은 나뭇잎으로 그림을 그리고 있네요. 아 모둠에서 ○○이가 생일이라 ○○이를 그려 주는 거예요? 예쁜 생각을 했네요. 눈은 동그란 모양의 나뭇잎으로 만들고 코는 뾰족한 모양으로 했어요? 멋지네요.

○○모둠은 아까 이야기한대로 밴드를 하고 있군요. ○○이는 무엇을 하는 건가요? 나무기둥을 드럼이라고 생각하고 나뭇가지로 두드리는 거군요. ○○이는 손에 들고 있는 나뭇잎 달린 나뭇가지가 기타에요? 정말 악기를 연주하는 것 같네요. ○○이는 노래도 부를 거예요? 노래 부르는 모습을 카메라 반장을 불러서 찍으면 좋겠네요.

친구들~ 모두 충분히 놀았나요? 놀았던 것들을 정리하고 다시 모여 볼까요? 25명 모두 모였네요. 재미있었나요? 그럼 다시 교실로 돌아 가 볼까요? 가기 전에 산에게 해 주고 싶은 말이 있다고요? 산아 고마워~라고 말하고 싶대요. 다 같이 외쳐 볼까요? 산아 고마워~.

〈모둠활동 회상〉

손을 씻고 카펫 위로 모여 보아요. 팔랑팔랑팔랑팔랑 손을 무릎에! 모두 크게 숨을 쉬어 보아요. 우리가 오늘 산에 가서 무슨 활동을 했나요? 카메라 반장이 찍은 사진을 보면서 이야기 나누어 보아요. 먼저 무엇이 보이나요? 열매들로 친구들이 놀고 있네요. ○○모둠이 무엇을 하고 있는 건지 이야기해 줄래요? ○○모둠에게 궁금한 점 있나요? 무엇이 제일 큰지 궁금하대요. 도토리가 제일 작고 솔방울이 제일 컸대요. 씩씩하게 발표해 준 ○○모둠에게 박수쳐 줄까요? 다음은 ○○모둠이네요. 나뭇잎으로 그림을 그리고 있어요? 친구들이 누구를 그린 거냐고 궁금하대요. 오늘 생일인 ○○이를 그려 준 거래요. 잘 그렸다고 박수쳐 주고 싶어요? 마지막으로 ○○모둠 친구들은 영상을 찍었대요. 영상을 보도록 해요. 무엇을 하고 있나요? ○○이가 노래를 부르고 친구들은 나무도 두드리고 기타도 치는 것 같아요. 진짜 밴드 같다고요? 멋지게 밴드를 표현해 준 ○○모둠 친구들에게도 박수를 쳐주어요.

〈마무리〉
〈활동 평가〉

오늘 우리는 무엇을 했지요? ○○이가 가을이 되어서 무엇이 변한지 궁금하다 그랬죠. 산에 가서 직접 보기도 하고 놀기도 했어요. 새로 알게 된 점이 있나요? ○○이는 직접 가서 보니까 나뭇잎 색도 변하고 열매들도 변했다는 걸 알았군요. 또 ○○이는 가을 산이 아름답다고 느꼈어요? 아름다워서 지켜 주고 싶다고 느꼈군요. ○○이는 소중하다고 생각했군요. 다들 멋진 생각을 하고 있네요. 오늘 한 활동 말고도 더 하고 싶은 활동이 있나요? ○○이는 오늘 알게 된 것들을 척척박사 책에 쓰고 싶군요. 편지도 붙이고 새로 알게 된 것들을 써주도록 해요. ○○이는 밴드가 너무 재미있어서 ○○이도 하고 싶군요. 연습해서 다른 친구들에게도 보여 주면 좋을 것 같아요? 그것도 재미있겠네요. 그럼 오늘 바깥놀이시간에 나가서 보여 주도록 할까요? 좋아요.

〈전이〉
그럼 다음시간은 무슨 시간이지요? 점심 먹을 시간이지요. ○○모둠부터 나가서 한 줄로 서 볼까요.

♣ 수업나눔(수업면접)
① 현장에서 이 수업을 한다면 발생할 수 있는 어려움과 그 해결방안 2가지
 • 유아들의 안전에 대한 어려움이 발생/학부모 자원봉사나 방과후 교사에게 도움을 구해 보조 인력과 함께 가기, 숲 전문가에게 도움을 요청하여 숲에 있는 위험한 동식물이 없는지 확인하고 주의하기
② 놀이확장을 위해 개입한 장면 3가지와 이유
 • 놀이 전 계획하는 시간을 가짐, 스스로 놀이를 계획하고 실행하여 놀이의 질을 높일 수 있음/유아들의 놀이를 인정하기, 편안하고 안정된 마음으로 놀이를 즐길 수 있음/유아들의 놀이를 칭찬하기, 성취감과 뿌듯함을 느낄 수 있음
③ 모둠활동 시 배움이 일어난 상황 3가지와 이유
 • 열매 크기 비교하기, 수학적 탐구 능력을 기를 수 있음/나뭇잎으로 그림그리기, 미술 능력을 기를 수 있음/자연물로 밴드활동하기, 자연물을 두드리고 노래를 부르며 음악적 능력을 기를 수 있고 자연물로 다양한 놀이가 가능함을 알게 됨
④ 방과후 과정과 연계할 수 있는 확장활동 3가지와 이유
 • 밴드 활동하기, 숲에서 했던 활동을 이어서 흥미를 지속할 수 있음/열매로 게임하기, 열매 멀리 던지기 등 자연물을 활용한 다양한 놀이로 즐거움을 느낄 수 있음/자연물을 활용해 미술활동하기, 다양한 재료로 미술활동 경험

2. 2018 수업실연 기출문제

1) 지역별 기출문제

서울 ᅵᅵᅵ

활동유형	음악감상
활동명	천둥아 번개야! (요한스트라우스-'천둥과 번개')
대상연령	만 5세 (26명)
활동 자료	수업에 필요한 자료는 모두 준비되어 있음
그 외 조건	• '학부모 공개수업일'임을 가정하여 수업실연 하시오. • 수업을 도입-전개-마무리로 구성하여 실연하시오. • 누리과정의 '다양한 예술 감상하기'를 포함하여 수업실연 하시오. • 유아의 반응을 교사의 상호작용을 통해 나타내시오. • 음악감상 중 CD플레이어가 고장난 상황을 가정하여 수업실연 하시오.
반성적 성찰	• 수업의 의도를 말하고, 자신의 수업에서 우수한 점과 부족한 점, 이를 개선할 수 있는 방법을 말하시오.

경기 ᅵᅵᅵ

활동유형	자유선택활동(역할, 언어, 미술영역을 선택하여 실연하시오)
활동명	지진발생시 스스로 대처하기
활동목표	• 유아 간 의논하고 협력하여 자유선택활동에 즐겁게 참여한다. • 지진의 위험성을 알고 지진발생 시 스스로 대처하는 방법을 안다.
대상연령(인원)	만 5세(26명)
활동 자료	필요한 다양한 자료 추가 가능
그 외 조건	• 지진에 대한 유아들의 상황을 참고하여 수업을 계획하시오. 1) 안전교육체험관에서 지진체험을 해 본 유아 30% 2) 지진대피훈련을 해 본 유아 35% 3) 지진 피해를 입은 친척이 있는 유아 4% 4) 관심이 없는 유아 31% • 15분 내에 수업의 도입과 전개의 1/2까지 실연하시오. • 자유선택활동 영역을 배회하는 유아가 있는 상황을 가정하여 수업실연 하시오. • 역할영역에서 한 역할을 맡겠다고 다투는 유아들이 있다고 가정하여 수업실연 하시오.

생활주제	유치원과 친구
주제	유치원에서의 하루
소주제	함께하면 더 좋은 것 알아보기
활동유형	새 노래
활동명	내 친구
활동목표	• 친구에 대해 소중한 마음을 갖는다. • 리듬에 맞춰 노래를 적절히 부른다. • 노래 부르기에 즐거운 마음으로 참여한다.
누리과정 관련요소	• 예술경험: 예술적 표현하기-음악으로 표현하기 • 사회관계: 나와 다른 사람의 감정 알고 조절하기-나와 다른 사람의 감정 알고 표현하기
창의·인성 요소	• 창의성: 성향적 요소-개방성 • 인성: 배려-친구에 대한 배려
대상연령	만 5세
활동 자료	삼각대, 다른 유아 얼굴 사진, 악보, 전자피아노, 음원, 가사판 (그 외 필요한 자료 자유롭게 추가)
그 외 조건	• 사전활동: 1) 자유선택활동 시간에 노래를 미리 들어보았음 　　　　　　 2) 친구 관련 동화를 읽어보고 친구의 사진을 찍어 보았음 • '전개' 활동 순서: 노래 소개 → 리듬 및 멜로디 익히기 → 노랫말 알아보기 → 전체 부르기 • 수업의 마무리 단계에서 목표 2와 3을 언급하시오. • 확장활동과 전이활동이 포함되도록 수업실연 하시오. • 도입을 생략하고 전개, 마무리 단계만 수업실연 하시오.

인천

생활주제	교통기관
주제	교통기관의 종류
소주제	육상 교통기관 알아보기
활동유형	동시
활동명	바퀴야 바퀴야
활동목표	• 다양한 종류의 바퀴에 관심을 가진다. • 동시를 즐겨 듣는다.
누리과정 관련요소	• 의사소통: 듣기-동요, 동시, 동화 듣고 이해하기 • 의사소통: 말하기-느낌, 생각, 경험 말하기 • 자연탐구: 탐구하는 태도 기르기-호기심을 유지하고 확장하기
대상연령	만 5세
활동 자료	자유
그 외 조건	(수업의 도입 / 전개까지만 실연) • 실연 전 수업 의도에 대해 간단히 말하시오. • 유아들의 토의가 이루어지는 과정을 포함하여 실연 하시오. • 쓰기 도구를 사용하는 내용을 포함하여 실연하시오. • 바퀴야 바퀴야 동시의 2, 3, 4연을 바꾸고 낭송하는 내용을 포함하시오. 〈동시 – 바퀴야 바퀴야〉 바퀴야 바퀴야 바퀴야 바퀴야 어디 어디 숨어있니 떼굴떼굴 바퀴 네 개 자동차에 숨었다 빙글빙글 바퀴 두 개 청소기에 숨었다 쌩쌩쌩쌕 바퀴 네 개 롤러브레이드에 숨었다 바퀴랑 숨바꼭질 재미있어요

세종 ▸|||

생활주제	유치원과 친구
주제	유치원의 환경
소주제	우리 반에 필요한 약속 알아보기
활동유형	이야기 나누기
활동명	우리 반에 필요한 약속을 정해요
활동목표	• 유치원에서 약속이 필요함을 안다. • 우리 반의 약속을 정해 본다. • 약속을 지키는 태도를 기른다.
대상연령	만 5세
활동 자료	수업에 필요한 자료는 모두 준비되어 있다는 가정
그 외 조건	• 수업의 도입과 전개를 계획하여 실연하시오. (문제지에 마무리 부분 제시) • 하나의 놀잇감을 가지고 다툰 2명의 유아가 있다고 가정하여 수업실연 하시오. • 놀잇감이 정리되지 않아 넘어질 뻔한 유아가 있었음을 가정하여 수업실연 하시오. • 제시된 마무리 내용: 규칙판을 완성하고, 확장활동으로 우리가 정한 약속을 게임으로 진행하는 내용

대구 ▸|||

생활주제	동식물과 자연
주제	식물과 우리 생활
소주제	식물과 함께하는 즐거움 느끼기
활동유형	과학
누리과정 관련요소	• 사회관계: 다른 사람과 더불어 생활하기-친구와 사이좋게 지내기 • 자연탐구: 수학적 탐구하기-기초적인 측정하기 • 자연탐구: 과학적 탐구하기-물체와 물질 알아보기
활동 자료	자유
수업설계	• 소주제 및 누리과정 관련 요소와 관련하여 활동명과 활동목표 3가지를 제시 • 활동과 관련하여 인성덕목/핵심역량을 설정 • 전개단계에서 활용할 교수 방법 3가지를 제시

그 외 조건	• 지역사회와의 연계방법 2가지를 설정하고 그 이유를 제시 • 활동 시 유의점 3가지 제시
	(자리 배치 등 수업과 관계없는 부분 생략) • 도입단계에서 자연물을 활용하시오. • 숲에서 놀이 중심의 상호작용이 이루어지도록 실연하시오. • 자연물을 계속 꺾거나 뜯는 유아를 지도하는 내용을 포함하여 실연하시오.

광주 ㅏ Ⅲ

생활주제	우리나라
주제	우리나라의 놀이와 예술
소주제	우리나라의 전통놀이 즐기기
활동유형	이야기나누기 / 전통놀이
활동목표	• 비석치기의 방법을 안다. • 친구들과 협력하며 비석치기를 즐긴다. • 신체 부분의 특성을 이용하여 몸으로 표현한다.
인성 요소	협력
대상연령	만 5세
활동 자료	자유
그 외	〈비석치기 – 교사를 위한 도움말〉 비석치기란 여러 가지 방법으로 돌을 던져 목표물을 넘어뜨리며 노는 아이들의 놀이이다. 지방에 따라 '비사치기', '비새치기', '비사색기', '비켜치기', '망깨까기', '마네치기'라고 불린다. 〈비석치기 놀이 방법〉 1) 5~6m 정도의 거리를 두고 두 줄을 긋고 비석을 세워 둔다. 2) 신체 각 부분(손등, 머리, 다리와 다리 사이, 팔이 접히는 부분)을 이용하여 비석치기를 한다.

수업 질문	1. 수업 구상 시 가장 고민이 되었던 부분과 이유, 이를 수업에서 실현한 부분에 대해 말하시오. 2. 활동에 흥미가 없거나 소극적 유아가 있을 때 이유와 해결방안을 말하시오. 3. 수업관련 인성요소인 협력을 이끌어 낸 방법을 말하시오. 4. 비석치기 전통놀이에 대한 흥미를 지속시키기 위한 확장 활동을 3가지 말하시오.

2) 2018 수업실연 기출문제

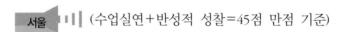 서울 (수업실연＋반성적 성찰＝45점 만점 기준)

사례 1(44.7점)

♣ 수업복기

〈도입〉

바르게 앉아 허리는 쭉쭉 선생님을 바라보아요(시책 중 테마가 있는 바깥놀이 등에서 체조를 강조하여 나름대로 주의집중 체조를 만듦).

밝은반, 와~ 선생님을 보면서 눈이 반짝반짝 빛나고 있네요. 모두 앉고 싶은 자리에도 앉아주었군요. 지난 시간에 우리 어디에 다녀왔었죠?

이야~ 모두 한목소리로 대답해 주었네요. 그래요. 인형극 공연을 보러 다녀왔죠.

그때 우리가 궁금해했던 것이 있었는데 혹시 기억나나요?

○○가 얘기해 볼까요? 맞아요, 공연 중에 들었던 음악이 재밌고 궁금해서 더 알아보고 싶어 했었죠. 그래서 오늘 우리가 함께 그 음악을 감상해 보도록 할 거예요.

〈전개〉

먼저, 감상하기 전에 선생님이 밝은반에게 영상 선물을 준비했어요. 화면이 모두 잘 보이나요? 어떤 영상인지 함께 보도록 할까요? (하나, 둘, 셋 동영상 나와라 얍! 제스쳐 함께) 동영상을 잘 보았나요? 어떤 내용이었나요? 그래요 ○○말처럼 천둥과 번개가 우르르 쾅쾅 치는 모습이었어요. 동영상에서처럼 천둥과 번개를 만나본 경험이 있는 어린이가 있나요? ○○이는 집에서 잠을 자는데 갑자기 천둥이 쳐서 깜짝 놀라 울었대요.

그때 기분이 어땠나요? 너무 무서워서 엄마에게 꼭 안겨있었다고 하네요.

**이도 거실에서 TV를 보다가 천둥, 번개가 큰 소리로 쳐서 안방으로 달려간 적이 있었구나. 음~ 깜짝 놀라서 가슴이 두근두근 했었다고 해요. 비슷한 경험을 한 친구들이 이렇게 많군요.

우리가 궁금해했던 음악에서도 이런 소리들을 들어볼 수 있대요.

어떤 음악인지 함께 감상해 보도록 할까요?

귀를 문질문질 쫑긋 세우고 들어보도록 해요. (음악 켜는 제스처) 잘 들어보았나요? 어떤 느낌이 들었나요? ○○이는 조금 무서웠기도 하고, 깜짝 놀라기도 했대요.

또 다른 느낌이 든 어린이가 있나요?

오랜만에 손을 든 우리 ○○이가 이야기해 볼까요? 아~ (웃으며 고개 끄덕) ○○이는 쾅쾅! 하며 빠르게 나오는 부분이 재미있었다고 하네요.

그럼 우리 또 어떤 느낌이 드는지 음악을 다시 한번 감상해 보도록 할까요?

(누르는 척) 어? 음~ 얘들아, 우리가 음악감상을 즐겁게 자주 듣다 보니 오늘 CD플레이어가 조금 쉬고 싶은가 봐요. 혹시 우리가 음악을 들을 수 있는 다른 좋은 방법이 있을까요?

저기 뒤에서 손을 번쩍 들고 있는 ○○가 얘기해 볼까요?

얘들아~ ○○가 기발한 생각을 해 주었어요. "우리 견학 갔을 때 선생님 핸드폰에 꽂아서 들었던 작은 스피커 쓰면 되잖아요~"라고 말해 주었는데, 다른 어린이들 생각은 어떤가요? 좋은 생각이라며 박수를 쳐 주네요. 좋아요, 그럼 선생님 핸드폰에 이렇게 꽂아서 다시 감상해 볼까요? (켰다, 끄는 척)

이번엔 어떤 느낌이 들었나요? 아~ **이는 ○○이가 표현하는 모습이 재밌어서 웃음이 났대요. 어떻게 표현했는지 ○○이에게 물어볼까요?

천둥이 우르릉 쾅쾅 칠 때 손을 번쩍 올려서 (번개 모양 그리며) 이렇게 표현을 해 주었군요. 재미있는 생각이네요. 우리도 함께 해 볼까요? (개인의 표현 공유)

또 다르게 표현해 본 친구가 있나요?

아~ ○○이는 번개가 점점 작게(셈여림) 칠 때는 이렇게~ (손을 작게 모아 돌리며) 점점 크게 칠 때는 이렇게~~ (손을 크게 모아 돌리며) 표현해 보았대요. 친구들도 재미있는지 웃으며 바라보네요. 함께 해 볼까요?

이렇게 우리가 음악을 감상해 보았는데, 어? ○○이가 선생님에게 질문이 있다고 하네요. 무엇인지 들어 볼까요? 아~ 이렇게 재밌는 음악의 제목이 무엇인지 정말 궁금해졌대요. 선생님이 나중에 짠~ 하고 알려 주려 했는데 그럼, 우리가 한번 생각해서 맞춰 볼까요?

이 노래의 제목은 무엇일까요? 선생님을 바라보며 웃고 있는 ○○이가 이야기해 볼까요?

'아~ 천둥 번개가 쳐요!'일 것 같대요. 또 다르게 생각하는 어린이 있나요? '○○이는 우르릉 쾅쾅!'이라고 생각했대요. 그럼 어떤 제목인지 함께 보도록 할까요? (가려놓은 것 떼는 척) 다 함께 읽어볼까요? 천둥과 번개!

어린이들이 생각한 것과 비슷했네요. 이 음악은 요한 스트라우스 라는 분이 지으셨어요. 이번에는 우리가 음악을 더 재미있게 감상할 수 있는 방법이 있을까요?

○○이가 좋은 생각이 있다고 하는데 들어 볼까요?

아~ 지난번에 함께 해봤던 '그림 그리며 감상하기'를 해 보고 싶대요.

다른 친구들도 좋은 방법이라고 얘기해 주네요. 그럼 선생님이 전지를 벽면에 쭉~ 붙여두었는데 음악을 감상하며 그림을 그려보도록 할까요?

그전에, 꼭꼭 약속해~ 지켜야 할 약속은 무엇이 있었는지 기억나요?

그래요 첫 번째, 뛰어다니지 않아요. 두 번째, 주변에 친구가 있는지 잘 보고 조심해요.

혹시 더 추가할 약속이 있을까요? 아~ ○○이가 기특한 생각을 해 주었네요. 함께 들어볼까요? 지난번에 내가 더 많이 그리려고 하다 보니 그림이 예쁘게 그려지지 않고 이렇게(손으로 마구 칠하는 듯 시늉하며) 마구 그려져서 속상했대요. 그래서 이번에는 친구들이 서로 배려를 하며 그렸으면 좋겠다고 하네요. 이야, 우리가 이야기 나누기 시간에 함께 얘기했던 '배려'라는 말을 기억하고 있었구나. 대견한걸~ 그럼 우리 3가지 약속 지키면서 함께해 볼 수 있겠나요? 좋아요~ 시작!

자 모두 다시 모였나요? 우리가 함께 감상하며 그린 그림을 볼까요? (둘러보는 척)

어떤가요? 천둥, 번개 모양도 보이고~ 동글동글 지그재그 다양한 모양도 보이네요. 아, 그림들이 춤을 추는 것 같은 기분도 드는군요. 정말 재미있는 표현이네요.

〈마무리〉

오늘 우리 함께 음악감상을 해 보았는데, 오랜만에 표정 평가를 한번 해 볼까요? 오늘 활동이 어땠나 잘 생각해 보고. 자~ 하나, 둘, 셋! 짠!(둘러보는 척) 재밌었던 어린이들도 있고, 슬퍼요 표정인 어린이도 있네요. 혹시 어떤 점이 아쉬웠는지 얘기해 줄 수 있나요?

○○이가 얘기해 볼까요? 음? 아, ○○이는 말을 하기 조금 부끄러워요?(속삭이며) 그럼 혹시 선생님에게 나와서 귀에 대고 얘기해 줄 수 있나요? 아~ (경청) ○○이가 그런 생각을 했었구나. 정말 좋은 생각인데 혹시 친구들에게 얘기해줘도 될까? 괜찮다고요? 그래요. 얘들아, ○○이가 아까 재미있게 감상할 때 우리가 지난번했던 활동 중에 음악극으로도 해 보고 싶었는데 부끄러워서 말을 못했다고 해요. 아, 다음 시간에 함께 해 보면 좋을 것 같다고요?

다른 어린이들의 생각은 어떤가요? 그래요~ 좋은 방법이라고 얘기해 주네요. 그럼, 다음번에 함께 준비해서 재미있는 음악극을 해 보도록 해요.

자, 이제 우리 일과 시간표를 보고(왼쪽 일과 시간표 가리키는 척) 다음 시간을 함께 얘기해볼까요? 다음 시간은 점심시간입니다. 뒷자리 어린이들부터 손을 씻고 점심 먹을 준비를 하도록 해요.

사례 2(44점)

♣ 수업복기

〈도입〉

1. 주의집중

- 하늘반, 모두 자리에 모여 앉았나요? 반은 바닥에, 반은 의자에 모두 잘 앉아 주었네요.
- 오늘 하늘반 표정이 즐거워 보여요. 왜 그런가요? **(조건: 학부모 공개수업)**
- 하늘반의 어머니, 아버지가 우리 뒤에 계시네요. 오늘 우리 하늘반이 어떻게 유치원에서 생활하는지 보러 오셨어요. 오늘도 선생님, 친구들과 재미있게 활동해 볼까요?

2. 동기유발
  - 선생님이 어떤 소리를 들려줄게요. 무슨 소리인지 맞춰 볼래요?
  - 어떤 소리 같아요?
  - 천둥소리, 번개 소리라고 생각했군요? 딩동댕~.
  - 요즘 여름이라 비가 내리는 날이 많았지요? 교실에서 활동하는 중에 창 밖에서 비 내리는 것도 자주 보았었고, 어떤 날은 천둥과 번개가 쳐서 우리가 깜짝 놀랐었던 것도 기억이 나요.

3. 활동 소개
  - 오늘은 선생님과 요한스트라우스의 '천둥과 번개'라는 음악을 감상해 볼 거예요.

〈전개〉

4. 요한스트라우스의 '천둥과 번개' 음악을 감상(음악감상 시 약속 언급 빠짐)
  - 선생님이 음악을 들려주시는 동안 어떻게 감상해 보고 싶나요?
  - 눈을 감고 감상해도 좋고, 몸을 조금씩 움직이면서 감상해도 좋아요.
  - **(조건: CD 플레이어 고장)** 어? 소리가 안 난다구요? CD플레이어가 고장 난 것 같네요. 선생님 핸드폰에 있는 음악을 찾아서 스피커로 들려 줄게요. 준비되는 동안 우리가 지금까지 들었던 천둥과 번개 음악을 우리 교실에 있는 악기로 소리 내 보면 어떨까요?
  - 음률영역 가까이 앉아있는 ○○가 레인스틱 악기를 가져다 줄래요? 고마워요~
  - 3개의 레인스틱을 선생님이 나눠 줄게요. 돌아가면서 레인스틱 악기를 가지고 우리가 방금까지 들은 음악을 표현해 볼까요?
  - ○○는 흔들어서 소리를 내고 있구나. / **는 오른쪽, 왼쪽 기울여서 소리를 내고 있고 / &&는 빠르게 흔들어서 천둥소리를 내고 있구나.

5. 음악을 듣고 난 후 느낌 이야기 나누기
  - 이제 음악이 준비가 되었군요. 다시 음악을 이어서 감상해 볼까요?
  - 음악을 들어보니 어떤 느낌이 들었나요?
  - 천둥, 번개 소리가 크게 들려서 깜짝 놀랐군요.
  - 이 곡을 만든 작곡가는 이 음악을 만들면서 어떤 생각을 했을까요?
  - 음악을 듣는 사람이 음악을 감상하다 깜짝 놀라게 줄려고 했을 것 같아요?

- 음악을 들으면서 천둥과 번개를 떠올리게 해 주고 싶었을 것 같아요?

6. 음악을 들으며 작은 움직임으로 천둥과 번개 표현하기
   - 이번에는 음악을 감상하면서 손으로도 표현해 볼까요?
   - ○○처럼 손가락으로 위에서 아래로 지그재그로 표현해 볼 수 있겠네요.
   - **는 손을 쫙 펴서 손바닥을 이용하여 천둥과 번개를 표현해 주고 있군요.

7. 원형으로 서서 큰 움직임으로 천둥과 번개 표현하기
   - ○○가 이번에는 자리에서 일어나서 몸 전체를 이용하여 움직여 보고 싶다고 하네요.
   - 의자에 앉아 있는 친구들은 의자를 정리하고 동그랗게 모여 서 볼까요?
   - ♪달팽이 집을 지읍시다 어여쁘게 지읍시다 ♪ 노래를 부르는 동안 예쁜 동그라미가 만들어졌네요.
   - 한 발짝 물러서서 옆 친구와 닿지 않게 서 볼까요?
   - 음악을 들으면서 '천둥과 번개'의 모습을 표현해 볼 건데, 나는 어떻게 표현해 볼 것인지 잠깐 생각해 볼까요?
   - 생각해 보았어요? 그럼 우리 음악을 다시 한번 들어보면서 천둥과 번개의 모습을 신체로 표현해 볼까요?
   - (교사가 동작 모방하며) ○○는 두 팔을 위로 쭉 뻗어서 지그재그로 내려오면서 표현해 주고 있어요.
   - **는 소리가 커지니 점프를 해서 더 큰 몸짓으로 표현해 주고 있네요.
   - 소리가 점점 작아지고 있어요. **는 몸을 작게 웅크리고 손가락으로 위에서 아래로 빗방울이 떨어지는 모습을 표현해 주고 있네요.
   - 이번에는 천둥과 번개 소리를 입으로도 소리내어 볼까요? 어떻게 낼 수 있을까요?
   - '우르르 쾅!' 하고 소리가 날 것 같아요? **(조건: 다양한 예술 감상하기– 음악 감상하며 악기연주, 신체표현)**

〈마무리〉

8. 제자리에 앉아 활동 평가하기
   - 오늘 어떤 활동을 해 보았나요?
   - 무엇이 재미있었어요?
   - 음악을 감상하면서 친구들과 몸으로 천둥과 번개를 표현해 본 것이 재미있었어요?

- 아쉽거나 더 해 보고 싶은 활동이 있나요?
- 아까 레인스틱으로 소리 내어 본 것을 조금만 해서 아쉬웠군요. 그러면 선생님이 레인스틱 뿐만 아니라 다른 악기 몇 가지를 더 음률영역에 넣어 줄 테니 자유선택 활동시간에 친구들과 놀이해 보면 어때요?

9. 확장활동 소개
- 음률영역에서 여러 가지 악기로 천둥과 번개 소리를 만들어 보고, 미술영역에서는 음악을 들으며 천둥과 번개치는 모습을 그림으로도 표현해 보도록 해요.

10. 다음 활동 소개
- 다음은 바깥놀이 시간이에요. 오늘은 바깥놀이를 하며 무엇을 해 보고 싶나요?
- 더 넓은 공간에서 달리면서 천둥과 번개를 표현해 보고 싶어요?
- 흙 마라카스로 천둥과 번개소리를 내어보고 싶어요?
- 그러면 선생님이 교실에 있는 재활용품을 준비해서 나가야겠군요.
- 우리 ○○모둠부터 일어나서 화장실 다녀오고 바깥놀이터로 나갈 준비를 해 볼까요?

이상으로 수업실연을 마치겠습니다. **(1분 남음)**

사례 3

♣ 수업복기

- 선생님은 사랑반을 사랑해~ 오늘따라 우리 사랑반이 선생님을 사랑하는 마음이 더 크게 느껴지네요. 선생님도 사랑반을 너무 사랑하는데 오늘은 선생님보다 너희를 더 사랑하는 분이 오셨어요. 그래요~ 저 뒤에 우리 사랑반 친구들의 엄마, 아빠가 오셨어요. 우리가 유치원에서 어떻게 지내는지 보러 오셨지요? 오늘 우리가 즐겁게 놀이하는 모습을 보여 드리도록 해요!
- 사랑반 오늘 유치원에 올 때 날씨가 어땠나요? 그래요~ 비가 주룩주룩 내렸어요. ○○이 말처럼 하늘이 어두웠지요~ 선생님은 아침에 날씨를 보고 '오늘 아빠, 엄마와 함께 유치원에 오는 날인데 비가 와서 어쩌지' 하고 생각했어요. 응?**이는 천둥번개가 칠 것 같다고요? 그래요~ 이런 날씨에는 천둥번개가 칠 수도 있겠네요.
- 오늘 선생님이 오늘 날씨와 같은 천둥과 번개 음악을 함께 들어 보려고 준비했어요. 우리 함께 음악을 잘 들어보면서 천둥과 번개에 대해 생각해 보는 시간을 가지면 좋

을 것 같아요.

〈전개〉

- 음악을 듣기 전에 선생님이 어떤 동영상을 가지고 왔어요. 무엇이 나오는지 함께 볼까요?

- 동영상에서 무엇을 보았나요? ○○이는 오늘 날씨처럼 어두운 하늘을 보았군요. **이는 시커먼 먹구름이 움직이는 것을 보았어요? 아! @@이는 우르르 쾅쾅 천둥과 번개가 치는 것을 보았군요. 그래요~ 우리가 지금 본 것은 천둥과 번개 영상이었어요.

- 동영상을 보고 나니 어떤 느낌이 들었나요? 천둥과 번개가 치니까 무서웠어요?

- 요한스트라우스 라는 음악가도 우리처럼 천둥과 번개를 보다가 음악을 만들고 싶어지셨대요. 그래서 선생님이 오늘 천둥과 번개라는 음악을 함께 들어 보려 해요.

- 음악 감상을 하기 위해 우리가 어떤 약속을 지켜야 할까요? 그래요~ ○○이 말처럼 입으로 이야기를 하지 않고 들어야겠네요. **이가 말한 것처럼 귀를 크게 열고 잘 들어보아야겠지요? 아, 그리고 @@이 말처럼 눈을 감거나 아니면 감지 않아도 괜찮으니 어떤 일이 일어나는 것 같은지 상상을 해 보는 것도 재미있을 것 같아요.

- 자 그럼 음악을 들어 볼까요?

- 음악을 듣고 나니 어떤 느낌이 들었나요? **이는 음악이 느린 부분을 들으니 아까 동영상처럼 구름이 움직이는 것 같았구나. @@이는 음악이 세게 들리는 부분에서 정말 천둥소리가 나는 것 같았어요? 선생님도 그 부분을 들을 때 천둥이 치는 것 같았어요.

- 우리가 지금 이야기를 나눈 것들을 생각하면서 음악을 한번 더 들어 볼까요? 어, 그런데 왜 CD에서 음악이 안 나오지? 아~ 고장 난 것 같아요? 음악을 들어야 하는데 어떡할까요?

- 아~ 도우미 선생님께 부탁드리면 된다고 생각했구나. 선생님~ 고장 나지 않은 CD를 가져다주실 수 있으실까요? 고맙습니다!!

- 그럼 새로운 CD가 도착할 때까지 우리는 무엇을 하면서 기다리면 좋을까요? 아 **이는 구름이 되어보는 것을 몸으로 하면 좋겠어요? 다른 친구들도 같은 생각인가요? 그래요~ 그럼 **이가 나와서 구름이 되어 볼까요?

- @@이는 동영상에서 본 것처럼 구름이랑 구름이 부딪혀서 천둥소리가 나는 게 재미있을 것 같다고 생각했구나. 아~ 모두들 그게 더 재미있을 것 같다고요? 그럼 @@이

도 구름이 되어 줄 수 있을까요?

- **이와 @@이가 구름이 되어 움직이는 것은 어떻게 표현하면 재미있을까요? 아 손을 잡고 빙글빙글 돌 거예요? 그럼 둘이 쿵 부딪힐 때 천둥소리는 어떻게 만들까요? 아~ 사랑반 친구들이 입으로 소리를 내줄 수 있겠어요? 그럼 우리 한번 구름이 되어 보아요!

- 두 친구가 구름이 된 모습을 잘 표현해 주었네요! 아~ &&이는 엄마랑 해 보고 싶다고요? 다른 친구들도 엄마, 아빠와 구름이 되어서 천둥, 번개를 만들어 보고 싶은가요? 그렇구나~ (뒤를 바라보며) 아버님, 어머님~ 괜찮으시겠어요? 네~ 그럼 우리 사랑반 친구들 아빠나 엄마 앞으로 모두 가서 짝이 되어 보아요.

- 이곳 강당이 넓긴 하지만 그래도 사랑반 친구들과 아빠, 엄마가 모두 모이니 조금 좁게 느껴지지요? 우리 서로 부딪히지 않게 공간을 넓게 만들어서 서 보아요.

- 아까처럼 구름이 되어볼까요? 아~ 다르게 표현하고 싶은 친구들도 있군요. 그럼 구름이 되어서 움직이다가 쿵 부딪힐 때는 선생님이 여기 있는 북을 두드려서 천둥소리를 만들어 볼 게요~ 자, 그럼 구름이 되어 보아요!

- 아빠, 엄마와 함께 구름이 되어보니 모두 즐거워 보이네요. 그 사이에 새로운 CD플레이어가 도착했어요. 우리 이제 다시 모여서 음악을 들어 볼까요?

〈마무리〉

- 자, 오늘 음악 감상을 하고 나니 어떤 느낌이 들었나요?

- ○○이는 천둥이 이제 무섭지 않게 되었다고요? 그럼 원래는 어땠나요? 아~ 천둥소리가 나면 너무 무서웠는데, 오늘 영상도 보고 음악도 들으면서 천둥은 구름과 구름이 부딪힐 때 나는 소리인 걸 알고 나니 이제 무섭지 않게 되었구나.

- $$이는 천둥과 구름이 재미있어서 더 알아보고 싶어요? 아~ 그럼 선생님이 천둥과 번개에 대한 책을 과학 영역에 준비해 줄게요. 우리 함께 궁금한 것을 더 찾아보아요.

- @@이는 천둥과 번개를 그림으로 그려보고 싶어요? 그래요~ 우리가 미술영역에서 그림으로 표현해 볼 수 있도록 재료도 준비해 주도록 할게요.

- **이는 아빠, 엄마와 함께해서 더 재미있었군요~.

- 자, 그럼 오늘의 활동은 이제 마무리하고, 오늘은 아빠 엄마와 집에 함께 돌아가도록 할 거예요. (수업 종료)

경기 ▮Ⅰ▮ (50점 만점)

사례 1(46.33점)

♣ 수업복기

〈도입〉

• 주의집중: 즉흥적으로 작사/작곡한 지진대피 노래로 주의집중(지진이 나면 어떻게 할까? 흠~ 온몸으로 대피해 봐요!)

• 막대인형 사용: 누리반, 오늘 우리 누리반에 어떤 친구가 놀러왔대요! 함께 불러 볼까요? 친구야 나와라~ 막대인형 뿅! 얘들아, 안녕? 난 포항유치원에 다니는 민정이라고 해. 며칠 전에 포항에서 지진이 나서 정말 무서웠어. 너희 지진이 무엇인지 알고 있니? 땅이 흔들리면서 아파트도 넘어가고, 집에 금이 가서 사람들이 집에 들어가지 못하고 체육관에 모여 있어. 높은 곳에서 책도 떨어지고, 1층이 기둥으로 만들어진 집은 금이 가고 흔들려서 집이 무너질 뻔했어. 너희 지진이 나면 어떻게 해야 하는지 알고 있니?

• 이야기나누기: 오늘 누리반에 누가 찾아왔나요? 포항유치원의 민정이가 찾아왔군요. 민정이가 무슨 이야기를 했는지 이야기해 줄 수 있는 어린이가 있나요? 형윤이가 이야기하고 싶군요. 그래요. 민정이가 포항에서 지진이 나서 땅이 흔들리고 아파트도 무너져서 무서웠다고 했군요. 높은 곳에서 물건들이 떨어져서 위험하기도 했었다고 한걸 잘 듣고 있었군요. 또 민정이가 무슨 이야기를 했는지 기억나는 어린이가 있나요? 그래요. 지진이 나면 어떻게 해야 할지 물어보기도 했었죠.

• 지난 시간 지진 이야기 나누기 언급: 서은이는 지난 시간에 지진 이야기 나누기를 한 것을 기억하고 있었군요. 다른 친구들에게 이야기해 주고 싶어요? 그럼 앞에 나와서 이야기해 볼까요? 누리반, 서은이가 어떤 이야기를 했나요? 그래요. 우리 막대인형 민정이가 지진이 나면 어떻게 해야 하는지 물어보았는데 서은이가 머리를 딱딱한 것으로 감싸야 하는데 왜 머리를 보호해야 하는지 이야기를 해주었네요. 머리에는 정말 중요한 생각주머니가 있어서 머리를 보호하지 못하면 지진이 났을 때 머리를 다칠 수도 있고, 움직이지 못할 수도 있어서 머리를 꼭 보호해야 하는 걸 기억하고 있었군요.

- 지진피해 입은 친척있는 유아 제시: 서빈이가 손을 번쩍 들었군요. 서빈이가 앞으로 나와서 이야기해 볼까요? 누리반, 서빈이가 어떤 이야기를 했는지 말할 수 있는 어린이 있을까요? 우와 진주가 이야기를 하고 싶군요. 그래요. 진주가 서빈이 할머니께서 포항에 사셨는데 지진이 나서 집에 금이 가고 높은 곳에 있던 책과 유리가 바닥에 떨어져서 위험했다고 하네요. 여진이 계속 나서 지금은 서빈이 집에 할머니께서 와계시는군요. 할머니께서 지진이 날 때 식탁 밑에 들어가 머리를 보호하다가 지진이 멈췄을 때 재빨리 대피했다고 이야기해 주셨어요? 아, 그래서 서빈이가 '할머니 걱정하지 마세요' 하고 꼭 안아드렸군요. 누리반은 할머니께서 이제 안심하실 것 같다고 생각했군요.
- 지진에 관심 없는 유아 제시: 난 지진 재미없는데. 지진이 뭐예요? 지진 나면 왜 대피해야 해요? 난 싫은데. 예슬이가 지진이 뭔지 잘 모른다고 이야기하는데 혹시 예슬이의 질문에 대답해 줄 수 있는 어린이 있나요? 건표가 이야기해 주고 싶어요? 그래요. 건표의 말처럼 땅은 우리 눈에 보이진 않지만 움직이고 있어요. 그래요, 5대양 6대주 때 땅이 원래 하나였는데 움직여서 땅이 나눠진 것처럼 지금도 땅이 움직이고 있죠. 그런데 땅이 서로 밀기도 하고 당기기도 하면서 갑자기 지진이 나서 땅이 갈라지고 건물이 무너지기도 한다고 하죠. 건표가 지난 이야기 나누기 시간에 찰흙으로 지진이 나서 땅이 올라오고 끊어지는 걸 잘 기억하고 있었네요. 예슬아, 친구의 이야기를 들어보니 어떤가요? 조금 알 것 같아요? 예슬이가 친구 이야기를 잘 경청해 주었군요.
- 자유선택활동 언급: 그래요. 지난 지진 이야기나누기 시간에 누리반이 어떤 놀이들을 하고 싶다고 했나요? 그래요. 놀이계획표는 작성했나요? 쌓기영역에서는 지진에 흔들리지 않는 튼튼한 건물 만들기, 역할영역에서는 지진대피훈련을 해보고 싶군요. 언어영역에서는 지진대피 안전책을 만들고 싶다고 했고, 수 · 조작영역에서는 지진퍼즐을, 과학영역에서는 찰흙과 스티로폼을 이용해서 지진을 알고 싶고, 미술영역에서는 동생반을 위한 지진대피 포스터를 만들고 싶다고 했었죠.
- 자유선택활동 약속 언급: 놀이를 할 때 지켜야 할 약속에는 어떤 것들이 있었죠? 첫째, 사이좋게 놀아요. 둘째, 도움이 필요하면 선생님께 말해요. 셋째, 안전하게 놀아요.
- 시간 언급: 그럼 긴 바늘이 한 바퀴 돌아서 2에 올 때까지 놀이하도록 할게요. 오늘은 무슨 놀이 할까요 ♬♪ 똑딱똑딱똑딱! 쌓기놀이영역을 먼저 하고 싶은 어린이부터 출발! (영역별로 출발)

〈전개〉

- 안전체험관 경험/협력 제시: (무릎 꿇고) 역할영역에서는 무엇을 하고 있나요? 지진대 피훈련 놀이를 하고 싶군요. 보민이는 지진대피훈련을 어떻게 해야 하는지 잘 기억이 나지 않아요? 그럼 어떻하면 좋을까요? 우와, 건표가 도와주고 싶군요. 안전체험관에서 알아봤던 거군요. 지진이 났을 때 머리를 딱딱한 책이나 가방으로 보호하고 책상 아래에 들어가 있다가 지진이 멈추면 빨리 밖으로 나가야 한다고 보민이에게 알려 주었군요.

- 역할영역 갈등상황/지진대피훈련 경험 있는 유아 제시: 무슨 일인가요? 왜 다투고 있었나요? 지진대피훈련을 하려고 하는데 형윤이와 서빈이 모두 선생님 역할을 하고 싶군요. 그럼 어떻게 하면 좋을까요? 옆에 있던 서은이가 이야기해 주고 싶어요? 아, 얘들아. 서은이가 지진대피훈련을 동생반일 때 해 보았는데 앞에 혹시 위험한 것들이 없는지, 너희가 잘 따라올 수 있도록 이끌어 주는 선생님도 필요하고 뒤에서 모든 친구들이 밖으로 다 대피했는데 확인하는 선생님도 필요해서 총 2명의 선생님이 필요하다는데 너희 생각은 어때요? 서은이의 이야기처럼 2명의 선생님을 하고 싶어요? 그럼 누가 먼저 가는 선생님 역할을 하면 좋을까요? 가위바위보를 하고 싶어요? 가위바위보!

- 자유선택활동 영역 배회하는 유아 제시: 서은아. 왜 가만히 서 있나요? 아, 어떤 놀이를 해야 할지 모르겠군요. 놀이계획표는 짰나요? 다음에 미술영역으로 생각했는데 갑자기 가기 싫어졌군요. 그럼 선생님과 다른 놀이를 해 볼까요? 언어영역의 유진이가 서은이를 부르네요. 아, 유진이가 서은이랑 같이 놀이하고 싶군요. 서은이도 유진이랑 함께 놀이하고 싶구나.

- 언어영역 제시/협력: 언어영역에서는 지진대피훈련 책을 만들고 있었네요. 아, 몸을 책상 밑으로 숙이는 부분을 만들었군요. 그럼 이 그림 다음에는 어떤 그림을 붙여야 할까요? 유진이가 지진이 멈추면 우리가 신고 있던 실내화를 그대로 신고 밖으로 대피해야 한다고 말했는데 서은아 혹시 왜 신발을 신고 대피해야 하는지 알고 있나요? 아. 그래요. 지진이 나는 동안 높은 곳에 있던 것들이 떨어져 깨질 수도 있기 때문인 걸 알고 있었군요. 지진이란 글자를 써 보고 싶어요? 유진이가 글씨 쓰는 것이 어렵구나. 서은이가 도와주고 싶어요? 유진이가 그림을 그리거나 꾸미고, 서은이가 글자를 쓰니까 누리반이 잘 알 수 있는 지진대피훈련 책이 되는군요.

- 미술영역 제시: '미술영역에선 무엇을 하고 있나요?'와 '동생들이 알기 쉽게 그림으로 지진대피 포스터를 만들고 있군요. 물감도 필요하고 크레파스로도 색칠할 거예요? 너희가 함께 어떤 재료들을 이용할지 이야기를 나누어서 함께 작품을 만들 수 있겠어요. 수아야, 왜요? 며칠 전에 이야기 나누기 시간에 봤던 '지진방석'을 그리고 싶은데 잘 기억이 나지 않아요? 아 선생님이 지진방석 사진을 뽑아 주면 좋겠군요. 여기 새소식 게시판에 있던 지진방석 그림인데 잘 보이나요? 그래요. 의자에 놔두었다가 지진이 나면 머리에 쓸 수 있는 지진방석을 연필로 그리고 싶었군요.
- 언어영역 상호작용: 지진대피훈련책은 다 만들어가요? 선생님 도움이 필요해요? 어떤 것을 도와줄까요? 링을 끼워서 책을 만들고 싶군요. 구멍 3개가 필요해요? (시간 종료)

사례 2(45.83점)

♣ 수업복기

〈도입〉

- 사랑하는 누리반 덩덩쿵따쿵 모두 모였니? 덩덩 쿵따쿵!
- 아직 안 모인 친구들이 있네요. 천천히 다시 한번 불러 줄까요?
- 사랑하는 누리반 덩덩쿵따쿵 모두 모였니? 덩덩 쿵따쿵 (처음보다 느리고 작은 목소리로)
- 이제 다 모여 주었네요. 선생님 잘 보이나요?

[사전경험]

- 그래요. 지금은 무슨 시간이지요? 주말 지낸 이야기를 하는 시간이지요? 선생님이 사진 한 장 보여줄게요. 삑!(리모컨 누르는 모션)
- 누구지요? 벌써 웃고 있는 친구가 있어요. 우철이가 나와서 무슨 사진인지 소개해 줄래요?
- 우철이는 부모님과 함께 안전체험관에 다녀왔대요. 거기서 지진, 화재, 태풍을 체험했대요.
- 그런데 친구들이 궁금한 점이 있나 봐요. 궁금한 점이 있으면 물어봐!
- 친구들이 우철이 표정이 왜 무서워하냐고 물어보는데?
- 아, 지진체험을 했는데 실제처럼 땅도 흔들리고 책상도 흔들려서 무서웠대. 그랬구

나. 우리 씩씩하게 이야기해 준 우철이한테 멋지다 박수 쳐 줄게요. 멋지다 짝짝짝 멋지다 짝짝짝 멋~지다!

- 응 우진이. 우진이도 안전체험관에 다녀왔어요? 아~ ○○이도 다녀왔어요? 누리반에는 안전

- 체험관에 다녀온 친구가 많구나. 안전체험관에 가봤던 친구들 손들어 볼까요? 하나, 둘~ 여덟. 누리반에는 모두 8명의 친구가 다녀왔구나.

- 아~가영이는 안전체험관에는 안 가 봤지만 여섯 살 때 누리유치원에서 지진대피훈련을 해 봤어? ○○이도 해 봤어요? 그럼 지진대피훈련을 해 본 어린이는 모두 몇 명인지 손들어볼까? 하나, 둘~아홉. 모두 9명의 어린이가 지진대피훈련을 해 봤구나.

- ○○이는 안전체험관도 안 가보고 지진대피훈련도 안 해봐서 궁금하구나. ○○이처럼 지진에 대해서 잘 모르는 친구들 있나요? 한번 손들어 볼까요? 하나, 둘, 여덟. 모두 8명이구나.

- 아~ 우철이가 친구들한테 지진체험에 대해서 보여줄 수 있어요? 그럼 우철이가 나와서 보여 줄래요?

- 그런데 앞에 나오니 쑥스러워서 선생님이랑 같이 보여 주고 싶어요?

- 일단 책상이 필요해? (책상 옮기는 모션) 그리고 책상을 두드려? (책상 두드리는 모션) 아, 책상 아래로 숨어야 해? (무릎 꿇고 책상 아래로 숨는 듯한 모션) 책상다리를 잡아? (책상다리를 잡는 모션) 책상이 흔들리는 게 멈추면 밖으로 달려가야 해? (달리는 것처럼 함) 아, 사이렌 소리를 빠트렸어? 사이렌 소리가 나면 나가야 하는구나. 고마워요.

〈전개〉

[자유선택활동소개]

- 이제 무슨 시간이지요? 그래요. 자유선택활동 시간이에요. 오늘 자유선택활동시간에는 어떤 활동을 하고 싶나요?

- 누리반이 이야기한 걸 칠판에 적어 줄게요. 역할영역에서는 지진대피훈련을 하고 싶어요? 그럼 역할영역은 지진대피훈련(의자에 앉아서 보드판에 메모하는 것처럼) 언어영역은? 아, 가영이 할머님이 포항에 사시는데 지진이 나서 대피소에 계시는구나. 너무 걱정이 되어서 편지를 쓰고 싶어요? 다른 친구들도 대피소에 계신 분들께 편지를 쓰고 싶어요? 그럼 언어영역에서는 편지쓰기를 하기로 하자. 미술영역에서는? 지진대

피안내문을 만들고 싶어요? 그럼 지진대피안내문 만들기, 수·조작영역에서는? 아, 지난번에 했던 화재대피훈련 판게임이 재미있어서 지진대피훈련으로 바꿔서 판게임을 하고 싶구나. 그럼 지진대피훈련 판게임, 쌓기영역은? 대피소를 만들고 싶어요? 그럼 대피소를 만들기로 할게요.

- 그럼 선생님은 무엇을 준비해 주면 될까요? 역할영역은? 책상이 필요해요? 그럼 책상을 준비해주고, 미술영역은? 도화지? 그럼 도화지를 준비해 줄게요. 언어영역은? 편지지가 필요해요? 그럼 편지지를 준비해 줄게요.
- 이제 계획표에 자기 얼굴 붙이고 지금 큰 바늘이 12에 있으니까 한 바퀴 돌아서 다시 12에 올 때까지 시간을 주도록 할게요.

[역할영역]

- 똑똑!(노크하는 모션) 역할영역 어린이들 선생님 들어가도 되나요?
- (무릎 꿇고)지금 지진대피훈련을 준비하고 있어요?
- 그런데 ○○이랑 **이는 무슨 일 있어요? 아, 둘 다 책상을 이용하는 역할을 하고 싶구나.
- 우찬이가 ○○이는 책상을 흔들고 **이는 두드리면 어떠냐고 하는데? ○○이랑 **이 생각은 어때요? 좋은 생각인 거 같아요? 가위바위보로 무엇을 할지 나누어서 하고 그 다음에는 바꿔서 해볼 거예요? 선생님 생각에도 그러면 좋을 것 같아요.
- 그럼 지진대피훈련 잘하고 혹시 선생님 도움이 필요하면 불러 주세요.

[언어영역]

- 언어영역 어린이들은 편지를 쓰고 있나요?
- ○○이는 한글을 잘 못 써서 그림을 그리고 있어요? 그래도 괜찮아요. ○○이의 생각을 전달하면 멋진 편지가 된대요.
- 평가시간에 어떤 편지 썼는지 소개해 주세요. 그리고 선생님이 도움이 필요한 친구가 있으면 선생님 불러 주세요.

[배회하는 유아 발견]

- 보인다 보인다, ○○이가 보인다! ○○이는 왜 돌아다니고 있을까요?
- 아, 역할영역은 책상을 두드리는 소리가 무섭고 언어영역은 한글을 잘 쓰지 못해서 자신이 없어요? 그럼 선생님이랑 같이 어떤 영역에 가면 좋을지 돌아보기로 할까요?

(유아 손 잡는 모션)

[미술영역]
• 미술영역 어린이들은 지진대피안내문을 만들고 있네요. 어, 그런데 왜 다 다른 그림을 그리고 있어요? 아, 각자 역할을 맡아서 그린 후 모아서 완성해 주기로 했어요? ○○(배회하던 유아)이도 그림 그리는 건 할 수 있을 것 같아요? 애들아, ○○이도 그림 그리는 거 도와줘도 되냐고 물어보는데? 마침 화살표 그려 줄 친구가 필요했어요. ○○이 생각도 좋아요? 그럼 ○○이는 미술영역에서 같이 활동하도록 할까요?

[역할영역으로 다시 이동]
• 역할영역 어린이들 선생님 도움이 필요해요? 아, 모두 대피하고 싶어서 책상 두드리고 흔들어 줄 사람이 필요했구나. 선생님이 이렇게 두드리고 흔들어 주면 될까요? 어~그런데 모두 어디 가는 거예요? 아, 쌓기 영역의 대피소로 대피하는 거예요? 미리 쌓기 영역 친구들과 합의를 했구나. 정말 멋지다.

⟨마무리⟩
• 누리반 어린이들 아직 30분 시간이 남았어요. 영역 바꿔서 놀고 싶은 친구들은 영역 바꿔서 놀고 자유선택활동 끝나기 5분 전에 다시 시간 알려 줄 테니까 정리하고 모이기로 할게요. 평가표에 웃는 얼굴과 우는 얼굴로 자기 활동 표시하도록 하고 혹시 도움이 필요한 친구들은 선생님께 이야기해 주세요.
이상입니다.

사례 3(45.17점)

♣ 수업복기

⟨도입⟩
• 주의집중: 사랑하는 하늘반 (덩덩쿵따쿵) / 모두 모였으니 (덩덩쿵따쿵) 하늘반 모두 자리에 앉았나요?
• 동기유발: 어젯밤에 뉴스 본 어린이들 있었나요? 무슨 일이 있었나요? 그래요. 지진이 났었지요. 그래서 오늘 아침에 우리 친구들도 선생님한테 "선생님 어제 지진이 났어

요!"라고 말해 주었지요.

- 활동소개: 그래서 선생님이 자유선택활동에 지진과 관련된 활동을 제시해 놓았어요. 다들 자유선택활동표에 계획했나요? 아, ○○는 오늘 3개만 할 거예요? ○○는 오늘 2개만 할 거구나.

- 약속상기: 그래요 그럼 우리 자유선택활동에서 지켜야 할 약속 정했었는데 말해 볼까요? 첫째, 친구와 갈등이 있을 땐 사이좋게 해결해요. 둘째, 도움이 필요할 땐 선생님께 이야기해요.

- 놀이시간 알림: 그럼 우리 약속을 잘 지키며 자유선택활동 시작!

〈전개〉

- (무릎 꿇고) 쌓기놀이영역 어린이들은 무엇을 하고 있나요? 아, 지진이 나도 흔들리지 않는 튼튼한 건물을 만들 거예요? 그럼 무엇이 필요할까요? 설계도가 필요할 것 같군요. 그럼 설계도도 그려보고 멋지게 만들어 보도록 해요.

- (옆으로 이동해서 무릎 꿇고) 언어영역 어린이들은 무엇을 하고 있나요? 아, 지진이 났을 때 대처하는 방법에 대해 엄마, 아빠한테 편지를 써서 알려 줄 거예요? 그렇군요. 그림까지 그려 넣으면 더 멋진 편지가 될 거 같아요.

- (수업조건 1번) (일어나서 돌아다니다가 아이를 발견하고 다시 무릎 꿇음) 어, 그런데 우리 ○○는 왜 놀이를 하고 있지 않나요? 아, ○○는 지진에 대해 잘 모르는데 친구들이 다 지진과 관련된 활동을 하고 있어서 같이 놀 수가 없어요? 그럼 어떻게 해야 하지? (○○의 아이가 다가온다고 설정하고 팔로 감싸듯) 아, ○○이가 ○○한테 "나도 지진에 대해 잘 모르는데 도서 영역에 지진이야기 책이 있는데 같이 볼래?"라고 물어봐 주었네요. ○○ 생각은 어때요? 그래요. 그럼 함께 도서영역으로 가서 지진이야기 책을 보도록 해요.

- (의자자리로 돌아옴) 똑똑똑! 역할놀이영역 어린이들, 선생님이 들어가도 괜찮을까요?

- (수업조건 2번) 어, 근데 우리 ○○의 표정이 안 좋아 보이는데 무슨 일 있나요? 서로 같은 역할을 하고 싶었구나. 무슨 놀이를 하려고 하는데요? 아 지진구조대 활동을 하려고 했어요? 그럼 역할이 무엇 무엇이 필요하다고 생각했나요? 소방관, 응급대원, 지진을 대피하는 사람이 필요하다고 했었구나. 그럼 다른 역할은 없을까? 아, ○○

가 도서영역에 지진과 관련된 책이 있으니 그 책을 읽어보면서 다시 이야기하자고 해 주었네요. 그럼 도서영역 어린이들에게 양해를 구하고 가지고 와 볼래요? 그래요. ○○가 지진이야기 책을 가져왔어요. 그 전에 너희들은 지진을 경험한 적이 있나요? 아 ○○은 4살 때 지진대피훈련을 해 보았구나. ○○는 친척 중에 지진 피해를 입으신 분이 있었구나. 지금은 어때요? 괜찮아요? 다행이네요. 그리고 ○○는 안전체험관에서 경험했었군요. 그럼 책을 한 번 볼까요? 책에는 어떤 내용이 나왔나요? 지진이 났는데 화재까지 발생한 내용도 있었군요. 아, ○○이는 소방관인데 불을 꺼 주는 소방관을 하고 싶어요? ○○에게 지진대피를 도와주는 소방관 역할을 양보할 거예요? 그래요 그럼 사이좋게 역할을 정하면 되겠어요.

- 선생님도 역할영역에 함께 들어가도 되나요?
- 선생님은 어떤 역할을 맡으면 좋을까요? 선생님도 대피하는 사람이었으면 좋겠어요? 그래요.
- 지진이 난 건 어떻게 알 수 있을까요? 아 ○○가 책상을 두드리면 지진이 나는 거예요? 지진신호 역할도 있군요.
- 그래요 그럼 놀이를 해 보도록 할까요?
- (무릎을 손바닥으로 치면서) 엇! 지진이 났나봐요! (엄청 큰 소리로) 지진이야!! 지진이야!! 선생님이 빨리 119에 전화해야겠어요!! 왜요? 아 그렇군요. 선생님이 나침반 안전교육 시간에 지진이 나면 일단 안전한 곳으로 대피하고 신고하라고 해서 그랬군요. 잘 기억하고 있었네요. 그럼 어떻게 해야 하나요?
- (발언하면서 몸도 같이 숙임) 아 몸을 최대한 숙이고 젖은 수건으로 코와 입을 막고 가야하는군요. 아 근데 이건 지진 발생했을 때 불까지 나면 이렇게 하는 거예요? ○○가 지진만 난 거라고 하는데 그럼 어떻게 해야 할까요?
- (책상까지 기어가서 책상다리 잡음) 아 책상 안으로 들어가서 책상다리를 잡고 지진이 멈출 때까지 기다려야 하는군요. 그리고 쿠션으로 머리도 보호해야 하는군요. 앗! 지진이 멈췄어요! 선생님은 빨리 나가 봐야겠어요!
- 앗, 안되나요? 아 선생님이 대피할 땐 차례를 지켜서 대피해야 한다고 이야기했었군요. 잘 기억하고 있네요.
- 그럼 선생님은 다른 친구들이 어떻게 놀이를 하고 있는지 다시 살피고 올게요.
- (잠깐 일어서서 왼쪽으로 두 걸음 걷고 다시 자리로 돌아옴) 역할놀이영역 어린이들, 쌓기

놀이영역 어린이들이랑 같이 놀기로 했다는데 맞나요?

- 그럼 쌓기놀이영역 어린이들을 불러볼게요! 쌓기놀이영역 어린이들 여기로 오세요!
- 쌓기놀이영역 어린이들은 지진에도 무너지지 않는 건물을 만들고 있던데 무엇을 하며 놀기로 했나요?
- 아, 소방서도 만들고 안전하게 대피하는 곳도 만들어 주기로 했구나.
- 그럼 역할놀이영역 어린이들과 쌓기놀이영역 어린이들이 함께 연계하면서 놀 수 있 겠네요. 이상입니다.

사례 4(점수 기재 없음)

♣ 수업복기

〈도입〉

행복반 모여라~ 모여라~ 모여라~ 행복만 모여라~ 다 모였다! 와아(박수) 우리 행 복반 다 모였네요.

지난번에 ○○이가 포천에서 지진으로 할머니가 다쳤다는 이야기를 했었지요, 혹 시 뉴스를 본 어린이들 있나요?

뉴스 본 어린이도 있고, 보지 않은 어린이도 있구나.

오늘 새소식 영역에 놓을 새로운 뉴스를 선생님이 가져 왔는데 함께 볼까요? 짠!

어떤 뉴스인가요? 그래 지난번에 ○○이 할머니가 겪었던 포천에서 일어난 지진 관 련 뉴스구나.

사진 속 사람들 표정이 어떤가요?

사람들은 어떤 마음일 것 같아요?

만약 너희가 지진으로 집이 무너지거나 몸이 다치면 기분이 어떨 것 같나요?

지진으로 인해 다치지 않을 수 있는 방법은 무엇이 있을까요? 지진이 일어났을 때 바 르게 대피해야 겠구나.

안전체험관에서 지진대피를 해 본 ○○이도 있고, 6살 때 지진대피훈련을 해 본 ○○이와 ○○이도 있구나.

이렇게 잘 알고 있는 어린이도 있고, 잘 모르는 어린이도 있어서 선생님이 새로운 교구를 소개해 줄게요. (언어교구–지진대피방법 그림자 책, 그림자만 보고 행동 맞히기, 그림자 밑에는 글자가 써 있음)

지진대피 방법이 순서대로 나와 있는 책인 것 같구나? 그런데 그림자만 있네요? 그림자만 보고 한번 맞혀 볼까요?

○○이는 어떤 행동인 것 같아요? 왜 그렇게 생각했어요? ○○이가 직접 손을 올려서 그림자 모양처럼 보여 주네요.

그런데 ○○이아 맞는지 틀린지 어떻게 아냐고요? 이 그림자 책에는 안 나와 있는데 어떻게 알 수 있을까요?

아! ○○이가 언어영역에 지진관련 책이 있다고 하네, 그래 그 책을 한번 펼쳐 볼까요? 선생님 뒤에 있네요!

펼쳐 보니까 첫 번째 대피방법으로 ○○이가 이야기한 행동이 나와 있네요.

○○이 말처럼 이 책을 사용해서 맞는지 틀린지 알아보면 되겠어요.

글자를 읽을 수 있는 어린이들은 밑에 글자를 읽어 볼 수도 있겠어요.

이제 너희가 계획한 자유선택활동을 시작해 볼까요?

〈전개〉

먼저 역할영역을 가 볼까요?

와 너희가 어떤 놀이를 시작하려고 해요? 아 지진대피훈련 놀이를 하는 거구나.

○○이가 지진대피훈련을 해봐서 친구들한테 알려 주고 같이 해 보는 거라고요? 그런데 역할을 정하는데 어려움이 있구나.

○○이랑 ○○이는 무슨 문제가 있는 거에요? 지진이 났다고 알려 주는 역할을 둘 다 하고 싶구나. 어떻게 하면 좋을까요?

잘 모르겠나요? 그럼 다른 친구들한테도 물어볼까요?

애들아, ○○이가 ○○이가 이런 상황인데 무슨 좋은 방법 없을까요? 와! 쌍둥이! 쌍둥이가 되는 방법도 있구나~ ○○이가 쌍둥이가 되는 건 어떠냐고 하는데 너희 생각은 어때요? 음, 그렇게 한번 해 볼 거예요? 그래, ○○이 말처럼 한번 해 보고 다른 방법을 또 생각해 보면 되겠다!

선생님은 다른 영역도 보고 다시 올게요.

언어영역에서 ○○이랑 ○○이가 새 교구를 사용해서 놀이하고 있구나.

○○이가 문제를 내고, ○○이가 맞히고 있는 건가요? 역할을 바꿔 가면서 하고 있는 거예요?

그런데 한 번씩 했더니 조금 쉬운 것 같다고요?

그럼 어떻게 하면 좀 더 재미있게 할 수 있을까요?

그래, ○○이 말처럼 그림자를 손으로 가려 볼까요? ○○이가 손으로 가리니까 윗부분이 조금밖에 안 보이네.

이렇게 윗부분만 보고 맞히려니까 좀 어려워진 것 같구나. ○○이가 힌트를 달라고 하네.

손을 조금 더 내려 주니까 좀 더 보인다! 과연 ○○이가 이야기한 대답이 맞을까? 와! 맞았구나!

다 맞추고 글자를 따라 써 보겠다고요? 언어영역에 있는 종이랑 펜을 사용하면 되겠네요.

혹시 어려운 글자가 있으면 선생님에게 도움을 요청해도 좋아요! 그럼 선생님은 다른 영역을 한번 보러 가 볼까? (미술영역으로 가다가 배회하는 유아를 만남)

○○이는 무슨 일 있어요? 아, 미술영역을 계획했는데, 자리가 없어서 돌아다니고 있었구나.

미술 다음에 계획한 영역은 어떤 영역이에요? 역할영역이에요? 그런데 친구들이 이미 놀고 있어서 가기가 좀 그렇구나..

앗 그런데 ○○아, ○○이가 고민하는 것 같아서 도와주러 온 거예요?

○○이 상황을 ○○이에게 이야기해 줄래요? 이런 상황인데, ○○이가 손잡고 함께 역할영역으로 가자고 하네.

친구들이 역할이 더 필요하다고 말하는 걸 들었구나.

그래, 같이 가볼 건가요? 선생님도 같이 가볼까? 친구들이 잘 왔다고 하네! 대피하는 역할이 더 필요했나요?

미술영역은 무엇을 하고 있나요?

맞아, 행복반이 지진대피를 사람들이 할 수 있도록 캠페인을 하자고 이야기를 나눴었는데, 그때 사용할 포스터를 만들고 있구나!

○○이랑 ○○이가 함께 만들고 있는 건가요?

○○○이는 그림을 잘 그려서 그림을 그리고 ○○이는 글자를 쓸 수 있어서 글자를

적는 거구나.

　둘이 힘을 합쳐서 협동하는 모습이 멋진걸! 포스터가 완성되면 친구들에게도 소개해 줄 건가요? 좋아요!

　또, 옆에서 ○○이는 무엇을……. (시간 종료)

사례 5(점수 기재 없음)

♣ 수업복기

〈도입〉
- 주의집중(국악장단)
- 사전활동 이야기(안전체험학습관 다녀온 유아가 소개한 지진체험 이야기)
- 간단한 이야기 나누기(지진 사진 보면서 이야기 나누기/지진에 대한 경험, 지진의 위험성 이야기 친척 형이 지진피해 경험 있는 유아의 경험 나누기)
- 자유선택활동 소개(새로운 놀이 준비된 영역 – 역할/미술/언어는 언급하지 못함)
- 자유선택활동 계획 후 시작

〈전개〉
* 역할영역 부분만 실연함
- 역할영역에 모인 유아들과 지진대피요령 동영상 보고 이야기 나누기(지진대피 경험 없는 유아 언급)
- 필요한 소품에 대해서 이야기 나누기(방석, 헬멧/마이크 유아가 제안 – 지진대피 방송 위해서)
- 필요한 역할에 대해서 함께 이야기 나누기(지진 대피하는 사람들/소방관/지진대피 방송하는 사람들)
- 잠시 다른 영역 놀이 보러 감
- 배회하는 유아와의 상호작용 후 배회하는 유아 역할놀이에 참여(왜 놀이에 참여하지 않는지 물어봄/하고 싶은 놀이가 없다고 대답/교사와 유아가 같이 놀이영역 투어 후 유아가 결정하게 함)
- 역할 배정으로 갈등을 겪는 유아들과 상호작용(소방관 역할을 하고 싶은 유아들의 다툼/

이유 물어봄/소방관 역할은 여자가 하지 못한다고 생각함, 사과하고 서로 이해하는 시간 가짐)
- 자유선택활동 종료 10분 전 알리기 및 교사에게 하고 싶은 말(교사와 함께 더 실감나게 지진 체험하는 방법 고민/안전체험학습관에서 사용해본 VR 대여하기로 함)
- 수업실연 종료

사례 6(점수 기재 없음)

♣ 수업복기
- 열매반 얼쑤 손장구 나와라 얍! 사랑하는 열매반 덩덩쿵따쿵 어서 모여라! 덩덩쿵따쿵 모두 모였다! 덩덩쿵따쿵
- 열매반 모두 자리에 앉았나요? 반은 매트 자리에 반은 의자 자리에 앉아 주었네요.
- 열매반 선생님이 오늘 열매반 새 소식 게시판에 새 뉴스 기사를 붙여 놓았는데 혹시 본 어린이들이 있나요?
- 우리 태양이가 보았구나. 태양아 어떤 뉴스 기사가 있었나요?
- 그래요, 어제 포항이라는 도시에서 지진이 발생했대요. 아 우리 열매반에 어제 뉴스를 본 친구들이 있구나.
- 선생님이 뉴스를 보지 못한 친구들을 위해서 뉴스 영상을 준비해 왔어요, 우리 함께 보고 이야기 나누어 보도록 해요.
- 모두 TV가 잘 보이나요? 맨 뒷자리에 앉은 서영이는 TV가 잘 보이나요? 그래요, 영상을 틀어주도록 할게요.
- 열매반 영상 속 집의 모습이 어떠했나요?
- 그래요, 집에 있는 물건들이 흔들리고 위에 있는 물건들이 바닥을 떨어졌어요.
- 너희가 이야기해 준 것처럼 땅이 흔들려서 건물이 흔들리는 것을 지진이라고 해요.
- 아, ○○이의 삼촌은 포항에 살고 계신데, 지진을 경험하셨대. 다행히 다치진 않으셨대.
- 지진이 일어나면 어떻게 대피해야 하는지 혹시 아는 친구가 있나요? (책상 밑이나 침대 밑에 숨는다/왜 숨어야 하는가/위에서 무거운 물건이 떨어지면 다칠 수 있기 때문에 숨는다 등등 유아들에게 대피하는 방법과 그 이유에 대해서 직접 생각해 보고 말해 볼 수 있도록 진행함)

- 어떻게 그렇게 자세히 알고 있나요? 그래요, 지진대피훈련/안전체험관에 다녀왔었구나.
- 우리 친구들에게 어떻게 대피해야 하는지 자세히 말해 주도록 할까요? (지진대피에 대해 알고 있는 친구)
- 아 우리 친구들이 지진이 발생하면 어떻게 하면 좋을지 책으로 만들어 보고 싶구나. 그래요 그럼 오늘 자유선택활동 시간에 언어영역에서는 너희가 책을 만들어 볼 수 있도록 선생님이 자료를 준비해 놓도록 할게요.
- 아 우리 ○○이는 지진대피를 해 본 적이 없어서 해 보고 싶구나. 그럼 오늘 역할놀이영역에서는 지진대피훈련을 해 보도록 해요. 그리고 미술영역에서는 우리가 지진을 만났을 때 어떻게 대처할지 그림으로 그려보도록 해요.
- 교실을 한 바퀴 돌고 너희가 하고 싶은 놀이를 계획해 보도록 해요.
- 모두 계획을 마쳤나요? 선생님이 불러 주는 노래에 맞추어서 이동하도록 해요. 꼭꼭 숨어라 쌓기영역 보인다!

〈전개〉

- 역할영역을 계획한 친구들이 모였네요. 어떤 이야기를 나누고 있나요?
- 지진대피를 해보기 위해서 상황을 이야기 나누고 있구나. 아 부모님과 함께 집에서 있는데 지진이 나서 대피해보는 것을 할 거예요? 그러면 우리가 지진대피를 하기 위해서 어떤 역할이 필요할까요? 지진대피를 알려 주는 사람, 부모님과 아이의 역할이 필요하겠구나. 그럼 필요한 자료에는 무엇이 있을까요? 지진대피를 알려 주기 위한 마이크와 소꿉놀이를 하기 위한 소꿉놀이자료가 필요하겠구나. 그래 ○○이가 말해 준 것처럼 마이크는 지난번 ○○활동에서 사용했던 마이크를 사용하면 좋을 것 같아요. 그럼 이제 역할을 정하면 좋을 것 같아요? 그래요. 어, 그런데 ○○이와 ○○이가 화가 난 표정을 하고 있는 것 같아요. 무슨 일이 있나요? 아 ○○이와 ○○이가 모두 지진대피를 알려 주는 사람이 하고 싶구나. 혹시 양보해 주고 싶어요 하는 친구가 있니? 그래 둘 다 너무 하고 싶구나. 그럼 어떻게 하면 좋을까요? ○○이의 말처럼 지진대피를 두 번하고 한 번씩 역할을 해 볼 수도 있겠다. 우리 친구들 생각은 어때요? 좋은 것 같아요? 아, 그럼 ○○이가 먼저 역할을 양보하고 싶대요. 그래요, 우리 친구들이 배려하고 양보해 주어서 지진대피훈련을 즐겁게 해 볼 수 있을 것 같아요. 그럼

너희가 계획한 대로 놀이를 해 보도록 해요.

- (교실 중앙에 서 있는 유아 상황) ○○이는 어떤 놀이를 하고 싶어요? 어떤 놀이를 해야 할 지 잘 모르겠어요? 그럼 선생님과 함께 교실을 한 바퀴 돌아보자. (교실을 한 바퀴 정말 돌면서 유아와 손잡는 모습을 보여 주고 함께 이동하고 설명하는 모습을 보여 줌) 선생님이 놀이 소개를 해 줄게요. 어떤 놀이가 하고 싶은지 생각해 보도록 해요. 역할영역에서는 친구들이 집에서 놀고 있는데 지진이 나서 대피해 보는 지진대피훈련 놀이를 하고 있어요. 언어영역에서는요 우리 친구들이 지진대피방법을 모르는 사람들을 위해 지진대피방법을 책으로 만들어 보고 있어요. 미술영역에서는 만약 지진이 나면 나는 이렇게 대피할 거예요! 하는 방법을 그림으로 그려보고 있어요. (쌓기영역 등은 생략함)

- ○○이는 어떤 놀이를 해 보고 싶나요? 언어영역에서 책을 만들어 보고 싶어요? 그래요 그럼 ○○이가 친구들에게 가서 같이 놀이하자고 말해 보도록 할까요? 그럼 오늘은 선생님이 대신 말해 줄게요. 내일부터는 ○○이가 선생님이 말하는 것을 잘 듣고 직접 친구들에게 말해 보도록 해요.

- 언어영역 친구들 어떤 이야기를 나누고 있나요? 어떤 대피방법을 책으로 만들지 대피방법에 대해서 이야기 나누어보고 있구나. ○○이가 우리 친구들과 함께 책을 만들어 보고 싶다는데 ○○이는 어떤 역할을 맡으면 좋을까?

- 아, 그래. ○○이는 ○○이가 안전체험관에 다녀왔다고 아까 말했으니까 우리 친구들에게 안전체험관에서 어떻게 대피했는지 그 방법을 이야기해 주면 좋을 것 같대요.

- ○○아, 친구들에게 안전체험관에서 어떻게 대피했는지 친구들에게 자세히 설명해 줄 수 있나요?

(시간 종료)

사례 7

♣ 언어영역 책 만들기 활동

〈도입〉

민지, 지민이, 태희, 준호가 언어영역에 모였구나.
오늘 언어영역에는 어떤 활동이 준비되어 있지요?

그래. 지진 났을 때 대피하는 방법을 알려 주는 책을 만들기로 했죠?

〈안전체험관 경험 유아〉

응, 그래 민지야…….

아, 민지는 안전 체험관에 가서 지진 체험을 해 보았다고? 어땠어요?

응, 가짜 집이 있는데 불이 켜지더니 막 흔들렸어요? 무섭지 않았어요?

응, 무서웠는데 안전 선생님이 책상 밑으로 들어가면 된다고 하셔서 그렇게 했어요?

〈지진대피훈련 경험 유아〉

응, 우리 지민이는…….

아, 사슴반 때 지진대피 훈련했는데 친구들이 막 웃어서 원장선생님이 그러면 안 된다고 하셨어요?

그럼 훈련도 진짜처럼 해야 정말 지진 났을 때 잘 대피할 수 있는 거예요.

훈련할 때 어떻게 하고 대피했는지 말해 줄 수 있어요?

아, 가방이랑 작은 방석으로 이렇게 머리를 보호하고 대피했다고요?

맞아요. 지진이 났을 때는 가방이나 작은 방석으로 머리를 보호해 주어야 해요.

〈지진 피해 지인을 둔 유아〉

응, 태희야…….

아……. 태희는 삼촌이 포항에 사셔요?

얘들아, 얼마 전에 포항에 지진이 났었죠? 그래서 우리 뉴스 장면도 같이 보았죠?

그런데 태희 삼촌이 포항에 사신다고 하네.

태희 삼촌이 지진 때문에 많이 힘드셨다고 해요.

태희야, 그럼 삼촌한테 가 보았어요? 아…… 엄마 아빠가 위험하니까 안 된다고 해서 태희는 집에 있고 엄마 아빠만 다녀오셨어요?

응……. 아, 태희 삼촌이 아직도 잠을 잘 못 주무신대요. 정말 힘드셨구나.

지진은 이렇게 무서운 거예요.

〈지진에 대해 모르고 활동에 관심 없는 유아〉

그런데 준호야, 준호는 표정이 왜 그래요? 재미없어요?

아……. 준호는 지진도 못 봤고 그래서 잘 모르고 재미가 없구나.

그런데 준호야, 선생님도 지진은 한 번도 겪어보지 못했어요.

그래도 친구들 이야기 들어 보니까 지진이 어떤 것인지 알 것 같아.

그리고 지진 났을 때 대피하는 방법을 알려 주는 책을 만들면 친구들이 지진에 대해 알고 잘 대피할 수 있으니까 정말 중요한 거 같아.

그러니까 준호가 친구들과 함께 힘을 합해서 책을 만들어 주면 어떨까?

그럴 수 있겠어요? 고마워 준호야.

♣ 언어영역 책 만들기 활동

〈전개〉

그럼 지진 났을 때 대피하는 방법을 알려 주는 책을 만들어 볼 건데 어떤 내용이 들어가야 할까?

아, 민지가 체험관에 갔을 때 안전 선생님이 가르쳐 주셨는데 문을 열어야 한대요.

왜 그렇지 민지야? 아……. 지진이 나면 집이 흔들려서 문이 안 열릴 수 있고 그러면 나갈 수 없게 되니까 미리 문을 열어야 한다고? 그래요.

그럼 책의 첫 번째에는 '문을 열어요.'를 넣을게요.

선생님이 작은 칠판에 적어 줄게요. 문…을…열…어…요….

두 번째에는 어떤 내용을 넣을까요?

응, 민지야. 아…… 그리고 책상 밑에 들어가야 한다고요? 왜 그럴까?

응, 준호야…… 아…… 찬장에서 그릇이 떨어지거나 장난감이 떨어져서 머리를 다칠 수 있으니까? 아, 그렇구나! 우리 준호가 정말 멋진 생각을 했네. 그래. 물건이 떨어져서 다칠 수 있으니까 책상 밑에 들어가서 머리랑 몸을 보호해야겠구나.

이것도 적을 게요. 책…상…밑…에…들…어…가…요.

다음에는 어떤 것을 넣을까?

응 지민아…… 대피훈련 했을 때처럼 가방이나 작은 방석으로 머리를 보호해야 하는구나. 맞아요. 머…리…를…보…호…해…요…. 다음에는 어떤 것을 넣을까?

응, 태희야. 아…… 삼촌이 그러시는데 밖으로 도망갈 때는 아무 것도 없는 데, 운동장 같은 데로 도망가야 한다고?

왜 그럴까? …… 맞아요, 우리 그때 뉴스 장면에서도 봤지요?

건물이 흔들리면서 파편이 떨어져서 큰일 날 뻔 했잖아요.

그래서 건물이나 나무가 없는 공터나 운동장으로 도망가야 해요.

이것도 적을게요. 공…터…로…가…요.

아…… 책 제목을 정해야 한다고?

지진 났을 때 대피하는 방법은 너무 기니까 표지에 다 적을 수 없을 거 같아요?

그럼 뭐가 좋을까? 아…… 〈위험해〉 책이 좋겠다고요?

그래. 지진은 위험하니까 위험해 라고 적으면 되겠네.

그럼 표지에는 제목하고 그림도 있어야 하니까 어떤 그림을 그리면 좋을까?

아…… 지진 나서 부서진 차를 그리자고요? 찌그러진 차?

〈자유선택활동을 못하고 있는 유아〉

어…… 상근아! 왜? 어떤 놀이를 할지 정하지 못했어요?

그런데 상근아, 우리가 위험해 책을 만드는데 표지에 찌그러진 차를 그려야 하거든.

그런데 상근이가 자동차 그림을 잘 그리니까 친구들을 도와주면 안 될까?

그럴래? 고마워요.

〈협력하는 과정〉

그러면 상근이가 표지에 찌그러진 자동차를 그려 주고

민지가 문을 열어요. 장면을 그려 주고,

지민이가 머리를 보호해요.

준호가 책상 밑에 들어가요,

태희가 공터로 가요를 그려 주세요.

응, 준호야…… 아, 책상 글씨를 모른다고요?

아, 민지가 알아요? 민지가 도와준다고요? 그래, 고마워.

그리고 혹시 글씨가 너무 어려워요 하는 친구는 선생님이 칠판에 써 놓은 것을 보고 써도 좋겠어요.

그럼 너희끼리 책을 만들 수 있겠지? 선생님은 다른 친구들도 보고 올게요.

♣ 언어영역 책 만들기 활동

〈역할영역에서 같은 역할을 두고 갈등을 벌이는 유아들〉

정국아, 진주야, 무슨 일이니? 왜 속상해요?

아…… 구급대원을 하고 싶은데 구급대원 모자가 한 개뿐이에요?

아이고, 선생님이 모자를 한 개 밖에 준비를 못해서 이렇게 되었구나. 미안해요.

그럼 어떡하지? 어떻게 하는 게 좋을까?

뭐라고 민경아?

소방서 견학 갔을 때…… 구급대원도 있었고 지휘본부에서 무전기하는 사람도 있었다고요?

그래! 구급대원 모자 쓰고 사람을 구하는 대원도 있고 지휘본부에서 연락하면서 잘 구할 수 있게 해 주는 대원도 있었네.

그럼 한 사람은 구급대원 모자 쓰고 구하는 사람하고 한 사람은 지휘본부 대원하는 건 어떨까? 괜찮겠어요? 그래.

뭐라고 정국아? 뭐어? 정국이가 한 번하고 바꿔 준다고요? 정말 멋지네.

그럼 한 번씩 하고 양보해 주도록 해요.

(응시자 코멘트: " 구상은 여기까지 했는데 시간이 너무 남아서 나머지는 그냥 의식의 흐름대로 했습니다.")

〈협력하는 과정〉

얘들아, 책은 잘 만들었어요? 어디 보자.

와! 문을 열어요, 책상 밑에 들어가요, 머리를 보호해요, 공터로 가요…….

와! 멋진 『위험해』책이 만들어졌네. 도서 영역에 놓고 함께 보도록 하자.

응, 태희야…… 아…… 책을 집에 가져가서 보고 싶어요?

그런데 어떡하지? 책이 한 권밖에 없는데?

아…… 친구들이 몇 권 더 만들자고?

그럼 선생님이 책 만들 재료를 언어영역에 더 놓아 줄 테니 함께 만들도록 해요.

몇 권 더 만들어서 도서 대출 놀이를 해도 되겠다.

그럼 오늘 책 만들기 활동한 친구들이 나중에 다른 친구들에게 방법을 알려 주고 도와주도록 해요.

정국아, 태희야…… 와~ 벌써 한 번씩 하고 바꿔서 하고 있는 거예요?

그럼 선생님은 구조받는 사람 해야겠다. 선생님은 어디에 있으면 돼요?

(응시자 코멘트: "이렇게까지 했는데도 5분 남았고 더 하다간 완전히 산으로 갈 것 같아서 과감히 끊고 갑자기 벌떡 일어나 "이상입니다!"라고 했습니다. 결국 10분 만에 실연 끝.)

사례 8

〈도입〉

- 주의집중(국악장단)
- 사전활동 이야기(안전체험학습관 다녀온 유아가 소개한 지진 체험 이야기)
- 간단한 이야기 나누기(지진 사진 보면서 이야기 나누기/지진 경험, 지진의 위험성 이야기/
  친척 형이 지진 피해 경험 있는 유아의 경험 나누기)
- 자유선택활동 소개(새로운 놀이 준비된 영역 - 역할/미술/언어는 언급을 못했어요.)
- 자유선택활동 계획 후 시작

〈전개〉

전 역할영역 부분만 실연했습니다.

- 역할영역에 모인 유아들과 지진대피요령 동영상 보고 이야기 나누기(지진대피 경험
  없는 유아 언급)
- 필요한 소품에 대해서 이야기 나누기(방석, 헬멧/마이크 유아가 제안 - 지진대피 방송 위
  해서)
- 필요한 역할에 대해서 함께 이야기 나누기(지진대피하는 사람들/소방관/지진대피 방송
  하는 사람들)
- 잠시 다른 영역 놀이 보러 감
- 배회하는 유아와의 상호작용 후 배회하는 유아 역할놀이에 참여(왜 놀이에 참여하지
  않는지 물어봄/하고 싶은 놀이가 없다고 대답/교사와 유아가 같이 놀이영역 투어 후 유아가
  결정하게 함)
- 역할 배정으로 갈등을 겪는 유아들과 상호작용(소방관 역할을 하고 싶은 유아들의 다툼/
  이유 물어봄/소방관 역할은 여자가 하지 못한다고 생각함/사과하고 서로 이해하는 시간 가짐)
- 자유선택활동 종료 10분 전 알리기 및 교사에게 하고 싶은 말(교사와 함께 더 실감나게

지진 체험하는 방법 고민/안전체험학습관에서 사용해 본 VR 대여하기로 함)

- 수업실연 종료

사례 9

세 가지 모두 하는 것이라고 하는데, 저는 선택이라는 단어를 보고 언어영역 하나를 선택해 실연했습니다.

〈도입〉

- (주의집중, 국악동요개사) 모두 모여 보자. 원하는 자리에 앉아 보자, 얼쑤.
- 나비반, 오늘은 모두 바닥에 앉아 주었구나. 제일 끝에 있는 수원이 선생님 잘 보이나 요?
- 잘 보이는구나. 선생님도 수원이가 잘 보여요. 이제 어떤 활동을 하는 시간인가요?
- 모두 다 알고 있나 보구나. 친구들 모두 손을 번쩍 들고 있네요. 우리 다 같이 이야기 해 볼까요?
- 놀이시간이구나 어떻게 알았어요? 수원이는 일과표를 보고 알았구나.
- 놀이를 하기 전에 영역을 같이 둘러볼까요?
- (자리에서 일어나 걸어 다니며 영역을 소개) 여긴 어떤 영역인가요?
- 쌓기 영역이구나. 뒤에 친구들은 잘 안 보이는구나. 나비반 친구들 가까이 모여 볼까 요? 어떤 것들이 보이나요?
- 지우는 모둠별로 만든 지진에 무너지지 않는 건물 설계도가 보이는구나. 빨간 건물 이 지우가 친구랑 함께 만든 것이구나.
- 여러 가지 색을 사용해 더 잘 보이는 것 같아요.
- 아, 우리 태양이는 어제 못한 쌓기를 꼭하고 싶구나(2~3명 개별상호작용).
- 여긴 어떤 영역인가요? 역할영역이구나. 어떤 것들이 보이나요?
- 구조대 옷이랑 안전모가 보이는구나. 수원이는 친구들과 함께 그린 건물 지도가 잘 보이는구나.
- 어떤 놀이를 할 수 있을 것 같나요? 승훈이는 구조대가 되어서 사람을 구하는 놀이를 할 수 있다고 생각하는구나. 구조대 옷을 입은 승훈이 정말 멋질 것 같아요.

- 여긴 어떤 영역인가요? 언어영역에는 무엇이 보이나요? 탭이 보이는구나. 미선이는 탭으로 어제 나침반 안전 영상을 보았구나. 오늘은 선생님이 다른 영상을 준비했어요. 어떤 영상인지 보고 싶은 친구들은 보도록 하자.
- 모두 바닥에 앉아 보자. 영역을 둘러보았는데 어떤 놀이를 할지 생각해 보았나요?
- 지운이는 언어영역을 할 거예요? 왜 하고 싶어요? 나침반 영상을 보고 친구들에게 알려 주고 싶구나. 선생님도 너무 궁금하니까 선생님에게도 꼭 알려 줘요.
- 경기는 어제 못한 역할영역을 하고 싶구나. 오늘은 계획해 친구들과 함께 활동하도록 해요.
- 시간을 볼까요? 긴 바늘이 어디에 있나요? 12에 있구나. 언제까지 놀이를 하고 싶나요? 10? 태양이가 10까지 놀이하고 싶다는데 너희 생각은 어때요? 11까지면 좋겠구나. 태양아, 11까지 괜찮아요? 그래, 그럼 11까지 놀이를 하도록 해요.
- 정리시간이 되면 선생님이 알려 줄게요. 계획표를 하고 놀이를 시작하자.

〈전개〉
- (조건) 역할영역 갈등(의자에서 일어나서 면접관 앞에 무릎 꿇고 앉음)
- 수원이와 구리가 표정이 안 좋아 보이는구나. 무슨 일이 있나요?
- 아, 수원이, 구리 모두 구조대가 하고 싶구나. 그럼 구조대를 2명이서 하면 안 되나요?
- 그럼 대피하는 사람이 없구나. 잠시만 기다려 줄래요?
- (조건) 배회하는 유아(일어나서 옆으로 이동하고 다시 무릎 꿇고 앉음)
- 종한이는 왜 역할영역 앞에 서 있어요? 역할영역하고 싶은데 못 들어가겠구나. 왜 못 들어간다고 생각했어요?
- 친구들이 같이 안 놀 것 같다고 생각했구나. 지금 역할영역에 중요한 역할인 지진을 대피하는 사람이 필요하다고 하는데 우리 종한이는 어떻게 생각하나요? 대피하는 역할을 하고 싶구나. 그럼, 선생님과 함께 가 보자.
- (유아 손잡는 척하고 일어서서 다시 면접관 앞에 무릎 꿇고 앉음)
- 수원아, 구리야. 종한이가 대피하는 역할을 하고 싶다는데 너희 생각은 어때요? 같이 놀이하면 재미있을 것 같구나.
- 놀이를 하고 어땠는지 꼭 이야기해 줘요. 선생님이 정말 궁금해요. 평가시간에 이야

기해 줘요.

- 언어영역으로 이동(일어나서 의자에 와서 앉음)
- 언어영역에는 승훈이, 경기, 데이브, 구리, 지우가 모였구나. 무엇을 하고 있나요?
- 다 같이 글자를 읽고 있었구나. 어떤 글자인지 알려 줄 수 있나요?
- '지, 진, 대, 피, 해, 요'라는 글자구나. 승훈이는 이제 탭으로 나침반 영상을 볼 거구나. 선생님도 같이 봐도 될까요?
- 영상에서 어떤 일이 일어났나요? 지진이 일어났구나. 지진이 발생하면 어떤 일이 일어나나요?
- 지우는 땅이 갈라진다고 생각하는구나.
- (유아가 몸을 흔든다고 생각하고) 경기는 몸이 이렇게 옆으로 움직이고 위아래로도 흔들릴 것 같다고 생각하는구나…… 왜 그렇게 생각했나요?
- (요소 1)경기는 안전체험관에 가서 지진대피를 해 보았구나.
- 어떻게 대피를 했나요? 책상 밑으로 머리를 보호하고 숨었구나. 왜 그렇게 해야 할까요?
- 떨어지는 물건에 머리가 다치지 않도록 해야 하는구나.
- 또 다르게 대피하는 방법을 알고 있나요?
- 데이브는 운동장으로 대피하는 방법도 있다고 알고 있구나. 어떻게 알았나요?
- (요소 2) 유치원에서 지진대피훈련 때 지진이 멈추면 넓은 운동장으로 머리를 보호하고 이동한 것이 생각났구나.
- 선생님은 기억이 안 났는데 우리 데이브가 잘 기억하고 있구나. 지우는 선생님이 피아노 밑에 숨은 것이 기억났구나.
- 승훈이는 신발을 꼭 신어야 하는구나. 신발을 꼭 신어야 하는 이유는 무엇일까요?
- 바닥에 위험한 물건이 많아서 발을 보호해야 한다고 생각했구나. 어떻게 알았나요?
- 나침반영상에서 들었구나. 우리 승훈이가 영상을 잘 들어주었구나.
- 지진이 났을 때 우리가 제일 먼저 해야 할 일은 무엇일까요?
- 구리는 "지진이야!"를 외쳐야 하는구나. 왜 지진이라고 소리쳐야 할까요?
- 동생들에게 알려 주어야 한다고 생각했구나.
- 지우는 머리를 보호하고 책상이나 식탁 밑에 숨어야 한다고 생각하는구나.
- 또 다른 생각 있나요? 우리 데이브는 문을 열어야 한다고 이야기해 주었는데 왜 문을

열어야 하나요?

- 문이 잠겨서 못 나갈 수도 있기 때문이구나. 정말 중요한 것을 알려 주었어요 만약 문이 잠기면 어떤 일이 일어날까요?

- 지진이 멈췄을 때 넓은 곳으로 대피하기 어렵구나..

- 너희가 이야기한 것을 동생들이나 선생님, 친구들에게 알려 줄 방법은 무엇이 있을까요?

- 글자로 적어서 알려 줄 수도 있고 지우는 그림으로도 알려 줄 수 있다고 생각하는구나.

- 어떤 것을 알려 주고 싶은가요?

- 데이브는 대피하는 방법을 알려 주고 싶고 지우는 대피할 때 필요한 것들을 알려 주고 싶구나.

- 대피하는 방법을 알려 주고 싶은 친구는 누구인가요? 데이브랑 승훈이는 방법을 알려 주고 싶구나.

- 대피할 때 필요한 것들을 알려 주고 싶은 친구는 누구인가요? 구리, 지우, 경기가 알려 주고 싶구나.

- 그럼 어떻게 알릴지 토의를 해 볼까요? 친구들과 토의할 때 지켜야할 약속은 무엇인가요?

- 경기는 친구가 속상하지 않도록 이야기를 잘 들어주는 것이 필요하다고 생각하는구나.

- 또 다른 생각 있나요? 글자가 어려울 때 친구를 도와주는 약속도 필요하구나.

- 데이브는 친구들도 모르는 글자는 어떻게 하냐고 이야기해 주었는데 그건 어떻게 하면 좋을까요?

- 선생님한테 물어보거나 그림으로 표현하면 좋겠다고 경기가 이야기해 주었구나.

- 그래요 글자가 어려우면 선생님이 도와줄게요. 걱정하지 말아요.

- 그럼 친구들과 함께 이야기를 나누어 보도록 해요.

- (의자에서 내려와 왼쪽을 보고 무릎을 꿇고 앉음)

- 승훈이랑 데이브는 대피하는 방법을 어떻게 알리기로 했나요?

- 그림과 글자를 적어서 복도에 붙여 놓으면 좋겠다고 생각했구나.

- 왜 복도에 붙이면 좋을 것 같다고 생각하나요?

- 동생들이랑 친구들이 모두 볼 수 있다고 생각하는구나. 정말 좋은 생각이구나. 선생님들도 모두 볼 수 있을 것 같아요(일어나서 오른쪽으로 이동해 무릎을 꿇고 앉음).
- 지우야 지금 종이에 쓴 글자를 선생님에게 읽어 줄 수 있나요?

* 수업실연 종료 종이 울림

* 요소 2개는 못 넣었어요.

사례 10

〈도입〉

1. 도입
   - 사랑하는 누리반 덩덩쿵따쿵 모두 모였니? 덩덩 쿵따쿵.
   - 아직 안 모인 친구들이 있네요. 천천히 다시 한번 불러 줄까요?
   - 사랑하는 누리반 덩덩쿵따쿵 모두 모였니? 덩덩 쿵따쿵(처음보다 느리고 작은 목소리로)
   - 이제 다 모여 주었네요. 선생님 잘 보이나요?

2. 사전 경험
   - 그래요. 지금은 무슨 시간이지요? 주말 지낸 이야기하는 시간이지요? 선생님이 사진 한 장 보여 줄게요. 뻑!(리모컨 누르는 모션)
   - 누구지요? 벌써 웃고 있는 친구가 있어요. 우철이가 나와서 무슨 사진인지 소개해 줄래요?
   - 우철이는 부모님과 함께 안전체험관에 다녀왔대요. 거기서 지진, 화재, 태풍을 체험했대요.
   - 친구들이 궁금한 점이 있나 봐요. 궁금한 점이 있으면 물어봐.
   - 친구들이 우철이 표정이 왜 무서워하냐고 물어보는데?
   - 아~ 지진 체험을 했는데 실제처럼 땅도 흔들리고 책상도 흔들려서 무서웠대. 그랬구나. 우리 씩씩하게 이야기해 준 우철이한테 멋지다 박수 쳐 줄게요. 멋지다, 짝짝짝. 멋지다, 짝짝짝 멋~지다.
   - 응. 우진이. 우진이도 안전체험관에 다녀왔어요? 아~ ○○도 다녀왔어요? 누리

반에는 안전체험관에 다녀온 친구가 많구나. 안전체험관에 가 봤던 친구들 손들어 볼까요? 하나, 둘~ 여덟. 누리반에는 모두 8명의 친구가 다녀왔구나.

- 아~ 가영이는 안전체험관에는 안 가 봤지만 여섯 살 때 누리유치원에서 지진대피훈련 해 봤어? ○○도 해 봤어요? 그럼 지진대피훈련을 해 본 어린이는 모두 몇 명인지 손 들어볼까? 하나, 둘~ 아홉. 모두 9명의 어린이가 지진대피훈련을 해 봤구나.

- ○○는 안전체험관도 안 가 보고 지진대피훈련도 안 해 봐서 궁금하구나. ○○처럼 지진에 대해서 잘 모르는 친구들 있나요? 한번 손 들어 볼까요? 하나, 둘, 여덟. 모두 8명이구나.

- 아~ 우철이가 친구들한테 지진 체험에 대해서 보여 줄 수 있어요? 그럼 우철이가 나와서 보여 줄래요?

- 앞에 나오니 쑥스러워서 선생님이랑 같이 보여 주고 싶어요?

- 일단 책상이 필요해?(책상 옮기는 모션) 그리고 책상을 두드려? (책상 두드리는 모션) 아~ 책상 아래로 숨어야 해?(무릎 꿇고 책상 아래로 숨는 듯한 모션) 책상 다리를 잡아?(책상 다리를 잡는 모션) 책상이 흔들리는 게 멈추면 밖으로 달려 가야 해? (달리는 것처럼 함) 아~ 사이렌 소리를 빠트렸어? 사이렌 소리가 나면 나가야 하는 구나. 고마워요.

〈전개〉

3. 자유선택활동 소개

- 이제 무슨 시간이지요? 그래요. 자유선택활동 시간이에요. 오늘 자유선택활동시간에는 어떤 활동을 하고 싶나요?

- 누리반이 이야기한 걸 칠판에 적어 줄게요. 역할영역에서는 지진대피훈련을 하고 싶어요? 그럼 역할영역은 지진대피훈련(의자에 앉아서 보드판에 메모하는 것처럼) 언어영역은? 아~ 가영이 할머님이 포항에 사시는데 지진이 나서 대피소에 계시는구나. 걱정이 되어서 편지를 쓰고 싶어요? 다른 친구들도 대피소에 계신 분들께 편지를 쓰고 싶어요? 그럼 언어영역에서는 편지쓰기를 하기로 하자. 미술영역에서는? 지진대피 안내문을 만들고 싶어요? 그럼 지진대피 안내문 만들기. 수조작영역에서는? 아~ 지난번에 했던 화재대피훈련 판게임이 재미있어서 지진대피훈

련으로 바꿔서 판게임을 하고 싶구나. 그럼 지진대피훈련 판게임. 쌓기영역은? 대피소를 만들고 싶어요? 그럼 대피소를 만들기로 할게요.

- 선생님은 무엇을 준비해 주면 될까요? 역할영역은? 책상이 필요해요? 그럼 책상을 준비해 주고, 미술영역은? 도화지? 그럼 도화지를 준비해 줄게요. 언어영역은? 편지지가 필요해요? 그럼 편지지를 준비해 줄게요.
- 이제 계획표에 자기 얼굴 붙이고 지금 큰 바늘이 12에 있으니까 한 바퀴 돌아서 다시 12에 올 때까지 시간을 줄게요.

4. 역할영역
- 똑똑!(노크하는 모션) 역할영역 어린이들, 선생님 들어가도 되나요? (무릎 꿇고 시연)
- 지금 지진대피훈련을 준비하고 있어요?
- ○○이랑 □□는 무슨 일 있어요? 아~ 둘 다 책상을 이용하는 역할을 하고 싶구나.
- 우찬이가 ○○는 책상을 흔들고 □□는 두드리면 어떠냐고 하는데? ○○이랑 □□이 생각은 어때요? 좋은 생각인 거 같아요? 가위 바위 보로 무엇을 할지 나누어서 하고 그다음에는 바꿔서 해 볼 거예요? 선생님 생각에도 그러면 좋을 것 같아요.
- 그럼 지진대피훈련 잘하고 혹시 선생님 도움이 필요하면 불러 주세요.

5. 언어영역
- 언어영역 어린이들은 편지를 쓰고 있나요?
- ○○는 한글을 잘 못 써서 그림을 그리고 있어요? 그래도 괜찮아요. ○○이 생각을 전달하면 멋진 편지가 된대요.
- 평가시간에 어떤 편지 썼는지 소개해 주세요. 선생님 도움이 필요한 친구가 있으면 선생님 불러 주세요.

6. 배회하는 유아 발견
- 보인다 보인다 ○○가 보인다~ ○○는 왜 돌아다니고 있을까요?
- 아~ 역할영역은 책상을 두드리는 소리가 무섭고 언어영역은 한글을 잘 쓰지 못해서 자신이 없어요? 그럼 선생님이랑 같이 어떤 영역에 가면 좋을지 돌아볼까요? (유아 손잡는 모션)

7. 미술영역

- 미술영역 어린이들은 지진대피 안내문을 만들고 있네요. 어~ 그런데 왜 다 다른 그림을 그리고 있어요? 아~ 각자 역할을 맡아서 그린 후 모아서 완성해 주기로 했어요? ○○(배회하던 유아)이도 그림 그리는 건 할 수 있을 것 같아요? 얘들아~, ○○도 그림 그리는 거 도와줘도 되냐고 물어보는데? 마침 화살표 그려 줄 친구가 필요했어요. ○○이 생각도 좋아요? 그럼 ○○는 미술영역에서 같이 활동하도록 할까요? (시간이 5분 남았어요.)

8. 역할영역으로 다시 이동

- 역할영역 어린이들 선생님 도움이 필요해요? 아~ 모두 대피하고 싶어서 책상 두드리고 흔들어 줄 사람이 필요했구나. 선생님이 이렇게 두드리고 흔들어 주면 될까요? 어~ 그런데 모두 어디 가는 거예요? 아~ 쌓기영역 대피소로 대피하는 거예요? 미리 쌓기영역 친구들과 합의를 했구나. 정말 멋지다. (시간이 3분 남았어요.)

9. 마무리(의자에 다시 앉았어요.)

- 누리반 어린이들 아직 30분 시간이 남았어요. 영역 바꿔서 놀고 싶은 친구들은 영역 바꿔서 놀고 자유선택활동 끝나기 5분 전에 다시 시간 알려 줄 테니까 정리하고 모이기로 할게요. 평가표에 웃는 얼굴과 우는 얼굴로 자기 활동 표시하도록 하고 혹시 도움이 필요한 친구들은 선생님께 이야기해 주세요.

이상입니다.

사례 11

〈도입〉

- 주의집중: 사랑하는 하늘반(덩덩쿵따쿵)/모두 모였니(덩덩쿵따쿵) 하늘반 모두 자리에 앉았나요?
- 동기유발: 어젯밤에 뉴스 본 어린이들 있었나요? 무슨 일이 있었나요? 그래요. 지진이 났지요. 그래서 오늘 아침에 우리 친구들도 선생님한테 "선생님 어제 지진이 났어요!"라고 말해 주었지요.
- 활동 소개: 그래서 선생님이 자유선택활동에 지진과 관련된 활동을 제시해 놓았어요.

다들 자유선택활동표에 계획했나요? 아, ○○는 오늘 3개만 할 거예요? 또 ○○는 오늘 2개만 할 거구나.

- 약속 상기: 그래요. 그럼 우리 자유선택활동에서 지켜야 할 약속 정했었는데 말해 볼까요? 첫째, 친구와 갈등이 있을 땐 사이좋게 해결해요. 둘째, 도움이 필요할 땐 선생님께 이야기해요.
- 놀이시간 알림: 그럼 우리 약속을 잘 지키며 자유선택활동 시~작~.

〈전개〉

- (무릎 꿇고) 쌓기 영역 어린이들은 무엇을 하고 있나요? 아, 지진이 나도 흔들리지 않는 튼튼한 건물을 만들 거예요? 그럼 무엇이 필요할까요? 설계도가 필요할 것 같군요. 그럼 설계도도 그려 보고 멋지게 만들어 보도록 해요.
- (옆으로 이동해서 무릎 꿇고) 언어영역 어린이들은 무엇을 하고 있나요? 아, 지진이 났을 때 대처하는 방법에 대해 엄마, 아빠한테 편지를 써서 알려 줄 거예요? 그렇군요. 그림까지 그려 넣으면 더 멋진 편지가 될 거 같아요.
- [※ 수업 조건 1번](일어나서 돌아다니다가 아이를 발견하고 다시 무릎 꿇음) 어, 그런데 우리 ○○는 왜 놀이를 하고 있지 않나요? 아, ○○는 지진에 대해 잘 모르는데 친구들이 다 지진과 관련된 활동을 하고 있어서 같이 놀 수가 없어요? 그럼 어떻게 해야 하지? (○○의 아이가 다가온다고 설정하고 팔로 감싸듯) 아, ○○가 ○○한테 "나도 지진에 대해 잘 모르는데 도서 영역에 지진 이야기책이 있는데 같이 볼래?"라고 물어봐 주었네요. ○○ 생각은 어때요? 그래요. 그럼 함께 도서 영역으로 가서 지진 이야기책을 보도록 해요.
- (의자 자리로 돌아옴) 똑똑똑 역할영역 어린이들, 선생님 들어가도 괜찮을까요?
- [※ 수업 조건 2번] 어, 근데 우리 ○○ 표정이 안 좋아 보이는데 무슨 일 있나요? 서로 같은 역할을 하고 싶었구나. 무슨 놀이를 하려고 하는데요? 아, 지진 구조대 활동을 하려고 했어요? 그럼 역할이 무엇 무엇이 필요하다고 생각했나요? 소방관, 응급대원, 지진을 대피하는 사람이 필요하다고 했었구나. 그럼 다른 역할은 없을까? 아, ○○가 도서 영역에 지진과 관련된 책이 있으니 그 책을 읽어 보면서 다시 이야기하자고 해 주었네요. 그럼 도서 영역 어린이들에게 양해를 구하고 가지고 와 볼래요? 그래요. ○○가 지진 이야기책을 가져왔어요. 그 전에 너희는 지진을 경험한 적이 있나

요? 아, ○○은 4살 때 지진대피훈련을 해 보았구나. ○○는 친척 중에 지진 피해를 입으신 분이 있었구나. 지금은 어때요? 괜찮아요? 다행이네요. ○○는 안전체험관에서 경험했었군요. 그럼 책을 한 번 볼까요? 책에는 어떤 내용이 나왔나요? 지진이 났는데 화재까지 발생한 내용도 있었군요. 아, ○○는 소방관인데 불을 꺼 주는 소방관을 하고 싶어요? ○○에게 지진대피를 도와주는 소방관 역할을 양보할 거예요? 그래요. 그럼 사이좋게 역할을 정하면 되겠어요.

- 선생님도 역할영역에 함께 들어가도 되나요?
- 선생님은 어떤 역할을 맡으면 좋을까요? 선생님도 대피하는 사람이었으면 좋겠어요? 그래요.
- 지진이 난 건 어떻게 알 수 있을까요? 아, ○○가 책상을 두드리면 지진이 나는 거예요? 지진신호역할도 있군요.
- 그래요. 그럼 놀이를 해 보도록 할까요?
- (무릎을 손바닥으로 치면서) 엇! 지진이 났나 봐요!(엄청 큰 소리로) 지진이야!! 지진이야!! 선생님이 빨리 119에 전화해야겠군요!!!! 엇 왜요? 아, 그렇군요. 선생님이 나침반 안전교육 시간에 지진이 나면 일단 안전한 곳으로 대피하고 신고하라고 해서 그랬군요. 잘 기억하고 있었네요. 그럼 어떻게 해야 하나요?
- (발언하면서 몸도 같이 숙임) 아, 몸을 최대한 숙이고 젖은 수건으로 코와 입을 막고 가야하는군요. 아, 근데 이건 지진 발생했을 때 불까지 나면 이렇게 하는 거예요? ○○가 지진만 난 거라고 하는데 그럼 어떻게 해야 할까요?
- (책상까지 기어가서 책상 다리 잡음) 아, 책상 안으로 들어가서 책상다리를 잡고 지진이 멈출 때까지 기다려야 하는군요. 쿠션으로 머리도 보호해야 하는군요. 엇, 지진이 멈췄어요! 선생님은 빨리 나가 봐야겠어요!
- 앗, 안 되나요? 아, 선생님이 대피할 땐 차례를 지켜서 대피해야 한다고 이야기했었군요. 잘 기억하고 있네요.
- 그럼 선생님은 다른 친구들이 어떻게 놀이를 하고 있는지 다시 살피고 올게요.
- (잠깐 일어나서 왼쪽으로 두 걸음 걷고 다시 자리로 돌아옴) 역할영역 어린이들, 쌓기 영역 어린이들이랑 같이 놀기로 했다는데 맞나요? 그럼 쌓기영역 어린이들을 불러 볼게요! 쌓기영역 어린이들 여기로 오세요~.
- 쌓기영역 어린이들은 지진에도 무너지지 않는 건물을 만들고 있던데. 무엇을 하며

놀기로 했나요?

- 아, 소방서도 만들고 안전하게 대피하는 곳도 만들어 주기로 했구나.
- 그럼 역할영역 어린이들과 쌓기 영역 어린이들이 함께 연계하면서 놀 수 있겠네요.

이상입니다.

사례 12

누리반 친구들 모두 모였나요? 앞에 앉은 친구는 바닥에 앉아 주었고, 뒤에 앉은 친구는 의자를 가지고 왔구나. 오늘 아침에 선생님이 울산에 지진이 났다는 뉴스를 보았어, 잘 보이니?

- (탭을 가지고 온 모션) 혹시 너희도 보았니?

  * 문제 안에서 유아마다 지진대피에 대한 관심도가 다 다르다는 내용이 있었어요. 저는 이 부분을 상호작용에 반영했답니다. 다른 선생님과 이야기해 보니 이 부분을 넣지 않은 선생님의 점수는 높지 않았던 것 같아요. 즉, 문제에 나온 내용은 꼭 수업 안에 넣어야 한다고 생각하셔야 해요.

- ○○는 보았다고 하는구나, ○○가 그러는데 ○○이 할머니 집도 지진이 나서 많이 걱정됐다고 하는구나. ○○아, 옆에 ○○가 그러는데 할머니가 괜찮으시냐고 물어보네~. 아, ○○가 괜찮다고 하셨어. 많이 걱정됐구나(유아 간 상호작용). ○○는 주말에 지진대피소에 가족과 다녀왔다고 하네. ○○는 그때 무엇을 했니?/어떤 느낌이었니?/(→ 느낌을 물어볼 때 평가위원이 무엇인가를 적었어요.) ○○는 지난번 우리 반에서 지진대피 훈련을 했던 게 기억나는구나, 어떻게 했었는지도 기억나니? 앞에 나와서 친구들에게 보여 주고 싶다고? 그래, ○○도 보여 달라고 하네. (저는 발문을 '~하자' '~할까?'와 같이 교사가 뭔가 주도하는 것처럼 보이지 않게 하기 위해서 항상 친구 ○○가 ~해 보자고 하네, 라는 발문을 사용했어요. 이것도 팁이라면 팁. 앞에 나와서 유아가 행동으로 보여 주는 것을 리포팅 했어요.) ○○가 지진이 나면 손을 머리 위에 올리고 어디로 들어갈지 찾아보고 있네. ○○가 저쪽 책상에 밑이 있대! ○○도 찾았나 봐! 책상 밑으로 들어가네! 그리고 (리포팅 계속) ○○는 우리가 지진대피 훈련을 했을 때 유치원에 다니지 않아서 잘 모르겠다고 하는구나. ○○아, 옆에 ○○가 조금 이따가 자유선택 시간에 같이 지진대피 훈련 놀이를 하자고 하는구나. 그래, ○○도 같이 하자고 하네.

- 누리반 어린이들이 지진대피 훈련을 마치고 '선생님, 지진대피 놀이를 하고 싶어요.' 라고 해서 오늘 선생님이 자유선택시간에 놀이할 수 있도록 언어영역, 미술영역, 역할영역에 준비해 두었어. **(여기서 문제에 나온 영역을 언급하긴 했어요. 그리고 자유선택 활동에 대해 모두 설명해 주었어요. 시간 조절상 설명을 했다 하고 넘겼어요.)** 오늘 놀이를 계획하고 긴바늘이 2에 갈 때까지 놀이해 보자. 어제 지진대피 책자를 다 만들지 못한 친구들은 계획표에 언어영역을 계획해 보세요. (지난 활동와 연계를 강조하기 위한 발문: 민쌤이 수업시간에 팁을 주셨어요.)

- **(그리고 한바퀴 교실을 돌았어요.)** 누리반 친구들이 놀이를 즐겁게 하고 있나요?

- 여기 역할영역 친구들은 지진대비 놀이를 하고 있구나, 이런 식으로 두 영역 정도 언급을 해 줬어요.

- 미술영역 친구들도 모두 모였구나. ○○도 오고, ○○도 ○○도(유아 이름 언급하며 웃어줌)-재료 탐색: 앞에 어떤 재료가 있어? ○○는 도화지가 있다고 하네. ○○이 말처럼 미술영역에서 지진대피 포스터 만들기를 하기로 했었지. 도화지를 만져 보니 어때? 한쪽은 매끄럽고, 한쪽은 좀 더 부들부들하다고? ○○는 부드러운 면에 연필로 그림을 그리고 싶대. 그럼 어떻게 될까? 우리가 재료를 모두 다 알아보았어, 재미있게 하려면 또 무엇이 필요할까? ○○가 그러는데 우리 반 미술영역 약속판을 같이 보자고 하네. 한번 볼까?

- (들고 있는 모션) 우리 반 미술 약속판이야. 어떤 약속이 있었지? 첫째, 도구를 안전하게 사용하기가 있었고, 세 번째 약속까지 모두 살펴보았는데, 우리가 오늘 활동에서는 어떤 약속이 필요한 것 같니? ○○가 친구 작품을 존중해 주었으면 좋겠대. 어떻게 존중해 주면 좋을까?○○는 친구 작품을 칭찬해 주면 좋을 것 같대. ○○도 존중을 받아본 경험이 있니? 그럼 선생님이 약속판에 존중하기를 적어 줄게(적어 주는 모션) 이 약속판은 잘 보이는 곳에 걸어둘게. 또 활동을 하다가 필요한 약속이 있으면 같이 만들어 보자. **(여기서 무엇인가를 막 적으시더라고요.)**

- ○○는 어떻게 포스터를 꾸미고 싶니? 글씨를 먼저 쓰고, 책상 그림을 그리고 싶다고? 어떤 글씨? '책상 밑으로!'라는 글씨? 그런데 밑으로 할 때 밑을 어떻게 쓸지 모르겠다고? 어떻게 하면 좋을까? 옆에 ○○가 그러는데 언어영역에서 '밑'이라는 글자를 보았대. 아, ○○가 언어영역에서 같이 살펴보자고 하는데? **(유아 간/환경 간 상호작용)**

- ○○는 ~게 표현해 주고 있구나. 정말 어서 피해야 할 것 같아! 어서 피하라고 빨간
색으로 표시를 했다고. **(그림에 대한 상호작용)**

응시자 코멘트

　수업시연 문제지가 3장이라서 구상하는 15분 동안 맨 마지막장에 조건을 옮겨 적는데 시간을 가장 많이 썼어요. 수업하러 들어가서 종이를 앞뒤로 넘겨가며 보기가 그래서 책상 위에 맨 마지막장만 보이게 올려 두고 손으로 건들지 않았던 것 같아요. 15분 내내 계속 방긋방긋 웃는 표정으로 아이들이랑 이야기하는 것처럼 말을 하고 노래도 즐겁게 같이 불렀어요. 모르는 노래라 처음에는 막막했는데 다른 선생님들도 거의 모르는 노래라고 생각하고 그냥 최대한 열심히 불러 보자라는 생각으로 처음부터 끝까지 한 번 불렀고요.

　수업이 자연스럽게 매끄럽게 하는 것보다 조건을 채우는 것을 1순위로 생각하고 수업했어요. 저는 항상 수업시연 연습할 때 시간이 남았었는데 도입 빼고 하라고 해서 많이 막막했어요. 그래서 좀 천천히 해야겠다는 생각에 좀 여유롭게 했던 것 같아요. 수업시연 끝나고는 시간 27초 남았어요! 제가 100% 다 기억하는 것이 아니라 중간에 빠진 것이 있을 수도 있어요. 최대한 기억 살려서 그대로 적었습니다. 도움이 되길 바랍니다. 합격을 기원합니다!

　이날도 일찍 가서 실연실 둘러보고 대기실 가서 준비했습니다.

　제가 똥손계의 레전드인데, 어쩐 일인지 2번을 뽑아서 빨리 하고 귀가할 수 있었습니다. 구상실에 다른 선생님들과 함께 들어가서 문제지를 보고 구상하는데 문제지 열기 전부터 당황하지 말자, 어차피 예상하지 못한 진짜 이상한 게 나올 거야 생각했습니다.

　예상 적중!!! 지진 관련 자유선택활동이라니…… 그런데 아시죠? 내가 힘들면 남들도 다 힘든 겁니다. 멘탈 부여잡고 문제지 노려보며 시키는 대로 요소 충족하고 수업을 구상했습니다. 그럼에도 놓친 것들이 많은데 수업실연 점수가 높은 걸 보면 수업실연은 태도도 무척 중요한 것 같습니다.

　전 경력이 많고 공개수업 경험도 많기 때문에 별로 떨지 않고 수업을 차분하게 실연했습니다. 수업나눔 할 때도 파일 열어보지 않고 평가위원을 마주 보며 주의 깊게 듣고 미소를 띤 채 답변했습니다. 어차피 다시 보지 않을 사람들, 다시 오지 않을 기회…… 그렇다면 후회 없이 하고 싶은 이야기를 하자…… 절대 당황하지 말자…… 니 인생에 힘든 일이 얼마나 더 많았니…… 그래도 떨리고 당황할 수밖에 없는 건 수험생이기 때문이겠죠. 전 시험 마치고 나오자마자 핸드폰에 제가 한 이야기들을 정리했습니다.

　발표 기다리면서 불안해하지 않으려면 내가 한 이야기와 수업을 정확하게 알고 있어야 하니까요. 전 나름 잘했다고 생각했는데 나중에 카페에 여러 이야기들이 오가는 것을 보면서 살짝

불안했어요. 그래서 복기를 더 꼼꼼하게 했는데 그렇게 나쁘지 않다는 결론을 내렸고 그래서 실컷 놀았습니다.

　불안해하고 걱정한다고 불합이 합이 되는 거 아니고, 시간이 더 빨리 가는 것도 아니고 이미 늙은 내가 더 늙는 거밖에 더 있겠습니까. 그래서 발표 나오기 전까지 열심히 놀고 발표 일에 가족들과 함께 결과를 확인했는데…… 남편, 딸, 시댁 부모님, 친정 부모님, 친척들, 교회 분들이 좋아하면서 축하한다는 말을 들을 때 기분이 정말 괜찮습니다. 이 기분을 내년 이맘 때 선생님들께서 느끼게 될 겁니다. 아자!!! 미리 축하 드립니다.

 **평가원** ｜||（40점 만점 기준）

사례 1 – 부산 지역(38.7점)

♣ 수업복기

• 저는 전개 마무리 진행 순서를

　가사를 이야기로 들려주기 ⇒ 노래 들려주기 ⇒ 노래 소개하기 ⇒ 리듬 및 멜로디 익히기 ⇒ 노랫말 알아보기 ⇒ 전체 부르기 ⇒ 평가하기 ⇒ 확장활동 소개하기 ⇒ 다음 활동 안내하기 순으로 진행하였습니다.

• 가사를 이야기로 들려주기

　슬기 반, 오늘 불러 볼 노래와 관련된 이야기를 들려주기 위해서 손가락 인형 친구들이 우리 반에 찾아왔대. 어떤 이야기를 하는지 잘 들어보도록 하자.

　"안녕? 내 친구는 정리정돈을 잘하는 참 멋진 친구야. / 안녕? 내 친구는 양보를 잘하는 참 좋은 친구야. / 안녕? 내 친구는 항상 웃어주는 정말 사랑스러운 친구야. / 내 친구들 정말 멋있지 않니?" 슬기 반, 이야기를 잘 들어보았니? 손가락 인형들이 어떤 친구를 소개해주었니? 그래, 우리 슬기반 모두 잘 들어주었구나, 너희가 이야기한 것처럼 ~친구를 소개해 주었어. 이야기를 듣고 어떤 생각이 들었니? 그래, 우리 ○○이는 자신도 그런 멋있는 친구가 되고 싶다고 생각했대. 또 다른 생각이 들었던 어린이가 있을까? 그래, 너희 모두 이야기를 듣고 다양한 생각을 해 주었구나.

• 노래 들려주기

　이번에는 선생님이 오늘 불러볼 노래를 들려 주도록 할게. 노래를 들을 때는? 그래. 눈은 크게, 귀는 쫑긋, 입은 쉿! 노래를 잘 들어 보았니? 노래를 들어보니 어떤 느낌이

들었니? 그래, ○○이는 이런 생각이 들었대. 또 다른 생각이 있어요 하는 어린이가 있을까?

- 노래 소개하기

방금 들어 본 노래의 제목이 무엇일까? 우리 ○○이는 제목이 ○○○라고 생각했대. 왜 그렇게 생각했어? 또 더 좋은 생각이 있어요 하는 어린이가 있을까? 오늘 들어 본 노래는 ○○○ 선생님이 만드신 ○○○이라는 노래야. 리듬 및 멜로디 익히기 우리 다 함께 노래를 부르기 전에 리듬 박수를 먼저 쳐 볼까? 리듬 카드 나와라~ 첫 번째 리듬 카드 보고 리듬 박수 칠 수 있어요 하는 어린이가 있을까? 그래, 우리 ○○이 나와서 리듬 박수 준비! 우와. 우리 ○○이가 리듬 박수를 정말 잘 쳐 주었어. 모두 ○○이가 쳐 준 리듬 박수를 같이 쳐 볼까? 리듬 대장 ○○○ 최고! 자리로 들어가 주세요. 그다음 리듬 카드 보고 리듬 박수 칠 수 있어요! 하는 어린이가 있을까? (같은 방식으로 세 번째 카드까지 진행) 이번에는 선생님이 반주 없이 노래 멜로디만 들려 줄게. 노래 멜로디를 귀 기울여서 들어 보도록 하자. 잘 들어 보았나요? 노래 멜로디를 더 잘 기억하기 위해서 한 소리로 노래를 불러 보도록 하자. 부르고 싶은 한 소리가 있어요! 하는 어린이가 있나요? ○○이는 자기 이름에 들어가는 '나'로 노래를 불러 보고 싶대. 그럼 '나'로 노래를 불러 보도록 하자. (같은 방법으로 두 번 정도 진행)

- 노랫말 알아보기

우리가 불러볼 노래에는 어떤 노랫말이 있는지 같이 읽어 보도록 하자.

- 전체 부르기

이제 노래 부를 준비가 다 된 것 같니? 그럼 이제 노래를 다 같이 불러 보도록 하자! 노래를 더 재밌게 불러 보기 위해서 다양한 방법으로 불러 보도록 하자. 어떻게 부르면 좋을까? 그래. 우리 ○○이는 ○○게 불러 보고 싶대. ○○이 생각대로 노래를 불러 볼까? 노래 준비! (교사 유아 나눠서/남자, 여자 나눠서/모둠 별로 나눠서/혼자와 나머지 유아 순으로 진행)

- 평가하기

오늘 우리가 어떤 노래를 불러 보았니? 노래를 불러 보니 어떤 마음이 들었니? ○○이는 노래를 부르니 즐거운 마음이 들었다고 또 불러 보고 싶대.(목표3 언급) 오늘 우리가 노래를 부르기 전에 리듬 박수를 쳐보았잖아. 리듬 박수를 쳐보니 어땠어? ○○이는 리듬 박수를 치고 노래를 부르니까 노래가 더 쉽게 느껴졌대.(목표2 언급)

- 확장활동 소개하기

  오늘 노래를 부르고 나서 더 해보고 싶은 활동이 있니? ○○이는 노래를 더 불러보고 싶대. 선생님이 노래 가사판과 음원 CD를 음률영역에 놓아 둘 테니 자유선택활동 시간에 자유롭게 노래를 불러보도록 하자. 또 더 하고 싶은 활동이 있는 어린이가 있을까? PP는 노래에 맞추어서 악기 연주를 해 보고 싶대. 정말 멋진 생각이다. 음률영역에 있는 노래를 들으면서 자유롭게 악기 연주도 해 보도록 하자.

- 다음 활동 안내

  노래를 너무 열심히 불렀더니 꼬르륵 배가 고픈 것 같지 않니? 다음은 너희가 정말 좋아하는 점심시간이야. 슬기반 모두 마지막으로 노래를 한 번 더 부르고, 손을 깨끗이 씻고 점심식사 자리로 모이도록 하자.

사례 2

- 관리번호 ○○입니다. 수업실연을 시작하겠습니다.
- 슬기반~ 우리가 본 동화처럼요. 내 친구를 아름다운 소리로 표현한 노래가 있대요. 우리 친구들 귀 쫑긋하고 쉿 하고 잘 들어 줄 수 있나요? 어떤 노래일까 눈을 감고 머릿속에 그려 보면서 잘 들어 보도록 할게요.

  (카세트 누르는 척 하고 흥얼거리면서 고개 까딱이며 노래 듣는 척)
- 노래를 들어 보니 어땠나요? ○○는 오늘 아침 놀이시간 때 들어본 노래구나! ##이도 들어 보았어요? 선생님이 자유선택활동 시간에 노래를 틀어 놓았는데 우리 친구들이 기억하고 있었네요! ○○는 우리가 함께 보았던 동화가 생각이 났어요? 옆에 ##이도 동화 생각이 난다며 고개를 끄덕끄덕하고 있네요(조건 ①, ②).
- 이번에는 선생님 목소리로 한번 불러 볼게요. 귀 쫑긋 하고 잘 들어 보아요.

  (노래 처음부터 끝까지 다 불렀어요. 노래 멜로디랑 리듬을 정확히 몰라서 좀 틀리게 불렀는데 끝까지 그냥 불렀어요!)
- 선생님 목소리로 노래를 들어 보니 어땠나요? ○○는 선생님 목소리로 들으니까 노래가 더 좋은 것 같았대요.
- 이번에는 노래 멜로디만 들려 줄게요(전자피아노 들고 책상 위에 올려놓는 척하고 오른손으로 피아노 쳐 줌).

- 한소리 상자로 불러 보자는 유아들 의견, 유아보고 한소리 상자 들고 와 달라고 해서 다른 유아들보고 글자 뽑으라고 함, 친구들 보이게 위로 들어서 같이 무슨 글자인지 말하고 '라'로 첫 소절, 끝 소절만 부름

- 자리에서 일어나서 한소리 상자를 제가 들고 감독관님들 가까이에 가서 아이들보고 뽑아 달라고 하는 척 했어요. 계속 앉아만 있어서 한번 일어나고 싶어서 일부러 감독 관님들 가까이 가서 방긋방긋 웃으면서 ○○야~ 한소리 상자에서 글자를 뽑아주세요~ 위로 손을 쭉 들어서 친구들이 보이게 올려주세요~ 하고 저는 자리에 돌아와서 아이들이랑 라, 로, 러로 우리가 불러 보았어요. 이렇게 말로만 했어요(실제로 '라'로만 불렀어요. 나머지는 말로만 불렀다고 이야기).

- 어떤 유아가 저번에 했던 것처럼 손뼉 치기 하자고 해서 손뼉으로 노래에 맞춰 리듬 치기 한 번

- 가사 판 소개(어떤 그림이 보이는지, 아이들이 웃고 있는 그림, 두 손으로 최고라고 표시되어 있는 그림) "어떤 내용일까?" 하고 가사, 노래 제목 읽어 줌, 읽을 수 있는 친구들은 같이 읽어 보아도 좋다고 하면서)

- 선생님이랑 나누어서 부름(빨간 스티커 붙인 부분 선생님, 노랑 스티커 붙인 부분 유아들)

- 유아들끼리 나누어 부름, 유아들이 나누어 부르는 것도 스티커로 가사 판에 붙여 표시해 줌(반원형으로 의자에 앉은 친구, 바닥에 앉은 친구/남자, 여자/모둠) 노래 부르지 않고 불렀다고 말로만 했어요!

- 전자피아노를 들고 책상에 올리고 유아들이랑 노래를 천천히, 느리게, "내 친구" 부분만 세게 불러봄(빠르게만 첫 소절, 마지막 소절 부르고 나머지는 말로만 "우리가 천천히, 빠르게, 내 친구 부분만 세게 같이 불러 보았어요."라고 넘어감)

- 중간평가? 노래 불러 보니 어땠니? 기억에 남는 부분/반복되는 부분이 있었니? ○○는 내 친구라는 부분이 하나~ 둘~ 셋~ 세 번 반복된다고 해요. 혹시 노래를 다른 방법으로 불러 보고 싶어요 하는 친구 있나요?

- ○○가 정말 반짝반짝한 생각을 해 주었어요. 우리가 아까 사용한 액자에 친구들 사진을 활용해서요. 우리가 방금 부른 노래 내 친구 부분에 친구 사진을 붙여서 노래를 부르고 싶대요. 다른 친구들의 생각은 어떤가요? 너무 좋은 생각인 것 같다고 하네요(개방성이 나중에 생각나서 이런 식으로 중간 중간에 유아들이 서로의 의견을 '좋다'라는 식의 발문을 몇 개 했어요).

- "어떻게 하는지 친구들에게 ○○가 이야기해 줄 수 있나요?"라고 해서 반 아이들 사진이 붙여져 있는 액자를 들고 와서 가사 판 내 친구 부분에 유아가 붙이고 싶은 친구 3명 사진을 붙임, 사진을 붙인 친구들 이름으로 노래 가사를 바꾸어 노래 부름(갑자기 이름 얘기하기 그래서 유아 이름은 다 '음음음'으로 불렀어요. 아이들이랑 누구인지 이름만 유아들이 이야기하도록 하고요.)

- 우리가 불렀던 노래 녹음한 것 다시 들어 보기, 들어 보니 어땠나요?

- 친구들의 이름을 넣어서 노래를 불러 보니까 친구들이 소중하고 사이좋게 지내야겠 다는 생각이 들었대요.

- ○○가 정말 의젓한 생각을 해 주었네요. 다른 친구들도 멋진 친구, 좋은 친구(노래 가사) 들이 소중하고 잘 지내고 싶은 생각이 들었구나(목표 반영을 해야 된다는 생각에 좀 말이 안 돼도 목표 관련 이야기를 끼워 넣었던 것 같아요).

- ○○는 우리가 노래 리듬에 맞추어 손뼉을 친 것이 재미있었구나. 리듬막대로도 더 쳐보고 싶어요? 그럼, 선생님이 음률 영역에 우리가 녹음한 노래랑 가사 판이랑 리듬 막대를 준비해 둘 테니 더 해 보고 싶은 친구들은 자유선택활동시간에 자유롭게 더 해 보도록 해요(목표 반영 · 친구 소중함, 리듬).

- ○○는요. 오늘 친구들에 대한 노래를 함께 불러 보니 우리 반 친구들 얼굴을 그림으로 그려 보고 싶대요. 옆에 다른 친구들도 너무 좋은 생각인 것 같다고 '좋아요.'라고 이야기하네요. 그러면 오늘 사용한 액자랑 사진이랑 그릴 수 있는 도구들을 미술영역에 둘 테니 더 하고 싶은 친구들은 자유롭게 더 해 보도록 해요(확장활동).

- 다음 활동 시간표를 볼까요? 어떤 시간인가요? 맛있는 점심시간이네요. 바닥 자리에 앉은 ○○부터 5명까지 자리에 일어나서 화장실을 다녀오고 손 씻고 도시락통 꺼내도록 할게요(전이활동).

- 이상으로 수업시연을 마치겠습니다.

사례 3

〈노래 소개하기〉

- 선생님이 노래를 먼저 들려줄게요.[자료: '음원' 사용] (노래 트는 시늉)(2초 뒤) 잘 들어 보았나요? 노래를 들어 보니까 어떤 느낌이 들었나요?

514   Part **4** 공립유치원 임용고시 기출문제

- 지우가 말해 볼까요? 아~ 우리 지우는 노래를 들어 보니까 밝은 느낌이 들었구나. (더 이상 생각이 안 나서 좀 정적이 흘렀어요.)

〈리듬과 멜로디 익히기〉

- 이번에는 선생님이 멜로디를 탐색할 수 있도록 오른손으로 반주해 줄게요[자료: 전자 피아노, 악보 사용]
(그 자리에서 바로 오른손으로 반주하는 시늉했어요. 말도 안하고 손만 움직였네요. 피아노를 어느 위치에 놓을지 구상을 안 해서 그냥 그 자리에서 진행했어요.)

- 반주를 들어 보니까 어떤 음인지 잘 알겠나요?

- 그럼 이번에는 친구들이랑 함께 불러 볼 텐데, 어떻게 불러 보면 좋을까? 아~ 한 음으로 불러 보고 싶다고? 그래, 우리 저번에 한음바구니 함께 만들었지요(밑에서 바구니 꺼내는 시늉) 선생님이 한 음 바구니에서 카드를 뽑아 볼게. 어떤 카드가 나올까? (카드 꺼내는 시늉) 짜자잔~ 어떤 소리예요? '리' 소리구나.

- '리' 소리로 노래를 불러 볼까요? 리리리~(이때 처음이자 마지막으로 노래 불렀어요. 음은 맞았는데 박자가 틀렸더라고요. 늘임표 있는지 몰랐어요).

〈노랫말 익히기〉

- 선생님이 창의반을 위해서 노랫말 판을 준비했어요. 노랫말을 함께 볼까요? 노래에 어떤 말들이 있었니? 아~ 우리 연주는 '내 친구'가 보이는 구나. 아, 우리 수현이는 '사랑스런'이라는 말이 보이는 구나.
(이때도 살짝 정적이었어요. 노랫말 탐색을 위한 발문을 더 했어야 했는데. ㅠㅠ)

- 이제 노래를 함께 불러 보아요. 어떻게 불러 보면 좋을까? 아~ 선생님이랑 나누어서 불러 보면 좋겠다고? 그래, 너희는 어느 부분을 불러 보고 싶니? 아~ '내 친구' 부분은 창의반이 부르고 나머지를 선생님이 부르면 좋겠구나. 우리가 노래를 어떻게 부르면 더 재미있게 부를 수 있을까? 그래, 와~ 지호 말대로 '내 친구' 부분을 부를 때 옆 친구와 악수하면서 부르면 정말 재미있겠다. 그럼 노래를 함께 불러 보자.
(2초 후)

- 와! 친구들과 함께 노래를 부르는 모습이 너무나 아름다웠어요. 이번에는 어떻게 나누어 부르면 좋을까? 아~ 의자 친구와 매트 친구로 나누어서 불러 보고 싶구나. 의

자 친구들은 어느 부분을 부르고 싶니? 아~ 내 친구 부분을 부르고 싶다고? 그러면 매트 친구들은? 아~ 나머지 부분을 부르고 싶구나. 그래요. 다시 한번 노래를 불러 봐요.

〈전체 부르기〉

- 이제 친구들이 노래를 어느 정도 익힌 것 같아요. 이번에는 다 같이 함께 불러 볼까요?

- (2초 후) 와! 우리 창의반이 친구들과 속도를 맞추어서 함께 부르는 모습이 정말 멋졌어요. 노래를 잘 알게 되어서 더 빨리 부를 수도 있었는데, 친구들을 서로 배려해 주고 있구나(인성 요소·배려).

- 이번에는 어떻게 불러 보면 재미있을까? 아~ 우리 현주가 정말 좋은 생각을 해 주었어요. 현주가 멋진 친구야 부분에서 엄지를 해 주면 좋을 것 같대. 다른 친구들도 그렇게 생각하나요? 또 다른 생각이 있어요, 하는 친구 있나요? 아~ 사랑스런 친구야 부분에서는 큰 하트를 그려 주면 좋겠어요?(표현 내용 언급할 때 제가 직접 동작을 하면서 말했어요.) 그래, 그러면 멋진 친구야 부분에서는 엄지 척을 해 주고, 사랑스런 친구야 할 때는 친구들을 사랑하는 마음을 담아서 크게 하트를 그려 주자.

- 이번에는 노래를 어떻게 불러 볼까? 아, 노랫말을 바꾸어 보고 싶다고? 어느 부분을 바꾸어 보고 싶니? 효주는 '고마운'을 '재미있는'으로 바꾸어 보고 싶구나. 그럼 우리 효주가 나와서 직접 노랫말을 써 볼까? 선생님이 이렇게 종이를 준비했어요. 노랫말 판 위에 종이를 붙여 줄 테니까 그 위에 써 보겠니? 아~ 우리 효주는 글씨가 아직 어렵구나. 그러면 어떻게 하면 다른 친구들도 알아볼 수 있게 표현할 수 있을까? 아~ 그림으로 표현하고 싶다고? 그래 그러면 효주가 생각하는 '재미있는'을 그림으로 표현해 볼까?

- (2초 후) 와~ 우리 효주가 이렇게 그림으로 표현해 주니까 글씨를 모르는 친구들도 보면서 노래를 부를 수 있겠구나. 우리 효주에게 잘했다 박수 쳐 줄까요? 잘했다 최고! 또 어느 부분을 바꾸어 보고 싶나요? 아~ 지현이는 '사랑스런'을 '사랑하는'으로 바꾸어 보고 싶구나. 그럼 지현이가 나와서 한번 노랫말을 바꾸어 써 볼까? 우리 지현이는 글자로 나타낼 수 있겠니? 그래~ 우리 노랫말을 바꾸어서 써 준 지현이에게…… (정적) 어떻게 칭찬해 주면 좋을까? 그래~ 감사의 바람을 불어 주자. 감사의

바람을 후~(노랫말 바꾸는 부분에서 창의성 요소 반영했다고 생각했는데, 확실치는 않아요. ㅋㅋㅋ)

- 와! 우리 창의반 생각대로 노랫말을 바꾸어 보니까 멋진 노래가 완성되었네요. 우리가 바꾼 노래를 한번 불러 볼까요?
  (이때 시간이 6분인가 남아 있어서 넘 당황했어요. 최대한 쥐어짜려고 했는데 생각이 안 나더라고요.)

- 이번에는 어떻게 불러 볼까? 아~ 녹음을 하면서 불러 보자고? 그래~ 우리 윤지 말처럼 녹음해서 나중에 들어 보면 정말 좋겠다~. 그럼 이번에는 녹음을 하면서 불러 보자. (스터디 때는 녹음을 하면 유아에게 녹음기 가져오라고 하고, 칭찬해 주는 걸 넣었는데 이때는 넣었는지 기억이 안 나요. ㅠㅠ)

- 창의반 우리가 오늘 어떤 활동을 해 보았지요?

- 맞아요. 리듬에 맞추어서 재미있게 노래를 불러 보았지요(목표 2 반영).

- 그럼 오늘 활동을 하면서 새롭게 알게 된 점이 있나요? 오늘 발표해 보지 못한 친구들 중에서 이야기해 볼까요? 와! 우리 진주가 손을 들어주었네. 아~ 우리 진주는 친구들이 멋지기도 하고, 사랑스럽기도 하다는 것을 알게 되었대(요소는 아니었지만 목표를 평가에서 반영하는 게 중요하다고 들어서 넣었어요. 목표 1 반영).

- 노래를 불러 보니까 어떤 점이 재미있었니? 아~ 현진이는 친구들과 악수하면서 부른 것이 재미있었구나. 아~ 윤주는 큰 하트를 만들면서 노래를 부른 게 재있었구나 (목표 3 반영).

〈확장활동〉

오늘은 노래를 불러 보았는데. 더 해 보고 싶은 활동이 있나요? 아~ 민준이는 게임을 해 보고 싶대요. 어떤 게임인데? 아~ 친구들에게 고마워, 사랑해 하고 말하면서 다니는 게임을 해 보고 싶구나. 그래. 민준이 말대로 다음에는 게임을 해 보자. 그때 어떤 게임인지 자세히 알려 주세요.

〈간식〉

자, 우리 이제 간식 먹을 시간이에요. 의자에 앉아 있는 친구들부터 의자 정리하고 깨끗이 손을 씻고 간식 먹을 준비를 하도록 해요.

사례 4

저는 전개 마무리 진행 순서를 가사를 이야기로 들려주기 → 노래 들려주기 → 노래 소개하기 → 리듬 및 멜로디 익히기 → 노랫말 알아보기 → 전체 부르기 → 평가하기 → 확장활동 소개하기 → 다음 활동 안내하기 순으로 진행했습니다.

〈가사를 이야기로 들려주기〉

- 슬기 반, 오늘 불러 볼 노래와 관련된 이야기를 들려주기 위해서 손가락 인형 친구들이 우리 반에 찾아왔대. 어떤 이야기를 하는 지 잘 들어 보도록 하자.
- "안녕? 내 친구는 정리정돈을 잘하는 참 멋진 친구야./안녕? 내 친구는 양보를 잘하는 참 좋은 친구야./안녕? 내 친구는 항상 웃어 주는 정말 사랑스런 친구야./내 친구들 정말 멋있지 않니?"
- 슬기 반, 이야기를 잘 들어 보았니?
- 손가락 인형들이 어떤 친구를 소개해 주었니? 그래, 우리 슬기반 모두 잘 들어주었구나, 너희가 이야기한 것처럼 ~친구를 소개해 주었어. 이야기를 듣고 어떤 생각이 들었니? 그래, 우리 ○○는 자신도 그런 멋있는 친구가 되고 싶다고 생각했대. 또 다른 생각이 들었던 어린이가 있을까? 그래, 너희 모두 이야기를 듣고 다양한 생각을 해 주었구나.

〈노래 들려주기〉

- 이번에는 선생님이 오늘 불러 볼 노래를 들려 줄게. 노래를 들을 때는? 그래. 눈은 크게, 귀는 쫑긋, 입은~.
- 쉿! 노래를 잘 들어 보았니?
- 노래를 들어 보니 어떤 느낌이 들었니? 그래, ○○는 이런 생각이 들었대. 또 다른 생각이 있어요. 있을까?

〈노래 소개하기〉

- 방금 들어 본 노래 제목이 무엇일까? 우리 ○○는 제목이 △△!라고 생각했대. 왜 그렇게 생각했어? 또 '더 좋은 생각이 있어요!' 하는 어린이가 있을까?
- 오늘 들어본 노래는 □□ 선생님이 만드신 ○○○이라는 노래야.

〈리듬 및 멜로디 익히기〉

• 우리 다 함께 노래를 부르기 전에 리듬박수를 먼저 쳐 볼까?

• 리듬 카드 나와라~. '첫 번째 리듬 카드 보고 리듬박수 칠 수 있어요.' 하는 어린이 있
  을까? 그래, 우리 ○○가 나와서 리듬박수 준비! 우와. 우리 ○○가 리듬박수를 정말
  잘 쳐 주었어. 모두 ○○가 쳐 준 리듬박수를 같이 쳐볼까? 리듬대장 ○○○ 최고!

• 자리로 들어가 주세요. 그다음 리듬 카드 보고 리듬박수 칠 수 있어요, 하는 어린이
  있을까?(같은 방식으로 세 번째 카드까지 진행)

• 이번에는 선생님이 반주 없이 노래 멜로디만 들려 줄게. 노래 멜로디를 귀 기울여서
  들어 보도록 하자. 잘 들어 보았나요? 노래 멜로디를 더 잘 기억하기 위해서 한 소리
  로 노래를 불러 보도록 하자. '부르고 싶은 한 소리가 있어요.' 하는 어린이가 있나요?
  ○○는 자기 이름에 들어가는 '나'로 노래를 불러 보고 싶대. 그럼 '나'로 노래를 불러
  보도록 하자(같은 방법으로 두 번 정도 진행).

〈노랫말 알아보기〉

• 우리가 불러 볼 노래에는 어떤 노랫말이 있는지 같이 읽어 보자.

〈전체 부르기〉

• 이제 노래 부를 준비가 다 된 것 같니? 그럼 이제 노래를 다 같이 불러 보자!

• 노래를 더 재밌게 불러 보기 위해 다양한 방법으로 불러 보자. 어떻게 부르면 좋을
  까? 그래. 우리 ○○는 ~게 불러 보고 싶대. ○○이 생각대로 노래를 불러 볼까? 노
  래 준비(교사 유아 나눠서/남자, 여자 나눠서/모둠별로 나눠서/혼자와 나머지 유아 순으로
  진행).

〈평가하기〉

• 오늘 우리가 어떤 노래를 불러 보았니?

• 노래를 불러 보니 어떤 마음이 들었니? ○○는 노래를 부르니 즐거운 마음이 들었다
  고 또 불러 보고 싶대(목표 3 언급).

• 오늘 우리가 노래를 부르기 전에 리듬박수를 쳐 보았잖아. 리듬박수를 쳐 보니 어땠
  어? ○○는 리듬박수를 치고 노래를 부르니까 노래가 더 쉽게 느껴졌대(목표 2 언급).

〈확장활동 소개하기〉

• 오늘 노래를 부르고 나서 더 해 보고 싶은 활동이 있니? ○○는 노래를 더 불러 보고 싶대. 선생님이 노래 가사 판과 음원 CD를 음률 영역에 놓아둘 테니 자유놀이 시간에 자유롭게 노래를 불러 보자. 또 더 하고 싶은 활동이 있는 어린이가 있을까? □□는 노래에 맞추어서 악기연주를 해 보고 싶대. 정말 멋진 생각이다. 음률영역에 있는 노래를 들으면서 자유롭게 악기연주도 해 보도록 하자(시간이 5분 정도 남아서 확장활동에서 저는 시간을 끌었습니다. 이 외에도 가사 바꾸기, 노래 공연을 더 이야기했습니다).

〈다음 활동 안내〉

• 노래를 너무 열심히 불렀더니 꼬르륵 배가 고픈 것 같지 않니? 다음은 너희가 정말 좋아하는 점심시간이야. 슬기반 모두 마지막으로 노래를 한 번 더 부르고, 손을 깨끗이 씻고 점심식사 자리로 모이자.

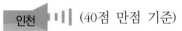
(40점 만점 기준)

사례 1(39점)

♣ 수업복기

• 수업목표: 육상교통기관에 대해 관심을 갖는다.

　　　　　　동시 활동을 통해 생각과 느낌을 자유롭게 표현한다.

　　　　　　친구와 협동하며 동시 활동을 하는 것에 즐거움을 느낀다.

• 주의집중

　건너가는 길을 건널 때~

　행복반 바닥에 앉은 어린이도 의자에 앉은 어린이도 선생님이 잘 보이나요?

　어 그런데 귀가 잘 들리지 않는 혜민이가 저기 뒤에 앉아 있네요. 혹시 혜민이와 자리 바꿔 줄 어린이 있나요? 우와. 다훈이가 바꿔 줄 거예요? 친구를 배려해 줘서 고마워요.

• 동기유발

　지난시간에 육상교통기관에 대해 이야기를 나누다가 행복반이 바퀴에 관심이 생겼지요~. 그래서 선생님이 사진을 가지고 왔어요~.

어떤 사진이 보이나요?

어 자동차 사진이 있네요! 선생님이 바퀴에 대해 알아본다고 했는데 왜 자동차 사진을 가지고 왔을 까요?

아~ 저기 뒤에 앉은 민후가 자동차에 바퀴가 있다고 이야기를 해 주었네요. 그래요~ 자동차에는 바퀴가 있어요~. 바퀴가 몇 개인지 함께 세어 볼까요? 한 개, 두 개, 세 개, 네 개,

우와 ! 바퀴가 네 개나 있네요~.

(다 안하고 생략해서 이렇게 말함)우리가 자동차 사진, 버스 사진, ~ 사진을 알아보았어요.

• 활동 소개

너희가 바퀴에 대해서 더 알아보고 싶다고 해서 선생님이 동시를 가져왔어요.

오늘은 함께 동시를 알아보아요.

• 동시 제목을 보며 내용 예측

선생님이 여기 동시판을 붙여 줄게요. 저기 끝에 앉은 어린이들도 잘 보이나요? 그래요.

동시 제목은 바퀴야 바퀴야예요.

동시 제목과 그림을 보니 어떤 내용이 나올 것 같아요?

○○이는 자동차 바퀴에 대한 내용이 나올 것 같다고 생각했구나.

너희가 생각한 것처럼 바퀴에 대한 내용이 맞는 지 함께 동시를 들어 볼까요?

• 교사가 배경음악과 함께 동시 들려주기

선생님이 동시를 배경음악과 함께 들려 줄게요.

동시를 들어보니 어떤 느낌이 들었나요?

아 다양한 육상교통기관들이 바퀴가 있다는 것을 알게 되었구나.

• 동시를 들어본 느낌에 대해 이야기 나누기

아~ ○○이는 다양한 교통기관들이 나와 즐거웠구나.

○○이는 버스의 바퀴 개수가 나와 재미있었구나.

너희가 예상한 내용이 나와서 즐거운 마음이 들었구나.

• 동시 나눠서 읊기

아~ 이번에는 선생님과 너희가 나눠서 읊고 싶구나. 그럼 너희가 바퀴야 바퀴야 어디 숨었니? 부분을 읊으면 선생님이 다른 부분을 읊도록 할게요~. 글자를 모르는

어린이들은 선생님 입모양을 보고 읊어주세요.

이번에는 너희들끼리 나눠서 읊고 싶어요? 그럼 바닥에 앉은 어린이들이 ~ 부분까지 읊고 의자에 앉은 어린이들이 ~ 부분을 읊어 주세요~

- 신체로 표현하기

이번에는 몸으로 표현하고 싶구나~. 어떻게 표현해 보고 싶나요?

바퀴 부분을 표현하고 싶어요? 어떻게 표현하고 싶어요?

아 (자리에서 일어나서 다리를 굴리는 흉내를 냄) 이렇게 다리를 ~ 굴려 보고 싶어요?

그럼 다함께 앉은 상태에서 발을 앞으로 빼서 다리를 굴리며 읽어 볼까요?

- 언어 재구성하기

이번에는 동시를 바꿔 보고 싶나요? 어디를 바꿔 보고 싶어요?

아 여기 자동차는요~ 자동차 말고도 바퀴가 4개인 것이 있대요. 무엇이 있을까요?

아 ~ ○○이는 버스를 떠올렸구나. 아 버스 탔던 때가 떠올랐구나.

그럼 자동차를 버스로 바꿔 볼까요? 버스를 앞에 나와 써 줄 어린이 있나요?

○○이가 바꿔 주세요~ 다른 어린이들도 ○○이가 바꿔 주는 동안 같이 글자를 써 보고 싶어요? 그럼 다 같이 손가락으로 글씨로 버스를 써 볼까요? 다 함께 손가락 유령글씨 준비~ 뾰로롱! 버~스(허공에서 버스를 쓰는 척을 함)

우리가 글씨를 쓰는 동안 ○○이도 앞에서 버스를 모두 써 주었어요~.

그럼 바꿔서 읊어볼게요~ 떼굴떼굴 바퀴 네 개 버스에 숨었다.

- 토의활동 소개

아! 이번에는 ○○이가 친구들과 동시 내용을 바꿔 보고 싶다고 이야기를 해 주었네요. ○○이는 친구들과 토의활동을 해 보고 싶었구나. ○○이는 이렇게 생각했는데 다른 친구들 생각은 어때요? 아 다들 토의활동을 해 보고 싶구나~.

그럼 토의활동을 해 보도록 할게요~.

여기 선생님이 종이를 가지고 왔어요. 여기에 모둠별로 동시 내용을 바꿔서 적어 주세요!

- 토의 약속 정하기

그럼 토의할 때 필요한 약속을 정해 보아요~.

그래요~ 토의할 때는 나와 친구의 의견을 존중해요. 또 어떤 역할이 필요할까요? 그래요~ 토의를 이끌어 주는 이끔이와 토의를 기록하는 기록이와 토의를 발표하는 알림이가 필요해요. 그럼 시계의 긴바늘이 5에 갈 때까지 토의를 마쳐 주세요~그럼 먼저 질서모둠부터 모둠자리로 가 주세요~

모두 모둠자리로 가 주었네요~ 질서모둠의 수진이와 여름이는 둘다 알림이 역할을 하고싶어요? 둘 다 하고 싶으면 어떻게 하면 좋을까? 아 ~ 수진이가 지난번에 알림이 역할을 해 보아서 오늘은 친구에게 양보해 줄 거예요? 친구를 배려해 주어 고마워요. 배려모둠의 썬낭이는 오늘 기록이인데 글씨 쓰기가 어렵구나. 그럼 그림으로 표현해 보아도 좋아요~.

자, 이제 토의시간이 5분정도 남았어요.

토의가 끝난 모둠은 다시 이야기 나누기 자리로 모여 주세요. 선생님에게 종이도 돌려 주세요(종이 걷는 척을 함).

• 토의 내용 발표

우와 모든 어린이들이 이야기나누기 자리로 모여 주었네요~ 이제 발표를 해 보려고 하는데 어떤 모둠이 먼저 발표해보 고 싶나요? 아 모든 모둠이 먼저 발표해 보 고 싶어요? 그럼 어떻게 하면 좋을까요?

아 가위바위보로 정하면 좋겠어요? 그럼 각 모둠의 기록이들은 자리에서 일어나 주세요~ 기록이들이 가위바위보를 해서 이긴 모둠부터 발표하도록 할게요~.

기록이들은 손을 높이 들고 가위바위 보! 아 오늘은 협력모둠이 이겼구나. 그럼 협력모둠 알림이는 앞으로 나와 주세요~.

(종이를 돌려주는 척을 함) 자 여기 협력모둠 종이를 줄게요~. 우와 협력모둠은 자동차를 택시로 바꾸고, 청소기를 두발 자전거로 바꾸고, 롤러브레이드를 버스로 바꿔 주었네요~.

협력모둠이 발표해 준 것에 대해 궁금한 점이 있는 어린이는 손을 들고 질문해 주어요~.

협력모둠의 알림이는 알림이가 발표할 때 잘 들어준 친구에게 먼저 질문할 기회를 주어요~.

이제 모든 모둠이 모두 발표를 해 보았네요~.

우리가 발표를 하며 여러 교통기관들을 바꾸어 보았지요. 어떤 교통기관들로 바꾸어 보았나요? 버스, 택시, 두발자전거, 킥보드~ 우와 다양한 의견이 나왔네요.

오늘 다양한 육상교통기관들에 대한 동시를 바꿔 보는 활동을 해 보았는데 어땠나요? (아 자동차에 바퀴가 네 개가 있다는 것을 알게 되었구나.)

친구와 함께 토의를 해 보았는데 어땠어요? 아 친구와 협력하니까 혼자서 할 때보다
더 다양한 의견을 낼 수 있어 좋았구나.

이상입니다.

사례 2(점수 기재 없음)

♣ 수업실연 팁

〈수업 의도〉

• 안녕하십니까? 관리번호 5번입니다.

• 수업의 의도를 말씀드리겠습니다.

• 사전경험으로 교통기관에 대한 이야기 나누기를 통해 육상교통기관에 관심이 많았
  으며 교통기관 바퀴의 이야기를 동시를 낭송해 주었습니다. 동시에 나오는 바퀴의
  여러 가지 모양에 흥미를 갖고 있던 유아들의 호기심을 유지하고 확장하기 위하여
  다양한 방법으로 개작을 하였으며, 모둠활동을 통해 다른 사람의 이야기를 듣고 자
  신의 의견을 이야기하는 과정에서 배움중심이 일어나도록 하였습니다. 특히, 모둠활
  동을 하는 과정에서 서로 다른 의견을 존중하고, 갈등을 해결할 수 있도록 중재자의
  역할을 하였습니다. 또한 개작한 동시를 다양한 생각과 느낌으로 표현하기 위하여
  다양한 쓰기 도구를 사용하여 개작한 동시를 발표하는 수업으로 진행하겠습니다.

• 수업시연을 시작하겠습니다.

〈도입〉

• '간다 간다' 노래로 주의집중을 한다.

  – 모두 자리에 앉았나요?, 하음이와 제이는 마주보고 반원으로 잘 앉아 주었어요.

  – 자리가 불편한 어린이 있나요?

• 수수께끼로 흥미를 유발한다.

• '동시활동'에 대한 활동을 소개한다.

  – 지난 시간에 별님반 육상교통 기관에 대해 이야기 나눈 것 기억나나요?

  – 아영이는 도로 위를 다니던 트럭이 기억이 난다고 이야기했어요.

– 별님반! 예찬이가 어떤 이야기를 했나요?

– 예찬이는 트럭의 바퀴가 다른 자동차 바퀴보다 너무너무 커서 놀랐다고 이야기했
  어요.

– 오늘은 바퀴에 관련된 재미있는 동시를 별님반 어린이들에게 소개해 주고 싶어요.

〈전개〉

• 그림만 있는 동시판을 보여 주며 동시를 예측해 본다.

– 무엇이 보이나요?

– 아영이는 자동차의 바퀴가 보인데요.

– 자동차의 바퀴는 어떻게 움직일까요?

– 예찬이는 씽씽씽 움직일 것 같아요?

– 지수는 자동차의 바퀴는 네 개, 청소기 바퀴는 두 개 바퀴의 수가 다르다고 이야기
  해 주었어요.

• 교사가 바퀴야 바퀴야 동시를 낭송한다.

– 먼저, 선생님이 그림 속 이야기를 동시로 읊어 볼게요.

– 별님반 어린이들이 이야기한 동시의 이야기 들어 있는지 잘 들어 볼까요?

– (교사는 동시를 낭송하고, 2연 3연은 생략함) 바퀴야 바퀴야, 어디에 숨었니? (이하 생략)

• 동시를 듣고 생각과 느낌을 이야기한다.

– 동시를 듣고 무엇이 생각났어요?

– 행복이는 바퀴가 떼굴떼굴 움직이는 모습이 생각났어요?

– 튼튼이는 롤러브레이드를 타본 적이 있어서 씽씽 굴러가는 바퀴를 생각할 수 있었
  대요.

• 배경음악을 들으며 동시를 낭송해 본다.

– 선생님이 동시와 어울리는 음악을 준비해 보았어요.

– 음악과 함께 동시를 낭송해 보도록 할게요.

– 바퀴야 바퀴야(이하 생략입니다. 라고 언급함)

– 음악을 들으며 동시를 감상해보았는데 어떤 기분이었나요?

– 지수는 음악과 함께 들으니 자동차의 경적소리도 들리는 것 같다고 이야기해 주네요.

– 준모는 배경음악과 함께 동시를 들으니 동시 이야기가 생각 주머니 속에서 더 잘

생각난다고 이야기했어요.

- 글자와 그림이 함께 있는 동시판을 보며 동시를 낭송한다.
  - 글자와 그림이 함께 있는 동시판을 보며 동시를 낭송해 보도록 할게요.
  - 선생님이 별님반과 동시를 여러 번 낭송해 보았는데 어땠어요?
  - 지승이는 글자를 알지 못하지만 동시판에 그림이 있어 동시를 읊을 때 쉬웠다고 이야기해 주었어요.
  - 아, 이번에는 별님반과 선생님이 함께 동시를 낭송하고 싶어요?
  - 그럼, 별님반 어린이들이 1연을 낭송해주면 선생님은 2연을 낭송해 보도록 할게요.
  - 별님반이 낭송할 부분은 빨간색 하트, 선생님이 낭송할 부분은 파란색 하트를 붙일게요.
  - 예슬이가 이번에는 남자 친구, 여자 친구 나뉘어서 동시를 읊어 보고 싶대요.
  - 별님반 어린이들 생각은 어때요?
  - 우리 이번에 다 함께 읊어 볼까요?
- 동시를 개작하기 위해 방법을 이야기 나눈다.
  - (손을 들고 있는 어린이) 이을아, 선생님에게 하고 싶은 이야기 있어요?
  - 아, 이을이는 지난번 우리가 동시를 개작해서 언어영역 벽면에 붙인 것을 기억했구나.
  - 오늘 함께 낭송해 본 동시를 개작해 보고 싶다는 이야기인가요? (교사 끄덕끄덕 하며)
  - 어떤 방법으로 동시를 재미난 방법으로 바꿔 볼 수 있을까요?
  - 아영이는 지난번 캠페인 활동처럼 모둠별로 개작을 했으면 좋겠다고 이야기했어요.
  - 예찬이는 바꾸고 싶은 동시 부분을 정해서 모둠을 정했으면 좋겠다고 생각했네요.
  - 그럼, 예찬이는 2연을 바꿔 주고 싶은 어린이들이 모여서 모둠을 만들고 개작하고 싶다는 이야기 인가요?
  - 별님반 어린이들 생각은 어때요?
  - 아영이의 생각에 예찬이가 이야기를 덧붙여 주어서 또 다른 방법으로 모둠을 만들 수 있었어요.
  - 그럼 2연을 개작해 주고 싶은 어린이~? (교사는 이름을 적어 주는 모션)
- 모둠별로 동시를 개작한다.
  - 우리가 개작한 동시를 다른 친구들에게 어떻게 표현할 수 있을까요?

- 지영이는 그림으로 동시를 표현해 보고 싶어요?

- 그럼, 어떤 준비물이 필요할까요?

- 선생님과 교육실무원 선생님이 각 모둠에 준비해 주도록 할게요.

- 더 필요한 자료가 있으면 선생님에게 언제든지 도움을 요청하거나 미술영역에서 자료를 사용하도록 해요.

- 먼저, 2연을 개작하고 싶은 어린이 모둠으로 이동해 주세요. (교사가 안내하는 모션)

- (2연, 3연, 4연을 개작하는 모둠으로 각각 찾아감)

- 여기 모둠은 어떤 부분을 개작해 보고 싶어요?

- 자동차의 바퀴 모습을 어떻게? 아, 쌩쌩쌩으로 바뀌 보고 싶었구나.

- (은우가 바퀴가 쌩쌩 하는 모습을 팔로 휘저으며 표현함) 은우야, 은우가 지금 바퀴가 빨리 달리는 모습을 몸으로 표현하고 있었구나? 이렇게 빨리 달리는 자동차는 어디로 가고 있나요?

- 예찬이가 차를 타고 여행할 때 고속도로의 차들이 그렇게 빨리 달렸었대요!

- 바퀴의 모습이 보이지 않을 만큼?

- 윤주는 친구들에게도 몸으로 바퀴의 모습을 표현해 주고 싶어요?

- 종이에 너희가 표현한 몸동작을 그림으로 표현해 보면 어떨까요?

- 아영이는 팔을 마구마구 휘젓는 모습을 그림에 그려 주고 싶어요?

- 그 옆에 혜주는 쌩쌩쌩 이라고 글자를 적어 주고 있네요?

- 아 그림을 보고 이해하지 못하는 친구들이 글자를 보고 낭송하라고 적어 주었구나.

- (3연을 개작하는 모둠으로) 여기에 함께 모인 모둠은 어떻게 개작하고 있어요?

- 행복이는 청소기의 바퀴가 슝슝 굴러간다고 바꿔 주고 싶었어요?

- 그런데 옆에 수지는 왜 화가 잔뜩 났나요?

- 음, 수지가 생각하기엔 청소기 바퀴는 윙윙 조용히 굴러간다고 생각했구나.

- 서로의 생각이 달라서 수지가 속상했었네요.

- 어떻게 하면 서로의 생각을 모아서 표현할 수 있을까요?

- '이끔이 친구' (모둠을 이끌어 주는 친구) 친구들의 문제를 해결할 방법 있을까요?

- 윤아가 청소기에 버튼을 달아서 청소기가 힘 있게 청소할 때는 윙윙, 조용히 굴러가며 청소할 때는 윙윙 이라고 했으면 좋겠다고 이야기해 주네요!

- '칭찬이 친구' 윤아의 생각이 너무 멋지다고 힘차게 박수를 쳐 주었어요!

- 여기에 함께 모인 모둠 친구들은 윤아 생각 어때요?

- 수지가 쌩쌩, 윙윙 청소기라고 바꾸면 좋겠데요! 행복이도 마음에 들어요?

- 수지와 행복이가 생각을 덧붙여 주고, 이끔이가 친구의 생각을 모아 주고(손짓을 하는 척), 칭찬이가 윤아 생각을 칭찬해 주는 모습을 보니 선생님 너무나 마음이 따뜻해 졌어요! 다른 모둠 친구들에게도 표현할 수 있도록 기록해 볼까요?

- (4연을 개작하는 모둠으로) 어떻게 표현하고 있었어요?

- 아, 롤러브레이드 바퀴가 4개여서 마트에서 사용하는 쇼핑카트가 생각났구나.

- 은찬이는 쇼핑카트가 쌩쌩 굴러간다고 표현해 주고 싶어요?

- 그런데 마트 안에서 쇼핑카트가 쌩쌩 빠르게 굴러가면 위험하지 않을까요?

- 아, 마트에는 은찬이가 좋아하는 과자와 물건이 많아서 빨리 담기 위해서 카트가 쌩쌩 굴러갔구나.

- 씩씩이도 마트에 가면 너무 신이 난다고 하네요!

- 별님반은 마트에 가면 바퀴 4개 달린 카트를 끌고 무엇을 담을지 너무 궁금한데요?

• 개작한 동시를 모둠별로 발표한다.

- (시계를 가르키며) 별님반, 지금 긴바늘 '7'자 35분이에요, 거북이 바늘이 '8'에 가면 40분이에요.

- 정리하고 대그룹 자리에 앉아 주세요.

- 모두 자리에 앉았나요?

- 별님반이 개작한 동시를 친구들에게 소개해 주었으면 좋겠어요.

- 2연을 개작한 모둠 어린이들 초대합니다.

- 어떻게 개작을 해 주었나요? (한 어린이가 교사에게 귓속말하는 액션)

- 아, 지영이가 별님반 어린이들에게 개작한 것을 몸으로 표현해 보고 싶대요.

- 바퀴가 어떻게 굴러가는 것 같았나요?

- 동욱이가 팔을 힘차게 굴리는 것을 보고 '쌩쌩쌩' 이 생각났대요.

- 2연을 개작한 어린이들! 너희가 생각한 것 맞나요?

- 오, 빠르게 움직이는 바퀴를 몸으로 수수께끼를 내어 주었는데 별님반 어린이들이 표현을 보고 아주 잘 알 수 있었어요.

- 몸으로 표현하는 동시 아주 특별한데요?

- 그럼, 개작한 내용을 선생님이 동시판에 옮겨 적어 볼게요. (칠판에 적는 모션)

– 우리가 개작한 동시 다 함께 읊어 볼까요?

– 별님반이 개작하여 동시를 낭송해 보니 어땠어요?

– 지수는 모둠별로 동시를 개작하여 발표하니 더 즐거웠다고 이야기해 주었어요.

– 수지와 행복이는 처음에는 생각이 달라서 속상하기도 했지만 서로 생각을 덧붙여 더 재미있는 동시로 개작할 수 있어서 좋았대요.

– 선생님이 소개해 준 동시보다 더 재미있었던 것 같아요.

– 선생님도 별님반이 새롭게 개작한 동시가 너무 너무 재미있고, 즐거웠어요.

– 이상 수업 실연을 마치겠습니다. 감사합니다.

 광주

사례 1

♣ 수업실연 팁

〈1차 합격자 발표 전〉

스터디원과 함께 요일 별로 어떤 유형의 수업을 할지 계획을 세웠어요. 그리고 집에서 인강을 들으면서 어떻게 수업을 진행해야 하는지 정리를 했어요. 그리고 스터디에서 할 수업을 계획을 미리 하고 스터디 가서 스터디 원들 앞에서 수업을 했습니다. 이렇게 진행하는 이유는 초수였고, 한 번도 해 본 적 없었기 때문에 틀을 먼저 잡아야 한다고 생각했기 때문이에요. 미리 수업을 계획하고 수업을 하고 피드백을 주고받으면서 저만의 틀을 만들어 갔습니다. 1차 합격자 발표 나기 전에 대부분의 유형을 모두 해 보았고, 틀을 잡아놓았습니다.

〈1차 합격자 발표 후〉

1차 합격자 발표 후에는 실전처럼 연습했어요. 스터디 선생님들과 함께 문제를 만들어서 복사해서 나누어 가지고 그 자리에서 문제를 뽑아서 시간 안에 수업을 계획하고 바로 실연하였습니다. 저는 누리과정에 동시, 동화, 동극의 내용을 아예 모르고 있어서 5세 지도서에서 동시 동화 동극을 모두 읽고 정리했어요. 그리고 이야기 나누기도 스터디 선생님들 하고 주제별로 나누어서 이야기 나누기 내용을 모두 정리했어요! 그리고 수업을 할 때 이야기 나누기 하나 다른 유형 하나 이렇게 하면서 연습했습니다.

〈수업 면접〉

수업면접은 수업을 다 하고 나면 스터디 선생님들이 말로 물어봐 주었어요. 그리고 대답하고 이렇게 연습했어요. 음……. 제가 지금 와서 생각해 보면 문제를 만들어서 프린트 하고 수업 끝난 후에 직접 뒤집어서 보고 대답할 수 있게 연습했으면 좋았겠다는 생각을 했어요. 그리고 수업 면접 대답은 간결하게, 첫째, 둘째, 이런 식으로 대답을 했고, 마지막에 부족한 점을 살짝 말하면서 이걸 보완하기 위해 이렇게 하겠다 이런 말을 덧붙였어요.

사례 2

♣ 수업실연 팁

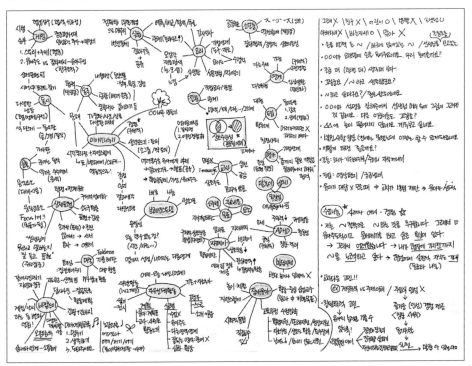

민쌤의 2차 강의를 들으면서 키워드 단어들로 정리해 봤어요!

좋은 발문이나 수업나눔 등에 대한 틀을 구성하는 과정이였어요^^.

처음에 만드는 건 조금 시간이 걸리는데 만들고 나면 이것만 봐도 기억이 잘 나서 시간이 별로 안들이고 전체적으로 연습 할 수 있어요^^.

3. 2017 수업실연 기출문제

1) 지역별 기출문제

서울

활동유형	현장체험
활동명	토우박물관 현장체험
대상연령(인원)	만 4세(22명)
그 외 조건	• 1분간 수업진행 방향을 설명하고, 9분간 수업(도입-전개-마무리)을 진행하시오. • 보조교사가 있다고 가정하고 수업실연하시오. • 박물관 각 층마다 다른 주제의 전시를 하고 있음을 가정하여 수업실연하시오. • 역사교육을 반영하여 수업실연하시오.
추가 질의	1. 현장학습이 교육적으로 시사하는 바는 무엇입니까? 2. 수업요소와 상황을 어떻게 반영하였습니까? 3. 자신의 수업에서 잘한 점과 못한 점은 무엇입니까?

경기

생활주제	동식물과 자연
활동유형	자율
활동명	자율
그 외 조건	• 자기주장만 강하게 하는 유아가 있다고 설정하여 수업실연하시오. • 수업은 '도입-전개'만 실연하시오. • 교사의 반성적 수업 성찰 저널을 반영하여 수업을 설계하시오. **반성적 수업 성찰 저널** 민철: 나 어제 우리 동네에서 버려진 개를 봤는데 너무 불쌍했어! 하은: 나도 봤어. 다리를 다쳤는지 한쪽 다리를 절고 있었어. (교사는 유아들의 대화를 듣고 이러한 상황을 유아의 실생활과 연계하기 위해 어떻게 수업을 계획하면 좋을지 고민함)

| 수업 나눔 | 1. 본인이 의도한 수업설계는 무엇이고, 유아들의 실생활과 어떻게 연결지었는지 설명하시오.
2. 이 수업에서 유아들의 협력적인 배움이 일어나기 위해 어떤 상호작용을 하셨는지 설명하시오.
3. 이 수업을 현장에서 적용할 때 생길 수 있는 어려움이 무엇인지 말하고, 이것을 해결할 방안은 무엇인지 이야기하시오.
4. 자신의 수업이 삶과 연계된 점은 무엇인지 이야기하시오.
5. 유아 간의 협력과 배움이 일어나도록 한 상호작용이 무엇인지 이야기하시오.
6. 이 수업을 실제 활동으로 진행할 때의 어려움과 그 해결방안에 대해 이야기하시오. |

평가원

생활주제	환경과 생활
주제	물과 우리 생활
소주제	물의 이용과 물 부족 알아보기
활동유형	바깥놀이
활동명	비 오는 날 만나는 친구들
활동목표	• 비의 특징과 비가 올 때 나타나는 자연의 변화에 호기심을 갖는다. • 비 오는 날의 산책을 즐기며 자연의 소중함을 느낀다.
누리과정 관련요소	• 자연탐구: 과학적 탐구하기−생명체와 자연환경 알아보기 • 신체운동 · 건강: 신체 활동에 참여하기−바깥에서 신체 활동하기
창의 · 인성 요소	• 창의성: 인지적 요소−사고의 수렴 • 창의성: 동기적 요소−호기심 · 흥미
대상연령(인원)	만 5세(26명)
활동 자료	비옷, 장화
그 외 조건	• 활동 자료는 수업 진행에 따라 추가하여 사용하시오. • 안전에 유의하여 수업을 진행하시오. • 유아들이 비를 즐겁게 탐색할 수 있도록 수업실연 하시오. • 도입의 일부와 전개, 마무리를 수업실연 하시오. 〈도입 내용 중〉 얘들아, 창밖을 봐! 비가 내리고 있구나. 우리 바깥놀이를 나가자!

인천

생활주제	우리 동네
활동유형	이야기 나누기 및 신체
그 외 조건	• 숫자를 몸으로 표현하시오. (112, 119 등) • 사전활동으로 우리 동네의 공공기관에 대해 이야기를 나누었다고 가정하시오. • 수업 과정에 모둠토의활동을 포함하여 실연하시오.

세종

생활주제	교통기관
주제	고마운 교통기관
소주제	일하는 교통기관 알아보기
활동유형	신체
활동명	어떻게 할까?
활동목표	• 일하는 교통 기관이 하는 일에 관심을 가진다. • 일하는 교통 기관의 움직이는 모양을 몸으로 표현할 수 있다.
대상연령	만 5세
활동 자료	다양한 교통기관 머리띠, 핸들 모형, 훌라후프 등
그 외 조건	(수업의 도입과 전개까지만 실연) • 사전에 '어떻게 할까?' 동요를 함께 불러보았다고 가정할 것

대구

생활주제	우리 동네
주제	우리 동네 모습
소주제	우리 동네 알아보기
활동유형	바깥놀이(모래놀이)
연령	만 5세
누리과정 관련요소	• 신체운동 · 건강: 안전하게 생활하기 – 안전하게 놀이하기 • 사회관계: 다른 사람과 더불어 생활하기 – 친구와 사이좋게 지내기 • 사회관계: 사회에 관심 갖기 – 지역사회에 관심 갖고 이해하기 • 자연탐구: 수학적 탐구하기 – 공간과 도형의 기초개념 알아보기

수업설계	• 활동명 선정 이유를 설명할 것 • 지식, 기능, 태도 측면에서 활동 목표를 3가지 제시할 것 • 전개 단계의 활동 방법 3가지를 제시할 것 • 활동과 관련하여 인성 덕목 1가지를 정하고 이를 반영할 구체적 방법을 말할 것 • 활동과 관련하여 유의점 3가지를 제시할 것 • 수업자료를 2가지 선정하고 그 이유를 설명할 것
그 외 조건	• 도입단계에서교수 학습 자료를 활용하여 흥미를 유발하고, 짧게 인성교육을 실연하는 과정을 포함하시오. • 유아 간 협력적인 상호작용이 일어나도록 수업을 전개하시오. • 갈등상황에 대한 중재과정을 포함하여 수업을 실연하시오. <모래놀이 갈등상황> 놀이 중 실수로 다른 유아의 머리에 모래를 뿌리게 되어 모래를 맞은 유아가 울고 있는 상황

광주

생활주제	나와 가족
주제	나의 몸과 마음
소주제	나의 감정 알고 조절하기
활동유형	이야기 나누기
활동명	숨겨진 감정을 찾아요
대상연령	만 5세
활동 자료	감정이 표현되어 있는 명화 그림 자료(뭉크-절규, 피카소-울고 있는 여인, 렘브란트-웃는 렘브란트 등), 그림책 「소피가 화나면, 정말 정말 화나면」의 표지

2) 지역별 응시자 사례

경기

───────── 사례 1 ─────────

♣ 수업복기

〈도입〉

• 지혜반 어린이들, 자리에 모두 앉아 주었네요. 오늘 민철이가 유치원에 오는 길에 속 상한 일이 있었대요.

• 그래서 친구들에게 오늘 있었던 일을 이야기해 주고 싶대요. 그럼 민철이가 나와서 이야기해 줄래요?

• 우리 민철이의 이야기를 귀 쫑긋 하고 들어 보도록 해요. (민철이 이야기) 얘들아, 민 철이가 무슨 일이 있었다고 이야기해 주었나요?

• 음~. 그래요. 민철이가 유치원에 오는 길에 버려진 강아지를 보았대요. 그 강아지가 다리도 절뚝거리고, 밥을 먹지 못해 음식물 쓰레기를 먹는 것을 보아서 너무 속상했 대요.

• 너희도 버려진 강아지를 본 적이 있나요?

• 아~ ○○도 버려진 강아지를 본 적이 있구나. 그래서 아까 민철이 이야기를 들은 어 린이들이 속상해서 강아지나 동물들을 보호해 주고 싶다고 해서 오늘 동물들을 보호 하는 방법에 대해서 이야기를 나누어 볼 거예요.

〈전개〉

• 애완동물을 키워 본 적이 있는 어린이 있나요?

• ○○는 강아지를 길러 보았대요. 우리 ○○는 강아지가 털이 많이 날려서 조금 집이 지저분해지기는 했지만, 유치원에서 ○○가 집에 돌아올 때면 항상 문 앞에서 반겨 줘서 가족처럼 너무 소중하고 좋다고 이야기를 해 주었네요.

• ○○이랑 혹시 다른 생각하는 어린이 있나요? ○○가 이야기해 주세요. 얘들아~, ○○가 뭐라고 이야기 했나요?

• 아~ 그래요. ○○는 올챙이를 키운 적이 있었는데 밥도 매일 주고, 물도 깨끗이 갈

아줘서 개구리로 성장했었데. 그런데 개구리로 변해서 계곡에서 살 수 있도록 다시 돌려 보내줬대요.

- 여러분이 정말 동물들을 소중히 여기는 마음이 느껴지네요. 그런데 동물들을 때리고 괴롭히는 사람들이 있어서 힘들어하는 동물이 지혜반에 왔대요. 어떤 친구인지 다함께 불러 볼까요? 나와라~~~~~(다 함께)

- (손가락 등장) 안녕? 나는 퍼피라고 해. 나는 주인이 나를 매일 괴롭히고 때렸어. 그러다가 버려져서 배가 고파서 혼자 길을 돌아다니고 음식물을 주워 먹고 있어. 나는 너무 속상해. 나는 어떻게 하면 좋을까?

- 아~ 지혜반 어린이들이 다함께 퍼피를 도와주고 싶어요! 라고 이야기를 해 주었네요.

- 퍼피야~ 우리 지혜반 어린이들이 우리 퍼피를 도와주고 싶다고 해요.

- 퍼피: 아 너희가 나를 도와줄 거야? 고마워. 그럼 너희가 나를 도와줄 방법에 대해서 이야기를 해 보고 나한테도 알려 줘~. 고마워! 안녕!!!!!!

- 지혜반 어린이들이 퍼피를 도와주고 싶다고 했는데, 어떻게 도와줄 수 있을까요?

- 아~ 우리가 동물을 보호하는 방법에 대해서 이야기를 나누면 좋을 것 같아요?

- 동물을 어떻게 보호할 수 있을까요?

- ○○는 동물을 괴롭히고 때리지 않아야 한대. 그래요~. 그런데 우리 민주가 지난번에는 발표를 하는 것이 조금 부끄러워요 했었는데, 오늘은 정말 씩씩한 목소리로 발표를 해 준 것 같아요.

- 지혜반 어린이들도 우리 민주 목소리가 정말 씩씩하게 들려서 우리 민주에게 칭찬의 박수를 해 주고 싶대요.

- 그럼 다함께 민주에게 칭찬의 박수를 쳐 줄까요? ~칭찬의 박수~ 오 예! 우리 민주, 참 잘했어요!

- 또 어떻게 동물을 보호해야 할까요? ○○는 강아지한테 ○○가 좋아하는 초콜릿을 줬었는데, 강아지가 배탈이 나서 병원에 다녀온 적이 있었는데. 그래서 강아지가 사람이 먹는 음식을 먹으면 안 된다는 것을 알게 되었대.

- 선생님도 ○○이 이야기를 듣고 강아지가 초콜릿을 먹으면 안 된다는 것을 새롭게 알게 되었네요. 잘 이야기해 주었어요.

- 그런데 ○○가 우리가 동물을 보호하는 방법을 이야기만 하면 지키기가 조금 어려울 것 같아서, 약속판이랑 포스터를 만들어 주면 좋을 것 같다고 이야기를 해 주었어요.

너희 생각은 어떤가요?

- 지혜반 어린이들도 모두 좋을 것 같아요? 그럼 우리가 함께 동물을 보호할 방법에 대해서 약속판과 포스터를 만들어 보도록 해요.

- 강아지/기린 모둠–약속판 고양이, 거북이 모둠–포스터▶유아들이 정해서 나누어 만들도록

- 각자 모둠 자리로 이동하도록

- (교사 일어서서 모둠 유아들과 상호작용)

- 어떤 약속을 정하고 있나요? 아~, 이런 약속을 정했구나.

- 강아지 모둠: 그런데 마르코는 왜 가만히 있나요? 아~, 마르코는 약속판을 만들어야 되는데 글씨를 쓰기가 조금 어렵구나. 그럼 어떻게 하면 좋을까? ○○가 글씨를 잘 쓸 수 있는데, 마르코를 도와주고 싶대요. 마르코는 어떤가요? 아! ○○가 글씨를 써주면 마르코는 그림을 그려 보고 싶어요? 오! 그것도 좋은 방법이네요. 그럼 같이 힘을 합쳐서 약속판을 만들어 보도록 해요.

- 기린 모둠: 음~ 기린 모둠 무슨 일 있나요? 아~ 구민이가 약속판을 혼자 쓰겠다고 해서 못하고 있었나요? 구민아, 왜 혼자 쓰려고 했어요? 우리 구민이는 동물을 보호하고 싶은 내용이 친구들이랑 조금 달라서 혼자 하고 싶었구나. 우리 구민이가 동물을 보호해 주려는 마음이 참 따뜻한 것 같아요. 그런데 구민아, 우리가 약속판을 왜 만들기로 했어요? 그래요. 우리가 다 함께 동물을 보호하는 방법을 지키기 위해서 만들기로 했죠. (구민이가 이야기함) 아, 그래요. 우리 구민이가 생각해 보니까 다함께 약속을 지키기 위해서는 함께 이야기 나누어서 협력해서 약속판 만들기를 하는 것이 좋을 것 같다고 생각해 주었구나. 우리 구민이가 친구들을 배려하려는 마음이 정말 멋진 것 같아요. 그럼 함께 협력해서 약속판을 만들어 보도록 해요!

- 이제 거의 다 만들었나요? 다 만든 모둠을 자리를 정리하고 이야기 나누기 자리로 모여 주세요!

- 다 모였네요. 우리가 약속판이랑 포스터를 만들어 본 것을 소개해 볼 거에요. 어느 모둠이 발표해 주고 싶나요?

- 강아지 모둠이 발표를 하고 싶대요! 강아지 모둠 누가 발표해 보고 싶나요?

- 아, 너희끼리 발표할 친구를 정했구나. 그럼 ○○가 나와서 발표를 해 주세요.

- 두 번째까지 발표하다가 끝났어요. **(시간 초과)**

(손유희) 사랑하는 코끼리 짝짝 짝짝짝 배려하는 코끼리 짝짝 짝짝짝 질서 있는 코끼리 짝짝 짝짝짝. 코끼리반, 저번 시간에 집에 가기 전에 이야기 나누었던 것 기억하나요?

- 그래요. 그래서 우리가 어떻게 하기로 했지요? 강아지를 도울 방법에 대해서 생각해 보기로 했지요? 생각해 왔나요? 많은 생각을 머릿속에 담아 왔군요.

- 예준이는 집을 짓는 방법, ○○는 따뜻한 이불을 가져다주는 방법을 생각했군요. 민성이는 친구들의 생각이 너무 많으니까 저번에 한 것처럼 모둠으로 모여서 발표를 하자고 하네요. 그렇게 할까요? 네. 모이기 두 눈금 전에 이야기해 줄게요. 선생님이 준비한 도화지와 미술영역의 도구를 가지고 그림으로도 표현해 보아요. 각자 모둠으로 모여서 생각을 모으고 발표해 보아요.

- (이동해서 유아의자 높이에 맞추어 허리 숙이고 상호작용) 별빛모둠은 이야기가 잘 나누어고 있나요? 윤성이, 나율이, 지윤이는 강아지를 집에서 키우자고 하는데, 예슬이는 절대 안 된다고 하는군요. 예슬아, 안 된다고만 말하니까 친구들이 잘 모를 것 같아요. 왜 그런지 이야기해 줄래요? 강아지를 키웠는데 먼저 죽어서 슬펐다고 하는군요. 아, 그렇군요. 많이 슬펐군요. 그런데 윤성이는 그렇구나. 먼저 죽으니까 사람이 끝까지 키워 주어야 한다고 생각하네요. 예슬아, 예슬이가 강아지를 키웠을 때는 어땠는지 이야기해 줄 수 있나요? 예슬이가 강아지를 키웠을 때 엄마의 도움을 많이 받아야 했다고 하네요. 예슬이의 말을 듣고 보니 어떤가요?

- 윤성이는 아파트에도 살고 엄마가 바빠서서 안 될 것 같군요. 다른 생각이 있는 가현이는 어떤가요? 엄마 말고 다른 어른의 도움을 요청하면 될 것 같나요? 그래요, 그러면 어떤 어른에게 도움을 요청할까요? 강아지 보호, 그래요. 드디어 생각이 모였네요. 나중에 발표할 때 친구들에게 소개해 보도록 해요.

- (이동) 치타모둠은 어떤가요? 여러 생각을 모았더니 집짓기 의견이 나왔군요. 그림도 보니 이불도 있는 곳이군요. (의자 앞으로 이동) 어린이들 모이기 두 눈금 전이에요. 이야기를 마무리해 주세요. (착석) ……버벅…… 정적…… (모이기 노래 첫 음이 기억이 안 나서 십 몇 초 정도 멈춤, 어어 이러다 아무거나 그냥 부름…… 여기서 1점 깎인 것 같아요.)

- 먼저 치타모둠부터 발표해 볼까요? 다 같이 물어볼까요? 치타모둠아, 어떤 생각을 모

았니? 집짓기, 누가 돌보는 지 궁금하대요. 치타모둠 어린이는 우리가 가서 하자고 하네요.

- ○○는 우리가 키우는 것인지 궁금하군요. 네~ 치타 모둠은 우리가 햇살이를 키우는 것처럼 돌봐주자고 하네요. 그렇군요. 멋진 의견을 내준 치타모둠 박수!

- 마지막으로 별빛모둠이 발표해 볼까요? 동물 구조대에 연락하기를 소개해 주었네요. ○○는 왜 동물 구조대에 연락하는 게 좋은지 궁금하군요. 예슬이가 동물이 진짜 행복한 방법을 생각했다고 하네요. ○○는 유기견 구조대에 들어 본 적이 있군요. 아, TV에서 본 적이 있나요? 그렇구나. ○○가 설명해 준 덕분에 우리 친구들이 모두 유기견 구조대에 대해 잘 알게 되었네요. 멋진 의견을 내준 별빛모둠에게 박수~ 별빛모둠도 그림은 칠판에 붙이고 들어갑시다. 우리가 할 수 있는 것들 중에서 가장 좋은 생각이라고 생각하는 것에 손을 들어 보아요. 먼저 치타모둠의 의견이 좋은 어린이 손을 들어볼까요? (세는 시늉) 마지막으로 별빛모둠 의견은요? 와! 유기견 구조대 연락하기가 결정되었어요. 그러면 이것을 실천하려면 어떻게 해야 할까요? 어디서 나타나는지 알고 신고해야 하는군요. 어떻게 알 수 있을까요? 그래요. 친구들이 말한 것처럼 지도에 보이는 곳을 표시할 수 있도록 우리 동네 지도를 준비하도록 할게요. 정말 바깥 놀이 때 살펴보도록 해요. 혹시 아쉬운 점이 있나요? 그러네요. 고양이 소리도 들은 것 같은데 다른 동물은……

- 종울림

사례 3(50점)

♣ 수업복기

〈도입〉

[주의집중]

- 머리부터 발끝까지 사랑스러운 너희들은 소중한 열매반~ ♬
- 열매반 어린이 모두들 자리에 앉았나요? (상하좌우로 천천히 둘러보며)
- 지연이는 어제 앞자리에 앉고 싶다고 했더니 오늘 앞자리에 앉아 주었네요.

[활동소개]

• 어제 자유선택활동 시간에 민철이와 하은이가 나눈 이야기를 듣고서 오늘 열매반 모두가 함께 이야기 나누기로 했지요.

〈전개〉

[이야기 나누기]

• 혹시 이야기가 기억이 나지 않는 친구들을 위해 민철이와 하은이가 이야기를 다시 한번 나와서 말해 줄래요?

• 음~, 민철이가 먼저 말해 주고 싶나요? 열매반 어린이! 민철이가 무슨 말을 해 주는지 귀 쫑긋 잘 들어보자!

• 민철이가 무슨 이야기를 들려주었나요? 아, 민철이가 동네에서 버려진 개를 발견했대요, 그리고 하은이는 그 개가 다리를 다쳤다고 이야기를 해 주었네요. 모두 잘 들어 주었군요.

• 선생님이 민철이와 하은이가 말해준 것을 듣고 궁금해서 우리 열매반 어린이들이 모두 집으로 돌아가고 나서, 민철이가 개를 보았다던 큰 놀이터에 나가 보았어요. 그러다 정말 개 한 마리를 발견해서 동영상을 촬영해왔어요. 한번 다같이 볼까요?

• 띡－! (손으로 리모콘을 조작하는 동작을 하며 입으로 영상이 켜지는 소리)

• 화면이 모두 다 보이나요? 무엇이 보이나요?

• 아! 민철이가 말한 개가 맞나요? (아까 민철이와 상호작용했던 앉은 위치를 바라보면서)

• 선생님이 민철이와 하은이가 말한 개를 발견한 게 맞았나 봐요.

• 띡－! (동영상을 멈추는 소리)

• 자~! 열매반이 민철이와 하은이가 말한 개를 보았는데, 개가 무엇을 하고 있었나요?

• 쓰레기통을 뒤지며 먹이를 먹고 있었군요, 찬혁이는 개가 다리를 절룩거리는 것도 보았어요? 지훈이는 개가 좀 지저분해 보였대요. 왜 그런 것 같나요? 아~쓰레기통을 뒤져서 쓰레기가 몸에 묻어서 그런 것 같구나.

• 이 개를 직접 본 적이 있는 어린이? (라고 물으며 손을 번쩍 들어 준다.)

• 하나, 둘, 셋, ~ 여섯, 일곱! 일곱 명의 어린이가 본적이 있대요. 꽤 많은 친구들이 본 적이 있네요.

• 동영상을 보고 나니 어떤 기분이 들었나요?

- 승희는 기분이 슬펐대요. 왜 슬픈 기분이 들었나요? 음~ 개의 다리가 많이 아파보이고, 배고파서 쓰레기를 먹는 모습이 불쌍하게 느껴졌구나.
- 또 다른 기분이 드는 어린이 있나요? (고개를 좌우로 의자 자리, 매트 자리를 천천히 돌아보면서 모든 유아들을 신경 쓰도록)
- 정은이도 불쌍하다고 생각했대요. 왜 불쌍한 마음이 들었나요? 아~ 정은이는 치즈라는 강아지를 키우는데 정은이는 치즈에게 목욕도 시켜 주고 맛있는 간식도 주는데 저 개는 사랑을 못 받아서 불쌍하다고 생각이 들었군요.
- 그러게요. 이 개는 주인에게 버려져서 깨끗하게 목욕도 못하고 밥도 못 먹어서 쓰레기통을 뒤지게 되었어요.
- 이처럼 버려진 개를 유기견이라고 해요. 유기라는 뜻이 '버려지다'라는 뜻을 가지고 있거든요. (오른쪽 부분에서 화이트보드를 끌어다가 크게 유기견이라고 한자 한자 적는 척하며)
- 모두 글씨가 보이나요? 아 현지가 잘 안 보이는구나. (제일 왼쪽 끝에 현지가 앉아있다고 생각하고 현지를 바라보며 화이트보드의 위치를 움직이며) 이제 잘 보이나요? 네 이제 모두 잘 보이는군요.
- 응 상면이? (상면이가 하고 싶은 말이 있어서 손들어서, 말할 기회를 주듯) 상면이가 유기견이라는 말을 어머니께 들은 적이 있대요.
- 주인은 이 하얗고 귀여운 개를 왜 버리고 갔을까요?
- 잘 모르겠구나. 그러게요. 선생님도 정말 이해가 가지 않아요.
- 우리가 지난 시간에 동물도 우리도 모두 함께 서로 보호해 주고 지켜 주어야 하는 소중한 관계라고 배웠지요.
- 네. 지연이가 개는 도둑으로부터 가족을 지켜 주기도 한다고 말해 주었지요. 동물이 주인을 도와준 동영상을 지난 시간에 보면서 우리가 동물과 우리는 서로서로 보호해 주는 친구라고 했어요!

[문제해결]
- 그럼 이러한 불쌍한 유기견을 위해 우리가 도울 방법이 있을까요?
- 선생님이 우리 열매반 어린이들이 알려 준 다양한 방법을 칠판에 적어볼게요. (화이트보드에 적으려는 시늉을 하면서)
- 현지는 다친 다리를 치료해 주면 좋을 것 같대요. 좋은 생각이네요. 그럼 1번 다친

다리 치료하기! (화이트보드에 적는 척)

- 지훈이는 데리고 와서 우리 열매반에서 키웠으면 좋겠대요. 그런 생각도 해 볼 수 있 겠구나. 2번 열매반에서 키우기라고 적을게요. (화이트보드에 적는 척)

- 정은이는 치즈의 밥을 가져와서 좀 나눠 주고 싶대요. 그럼 강아지가 먹는 밥을 사료 라고 말하니까 사료 나눠 주기라고 적어도 될까요? 네! 3번 사료 나눠 주기(화이트보 드에 적는척)

- 이야 이렇게 다양한 방법들이 나왔네요. 한번 다같이 읽어 볼까요? 1번! 다친 다리 치 료하기, 2번 열매반에서 키우기 ~ 5번 동물보호 캠페인 활동하기!

- 이런 멋진 다양한 방법을 어떻게 실천할 수 있을지 지금부터 모둠별로 토론을 해 보 면 좋을 것 같아요.

- 열매반 어린이 이야기를 나눠서 불쌍한 유기견을 실제로 돕기 위한 방법을 찾아볼 수 있겠나요?

- 자 그럼 지금 시계의 긴 바늘이 2에 가 있으니 얼마까지 이야기를 나누면 좋겠나요? 4에 가면 방법을 찾아볼 수 있을 것 같아요? 네 그럼 우리 긴바늘이 4에 갈 때까지 이 야기 나누고서 다시 모이기로 해요. (벽시계를 보는척하며)

- 선생님은 돌아다니면서 우리 열매반 어린이들의 다양하고 멋진 아이디어를 들어 볼 게요.

- 먼저 기린모둠은 어떤 방법을 이야기 나누는지 들어 볼까요? 기린 모둠은 무슨 이야 기를 나누고 있었나요?

- 아 기린모둠은 캠페인 활동을 하기 위해 구호를 정하고 있었군요.

- 아~ 지영이가 구호를 적어 줄 거예요? 네! 지영이가 친구들이 정한 구호를 적어 주 다가 모르는 글씨가 있으면 선생님이 도와줄게요. (스스로 구호를 적겠다고 하다가 이따 못 쓰는 부분은 선생님이 도와달라고 말했다는 듯이)

- 이번엔 어떤 모둠으로 가볼까? (사뿐사뿐 두리번 두리번 돌아보면서)

- 이번엔 힘차게 이야기를 나누는 사자 모둠의 이야기를 들어 봐야겠네요.

- 사자모둠은 어떤 방법을 계획하고 있나요? 아 아직 정하지를 못했어요?

- 아 지훈이는 아까 그 하얀 개를 우리 열매반에서 키우고 싶다고 했군요? 그건 힘들 것 같아요? 또 다른 어린이는 밥을 가져다주면 좋을 것 같다고요? (지훈이를 자기주장이 강한 아이로 설정함)

- 음… (지훈이와 다른 아이들의 의견이 분분하다는 듯이 양쪽을 번갈아가며 쳐다보며 경청하는 모습을 보임)
- 지훈이는 왜 열매반에서 키우고 싶다는 생각을 했나요?
- 아 하얀 개가 너무 불쌍해서 우리가 사랑을 주면서 키우고 싶군요.
- 다른 친구들은 어떻게 생각하나요? 아 현지는 열매반에서 키우면 우리가 모두 집에 돌아가면 하얀 개만 혼자 열매반에 남아서 심심하고 밤에는 무서울 거라고 생각하는구나. 정말 그럴 수도 있겠다. 깜깜한 밤에 혼자 교실에 남겨져 있으면 왠지 무섭거나 외로울 수도 있겠군요. (안타깝다는 표정으로)
- 지훈이는 현지 이야기를 들어보니 어떤 생각이 들었나요?
- 아 지훈이도 생각해보니 열매반에서 살면 밤에는 무서울 수도 있을 것 같아요? 그래도 밖에서 지내면 주인도 없어서 너무 불쌍해서 우리가 키우고 싶다고 생각하는구나.
- 그럼 개에게 사랑을 주는 방법이 열매반에서 키우는 방법 말고 또 다른 방법도 있을까요?
- 아 영훈이는 집을 만들어 주면 좋을 것 같아요? 아 지훈이도 좋은 생각인 것 같아요?
- 그럼 어떤 집을 만들어 주면 좋을까? 함께 좀 더 고민해 보고 싶어요? 네.
- 그럼 사자 모둠도 좀 더 이야기를 나눠 보아요. (미소를 지으며)
- 이번에는 차례를 잘 지키며 이야기 나누는 악어모둠으로 가 볼까?
- 악어모둠은 어떤 방법을 실천해보고 싶나요? 아 다친 다리를 고쳐 줄 계획이군요.
- 어떻게 다친 다리를 고쳐 줄 수 있을까요?
- 아 상혁이는 찬혁이 아버지께서 동물병원 의사선생님이시니까 도와주시면 고칠 수 있다고 생각했어요?
- 그러게요. 찬혁이 아버지는 동물병원 의사선생님인 수의사지요.
- 찬혁이도 아버지께서 불쌍한 개를 도와주면 멋질 것 같아요? 아 아버지가 쉬는 일요일날 고쳐 주면 될 것 같나요? 그렇구나. 그럼 다른 친구들은 어떤 걸 도울 수 있을까?
- 아 정은이는 치즈의 밥을 챙겨서 밥을 나눠 주고 싶군요. 다친 다리도 고쳐 주고 밥도 나눠 주는 것도 정말 근사한 생각이네요. 자 그럼 남은 시간 좀 더 이야기 나누어 보도록 해요.

[활동 마무리]

- 자 선생님은 이제 이야기 나누기 자리에서 기다릴게요. 긴바늘이 어느덧 4를 향하고

있어요. 이야기를 다 마친 모둠은 다시 이야기 나누기 자리로 모이도록 해요. (모둠별 토론에 참여했다가 천천히 이야기 나누기 자리로 앉아 시간을 가리키며 마무리 시간을 알려 준다) (제자리로 돌아와 앉자 아이들이 돌아오는 걸 기다려주는 모습을 보이다가)

• 이상으로 수업실연을 마치겠습니다.

부산

사례

수업실연을 시작하겠습니다.

• (주의집중 노래) 나는 나는 산책을 갔었지 거기서 무얼 보았니? 그래그래 빗방울을 보았구나 한 손 무릎에 또 한 손.

• 사랑반 친구들 모두 모였나요? 선생님이 잘 보이나요?

• 오늘은 선생님이 어떤 소리를 녹음해 왔어요. 눈을 감고 무슨 소리인지 맞추어 보도록 해요.

• (빗소리) 무슨 소리인가요? 그래요. 우리 사랑반 친구들 모두가 빗소리라고 크게 말해 주었네요.

• 마침 오늘 밖에 비가 와서 선생님이 아침에 녹음해 두었어요. 빗소리를 들으니 어떤 생각이 드나요?

• 손을 번쩍 들고 있는 ○○가 말해 볼까요? ○○는 엄마랑 비오는 날 산책을 갔던 게 기억이 났대요.

• ○○이 이야기를 잘 들어 준 □□가 말해 볼까요?

• □□이도 ○○처럼 비오는 날에 바깥에서 놀고 싶다고 하네요. 다른 친구들의 생각은 어떤가요?

• 그래요. 그럼 친구들의 생각처럼 오늘은 밖에서 비오는 날을 느껴 보기로 해요.

• 비오는 날 바깥에서 어떤 활동을 하고 싶나요?

• 눈을 반짝반짝 빛나고 있는 ##이가 말해 볼까요? ##이는 비오는 날 만날 수 있는 벌레 친구들을 찾아보고 싶대요.

• 또 다른 생각을 한 친구 있나요? 그렇구나. 비에 젖은 나뭇잎도 찾아보고 물웅덩이도 볼 수 있겠네요. 그럼 우리가 이 활동들을 하려면 어떤 준비물이 필요할까요?

- $$이가 아주 중요한 생각을 해 주었어요. 비가 오니까 비옷과 장화가 필요할 것 같다고 하네요.

- 또 어떤 준비물이 필요할까요? 잘 기억이 나지 않나요?

- 친구들이 아까 비오는 날의 벌레 친구들을 보고 싶다고 했는데, 더 자세히 보려면 무엇이 필요할까요? 그래요. 친구들 생각대로 과학 영역에서 확대경도 가져가기로 해요. 그럼 우리가 안전하고 즐겁게 바깥놀이를 하려면 어떤 약속이 필요할까요? 뒤에서 눈빛 신호를 보내 주고 있는 ○○가 말해 볼까요? 좋은 생각이네요. ○○가 말하길 비가 오는 날은 바닥이 미끄럽기 때문에 뛰면 안 될 것 같다고 하네요. 그래요. 오늘은 다른 날과 다르게 비가 오니까 조심조심 다니면 더 좋을 것 같아요. 또 어떤 약속이 필요할까요? ○○는 바깥에 있는 꽃과 나뭇가지를 꺾지 않아야 한대요.

- ○○가 아주 중요한 약속을 말해 주었어요. □□는 우산으로 친구와 장난치면 안 된다고 생각했군요. 그래요. □□이 생각처럼 우산으로 장난치면 친구가 다칠 수 있기 때문에 장난은 치지 않기로 해요. 사랑반 친구들 모두 약속을 잘 지킬 수 있겠어요? 그럼 의자에 앉은 친구들부터 화장실에 다녀온 뒤, 비옷과 장화를 준비해서 한줄기차로 모여 주세요. 사랑반 친구들이 모두 모였는지 세어 볼까요? 모두 비옷도 잘 입어 주었네요. 그럼 바깥놀이터로 나가 보도록 해요.

- 사랑반 친구들. 우리 모두 비가 오는 날을 느껴 볼까요? 그래요. 눈을 감고 비오는 소리에 귀를 기울여 보도록 해요. 어떤가요? 비오는 날의 냄새는 어떤가요? 구름의 색은 어떤가요? 우리 친구들이 얼른 비오는 날을 느껴보고 싶구나. 자 그럼 시계를 보니까~, 그래요. 그럼 긴바늘이 5에 가면 선생님이 탬버린을 칠 테니 모이도록 해요.

- ○○는 무엇을 하고 있나요? 화단에서 비에 젖은 흙을 보고 있었구나.

- 그 흙을 만져 보는 건 어떨까요? 어떤 느낌이 나나요? 축축하고 부드러운 느낌이 드는구나.

- 어, 저기 뭔가가 보이는 것 같은데, 무엇인가요? 아! 달팽이와 지렁이가 숨어 있었네요.

- 너무 작아서 잘 보이지 않는데 잘 볼 수 있는 방법이 없을까요?

- 좋은 생각이네요. 우리가 가져온 확대경으로 살펴보면 잘 보이겠네요. 어떻게 보이나요?

- ○○가 달팽이와 지렁이를 더 크게 볼 수 있어서 좋다고 하네요. 그래요. 또 다른 것들도 찾아봐도 좋아요.

- □□는 무엇을 하고 있나요? 그래요. 비가 와서 바닥에 물웅덩이가 생겼네요.

- 물웅덩이를 쳐다보는 것도 좋아요. 그런데 우리가 장화를 신었으니까 발을 한번 담가 볼까요?

- 선생님과 함께 발을 넣었다가 떼니까? 우와 물웅덩이가 출렁이면서 여러 가지 선이 보이네요.

- □□가 걸어 보고 싶다고요? 좋아요. 그럼 물웅덩이 위를 걸어 볼까요? 어떤 소리가 나나요?

- 그렇군요. 마른 땅에서는 뚜벅뚜벅 소리가 났는데 물웅덩이 위에서는 참방참방 소리가 나네요.

- ##이는 왜 가만히 있나요? 조금 피곤하다고요?

- 그럼 저기 원두막에 가서 잠시 쉬도록 해요. 언제든지 놀고 싶으면 다시 나와도 좋아요.

- **는 무엇을 하고 있나요? 재미가 없어서 우산을 가지고 놀고 있었구나.

- 그런데 우리가 아까 교실에서 정한 규칙이 기억나나요? 그래요 우산으로는 장난치지 않기로 했었죠. 그럼 어떻게 하면 좋을까요? 그래요. **가 우산을 접겠다고 하네요.

- 우리가 비옷을 입고 있으니까 우산을 안 써도 괜찮을 것 같아요. 비를 한번 느껴 볼까요?

- 두 손을 옆으로 쭉 벌려 보자. **는 손바닥에 떨어진 빗방울이 귀엽다고 느꼈구나.

- 빗방울을 또 어디서 찾을 수 있을까요? 그래요 저기 나뭇잎에 맺혀 있는 게 보이네요. 함께 가 볼까요?

- 어떤가요? 그래요 나뭇잎에 동글동글 빗방울들이 맺혀있네요.

- 나뭇잎의 색은 어떤가요? ** 생각에 맑은 날은 연두색이었는데 비가 와서 진한 초록색이 된 것 같구나.

- 그렇네요. 비가 와서 자연이 더 아름답게 느껴지는 것 같아요.

- (탬버린) 찰찰찰 사랑반 친구들. 긴바늘이 5에 갔어요. 모두 시계 밑으로 모여 주세요.

- 모두 모였는지 세어 볼까요?

- 자, 이제 교실에 가서~. 그래요. 비옷과 장화를 정리하고, 손을 씻고 모임자리에 모이도록 해요.

- 사랑반 친구들 모두 잘 쉬고 있었네요.

- 오늘 우리가 어떤 활동을 했나요? 그래요.
- 우리가 바깥에서 활동하는 모습을 하모니선생님께서 동영상으로 찍어 주셨어요. 함께 볼까요?
- 자 이렇게 비오는 날 활동을 해 보았는데 어땠나요?
- ○○이는 비오는 날 나가서 더 특별하고 재미있었대요.
- **는 처음에는 약속을 안 지켰는데, 나중에 빗방울 친구들을 찾아봐서 참 좋았다고 하네요.
- 친구들이 즐겁게 활동해 주어서 선생님도 참 좋았어요.
- 더 해 보고 싶은 활동이 있나요? 좋은 생각이네요.
- 그럼 비오는 날 만날 수 있는 벌레 친구들을 그림으로 그려 보기로 해요.
- 오늘 친구들이 활동하는 모습을 담은 사진은 과학영역에 두도록 할게요.
- 자 이제 점심시간이네요. 의자에 앉은 친구들부터 식사준비를 하도록 해요.

이상입니다.

사례

- 초록반 모두 정자에 모였나요? 아직 ○○가 안 왔대요. ○○가 손을 씻느라 조금 늦을 거 같다는데 어떻게 해 주면 좋을까요? &&이가 ○○를 기다려 주는 게 좋겠다고 하네요. ○○를 기다리면서 노래를 부르면 좋겠다고 이야기해 주는 어린이도 있네요. 우리 노래 부르면서 ○○를 기다려 볼까요?
- 초록반 모두 정자에 모여 주었네요. 선생님 얼굴이 모두 잘 보이나요? 뒤에 앉은 AA가 오늘 안경을 안 들고 와서 선생님 얼굴이 잘 안 보인다는데 어떻게 하면 좋을까요? BB가 AA를 위해 자리를 양보해 주겠다고 하네요! 우리가 이렇게 ○○를 위해서 기다려주고 BB가 AA를 위해 자리를 양보해 주는 것처럼 다른 사람을 위해 마음을 쓰는 것을 '배려'라고 해요.

※ (수업들머리 1분 인성교육)

　도입에서 활용한 교수학습 자료는 로드뷰였습니다. 로드뷰를 보면서 왼쪽, 오른쪽에는 무엇이 있는지 이야기를 나누고 공간과 위치를 확인했어요.

※ 전개에서는 4모둠 중에 2모둠은 함께 모래놀이를 하고 2모둠은 방과 후 선생님과 대근육 활동을 한다고 가정했어요.

- 활동 중간에 모래를 뿌린 유아를 지도할 때는 정말 안타까운 표정으로 말했어요.
- '무슨 일인가요? ○○가 기분이 안 좋아 보여요. ……(중략)…… ○○아, 눈을 깜빡거려 볼까요? 눈에 모래가 들어가지 않았나요?(응급처치) 무슨 일인지 선생님에게 이야기해 줄 수 있나요?

※ 저는 전개에서 2모둠을 상호작용할 때 의자에서 했기 때문에 몸을 오른쪽 왼쪽으로 돌려가면서 했어요. 그리고 평가시간에 상호작용하지 못했던 2모둠에 대해 발표를 해서 '모든 유아와 상호작용하였다'를 보여 주었어요. 평가에서는 칭찬박수를 무조건 했습니다! 대구에서는 인성역량과 유아의 자존감을 강조했기 때문에 칭찬은 필수라고 생각해요. 꼭 칭찬박수를 할 필요는 없지만 구체적인 칭찬은 꼭 필요하다고 생각합니다.

사례

수업실연을 시작하겠습니다.

〈도입〉

1. 주의집중: 햇살반 친구들이 노래를 부르는 동안 모두 모였네요.
2. 동기유발: 오늘 날씨가 어떤가요? 비 오는 날 바깥놀이를 나가면 무엇을 하며 놀 수 있을까? (그네 밑 물웅덩이에서 첨벙첨벙하기, 텃밭에서 지렁이랑 달팽이 보기, 나뭇잎에 있는 물방울 떨어뜨려보기) 이때는 이거밖에 생각이 안 났는데 물 부족과 관련해서 빗물을 빗물저금통에 받은 선생님도 계셨습니다.
3. 활동 소개: 오늘은 바깥놀이터에 가서 우리 친구들이 말한 놀이들을 해 볼 거예요.

〈전개〉

1. 비오는 날 '○○놀이'를 하려면 무엇이 필요할까요?(비옷, 장화, 돋보기)
    • ○○는 밖에 나가서 달팽이를 구경하는데 돋보기가 있었으면 좋겠구나. 그럼 나
      갈 때 과학영역에서 돋보기를 챙겨가도록 하자.

2. 비올 때 우리가 안전하게 놀이하려면 어떤 약속이 필요할까요?
    • ○○가 걸어 다녀야 한다고 이야기해 주었어요. 왜 걸어 다녀야 할까요?

3. 바깥놀이 나가기 전에 궁금한 것이 있는 친구가 있나요?
    • ○○가 놀이 기구를 이용해도 되는지 물어보는데 다른 친구들은 어떻게 생각하나
      요?
    • ○○가 그러면 비옷을 입어도 옷이 젖을 것 같대. 그럼 어떻게 하면 좋을까?
    • ○○는 안타는 게 좋을 거 같아요? 그래요 옷이 젖을 수도 있고 위험할 수도 있으
      니까 오늘 놀이기구는 타지 않도록 하자.

4. 바깥놀이 가기 전에 화장실에 다녀오세요. 다녀온 친구들은 비옷을 입고 선생님 앞
    으로 두 줄로 서 주세요. 옆에 있는 친구를 한번 보자. 비옷이 잘 입혀져 있는지 모자
    는 잘 씌워졌는지 서로 살펴봐 줄까요?

5. 조심조심 걸어서 바깥놀이터로 가도록 해요.

6. 바깥놀이터에 우리 친구들이 모두 나왔는지 한번 볼까요? 하나 둘 셋~ 스물다섯!
    모두 모였네요. 그럼 우리 친구들이 이야기했던 놀이들을 해 보자. 먼저 물웅덩이에
    서 놀이하고 싶었던 친구들 하모니 선생님과 함께 물웅덩이 쪽으로 이동할게요. 다
    음은 달팽이를 보고 싶은 친구들, 나뭇잎을 만져 보고 싶은 친구들 선생님과 텃밭으
    로 이동할게요.
    〈유아들이 자유롭게 놀이하는 가운데 교사가 돌아다니며 상호작용–돌아다니지 않
    고 앉아서 함. 이때 소극적인 다문화 유아에게 달팽이 건네주고 교사가 다른 유아들
    을 불러 모아 보여 주도록 함. 첨벙거리며 노는 애들은 물웅덩이에 나뭇잎 배 띄어
    보자고 상호작용. 나뭇잎 떨어뜨리는 애들은 물이 나뭇잎에 있어서 더 부드러워요
    등등 답변)

7. 5분 뒤에 모두 모일게요. ~(5분 뒤) 햇살반 친구들 모두 모이세요~(종 딸랑딸랑).

8. 햇살반 친구들이 모두 모였는지 살펴볼까요? 스물다섯~! 교실에 들어가기 전에 화
    장실에 먼저 가서 손을 씻도록 해요~ 바닥이 미끄러우니까 조심해서 들어가세요.

(이때 비옷, 장화 정리하는 거 이야기했으면 좋았을 것 같아요)

– 끝 –

3) 응시자 코멘트

- **구상 시간**: 15분, 면접 구상실과 동일

책상이 있는 자리에는 반성적 성찰면접 문제지가 담긴 파일이 놓여 있어요. 실연 끝나고 이 자리로 이동해 문제를 보고 5분간 반성적 성찰면접을 했습니다. 실연은 그 옆의 의자에 '앉아서' 해야 했습니다. 들어가서 자리에 앉으니 가장 왼쪽에 앉은 평가관 분께서 "준비되셨나요? 시작하겠습니다."라고 하고 스톱워치를 바로 누르셨습니다.

저는 긴장해서 앉아서만 시연했고, 끝나고 나서 현장학습인데 좀 돌아다니면서 해야 했다고 후회를 했어요. 그런데 같이 시험 본 다른 선생님께서는 일어나려고 했더니 앉아서 하라고 제지당했다고 들었습니다. 이번 실연은 앉아서 해야 했나 본데 왜 그런지는 저도 모르겠습니다.

- 수업실연 또한 현장 경력이 있어 부담이 덜했습니다. 시간 내에 구상하고 수업실연을 하는 연습을 했어요. 지도서 앞부분에 있는 활동목록표를 모아서 랜덤으로 골라 실연 연습을 해 보았습니다. 만능틀 같은 건 딱히 만들지 않았어요. 그동안 수업해 오던 틀이 있어서 굳이 만들고 달달 외우지 않아도 되었던 것 같아요.

짝스터디 하는 선생님과 수업요소, 발문 등을 함께 점검해 보았습니다. 10분의 시간이라 도입-전개-마무리 중 두 개만 해 보는 연습을 많이 했는데 실제 시험에서는 현장학습에 도입-전개-마무리를 다 해 보라고 하여 당황스러웠어요.

반성적 수업성찰은 짝스터디 때 많이 연습해 본 문제여서 크게 어렵지는 않았습니다. 시험 당일에 제가 어떤 수업을 했는지 사실 잘 기억이 나지 않아 좀 횡설수설한 것도 같아요. 수업의 단점에 대해 이야기하라고 했을 때 수업실연 상황이라는 주어진 시간이라 현장학습지에서의 상호작용을 잘 드러내지 못했으나 실제 현장에 나간다면 유아들의 이야기를 귀 기울여 듣고 그에 적합한 상호작용을 할 수 있을 것이라고 답변했더니 평가관 님이 긍정적인 표정을 보여 주시긴 했어요.

경기 ┃┃┃

- 저는 4년의 경력이 있었어요. 그래서 수업실연 할 때가 제일 재밌으면서 제일 어려웠던 것 같아요. 수업실연은 먼저 활동 유형별로 한 뒤에 나만의 만능 틀을 만들었어요. 중점을 두었던 것은 경기도가 혁신이었고, 저도 형식적인 수업을 하는 것을 좋아하는 편은 아니라 최대한 아이들과 함께 해나갈 수 있게, 아이들에게 추상적이지 않게 하려고 노력했어요. 예를 들면, 음악 감상을 할 때에도 음악을 먼저 듣고 난 뒤 음악에 대해 이야기를 나누고, 어떤 내용인지 상상해 보고, 무슨 그림이 그려지는지 생각해 보고 "어떻게 하면 더 재미있게 음악을 감상할 수 있을까요?"라고 발문했어요. 아이들이 신체표현, 그림그리기, 악기연주 등 다양한 의견을 이야기했다고 가정하고 아이들의 생각을 반영해 모둠별로 감상하는 시간을 가졌어요. 그 뒤에 모둠별 상호작용을 하고, 다시 모여서 자신의 모둠에서 했던 것을 발표하는 시간을 가졌죠. 모든 수업을 이런 형식으로 하려고 노력했던 것 같아요. 실제로 현장에서도 이러한 방법을 사용했었고, 아이들이 가장 좋아했고, 저도 아이들에게 배울 수 있던 활동 유형이라 아이들을 생각하며 재미있게 연습할 수 있었답니다.
- 2시가 되어 9조 이동시간이 되었고, 자신의 짐을 챙겨서 구상실로 이동했습니다. 이번에는 10명 정도의 선생님들과 같은 구상실에 들어간 것 같아요.
- 구상실에 계시는 감독관들이 몇 분까지 구상하라고 말씀해 주세요!
- 문제는 당황스러웠고, 당황하는 사이 5분이라는 시간이 흘렀고, 다시 마음을 가다듬고 열심히 구상을 했어요.
- 구상이 종료된 후 다시 자신의 짐을 챙겨서 평가실로 이동했어요.
- 이번에는 감독관님께서 미리 나와 계셨어요. 짐 놓는 자리, 들어가서 교탁 옆 의자에 앉으라고 친절하게 말씀해 주셨고, 노크하고 문 열고 닫는 것도 감독관님께서 해 주셨어요! 덕분에 당황하지 않고 교탁 옆까지 갈 수 있었죠.
- 교탁 옆에 착석해 고개를 들고 앞쪽을 바라보고 있으니 평가관 님께서 "앞에 보지 말고 구상지 봐도 됩니다. 떨리실 텐데 편안하게 보세요."라고 말씀해 주셔서 평가관 님께 "네, 감사합니다."라고 웃으며 대답한 뒤 구상지를 보았어요. 사실 이게 글씨인가 그림인가, 내가 쓴 건가 다른 사람이 쓴 건가, 뭐라고 쓴 건가. 뭐 이런 매우 다양한 생각들이 들었어요.
- 종이 울렸고, 교탁 앞에 있는 수업실연의자로 이동했어요. 그랬더니 평가관 님께서 "수업실연을 시작하세요."라고 말씀하셨고, 저는 "네."라고 대답한 뒤 바로 수업실연을 시작했어요.
- 수업실연을 하던 중 종이 울렸고, 평가관 님께서 수업실연의자로 이동하라 하셔서 자리를 이동해 앉았습니다.
- 책상위에 수업나눔 질문이 적힌 파일이 있었어요. 그리고 평가관 님께서 그 내용을 읽어 주셨

습니다.

- 수업나눔을 한 후 4분정도가 남았고, 퇴실하라는 말씀에 따라 퇴실했습니다.

- 감독관님이 함께 나오셔서 어제처럼 짐과 휴대폰을 챙기라고 말씀해 주셨고, 수고하셨다고 말씀해 주셔서 너무 감사하고 좋았어요.

- 초반에 시행착오가 있었지만 가장 좋았던 스터디 진행 틀은 [활동 유형을 한가지로 정하고 - 지도서에서 제목, 주요 내용, 소주제만 보고 활동을 겹치지 않게 선정하고 - 15분간 동시에 구상한 뒤 - 실연을 보며 평가 + 나라면 어떻게 진행했을까 생각하고 - 피드백] 이었던 것 같아요. 처음에는 스터디원들 모두 똑같은 수업을 선정하고 비교해 보는 방법을 썼는대요, 하다보니 수업 틀은 어느 정도 익혀져서 위처럼 하는 것이 다양한 수업을 보고 지도서도 훑는 효과가 났어요. 제가 말하는 지도서를 많이 본다는 것은 토씨하나 틀리지 않게 암기하는 것이 아니라 수업의 흐름을 익히는 것입니다. 기본 흐름이 있으면 다양하게 변형할 수 있잖아요~ 25분으로 구상시간이 늘었지만, 15분에 맞춰 짜야 다양한 변수에 반응할 여유가 생기는 것 같습니다.

- 저는 사실 2차 준비를 하면서 민정선 선생님의 수업을 병행했어요. ○○ 선생님께서 수업실연 강의를 무료로 해 주신 덕분에 다른 강의도 들을 수 있었어요. 조금 바쁘고 촉박하기는 했지만 두 분 모두 장점이 있어서 도움을 많이 받았습니다. ○○선생님은 수강생이 많았기 때문에 1:1로 봐 주시기에는 어려움이 있었어요. 그래서 1차 시험이 끝나고 모둠끼리 계획안을 짜고 수업을 영상으로 찍어서 올리면, 교수님께서 피드백 해 주시는 방식으로 수업이 진행되었어요. 이때 정말 집단지성의 힘을 느낄 수 있었는데 조원들하고 이야기하면서 제가 생각하지 못했던 수업방식을 알게 되고, 서로 마음이 잘 맞는 조원들과 만나서 마음적으로 서로 의지할 수 있어서 좋았습니다. ○○ 선생님이 정말 수업을 잘하세요. 도입도 너무 기발하고 진행도 '정말 유아들이 재밌어 하겠다.'라는 마음이 들도록 가르쳐 주셔서 수업실연 강의를 들을 때 ○○○ 선생님 머리를 제 머리와 바꾸고 싶었답니다.

- 나머지 **수업나눔과 면접, 집단토의는 민쌤의 수업**을 들으면서 많은 도움을 받았어요. 수업실연 강의도 물론 좋았지만 인터넷 강의로 듣다 보니 놓친 것도 많고 스스로 수업을 구상하는 능력을 기르는 데는 어려움이 있었거든요. 민쌤의 2차 강의는 내용적인 지식들은 모두 인강으로 제공되고 **3번에 걸쳐서 개별적 지도**가 이루어졌어요. 예를 들어, 경기도는 6명씩 조가 짜이고 하루 동안 실제 시험처럼 집단토의, 면접, 수업실연, 수업나눔이 이루어져요. 보통 4시간 정도 (?) 걸렸던 것 같아요. 이때 개별로 동영상을 찍어서 보내 주시기 때문에 스스로를 객관적으로 볼 수 있어서 굉장히 도움이 되었고, 실전처럼 연습할 수 있어서 좋았어요. 1차 합격자 발표 이후에 하루 더 봐주셔서 좋았고 제 좋지 않은 습관이나 말투, 태도를 알고 고칠 수 있어서 좋았습니다. 그리고 집단토의의 경우에도 민쌤의 강의를 들으면서 어떻게 이루어지는지 감을

잡을 수 있었어요.

- **수업나눔**은 시험에서도 사실 잘 못했어요. 막상 시험장에 가니까 제가 어떻게 수업을 했는지, 제 수업이 어떤지 잘 모르겠더라고요. 그래서 아무 말 대잔치를 하고 5~6분 정도 말하고 나왔어요. 그래서 그런지 점수가 많이 깎였어요. 민샘 지도를 받을 때도 2016 기출문제 형식으로 질문을 하셨는데 제대로 답변을 하지 못했고요.

부산 ·|||

- 수업실연의 경우 생활 주제, 주제, 소주제, 연령, 학급 인원수, 목표, 누리과정 요소, 창의 · 인성 요소 등 다양한 요소가 주어지면 그 요소를 충족시켜 정해진 시간 동안 수업을 하는 것입니다. 이때 주의할 점은 정해진 요소들을 모두 충족시키고 목표 등을 수업에 확실히 녹여 내는 것이 중요합니다. 그렇기 때문에 수업 구상을 할 때 요소들을 충족시킬 수 있는 발문들을 꼼꼼하게 체크해 두는 것이 필요합니다. 게임이나 신체표현과 같이 정해진 틀이 있는 활동의 경우 정해져 있는 필수 요소를 꼭 포함해 수업하는 것이 좋습니다. 따라서 평가표를 활용해 만능 틀을 만들고 암기한 만능 틀에 다양한 요소를 적용해 수업실연을 할 수 있도록 연습해야 합니다. 이때 수업실연을 자연스럽게 하기 위해서는 사전에 유아들 이름과 자리를 정해 암기하는 것이 좋습니다. 항상 웃는 얼굴로 이야기하고 유아들 의견을 수용하는 모습을 보여 준다면 좋은 점수를 받을 것이라 생각합니다.

- 수업실연의 경우 정말 고민이 많았습니다. 시간이 항상 초과되어 1차 합격 발표 후 민 교수님께 피드백 받던 날에도 정말 잘하고 싶었지만 시간이 많이 초과되어 속상한 마음뿐이었습니다. 그래서 저의 수업실연 영상을 다시 보면서 도입/전개/마무리의 시간을 체크해 본 후 도입에서 꼭 넣어야 하는 중요 발문만을 다루며 최대한 간결하게 진행하고, 전개 시에도 유아들과 꼭 필요한 발문만을 넣고자 노력했습니다. 시계의 경우 최대한 분침이 잘 보이는 손목시계를 착용해 중간중간 시간을 체크하며 연습했습니다. 또한 나만의 만능 틀을 준비해 활동 유형별 순서, 주의해야 할 점들을 지속적으로 살펴보았습니다.

- 수업실연의 경우 제가 가장 자신 없어 하던 바깥놀이가 나왔지만 1차 발표 후 학원에서 진행되었던 민 교수님의 2차 지도의 예상 문제 중 하나가 바깥놀이여서 그날 바깥놀이를 실연하신 선생님의 수업과 피드백을 유심히 본 덕에 바깥놀이에 자신이 없던 저도 무사히 수업실연을 할 수 있었습니다. 저는 그 자리에서 일어나 제자리걸음을 하며 최대한 안정감 있게 수업을 하고자 했으며, 교수학습과정안과 동일하게 수업실연에서 꼭 강조되어 다루어야 할 점들에 대해 말씀해 주신 것을 최대한 적용할 수 있도록 구상 시간에 이를 계속 상기하며 구상했습니다.

- 수업이 역동적으로 흘러갔기 때문에 좌측에 있던 시계를 볼 여유가 없어 제가 준비해 갔던 손목시계를 틈틈이 보았던 것이 많은 도움이 되어 시간도 20초 정도를 남기고 여유롭게 마무리했습니다. 수업의 경우 유아들이 있다고 가정하기 때문에 교사의 발문을 쉴 새 없이 나열하는 것보다 유아들에 대한 배려가 이루어지는 것도 매우 중요합니다. 연습하실 때 유아의 답변 들어주기, 기다려주기, 인정해 주기, 칭찬 박수 등 여러 가지를 준비해 유아들을 배려하는 교사의 모습을 보여 주시는 것도 하나의 팁이 될 것 같습니다!

세종 ▸ⅠⅠⅠ

- 최대한 불필요한 말하지 않고 조건을 채우는 데 신경 썼고, 시간 줄일 수 있는 수업 틀을 만들어서 연습했어요. 도입과 유아들 대화 들어 주는 곳에서는 조금 느리게, 나머지 부분에서는 조금 빠르게 말했어요. 저는 그래도 시간이 남아서 마무리까지 다 하고 시험실에서 나왔어요.

전북 ▸ⅠⅠⅠ

- 수업실연도 면접처럼 말을 하는 것이므로 스터디하면서 면접연습과 비슷하게 말하는 연습을 하였고, 내용 측면에서는 활동 틀대로 활동 순서나 주요 발문을 숙지한 상태에서, 구상시간에는 문제에서 원하는 요소만 어떻게 넣을지만 고민했어요. 물론, 10분 동안 완벽하게 구상하기는 힘들었고, 구상을 다 하지 못하더라고 실연을 해 보는 연습을 했어요. 이러한 경험이 시험장에서 도움이 되었던 것 같아요. 시험 날 바깥놀이활동 구상을 다 하지 못한 상태에서 평가실에 들어갔거든요.
- 시험 실연 때도 구상지를 잠깐씩 보기는 했지만, 거의 보지 않았던 것 같아요. 구상을 많이 하지도 못 했을 뿐더러 무슨 말을 썼는지도 보이지 않더라고요. 그래서 가끔 문제요소가 무엇이 었는지만 슬쩍 보고 수업에만 열중했어요. 말을 할 때에는 강약을 조절하며 말했고, 유아의 말에 우와~ 하며 격하게 반응하기도 했고, 달팽이가 보고 싶었는데 보이지 않아서 시무룩해 있는 유아와 이야기하다가도 "저기 ○○가 달팽이를 발견했대! 가 보자고? 그래 가 보자!" 하며 뛰어가기도 하며 역동적인 모습도 보여 주었어요. 바깥놀이는 아무래도 동시나 이야기 나누기와는 달리 동적인 활동이기 때문에 도입이나 마무리할 때 빼고는 계속 움직이면서 활동을 진행하는 것이 좋을 것 같다는 생각이 들었거든요. 수업을 다 하고나니 3분 정도 시간이 남았고, 나갈 때 두 분정도 미소 지어 주셔서 저도 씩 환하게 웃으며 나왔네요.

충남 ▐▐▐

- 신체가 나오면 물방울 나오지 않을까? 싶은 생각이 들어서 물방울 신체표현 수업에 대해 생각하다가…… 구상실에 들어갔는데 진짜로 비오는 날 바깥놀이가 나와서 깜짝 놀랐어요. 근데 바깥놀이가 나와서 당황했고, 도입이 전개된 상태에서 실연하라는 조건에 정말 당황했습니다. 매번 손유희 주의집중부터 수업을 했던 터라…….

- 구상지는 정말 정신없이 적고 숫자로 겨우 알아볼 수 있도록 체크해서 당당히 들어갔어요, 바깥놀이라 돌아다니면서 하고 싶었지만 망부석처럼 서서 구상지 손에 들고 시계 힐끔힐끔 보면서 시간 조절해서 끝냈어요. 실연역시 떨리진 않았지만, 전날과 같은 채점관 분들이 계셔서 조금 당황했어요.

- 지도서는 거의 다 보지 못하고 들어갔고 시험에 나온 내용역시 처음 본 내용이었습니다.

- 지도서 프린트만 훑어보고, 최대한 아이디어 짜내서 수업하려고 했고, 강의 도우미들이 주는 계획안 보고, 합격생들이 올린 만능 틀 보고 수업 순서 짜서 연습한 게 전부였어요.

- 앞에 말씀 드린 것처럼 옥상 연습이 자연스러운 수업이 되는데 도움 많이 됐다고 생각합니다. 그리고 유아들 이름은 제가 맡았던 아이들 이름 3~4명 정도 넣었고, 합격생한테 들은 팁으로 지역 이름 넣었습니다(예를 들면, 충남이, 천안이, 아산이, 보령이). 계획안에도 이름 이렇게 적었고요.

충북 ▐▐▐

- 계획안 작성하면서 수업실연 연습도 같이 된다고 생각하며 1차 준비할 때부터 계획안을 썼어요. 작년에 준비할 때 계획안작성 시간이 엄청 빠듯해서 올해는 좀 더 빨리 쓸 수 있게 연습했네요. 활동마다 계획안 작성하면서 자연스럽게 활동에 따른 틀을 익힌 것 같아요. 그 덕분에 계획안에서는 감점을 받지 않고 10점을 그대로 얻었어요. 계획안 쓴 것을 모두 모아서 시험장 가기 전날 쭉 읽어 보면서 수업을 머릿속으로 그려 보았어요.

- 스터디를 통해 수업실연을 매끄럽게 잘하는 선생님 수업 보면서 많이 보고 배웠어요. 저는 동적인 수업에서 취약했는데 선생님들 수업하는 것 보면서 좀 더 크게 움직이려고 노력했어요. 2차 스터디를 하면서 제 자신을 객관적으로 봤을 때 물론 한 달 동안 준비하면서 처음보다 많이 나아졌지만, 그렇게 잘한다고 생각이 들지 않았어요. 그래서 매일매일 불안함에 스터디 끝나고 우울해지기도 하고, 스터디하지 않는 날은 걱정되어서 울기도 했어요. 실제 시험 볼 때는 많이 움직이지는 못한 것 같지만 그래도 디귿자 모양으로 동선 움직이면서 바닥에 앉기도

하고, 아이들 손 붙잡거나 안아주는 모습도 표현했어요. 목소리를 조절하거나 애들이 바깥놀이 나갔을 때 벌어지는 상황들 가정한 후 대처하는 것을 강조해서 집중시켰고요. 그 부분에서 심사위원 표정 잠깐씩 살폈는데 다행히 고개 끄덕이시면서 체크하시더라고요. 나쁘지 않았나 봐요.

- 현장에 계신 선생님이나 재학생분들은 현장을 잘 활용해서 수업실연을 해 본다고 생각하고 연습하시면 좋을 것 같아요. 전 바깥놀이가 나왔을 때 처음에 엄청 당황했다가 7월에 비올 때 애들이랑 비 그치고 산책 나갔을 때 곤충채집하고 놀았던 거 생각하면서 수업했는데, 아이들의 모습이 생생하게 상상되어서 스터디에서 연습할 때보다도 잘 할 수 있었어요. 비록 소주제, 물의 소중함 등을 반영하지 못한 실수는 했지만 어설퍼 보이는 것 없이 진짜 수업할 때처럼 자연스럽고 자신 있게 하고 나온 점에서 후회하지 않게 실연할 수 있었어요. 하지만 1차 점수가 높지 않은 편인데다가 2차 변별력을 높인다는 말을 듣고, 발표나기 전까지 매일 밤낮으로 불안해서 잠도 제대로 못 이뤘어요. 웃다가도 한숨 쉬고, 계속 안절부절못하고 싱숭생숭했었어요. 2차 끝나면 아무생각 들지 않게 충분히 쉬었으면 좋겠어요. 쉰다는 게 집에 가만히 있는 걸 좋아하는 분이면 집에서 쉬어도 좋지만, 활동적인 분들은 다른 생각 들지 않게 열심히 계획적으로 놀면서 기다리면 좋겠어요. 1년 고생한 만큼 그 기간만이라도 저처럼 고생하지 않고 쉬셨으면 좋겠어요.

3   최근 3년간 교수학습과정안 기출문제(2017~2019)

1. 2019 학년도 대비 교수학습과정안

1) 지역별 교수학습과정안 기출문제

서울

생활주제	동식물과 자연
주제	식물과 우리의 생활
소주제	식물과 함께 지내는 방법에 대해 관심 가지기
활동유형(영역)	자유선택활동(쌓기놀이 영역)
활동명	채소밭 구성하기
주요내용	• 식물을 기르기 위해 필요한 것에는 무엇이 있는지 알아본다. • 식물을 소중히 여기는 태도를 가진다.
대상연령(인원)	만 4세(활동인원 5~6명)
그 외 조건	• 09:00~14:00까지의 일일계획표를 작성하시오. (자유선택활동, 대소집단 활동명 포함) • 인성 요소(협력)와 누리과정 관련요소(수학적 탐구하기)를 포함하여 작성하시오. • 유아중심 놀이를 지원하는 교사의 발문을 3가지 이상 포함하시오. • 확장활동을 2가지 이상 제시하시오. • 참고: 다른 영역에서 놀이하는 유아들을 지도해 줄 지원인력 있음

인천

생활주제	동식물과 자연
주제	자연과 더불어 사는 우리
소주제	사라진 동식물에 관심 가지기
활동유형	게임
활동명	동물들아, 돌아와!

누리과정 관련요소	• 신체운동 · 건강: 신체 조절과 기본 운동하기 - 기본 운동하기 • 사회관계: 다른 사람과 더불어 생활하기 - 친구와 사이좋게 지내기 • 자연탐구: 과학적 탐구하기 - 생명체와 자연환경 알아보기
대상연령(인원)	만 4세(24명)
활동 시간	40분
그 외 조건	• 사전활동으로 진행한 사라져가는 동물들을 보호하는 방법에 대해 이야기나누기를 회상하는 내용을 포함하여 수업실연 하시오. • 유아들이 제안한 게임 방법을 수업에 반영하는 모습을 포함하여 수업실연 하시오. • 짝과 협력하여 활동하는 모습을 포함하여 수업실연하시오.

평가원 ▶|||

생활주제	우리나라
주제	우리나라의 자랑거리
소주제	우리나라의 문화재 찾아보기
활동유형	이야기 나누기
활동명	'문화재를 소중히 여겨요' 캠페인 계획하기
대상연령	만 5세
활동시간	25분
활동자료	자유
그 외 조건	• 주어진 목표(1가지) 외에 활동 목표 2가지를 작성하시오. • 도입에서 문화재를 소중히 여기는 방법과 다른 사람들에게 알리는 방법에 대해 이야기 나누는 내용을 포함하여 작성하시오. • 한 모둠에 인원이 몰리는 경우를 가정하고 유아간의 합의로 문제를 해결하는 과정을 포함하여 작성하시오. • 전개에서 소모둠 활동으로 자료를 3가지 이상 만드는 내용을 포함하여 작성하시오. • 마무리에서 확장활동 2가지를 제시하시오. • 도입, 전개, 마무리의 활동 시간을 기입하시오. • 일부 제시된 도입 내용 요약(T, C로 제시)

> 지난 시간에 숭례문 화재에 대해 알아보며 문화재가 훼손된 것에 이야기
> 나누었던 것을 회상하고, 문화재를 소중히 여겨야 한다는 것에 대한 결론
> 을 언급함. 이에 교사는 '문화재를 소중히 여기는 방법을 알아보자'고 유아
> 들에게 제안함.

2) 응시자 코메트

사례 1

♣ 교수학습과정안 복기

민쌤의 과정 안 강의(1강)을 수강하였고 학원에서 소개해 주신 과정안 첨삭 업체가
있어서 3개의 과정 안을 첨삭받았어요. 꼼꼼하게 첨삭해 주시고 또 새로운 생각 등도
제안해 주셔서 과정 안 및 수업실연에도 많은 도움이 되었어요. 그리고 하이패스에 실
린 기출문제와 연습문제 정도를 직접 써 보고, 예시 답안과 비교하며 고쳐 보았습니다.

〈도입〉

• 바깥놀이 시 텃밭을 가꾼 것 회상, 다양한 텃밭 사진자료 보며 이야기 나누기

• 오늘의 채소밭 구성하기 활동 소개(유아들이 하고 싶다고 이야기 한 것처럼)

〈전개〉

*이야기 나누기 시간에 자신이 꾸미고 싶은 텃밭 그리고 발표하였다고 가정

• 자신이 생각한 텃밭을 좀 더 자세히 설계도로 그리기(모양, 크기)

• 유아들이 필요하다고 하는 자료 등 교사가 지원

• 어떤 블록으로 구성하면 좋을지 생각하고 블록 준비하기, 구성하기

• 친구와 함께 설계도 그리고 구성하는 유아 설정, 채소밭의 모양과 채소의 수 등으로
  수학적 탐구하기 반영

〈마무리〉

• 완성된 유아들은 이름 정하고 소개, 사진 촬영/정리하고 영역 옮기기

• 더 만들고 싶은 유아들은 더 구성하기

사례 2

♣ 교수학습과정안 팁

• 교육과정안은 60분 동안 단위활동계획안을 쓰는 것이에요. 이 때 일일 목표와 하루 일과시간표도 포함해서 써야 돼요. 교육과정안 쓰는 것을 연습할 때 중요한 것은 활동단계에 따라 정말 중요한 핵심발문만을 쓰는 것을 연습해야 해요. 시험지가 정말 작거든요……. 발문을 많이 쓸 수가 없어요. 따라서 핵심발문과 조건과 관련된 발문만을 쓰는 연습을 해야 해요. 또 유의점은 많이 쓸수록 좋다고 들었어요.

• 저희 스터디의 경우 같은 활동을 셋이 쓴 다음 각자 비교해 보고 피드백 해 주기도 하고, 다른 활동을 각자 쓴 다음 피드백 해 주기도 했어요.

• 누리과정 지도서에 실린 활동들에 여러 조건들을 추가해서 연습해 보시면 좋아요. 또 기출문제는 무조건 써 보셔야 해요. 또한 2차 시험에서는 유아중심적인 것이 정말 중요해요. 발문을 쓸 때도 유아중심적인 발문이 되도록 연습하셔야 해요!!!

충남 ㅏㅣㅣ (소수점 감점)

사례 1

♣ 교수학습과정안 팁

문화재를 보호해요, 캠페인 활동이 나왔어요. 캠페인 계획하기였는데 시험 끝나고 카페에 의견이 분분했어요. 캠페인 계획을 어디까지 해야 하느냐였는데요, 만들기 계획이냐, 만들기 까지 해야 하느냐.. 그런데 결론적으로 주위 합격샘들 10분 정도께 여쭤봤는데 만들기 계획을 했든, 만들기를 했든 상관없었어요 ! 어떻게 했든 다들 소수점으로 깎이셨더라고요!

대전 **ㅇㅣㅣ** (15점 만점 사례)

사례 1

♣ 교수학습과정안 복기

	• 목표: 우리나라의 문화재를 보호하는 방법에 대해 안다. (지식) 　　우리나라의 문화재를 소중히 여기는 마음을 갖는다. (태도) (기능 목표는 제시되어 있었어요. 문화재 보호 캠페인 활동을 계획한다.)	
도입 (5분)	(종이에 내용이 조금 제시되어 있었어요.) ▶ 우리나라의 문화재를 보호하는 방법에 대해 이야기 나눈다. 🅣 우리나라 문화재를 보호하는 방법에는 어떤 것이 있을까요? 🅒 문화재 주변에 쓰레기를 버리지 않아요./불장난을 하지 않아요./계속해서 관심을 가지고 지켜 줘요. 🅣 이렇게 문화재를 보호하는 방법을 다른 사람들에게 어떤 방법으로 알릴 수 있을까요? 🅒 노래를 부르고 춤을 춰요./포스터를 만들어요./띠를 만들어요./동영상을 만들어요. 🅣 이렇게 다양한 방법들을 모두 할 수 있는 방법은 없을까요? 🅒 친구들끼리 역할을 나누어 캠페인 활동을 해요. ▶ 우리나라 문화재 보호 캠페인 계획 활동을 안내한다. 🅣 친구들이 이야기한 것처럼 오늘은 우리나라 문화재 보호 캠페인 활동을 계획해 보아요.	㋌ 사전에 다른 주제의 캠페인 활동을 진행하여 유아들이 스스로 캠페인 활동을 계획할 수 있도록 돕는다. ㋌ 다양한 유아들에게 발표 기회를 부여하여 유아들의 의견을 수렴한다.
	▶ 캠페인 활동 계획을 위한 역할을 분담한다. 🅣 캠페인 활동을 위해서 어떤 역할이 필요할까요? 🅒 노래를 부르고 춤을 추는 역할이요./포스터를 만드는 역할이요./띠를 만드는 역할이요./동영상을 만드는 역할이요.	㋐ 칠판, 보드마카 ㋌ 유아들이 하고 싶은 역할을 직접 고름으로써 모둠을 구성한다.

전개 (15분)	ⓣ 친구들은 어떤 역할을 맡고 싶나요? ⓣ 노래를 부르고 춤을 추는 역할에 6명 친구들이 손을 들어주었어요. 그런데 동영상을 만드는 역할에 18명의 친구들이 손을 들어주어서 포스터, 띠를 만드는 역할에 친구들이 부족하게 되었네요. 이렇게 된다면 포스터, 띠를 선택한 친구들이 포스터, 띠를 만들 때 어떤 점이 힘들까요? ⓒ 도와주는 사람이 부족해서 시간이 오래 걸려요./더 재미있는 생각을 하기 어려워요. ⓣ 그렇다면 어떤 방법으로 역할을 나누면 좋을까요? ⓒ 동영상을 만들고 싶은 친구들이 가위바위보를 해요. ⓣ 좋은 생각이네요. 그런데 가위바위보를 해서 진 친구가 속상하지 않을까요? ⓒ 모두 같이 힘을 모아 캠페인을 하는 거니까 괜찮아요./다음에 또 기회가 있으니까 괜찮아요. ⓣ 속상한 마음을 참고 서로 배려하는 모습이 보기 좋아요. 노래와 춤에 6명, 포스터 6명, 띠 6명, 동영상 만들기 8명의 친구들이 힘을 모아 보아 캠페인을 준비해 볼까요? ▶ 캠페인 활동 계획을 위한 토의약속을 이야기 나눈다. ⓣ 캠페인 활동을 계획하면서 어떤 약속을 지키면 좋을까요? ⓒ 친구의 의견을 존중해요./친구의 말을 끝까지 들어요./친구에게 바르고 고운말로 이야기해요. ⓣ 친구들이 이야기 한 이런 약속들을 지키며 캠페인을 준비해 보아요. ▶ 모둠별로 캠페인 활동을 계획한다. ⓣ 노래와 춤을 맡은 모둠 친구들은 어떻게 문화재 보호하는 방법을 알릴 것인가요? ⓒ 작은 별 노래의 가사를 바꾸어 볼 거예요./지난주에 직접 만든 소고를 함께 연주할 거예요. ⓣ 정말 좋은 생각이네요. 다양한 것들을 한꺼번에 하기에 힘들진 않을까요?	㊴ 유아들 간의 갈등을 자율적으로 해결할 수 있도록 발문을 통해 조력자의 역할을 한다. ㊴ 모두 힘을 모아 활동하는 것이 중요함을 지속적으로 인식시킨다. ㊷ 종이, 다양한 종류의 필기구(연필, 색연필, 사인펜) ㊴ 모둠별로 생각을 종이에 표현할 수 있도록 종이와 필기구를 제공한다. ㊴ 교사는 모둠간 토의에 적절히 개입하여 유아들의 생각을 확장한다. ㊴ 모든 유아가 힘을 모아 정리하도록 한다. ㊷ 토의 내용을 적은 종이, 실물화상기, TV화면 ㊴ 발표할 때 유아들 간의 질의응답을 통해 서로 간의 상호작용을 증진한다.

	ⓒ 우리 모둠의 친구들이 역할을 나누어 하면 좋을 것 같아요. ⓣ 포스터 모둠 친구들은 어떻게 포스터를 그릴 건가요? ⓒ 도화지에 파스텔과 물감으로 그릴 거예요 . ▶ 모둠을 정리하고 이야기 나누기 자리로 모인다. ⓣ 생각을 마무리 한 모둠은 이야기 나누기 자리로 모여 주세요. ▶ 모둠별로 이야기 나눈 것에 대해 발표한다. ⓣ 모둠 친구들과 계획한 것을 친구들에게 소개해 줄 친구 있나요? ⓣ 소개해 준 친구들에게 궁금한 점 있나요?	㈌ 필요하다면 발표할 때 토의 시 작성한 종이를 실물화상기를 통해 모든 유아가 볼 수 있도록 한다.
마무리 (5분)	▶ 이야기 나누기 활동을 평가한다. ⓣ 오늘 어떤 활동을 했나요? ⓣ 문화재를 보호할 수 있는 방법에는 무엇이 있었나요? ⓣ 우리 모두가 문화재를 소중히 여기기 위해 노력한다면 문화재는 어떻게 될까요? ▶ 확장활동을 알아본다. ⓣ 오늘 활동에 관련해서 더 해 보고 싶은 활동은 무엇인가요? ⓒ 오늘 계획한 캠페인 자료를 직접 만들어 보아요./ 우리 동네 박물관 앞에 가서 캠페인 활동을 해 보아요. ▶ 추후활동을 안내하고 전이한다. ⓣ 다음 시간은 무슨 시간인가요? 손 씻고 밥 먹으러 갈 준비를 해 볼까요?	㈌ 다양한 유아에게 발표기회를 부여하여 오늘 활동에 대한 여러 유아의 생각을 듣는다. ㈌ 유아들의 의견을 반영하여 확장활동을 계획한다. ㈌ 질서를 지키며 손을 씻으러 이동하도록 돕는다.
	[확장활동] • 문화재 보호 캠페인 자료 제작하기 • 우리 동네 박물관에서 직접 캠페인 활동하기	

♣ 교수학습과정안 팁

1. 모든 활동의 두문자 암기표를 우선 외우고 활동유형에 따라 ▶를 잘 나누는 것이 관건인 것 같아요.

2. 지식, 기능, 태도에 해당하는 목표를 무조건 평가에서 드러나도록 적는 게 좋아요. 조금 어색해 보일지라도 채점이 될 수 있도록 !

3. 시간이 부족할 수 있기 때문에 15분 구상 후 45분 동안 적는 연습을 해야 해요.

4. 유의점을 자세히 많이 쓰는 것이 채점하시는 분들로 하여금 내 수업을 이해시키는 데 도움이 되는 것 같아요.

5. 무조건 유아 중심적으로 쓸 수 있도록 노력하시고 T, C로 써야하긴 하지만 굳이 C가 필요 없는 당연한 발문은 C를 생략하셔야 정해진 답안지 안에 적을 수 있을 것 같아요.

6. 문제에 조건이 6~7개 정도 나오기 때문에 그 조건들을 다 채웠는지 지속적으로 점검하셔야 합니다.

2. 2018학년도 대비 교수학습과정안

1) 지역별 교수학습과정안 기출문제

서울

생활주제	유치원과 친구
주제	유치원에서 만난 친구
소주제	친구의 의미 알기
주요 내용	• 친구의 의미를 생각해 본다. • 친구가 필요한 이유에 대해 안다. • 친구와 함께 하는 즐거움을 경험한다. • 친구와 힘을 모으면 할 수 있는 일이 더 많아짐을 경험한다.
활동유형	신체
활동명	친구와 함께 '줄'로 놀이해요
대상연령(인원)	만 5세(28명)
활동시간	30분
그 외 조건	• 일일 계획(9~14시까지의 일일 시간표)은 동적-정적 활동을 고려하여 작성하고, 단위활동은 활동명도 함께 작성하시오. • 자유선택활동 영역과 그 활동명을 작성하시오. • 협력과 안전 요소를 포함하여 작성하시오. • 도입-전개-마무리의 순서로 작성하시오. • 유아평가, 교육과정 평가를 포함하여 작성하시오. • 확장활동을 2가지 이상 제시하시오. • 유아의 반응을 교사의 발문을 통해 나타내시오.

세종 ▎▎▎

생활주제	유치원과 친구
주제	유치원에서 만난 친구
소주제	친구와 다른 점 알아보기
누리과정 관련요소	사회관계-나를 소중히 여기기 사회관계-친구와 사이좋게 지내기 의사소통-느낌, 생각, 경험 말하기
창의 · 인성요소	• 창의성: 문제해결력 / 다양성 • 인성: 존중-다른 사람에 대한 존중
활동유형	자유
활동명	친구와 다른 점이 있어요
(제시된)활동목표	• 친구와 나의 같은 점과 다른 점을 안다. • 친구와 나의 같은 점과 다른 점을 찾을 수 있다. • 친구와 나의 다른 점을 존중한다.
대상연령	만 4세
활동시간	30분
그 외 조건	• 활동목표 달성을 위한 교육활동 유형을 자유롭게 단위 활동안으로 작성하시오. • 활동내용은 도입, 전개, 마무리를 포함하여 작성하시오. • 누리과정 관련요소 및 창의성 교육, 인성의 교육적 요소를 교사의 상호작용 발문에서 포함되도록 작성하시오. • 자료 및 유의점을 포함하여 작성하시오.

평가원 ▎▎▎

생활주제	건강과 안전
주제	깨끗한 나와 환경
소주제	질병 예방하기
활동유형	요리
활동명	유자차 만들기
(제시된)활동목표	• 감기를 예방하고 치료하는데 도움을 되는 음식을 안다.

대상연령	만 4세
활동자료	유자, 비커, 설탕, 양팔저울, 유리병, 식기류
그 외 조건	• 주어진 활동목표 외에 기능과 태도에 알맞은 목표(2가지)를 작성하시오. • 활동은 자유선택활동 시간에 소집단 진행으로 하고, 요리를 하지 않는 유아는 보조교사와 자유선택활동을 한다고 가정하시오. • 도입에 청결과 안전에 대한 발문을 포함하여 작성하시오.(도입에 활동 회상에 대한 내용 일부가 제시됨) • 전개에 탐색과 예측, 측정하기의 발문을 포함하여 작성하시오. • 마무리에 정리정돈 하기, 확장활동, 전이활동이 포함되도록 작성하시오. • 요리 방법 1) 유자를 깨끗이 씻어 준비한다. 2) 유자를 썬다. 3) 유자와 설탕을 1:1로 병 안에 넣는다. 4) 병의 뚜껑을 닫아 보관한다.

3. 2017학년대 대비 교수학습과정안

1) 지역별 기출문제

서울

생활주제	우리 동네
주제	
소주제	우리 동네 사람들에게 관심 가지기
창의 · 인성요소	문제해결력, 다양성 / 협력, 배려
활동유형	이야기 나누기(토의활동)
활동명	층간소음, 어떻게 해결할까요?
대상연령(인원)	만 5세(26명)
활동시간	공란 (본인이 기입)

그 외 조건	• 제시된 층간소음에 대한 사례를 참고하여 이를 해결하는 방법 반영하여 작성하시오. • 일일 목표, 활동 목표 작성 • 9시부터 2시까지의 일일시간표 작성 • 대 · 소집단 활동명, 자유선택활동명(5개 이상) 포함하여 작성 • 활동내용은 도입, 전개, 마무리를 포함하여 작성 • 인성 요소와 창의성 요소를 포함하여 작성 • 공감과 배려에 대한 상호작용이 드러나도록 작성 • 자료 및 유의점을 포함하여 작성 • 유아평가와 교육과정 평가의 내용과 방법이 모두 포함되도록 작성 • 확장활동 2가지 이상 작성 〈제시된 이야기〉 유빈이네 가족은 넓은 아파트로 이사했어요. 방과 거실이 넓은 집에서 유빈이와 유빈이 동생은 기뻐서 손을 잡고 춤을 추었답니다. 그때 초인종 소리가 났어요. 아빠가 말했어요. "손님이 오셨나보다." 아빠는 기분 좋은 얼굴로 문을 열었어요. 그런데 문을 열자, 웬 할머니가 화가 난 표정으로 말했어요. "아니, 도대체 왜 이렇게 시끄러운 거예요? 천장이 다 무너지겠어요!" 아빠가 물었어요. "누구신지요?" 할머니가 대답했어요. "아래층에 사는 사람이요." 할머니는 홱 돌아서서 층계를 쿵쾅거리며 내려갔어요. 아빠는 작은 소리로 이야기했어요. "기분이 너무 좋아서 잠깐 그런건데…." 다음날 유빈이와 동생은 넓은 집에서 잡기놀이를 하기로 했어요. 술래가 된 유빈이가 집안을 돌아다니며 동생을 찾으러 다녔어요. 그때 초인종 소리가 들렸어요. 문을 열자 아래층 할머니가 화가 난 표정으로 계셨지요. "왜 이렇게 시끄러운 거예요? 좀 조용히 해주세요!" 유빈이와 유빈이 동생은 시무룩해졌어요. "잠깐 논 것뿐인데 왜 이렇게 화를 내시지?" 이후에도 아래층 할머니는 유빈이네 집에서 소리가 날 때마다 계속 올라와서 이야기했어요.

세종 ▬||

생활주제	동식물과 자연
주제	자연과 더불어 사는 우리
소주제	자연과 더불어 살아가기
대상연령	만 5세

그 외 조건	• (일일시간표 작성 포함) 9~13시까지의 일일 교육계획안을 작성하시오. • 누리과정의 각 영역/기본생활습관/인성 덕목을 반영하여 작성하시오. • 자연을 소중히 하는 태도와 생명존중의 내용을 포함하시오.

평가원

생활주제	생활도구
주제	생활도구로서의 미디어
소주제	생활 속의 미디어 알아보기
활동유형	이야기 나누기
활동명	미디어는 고마워요
(제시된)활동목표	미디어에 대한 자신의 경험과 생각을 말할 수 있다.
대상연령	만 4세
활동시간	20분
그 외 조건	• 사전에 미디어에 대한 동화를 듣고, 미디어의 종류와 개념에 대해 이야기를 나누었음을 가정하시오. • 유아-유아 상호작용이 드러나도록 기술하시오. • 도입, 전개, 마무리의 활동시간을 기입하시오. • 확장활동을 1가지 작성하시오. (2가지를 써도 1개만 채점함) • 주어진 활동목표 외의 2가지 활동목표를 작성하시오.

2) 응시자 사례

부산

사례 1(10점 만점, 9.57점)

• 대상 연령: 만 4세

• 활동 명: 미디어는 고마워요

• 활동 유형: 이야기 나누기

• 활동 시간: 20분

- 사전활동: 미디어의 개념과 종류에 대한 이야기 나누기, 관련 동화를 들었다고 나옴
- 목표: 미디어의 편리함, 고마운 점 알기, 올바르게 사용하는 법 알기
- 창의 인성요소, 교육과정 관련 요소 쓰는 거 나오지 않음
- 활동목표−지식, 기능, 태도에 맞춰서 쓰라고 나옴. 한 가지는 이미 나와 있고 나머지 2개를 쓰는 형식
- 도입(5분), 전개(17분), 마무리ᄎ 각 시간 배분 쓰라고 나옴(괄호 안은 합격생이 쓴 시간)
- 확장활동 한 가지 쓰라고 나옴
- 교사−유아 상호작용 쓰라고 나옴. 합격생은 교사 질문은 그냥 쓰고 유아 대답을 괄호로 넣음

〈과정안 흐름〉

만 4세였지만 모둠활동으로 유아들이 미디어를 각각 하나씩 골라서 알아본 다음에 발표한다는 식으로 진행(합격생은 전자 미디어에 초점을 두어 TV, 컴퓨터, 스마트폰 세 가지로 진행)

- 도입: 주의집중, 동기유발(미디어의 개념, 종료 회상), 활동 소개(모둠활동 했었죠~ 발표)
- 전개: 각 미디어의 편리한 점, 고마운 점에 대해 유아들이 발표−궁금한 것을 질문− 유아들끼리 서로 대답해 주기−미디어의 공통점(전자기기), 차이점 이야기 나누기− 미디어를 올바르게 사용하는 법(전자기기라서 너무 가까이서 보면 눈 나빠지니까 멀리 두고 보기, 약속한 시간만큼만 사용하기)
- 마무리: 활동 평가−확장활동 소개(엄마 아빠와 '가정연계활동−전자 미디어 사용 약속 정하기'해 보자)−다음활동 소개(밥 먹으러 가자)

사례 2(소수점 감점 사례)

♣ 교수학습과정안 복기

생활주제	생활도구	주제	생활도구로서 미디어
주제	생활 속의 미디어 알아보기	활동명	미디어는 고마워요
목표	• 미디어에 대한 자신의 경험과 생각을 말할 수 있다.		
	• 미디어의 편리함과 고마움을 안다.		
	• 미디어를 바르게 사용하는 태도를 기른다.		

단계(분)	활동내용	자료(○) 및 유의점(*)
도입(5분)	1. 노래를 부르며 주의를 집중한다. • 한누리반 어린이들이 모두 모일 동안 '텔레비전' 노래를 불러 볼까요? • ○○이는 우리가 새 노래 시간에 만들었던 동작까지 표현해 주었네요. • 모두 자리에 바르게 앉았나요? 의자의 매트 자리에 자유롭게 앉아 주었군요. • 모두 자리에 바르게 앉았나요? • 선생님이 잘 보이나요? 잘 보이지 않는 어린이가 있다면 자리를 조금 이동해 보도록 해요.	○자료) 동화 '미디어 나라의 공주님' 표지 조각그림(네 조각 그림 뒷면에 자석을 붙여 제작한다), 칠판
	2. 사전활동을 회상하며 동기를 유발한다. • 칠판에 무엇이 보이나요? 그래요. 조각조각 나뉜 그림 조각들이 있네요. • 이 그림 조각들을 맞추어 보면 어떤 그림이 나올 것 같나요? ○○가 나와서 그림을 맞추어 보아요. • 그림 조각을 맞추어보니 어떤 그림이 되었나요? • 그래요. 우리가 함께 살펴보았던 동화 '미디어 나라의 공주님' 표지가 되었군요. • 동화 속 미디어 나라와 공주님에게 어떤 일이 생겼었나요? • 미디어 나라의 공주님이 계속 미디어 사용을 하느라 밖에도 나가지 않고 친구들과 놀이도 하지 않았지요. 그래서 백성들이 미디어를 너무 싫어하게 되었다는 이야기였어요.	*유의점) • 만 4세 유아들의 발달수준에 적합한 개수로 조각 그림 자료를 준비한다. • 동화책을 언어영역에 비치하여 유아들이 자유롭게 동화를 볼 수 있도록 한다. • 유아들이 자유롭게 자신이 원하는 자리에 앉도록 한다.
	3. 활동을 소개한다. • 그래서 이번시간에는 우리가 이야기했던 대로 미디어가 우리에게 주는 고마움과 편리함 그리고 미디어의 올바른 사용법에 대해 알아보고 미디어 나라 공주님에게 알려 주려고 해요.	

| 전개(12분) | 1. 미디어를 사용해 본 경험에 대해 이야기 나눈다.
• (텔레비전 실물을 제시하고 가리키며) 여러분은 텔레비전을 사용해 본 적 있나요?
• 무엇을 하려고 텔레비전을 사용했었나요?
• 언제/누구와 텔레비전을 사용했었나요?
• 텔레비전을 사용해보니 어떤 점이 좋았나요?
• 텔레비전을 만든 사람은 왜 텔레비전을 만들었을까요? 우리에게 어떤 도움을 주려고 만들었을까요?
• (컴퓨터 실물을 제시하고 가리키며) 컴퓨터를 사용해 본 적 있나요?
• 왜 컴퓨터를 사용했나요?
• 컴퓨터를 사용해서 궁금한 것을 알아보았군요. | ◦자료) 텔레비전, 컴퓨터, 라디오 실물자료, 텔레비전, 컴퓨터, 라디오 이름카드, 오늘의 기자목걸이, 마이크 모형, 자석
*유의점) 미디어 실물자료에 이름표를 부착한다. |

3) 응시자 코멘트-부산 지역

• 교육과정안의 경우 한 시간 안에 주어진 조건을 모두 포함해 계획안을 작성해야 합니다. 따라서 빠른 시간 안에 수업 내용을 적용하기 위해 사전에 만능 틀을 만들고 암기하고 있는 것이 중요합니다. 또한 수업을 하는 것과 달리 과정안은 행동을 볼 수 없기 때문에 평가표에 제시되어 있지만 행동으로 보여 줄 수 없는 부분을 발문으로 풀어서 설명하거나 유의점으로 작성하는 것이 중요합니다.

• 계획안의 경우 틀을 정확히 몰라서 매일 직접 B4용지에 줄을 그어가며 다양한 유형을 직접 손으로 써 보았습니다. 기본적인 도입/마무리 틀을 정해 놓고 주어지는 활동 유형에 따라 전개를 달리 하는 방식으로 준비했으며, 최대한 활동목표가 계획안에 잘 녹아 있도록 쓰고자 했으며, 활동 시 유의점을 다양하게 적을 수 있도록 준비했습니다.

실제 시험의 경우 B4용지에 단면으로 줄이 전부 그어져 있는 유선 답안지(평가원에서 다운받을 수 있다네요, 하하)였으며, 활동 명, 생활 주제, 소주제, 주제, 활동목표(세 가지 중 기능적 측면), 활동 시간, 활동 자료 등이 제시되어 있었으며 일일 시간표는 작성하지 않았습니다.

저는 교수학습과정안의 경우 수업실연, 면접과는 다르게 온전히 제가 작성한 답안지로 평가되기 때문에 더욱 떨렸던 것 같습니다. 그래서 강의 등을 통해 미리 들었던 팁(다양한 측면의 연계성/통합성, 도입의 중요성, 자료 활용, 유아-교사/유아/교구 상호작용 등)을 기억하고 교수학습과정안 작성 시 모든 것이 다루어질 수 있도록 노력했습니다. 활동 유의점의 경우 최대한 다양하게 작성해 활동 시 내가 활동에서 인지하고 배려하고 있는 부분들이 드러날 수 있도록 했습니다.

4 최근 3년간 수업나눔 기출문제(2017~2019)

1. 2019 수업나눔 기출문제

1) 지역별 수업나눔 기출문제

서울

• 다른 연령 유아들과 협력적 인성교육을 할 때 중점을 둔 인성 덕목과 그 이유를 말하고 자신의 수업에서 동료교사와 나누고 싶은 우수한 점을 말하시오.
• 자신의 의견을 고집부리며 캠페인 진행을 지연시키는 유아를 지도한 방법에서 보완하고 싶은 부분을 말하시오.

경기

1. 놀이의 가치는 무엇이라 생각하는지, 그것을 수업에 어떻게 적용하였는지 말하시오.
2. 유아에게 일어난 배움은 무엇인지, 유아 간 협력적 상호작용이 일어나기 위해 의도한 부분에 대해 말하시오.
3. 수업과정에서 고민했던 점, 어려웠던 점과 이를 어떻게 극복할지에 대해 이야기 하시오.

광주

① 현장에서 이 수업을 한다면 발생할 수 있는 어려움과 그 해결방안 2가지
② 놀이확장을 위해 개입한 장면 3가지와 이유
③ 모둠활동 시 배움이 일어난 상황 3가지와 이유
④ 방과후 과정과 연계할 수 있는 확장활동 3가지와 이유

2) 응시자 사례

• 참고: 2019년 수업나눔 응시자 사례는 2019 수업실연 응시자 사례에 함께 제시되어 있습니다.

2. 2018 수업나눔 기출문제

1) 지역별 기출문제

서울 ᴵ|||

• 수업목표와 수업의도를 말하고, 본인 수업에서 우수한 점과 미흡한 점 그리고 개선 방법을 말하시오.

경기 ᴵ|||

① 수업목표와 관련해 자신의 수업을 반성적으로 성찰하시오.
② 수업에서 '배움'이 일어난 부분을 유아의 '삶'과 연관 지어 사후활동을 계획한다면 무엇을 할 수 있을지 이야기하시오.
③ 수업을 구상하면서 고민했던 점, 어려웠던 점, 수업을 통해 배운 점이 무엇이며, 그것을 동료교사와 어떻게 협력해 나눌 수 있을지 이야기하시오.

광주 ᴵ|||

① 수업을 구상하면서 가장 고민이 되었던 부분과 이유, 이를 수업에서 어떻게 실현했는지를 말하시오.
② 수업에서 협력을 어떻게 구현했는지를 말하시오.
③ 이 활동의 흥미를 지속시키기 위해 수업을 확장할 수 있는 활동 세 가지를 말하시오.
④ 이 수업에서 흥미가 없거나 소극적인 유아가 있다. 이러한 유아의 이유 한 가지와 해결방안을 말하시오.

'좋은 수업'의 실행 측면에서 함께 생각해 보기

다음의 사례에서 잘 이루어진 부분과 보완해야 할 부분은 무엇인가요?

• 수업의 내용적인 면(영역, 생활 주제/주제/소주제, 수업목표, 수업의 조건 및 요소 등)

• 수업의 형식적인 면(지도방법, 전략, 교구교재의 활용 등)

2) 응시자 사례

사례 1(44점)

① 의도와 방향: 요한스트라우스의 '천둥과 번개' 음악을 감상을 할 때 여름 날씨와 연관시켜 동기를 유발하고 음악을 소개해 주었습니다. 음악을 감상하며 악기연주, 신체표현을 하며 즐겁게 감상할 수 있도록 하였습니다.

② 잘한 점: 음악감상을 정적인 활동으로만 진행하지 않고 유아들의 의견을 수용하면서 동적인 활동으로 진행한 점입니다. 몸을 움직이도록 할 때에는 처음에는 음악을 감상하면서 앉은 자리에서 작은 움직임으로 표현해 보도록 하였고, 이후에는 ○○유아의 의견을 수용하여 자리에서 일어나 큰 움직임으로도 표현해 보도록 하였습니다. 이때, 원형으로 서서 표현해 보도록 하여 다른 친구들의 움직임도 볼 수 있도록 하였으며, 교사는 유아들의 움직임을 언어화하여 표현해 주었습니다.

③ 부족한 점과 개선할 점

• 동작의 요소를 포함한 다양한 발문을 하지 못한 점이 부족했던 것 같습니다. 유아들이 다양하고 창의적인 움직임을 표현할 수 있도록 하기 위해 교사는 음악적 요소와 동작요소가 포함된 다양한 발문과 유아들의 동작을 언어화 해 주어야 하는데 그 부분이 부족했던 것 같아 아쉽습니다. 이를 개선하기 위해서 오늘 수업한 제 모습을 동영상으로 찍어 저의 발문을 다시 한 번 살펴보고, 동료교사와 수업사례분석을 통해 더 좋은 발문을 찾아보고 공부해야겠습니다.

- 또, 오늘 저는 요한스트라우스의 '천둥과 번개'라는 음악을 알지 못했기 때문에 수업을 진행하는데 부족함을 느꼈습니다. 제가 사전에 이 음악을 알았다면 더 다양한 발문을 통해 유아들의 표현을 촉진시켜 주었을 것입니다. 이를 개선하기 위해서 교사도 평소에 예술경험을 풍부하게 해야겠다고 생각했습니다. 수업을 준비할 때에도 지도서뿐만 아니라 음악회나 박물관 등을 방문하여 교사가 다양한 경험을 하고 난 후 수업에 적용해야 하는 것이 필요하다고 생각했습니다.

  (시간이 조금 남자, 더 할 말이 있느냐고 물으셨다.)

- 오늘 시험이 끝난 후 나가서 이 노래를 직접 들어보겠습니다. 그리고 현장에 가서 오늘 실연한 이 수업의 부족했던 점을 개선하여 제가 맡게 될 아이들과 꼭 다시 한 번 해보겠습니다.

- 감사합니다.^^

사례 2

수업의 의도를 말하고, 자신의 수업에서 우수한 점과 부족한 점, 이를 개선할 수 있는 방법을 말하시오.

제 수업에서 잘 된 부분은 유아들의 흥미와 연결하여 수업을 진행해 감에 있어서 교사가 준비한 대로 이끄는 것이 아니라 유아들의 의견을 반영하여 수업을 만들어 가는 것을 보여 드렸다는 것입니다. 반면 부족한 점은 수업은 유아들이 놀이처럼 생각하면서 즐겁게 참여하는 것이어야 하는데 저의 수업이 과연 아이들과 부모님들께 즐겁게 놀이하는 것처럼 느꼈을지에 대해 많은 걱정이 있었습니다. 또한 이 수업 상황에 CD가 고장이 났는데 융통성 있게 잘 넘긴 것인지에 대해서도 마음이 많이 어려웠습니다. 만약 제가 현장에서 이러한 활동을 준비한다면 CD가 잘 작동되는지 사전에 충분히 점검하여 이러한 상황이 일어나지 않도록 준비해야겠다는 생각을 하였습니다. 〈중간 생략-기억나지 않음〉 서울시 정책방향에서는 질문 있는 교실이라는 내용이 있습니다. 저는 이 정책처럼 아이들이 궁금한 것이 있을 때 얼마든지 질문하고 서로 답을 찾아가는 교실을 만들고 싶습니다. 이 수업은 날씨와 연계하여 천둥과 번개에 대해 활동하였지만 유아들이 천둥과 번개를 궁금해하였다는 가정하에 진행했더라면 더 좋았을 것이라는 아쉬움이 남습니다. 또한 저는 이 활동의 생활주제를 환경과 생활로 정하였지만 과연 이것이 적절했는지에 대해서는 좀 더 생각해 보아야 할 것 같습니다.

경기

사례 1

① 수업목표와 관련하여 자신의 수업을 반성적으로 성찰하시오.

• 협력 부분: 수업에 적절히 활용하였다. 도입에서 지진에 관심이 없는 유아가 있어 그것을 다른 유아가 설명을 해 주거나, 역할놀이영역에서 함께 힘을 합쳐 지진대피훈련하기, 배회하는 유아를 언어영역 유아가 함께 놀이하자고 하기, 언어영역에서 글자 쓰기를 어려워하는 유아를 그 배회하던 유아가 글자를 도와주는 등 다양하게 협력을 시도하도록 하였다.

• 유아 스스로 대피하는 부분: 협력에서 3분이나 사용해 버려서 유아 스스로 대피하는 목표를 대충 이야기하고 넘어가 버린 부분, 또한 협력 부분도 좀 더 반성적 사고에 대한 것이 드러나지 않아 수업나눔을 하는 이유가 사라진 것이 감점 요인입니다. (수업 나눔 1번에 대한 답이 좀 이상해서 확인 후 사용여부를 결정하시는 게 좋을 듯합니다.)

② 수업에서 '배움'이 일어난 부분을 유아의 '삶'과 연관 지어 사후활동을 계획하시오.

• 배움이란 자신이 이미 알고 있던 것을 견고화하거나 자신의 실제 발달 수준에서 잠재적 발달 수준으로 나아가는 것을 뜻합니다. 이때 유아의 '삶'과 연관을 지어 사후활동을 계획한다면, 첫째, 안전교육체험관 견학입니다. 제시된 상황 중 안전교육체험관 경험이 30%밖에 되지 않기에 유아들이 함께 연계된 지식을 획득할 수 있도록 견학을 진행하겠습니다. 간접체험과 직접체험이 함께 이루어질 때 효과적인 배움이 일어나기 때문입니다. 둘째, 가정과의 연계입니다. 지진은 유치원에 있을 때뿐만 아니라 가정에 있을 때도 일어날 수 있으며 가정과 연계된 교육을 진행된다면 더욱 안전교육 효과를 이룰 수 있기 때문입니다. 경기도에서는 나침반 교육을 진행하고 있습니다. 나를 지키고 침착하게 대처하려면 반드시 지켜야 하는 5분 안전교육을 통해 유아가 지진의 위험성을 알고 대비할 수 있는 지식과 지진대피훈련을 반복적으로 할 수 있습니다. 이것을 가정과도 연계하여 가정에서도 유아와 함께 할 수 있도록 연계된다면 일관된 교육으로 부모님들도 함께 안전에 대해 관심을 가질 수 있습니다. 셋째, 동생반과의 연계입니다. 미술영역에

서 지진대피 포스터 만들기 활동을 하였는데 이를 동생반에서 함께 지진대피훈련 과정을 이야기하고 알려 준다면 인성교육 측면에서 나눔, 배려와 성취감을 배울 수 있습니다.

③ 수업을 구상하면서 고민했던 점, 어려웠던 점, 수업을 통해 배운 점이 무엇이며, 그것을 동료 교사와 어떻게 협력하여 나눌 수 있을지 이야기하시오.

- 제가 수업을 구상하며 고민했던 점은 지진이라는 주제를 유아들에게 어떻게 유아수준에 맞게 수업을 진행하는가 였습니다. 지진은 유아들이 땅속 움직임을 눈으로 직접 확인할 수 있는 것이 아니라서 동영상 매체를 주로 활용하게 되는데 유아들이 직접 눈으로 보면서 지진에 대한 개념을 익힐 수 없을지 유아들과 직접 수업을 하면서도 고민했던 부분입니다. 이 부분에 대해 고민을 했었고 수업적 부분에서 초등학교 교사셨던 큰아버지께 고민을 털어놓았고 찰흙을 이용하여 밀리고 당기는 것을 표현하거나 얇은 스티로폼을 이용하여 힘을 가하게 되면 어느 순간 스티로폼이 깨지면서 땅이 갈라지는 것을 눈으로 확인하며 지진개념을 익힐 수 있도록 조언을 해주셨습니다. 어려웠던 점은 유아와의 상호작용이었습니다. 유아의 눈높이에서 상호작용을 한다는 것은 경력이 쌓여도 어려운 부분인 것 같습니다. (중간 내용 기억안남) 경기 현장에 가게 된다면 유아를 생각하는 교사가 되겠습니다. (수업을 통해 배운 점은 답변하지 못함) 동료교사와의 협력 방법은 유아들이 지진대피훈련 경험이 유아 35%로 모두 있는 것이 아니므로 동료 교사와 지진대피훈련에 대해 이야기를 나누겠습니다. 지진대피훈련을 정기적으로 진행하여. (시간 종료)

사례 2

① 자신의 수업 목적을 잘 반영했는지 반성적으로 성찰하시오.

질문에 답변 드리겠습니다. 저는 유아들과 수업을 계획할 때 유아들의 흥미와 요구를 반영하여 배움중심으로 수업을 구성하려고 합니다. 오늘도 유아들이 지진에 대한 자신의 경험을 나누고 자유선택활동을 직접 계획하도록 구상하였습니다. 유아들과의 상호작용을 중요하게 생각하는데 제한된 시간 안에서 보여 드려야 했기 때문에 계획했던 것만큼 깊이 있는 상호작용을 보여 드리지 못한 것 같아서 아쉬움이

남습니다. 경기도의 교사가 된다면 유아들과 함께 만들어 가는 수업을 하는 교사가
되도록 노력하겠습니다. 이상입니다.

② 수업에서 유아의 '배움'과 '삶'이 연계되도록 사후활동을 계획하시오.

질문에 답변 드리겠습니다. 저는 유아들의 삶과 연계되는 수업을 할 때 유아들에게
배움이 가장 잘 일어날 수 있다고 생각합니다. 오늘 수업에서도 유아들의 경험을 반
영하여 수업을 구성하였습니다. 그리고 저는 전통을 통한 활동이 유아들에게 도움
이 된다고 생각합니다. 그래서 현장의 교사가 된다면 전통을 통한 교육을 실현하고
싶습니다. 오늘 수업에서도 그러한 부분을 보여 드리고자 우리나라 장구 장단을 활
용한 도입을 보여 드렸고 수업 중간에도 우리나라 전통과 관련된 부분을 보여 드렸
습니다. 실제 현장에서도 전통놀이를 통한 교육을 하려고 합니다. 유아들의 인성은
하루아침에 형성되는 것이 아닙니다. 특히 4차 산업혁명 시대를 맞이하여 인성교
육의 중요성이 더욱 강조되고 있는데 전통놀이의 경우 혼자서 하는 것 보다는 협동
해서 해야 하는 부분이 많기 때문에 인성교육에도 도움이 된다고 생각합니다. 이상
입니다.

③ 수업을 구상하면서 고민했던 점, 어려웠던 점, 수업을 통해 스스로 배운 점을 말하고,
이를 동료 교사와 협력하여 나누기 위한 방안을 말하시오.

질문에 답변 드리겠습니다. 사실 제 앞에 실연을 했던 관리번호 9번 선생님과 저는
특별한 인연이 있습니다. 1차 시험 때 고사장 가는 길에서 만나서 같이 걸어가면서
이야기를 나누었고 짧은 시간이었지만 서로 도움을 많이 받고 연락처를 주고받았
습니다. 그리고 1차 합격자 발표 후 혹시나 하는 생각에 연락을 했는데 같은 고사장
과 대기실에 배정이 되었다는 것을 알게 되었습니다. 같은 숙소를 예약하고 2박
3일을 함께 하게 되었고, 유치원 영어교사로 근무하다보니 현장 경험이 많지 않은
저에게 관리번호 9번 선생님은 많은 도움이 되었습니다. 어제는 같은 관리 번호를
뽑아서 같은 시간에 끝나 숙소로 같이 이동하여서 스터디를 하였고 오늘은 앞뒤 번
호를 뽑아서 기다리는 시간 동안 큰 정서적인 지지가 되었습니다. 오늘 수업실연에
서도 선생님께서 해 주셨던 조언을 생각하면서 수업을 보여 드리기 위해 노력하였
습니다. 임용고시를 준비하면서 스터디를 통해 만났던 선생님들께도 정말 많은 도
움을 받았고 그분들과의 협력으로 이 소중한 자리에 설 수 있었다고 생각합니다.
현장에서 누구를 만나든지 협력하여 유아들을 위한 교사가 될 수 있다는 자신감도

얻었습니다. 경기도는 아이들이 마음껏 뛰어놀고 행복한 안전한 학교를 꿈꾸고 있습니다. 동료 교사들의 조언을 받아들이고 어려운 일은 관리자분들의 조언을 받으면서 전문적 학습공동체를 만들어가는 데 앞장서는 교사가 되겠습니다. 이상입니다.

사례 3

① 자신의 수업이 목적을 잘 반영하였는지에 대한 반성적 성찰을 하시오.

　기억나지 않음

② 수업에서 '배움'이 일어난 부분을 유아의 '삶'과 연관 지어 사후활동을 계획한다면 무엇을 할 수 있을지 이야기하시오.

- 7대 안전교육을 근거로 한 나침반 안전교육을 매일 실시하여 안전에 대해 배울 수 있도록 하겠다.
- 갈등상황을 잘 해결할 수 있도록 비폭력 대화 문화를 조성하겠다.

③ 수업을 구상하면서 고민했던 점, 어려웠던 점, 수업을 통해 배운 점이 무엇이며, 그것을 동료 교사와 어떻게 협력하여 나눌 수 있을지 이야기하시오.

- 앞부분에 대해서는 잘 기억나지 않음
- 평가를 굉장히 중요하게 생각하는데 이번 수업실연에 못 보여드린 게 아쉽다. 평가는 아이들이 활동목표에 도달하였는지 알 수 있는 부분이고 활동을 하며 심화·확장할 수 있는 부분을 알 수 있는 시간이다. 그래서 현장에 가게 된다면 유아들과 평가를 충분히 가져서 질 높은 교육이 이루어지도록 하겠다.
- 동료 교사와 협력하는 방안으로는, 첫째, 동료장학을 실시하겠다. 그래서 내 수업을 객관적으로 평가받아 개선할 부분은 개선하겠다. 그리고 동료 교사들의 수업을 보며 배워가겠다. 둘째, 반성적 저널쓰기를 활용하겠다. 그래서 내가 수업을 하면서 아이들의 배움이 무엇이었는지, 나의 선입견이나 편견은 없었는지를 반성적 성찰을 하겠다. 셋째, 멘토링을 하겠다. 그래서 경력교사 선생님들의 조언을 얻으며 배워가는 교사가 되겠다.

① 자신의 수업 목적을 잘 반영했는지 반성적으로 성찰하시오.

　목표 반영으로 지진에 관심 있는 유아도 있지만, 관심이 없는 유아가 더 많아서 이 유아들을 끌어내기 위해 새소식 영역의 뉴스자료를 활용해 보았다. 이 과정에서 경험이 있는 친구를 언급해 주고, 사진을 보며 감정을 이끌어 내고자 했다. 구체적인 대피방법을 알도록 돕기 위해 언어교구를 선택하여 새 교구로 소개해 주었다. 좀 더 유아들의 삶과 연관 지어서 흥미를 이끌어 내고 싶었으나 경험이 있는 유아의 이야기를 충분히 이끌어내지 못한 점과 역할영역에 지진과 관련된 더 다양한 매체를 언급하지 않아서 아쉬웠다. 유아들 간의 협력은 안전체험을 알고 있는 유아가 알려 주고 함께해 보고 갈등을 함께 해결하며, 새 교구를 두 명이서 상호작용하며 놀이하고, 미술에서는 힘을 합쳐 하나의 결과물을 만들었다.

② 수업에서 유아의 '배움'과 '삶'이 연계되도록 사후활동을 계획하시오.

　배움이 일어날 수 있도록 자발적이고 능동적으로 참여하도록 하고 싶었다. 유아들의 의견을 많이 들어 주고, 교사가 먼저 제시하지 않고자 하였다. 또한 자유선택활동이 이전 이야기 활동인 캠페인과 연결되는 것과 같이 동떨어진 활동이 되지 않도록 하고자 했다. 사후활동은 캠페인 활동과 유아들과 함께 안내장을 만들어 가정과 연계한 지진대피훈련이 이루어지도록 하겠다.

③ 수업을 구상하면서 고민했던 점, 어려웠던 점, 수업을 통해 스스로 배운 점을 말하고, 이를 동료 교사와 협력하여 나누기 위한 방안을 말하시오.

　수업 구상하면서 어려웠던 점은 지진에 관심 없는 유아들을 지진에 관심 있는 친구들을 통해 관심을 갖도록 이끌고자 한 점이다.

　실연을 하면서 어려웠던 점은 도입이 조금 길어져서 영역별 상호작용을 더 깊이 있게 하지 못해서 아쉬웠던 점, 배회하는 유아를 다른 유아가 도움을 주지만 수동적이 되지 않도록 하고자 한 점. 수업을 통해 배운 점은 환경이 더 충분히 준비되어 있다면 유아들의 놀이가 확장된다는 점과 특히 자유선택활동에 있어서 교사의 상호작용이나 발문에 따라 배움 중심이나 협력적 배움이 이루어질 수 있다는 걸 더 깊이 느끼게 되었다. 이를 동료 교사와 고민을 나누고 다양한 매체 사용과 적절한 발문을 알아보겠다. 주는 건 받고 줄 수 있는 건 주면서 서로 협력하여 상호 발전하도록 노력하는 교사가 되겠다.

사례 5

① 자신의 수업 목적을 잘 반영했는지 반성적으로 성찰하시오.

구상지에 있는 목표별로 하나하나 제가 했던 수업의 구체적인 부분을 언급하면서 이야기함

② 수업에서 유아의 '배움'과 '삶'이 연계되도록 사후활동을 계획하시오.

가정연계와 지역사회 연계 두 측면으로 설명

가정연계 부분은 집에서도 지진피해가 일어났을 때 어떻게 해야 하는지 행동요령을 부모님과 함께 알아보고 연습한다는 내용, 지역사회 연계 측면에서는 지진피해 성금 모으기

③ 수업을 구상하면서 고민했던 점, 어려웠던 점, 수업을 통해 스스로 배운 점을 말하고, 이를 동료 교사와 협력하여 나누기 위한 방안을 말하시오.

계획 전 어려움은 다양한 유아의 상황을 고려하여 수업을 계획하는 것이 어렵다는 점, 수업을 하면서는 지진에 대한 대처능력을 갖추기 위해 지식, 기능, 태도 3가지 측면을 다 다루는 점이 쉽지 않았다는 것, 배운 점은 자유선택활동을 하면서 유아들이 더 잘 배울 수 있다는 점을 다시 한번 느낄 수 있었다고 이야기함(시간 종료)

사례 6

① 자신의 수업 목적을 잘 반영했는지 반성적으로 성찰하시오.

목표: 지진의 위험성을 안다./지진발생시 스스로 대처하는 방법에 대해 관심을 갖는다./유아 간 의논하고 협력하여 자유선택활동에 즐겁게 참여한다. (이 세 가지를 한 개씩 말하면서 이를 수업에 어떻게 적용했는지 말함)

이때 반성적으로 성찰한 부분은 유아들에게 놀이로 이루어지기 위해서는 유아가 그 주제에 대해 잘 알고 관심이 있어야 한다. 따라서 오늘 자유선택활동 시간 도입으로 이야기 나누기를 통해서 유아들과 지진에 대해서 알아보았고 지진대피를 해본 친구들의 이야기를 통해서 다양한 지진대피방법에 대해서 알아보기 위한 사전

경험을 제공하였다.

하지만 이야기 나누기만으로 지진에 대해 관심이 없는 다른 유아들이 지진의 위험성을 알고 스스로 대처하는 방법에 대해 배움으로 연결됐는지 고민이 든다. 제가 이 수업을 현장에서 다시 하게 된다면 뉴스 영상뿐 아니라 지진과 관련된 다양한 자료를 통해 유아에게 충분한 사전경험을 제공하고 유아들의 의견에 따라 자유선택활동을 통해 놀이로 이루어지도록 하겠습니다.

② 수업에서 유아의 '배움'과 '삶'이 연계되도록 사후활동을 계획하시오.

이제 우리나라도 지진에 대해 안전한 곳이 아니고 여러 지역에서 지진이 발생하고 있으므로 유아에게 지진과 관련된 다양한 활동을 제공해야 한다고 생각한다. 따라서 오늘 수업을 진행하는데 있어서도 뉴스 영상과 이야기 나누기를 통해 유아에게 지진에 대해서 알아보았지만 여기서 그치지 않고 유아가 직접 실천해 보고 대피해 볼 수 있도록 안전체험관이나 지진대피훈련을 사후활동으로 실시하겠다. 왜냐하면 유아에게 있어 배움은 직접 행동함으로써 가장 많이 일어나기 때문에 지역사회의 안전체험관이나 교실에서의 지진대피훈련을 통해 유아들이 지진과 지진대피방법에 대해 배움이 일어날 수 있도록 하겠다.

③ 수업을 구상하면서 고민했던 점, 어려웠던 점, 수업을 통해 스스로 배운 점을 말하고, 이를 동료 교사와 협력하여 나누기 위한 방안을 말하시오.

(잘 기억나지 않음) 수업 친구를 만들어서 수업사례분석을 하거나 수업 나눔을 통해 함께 부족한 수업을 개선시켜 나가겠다 등 장학을 중점으로 협력 방안에 대해 이야기 함

사례 7

① 수업 내용이 목표를 달성했다고 보는지 반성적 사고를 하시오.

수업의 목표는 '친구들과 협동해 즐겁게 자유선택활동을 한다, 지진의 위험을 알고 안전하게 대피하는 방법을 안다'입니다. 이를 실현하기 위해서 저는 유아들이 함께 책을 만드는 활동을 준비함으로써 서로 협력하는 가운데 책이 완성되도록 했으며 특히 어떤 활동을 할지 몰라서 배회하는 유아에게 그림을 그려 줄 것을 요청함으로써 함께 협력할 수 있도록 했습니다.

그리고 지진과 관련된 유아들의 경험을 이야기하면서 지진에 대해 서로 알아갈 수 있도록 했으며 안전한 대피방법에 대해 알도록 했습니다. 지진에 대해 모르고 관심도 없던 유아가 이런 과정을 통해 지진의 위험을 알고 대피방법도 알 수 있도록 하였습니다. 그러나 짧은 시간 동안 구상하다 보니 책 만들기 활동에 준비가 부족했다고 생각됩니다. 단순히 그리기만 할 것이 아니라 사진 자료 등을 준비함으로 유아들의 활동이 더 풍성하게 일어나도록 도와야 할 것입니다.

② 수업 내용이 유아들의 삶과 연결되도록 하기 위해 어떤 활동을 계획할 수 있는지

　저는 실제로 포항에 지진이 났을 때 포항에 지인이 있다면 그분을 교실로 초청해 생생한 이야기를 들어 보는 것은 어떨까하는 생각을 한 적이 있습니다. 이 수업 내용을 확장할 때도 그런 방법을 활용해서 유아들이 생생한 이야기를 듣고 안전에 대해 알아봄으로써 경각심을 갖도록 하는 것이 어떨까 생각합니다. 이런 경험을 통해 수업의 내용이 유아들의 삶과 연결될 수 있으리라 생각합니다.

③ 수업의 문제는 무엇이고 어떤 배움이 일어났으며 현장에 간다면 이를 극복하기 위해 어떤 노력을 하고 동료와 어떻게 협력할 것인지

　지금은 실연하는 것이다 보니 차분하게 진행되었지만 실제 현장에서 이런 활동을 진행한다면 만 5세 유아들은 자신의 생각이 있고 이야기하기를 좋아하기 때문에 서로 이야기하려 하고 때론 엉뚱한 이야기를 하기도 하기 때문에 이렇게 차분하게 진행되지 않을 것입니다. 유아들이 어떤 이야기를 한다고 해도 긍정적으로 반응하면서 이끌어가기 위해서 교사 중심을 잡고 방향을 잘 끌어 주는 것이 중요하다고 생각됩니다. 또한 아까도 말씀 드렸다시피 책 만들기 수업에 준비가 미흡한 부분이 있습니다. 이럴 경우 다른 교사들은 어떻게 준비하고 수업을 하는지 보고 도움을 얻을 수 있다고 생각합니다.

사례 8

① 수업목표가 잘 반영되었는지 이야기하고 반성적 성찰을 하시오.

　❖ 1번 문항에 대한 답변 드리겠습니다.

　수업을 하고 바로 이렇게 반성적 성찰을 하니 제 수업이 더욱 생생하게 기억나고 부

족한 점이 많았다는 생각합니다. 수업의 목표는, 첫째, 지진의 위험성을 알고 지진 발생시 스스로 대처하는 방법을 안다. 둘째, 유아 간 협력해 자유선책활동에 참여한다. 이 두 가지였습니다. 저는 이 목표를 달성하기 위해서 언어영역을 선택해 수업을 계획했습니다. 먼저, 지진이 위험성을 알고 지진 발생 시 대피하는 방법을 알도록 자유선택활동이 지진과 관련 있는 활동으로 구성해 유아 중심, 놀이 중심적인 활동이 이루어지도록 했습니다. 이러한 방법은 유아 스스로 배움이 일어나 내면화가 될 것이라 생각했기 때문입니다. 또한 탭을 활용해 유아가 자유롭게 나침반안전교육 동화를 보고 스스로 흥미를 느껴 지진에 관심을 가지고 대처하는 방법을 알 수 있도록 했습니다. 유아 간 협력이 일어나도록 하기 위해 유아 간 경험을 공유하며 새로운 것을 알며 경험의 확장이 일어나도록 했습니다. 이때 흥미가 유발되어 생각을 공유하고 함께 표현으로 연결될 수 있도록 하였습니다.

하지만 오늘 제가 수업을 진행하면서 언어활동으로 말하기 듣기 읽기 쓰기를 통합 활동으로 계획해 협동적인 놀이가 이루어지도록 하고 싶었으나 교사 발문이 이러한 교육으로 이끄는 데 많이 부족했다는 것을 느꼈습니다. 또한 유아들에게 익숙한 나침반 안전교육 자료를 활용해 유아 간 소통이 활발하게 일어나는 농구 식 패턴토의를 이루고 싶었으나 자료가 다양하지 못하고 유아 간 소통이 적극적으로 이루어지도록 교사가 적절한 반응을 보이지 못해 많은 아쉬움으로 남습니다.

② 수업에서 배움이 일어난 것과 유아의 삶과 연계되도록 사후활동을 계획하시오.

❖ 2번 문항에 대한 답변 드리겠습니다.

배움이 일어나기 위해서는 유아가 흥미를 느껴 활동에 자발적, 주도적으로 참여할 때 일어난다고 생각합니다. 오늘 수업에서 유아는 또래와 함께 이야기를 나누고 생각을 공유하며 지진에 대한 지식, 기능이 더 확장되어 내면화되었을 것이라 생각합니다. 이러한 배움으로 기관에서뿐 아니라 가정에서 지진에 대피하는 것을 알 수 있고 다른 사람에게 자신의 생각을 표현해 알릴 수 있으며…… (기억이…… 안 나요ㅜㅜ) 확장활동으로는 나침반 안전교육 부모용 자료를 가정에 배부해 가정과 연계된 활동을 계획해 일관성 있는 교육을 하겠습니다. 또한 동시 만들기, 동극활동을 통해 지진에 대한 위험성과 대피방법을 유아들의 자발적인 배움이 일어나도록 교육하겠습니다.

③ 수업을 구상하면서 고민했던 점, 어려웠던 점, 수업을 통해 배운 점, 이를 동료교사와 나눌 방법을 말하시오.

❖ 3번 문항에 대한 답변 드리겠습니다. 수업을 구상하며 고민되었던 것은 유아 중심, 놀이중심, 배움 중심이 이루어지기 위해서는 유아의 흥미를 유발하고 자발적인 태도로 활동이 이루어져야 한다고 생각했습니다. 이러한 교육이 이루어지기 위해서는 교사의 안내자 역할이 중요하다고 생각합니다. 하지만 수업을 해 보니 교사가 어느 정도 안내자 역할을 해야 하는지 유아에게 많은 기회를 제공해 주어 교사가 너무 수동적이고 소극적인 태도를 보이는 건 아닌 건지라는 고민이 수업 전, 수업 중, 수업 후까지 고민으로 남아 있습니다.

교사의 역할은 교육의 질적 수준과 효과에 큰 영향을 미치는데 그러한 역할을 제가 어떻게 할 수 있을지를 고민하게 되었습니다. 어려운 점으로는 개인차가 다양한 유아의 개별성을 인정하며 상호작용하고 경험을 놀이과정으로 자연스럽게 이끄는 상호작용에 어려움을 느꼈습니다(또 기억이……).

동료교사와 나눌 방법으로는 일단 오늘 제가 한 수업을 여기서 나가자마자 기록으로 남겨 부족한 부분을 개선할 수 있도록 방법을 모색하겠습니다. 그 방법으로는 반성적 저널쓰기, 전문서적 읽기 등을 활용하겠습니다. 이러한 것들을 현장에 가서 기관의 전문적 학습공동체에 참여해 저의 반성적 저널을 함께 읽고 피드백을 받아 개선하고 또한 유익한 자료와 정보를 공유하며 전문성을 기르도록 하겠습니다. 마지막으로 경기교육에서 실시하는 유치원어울림교육에 참여해 지역 유치원선생님들과 정보를 나누고 다양한 문제해결 방법을 습득하고 현장연구를 함께해 질 높은 교육을 이루도록 노력하겠습니다.

*나눔 종이 쳤습니다.
이상입니다.

사례 9

① 자신의 수업 목적을 잘 반영했는지 반성적으로 성찰하시오.

❖ 답변하겠습니다. 제 수업의 궁극적 목적은 경기 유아교육이 지향하는 유아 중심, 놀이중심교육을 실천하는 것입니다. 이는 유아의 흥미와 관심을 반영해 놀면서

배우고 성장하는 교육을 의미합니다. 이를 위해 지식, 기능, 태도적 측면의 세 가지 목표를 설정했습니다. 첫째, 지진의 위험성을 안다. 둘째, 지진 발생 시 스스로 대처하는 방법을 실천한다. 셋째, 친구와 협력해 자유선택활동에 즐겁게 참여한다. 이를 위해 지진에 대해 검색해 보고 뉴스 동영상을 보면서 지진이 무엇인지 알아보며 지식적 목표를 달성하도록 했습니다. 또한 지진 발생 시 대처하는 방법을 다함께 몸으로 따라해 봄으로써 기능적 목표를 달성하도록 했습니다. 마지막으로 이야기 나누기에서 활동을 마치지 않고, 자유선택활동의 각 흥미 영역별로 관련 활동을 진행함으로써 안전습관을 가질 수 있는 태도적 목표를 달성하도록 했습니다. 하지만 오늘의 수업은 시험이라는 제한 상황이었기 때문에 각 목표를 달성하는 데 있어서 깊이 있는 상호작용이 드러나지 않아 매우 아쉬웠습니다. 실제 현장에서 수업을 진행한다면 자유선택활동의 모든 영역에서 다양하고 깊이 있는 상호작용을 통해 더욱 활기찬 수업을 할 것입니다. 이상입니다.

② 수업에서 유아의 '배움'과 '삶'이 연계되도록 사후활동을 계획하시오.

❖ 답변하겠습니다. 유아의 배움을 단 한 번의 수업을 통해 이루어지기 어렵습니다. 이는 유아의 배움과 삶이 연계되었을 때 진정한 배움이 이루어질 수 있음을 의미합니다. 따라서 오늘 수업을 통해 지진에 대해 얻은 배움을 유아의 삶과 연계되도록 하기 위해서는 가정과 지역사회와의 연계가 매우 중요하다고 생각합니다. 예를 들어, 오늘의 수업 활동사진을 유치원 홈페이지에 게시하거나 지진대피와 관련된 가정통신문을 배부함으로써 유치원과 가정의 일관된 교육이 이루어질 수 있을 것입니다. 또한, 지역사회의 안전체험관에 현장체험을 계획한다면 모든 유아의 배움이 삶과 연계될 것입니다. 이와 같이 교사, 학부모, 지역사회는 마을교육공동체를 형성해 유아교육의 책임을 갖고 함께 협력해야 합니다. 이러한 동반자적 관계를 갖고 유아의 전인발달을 위해 함께 노력하는 온 마을이 힘을 합하는 교육을 실현하도록 하겠습니다. 이상입니다.

③ 수업을 구상하면서 고민했던 점, 어려웠던 점, 수업을 통해 스스로 배운 점을 말하고, 이를 동료교사와 협력해 나누기 위한 방안을 말하시오.

❖ 답변하겠습니다. 처음 수업을 구상하면서 유아들에게 지진이라는 개념이 다소 어려울 수 있을 것이라는 고민을 하게 되었습니다. 또한 지진과 관련된 경험이 개별

유아마다 서로 다르기 때문에 어떻게 접근하면 좋을지에 대해서도 고민이 되었습니다. 이 중 특히 어려웠던 부분은 지진에 관심이 없는 유아에 대한 참여유도 방안이었습니다. 실제 현장을 떠올려보니, 유아의 관심을 이끌어 내기 위해서는 유아가 직접 활동을 주도해 보는 경험이 적절하다고 판단되었습니다. 따라서 직접 컴퓨터를 조작하며 개념 검색을 해 보도록 해 관심을 유도하는 방법을 사용했습니다. 이것이 바로 경기 유아교육이 지향하는 유아 중심교육이라고 생각합니다.

이러한 유아 중심교육의 수업을 통해 오늘 제가 배운 점은 자유놀이와 상호작용의 중요성이었습니다. 교사가 의도한 일방적 교육이 아니라, 유아의 흥미와 관심을 반영한 교육은 자유선택활동을 통해 가장 잘 이루어질 수 있기 때문입니다. 이를 위해 앞으로 현장에서도 자유놀이를 심도 있게 진행하며 유아와 함께 즐기면서 놀고 배우는 수업을 만들어 나갈 것입니다.

마지막으로 이와 같은 수업의 고민과 어려움에 대해 동료교사와 협력해 나누기 위해서는 무엇보다 솔직한 태도로 조언을 구해야 한다고 생각합니다. 왜냐하면 혼자서 해결하기보다는 함께 협력해 해결함으로써 집단지성의 힘이 발휘될 수 있기 때문입니다. 교사회의와 같은 공식적 모임이나 비공식적 친목도모 모임을 통해 동료교사, 선배교사와의 긍정적 관계맺음을 갖는 것이 배움의 공동체 문화를 형성하는 첫 단추라고 생각합니다. 이와 같이 항상 열린 자세로 협력적 의사소통을 통해 배움을 게을리 하지 않는 성장하는 경기교사가 되겠습니다. 이상입니다.

사례 10

① 수업목표와 관련해 자신의 수업을 반성적으로 성찰하시오.

❖ 자유선택활동이 원래 유아들의 자율성을 보장하는 놀이인데 교사가 구성한다는 것 자체가 교사주도가 아닌가? 하는 의문이 들었다. 하지만 유아 중심으로 가기 위해서 유아들이 관심 있어 하는 사회적 이슈를 주제로 정했다.

❖ 하…… 기억나지 않아요.

② 수업에서 '배움'이 일어난 부분을 유아의 '삶'과 연관 지어 사후활동을 계획한다면 무엇을 할 수 있을지 이야기하시오.

❖ 먼저 안전 측면에서는, 첫째, 7대 안전교육을 근거로 한 나침반 안전교육을 매일

실시해 안전에 대해 배울 수 있도록 하겠다. 둘째, 상황중심 안전교육, 전문단체를 통한 안전교육 등을 통해 아이들이 안전에 대해 쉽게 인지할 수 있도록 하겠다.

❖ 다음으로 갈등 상황을 잘 해결할 수 있도록 비폭력 대화 문화를 조성하겠다. 비폭력 대화 문화는 아이들이 자신이 하고 싶은 말을 할 때 상대방에게 상처 주지 않고 이야기하는 것이다. 그렇기 때문에 역할극을 통해 입장을 바꾸어서 이야기하는 등 비폭력 대화 문화를 조성하겠다.

③ 수업을 구상하면서 고민했던 점, 어려웠던 점, 수업을 통해 배운 점이 무엇이며, 그것을 동료교사와 어떻게 협력해 나눌 수 있을지 이야기하시오.

❖ 앞에 제가 뭐라고 어렵고, 또 고민이 되었고 부분을 뭐라고 했는지 기억이 잘 안 나네요.

❖ 평가를 굉장히 중요하게 생각하는데 이번 수업실연에 못 보여 드린 게 아쉽다. 평가는 아이들이 활동목표에 도달했는지 알 수 있는 부분이고 활동을 하며 심화 확장할 수 있는 부분을 알 수 있는 시간이다. 그래서 현장에 가게 된다면 유아들과 평가를 충분히 가져서 질 높은 교육이 이루어지도록 하겠다.

❖ 수업을 하면서 '연계', '대피'라는 용어를 사용했는데 아이들 수준에서 조금 어려운 단어인 것 같다. 그래서 현장에 가기 전까지 아이들 수준에 맞는 용어를 숙지해 가도록 하겠다.

❖ 동료교사와 협력하는 방안으로는

첫째, 동료장학을 실시하겠다. 그래서 내 수업을 객관적으로 평가받아 개선할 부분은 개선하겠다. 그리고 동료교사들의 수업을 보며 배워 가겠다.

둘째, 반성적 저널쓰기를 활용하겠다. 그래서 내가 수업을 하면서 아이들의 배움이 무엇이었는지, 나의 선입견이나 편견은 없었는지를 반성적 성찰을 하겠다.

셋째, 멘토링을 하겠다. 그래서 경력교사 선생님들의 조언을 얻으며 배워 가는 교사가 되겠다.

이상입니다 하니까 종이 딱 치더라고요. 면접관 한 분이 '오~' 이러셨어요ㅎㅎㅎ.

사례 11

① 수업목표가 잘 반영되었는지 이야기하고 반성적 성찰을 하시오.

먼저 제가 수업목표 중에서 '유아의 흥미를~' (목표가 잘 기억나질 않네요.) 이 부분의 목표에 대한 고민이 있었습니다. 이 목표를 위해 저는 수업에 지진대비 훈련에 관심이 없던 유아가 흥미롭게 하기 위해서 자유선택시간에 아이들이 활동하는 모습을 보며 관심을 갖도록 했습니다. 그런데 생각해 보니 너무 유아 중심의 활동으로 치우치지 않았나 하는 생각을 했습니다. 사실 안전에 관련된 것은 아이들의 생명과 직결되어 있기 때문에 교사가 어느 정도 주도적으로 해야 할 필요가 있기 때문입니다. 따라서 저는 안전 지도를 할 때 이 부분에 대해 스스로 안전 장학 자료 등을 보면서 확인하겠습니다. 더불어 현장에 가서도 계속 고민이 된다면 동료 선생님들께 여쭤보기도 하면서 고민을 해결해 나가겠습니다. 이상입니다.

② 수업에서 배움이 일어난 것과 유아의 삶과 연계되도록 사후활동을 계획하시오.

저는 지진대피송 만들기를 하겠습니다. 미아예방방송처럼 아이들과 함께 만들어 본다면 아이들이 흥미를 갖고 안전교육에 참여할 수 있기 때문입니다. 단순한 멜로디를 이용해 아이들과 만들어 본다면 아이들도 쉽게 따라 부를 수 있습니다. 이러한 점은 실제로 지진이 일어났을 경우 아이들이 오랫동안 생각하지 않고 바로 행동으로 실천할 수 있다고 생각합니다. 예를 들면, 멈추기, 생각하기, 책상 밑으로~ 와 같이 만들겠습니다(노래 부르면서 했어요. ㅠㅠ 아마 이 점에서 간절함이 보이지 않았나 싶네요. 항상 예를 들어 설명하려고 노력했기 때문에 바로 툭 튀어나와서 망설이다가 노래까지 불렀네요…… 하하).

③ 수업을 구상하면서 고민했던 점, 어려웠던 점, 수업을 통해 배운 점, 이를 동료교사와 나눌 방법을 말하시오(저는 첫 번째 질문에서 동료교사에게 여쭤 보겠다고 대답했기 때문에 평가위원께서 '선생님이 앞에 말하신 동료와 나눌 방법을 말해 주세요.'라고도 덧붙여 주셨어요).

(이 질문도 너무 길어서 기억하기가 어려웠어요. 꼭 질문지 펼쳐보세요!)

저는 앞서 말씀 드린 안전지도와 교사의 직접적 교수에 관련한 점이 고민이었습니다. 따라서 선생님들과 수업나눔을 하겠습니다. 아이들과 안전교육을 하는 과정에 대해 선배 교사의 수업도 보고, 저의 수업을 보면서 이야기 나누겠습니다. 더불어 수업을 단순하게 보는 것에 그치는 것이 아니라 수업을 하는 중간에 동영상을 촬영하겠습니다. 동영상의 초점은 교사의 얼굴이 아닌 유아의 모습을 찍겠습니다. 수업이 끝난 이후에는 동영상을 보며 아이들의 눈빛, 표정, 태도를 확인하면서 어느 부분에서 배움이 시작되었는지(경기교육을 강조하며 했어요). 그 배움의 시작은 교사의 어떤 발문과 방법이었는지 등을 함께 보며 되짚어 보겠습니다.

3) 응시자 코멘트

경기

- 저는 수업나눔을 거의 5분(?)도 안 되게 짧게 했어요. 평가위원께서 앞에 파일을 열어 보라고 하지 않으셔서 수업목표가 무엇인지 제 기억에 의존해서 대답해야 했기 때문이에요. 이 점이 억울하긴 했지만ㅜㅜ 선생님들은 꼭 책상위에 파일 열어 보세요! 말씀 없으셔도 열어 보세요!!
  짧게 했어도 수업나눔에서 요구하는 질문에 대해 정확하게 이야기하고 구체적으로 이야기했어요. 제 생각에 저의 수업실연은 나눔에서 어느 정도 커버되지 않았나 싶어요. 왜냐하면 수업실연보다 수업나눔에서 고개를 계속 끄덕여 주시는 것이 느껴지더라고요(물론 아닌 평가실도 있었어요!).
  저는 수업나눔 연습을 많이 했어요. 그리고 그에 맞는 틀을 어느 정도 만들어 놨어요. 예를 들면, '안전'이 나올 땐 교사주도적인 방법과 유아의 흥미에 대해 고민 지점을 말하자 왜냐하면 유아의 생명과 직결되어 있기 때문에! 이런 식으로 기본 틀을 만들어 놓았어요. 동료나눔에 대해서도 어떻게 할 것인지 방법을 생각해 놔서 자신감을 갖고 대답할 수 있었던 것 같아요. 자신감은 연습에서 나온다고 생각해요. 많이 연습하세요.
- 전 지금도 수업나눔이 어려워요. 자신의 수업을 반성적으로 성찰하고 이야기하는 데 제일 감을 잡기 어려운 영역이었어요. 나눔을 대답하기 위해 수업에 맞는 제 교사상도 여러 가지 생각해 보고 수업을 구상하면서 어려운 점을 같이 생각해 보는 연습도 해 보았지만 결국 실제 시험에선 수업 구상하느라 아무 생각도 못하고 실연했고 첫 질문을 받자마자 제 수업을 회상하며 반성적으로 성찰했어요. 나눔에선 진정성이 제일인 것 같아요. 수업을 잘하고 못하고는 실연에서 판가름 나기 때문에 혹시 못하셨다고 생각이 드셔도 좌절하지 마시고 나눔까지 당당한태도로 진정성 있게 대답하고 나오면 오히려 좋은 점수를 받으실 수 있을 거예요!

3. 2017 수업나눔 기출문제

1) 지역별 수업나눔 기출문제

서울

총 3문항, 제한시간 5분
- 1번: 수업목표에 대해 이야기하고 기억이 잘 나지 않지만 부가적인 내용 설명하는 것
- 2번: 주어진 수업 조건이 잘 드러난 부분에 대해 설명하는 것(정확한 기억은 아닙니다.)
- 3번: 수업에서 잘 이루어진 부분과 부족했던 부분 설명하는 것

경기

1. 수업의도와 수업설계를 말하고 이 수업이 유아의 삶과 어떻게 연결되는지 이야기해 보세요.
2. 협력을 어떻게 하였고, 어떻게 배움으로 연결되었나요?
3. 오늘 수업을 실제 현장에 적용한다면 어떤 점이 어려울 것 같고, 어떻게 극복할 것인 가요?

2) 응시자 사례

경기

사례 1(간략하게 복기)

① 본인이 의도한 수업 설계는 무엇이고, 유아들의 실생활과 어떻게 연결 지었는지 설명하시오.
- 1번 문항에 대해 답변 드리겠습니다.
  제가 의도한 수업 설계는 유아들이 스스로 동물을 사랑하고 보호해야 하는 마음

을 이야기 나누기를 통해 자연스럽게 가지고 자신의 생각을 표현하도록 했습니다. 그리고 유기견을 어떻게 도울 수 있을지를 구체적인 실천방안을 생각해 보도록 하여 따뜻한 마음을 갖는 것뿐만 아닌 실제로 함께 실천할 수 있도록 모둠별로 토의해 볼 수 있게 계획했습니다. 그래서 자신이 키우는 반려견의 밥을 나눠 준다는 나눔을 경험해 보거나, 찬혁이 아버지가 수의 사여서 직접 다친 다리를 고치는 걸 함께 계획해 보거나, 불쌍해서 유치원에서 키운다고 생각하는 것에서 좀 더 실생활에서 유기견에게 줄 수 있는 도움이 무엇인지 찾아보며 실천하게끔 유아와 교사, 유아와 유아 간 상호작용이 촉진되도록 이끌었습니다. 이상입니다.

② 이 수업에서 유아들의 협력적인 배움이 일어나기 위해 어떤 상호작용을 하셨는지 설명하시오.

- 2번 문항에 대해 답변 드리겠습니다.

  자기주장이 강한 지훈이가 모둠 친구들과 함께 이야기를 나눔으로써 자신의 생각을 실천하는데 어려움이 있다는 것을 스스로 깨닫고 실제에 실천 가능한 또 다른 좋은 방법이 무엇이 있을지 함께 이야기를 나눔으로써 사고가 확장될 수 있도록 유아들의 생각이나 의견에 대해 다른 친구들은 어떤 생각을 가지고 있는지 연결하여 발문해서 다양한 입장의 생각과 느낌을 듣고 이해하는 태도를 기르도록 촉진했습니다. 이러한 과정에서 자연스럽게 협력적 배움이 일어난다고 생각했기 때문입니다. 이상입니다.

③ 이 수업을 현장에서 적용할 때 생길 수 있는 어려움이 무엇인지 말하고, 이것을 해결할 방안은 무엇인지 이야기하시오.

- 3번 문항에 대해 답변 드리겠습니다. 오늘 수업을 현장에 적용할 때 생길 수 있는 어려움은 아이들의 창의적이고 기발하고 순수한 생각들을 제가 잘 수용하고 그러한 생각들이 다치지 않고 잘 지켜지고 더 좋은 방향으로 이끌어지도록 하는 것입니다. 예를 들어, 지훈이가 유기견이 너무 불쌍해서 우리가 직접 키우고 사랑을 주고 싶다고 답변했을 때, 그 순수하고 예쁜 마음을 존중하고 지켜 주면서도 유기견을 키우기엔 어려운 상황일 수 있음과 실제로 실천할 수 있는 방법이 또 어떤 다양한 것들이 있는지 아이들이 스스로 이야기 나누며 깨닫게 하는 게 쉽지는 않았습니다. 한편 수업실연을 하는 중에 정말 학교에서 유기견을 위해 쉼터와 같은 장소를 만들고 유기견을 보호해 주는 걸 할 수 있는지 다함께 알아보는 과정도 해보면

좋겠다는 생각도 들면서, 아이들의 다채롭고 아름답고 따뜻한 생각을 교사인 제가 충분히 예측해 보고 수업 진행에 그러한 다양한 생각이 잘 수용될 수 있는 능력을 길러야 한다고 생각합니다. 구체적으로 아이들의 멋진 생각을 메모하기도 하고, 저도 아이들처럼 자유롭게 상상하고 생각하며 수업을 계획하고, 수업진행을 예상해보고 함께 배우는 교사가 되겠습니다. 이상입니다.

사례 2

① 삶과 연계된 점
- 민철이가 직접 유치원에서 오는 길에 본 강아지에 대해서 유아들에게 직접 이야기를 함으로써 유아들이 직접 경험한 것과 연계
- 동물들을 직접 길러 본 경험 > 유아들의 직접 경험 이야기 나눔으로써, 어떻게 동물을 보호하면 좋을지 이야기해 봄

② 유아 간 협력 배움이 일어나도록 상호작용 한 점
- 마르코 > 글씨 쓰기 어려움 > 글씨 잘 쓰는 유아와 서로 힘 합쳐서 글씨 + 그림
- 자기 주장 강한 유아 > 약속판을 왜 만드는지 질문 > 유아 스스로 다함께 힘을 합쳐서 의견을 나누고 약속판 만들 수 있도록 생각하게 함

③ 실제 활동 시 어려움과 해결 방안
- 실제 민철이와 같이 경험한 상황이 아니라면 유아들이 직접 경험한 것이 아니기 때문에 동물 보호에 대해서 유아들이 직접적으로 와닿지 않을 수 있다고 생각
- 따라서 교실 > 올챙이 기르기, 식물 기르기 등 > 직접 체험 > 동식물을 잘 기르기 위한 방법에 대해 이야기 나누며 소중히 여길 수 있도록
- 동화책 등을 들려 줌으로써 동식물 보호하는 방법, 공감 등을 하도록

사례 3

① 삶과 연계된 점
- 학급 유아가 실제로 본 것을 이야기 나누기에 활용
- 캠페인을 통해 지역사회와 연계

② 유아 간 협력적 배움이 일어나도록 상호작용

- 자기주장이 강한 유아에게 약속 다시 이야기하기 ➤ 힘을 합치면 동물들이 더 행복하게 살 수 있을 것 같다고 유아가 말했다고 가정
- 토의 과정에서 힘을 합쳐서 생각 모으기

③ 어려웠던 부분(이런 질문은 어려웠으나 극복했다고 답변하는 것으로 연습, 어려웠던 점에 대해서 만능 틀처럼 흥미, 개별성 고려가 어려웠다고 모든 답변 연습했었음)

- 흥미 고려: 유아들의 흥미를 고려하는 것이 어려웠으나 동영상 매체를 활용해 극복
- 개별성 고려: 개별 유아의 수준을 고려하는 것이 어려웠다. 자기주장이 강한 유아가 이기적인 것이 아니라 다른 유아들보다 수준이 더 높은 것으로 가정해 다른 유아들을 포용하고 유능한 또래의 역할을 할 수 있게 도와주는 것으로 극복

사례 4

수업에서 가장 의미 있는 배움이 일어난 지점은 ~라고 생각합니다.

* 협력적 배움(자기 생각 만들기)와 나눔(서로 다른 생각 나누기)
* 배움이 삶으로 연결되도록 하기 위해

　그러나 오늘 계획한 만큼 수업을 하지 못한 것 같아서 아쉬움이 남습니다. 특히 ~에 어려움을 느꼈습니다.

　제가 다시 이 수업을 하게 된다면 ~을 개선하도록 하겠습니다. 그리고 ~에 대한 연구를 하겠습니다.

　유아들에게 의미 있는 배움이 일어나는 수업을 만들어가기 위해 노력하고 성장하는 교사가 되겠습니다. 이상입니다.

　나의 수업에 대한 신념은?

　수업은 지식을 전달하는 것이 아니라 교사와 유아, 유아와 유아 간의 소통을 통해 의미 있는 지식을 구성해 나가는 것!

　수업나눔은 교사가 자신의 수업을 반성적으로 성찰하고, 문제점을 개선해 성장하게 하는 좋은 도구라고 생각합니다. 오늘 수업나눔을 기억해 현장에서 유아들과 더 행복

하고 의미 있는 수업을 만들어갈 수 있도록 연구하고 노력하는 교사가 되겠습니다. 이
상입니다.

3) 응시자 코멘트

서울 ▮▮▮

- 실연시간이 끝나고 평가관 분께서 "끝났습니다. 옆 자리로 가서 반성적 성찰 문제를 읽어 주
  세요."라고 하셨습니다. 그러면 옆 자리 책상으로 이동해 문제를 읽고 답변하면 됩니다.
- 평가실은 들어가면 의자가 있고 옆에 책상과 함께 있는 의자가 있어 의자에서 실연 후 책상으
  로 이동해 반성적 성찰면접 진행했어요. 주제와 소주제나 누리 관련 요소는 제시되지 않았
  어요!

경기 ▮▮▮

- 경기도가 추구하는 혁신교육은 주로 좋은 교사의 흐름을 따라가는 경우가 많더군요. 회복적
  생활교육도 그렇고, 수업성찰도요. 애초에 수업나눔이라는 것은 수업을 성찰하면서 이야기
  하는 것을 말합니다. 수업나눔 문항 자체도 자신의 수업 성찰하는 과정인거고요. 따라서 사토
  마나부교수의 책이나, 좋은 교사(출판이 즐거운 학교였나?)에서 출판한 책등을 많이 접해 보
  시면 경기도의 혁신을 파악하는 데 도움이 될 거예요. 이 개념을 잡으시면 수업나눔은 어렵지
  않아요. 또 수업을 보는 눈과 수준 있는 나눔 질문을 즉석에서 던지게도 되더라고요. 특히, 현
  직 중등 국어교사분이 좋은 교사에서 출판한『교사 수업 속에서 나를 만나다』를 추천합니다.
  이것이 되면 면접 기지에 깔린 혁신적인 수업이 뭔지도 알고 그런 수업을 구상하고 실연하는
  가닥을 잡으시게 될 겁니다!
- 수업나눔은 시험에서도 사실 잘 못했어요.. 강사님이 수업실연 강의를 하실 때 모둠별로 수업
  을 어떻게 구성했는지 어떤 것에 중점을 두었는지, 부족하다고 생각하는 점은 무엇인지, 개선
  하고 싶은 점은 무엇인지 물어보세요. 그때 대답하는 훈련이 수업 나눔을 대비해 주시는 것
  같았는데 막상 시험장에 가니까 제가 어떻게 수업을 했는지, 제 수업이 어떤지 잘 모르겠더라
  고요. 그래서 아무 말 대잔치를 하고 5~6분 정도 말하고 나왔어요. 그래서 그런지 점수가 많
  이 깎였어요. 민쌤의 지도를 받을 때도 2016 기출문제 형식으로 질문을 하셨는데 제대로 답변
  을 하지 못했고요.

📅 참고문헌 ··

강민정, 김민희, 배소연(2018). 영·유아 교수-학습 방법. 경기: 공동체.

경기도 교육청(2016). 배움중심 수업 2.0 기본문서. 경기: 경기도 교육 연구원.

경기도 교육청(2018). 놀이 2018 유아교육, 놀이로 풀다.

경기도 교육청(2018). 교사와 유아가 함께 만들어가는 유치원 교육과정.

곽향림(2015). 구성주의 유아교육 교수학습법. 경기: 공동체.

교육부(2012). 유치원 기본과정 내실화를 위한 창의성교육 프로그램.

교육부(2011). 유치원 기본과정 내실화를 위한 인성교육 프로그램.

교육부(2008). 유치를 위한 장애이해 및 통합교육 자료.

교육부(2005). 유치원급식·간식식단 및 요리활동자료.

교육부(2000). 유아교사교육 프로그램.

권영례(2015). 유아과학교육(3판). 서울: 학지사.

금미숙(2012). 수준별 유아수업설계모형 개발에 관한 연구. 강원대학교 대학원 교육학 전공 박
        사학위논문.

김영옥(2015). 유아인성교육의 이론과 실제. 경기: 공동체.

김은실(2016). 그림책을 활용한 토의활동이 유아 리더십과 정서지능에 미치는 영향. 중앙대학
        교 대학원 유아교육전공 석사학위논문.

김은심(2013). 유아 동작교육의 이론과 실제(개정판). 서울: 창지사.

김정원, 김유정, 이효정(2013). 영유아를 위한 교수-학습방법(개정판). 경기: 공동체.

김형재(2013). 유아교사의 내용교수지식(PCK)에 기초한 유아 과학교육 프로그램 개발 및 효
        과. 경성대학교 대학원 유아교육전공 박사학위논문

김형재, 김형숙, 구성수, 박지현, 강현미, 박진희(2016). 영유아를 유아 창의·인성 교육. 경기:
        공동체.

김혜숙, 박인보, 김주현, 남진희, 임경희, 최경희, 김미영, 김택신(2011). 생각을 키우는 토론수업

레시피. 경기: 교육과학사.

박근주, 임현숙, 강경민, 이자현, 이혜원(2017). 유아 & 교사 상호작용의 실제(제2판). 경기: 공
    동체.

박유미(2002). 동화 들려주기에서 토의 활동 시 교사의 질문유형이 유아의 창의성에 미치는 영
    향. 원광대학교대학원 유아교육전공 석사학위논문.

손순복, 정진화, 박진옥(2015). 영유아 교수학습 방법. 서울: 학지사.

신혜영(2013). ARCS 동기전략을 활용한 통합적 미술 활동이 유아의 그리기표상능력에 미치는
    영향. 경인교육대학교 교육대학원 유아교육전공 석사학위 논문.

오완숙, 조학규(2018). 하이패스 공립유치원 임고. 서울: 북이그잼.

이경진(2016). 좋은 수업에 대한 유아교육전문가 개념도. 동의대학교 대학원 평생교육학과 박
    사학위 논문.

이선영(2016). 공감에 기반한 유아 토론 수업모형 개발 및 적용 효과. 중앙대학교 대학원 유아
    교육전공 박사학위논문.

이영미, 이인용, 이진우(2017). 현장에서 필요한 유아교사의 상호작용. 경기: 공동체.

이은미(2017). 통합적표상 접근의 유아 다문화교육프로그램 개발 및 적용. 중앙대학교 대학원
    유아교육전공 박사학위논문.

이정(2018).사진을 활용한 주말지낸 이야기 나누기 활동이 유아의 언어표현력에 미치는 영향.
    한국교원대학교 교육대학원 유아교육전공 석사학위논문.

이혁규(2010). 예비교사의 수업 능력개발을 위한 교육 방안. 서울: 한국교육과정평가원.

이현옥, 박정선(2012). 영유아교수방법론. 경기: 공동체.

이현지(2017). 주말 지낸 이야기 시간의 교사와 유아 간 언어적 상호작용 분석. 전북대학교 교
    육대학원 유아교육전공 석사학위논문.

임부연, 오정희(2013). 영유아 교수 · 학습방법. 서울: 동문사.

전경섭(2015). 창의성 교육의 이론과 실제(개정판). 서울: 창지사.

전경원, 김경숙(2015). 누리과정이 반영된 유아 창의성 교육(개정판). 경기: 정민사.

전남련, 남궁기순, 이효순, 박은희, 권경미, 신미선, 권인양, 이종희, 백향기(2013). 구성주의 유
    아교육철학에 입각한 생태 통합 프로젝트(개정판). 서울: 신정.

전라남도 교육청(2014). 생각의 힘을 키우는 유치원 토의수업. 전남: 정문사.

정근아(2018). 보여주며 이야기하기(Show and Tell)를 활용한 만5세 유아의 이야기 나누기 활
    동에 대한 연구. 한국교원대학교 교육대학원 유아교육전공 석사학위논문.

정영희(2005). 유아교육기관에서의 이야기 나누기 수업절차모형 적용 연구.숙명여자대학교 대

학원 아동복지전공 박사학위논문.

조윤경, 장지윤, 유연주(2015). 개별화교육프로그램. 경기: 공동체.

조혜진(2017). 유아교사의 정서역량. 서울: 창지사.

중앙대학교사범대학부속유치원교육과정(2014). 경기: 공동체.

허미애(2007). 유아교사의 이야기 나누기에 대한 실천적 지식탐구. 중앙대학교 대학원 유아교
    육전공 박사학위 논문.

 저자 소개

민정선

전 KBS 평생교육원 온라인 교육강사
　배화여자대학교, 서울 폴리텍평생교육원 외 아동학과 강사
　'아동생활지도사' 자격증과정 등 교사직무연수 강사
현 중앙대학교 일반대학원 유아교육학과 박사과정 중
　윌비스 유아임용 전공강사
　EBS유아교육독학사 강사

〈주요 저서〉
『민이와 쥰의 맛있는 책』
『유아교육개론』,『누리과정 I, II』,『유아임용 웹지도』
『놀이이론과 실제』

 감수자 소개

남기원

중앙대학교 유아교육과 학사, 석사, 박사
전 어린이집 컨설팅 위원
　유치원 평가위원
현 중앙대학교 유아교육과 교수

공립유치원 임용고시 대비

수업실연을 위한 이론과 실제

2019년 7월 10일 1판 1쇄 발행
2020년 1월 20일 1판 2쇄 발행

지은이 • 민 정 선
감수자 • 남 기 원
펴낸이 • 김 진 환
펴낸곳 • (주) **학지사**

　　　　04031 서울특별시 마포구 양화로 15길 20 마인드월드빌딩 5층
대표전화 • 02) 330-5114　　　팩스 • 02) 324-2345
등록번호 • 제313-2006-000265호
홈페이지 • http://www.hakjisa.co.kr
페이스북 • https://www.facebook.com/hakjisabook

ISBN 978-89-997-1452-8 93370

정가 **29,000**원

이 도서의 국립중앙도서관 출판시도서목록(CIP)은 서지정보유통지원시스템
홈페이지(http://seoji.nl.go.kr)와 국가자료공동목록시스템(http://www.nl.go.kr/kolisnet)
에서 이용하실 수 있습니다.
(CIP제어번호: CIP2019024352)

출판 · 교육 · 미디어기업 **학지사**

간호보건의학출판 **학지사메디컬** www.hakjisamd.co.kr
심리검사연구소 **인싸이트** www.inpsyt.co.kr
학술논문서비스 **뉴논문** www.newnonmun.com
원격교육연수원 **카운피아** www.counpia.com